Leserstimmen zu bisherigen Auflagen:

„Ein gelungener detaillierter Grundkurs SAP R/3®.“

Prof. Dr. Jan Helmke, HS Wismar

„/.../ optimal – sehr gute Auswahl des Stoffes.“

Prof. Dr. Roland Pfennig, FH Ravensburg

„Ein sehr gelungenes Lehrbuch, das die komplexe Thematik SAP R/3® sehr anschaulich, umfassend und fundiert präsentiert.“

Prof. Dr. Hinrich Schröder, FH Nordakademie, Elmshorn

André Maassen
Markus Schoenen
Ina Werr

Grundkurs SAP R/3®

Lern- und Arbeitsbuch mit durchgehendem Fallbeispiel – Konzepte, Vorgehensweisen und Zusammenhänge mit Geschäftsprozessen

Mit 256 Abbildungen und 25 Tabellen

3., durchgesehene und verbesserte Auflage

vieweg

Bibliografische Information Der Deutschen Bibliothek
Die Deutsche Bibliothek verzeichnet diese Publikation in der Deutschen Nationalbibliografie;
detaillierte bibliografische Daten sind im Internet über <http://dnb.ddb.de> abrufbar.

Warennamen werden ohne Gewährleistung der freien Verwendbarkeit benutzt. CORBA® ist ein eingetragenes Warenzeichen der Object Management Group, Inc. Corel® ist ein eingetragenes Warenzeichen der Corel Corporation. HTML® ist ein eingetragenes Warenzeichen des W3C, World Wide Web Consortium, Massachusetts Institute of Technology. IBM®, OS/2® sind eingetragene Warenzeichen der IBM Corporation. JAVA®, Solaris® sind eingetragene Warenzeichen der Sun Microsystems, Inc. Lotus®SmartSuite ist ein eingetragenes Warenzeichen der Lotus Development Corporation and/or IBM Corporation. Mac® ist ein eingetragenes Warenzeichen der Apple Computer, Inc. Microsoft®, Windows®, NT®, Excel®, Word®, Visio® sind eingetragene Warenzeichen der Microsoft Corporation. Oracle® ist ein eingetragenes Warenzeichen der Oracle Corporation. UNIX®, Motif® sind eingetragene Warenzeichen der SCO Santa Cruz Operation.

SAP®, R/2®, R/3®, mySAP.com®, ABAP/4®, IDES®, BAPI®, EarlyWatch®, R/3 Retail®, mySAP™ sind eingetragene Warenzeichen der SAP Aktiengesellschaft Systeme, Anwendungen, Produkte in der Datenverarbeitung, Neurottstr. 16, D-69190 Walldorf. Die Autoren bedanken sich für die freundliche Genehmigung der SAP Aktiengesellschaft, die genannten Warenzeichen im Rahmen des vorliegenden Titels verwenden zu dürfen. Die SAP AG ist jedoch nicht Herausgeberin des vorliegenden Titels oder sonst dafür presserechtlich verantwortlich. Für alle Screen-Shots des vorliegenden Titels gilt der Hinweis: Copyright SAP AG.

Teilweise wurden Bildschirmbilder nur verkürzt oder auszugsweise gezeigt. Stand und Basis der Ausführung, soweit nicht anders angemerkt, sind das IDES (Internet Demonstration and Education System) Release 4.6C, die Oracle˙ Version 8.1.7.2.3 und die entsprechenden Online-Dokumentationen.

Bei der Zusammenstellung von Texten und Abbildungen wurde mit größter Sorgfalt vorgegangen. Trotzdem können Fehler nicht vollständig ausgeschlossen werden. Autoren und Verlag können für fehlerhafte Angaben und deren Folgen weder eine juristische Verantwortung noch irgendeine Haftung übernehmen. Für Ergänzungen, Fehlerhinweise und sonstige Anmerkungen sind Autoren und Verlag dankbar.

1. Auflage 2002
   Die 1. Auflage erschien unter dem Titel „Lern- und Arbeitsbuch SAP R/3®"
2. Auflage 2003
3., durchgesehene und verbesserte Auflage März 2005

Alle Rechte vorbehalten
© Friedr. Vieweg & Sohn Verlag/GWV Fachverlage GmbH, Wiesbaden 2005

Lektorat: Dr. Reinald Klockenbusch / Andrea Broßler

Der Vieweg Verlag ist ein Unternehmen von Springer Sciene + Business Media.
www.vieweg-it.de

Konzeption und Layout des Umschlags: Ulrike Weigel, www.CorporateDesignGroup.de
Umschlagbild: Nina Faber de.sign, Wiesbaden
Druck- und buchbinderische Verarbeitung: MercedesDruck, Berlin
Printed in Germany

ISBN 3-528-25790-3

VORWORT

Für die meisten Unternehmen zählt die Entwicklung von betrieblicher Software nicht zu ihrer Kernkompetenz, so dass eine Ressourcenbindung nicht unbedingt wettbewerbsrelevante Vorteile verspricht. Daher führen immer mehr Unternehmen ERP-Standardsoftware zur Abbildung ihrer betrieblichen Abläufe ein. Einer der größten Anbieter auf dem ERP-Softwaremarkt ist die SAP® AG mit ihrem Produkt R/3®. Die ERP-Standardsoftware R/3® kann aufgrund ihres umfassenden Charakters als ein Beispiel für eine softwaremäßige Umsetzung betriebswirtschaftlicher Theorie und Praxis gesehen werden.

Der vorliegende Text ist die Begleitliteratur zu der technischen Übung **„Einführung in die Arbeit mit SAP® R/3®"**, die regelmäßig an der RWTH Aachen stattfindet. Das wesentliche Ziel dieser Übung ist, den Studentinnen und Studenten der Betriebswirtschaftslehre die exemplarische Auseinandersetzung mit zeitgemäßer ERP-Software und ihren betriebswirtschaftlichen Konzepten zu ermöglichen. Dazu wird ein Geschäftsprozess vom Einkauf über die Produktion bis hin zum Verkauf in R/3® abgebildet. Auf Schnittstellen zum Finanzwesen und der Personalwirtschaft wird eingegangen. In die Berichterstellung wird eingeführt.

Die geschäftsprozessorientierte Sichtweise wurde insbesondere gewählt, um den für ERP-Software typischen Integrationsaspekt deutlich hervorzuheben. Der Blick über den „Tellerrand" wird begünstigt. Auf die isolierte Darstellung lediglich einzelner Teilbereiche wurde bewusst verzichtet.

Zur Unterstützung und Vertiefung des Lernprozesses werden die Ausführungen zu den einzelnen R/3®-Komponenten von einer Fallstudie begleitet. Die umfassende Fallstudie ist das Ergebnis von mehr als 9 Übungsveranstaltungen.

Das vorliegende Buch ist nicht nur als konzentriertes, auf die technische Übung zugeschnittenes Nachschlagewerk zu R/3® gedacht. Es soll auch anderen R/3®-Einsteigern helfen, Konzepte, Vorgehensweisen und Zusammenhänge zwischen den R/3®-Komponenten zu verstehen. Die Fallstudie wurde konzipiert auf Basis R/3®-IDES®-Releases 4.6C. Sie lässt sich aber weitestgehend an den R/3®-IDES®-Releases ab 4.0B durchführen.

In Abgrenzung zur ersten Auflage wurden (in der zweiten Auflage) die für die Durchführung der Fallstudie notwendigen Customizing-Einstellungen beigefügt. Weiter wurde (in der zweiten Auflage) die Fallstudie – neben ihrer Überarbeitung – um das Berichtswesen ergänzt. Zudem wurden die technischen Erläuterungen zu R/3® aus didaktischen Gründen weiter nach hinten verlegt. Die Abgrenzung der dritten zur zweiten Auflage besteht im wesentlichen in der Fehlerbereinigung.

Abschließend möchten wir den Personen herzlich danken, die bei der Erstellung des Buches mitgewirkt bzw. die Erstellung überhaupt erst möglich gemacht haben. Wir danken Herrn Dr. Michael Rey für seine exzellente Vorarbeit hinsichtlich der Grundkonzeption der Übung. Herrn Prof. Dr. Michael Bastian danken wir für die Bereitschaft, dieses Buch zu realisieren, sowie für seine fachlichen Anregungen.

Aachen, im Januar 2005   André Maassen, Markus Schoenen und Ina Werr

INHALTSVERZEICHNIS

ABBILDUNGSVERZEICHNIS

TABELLENVERZEICHNIS

ABKÜRZUNGSVERZEICHNIS

ABAP/4	Advances Application Programming, 4. Generation
ABRV	Abrechnugsvorschrift für Produktkostenplanung
ALE	Application Link Enabling
ATP	Available To Promise
B2B	Business to Business
BANF	Bestellanforderung
BAPI	Business Application Programming Interface
BDC	Batch Data Communication
BDE	Betriebsdatenerfassung
BFA	Business Framework Architektur
BO	Business Object
BOR	Business Object Repository
BuKrs	Buchungskreis
BW	Business Warehouse
C/S	Client/Server Architektur
C2B	Consumer to Business
CCMS	Computing Center Management System
CO	Modul Contolling
CpD	Conto pro diverse
CPIC	Common Programming Interface Communications
CRM	Customer Relationship Management
DBMS	Datenbank Management System
DEÜV	Datenerfassungs- Übertragungsverordnung
DLL	Dynamic Link Library
DTA- Formate	Datenträgeraustausch-Formate
DYNPRO	Dynamisches Programm, Bildschirmbilder
ECR	Efficient Consumer Response
EROF	Status „ERÖFFNET"
ERP	Enterprise Research Planning
FCS	First Customer Shipment
FE-AUF	erstellte Fertigungsaufträge
FERT	Fertigerzeugnis
FHMI	Fertigungshilfsmittel
FI	Modul Finanzwesen
FI-AA	Komponente Anlagenbuchhaltung
FI-GL	Finanzwesen- General- Ledger
FREI	Status „FREIGEGEBEN"
GLD	Gleitender Durchschnittspreis
GoB	Grundzüge ordnungsgemäßer Buchführung
GUI	Graphical User Interface
GuV	Gewinn- und Verlustrechnung
HAWA	Handelswaren
HR	Modul Persoalwesen
HTML	HyperText Markup Language
HTTP	HyperText Transfer Protocol
IAC	Internetanwendungskomponente
IDES	Internet Demonstration and Education System
IDOC	Intermediate Document

IM	Investitionsmanagement
IMG	Implementation Guide, Einführungsleitfaden
IS	Industry Solution
ISO-Codes	Genormte Codes für alle Maßeinheiten
IS-P	SAP® Publishing
IS-U	SAP® Utilities
ITS	Internet Transaction Serber
K-AUFT	Kundenauftrag (noch ohne Warenausgang)
LAN	Local Area Network
LG-BST	Lagerbestand
LIS	Logistikinformationssystem
LUW	Logical Unit Work
MABS	Materialverfügbarkeit geprüft
MARA	Datenbanktabelle
MM	Modul Materialwirtschaft
NLAG	Nichtlagermaterial
NORM	Arbeitszeitplanregel
OLE	Object Linking Embedding
PAI	Process After Input
PBO	Process Before Output
PL-Auf	Simulationsauftrag auf Dispositionsplanung
PM	Modul Instandhaltung
PP	Modul Produktionsplanung
PS	Projektsystem
QM	Modul Qualitätssicherung
RFC	Remote Function Call
ROH	Materialart Rohmaterial
RTF	Rich Text Format
SAP	Systeme, Anwendungen und Programme
SD	Modul Vertrieb
SI-BED	Simulierter Bedarf
SPAM	SAP Patch Manager
SQL	Sructured Query Language, Datenbanksprache
SSL	Secure Socket Layer
TCP/IP	Transmission Control Protocol/Internet Protocol
UNBW	Unbewertetes Material
VERP	Verpackungsmaterial
WAN	Wide Area Network
W-BEST	Warenbestand
WE/RE-Konto	Wareneingangs- Rechnungseingangs- Verrechnungskonto
WF	Modul Workflow
WWW	World Wide Web
XML	Extensible Markup Language
XXL	EXtended EXport of Lists

1 SAP® R/3® – Unternehmen und Produkt im Überblick

In den folgenden Ausführungen werden das Unternehmen SAP® und das Produkt R/3® im Überblick vorgestellt. Zunächst werden die herausragenden Eigenschaften wie Integration, Anpassung oder die Informationstechnologie gezeigt.

1.1 Das Unternehmen

Das Kürzel SAP® steht sowohl für ein Unternehmen, als auch für deren erfolgreichstes Produkt, eine integrierte betriebswirtschaftliche Software. Die SAP® AG entwickelt und vertreibt die betriebswirtschaftliche Standardsoftware System R/2® für Großrechner sowie die betriebswirtschaftliche Standardsoftware System R/3® für sog. Client/Server-Architekturen.[1]
SAP® steht für *Systeme, Anwendungen und Produkte* in der Datenverarbeitung.

Im Idealszenario bedeutet betriebswirtschaftliche Standardsoftware (engl. Bez.: enterprise ressource planning software, kurz ERP), dass alle betriebswirtschaftlichen Funktionsbereiche mit ihren zugehörigen Prozessen branchenneutral abgedeckt und integriert sind.

Für den Schritt von der Branchenneutralität zur angepassten Software bietet System R/3® Anpassungsfunktionen (Customizing). Zu den abgedeckten Funktionsbereichen gehören prinzipiell das Rechnungswesen (Buchhaltung, Anlagenwirtschaft, Controlling, ...), die Logistik (Materialwirtschaft, Instandhaltung, Vertrieb, ...) und die Personalwirtschaft. Die Integration betrifft die Organisation der Informationsflüsse, d.h. durch die einmalige Speicherung der Daten aus den jeweiligen Funktionsbereichen heraus wird immer die Aktualität des Datenbestands innerhalb der Software gewährleistet. Diesen Zusammenhang wird auch durch das R von R/2® oder R/3® angedeutet. Das R steht für Realtime und betont die sofortige Verbuchung und Aktualisierung von Daten, die im Rahmen der Integration der Funktionsbereiche dadurch aktuell allen betroffenen Abteilungen zur Verfügung stehen.

Das Unternehmen selbst mit Sitz in Walldorf/Baden gehört zu den weltweit zehn größten unabhängigen Softwarehäusern und ist gleichzeitig einer der weltweit führenden Hersteller von betriebswirtschaftlicher Standardsoftware. Neben der Herstellung von Softwarelösungen werden auch Schulung und Beratung bei Einführung und Betrieb von SAP®-Produkten sowie weltweiter Service und Support angeboten. Strategische Partnerschaften sorgen für eine Verfügbarkeit von R/3®-Wissen außerhalb der SAP®, d.h. sog. SAP®-Partner bieten ergänzend zur SAP® Beratung, Entwicklung, Hardware, etc.

Mittels zahlreicher Landesgesellschaften kann Service und Support auch in vielen Landessprachen geleistet werden. Die SAP® beschäftigt mehr als 31.000 Mitarbeiter Auf Kundenseite stehen dem über 24.000 bzw. 12 Mio. Anwendern in 120 Ländern gegenüber. (Stand IV/2004).[2]

1.2 Das Produkt R/3® – ein kurzer Überblick

Das System R/3® integriert alle Unternehmensabläufe von der Materialwirtschaft bis zum Vertrieb in einer einheitlichen Softwareumgebung und ist die am häufigsten eingesetzte betriebswirtschaftliche Standardsoftware für Client/Server-Architekturen. R/3® bietet Anwendungskomponenten, die jeweils bestimmte betriebswirtschaftliche Bereiche repräsentieren.

---

[1] S. auch Kapitel 5.1.1, S. 291.

[2] Vgl. http://www.sap.com/germany/company/press/daten.aspx

Zu diesen Anwendungskomponenten zählen beispielsweise Vertrieb, Materialwirtschaft, Finanzwesen oder Personalwirtschaft. Abhängig vom Bedarf des Unternehmens können Anwendungsbereiche, unter Berücksichtigung von Systembeschränkungen, hinzugeschaltet bzw. abgeschaltet werden. Beispielsweise sind die Anwendungen der Projektverwaltung nicht ohne die Anwendungen der Materialwirtschaft und des Finanzwesens lauffähig. Die notwendigen Basisfunktionalitäten, wie z.B. Datensicherung, Verwaltung der Datenverbuchungen, Berechtigungsvergabe etc. sind in der sog. R/3® Basis zusammengefasst.

Funktionale Erweiterungen erfährt R/3® durch die Initiativen um mySAP®. Die daraus entstandenen Anwendungen haben insbesondere Lösungen zur Steuerung und Optimierung von Prozessen, die über die internen betrieblichen Transaktionen hinausgehen, wie beispielsweise Supply Chain Management, Business-to-Business Procurement oder Managementinformationssysteme (Data Warehouse, Business Intelligence Software). Nach der Integration der Unternehmensdaten steht damit die Integration von Partnern (Extranet) und der „restlichen Welt" (über das Internet) sowie die explorative Analyse von Unternehmensdaten im Entwicklungsfokus. Weiter werden zunehmend Java 2 Enterprise Edition (J2EE) zur Programmierung von Anwendungen, Erweiterungen etc. und eXtensible Markup Language (XML) für den Datenaustausch eingesetzt.)

Abbildung 1: mySAP®

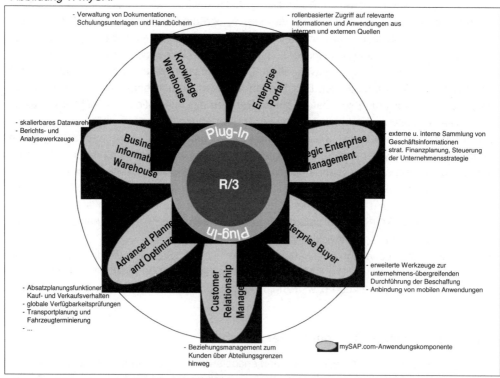

Mittels dem SAP® R/3® Plug-In können diese zusätzliche Funktionalitäten bzw. Anwendungskomponenten an R/3® angebunden werden. Das Plug-In fungiert als „Tür", durch die Daten zu den mySAP®-Anwendungskomponenten hin und wieder zu R/3® zurück fließen können. Das Plug-In selbst bietet also keine zusätzlichen Funktionen. Weiter unterstützt das

Plug-In auch die Kommunikation zwischen den mySAP®-Anwendungskomponenten. Das Plug-In ist ab dem R/3® Release 3.1I anwendbar.

Die Internetfähigkeit von R/3® wird gestützt durch den SAP® Internet Transaction Server (ITS), so dass auch ein verlässlicher Zugriff über den Web-Browser auf R/3® möglich ist. Beispielsweise sind betriebliche Transaktionen aus einer HTML-Seite heraus steuerbar. Der ITS ist zudem eine notwendige Technologiekomponente für die Anwendungskomponente Enterprise Portal.

Die Zielgruppe für R/3® sind i. d. R. Großunternehmen oder Konzerne. Auf dem Markt zeigt sich, dass neben den Großunternehmen viele mittelständische Unternehmen ihre heterogene DV-Landschaft verstärkt durch ein integriertes Softwaresystem ersetzen (wollen). Allerdings ist vor dem Hintergrund knapper Personalressourcen und unter Berücksichtigung schmaler Budgets bei der Einführung von SAP® R/3® im Mittelstand eine andere Strategie notwendig als bei Großunternehmen. Daher bietet die SAP® AG Mittelständlern zwei dementsprechende Lösungen an.

SAP® Business One ist eine in ihrer Komplexität und Bedienung stark reduzierte Lösung, die auch auf Branchenspezifika verzichtet. Angeboten werden Anwendungen zur Buchhaltung, zum Management von Finanzen und Kundenbeziehungen, zum Einkauf, Verkauf, zur Produktion sowie Werkzeuge zur Analyse der Unternehmensdaten. Zielgruppe sind hier kleinere Unternehmen mit geringen Nutzeranzahlen, wobei insbesondere der Groß- und Einzelhandel Zielmarkt für SAP Business One sein soll.

mySAP® All-in-One berücksichtigt in Erweiterung zu SAP® Business One branchenspezifische Anforderungen, z.B. Automobilzulieferer, Maschinen- und Anlagenbau, Dienstleister oder Handelsunternehmen.

Davon abzugrenzen sind die sogenannten Industry Solutions.[3] Diese bieten zwar auch branchenspezifische Vorkonfigurationen, zielen aber eher auf die größeren Unternehmen.

Aufgrund der stetig steigenden Anforderungen hinsichtlich Hard- und auch Software nutzen zunehmend Unternehmen die Möglichkeit des Application Hosting. Beim Application Hosting übernimmt ein Dienstleister den Betrieb von Soft- und Hardware. Dabei gibt es unterschiedliche Modelle hinsichtlich der Eigentumsverhältnisse der Software und der zur Software angebotenen Servicedienste.

Abbildung 2: Small Business Solution und mySAP

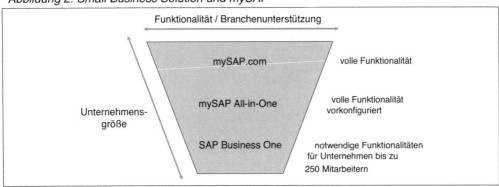

In Anlehnung an SAP® AG

---

[3] S. auch Kapitel 1.2.4, S. 12.

Aus den bisherigen Ausführungen zum Produkt und auch zum Unternehmen lassen sich bereits einige elementare Leistungsmerkmale von SAP® R/3® erkennen:

- einsetzbar in mittelständischen und großen Unternehmen;
- international einsetzbar, belegt durch Kunden wie Dow Chemical, Microsoft®, Deutsche Telekom, IBM® etc.;
- branchenneutral und trotzdem anpassbar, z.B. für den Mittelstand.

Diese und weitere Merkmale werden im folgenden ausführlicher behandelt.

1.2.1 Integration

Betriebliche Prozesse greifen stark ineinander. Daten, erzeugt durch den einen Prozess, werden von einem folgenden Prozess weiterverarbeitet. So werden beispielsweise Materialstammdaten benötigt, um eine Bestellung aufzugeben, damit verbunden ein Lieferant, wobei für diese Material-Lieferanten-Beziehung auch Konditionsdaten vorhanden sein müssen, so dass klar ist, wie viel diese Bestellung kosten wird. Der sich anschließende Wareneingang muss sich auf die Bestellung beziehen können, um so zu überprüfen, ob die richtige Menge geliefert wurde. Zugleich mit der Lagerbestandserhöhung sollte eine wertmäßige Erhöhung des entsprechenden Bestandskontos geschehen. Dafür werden Automatismen benötigt, die die richtigen Buchungen (Buchungssätze) in Abhängigkeit von Geschäftsvorfall und Material generieren.

Bei der Erstellung eines Verkaufsauftrages sind neben Materialstammdaten und Kundendaten auch Aussagen hinsichtlich der Verfügbarkeit notwendig. Diese kann gegen den tatsächlich vorhanden Lagerbestand geprüft werden, oder es werden zusätzlich dispositionsrelevante Vorgänge berücksichtigt, wie erwartete bzw. geplante Zu- und Abgänge, z.B. Bestellungen oder Reservierungen.

Abbildung 3: Integration betrieblicher Prozesse

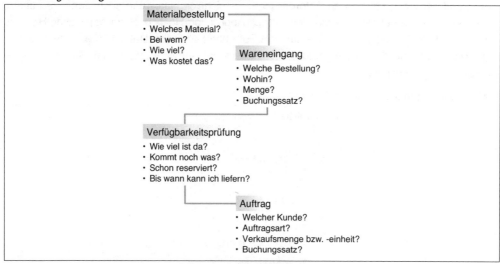

Gerade die Finanzbuchhaltung hat nicht zuletzt aufgrund ihres monetären Charakters und gesetzlicher Anforderungen eine zentrale Position im Unternehmen inne. Direkt oder indirekt kommt die Finanzbuchhaltung daher mit vielen anderen Daten aus den übrigen Funktionsbereichen eines Unternehmens in Kontakt. Beispielsweise sind die Geschäftsprozesse des Einkaufs und der Bestandsführung (beides Materialwirtschaft) eng mit der Finanzbuchhaltung verbunden. Zu einem beschafften Material gehört auch ein entsprechender Lieferant (aus Sicht der Buchhaltung der Kreditor). Material muss bezahlt und bewertet werden. Rechnungen, die der Vertrieb ausstellt, werden an die Debitorenbuchhaltung weitergeleitet, welche für die Zahlungseingänge und das Mahnwesen zuständig ist.

Die Szenarien machen deutlich, dass für einen reibungsarmen Ablauf eine gemeinsame Daten- und Anwendungsbasis nahezu unumgänglich ist. Daten- und Informationsflüsse von betrieblichen Prozessen müssen ohne wesentliche Schnittstellen in einer Software erfasst und gehalten werden. Die Daten und Informationsintegration in SAP® R/3® wird folgendermaßen realisiert:

- Die Daten werden einmalig in einem zentralen Datenbanksystem gespeichert, damit erfolgt keine Mehrfachspeicherung in den einzelnen Systemen. Die Datenbank kann in Abhängigkeit von den Fähigkeiten des Datenbanksystems aus Leistungsgründen auch auf mehrere Rechner verteilt werden. Auch ist bei Existenz mehrerer Systeme ein Austausch zwischen den jeweiligen Datenbanken über entsprechende Schnittstellen möglich.[4] Aus Sicht der Anwendungen bleibt es weiterhin eine Datenbank.

- Den Anwendungen der Logistik, des Rechnungswesens und der Personalwirtschaft steht eine gemeinsame Datenbasis zur Verfügung. Mit Anwendungen sind in R/3® im Prinzip Teilfunktionen, wie z.B. Materialstammsatz anlegen, gemeint.

- In Abhängigkeit von der betrieblichen Notwendigkeit und der Anwendungslogik werden in der zentralen Datenbank bei Datenmanipulationen in einem betrieblichen Bereich automatisch die Daten der anderen betroffenen Bereiche aktualisiert.

- Schnittstellen, die bei einer Verknüpfung von einzelnen nicht-integrierten Softwarelösungen notwendig wären, sollten nur noch in Spezialfällen für auf R/3® angepasste Komplementärsoftware erforderlich sein.

- Die Aktualität der Daten wird neben der einmaligen Speicherung auch durch eine 1:1-Beziehung von Bearbeiter und Vorgang gewährleistet, unabhängig davon, in welchem Unternehmensbereich sie benötigt werden. Der Vorgang wird auch als Transaktion bezeichnet.[5] Bucht beispielsweise ein Vertriebsmitarbeiter Waren zum Verkauf aus, so kann erst nach Fortschreibung der entsprechenden Daten eine Buchung durch einen Lager- oder anderen Vertriebsmitarbeiter erfolgen. Dies bedeutet, dass zwar Benutzer mit den gleichen Anwendungen gleichzeitig arbeiten können, aber nicht den gleichen Datensatz bearbeiten dürfen.

- Mehrere Benutzer können in einer Anwendung gleichzeitig in unterschiedlichen Sprachen arbeiten. Die Texte der Anwendungen sind je nach Anmeldung des Benutzers in seiner Heimatsprache verfügbar. Benutzereingaben und Informationstexte können in mehreren Sprachen gepflegt werden.

- Bei der Eingabe findet eine Plausibilitätsprüfung statt, d.h. es wird geprüft, ob die Eingabe überhaupt möglich ist, z.B. eine Buchung Soll an Soll würde nicht akzeptiert.

- Es gelten gemeinsame Ordnungsbegriffe für alle betriebswirtschaftlichen Teilaufgaben.

- Alle Anwendungen in R/3® verfügen über eine gemeinsame Architektur und Benutzerschnittstelle.

- Sämtliche Geschäftsvorfälle werden durch Belege gemäß den Grundsätzen ordnungsgemäßer Buchführung (GoB) dokumentiert.

---

[4] S. auch Kapitel 5.1.4, S. 308.

[5] S. auch Kapitel 5.1.2, S. 299.

Die Integration von Daten und Informationsflüssen stellt eine der wichtigsten Eigenschaften der R/3®-Software dar. Die häufig vorzufindende Ansammlung von Einzellösungen kann so effizient abgelöst werden.

Gerade die Integration, kombiniert mit einer betrieblich notwendigen Robustheit, macht die Qualität einer Software im betrieblichen Einsatz aus. Dies soll an ein paar Beispielen deutlich gemacht werden.

Beispiel 1: In einem Unternehmen werden Pflastersteine über die Mengeneinheit Palette geführt. Ein Kunde benötigt jedoch nur 5 Stück, um einen Weg vor seiner Haustür zu vervollständigen. Der Sachbearbeiter ändert daraufhin im Auftrag die von der betrieblichen Software vorgeschlagenen Mengeneinheit PAL in ST. Dass die Software die Änderung zulässt, wäre unkritisch, sofern eine es Möglichkeit gäbe, dem System vorher das Verhältnis zwischen Palette und Stück „mitzuteilen" und diese auch vorher genutzt wurde. Weiter ist wichtig, dass die Software auch in der Lage ist, richtig mit den Mengen umzugehen, d.h. wenn drei Stück verkauft werden, werden auch drei Stück vom Lagerbestand abgezogen. Der Robustheit abträglich wäre jetzt, wenn die Mengeneinheit änderbar ist, ohne dass dies vorher vereinbart worden ist. Schlimmer wären die Konsequenzen bzgl. des Lagerbestands. Denn jetzt würde wahrscheinlich die Software weiterhin „denken", es würden 3 Paletten verkauft, und diese auch vom vorhandenen Lagerbestand abziehen. Später auf Basis einer softwaremäßigen Disposition folgende Lieferungen würden für die Lagermitarbeiter einige Überraschungen bieten. Eine geeignete betriebliche Software lässt also Änderungen der Mengeneinheit nur bedingt zu.

Beispiel 2: Der Sachbearbeiter X möchte einen bestehenden Kundenauftrag (aus Kundensicht eine Bestellung) um drei Positionen erweitern, da der Kunde telefonisch weitere Waren bestellt hat. Ein bestätigendes Fax soll folgen. Zu den vorhandenen zwei Positionen fügt der Sachbearbeiter X die drei weiteren hinzu.

Gleichzeitig erhält der Sachbearbeiter Y das „bestätigende Fax" von dem Unternehmen, dessen Auftrag gerade bearbeitet wird. Er ruft daraufhin parallel den betreffenden Auftrag zur Bearbeitung auf und will auch drei weitere Positionen zu den zwei vorhandenen Positionen (X hat ja noch nicht gesichert) hinzufügen. Nachdem beide ihre Positionen hinzugefügt haben, sichert jeder „seinen" Auftrag. Erstaunt stellen X und Y fest, dass die gepflegten Positionen doppelt vorhanden sind. Eine „gute" betriebliche Lösung hätte die Bearbeitung durch Y abgelehnt bzw. erst zugelassen, wenn X fertig gewesen wäre.

Beispiel 3: Ein Unternehmen hat die Zusammenarbeit aufgekündigt, d.h. es sind von diesem Unternehmen keine weiteren Aufträge zu erwarten. Daraufhin löscht ein Sachbearbeiter den Kundenstammsatz. Problematisch ist dies, sofern noch Belege, z.B. Aufträge, zu diesem Kunden vom laufenden Geschäftsjahr existieren. Extrem in diesem Zusammenhang ist, dass die Belege ihren Adressaten (den Kunden) verlieren. Noch nicht bezahlte Rechnungen geistern „Herrenlos" durch die Datenbank.

Eine betriebliche Software sollte also nicht nur bloße Funktionen zur Verfügung stellen, vielmehr müssen betriebswirtschaftliche Logiken und Abweichungen von Idealprozessen bedacht werden.

1.2.2 Internationale Einsetzbarkeit

Für viele SAP®-Kunden ist im Rahmen einer zunehmenden Globalisierung von großer Bedeutung, dass R/3® nicht nur lokal (national) nutzbar ist, sondern auch internationale Anforderungen abdecken kann.

Abbildung 4: SAP®-GUI in der Version 3.1G in japanischer Kanji-Schrift

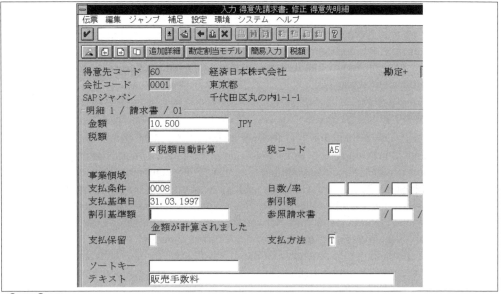

©SAP® AG

Im Sinne einer sprachlichen Lokalisierung ist R/3® in über 40 Sprachen verfügbar, u.a. in der japanischen Kanji-Schrift[6], pakistani, türkisch und der chinesischen Hochsprache Mandarin. Schon im Release 4.0 wurden fast vier Millionen übersetzungsrelevante Textzeilen erreicht. Die übersetzungsrelevanten Texte werden in Übersetzungskategorien eingeteilt:

- komplette Übersetzung;
- eingeschränkte Übersetzung mit Benutzeroberfläche, Felddokumentation, Einführungsleitfaden (IMG), Reportparameter;
- nur Benutzeroberfläche.

Landesspezifische Komponenten und Parametereinstellungen helfen, die Software entsprechend den örtlichen Gegebenheiten einzusetzen (inhaltliche Lokalisierung). Die Anforderungen lassen sich in zwei Bereiche einteilen:

- Die lokale Gesetzgebung bedingt funktionale Unterschiede im Produkt. Dies betrifft in der Regel das externe Rechnungswesen, z.B. Kontenplan, Kontonummern, Umsatzsteuer, Währungen, etc. In Indien ist beispielsweise die Verkaufssteuer nicht an den Buchhaltungsbeleg geknüpft, sondern sie wird bei den Materialbelegen des Warenein- und -ausgangs berücksichtigt. D.h. neben dem externen Rechnungswesen ist hier auch die Materialwirtschaft von landesspezifischen Besonderheiten betroffen. Außerdem ist die Höhe der Steuer abhängig von Material, Umsatz, Region, Situation des Unternehmens und/oder dem Erwerbungszweck.

---

[6] Vgl. dazu Abbildung 4.

- Unterschiedliche Länder bedingen häufig auch unterschiedliche Geschäftsprozesse und -praktiken. Beispielsweise existieren viele länderspezifische Datenträgeraustausch-Formate (DTA-Format) zum elektronischen Austausch von Daten zwischen Banken und deren Kunden. In Japan gibt es bspw. keine gesetzlichen Vorgaben hinsichtlich der Reisekostenabrechnung, so dass entsprechende Einstellungsmöglichkeiten zur individuellen Gestaltung vorhanden sein sollten (z.B. werden Boni für 1-day Trips oder Spesenquittungen ab 5000 Yen aufwärts durch das Unternehmen steuerlich verwendet).

Daneben gibt es eher einfache länderspezifische Einstellungen, z.B. das Adressformat. Multinationale Konzerne können somit mit der gleichen Software die betriebswirtschaftlichen Abläufe in den verschiedenen Ländern durchführen und länderübergreifende Vorgänge in einem Softwaresystem abwickeln.[7]

1.2.3 Anpassungsfähigkeit

Betriebswirtschaftliche Funktionen und Prozesse sind häufig nicht so unterschiedlich, dass eine individuelle Entwicklung von Softwarelösungen für jedes Unternehmen gerechtfertigt wäre. Im Sinne einer Mehrfachverwendung beinhaltet R/3® standardisierte, in Software gegossene, betriebliche Prozesse.[8] Dennoch gibt es eine Vielzahl von unternehmensspezifischen Parametern und Verarbeitungsregeln, z.B. Konten, die Anzahl der selbstständig bilanzierenden Einheiten (Niederlassungen, Konzerntöchter, ...), Verzugstage oder Mahntexte bei Mahnverfahren. Die Anpassung an solche individuellen Belange, d.h. die Einstellung der unternehmensspezifischen Parameter (z.B. Standardvorgaben für die Umsatzsteuer bei Auslandsgeschäften) und Verarbeitungsregeln (z.B. Skontoregeln) bedeuten Erweiterung bzw. Änderung des SAP®-Standards. Es stehen folgende Möglichkeiten für die Anpassung zur Verfügung[9]:

- Customizing,
- Erweiterungen im SAP®-Standard,
- Modifikationen des SAP®-Standards,
- Eigenentwicklungen.

Die von der SAP® AG „gewollte" Methode, R/3® an die Unternehmensbedürfnisse anzupassen ist das Customizing. Mit Hilfe dieses Werkzeugs können die unternehmensneutral gelieferten Funktionalitäten angepasst werden. Die Abbildung 5 verdeutlicht die Funktion des Customizings graphisch.[10]

Das Customizing enthält im Kern eine Liste oder einen Strukturplan von einstellbaren Parametern oder Variablen. Diese Liste wird als Implementation Guide (IMG) bezeichnet. Bei der Einstellung wird nicht die R/3® -Software im Sinne einer Veränderung oder Erweiterung des Programmiercodes modifiziert, sondern die Einstellung von bereits in der Software vorgegebenen Parametern oder Variablen vorgenommen, z.B. die Festlegung der verfügbaren Materialarten mit zugehörigen Pflegebildschirmen etc. Der IMG ist baumartig aufgebaut. Die Einstellungsmöglichkeiten sind inhaltlich gebündelt (Controlling, Vertrieb, Unternehmen usw.)

---

[7] Vgl. Lüken, Heinz; R/3® im internationalen Umfeld; in: SAP® info magazin, Heft 1/98, S.20-22.

[8] Vgl. Thome, Rainer, Vom Customizing zur Adaption des Standardsoftwaresystems R/3®, in Schriften zur Unternehmensführung, Band 62, Wiesbaden 1998, S. 48.

[9] Vgl. Möhrlen, SAP®-Kompendium, CD-ROM, 1999, S. 13f.

[10] S. auch Kapitel 1.2.3, S. 8.

Da das Customizing für die Anpassung ausdrücklich vorgesehen ist, ist dies zugleich die für die Software ungefährlichste Art der Anpassung. Releasewechsel haben keine Auswirkungen, die gemachten Einstellungen werden beibehalten. Die einzelnen Änderungen bzw. die Einstellungsmöglichkeiten werden als IMG-Aktivitäten bezeichnet.

Abbildung 5: Anpassung an betriebliche Anforderungen

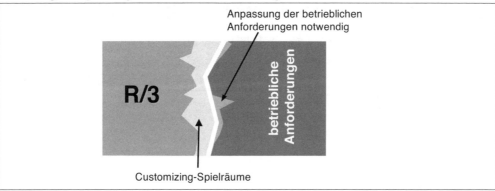

In Anlehnung an Integrata AG, Seminarskript SAP® Organisation, Kapitel 6, S. 4.

Für Erweiterungen des Standards werden R/3® so genannte Customer-Exits mitgegeben. Hier können an vorbereiteter Stelle im Quelltext von Programmen, Menüs und Dynpros Bereiche, so genannte „leere Modifikationshülsen"[11] mit kundenspezifischer Logik ausgestaltet werden. Ein Dynpro ist ein DYNamisches PROgramm, welches aus einem Bildschirmbild und der damit verbundenen Ablauflogik besteht. Ein einfaches Beispiel hierzu: Beim Anlegen von Materialstammdaten werden die Grunddaten gepflegt. Hier kann u.a. angegeben werden, wie lang, breit, schwer ein Material ist, in welcher Mengeneinheit es geführt wird und wie es heißt (Bezeichnung). Mengeneinheit und Bezeichnung sind sog. Mussfelder, d.h. die Pflege dieser Felder ist obligatorisch. Verantwortlich für diese Pflegeforderung ist das Dynpro des Grunddatenbildschirms. Das Springen zu den Daten der Buchhaltung – dazu ist ein Bildschirmwechsel erforderlich – wird nicht gestattet.

Der Kunde kann die SAP®-Erweiterungen aus einer Liste auswählen und bearbeiten. Der Zugang zu den Modifikationshülsen im Quelltext wird konstant gehalten. Customer-Exits sind somit aufwärtskompatibel. Weiter können Erweiterungen mittels User-Exits vorgenommen werden. Ein User-Exit beschreibt den Zeitpunkt und Ort in einem SAP®-Programm, an dem ein kundeneigenes Programm aufgerufen werden kann. So können Fremdanwendungen mittels User-Exits in die Menüstruktur integriert werden, z.B. ein kundeneigenes Routenfindungsprogramm. Da auf Programmteile und Datenobjekte des Standards zugegriffen wird, muss bei Releasewechsel geprüft werden, ob die Erweiterung durch einen User-Exit zum Standard passt. Die Erweiterungen des Standards durch Exits stellen eine besondere Form des Customizings dar. Ihre Einstellung ist im IMG integriert. Das Customizing bietet keine Unterstützung zur Modifikation der Anwendungen.

Die Abbildung 6 zeigt den SAP®-Referenz-IMG. Dieser beinhaltet sämtliche Systemeinstellungsmöglichkeiten. Typischerweise wird für das Unternehmen, welches das R/3®-System betreibt bzw. betreiben will, der so genannte Unternehmens-IMG eingerichtet. Der Unternehmens-IMG stellt im Prinzip eine Zusammenstellung von IMG-Aktivitäten dar, d.h. er filtert die für das jeweilige Unternehmen relevanten Einstellungsmöglichkeiten aus dem SAP®-

---

[11] SAP® R/3® Online Hilfe.

Referenz- IMG. Er sollte die Anwendungskomponenten mit ihren IMG-Aktivitäten umfassen, die im Unternehmen eingesetzt werden sollen. Sollen z.B. nur die Finanzbuchhaltung und die Materialwirtschaft von R/3® im Unternehmen unterstützt werden, so sollten sich auch die zugehörigen Anwendungskomponenten im Unternehmens-IMG befinden.

Abbildung 6: Implementation Guide (IMG)

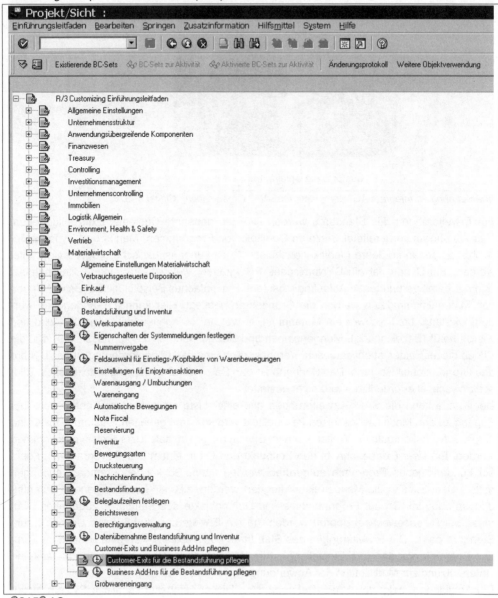

©SAP® AG

Eine Art zweiten Filter stellt das Customizingprojekt dar. Das Customizingprojekt reduziert auf Basis des Unternehmens-IMG die Anzahl der IMG-Aktivitäten bezogen auf ein bestimmtes Einführungsprojekt von Anwendungskomponenten. Beide Mechanismen – Unternehmens-IMG und Customizingprojekt – dienen der Komplexitätsreduktion der Fülle der IMG-Aktivitäten auf die jeweils relevanten. Der IMG des Customizingprojekts wird als Projekt-IMG bezeichnet. Darüber hinaus können so genannte Sichten auf den Projekt-IMG die Auswahl an Aktivitäten weiter verkleinern. Es kann beispielsweise nach Muss- oder Kann-Arbeitsschritten, nach kritischen oder unkritischen Arbeitsschritten differenziert werden. Eigendefinierte Sichten sind herstellbar. Verfügbare Sichten werden im Customizing-Einstiegsmenü aufgelistet.

Das Customizing-Projekt hat zusätzlich den Vorteil, dass Notizen und Anmerkungen, die die jeweilige Einstellung betreffen, erstellt werden können. Eine Integration mit Microsoft® Word® ist möglich.

Abbildung 7: Customizing-Projekt mit der Sicht: Kritische Aktivitäten

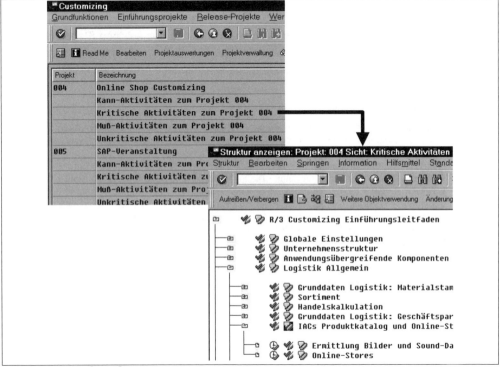

Bildschirmbilder ©SAP® AG

Darüber hinaus unterstützt das Customizing den Releasewechsel und den Transport von Einstellungen aus Testsystemen in das Produktivsystem. Das Produktivsystem ist das System, mit dem das Unternehmen seine betrieblichen Abläufe tatsächlich abbildet. Der Transport von Customizing-Einstellungen ist ein extrem wichtiges Werkzeug. Üblicherweise werden Customizing-Einstellungen zunächst auf einem Testsystem ausprobiert. Erweisen sich die Einstellungen als funktionsfähig, so werden sie mittels der Transportfunktion in das Produktivsystem überspielt.[12]

Modifikationen des SAP®-Standards bedeuten eine tief greifende Vorgehensweise bei der Anpassung. Dabei werden vorhandene Programmteile und Datenobjekte des Standards verändert. Das Eingreifen in die Standardquellen sollte - wenn möglich - umgangen werden, da zum einen umfangreiches Wissen über Tabellen- und Datenstrukturen notwendig ist, damit die Modifikationen funktionsfähig durchgeführt werden. Zum anderen können solche Anpas-

---

[12] S. auch Kapitel 5.1.6, S.314.

sungen bei Releasewechsel überschrieben werden oder „ins Leere laufen". Weiter kann der Support für die modifizierte Anwendung nicht geleistet werden.

Ähnlich zur Modifikation ist die Eigenentwicklung. Beispielsweise sollen Bildschirmbilder (sog. Dynpros) erzeugt werden, die mittels R/3® die Pflege von externen Vertriebsinformationssystemen ermöglichen, oder es werden spezielle, im Standard nicht verfügbare, Funktionen benötigt. Dazu werden teilweise auch eigene Datentabellen produziert. Die vorhandenen R/3®-Anwendungen werden also durch unternehmenseigene R/3®-Bildschirmbilder bzw. Anwendungen ergänzt. Weiterhin können für Eigenentwicklungen eigene Tabellen angelegt werden.

1.2.4 Branchenneutralität / Branchenlösung

Die Implementierung einer nahezu umfassenden Anzahl von betrieblichen Standardprozessen ermöglicht dem System R/3® einen branchenneutralen Einsatz. Dies lässt sich durch die Unternehmen, die bereits R/3® einsetzen und aus verschiedenen Branchen stammen, belegen.

Abbildung 8: SAP® R/3® in Unternehmen

ABB • ADAC • Adidas • AEG • Aérospatiale • AGFA • AGIP • Airbus Industry • Akzo • Allianz • American Airlines • Apple • Aral • Autodesk • BACARDI • BASF • Bayer • Bertelsmann • BHP • BMW • Bosch • British Rail • Carlsberg • Chevron • Ciba Geigy • The Coca-Cola Company • Commerzbank • Compaq Danone • Deutsche Bahn • Deutsche Bank • Deutsche Lufthansa • Digital Equipment • Dow Chemical • DuPont • Eastman Kodak • Exxon • Ferrero • Flughafen Frankfurt • Fuji • General Electric • Goodyear • Hagenuk • Hapag-Lloyd • Henkel • Hewlett-Packard • Hitachi • Hoechst • Hoffmann-La Roche • Hyundai • IBM • ICI • Kodak • Krupp-Hoesch • Lego • Mannesmann • Mercedes Benz • Merck • Miele • MIT • Mitsubishi • Mobil • Motorola • Neckermann • Nestlé • Nissan • Oxford University • Petrofina • Philips • Philip Morris • Pirelli • Polygram • Procter & Gamble • Rank Xerox • Rhone Poulenc • Rolex • ROMIKA • Royal LePage • RTL • Sandoz • SAT 1 • Schindler • Schlumberger • Shell • Siemens • Solvay • Statoil • Tchibo • Texaco • Thyssen • Toyota • Total Oil • Unilever • Varta • Vattenfall • VW • ZDF • Zeiss

www.sap.com

In einem weiteren Schritt bietet die SAP® AG - neben dem branchenneutralen System R/3® für eine Vielzahl von Branchen sog. SAP®-Branchenlösungen. Unter einer Branche wird bei der SAP® AG eine Gruppierung der Unternehmen nach dem Schwerpunkt von Unternehmenstätigkeit verstanden. Eine Branchenlösung differenziert sich im Wesentlichen von dem R/3®-Standardangebot durch:

• Pre-Customizing (Voreinstellungen auf branchenspezifische Gegebenheiten),

• die Ergänzung des Standardfunktionsumfanges und

• die Unterstützung von branchenspezifischen Geschäftsprozessen.

Die Differenzierung wird unter dem Begriff Industry Solution (IS) geführt.[13] Die IS beinhaltet die jeweiligen branchenspezifischen Besonderheiten. Je nach Branchenbeschaffenheit kann sogar ein Neuaufbau der betriebswirtschaftlichen Lösung erforderlich sein. Die branchenspezifischen Besonderheiten sind entweder in R/3® integriert oder werden in Form von Add-Ons ausgeliefert. Eine SAP®-Branchenlösung besteht demnach aus der IS und den zugehörigen R/3®-Standardfunktionen und –prozessen. Beispielsweise wird bei der Branchenlösung für die Getränkeindustrie SAP® Beverage der spezifische Teil an Geschäftsprozessen in

---

[13] Für die folgenden Ausführungen vgl. SAP® AG; Die Releasestrategie der SAP®, Juni 2002.

einem Add-On (SAP® IS-BEV) realisiert. Die Komponente ergänzt R/3® um Stammdaten und Prozesse wie Telefonvertrieb, Leergutabwicklung und Routensteuerung. Eine Leergutabwicklung und Routensteuerung ist zwar auch im R/3®-Standard vorhanden, die Prozesse fokussieren aber in der Branchenlösung wesentlich stärker auf die Bedürfnisse der Getränkeindustrie.

Ein anderes Beispiel ist die Branchenlösung für die Medienwirtschaft mySAP™ Media mit dem Add-On SAP® IS-M. R/3® wurde hier um branchenspezifische Funktionen für die Entwicklung neuer Medienprodukte, Werbemanagement und Medienvertrieb in Zeitungs- und Zeitschriftenverlagen ergänzt. Eine konkrete Erweiterung des Standards ist die Abladeregel. Die Abladeregel ist eine Regelung, die festlegt, wie viele Vertriebsausgaben von einer Route an einer Abladestelle eines Bezirkes abgeladen werden sollen. Eine Vertriebsausgabe ist die an einem Erscheinungstag physisch erscheinende Ausgabenummer einer Zeitung, Zeitschrift, Prospekt, etc. Eine Regelung ist notwendig, wenn dieselbe Vertriebsausgabe an mehreren Stellen in einem Bezirk abgeladen werden soll bzw. wenn eine Abladestelle für eine Ausgabe von mehreren Routen angefahren wird. Außerdem kann mittels der Abladeregel die Reihenfolge der Abladestellen innerhalb eines Bezirks bestimmt werden. Einflussfaktoren für die Abladeregeln sind: Route, Abladestelle, Vertriebsausgabe, Bezirk, Bezugstyp.

Eine exemplarische Funktion von mySAP™ Telecommunications ist die Forderungsabgabe fälliger Posten an externe Inkassobüros. Telekommunikationsunternehmen haben typischerweise eine hohe Anzahl Forderungen mit jeweils sehr geringen Beträgen. Das Eintreiben überfälliger Forderungen würde damit einen für das Unternehmen nicht vertretbaren Aufwand bedeuten. Die Abgabe der Posten an ein Inkassobüro wäre die logische Folge. Dabei bedarf es der Unterstützung der Prozesse bei Freigabe, Abgabe, Rückruf und Verwaltung der abgegebenen Posten sowie der Verarbeitung von eingehenden und abgegebenen Informationen an das Inkassobüro.

Trotz branchenspezifischer Ausrichtung zählen die SAP®-Branchenlösungen, wie der R/3®-Standard auch, zu den ERP-Standardlösungen. Beispielsweise ist in der Branchenlösung der Versicherungswirtschaft eine Provisionsverwaltung enthalten. Diese muss dann mittels Customizing auf die Provisionsregeln des jeweiligen Versicherungsunternehmens eingestellt werden.

Die SAP®-Branchenlösungen können zusätzlich mit einer oder mehreren mySAP®-Anwendungskomponenten kombiniert werden. So kann beispielsweise SAP® IS-M mit BW und CRM integriert betrieben werden.

Neben der Vorkonfiguration i. S. einer entsprechenden Business-Infrastruktur zeichnet sich die SAP®-Branchenstrategie durch spezielle Schnittstellen für branchentypische Komplementärsoftware und in der Nutzung von Branchensynergien aus.

Die Nutzung von Branchensynergien bedeutet Know-how-Transfer, d.h. die Integration von branchenspezifischen Komponenten in den R/3®-Standard bzw. in andere Branchenlösungen. Die damit verbundene Erweiterung und Verbesserung führt zu einem Mehr für alle SAP®-Kunden. Im Folgenden wird ein Beispiel gegeben für den Best-Business-Practice-Transfer zwischen zwei Branchenlösungen.

- mySAP™ Media
  Abonnement
    Bezugsvertrag über die regelmäßige Abnahme eines periodisch erscheinenden Druckerzeugnisses. Abhängig davon, ob alle erscheinenden Ausgaben bezogen werden oder nicht, kann unterschieden werden in: Vollabonnement und Teilabonnement (z.B.

die FAZ nur samstags). Typischerweise ist der Abopreis niedriger als die Summe der Einzelpreise der Vertriebsausgaben.

* mySAP™ Utilities (Branchenlösung für Versorgungsunternehmen)
  Abonnement
  Vereinbarung, mit der das Recht erworben wird, innerhalb eines bestimmten Zeitraums öffentliche Verkehrsmittel zu benutzen. Auch hier ist in der Regel der Preis des Abonnements günstiger als die Summe der Einzelpreise bzw. der Einzelfahrscheine.

Die Abonnementverwaltung kann sowohl von Verlags- als auch von Versorgungsunternehmen verwendet werden. Für jede SAP® Branchenlösung werden auch branchenspezifische Einführungsmodelle und spezielle Schulungen angeboten.[14]
Die Branchenlösungen SAP® Business One und mySAP® All-in-One sind nicht (unbedingt) mit der hier beschriebenen Branchenlösungen identisch.

1.2.5 Der Systemaufbau

Die R/3® Software - bis zum Releasestand 4.6C - ist aufgeteilt in ein Basissystem und in Anwendungen für die betriebswirtschaftlich zusammengehörenden Bereiche Logistik, Rechnungswesen und Personalwirtschaft sowie in die Cross Applications, die die anderen Arbeitsgebiete unterstützen bzw. erweitern. Das Basissystem hat im Wesentlichen die Aufgabe, die Zusammenarbeit zwischen den R/3®-Anwendungen (in Komponenten gebündelt), der zugrunde liegenden Datenbank und der grafischen Oberfläche, unabhängig vom genutzten Betriebssystem, sicherzustellen. Das Basissystem fungiert somit als Middleware. Des Weiteren werden zentrale Funktionen bzw. Anwendungen bereitgestellt, wie (Netzwerk-)Administration (z.B. Vergabe von Berechtigungen innerhalb von R/3®), Hardwaresteuerung, Verwaltung von Hintergrundprozessen, Entwicklungsumgebung (Development Workbench mit ABAP/4®[15]), Programmierschnittstellen zur Ergänzung des Standards (Non-R/3®-Anwendungen), SAP®-Business-Workflow. Auch das Customizing wird durch das R/3®-Basissystem realisiert. Im Gegensatz zu den Cross Applications, die auch Dienste für andere Komponenten bzw. Anwendungen leisten, ist das Basissystem nicht optional, sondern aufgrund seiner zentralen Stellung obligatorisch.
Die Ablage erzeugter Daten erfolgt in einer relationalen Datenbank. Die Datenbanksoftware muss nicht notwendigerweise von der SAP® AG geliefert werden, es kann auch z.B. Oracle verwendet werden. Wichtig ist in diesem Zusammenhang, dass die zur Ablage notwendige Tabellenstruktur zum Auslieferungsumfang von R/3® gehört.
Der dialoggesteuerte Zugriff auf die Anwendungen und damit auf die Datenbank bzw. die Daten erfolgt über das Graphical User Interface (GUI). Das R/3-System ist also dreigeteilt in eine Präsentationsebene (GUI), eine Anwendungsebene und eine Datenbankebene. Diese Dreiteilung wird als Client-Server bezeichnet. Die Abbildung 9 fasst die Ausführungen noch einmal zusammen.

---

[14] Vgl. Möhrlen, SAP®-Kompendium, 1998, S. 779f.

[15] Advanced Business Application Programming, 4. Generation, dient der Erstellung oder Abänderung von Anwendungen (Programmen) sowie zur Erstellung von unternehmensindividuellen Auswertungen (Reports).

Abbildung 9: Infrastruktur

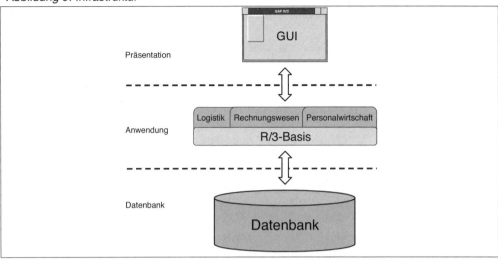

Die Fähigkeiten des R/3®-Systems können über eine Anwendungskomponentenhierarchie dargestellt werden. Die einzelnen betrieblichen Anwendungen sind dann thematisch der Komponentenhierarchie zugeordnet. Die folgende Abbildung 10 zeigt die im Release 4.6C verfügbaren Anwendungskomponenten.

Abbildung 10: Anwendungskomponenten in R/3® Release 4.6C

SAP	Anwendungskomponenten
CA	Anwendungsübergreifende Komponenten
AC	Rechnungswesen Allgemein
FI	Finanzwesen
TR	Treasury
CO	Controlling
IM	Investitionsmanagement
EC	Unternehmenscontrolling
RE	Immobilienmanagement
LO	Logistik Allgemein
SD	Vertrieb
MM	Materialwirtschaft
LE	Logistics Execution
QM	Qualitätsmanagement
PM	Instandhaltung
CS	Kundenservice
PP	Produktionsplanung und -steuerung
PS	Projektsystem
EHS	Umweltmanagement
PA	Personalmanagement
PT	Personalzeitwirtschaft
PY	Personalabrechnung
PE	Veranstaltungsmanagement
BC	Basis
SV	Service

©SAP® AG

Eine detaillierte Erläuterung von einigen der in Abbildung 10 durch Anwendungskomponenten ausgedrückten betrieblichen Bereichen erfolgt – gestützt auf die Fallstudie – in den Kapiteln 3 bis 9.

Die Benutzeroberfläche (GUI, Graphical User Interface) ist der Komponentenstruktur sehr ähnlich (siehe Abbildung 11).

Abbildung 11: Menüstruktur der Logistik

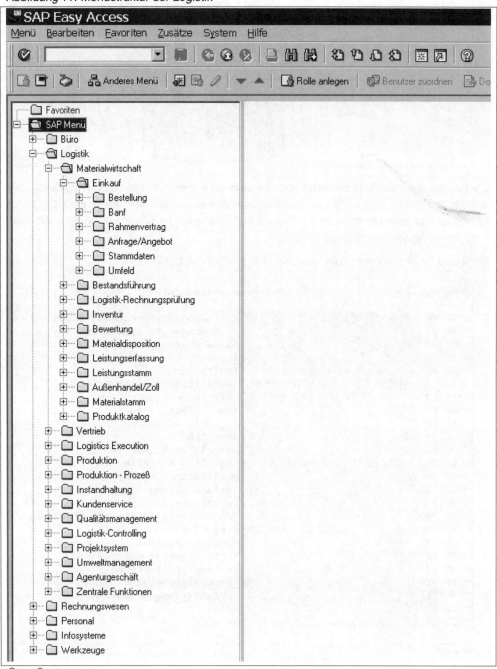

©SAP® AG

2 R/3®-Handhabung

In diesem Kapitel soll – vorbereitend auf die folgenden Kapitel – eine kurze Einführung in die wesentlichen Elemente der grafischen Benutzeroberfläche, des so genannten SAP®-GUI, gegeben werden. Ergänzend werden Funktionen sowie die für das Arbeiten notwendigen Berechtigungen behandelt. Die Ausführungen betrachten dabei Version 6.20 in ihrer Classic-Variante mit R/3® im Release 4.6C als Anwendungssystem. Die Classic-Variante bietet ausreichend „Nähe" zu den niedrigeren Release-Versionen bzw. zur Enjoy-Oberfläche (ab Version 4.6), so dass eine Adaptierung der Bedienung auf die jeweilige GUI-Version möglich sein sollte.

Die Veränderungen und Weiterentwicklungen der R/3®-Anwendungen bringen regelmäßig Veränderungen der grafischen Darstellungsweise, des SAP®-GUI mit sich. Die Abbildung 12 zeigt den Wandel des GUI beginnend bei R/3® Release 2.x bis hin zum Release 4.6.

Abbildung 12: Wandel des GUI in Abhängigkeit vom R/3® Release

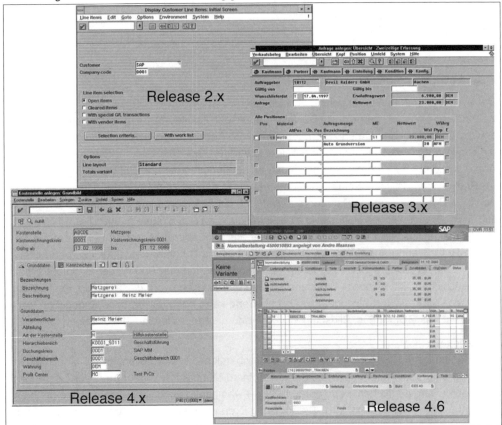

Bildschirmbilder ©SAP® AG

2.1 Anmeldung/Abmeldung

Der Einstieg in das R/3®-System kann prinzipiell über zwei Wege geschehen. Der Zugriff auf das GUI und damit auf das R/3®-System kann über ein Icon im Startmenü von Windows®

erfolgen. Daneben kann das so genannte SAP®-Logon-Pad genutzt werden. Dieses wird analog per Icon im Windows®-Startmenü gestartet. Im Gegensatz zur ersten Variante kann hier eine Auswahl hinsichtlich des Applikationsservers (Anwendungsebene) getroffen werden. In der Abbildung 13 beherbergt das SAP®-Logon vier Zugänge zu Applikationsservern. Diese können zum gleichen oder auch zu verschiedenen Systemen gehören. Technisch wird die Verbindung über die Zuweisung einer IP-Adresse oder eines Rechnernamens erreicht (hier mit xxx.xxx.xxx.xxx gekennzeichnet).

Abbildung 13: SAP®-Logon und seine Eigenschaften

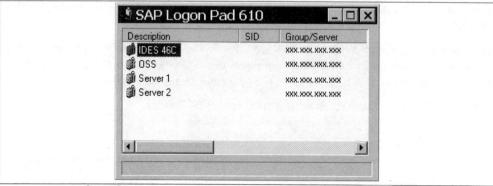

Bildschirmbilder © SAP® AG

Die Verbindung zum Server wird durch Doppelklick auf einen – mit beliebigem Namen bezeichneten – Server hergestellt. Es folgt der in der Abbildung 14 gezeigte Anmeldebildschirm. Da die nötigen Daten zum Bildaufbau vom Anwendungsserver kommen und vor Ort die Umsetzung in Zusammenarbeit mit dem jeweiligen Betriebssystem erfolgt, erscheint das Anmeldebild nur bei einem funktionsfähigen Anwendungsserver und Datenbankserver.

Im R/3®-System ist jede Benutzeraktion stets einer handelnden Person eindeutig zuzuordnen bzw. Benutzer sind mit Rechten ausgestattet, die Aktionen erlauben. Daher ist bei SAP® R/3® vor der eigentlichen Benutzung eine Anmeldung an das System notwendig.

Der Anmeldebildschirm verlangt vom Benutzer vier Eingaben, die sich auf die gesamte folgende R/3®-Sitzung auswirken. Im Feld Mandant ist die Nummer des aktuell zu bearbeitenden Mandanten einzugeben, hier lautet die Mandantennummer 900. Jeder Benutzer erhält grundsätzlich eine individuelle Benutzerkennung und ein Kennwort; diese sind in den Feldern Benutzer und Kennwort einzugeben. Abschließend kann noch die Sprache angegeben werden, in der das GUI Menüs, Bildschirmbilder, Feldernamen, Hilfetexte etc. anzeigen soll.

• Mandant

Der Mandant steht für logisch getrennte „Datenbereiche" in der Datenbank. Die letztlich in Tabellen geführten Daten(sätze) sind jeweils einem Mandanten zugeordnet. Der Begriff des Mandanten wird deutlicher, wenn der Mandant – was häufig geschieht – einem Unternehmen oder Konzern gleichgesetzt wird. Die logische Trennung ist also z.T. betriebswirtschaftlich motiviert. Würden sich zwei Unternehmen ein System teilen – was weniger häufig vorkommt – so kann die betriebswirtschaftliche Vermischung von Daten eben durch die Einrichtung von zwei Mandanten auf einem R/3®-System verhindert werden. Der Mandant bildet somit die logische Datenumgebung (eines Unternehmens).

Zur Wahrung der Eindeutigkeit werden in SAP® R/3® für sämtliche Objekte und Vorgänge alphanumerische bzw. numerische „Namen", d.h. Schlüssel vergeben. Der Mandant wird über eine dreistellige Nummer identifiziert. Zulässig sind bis zu 1000 Mandanten (000-999) in einem R/3®-System. Der Begriff des R/3®-Systems kann letztlich auch auf eine software-technische Einheit reduziert werden, d.h. es können auch zwei R/3®-Systeme auf derselben Hardware laufen.

• Benutzer und Kennwort

Findet eine erstmalige Anmeldung am System statt, so ist ein voreingestelltes so genanntes Initialkennwort einzugeben, welches nach dem Anmelden vom Benutzer zu ändern ist. Die Anmeldung eines bestimmten Benutzers ist nicht an einen Arbeitsplatzrechner gebunden, d.h. jeder Benutzer kann sich mit seiner Benutzerkennung und seinem Kennwort von belie-bigen an das System angeschlossenen Arbeitsplatzrechnern aus anmelden. Allerdings kön-nen sich auch verschiedene Mitarbeiter mit der gleichen Benutzerkennung und dem gleichen Kennwort von mehreren Arbeitsplatzrechnern aus anmelden. Die angestrebte eindeutige Zuordnung von Mitarbeiter zu Benutzerkennung kann so nicht mehr hergestellt werden. Die Vergabe der gleichen Kennung an mehrere Benutzer sollte vermieden werden, wobei dieses Vorgehen für Schulungszwecke – in Abhängigkeit von den Benutzerrechten - als relativ un-kritisch anzusehen ist.

Abbildung 14: SAP® R/3®-Anmeldebildschirm (GUI-Version 6.20)

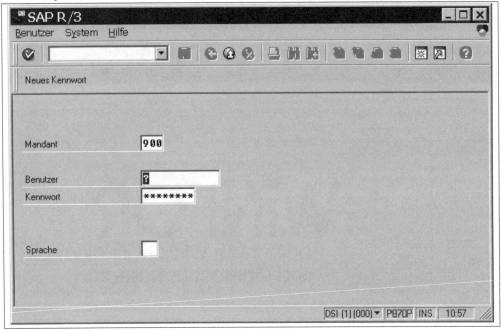

©SAP® AG

• Sprache

Das Feld Sprache kann ausgefüllt werden, falls für das GUI mehrere Sprachversionen zur Verfügung stehen bzw. installiert sind. In dem hier verwendeten System ist die Standard-Sprachversion deutsch, somit muss im Feld Sprache nichts einzugeben werden. Zwischen den einzelnen Feldern kann mit der Tab-Taste hin- und hergewechselt werden. Eine Ände-rung des Kennwortes ist vom Anmeldebildschirm aus möglich. Nach Eingabe von Benutzer-name und Kennwort auf die Schaltfläche **Neues Kennwort** klicken. Es folgt per Dialogbox die Aufforderung, ein neues Kennwort (doppelt) einzugeben.

Für die Vergabe eines Kennworts gelten die folgenden Regeln:

- Kennwortlänge zwischen drei und acht Zeichen.
- Als erstes Zeichen darf kein Ausrufezeichen, Fragezeichen oder Leerzeichen stehen.
- Die ersten drei Zeichen des Benutzernamens dürfen nicht mit den ersten drei Zeichen des Kennwortes identisch sein, also darf z.B. Herr Schneider nicht Schule als Kennwort benutzen.
- Drei aufeinander folgende, gleiche Zeichen am Beginn des Kennwortes sind nicht erlaubt.
- Zwischen Groß- und Kleinschreibung wird nicht unterschieden.
- Keines der fünf zuletzt verwendeten Kennwörter ist zulässig.
- Kennwörter dürfen nicht PASS oder SAP® lauten.
- Kennwörter dürfen keine Umlaute enthalten.

Die eigentliche Anmeldung nach Kennworteingabe erfolgt durch einen Mausklick auf das grüne „Häkchen-Symbol" ☑ bzw. durch Betätigen der ENTER-Taste; nach erfolgreicher Anmeldung erscheint das in Abbildung 15 gezeigte Fenster, welches als SAP®-Ebene bezeichnet wird und von dem aus alle R/3®-Aktivitäten möglich sind. Die Abmeldung erfolgt über den Menüpunkt SYSTEM in der Menüleiste. Ein Mausklick auf den Menüpunkt ABMELDEN meldet den Benutzer nach einer Sicherheitsrückfrage komplett vom SAP®-System ab. Zum Neuanmelden ist dann ein Neustart des SAP®-Frontends erforderlich.

Abbildung 15: Die SAP®-Ebene (GUI-Version 6.20 in der Classic-Variante)

©SAP® AG

Die sog. SAP®-Easy-Access-Menüstruktur – im linken Bildschirmbereich - scheint dem Windows Explorer nachempfunden zu sein. Durch Öffnen der jeweiligen Ordner gelangt der Benutzer zu den Anwendungen. Ein Doppelklick auf das Anwendungssymbol 🗐 startet die Anwendung. Der rechte Bildschirmbereich kann mit nahezu beliebigen Bildern bzw. Logos gestaltet werden.

Abbildung 16: Von der SAP®-Ebene in die Anwendung

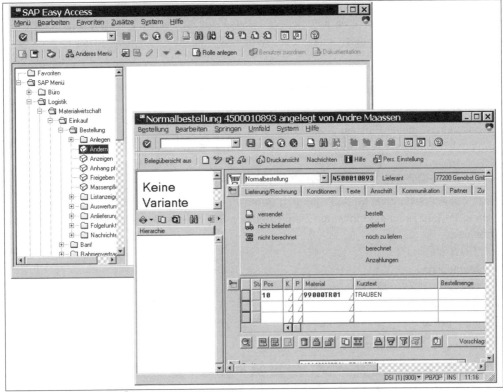

Bildschirmbilder ©SAP® AG

Abbildung 17: SAP-Ebene bei Releases <4.6

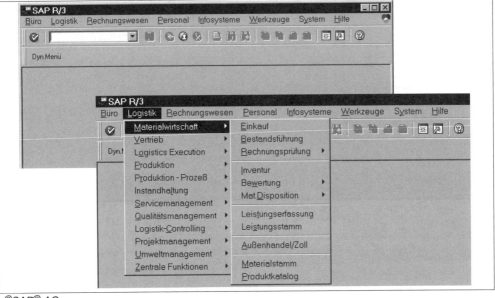

©SAP® AG

Bei älteren R/3®-Systemen als das Release 4.6 zeigt sich die SAP®-Ebene bzw. der Weg zur Anwendung wie in Abbildung 17 dargestellt.

Dabei spielt es keine Rolle, ob eine höhere Version des GUI verwendet wird. Prinzipiell gilt, dass das GUI-Release gleich oder höher dem R/3®-Release sein muss. Das GUI ist abwärtskompatibel.

2.2 Die Bedienungselemente des R/3®-Systems

Im Folgenden sollen nun ausgewählte Bildschirm- bzw. Fensterelemente vorgestellt werden, so dass ein schneller Einstieg in die Bedienung des GUI möglich sein sollte. Die Ausführungen basieren auf dem R/3® 4.6C mit der GUI 6.10 bzw. 6.20.

2.2.1 Fensterarten und Fensterelemente

Nach der Anmeldung ist für den Standard-Benutzer das in Abbildung 15 gezeigte Fenster zu sehen. Im Einzelnen sind folgende Bereiche eines SAP®-Fensters (Abbildung 18) zu unterscheiden:

- Titelleiste,
- Menüleiste,
- Symbol- oder Drucktastenleisten - oder
- Arbeitsbereich,
- Statuszeile.

Abbildung 18: Bildschirmelemente

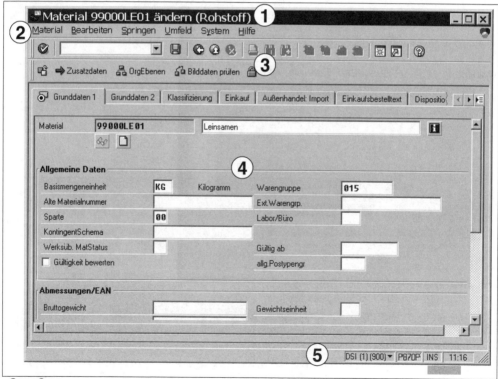

©SAP® AG

In der Titelleiste ① steht die aktuell aktive Anwendung i.S. einer „Positionsbestimmung". Die Menüleiste ② stellt dem Benutzer alle von der aktuellen Position aus erreichbaren Funktionen zur Verfügung. In der Symbolleiste ③ werden Schaltflächen angeboten, die häufig verwendete Funktionen verkörpern. Die obere der beiden Leisten ist die Standardsymbolleiste. Diese ist immer vorhanden. Teilweise sind die Symbole kontextabhängig. Die untere Leiste ist vollständig kontextabhängig. Im Arbeitsbereich ④ erfolgt die eigentliche Arbeit mit dem System, hier können je nach Anwendung Eingaben getätigt oder Auswahlen getroffen werden. Die Statuszeile ⑤ enthält Statusinformationen im rechten Bereich, im linken Bereich werden Systemmeldungen angezeigt (z.B. Fehler). Auf einzelne Elemente wird nun vertiefend eingegangen.

Die Elemente der Standardsymbolleiste sind mit folgenden Funktionalitäten hinterlegt:

Symbol	Beschreibung/Funktion
	Enter-Symbol: Bestätigung von Eingaben und Fortschreiten im Programm
	Befehlsfeld: Dient der Eingabe von Befehlen (Transaktionscodes)
	Speichern: Die aktuellen Änderungen werden gesichert, die Eingaben werden gebucht.
	① Dieses Symbol führt zurück zum vorhergehenden Bildschirm. Falls Änderungen verloren gehen, erfolgt eine Benutzerrückfrage. ② Durch Anklicken dieses Symbols wird die aktuelle Anwendung beendet. Der Benutzer gelangt zurück zum Einstieg (in die Anwendung). Falls Änderungen verloren gehen, erfolgt eine Benutzerrückfrage. Je nach Anwendung wird sofort auf die SAP®-Ebene zurückgesprungen. ③ Ein Mausklick auf dieses Symbol bricht die aktuelle Anwendung ab. Falls Änderungen verloren gehen, erfolgt eine Benutzerrückfrage.
	① Falls möglich, können die auf dem Bildschirm angezeigten Daten ausgedruckt werden. ② Mit diesen beiden Symbolen kann nach Suchbegriffen gesucht werden, die für den aktuellen Bildschirm benötigt werden. Die Taste Weitersuchen ( ) sucht mit einem vorherigen Suchbegriff nach einem erneuten Auftreten.
	① Ermöglicht das Rückblättern innerhalb von Informationen, die linke Taste geht komplett zum Anfang, die rechte Taste blättert eine Seite zurück. ② Ermöglicht das Vorblättern innerhalb von Informationen, die linke Taste geht komplett zum Ende, die rechte Taste blättert eine Seite vor.

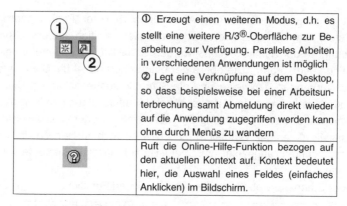

① ※ ②	① Erzeugt einen weiteren Modus, d.h. es stellt eine weitere R/3®-Oberfläche zur Bearbeitung zur Verfügung. Paralleles Arbeiten in verschiedenen Anwendungen ist möglich ② Legt eine Verknüpfung auf dem Desktop, so dass beispielsweise bei einer Arbeitsunterbrechung samt Abmeldung direkt wieder auf die Anwendung zugegriffen werden kann ohne durch Menüs zu wandern
⑦	Ruft die Online-Hilfe-Funktion bezogen auf den aktuellen Kontext auf. Kontext bedeutet hier, die Auswahl eines Feldes (einfaches Anklicken) im Bildschirm.

Unterhalb der beschriebenen Standardsymbolleiste können in einer weiteren Leiste anwendungsspezifische Drucktasten angezeigt werden. Während sich die Standardsymbolleiste nicht verändert, sondern höchstens einige Tasten zeitweise nicht anwählbar sind, werden in dieser Symbolleiste nur Drucktasten angezeigt, die im aktuellen Kontext gültig und notwendig sind. Abbildung 19 zeigt ein Beispiel aus der Anwendung „Bestellung anlegen". Auf einzelne dort vorhandene Funktionen soll an dieser Stelle nicht eingegangen werden, da dies bei der Besprechung der einzelnen Anwendungen erfolgen soll.

Abbildung 19: Kontextabhängige Symbolleiste

©SAP® AG

Im Arbeitsbereich werden von dem Benutzer Eingaben und Auswahlen gefordert. In R/3® erfolgt die Eingabe in Felder mit unterschiedlichen Aufgaben bzw. Eigenschaften:

Symbol	Erläuterung
Basismengeneinheit ?	**Musseingabefeld**: Eine Eingabe in dieses Feld ist zwingend erforderlich, verkörpert wird dies durch das Fragezeichen. Mussfelder sind durch ein Fragezeichen gekennzeichnet. Welche Felder das Attribut „Muss" besitzen, kann über das Customizing eingestellt werden.
Material ± Bitte alle Mußfelder ausfüllen	**Musseingabefeld, nicht gekennzeichnet**: In Ergänzung zu oben gibt es auch Mussfelder, die nicht gekennzeichnet sind, aber trotzdem vom System verlangt werden, z.B. hier Materialnummer (notwendig zur eindeutigen Identifikation eines Materialstammsatzes). Bei Nicht Eingabe erscheint unten in der Statusleiste eine Fehlermeldung
Warengruppe	**Kanneingabefeld**: Eine Eingabe in dieses Feld ist nicht zwingend erforderlich, allerdings ist es durchaus möglich, dass eine Eingabe für den weiteren Ablauf der Anwendung benötigt wird, eine Nichteingabe führt dann zu einer Fehlermeldung, die zur Eingabe eines Wertes auffordert.
Frei verwendbar 11.656	**Anzeigefeld**: Hier sind keine Eingaben möglich, es werden nur Daten angezeigt, welche entweder schon vorher eingegeben wurden oder systemseitig generiert worden sind. Erkennungsmerkmal: grau hinterlegtes Feld.

☐ Freigabe n. Ausgabe	**Ausgeblendetes Feld:** Das Feld ist zwar (offensichtlich) auf dem aktuellen Bildschirm vorhanden, aber im aktuellen Kontext nicht relevant. Erkennungsmerkmale: Feld und Schrift sind grau und Änderungen sind nicht möglich.
⦿ Normal ◯ Lohnbearbeitung ◯ Pipeline	**Auswahlknöpfe:** Diese Feldart tritt stets gruppiert auf, durch Anklicken des Kreises vor der Beschriftung wird eine Auswahl aus dem Angebot getroffen. Ist eine Option nicht ausgewählt, so ist der Kreis leer (◯). Eine Mehrfachauswahl innerhalb der Gruppe ist nicht möglich.
☐ Sofort ausgeben	**Ankreuzfeld:** Hier können Optionen durch Ankreuzen ausgewählt werden. Stehen mehrere dieser Ankreuzfelder zur Verfügung, so können auch mehrere gleichzeitig ausgewählt werden, eine Mehrfachauswahl ist also möglich. Ist ein Feld angekreuzt, wird es mit einem „Häkchen" versehen (☑).
Materialart ▼ Fertigungshilfsmittel Food (excl. Frische) Frischprodukte Getränke Halbfabrikat Handelsware Herstellerteil Hilfs-/Betriebsstoff Instandhaltungs-Ba ▼	**Auswahlfeld:** Durch Anklicken von ▼ wird eine Auswahl an Werten gezeigt. Das Anklicken von Einträgen wählt aus. Eine freie bzw. beliebige Eingabe ist nicht möglich.
Lagerort ⬇	**Feld mit Unterstützung** Hierbei handelt es sich um ein Feld, bei dem ähnlich zum vorherigen eine Auswahl existiert, d.h. nur Werte des Auswahlraumes sind zulässig. Anders als oben wird eine Liste in einem eigenen Dialogfenster oder ein Dialogfenster zur Einschränkung des Suchbereichs angezeigt. Es wird der veränderten Vorgehensweise zufolge auch ein anderes Symbol ⬇ verwendet.

Ein Beispiel für das „Feld mit Unterstützung" ist das Feld Materialnummer beim Einstieg in die Anzeige von Materialstammsätzen. Zur Auswahl des Stammsatzes muss eine Materialnummer in das entsprechende Feld eingegeben werden. Diese Nummer muss logischerweise vorhanden sein. Ist die Nummer – für den Augenblick – nicht bekannt, so kann diese über eine Auswahl aufgefunden werden. Am Rand des besprochenen Feldes ist ein Symbol zu sehen, welches einen nach unten zeigenden Pfeil mit einem Unterstrich ⬇ zeigt. Ein Klick auf diese Taste ist gleichbedeutend mit dem Druck der Taste F4. Es öffnet sich entweder ein Dialogfenster, in dem die Auswahl weiter eingeschränkt werden kann, oder eine Ergebnisliste, in dem die möglichen Eingaben für das betreffende Feld direkt auswählbar sind. Die Abbildung 20 zeigt ein Beispiel einer solchen Ergebnisliste:

Abbildung 20: Ergebnisliste für ein Eingabefeld

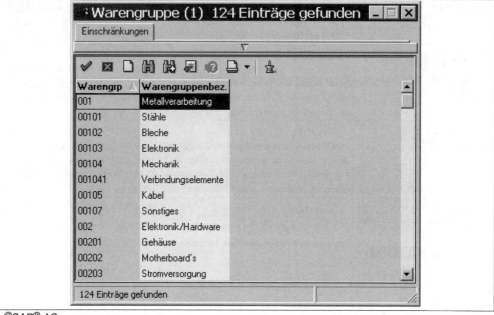

©SAP® AG

Weiter gibt es Dialogfenster, die in Abhängigkeit von Eingaben erscheinen. In ihm werden vom Benutzer zusätzliche Informationen angefordert. Dies ist z.B. bei Unterschieden zwischen der Basismengeneinheit und der Bestellmengeneinheit der Fall. Bei der Pflege einer von der Basismengeneinheit abweichenden Bestellmengeneinheit werden über ein Dialogfenster zusätzlich zum Eingabefeld spezifischere Angaben verlangt, die vom Umfang her den Rahmen des ursprünglichen Fensters sprengen würden. Typisch für ein solches Dialogfenster ist, dass es nicht in der Größe verändert werden kann und dass sowohl Symbol- als auch Menüleiste fehlen. Abbildung 21 zeigt das für das Beispiel relevante Dialogfenster.

Abbildung 21: Dialogfenster

©SAP® AG

In manchen Anwendungen werden Register zur Verfügung gestellt. In Abbildung 22 ist ein Materialstammsatz, aufgerufen durch die Anwendung „Material ändern", abgebildet. Durch anklicken der Registernasen kann zwischen den Datenblättern gewechselt werden.

Abbildung 22: Register unter R/3®

©SAP® AG

Eine Hilfestellung bei der Bearbeitung beispielsweise von Bestellungen, bietet die Beleg-übersicht (s. Abbildung 23).

Abbildung 23: Belegübersicht

©SAP® AG

Über Belegübersicht aus kann die Belegübersicht zu- bzw. abgeschaltet werden. In der Übersicht können entsprechend der über ⬧▾ ausgewählten Belegart (z.B. Bestellungen, Anfragen, etc.) Belege aufgelistet werden. Sollen nur die vom Benutzer selbst angelegten Belege aufgelistet werden, so ist beispielsweise „Meine Bestellungen" zu wählen. Durch Doppelklick können die gelisteten Belege detailliert betrachtet (im Arbeitsbereich) werden. Je nach Anwendung lassen sich die Listeneinträge auch weiter aufblättern, so dass eine tabellarische Kurzinfo zum Beleg sichtbar wird.

Das SAP®-GUI enthält zudem eine Statuszeile. Der rechte Bereich der Statuszeile enthält neben der Uhrzeit und der Information, ob die Einfügens-Taste gedrückt ist oder nicht, zusätzliche Angaben, welche die Struktur des aktuell aktiven R/3®-Systems betreffen.

Abbildung 24: Der rechte Bereich der R/3®-Statuszeile

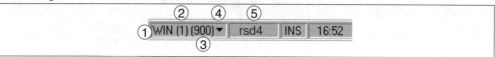

Bildschirmbild ©SAP® AG

Die Angabe ① (hier: WIN) bezeichnet den Systemnamen der aktuellen R/3®-Installation. Der Benutzer hat die Möglichkeit, Anwendungsfunktionen in verschiedenen Fenstern zu nutzen (z.B. Material anlegen in einem Fenster und Kreditor ändern in einem anderen Fenster). Ein geöffnetes Fenster wird als Modus bezeichnet. Der Eintrag ② der Statuszeile bezeichnet die Nummer des unter der aktuellen Anmeldung geöffneten SAP®-Fensters (Modus, hier: 1).

Abbildung 25: Systemdaten schnell anzeigen

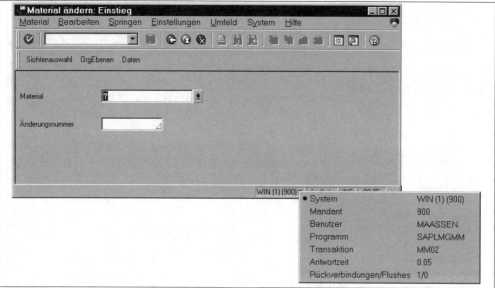

©SAP® AG

Beim Anmelden am R/3®-System öffnet das System den ersten Modus. Mit der Information ③ wird die Nummer des Mandanten (hier 900) bezeichnet, mit dem momentan gearbeitet wird. Ab der GUI-Version 4.x erbringt ein Mausklick auf den nach unten zeigenden Pfeil ④ in der Statuszeile eine Auswahl von Systemdaten. Ausführlichere Systemdaten lassen sich über das Menü SYSTEM ⇨ STATUS anzeigen. Das Menü SYSTEM ist neben dem Menü HILFE immer verfügbar.

Die Angabe ⑤ stellt den Namen desjenigen physikalischen Applikationsservers dar, auf dem die aktuelle Installation abläuft, hier ist dies „rsd4". Auf einem Applikationsserver können mehrere Installationen aus der R/3®-Applikationsebene vorgenommen werden.

Der linke Bereich der Statuszeile gibt Meldungen des R/3®-Systems aus. Wurde beispielsweise eine notwendige Eingabe vergessen oder ist die verlangte Transaktion nicht möglich, so erhält der Benutzer in der Statuszeile darüber eine Information. Ein Beispiel zeigt die Abbildung 26, hier wurde ohne die Eingabe der Materialbezeichnung die ENTER-Taste gedrückt oder eine Registernase angeklickt. Solange das Mussfeld nicht gepflegt ist, werden alle anderen Felder „ausgegraut". Ein Klick auf die blaue Statusleiste erbringt eine Kurzhilfe zur aktuell angezeigten Systemmeldung.

Abbildung 26: Meldungen in der Statuszeile (linker Bereich)

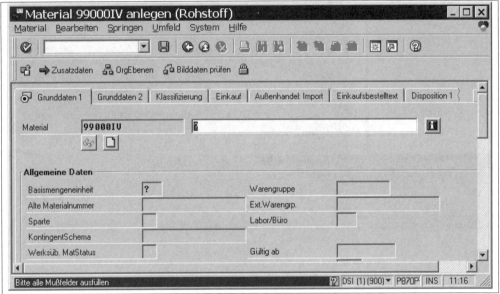

©SAP® AG

2.2.2 Anwendungen starten

Nach der Anmeldung an das R/3®-System befindet sich der Benutzer in der SAP®-Ebene. Der SAP-Easy-Access-Baum zeigt alle möglichen Arbeitsgebiete des R/3®-Systems an. In R/3® sind alle Aufgaben in thematisch zusammengehörige Komplexe gegliedert. Diese werden Arbeitsgebiete genannt.

Durch Doppelklick auf das Ordnersymbol ⬜ oder durch Anklicken von ⊞ wird – angelehnt an die Vorgehensweise im Windows Explorer – der Menübaum bis zur Anwendung aufgerissen. Die Anwendung wird dann – wie oben beschrieben – durch einen Doppelklick auf das Anwendungssymbol ⟨⟩ gestartet.

Die Anwendungen bestehen häufig auch aus mehreren Bildschirmbildern und damit aus mehreren Dialogschritten. Die Anwendung ist damit im Prinzip der Transaktion gleichzusetzen. Anwendungen können wahlweise auch über einen Transaktionscode aufgerufen werden. Der vierstellige Transaktionscode wird in das in jedem Bildschirmbild verfügbare Feld

| | ▼ | in der Symbolleiste eingetragen, z.B. MB01 zum Aufruf der Anwendung „Wareneingang zur Bestellung"[16]. Nach Eingabe des Transaktionscodes muss noch ✅ angeklickt oder die ENTER-Taste betätigt werden.

Abbildung 27: Transaktionscode für den Start von Anwendungen

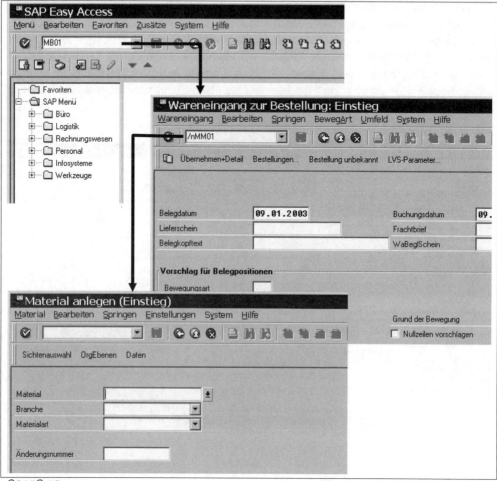

©SAP® AG

Wird der Transaktionscode im Bildschirm einer Anwendung eingegeben (wie im oben bei „Wareneingang zur Bestellung: Einstieg"), so muss zusätzlich „/n" vor den Transaktionscode gesetzt werden.

Die jeweilige Transaktionscode kann durch Anklicken des Pfeils in der Statusleiste herausge-funden werden[17] oder wahlweise über das Menü SYSTEM ⇨ STATUS. Die Transaktionsco-de (in der folgenden Abbildung MM02) befindet sich dann im Bereich der „Repository Daten". Dass sich der Benutzer in einer Anwendung befindet, ist zumeist an zwei anwendungsspezi-fischen Charakteristika zu erkennen: Zum einen ist der Inhalt der Titelzeile häufig zweigeteilt, wobei der erste Teil die aktuelle Anwendung bezeichnet und der zweite die aktuelle Position

---

[16] S. auch Abbildung 28.

[17] Vgl. Abbildung 25.

in der Anwendung (hier: Einstieg). Zum anderen werden in einer Anwendung vom Benutzer Eingaben verlangt, um z.B. ein Material näher zu kennzeichnen oder aus mehreren Angeboten das günstigste auszuwählen oder es werden Daten angezeigt.

Abbildung 28: Status

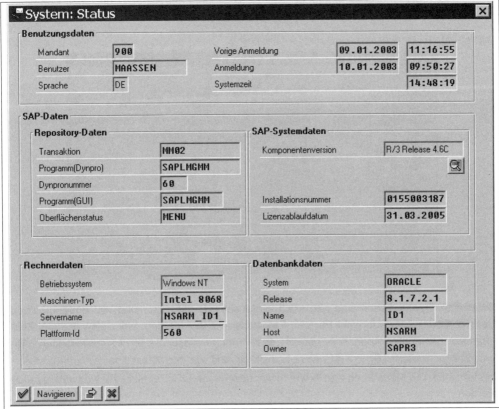

©SAP® AG

Für die vielfältigen Anforderungen gibt es verschiedene Arten von Anwendungen:

- Eingabeanwendungen zur Neueingabe von Daten,
- Pflegeanwendungen zur Änderung bereits eingegebener Daten,
- Anzeigeanwendungen zur Information (auch Listen),
- Systemanwendungen zum Einstellen und Anzeigen von Systemparametern wie Berechtigungen.

Es ist möglich, in mehreren R/3®-Anwendungen parallel zu arbeiten, dazu können mehrere R/3®-Fenster geöffnet werden. Diese werden als Modi bezeichnet und sind voneinander unabhängig auf dem Desktop platzierbar. Ein Benutzer kann mit verschiedenen Modi mit derselben Anwendung arbeiten, aber nicht dasselbe Datenobjekt bzw. denselben Datensatz bearbeiten. Beispielsweise kann über Modus 1 und Modus 2 Material geändert werden. Es müssen nur verschiedene Materialstammsätze sein. R/3® unterscheidet nicht, wie viele Benutzer einen Stammsatz bearbeiten wollen, sondern, wie viele Modi auf den Datensatz zugreifen wollen. So kann es passieren, dass ein Benutzer sich selbst von der Datenbearbeitung ausschließt.

Ein neuer Modus wird geöffnet, wenn in der Menüleiste SYSTEM und im sich öffnenden Pull-down-Menü ERZEUGEN MODUS ausgewählt wird bzw. die Schaltfläche in der Symbolleiste genutzt wird. Es können bis zu sechs Modi von einem Benutzer geöffnet werden.

Ein Modus wird stets unter der aktuellen Anmeldung geöffnet, d.h. Mandant und Benutzer werden vom ursprünglichen Modus übernommen. Möchte der Benutzer diesbezüglich einen Wechsel vornehmen, so ist das SAP®-GUI erneut zu starten.

Abbildung 29: Transaktion zur Berichtserstellung

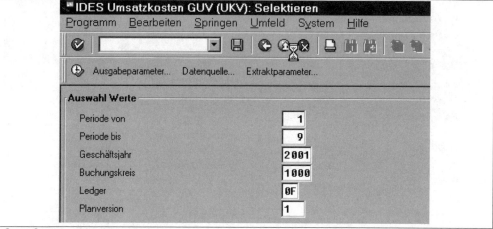

©SAP® AG

Bestimmte Transaktionen sind sehr rechenintensiv, z.B. die Erstellung von umfangreichen Berichten oder Auswertungen. Für den Fall, dass eine Ausführung, beispielsweise aus Zeit-gründen, gestoppt werden soll, besteht das Problem, dass die bisher vorgestellten „Ab-bruchmöglichkeiten" ( ) nicht anklickbar sind, da der Mauszeiger als Sanduhr dar-gestellt wird. Die Maus kann also – wie in Windows dann üblich – nicht zur Auswahl genutzt werden.

Abbildung: Transaktion stoppen

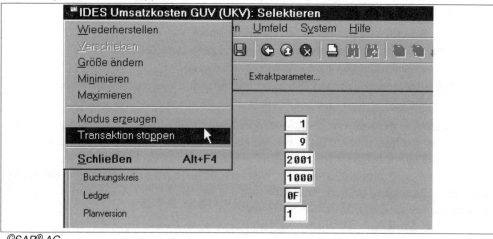

©SAP® AG

Damit diese Transaktion in ihrer Ausführung dennoch gestoppt werden kann, ist das Logo in der Titelleiste des Fensters anzuklicken. Aus den Menüpunkten ist dann TRANSAKTION STOPPEN auszuwählen. Die Erstellung des Berichts würde abgebrochen.

2.3 Suchhilfe

Häufig müssen im R/3®-System Eingaben in Form von Schlüsseln vorgenommen werden. Dabei kann es sich um Nummern (z.B. EAN etc.), Schlüssel (z.B. Kreditorennummer) oder Namen handeln, die dem Benutzer jedoch häufig nicht so geläufig sind, dass sie auswendig eingegeben werden können. Durch drücken der F4-Taste oder des ▣-Symbols neben dem Eingabefeld öffnet sich – nachdem vorher schon in das Feld geklickt wurde - die so genannte Matchcode-Suche. In ihr kann der Suchbereich für den gesuchten Begriff eingeschränkt werden. Anschließend kann dann wieder aus einer Ergebnisliste der gesuchte Datensatz (z.B. Kreditor) ausgewählt werden. Es können direkt Suchbegriffe eingegeben werden, dabei müssen nicht alle Felder ausgefüllt werden, die für Einschränkung der Suche angeboten werden.

Wird nur ein Teil eines Wortes eingegeben, so kann durch Eingabe eines Sterns (*) alles gesucht werden, was mit dem Wortteil beginnt. Wird nichts eingegeben, so erfolgt die Ausgabe aller Objekte, hier der Materialnummer mit ihrem Kurztext und Pflegesprache. Die Anzahl wird prinzipiell auf 500 beschränkt, sie kann aber bei Bedarf erhöht werden. Das in der Ergebnisliste gefundene Objekt wird nach Auswahl in die Anwendung übernommen. Es kann nun mit der Bearbeitung der Materialstammdaten begonnen werden. Die Vorgehensweise bei der Matchcodesuche wird im Folgenden an einem Beispiel gezeigt.

Ein Materialstammsatz soll geändert werden. Dazu wurde die entsprechende Anwendung „Material ändern" aufgerufen. Damit der richtige Stammsatz von der Anwendung aus der Datenbank abgerufen wird, muss eine Materialnummer eingegeben werden. Da die Materialnummer zunächst nicht bekannt ist, wird die Matchcodesuche zur Hilfe genommen. Eingaben werden in der folgenden Anleitung kursiv geschrieben, Hinweise werden mit ▸ ... gekennzeichnet.

FENSTER	MENUEPFAD/EINGABE
	LOGISTIK ⇨ MATERIALWIRTSCHAFT ⇨ MATERIALSTAMM ⇨ **MATERIAL** ⇨ ÄNDERN ⇨ SOFORT
Sichtenauswahl OrgEbenen Daten Material ⬦ Änderungsnummer	**Material ändern: Einstieg** In das Feld der Materialnummer klicken und Taste F4 drücken oder ⬦ anklicken. ▸ Bei dem Feld Materialnummer handelt es sich um ein Muss-Feld, d.h. die Eingabe ist obligatorisch.

▶ Es stehen mehrere Suchstrategien zur Verfügung, d.h. verschiedene Kombinationen von Suchfeldern. Zur Navigation können Drucktasten verwendet werden, wobei ⟩≣ eine Liste die verfügbaren Suchstrategien zeigt. Hier wird die Suchstrategie „Material zur Materialart" mit der Suchfelderkombination Materialart, Materialkurztext, Sprachenschlüssel, Material(nummer) gezeigt. Die Anzeige ist beschränkt auf maximal 500 Treffer.

Materialkurztext: *Haferflocken*

✔ weiter

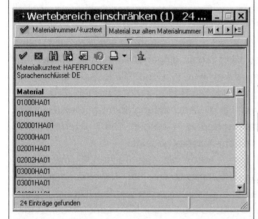

▶ Es werden alle Materialien gesucht, in deren Kurztext Haferflocken enthalten ist.

▶ Falls die Suche noch einmal mit anderen Werten oder eine andere Suche gestartet werden soll, muss das Register der jeweiligen Suchstrategie

✔ Materialnummer/-kurztext angeklickt werden.

Den Datensatz auswählen, der geändert werden soll, und mittels ✔ übernehmen.

Material ändern: Einstieg

▶ Die Materialnummer wurde übernommen. Der Materialstammsatz kann geändert werden. Die Vorgehensweise zur Änderung eines Materialstammsatzes wird in Kapitel 4.1.3, Seite 112, ausführlich erläutert.

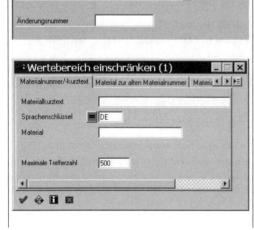

▶ Soll innerhalb eines Wertebereichs oder sollen mehrere Einzelwerte gesucht werden, so kann in der Dialogbox über die Mehrfachselektion ✧ eine entsprechende Werteeinschränkung gesetzt werden.

Die Materialnummer muss im Intervall 8x bis 999x liegen. Dazu in das Feld Material klicken und ✧ anklicken

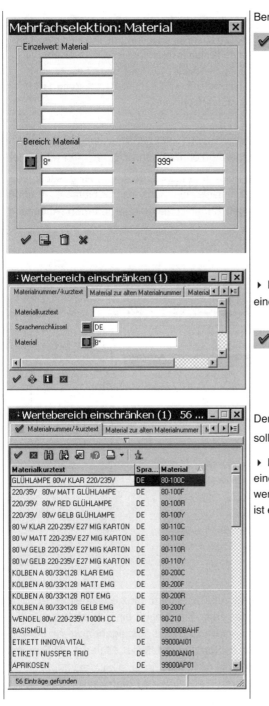

Bereich: Material: *8* - 999**

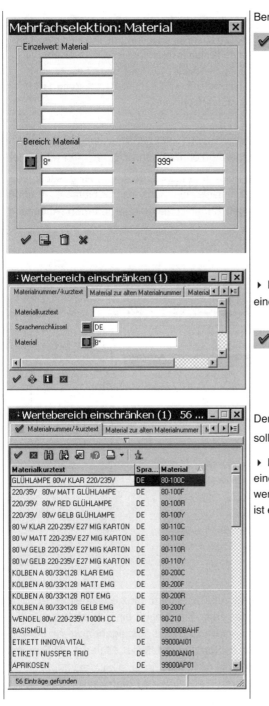 weiter

▸ Das Intervallkennzeichen ![] zeigt an, dass eine Mehrfachselektion (hier ein Intervall) besteht.

 Start der Suche

Den Datensatz auswählen, der geändert werden soll, und mittels übernehmen.

▸ Durch Anklicken eines Registers kann wieder eine erneute Suchauswahl zusammengestellt werden. Die Auswahl einer anderen Suchstrategie ist ebenfalls möglich.

Material ändern: Einstieg

▸ Die Materialnummer wurde übernommen. Der Materialstammsatz kann geändert werden. Die Vorgehensweise zur Änderung eines Materialstammsatzes wird in Kapitel 4.1.3, Seite 112, ausführlich erläutert.

Bei der Mehrfachauswahl können auch Operatoren eingesetzt werden, um die Suche zu vereinfachen. Ein Klick auf das vorhandene Operatorkennzeichen, z.B. ▬, führt zu einer Auswahl von möglichen Operatoren. Es könnte also nun eine Materialnummer gesucht werden, die in einer alphanumerischen Sortierung beispielsweise jenseits der Nummer 420008 liegen. Der Operator wird nach Auswahl mit in den Suchhilfedialog übernommen (Abbildung 30).

Abbildung 30: Selektionsoptionen

©SAP® AG

Die Suchstrategien und ihre Suchfelderkombination haben einen ganz entscheidenden Einfluss auf die Trefferliste. Zum einen bestimmt der erste Suchbegriff einer Suchstrategie die Sortierung der Trefferliste. Zum anderen können nur dann Treffer ausgegeben werden, wenn die Suchbegriffe (z.B. Materialart, Materialkurztext, Sprachenschlüssel, Material) im Stammsatz gepflegt sind. Ist beispielsweise für das Material 4712 kein Materialkurztext gepflegt, so wird die Suchhilfe „Material zur Materialart" in ihrer Trefferliste das Material 4712 nicht mit ausgeben. Die Suchhilfenauswahl sollte sich also auch an den gepflegten Daten des gesuchten Objektes orientieren. Die Abbildung 31 zeigt ein Beispiel für die Materialsuche und deren Ergebnislisten.

Abbildung 31: Suchstrategien und ihre Ergebnislisten

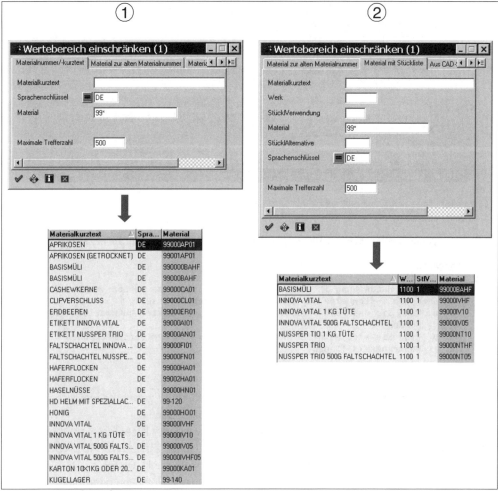

Bildschirmbilder ©SAP® AG

In beiden Suchvorgängen wurde 99* als Wert für die Materialnummer (Feld Material) angegeben, d.h. es sollen in der Ergebnisliste alle Materialien erscheinen, deren Nummer mit 99 beginnt. Im Fall ① wurden die Materialien berücksichtigt, die mit 99 „beginnen", die einen Materialkurztext haben und den Sprachenschlüssel DE besitzen. Die Liste im Fall ② ist kürzer bzw. stellt eine Teilmenge der ersten Liste dar, weil hier nur die Materialien berücksichtigt wurden die mit 99 „beginnen" und für die ein Materialkurztext, ein Werk und eine Stückliste existiert. Bei der ersten Liste waren auch Rohstoffe dabei. Für diese existieren keine Stücklisten, demzufolge wurden sie in der zweiten Liste nicht berücksichtigt.

2.4 Online-Hilfemöglichkeiten

Die Hilfe-Möglichkeiten in R/3® teilen sich in mehrere Bereiche. Kurzinformationen zu Feldern können eingeblendet werden, indem das Feld bzw. seine Bezeichnung angeklickt wird. Durch Drücken der Taste F1 erscheint die Kurzinformation.

Abbildung 32: Kontexthilfe

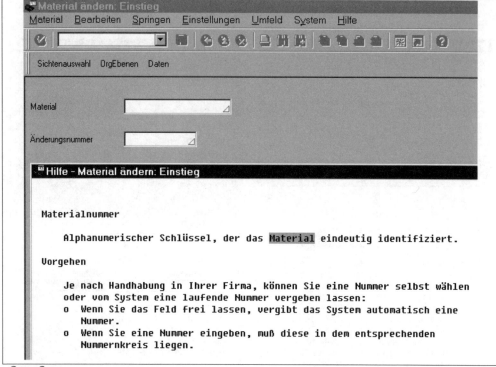

©SAP® AG

Die weiteren Möglichkeiten der Online-Hilfe sind im Hilfe-Menü zusammengefasst, welches in jedem SAP®-Anwendungsfenster in der Menüleiste vorhanden ist.

Die Kontexthilfe lässt sicht auch auf Anwendungen anwenden. Ist gerade eine Anwendung geöffnet, so können mittels des Menüpunktes HILFE ⇨ HILFE ZUR ANWENDUNG Hilfetexte zur aktuellen Anwendung aufgerufen werden. Der Menüpunkt HILFE ⇨ R/3® BIBLIOTHEK startet die SAP® Online Hilfe über einen Browser (z.B. Netscape oder Internet Explorer).

Die SAP® Online Hilfe beinhaltet sämtliche zum jeweiligen Release verfügbaren Erläuterungen hinsichtlich Voraussetzungen und Funktionsweise des GUI und der Anwendungen (Präsentations- und Applikationsebene) sowie mit geringen Einschränkungen Informationen zur Datenbank.

Neben einem Glossar (auch aus des GUI heraus aufrufbar) wird eine Suche über sämtliche Hilfetexte angeboten. Diese Funktion verlangt aber die Installation der SAP® Online Hilfe auf einem Web-Server.

Abbildung 33: Online Hilfe in der Version 4.6c

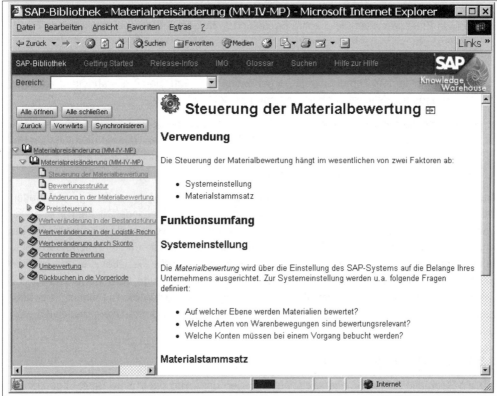

©SAP® AG

2.5 Das R/3® Benutzerkonzept

Jeder Benutzer des R/3®-Systems erhält, wie erwähnt, einen eigenen Benutzernamen, mit dem er sich am System anmelden muss, um arbeiten zu können. Mit dem Benutzernamen ist ein Benutzerstammsatz verbunden, der die persönlichen Informationen (wie Name, Adresse, etc.) des Benutzers sowie bestimmte benutzerspezifische Voreinstellungen (z.B. Standarddrucker, Vorschlagswerte für bestimmte Felder wie Buchungskreis etc.) enthält. Hiermit ist nicht nur die handelnde Person festgelegt, sondern mit dem Benutzernamen sind im System gleichzeitig bestimmte Berechtigungen zu Transaktionen verknüpft.

In R/3® ist ein positives Berechtigungskonzept implementiert, d.h. wenn ein neuer Benutzer angelegt wird, hat dieser zunächst einmal „keine Rechte". Abhängig von der Position und dem Tätigkeitsbereich werden dem Benutzer Transaktionen erlaubt (positiv), ihm Berechtigungen gegeben. Im Gegensatz dazu steht die negative Variante (in R/3® nicht angewendet): jeder Benutzer erhält alle Berechtigungen und abhängig von seinem Wirkungskreis werden ihm Handlungen verboten. Die Vergabe von Berechtigungen ist prinzipiell aus mehreren Gründen sinnvoll:

- Bestimmte Benutzer dürfen nur Zugriff auf bestimmte Daten haben, so darf es zum Beispiel außerhalb der Personalabteilung keinem Mitarbeiter möglich sein, auf Gehaltsinformationen anderer Mitarbeiter zuzugreifen oder gar Änderungen vorzunehmen.

- Einhaltung des Vier-Augen-Prinzips: Danach darf niemand die Berechtigung erhalten, seine eigene Arbeit zu „kontrollieren" und diese als gültig zu bezeichnen. Zum Beispiel darf ein Einkäufer nicht gleichzeitig Bestellungen tätigen und daraus resultierende Rechnungen kontrollieren und bezahlen.

- Um die Systemintegrität zu bewahren, dürfen bestimmte Änderungen am System nur von einem festgelegten Personenkreis vorgenommen werden, damit gewährleistet ist, dass Änderungen abgestimmt erfolgen und nachvollziehbar bleiben.

- Bestimmte betriebliche Funktionen (z.B. Einkauf) sind personenbezogen angelegt. Die einem Einkäufer obliegende Funktion der Außenvertretung des Unternehmens ist als Berechtigung im System abzubilden, so dass dieser z.B. eigenständig Verträge für das Unternehmen abschließen kann (z.B. Bestellung).

Globale umfassende Rechte, wie sie z.B. der Super-User hat, haben nur wenige Mitarbeiter, wobei es letztlich immer zumindest einen geben muss, der umfassende Rechte hat und sich nahezu ungehindert im System bewegen kann. Dies ist notwendig, damit anderen etwas erlaubt werden kann und zur Erfüllung spezieller Aufgaben. Letzteres heißt nicht, dass Systemadministratoren immer alles dürfen und sich daher sämtliche Gehälter der Vorgesetzen anschauen können. Im Auslieferungsmandanten sind schon einige User mit entsprechend weitreichenden Rechten angelegt. Aus Sicherheitsgründen sollten die mit einem Standardpasswort belegten „Super-User" nach Erstellung eines eigenen Super-Users deaktiviert werden.

2.5.1 Berechtigungselemente

Ob ein Benutzer sich in Arbeitsbereichen bewegen darf, wird durch eine Berechtigungsprüfung ermittelt. Dazu ist in den Programmen, Funktionsbausteinen etc. festgelegt, wann und wo geprüft wird. Bei dieser Prüfung handelt es sich um den Vergleich der Werte eines zugewiesenen Berechtigungsprofils mit Werten des Programms, das gerade ausgeführt werden soll. Fehlen Berechtigungen, wird der Zugriff auf das Programm verweigert. Mit Berechtigungsprüfungen können Funktionen oder Objekte geschützt werden.[18] Das R/3®-Berechtigungskonzept umfasst im Prinzip die folgenden Elemente:
- Objekte,
- Felder,
- Berechtigungen,
- Berechtigungsprofile (Sammel-/Einzelprofile).

Objekte i.S. der Berechtigung sind eine Einheit, mit der Aktionen ausgeführt werden können. Ein solches Objekt ist z.B. „Materialstamm – Werk". Hierbei geht es darum, Materialstammsätze anzulegen, zu ändern etc. Der Zusatz Werk in der Objektbeschreibung zeigt an, dass nicht nur das Objekt Materialstamm mit seinen zugehörigen Aktionen, sondern auch ein Feld, genauer das Feld Werk, von der Berechtigung geschützt werden soll. Mit dem Begriff Werk wird hier üblicherweise eine Produktionsstätte verbunden. Z.B. werden Materialstammsätze mit Zuordnung zu einem Werk geführt. Ein Berechtigungsobjekt definiert somit einen bestimmten Tätigkeitsbereich und zugehörige Berechtigungsfelder (höchstens bis zu 10 pro Objekt), wobei auch Aktionen als Berechtigungsfeld gelten. Zur Übersichtlichkeit gruppieren

---

[18] Vgl. Möhrlen, SAP® R/3® Basissystem, 1999, S. 448-451.

Objektklassen ähnliche Objekte, z.B. Objekt „Materialstamm – Werk" ist der Objektklasse „Materialwirtschaft – Stammdaten" zugeordnet.

Abbildung 34: Objekte als Gegenstand von Berechtigungen

Eine Berechtigung ist nun eine bestimmte Kombination von zulässigen Werten (Aktivitäten und Felder) zu einem Berechtigungsobjekt. Angewendet auf das Beispiel der Materialwirtschaft wäre eine Berechtigung für das Objekt „Materialstamm – Werk" die Aktivität „anzeigen" und der Feldwert 1000. Wenn ein Benutzer diese Berechtigung zugewiesen bekommt, kann er sich beliebige Materialstammdaten zum Werk mit dem Schlüssel 1000 anzeigen lassen. Bei Aufruf der Anwendung wird der so genannte Authority-Check durchgeführt, d.h. die Anwendung prüft die Berechtigungsfelder auf ihre Werte. Die Anwendung greift somit auf den Benutzerstammsatz zu. Die Anwendung „Material ändern" könnte von einem Benutzer, der die Beispielberechtigung hat, nicht aufgerufen werden. Der in der Anwendung implementierte Authority-Check verhindert dies. Die Berechtigung erlaubt nur das Anzeigen von Stammdaten. Ebenso können Stammdaten aus anderen Werken nicht angezeigt werden. Das Vorgehen des Authority-Checks zeigt – in stark vereinfachter Form – die Abbildung 35.[19]

Abbildung 35: Authority-Check (vereinfachte Darstellung)

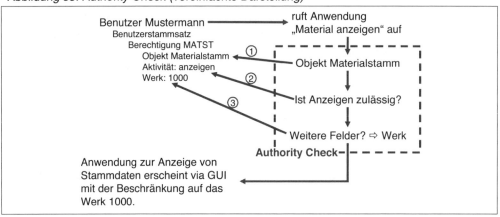

Die Berechtigungen werden üblicherweise in Profilen zusammengefasst. Erst die Berechtigungsprofile werden den Benutzerstammsätzen zugeordnet. Die in Profilen zusammenge-

---

[19] Der Berechtigungsname MATST ist von den Autoren frei erfunden und dient nur als Beispiel.

fassten Berechtigungen beschreiben letztlich den Arbeitsplatz und die damit zusammenhängenden betrieblichen Tätigkeiten.

Abbildung 36: Sammelprofil

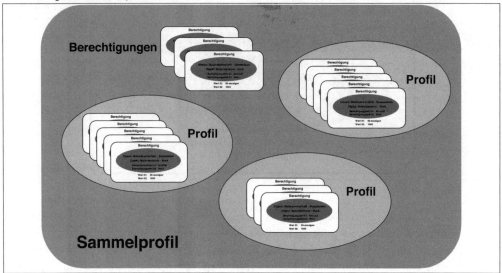

Profile, die nur Berechtigungen enthalten, werden Einzelprofile genannt. Berechtigungsprofile können außerdem weitere bereits definierte Profile enthalten. Diese übergeordneten Profile heißen dann Sammelprofile. Sammelprofile können auch Berechtigungen und/oder weitere Sammelprofile beinhalten. Eine dem Aufgabenfeld eines Benutzers entsprechende Zusammenstellung von Profilen wird auch als Rolle bezeichnet.

Während Rollen, Berechtigungsprofile und Benutzerstammsätze mandantenabhängig sind, sind die Berechtigungsobjekte mandantenübergreifend verwendbar. Wird nun ein neuer Benutzer im System angelegt, so werden diesem neben den persönlichen Stammdaten (Adresse, Telefon, etc.) auch ein oder mehrere Berechtigungsprofile (Einzel- oder Sammelprofile) zugeordnet. So kann z.B. den Mitarbeitern der Abteilung Rechnungswesen, die für die Lieferantenbearbeitung zuständig sind, das Profil BUCHUNG_KREDITORENKONTEN zugeordnet werden, ein Profil LÖSCHEN_VON_KONTEN sollte jedoch nur dem Abteilungsleiter zugeordnet werden.

Des Weiteren lassen sich verschiedene Benutzertypen unterscheiden. Die Typen stehen auch wieder in Verbindung mit den Tätigkeiten der Benutzer. Es gibt folgende Benutzertypen:

- Dialog
  Dies ist die Voreinstellung bei der Einrichtung eines Benutzers. Der Benutzer arbeitet per Dialog mit dem R/3®-System. Dateneingaben können Hinweise, Fehlermeldungen oder weitere Bildschirmbilder zur Eingabe hervorrufen.

- Hintergrund
  Solche Benutzer haben Zugriff auf im Hintergrund laufende (Batch-)Aufträge, z.B. größere Reports oder Druckaufträge. Die Benutzer überwachen die Aufträge und lassen sich entsprechende Ergebnisse anzeigen. Ein Logon im üblichen Weg ist nicht möglich.

Abbildung 37: R/3®-Berechtigungskonzept

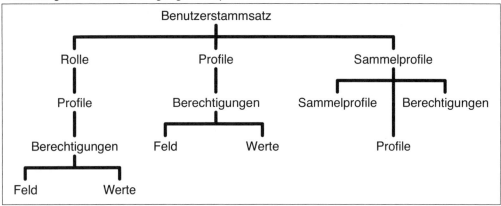

In Anlehnung an ©SAP® AG

- BDC
  Batch Data Communication (BDC) ist für Benutzer gedacht, die für eine Datenübernahme aus externen Systemen per Batch-Input zuständig sind.

- CPIC (Common Programming Interface Communications)
  CPIC-User sorgen für die Ausführung von externen Programmen, d.h. sie überwachen die Programm-zu-Programm-Kommunikation.[20]

2.5.2 Rollenpflege

Für die Bedienung von SAP® R/3® sind – wie in Kapitel 2.5.1 ausgeführt – Berechtigungen notwendig. Die manuelle Erstellung von Berechtigungsprofilen ist sehr aufwendig. Zwar werden im R/3® Standard eine Vielzahl von Berechtigungen, definierte Objekte und Profile ausgeliefert, es werden aber dennoch detaillierte Kenntnisse der Berechtigungselemente und ihrer Wirkungsweise vorausgesetzt, um eine den Aufgaben des Benutzers entsprechende Zusammenstellung an Berechtigungen bzw. Profilen zu erstellen.

In der Standardauslieferung von R/3® sind typische Zusammenstellungen, die sog. Rollen, enthalten. Die Rolle "Einkaufsleiter" beinhaltet z.B. die Berechtigungen zur Abwicklung des Bestellvorganges und – wegen seiner Funktion als Vorgesetzter – Berechtigungen zur Erstellung von Berichten, zur Kontrolle der Effizienz des Bestellprozesses, sowie zur Personaladministration seines Bereichs.

Sollte dennoch eine eigene Komposition von Profilen notwendig sein, so können gestützt auf die Anwendung zur Rollengenerierung unternehmensspezifische Rollen generiert werden.

Kern dieser „automatischen Profilerzeugung" ist die Auswahl der Anwendungskomponenten, mit denen ein Benutzer oder eine Benutzergruppe arbeiten soll. Auf dieser Basis werden die Berechtigungen zusammengestellt. In einem weiteren Schritt können die Berechtigungen nachbearbeitet werden. Die Werte von Berechtigungsfeldern können verändert werden, z.B. von anzeigen auf ändern. Der Nachbearbeitung folgend werden durch den Profilgenerator die Berechtigungen zu Profilen zusammengefasst. Im Rahmen eines sich anschließenden Benutzerabgleichs können diese dann verschiedenen Benutzern zugeordnet werden. Die erstellten Berechtigungsprofile werden unter dem Begriff der Aktivitätsgruppe zusammenge-

---

[20] Vgl. Möhrlen, SAP® R/3® Basissystem, 1999, S. 454f.

fasst. Eine Aktivitätsgruppe ist eine Sammlung einzelner Aktivitäten, die im Rahmen der betrieblichen Tätigkeit zusammen ausgeführt werden oder aus anderen Gründen zueinander gehören.

2.5.3 Berechtigungsprofile erstellen

Für die Arbeit mit R/3® werden Berechtigungen benötigt. Die Zusammenstellung von notwendigen Berechtigungen in so genannten Profilen kann durch die Rollenverwaltung unterstützt werden. Die Vorgehensweise zur Erstellung von Rollen mit zugehörigen Profilen mit der Rollenverwaltung wird hier beschrieben.

FENSTER	MENUEPFAD/EINGABE
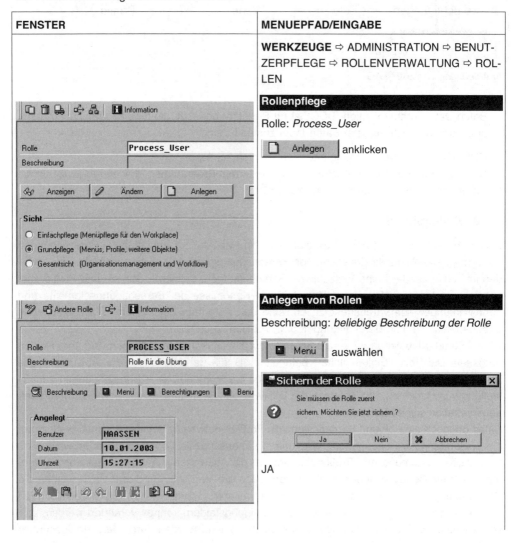	**WERKZEUGE** ⇨ ADMINISTRATION ⇨ BENUTZERPFLEGE ⇨ ROLLENVERWALTUNG ⇨ ROLLEN
	Rollenpflege
	Rolle: *Process_User*
	Anlegen anklicken
	Anlegen von Rollen
	Beschreibung: *beliebige Beschreibung der Rolle*
	Menü auswählen
	Sichern der Rolle
	Sie müssen die Rolle zuerst sichern. Möchten Sie jetzt sichern? Ja Nein Abbrechen
	JA

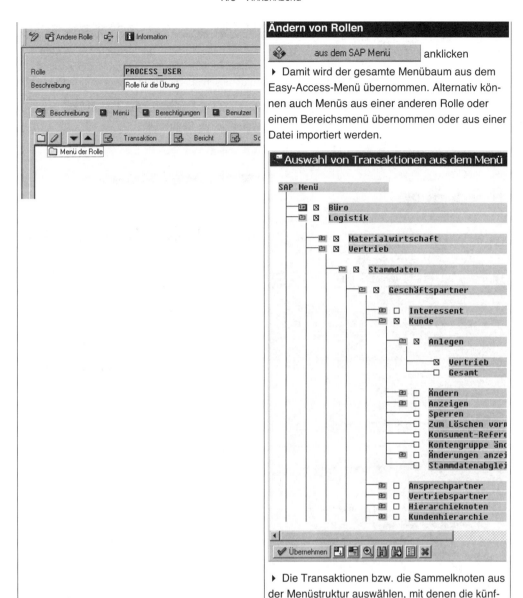

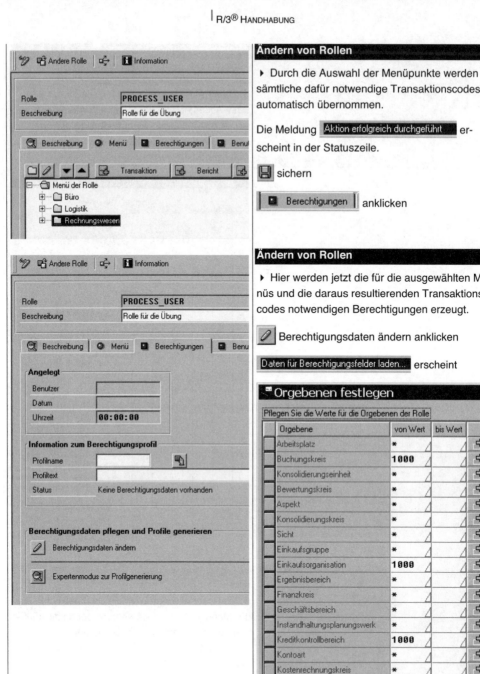

Ändern von Rollen

▸ Durch die Auswahl der Menüpunkte werden sämtliche dafür notwendige Transaktionscodes automatisch übernommen.

Die Meldung Aktion erfolgreich durchgeführt erscheint in der Statuszeile.

🖫 sichern

Berechtigungen anklicken

Ändern von Rollen

▸ Hier werden jetzt die für die ausgewählten Menüs und die daraus resultierenden Transaktionscodes notwendigen Berechtigungen erzeugt.

Berechtigungsdaten ändern anklicken

Daten für Berechtigungsfelder laden... erscheint

▸ Wenn die Berechtigungen auf bestimmte Unternehmensstrukturen bzw. Organisationsebenen beschränkt werden sollen, können hier (mehrere) Einzelwerte bzw. Intervalle angegeben werden. Der Stern bedeutet, dass Berechtigungen für alle Ebenen vergeben werden. Es werden dann sämtliche Schlüssel, z.B. Einkaufsgruppe 001, 002, 006 etc zugelassen.

Ebenen eingeben (sofern notwendig),

Gesamtberechtigung für die noch offenen Ebenen und 🖫 anklicken.

Rolle ändern: Berechtigung

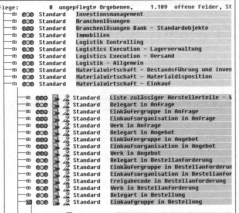

▸ Die Baumstruktur zeigt sämtliche Berechtigungen. Es müssen nun Berechtigungen hinsichtlich Datenmanipulation und -anzeigen gepflegt werden (Aktivitäten). Die Ampeln geben an, ob noch Felder vorhanden sind, für die noch keine Werte (z.B. anzeigen, ändern, anlegen, löschen oder Organisationsebenen) gepflegt sind. Grün bedeutet vollständig, gelb teil-, rot gar nicht gepflegt. Die Wertevergabe geschieht durch Klick auf die grauen Felder z.B. **Hinzufügen od**. Es erscheint das folgende Dialogfenster:

▸ Anklicken bewirkt das Hinzufügen bzw. das Löschen von Aktivitäten.

▸ Gesamtberechtigungen für die Aktivität als auch in Organisationsebene lassen sich per Klick auf die Ampel vergeben. Über 🖫 inaktiv gesetzte Berechtigungen werden nicht bei der Berechtigungsprofilerstellung berücksichtigt.

 sichern

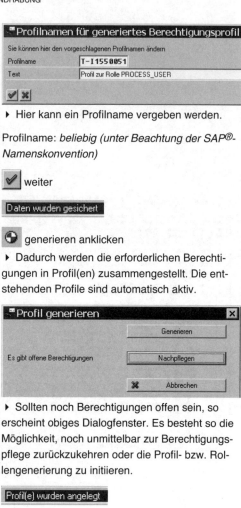

▸ Hier kann ein Profilname vergeben werden.

Profilname: *beliebig (unter Beachtung der SAP®-Namenskonvention)*

weiter

generieren anklicken

▸ Dadurch werden die erforderlichen Berechtigungen in Profil(en) zusammengestellt. Die entstehenden Profile sind automatisch aktiv.

▸ Sollten noch Berechtigungen offen sein, so erscheint obiges Dialogfenster. Es besteht so die Möglichkeit, noch unmittelbar zur Berechtigungspflege zurückzukehren oder die Profil- bzw. Rollengenerierung zu initiieren.

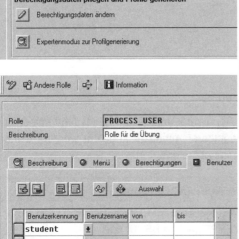

Ändern von Rollen

 anklicken

▸ Die erstellten Profile können hier oder wahlweise in der Benutzeradministration dem Benutzer zugewiesen werden.

Ändern von Rollen

▸ Unter Benutzerkennung wird der Logon-Name
des oder der Benutzer eingetragen.

Mit 🔷 Auswahl wird ein Dialogfenster mit
sämtlichen dem System bekannten Benutzern
angezeigt.

Benutzerkennung: *student*

Gültig von .... bis ....

🔲 Benutzer Abgleich anklicken

▸ Dadurch werden die Profile in den Benutzerstammsatz eingetragen. Sollten noch keine Benutzerstammsätze vorhanden sein, so kann hier
die Pflege abgebrochen werden und nach dem
Einrichten von Benutzern wieder aufgenommen
werden.

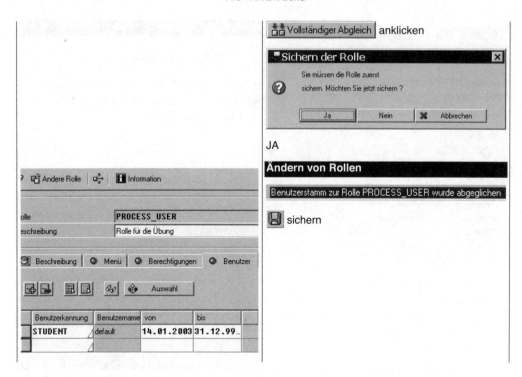

2.5.4 Einrichten von Benutzerstammsätzen

Der in Kapitel 2.5.3 genannte Abgleich mit den Benutzerstammsätzen funktioniert selbstverständlich nur, wenn zuvor ein oder mehrere Benutzerstammsätze angelegt wurden. Daher wird im Folgenden die Pflege eines Benutzerstammsatzes erläutert.

FENSTER	MENUEPFAD/EINGABE
	WERKZEUGE ⇨ ADMINISTRATION ⇨ BENUTZERPFLEGE ⇨ BENUTZER
	Benutzerpflege: Einstieg
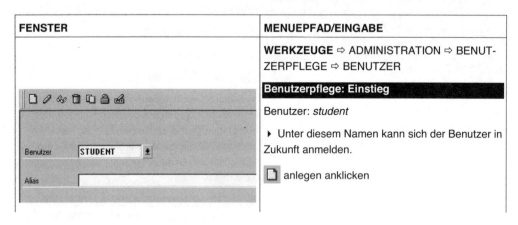	Benutzer: *student*
	▸ Unter diesem Namen kann sich der Benutzer in Zukunft anmelden.
	anlegen anklicken

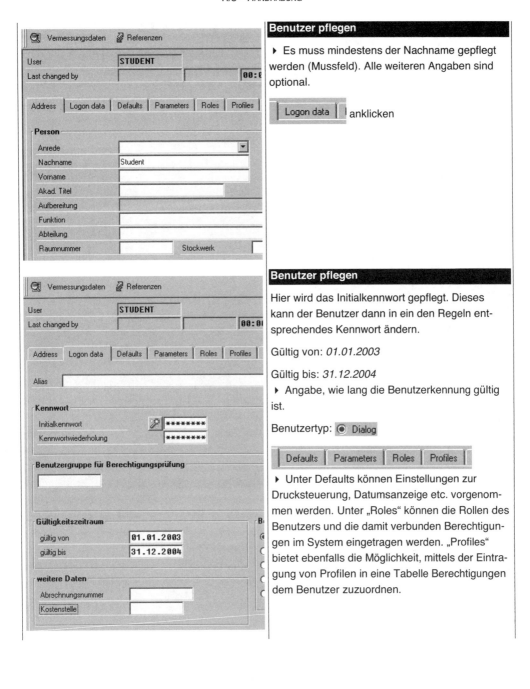

Benutzer pflegen

▸ Es muss mindestens der Nachname gepflegt werden (Mussfeld). Alle weiteren Angaben sind optional.

| Logon data | anklicken

Benutzer pflegen

Hier wird das Initialkennwort gepflegt. Dieses kann der Benutzer dann in ein den Regeln entsprechendes Kennwort ändern.

Gültig von: *01.01.2003*

Gültig bis: *31.12.2004*

▸ Angabe, wie lang die Benutzerkennung gültig ist.

Benutzertyp: ◉ Dialog

| Defaults | Parameters | Roles | Profiles |

▸ Unter Defaults können Einstellungen zur Drucksteuerung, Datumsanzeige etc. vorgenommen werden. Unter „Roles" können die Rollen des Benutzers und die damit verbunden Berechtigungen im System eingetragen werden. „Profiles" bietet ebenfalls die Möglichkeit, mittels der Eintragung von Profilen in eine Tabelle Berechtigungen dem Benutzer zuzuordnen.

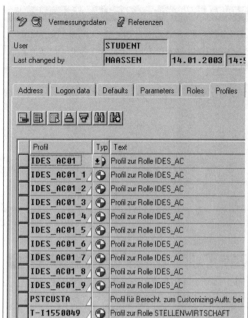

▸ Die im nebenstehenden Bildschirmbild gezeigten Profile stammen aus der oben beschriebenen Erstellung von Rollen bzw. Profilen. Eine Veränderung der Berechtigungen durch weitere Profile ist möglich.

 sichern

3 Personalwirtschaft

Die Anwendungskomponenten der Personalwirtschaft (HR) dienen der Unterstützung aller personalwirtschaftlichen Aufgaben und Prozesse, wie Personalbeschaffung, Bewerbermanagement, Personalabrechnung, Zeitwirtschaft, Reisekostenabrechnung etc. Im Folgenden werden i.S. der sich anschließenden Fallstudie die Teilbereiche Personaladministration und Organisationsmanagement kurz vorgestellt.

3.1 Personaladministration

Das Arbeitsgebiet Personaladministration bietet eine Verwaltung sämtlicher Mitarbeiterdaten, d.h. die elektronische Führung einer Personalakte. Es geht also um die Erfassung von mitarbeiterbezogenen Daten zur Verwaltung, Zeiterfassung und Abrechnung.

3.1.1 Infotypen

Die mitarbeiterbezogenen Daten werden in sog. Infotypen verwaltet. Die Infotypen gruppieren Datenfelder nach inhaltlichen Gesichtspunkten, wie z.B. Daten zur Person oder Basisbezüge. Aus Datenbanksicht stellen Infotypen eine zusammengehörige Menge von Datensätzen dar. Jeder Infotyp wird durch einen vierstelligen Schlüssel identifiziert. Typischerweise werden die Daten (Infotypsatz) eines Infotyps über eine Bildschirmmaske gepflegt. Der Infotyp legt also fest, welche Daten gepflegt werden müssen, der Infotypsatz bildet dann die konkrete Ausprägung.

Abbildung 38: Daten des Infotyps Basisbezüge (0008)

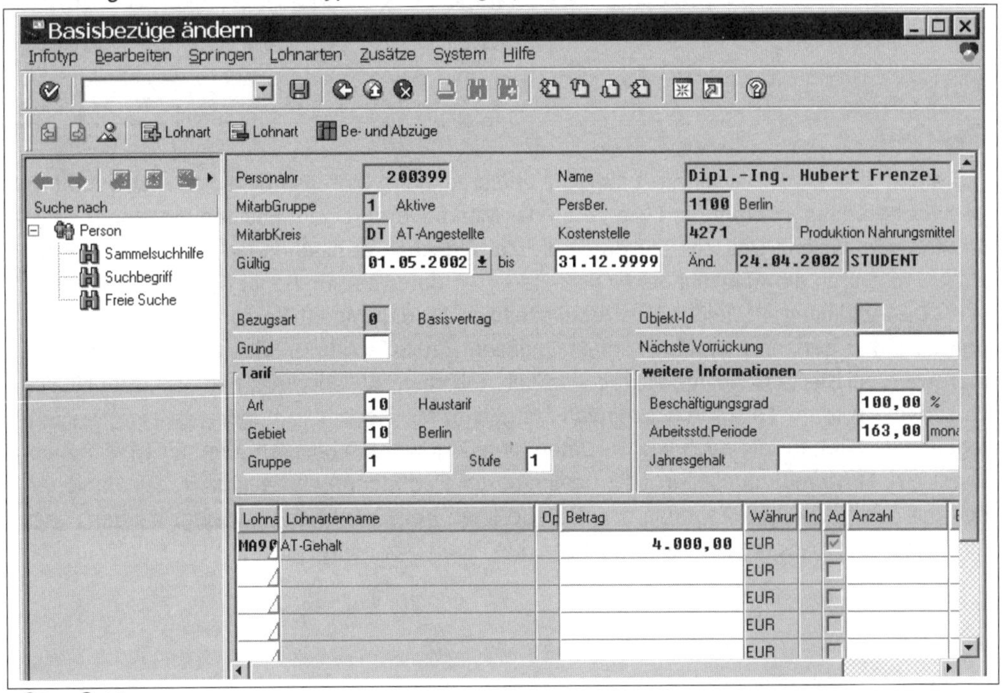

©SAP® AG

Bei der Pflege von mitarbeiterbezogenen Daten können auf vielerlei Datenvorauswahlen zurückgegriffen werden, um so Pflegeaufwand zu sparen. Ein Beispiel dafür ist der Infotyp 0007 Sollarbeitszeit. Die Arbeitzeit (Arbeitszeitanteil, Arbeitsstunden pro Tag, etc.) müssen nicht einzeln gepflegt werden. Durch Auswahl einer Arbeitszeitplanregel (hier NORM) werden u.a. die Felder der Arbeitszeit gefüllt.

Abbildung 39: Infotyp 0007 Sollarbeitszeit

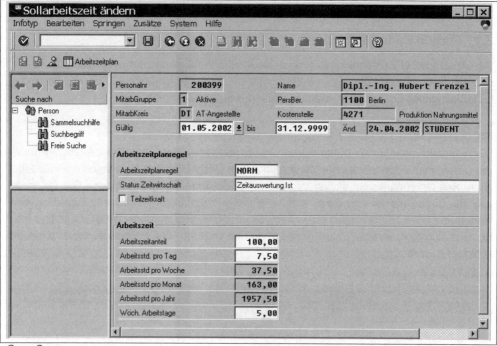

©SAP® AG

Außerdem gibt es der Arbeitszeitplanregel entsprechende Monatsarbeitspläne, also die Pläne, welche besagen, wann und wie lange der Mitarbeiter in einem bestimmten Monat arbeiten soll bzw. welche Soll-Zeit der durch die Zeitwirtschaft ermittelten Ist-Zeit gegenüber gestellt wird. Durch die Auswahl der NORM-Regel werden diese Pläne für den Mitarbeiter relevant. Die Abbildung 40 zeigt einen Arbeitszeitplan für den Monat September. Damit die Arbeitszeitpläne generiert werden können, müssen Einstellungen im Customizing vorgenommen werden. Die tägliche Arbeitszeit – in der Abbildung 40 ebenfalls mit Schlüssel NORM versehen – wird im Tagesarbeitszeitplan festgelegt. Mit diesem verbunden ist eine Pausenregelung NORM, für die auch wieder Daten hinterlegt werden müssen. Wie der typische wöchentliche Rhythmus aussehen soll, bestimmt der Periodenarbeitszeitplan in Zusammenarbeit mit dem jeweiligen Tagesarbeitsplan. So kann beispielsweise festgelegt werden, dass fünf Tage in der Woche gearbeitet wird und das Wochenende frei ist.

Abbildung 40: Arbeitszeitplan

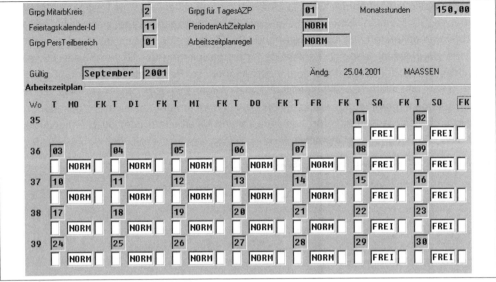

©SAP® AG

Auf Basis des Periodenarbeitszeitplanes und in Abhängigkeit vom jeweiligen Feiertagskalender erstellt die Arbeitszeitplanregel dann letztlich den obigen Arbeitszeitplan.

Abbildung 41: Pausen-, Tages- und Periodenarbeitszeitplan

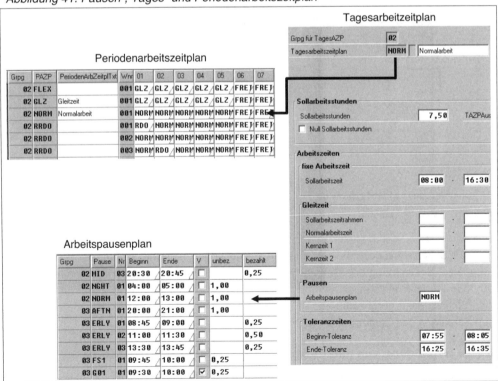

Bildschirmbilder ©SAP® AG

Dazu wird der im Infotyp Sollarbeitszeit gepflegten Regel ein Feiertagskalender und ein Peri-odenarbeitszeitplan zugeordnet. Da in Unternehmen üblicherweise für bestimmte Mitarbei-tergruppen Arbeitszeiten vorgegeben sind, wird der Arbeitszeitplanregel zusätzlich noch eine Mitarbeitergruppierung (z.B. Angestellte) und eine Gruppierung hinsichtlich des Personalteil-bereichs zugewiesen. Dadurch kann auch eine Antizipierung der Sollarbeitszeit i.S. eines Vorschlags möglich gemacht werden. Auch können so Fehleingaben verhindert werden, wenn einem Mitarbeiter Sollarbeitszeiten – aus Versehen - zugeordnet werden, die nicht seiner Mitarbeitergruppierung entsprechen bzw. im Unternehmen nicht vorgesehen sind. Regeln und Pläne lassen sich für eine Vielzahl von Mitarbeitern oder auch Gruppierungen einsetzen. Die Pflege wird erleichtert.

Abbildung 42: Customizing der Arbeitszeitplanregel

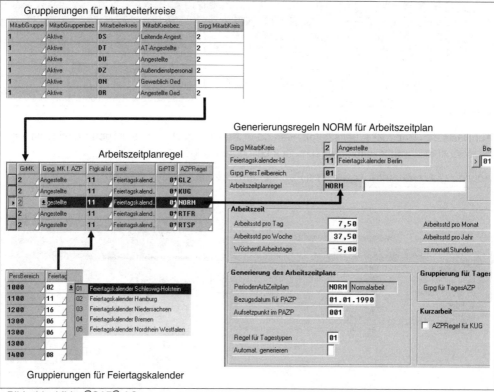

Bildschirmbilder ©SAP® AG

Das dargestellte Schema findet in ähnlicher Weise auch Anwendung bei der Pflege des Info-typs 0008 Basisbezüge, d.h. hier müssen Einstellungen hinsichtlich Tarifgebiet und Tarif-gruppe zur Bestimmung des Gehalts oder des Lohnes gemacht werden. Für eine funktionie-rende Personaladministration sind sicherlich noch eine erhebliche Menge mehr an Customi-zing-Einstellungen durchzuführen. Das verkürzte Beispiel soll einen Einblick in die komple-xen Strukturen des Customizings gegeben.

3.1.2 Zeitbindung von mitarbeiterbezogenen Daten

Da die elektronische Personalakte Daten umfasst, die sich im Beschäftigungsverlauf ändern, die alten Daten für eine historische Auswertung aber erhalten bleiben sollen, ist eine zeitabhängige Speicherung notwendig. Ein Beispiel dafür ist der Infotyp Organisatorische Zuordnung mit dem Schlüssel 0001. In ihm ist die Eingliederung des Mitarbeiters in die Aufbauorganisation hinterlegt. Damit Abteilungs- oder Positionswechsel im Unternehmen im Zeitablauf nachvollziehbar bleiben, darf der bestehende Infotypsatz nicht überschrieben/geändert werden. Jeder Infotypsatz wird daher mit einem eigenen Gültigkeitszeitraum abgelegt. Unabhängig davon ist das Ändern von bestehenden Infotypsätzen möglich. Dies zeigt ein einfaches Beispiel bezogen auf die Sollarbeitszeit (Infotyp 0007). Ein Mitarbeiter wird am 01.04.2002 eingestellt und hat eine tägliche Arbeitszeit von 8 Stunden, die zunächst unbefristet gilt, d.h. die Gültigkeit des Infotypsatzes wäre 01.04.2002 bis 31.12.9999 (kann für „unbefristet" eingesetzt werden). Ab dem 01.08.2002 wird die Arbeitszeit verkürzt. Eine Änderung des vorhandenen Infotypsatzes würde den Verlust der Arbeitszeithistorie bedeuten. Es wäre im Nachhinein nicht mehr ermittelbar, welche Veränderungen der Arbeitszeit im Zeitablauf stattgefunden haben. Daher wird eine Abgrenzung vorgenommen. Es wird ein neuer Infotypsatz auf Basis des Infotyps 0007 Sollarbeitszeit für den Zeitraum ab dem 01.08.2002 angelegt. Der „alte" Infotypsatz wird automatisch zum 01.08.2002 abgegrenzt.

Abbildung 43: Gültigkeit von Infotypsätzen

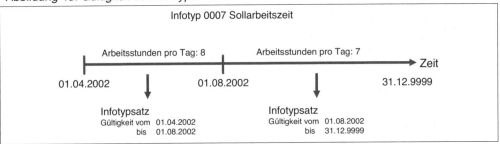

Die Historienfähigkeit der verschiedenen Infotypen wird durch ihre jeweilige Zeitbindung beeinflusst. Die Zeitbindung bestimmt, ob ein Infotypsatz zu jedem Zeitpunkt existieren muss, d.h. eine zeitlich lückenlose Definition wie bei der Sollarbeitszeit, oder Überschneidungen bzw. parallele Existenzen zulässig sind.

- Zeitbindung 1
  Zu jedem Zeitpunkt der betrieblichen Zugehörigkeit bzw. Tätigkeit muss genau ein gültiger Infotypsatz vorhanden sein. Die Gültigkeitszeiträume dürfen sich nicht überschneiden. Die Datensätze werden voneinander - zum Beginndatum des neuen Satzes - abgegrenzt. Die Abgrenzung wird vom System angezeigt. Beispiele für solche Infotypen sind die Organisatorische Zuordnung (0001) und die Daten zur Person (0002).

- Zeitbindung 2
  Die Pflege eines Infotyps ist nicht Pflicht, allerdings kann zu jedem Zeitpunkt höchstens ein Infotypsatz existieren, z.B. der Infotyp Urlaubsanspruch (0005). Ein neuer Datensatz wird beim Hinzufügen wieder von seinem Vorgänger abgegrenzt. Die Abgrenzung wird vom System angezeigt.

- Zeitbindung 3
  Zu jedem Zeitpunkt können beliebig viele Infotypsätze existieren, z.B. ein Datensatz des Infotyps Qualifikation (0024).

Welche Infotypen zur Verfügung stehen und welche Zeitbindung sie haben, wird über das Customizing festgelegt. Berechtigungen zur Pflege lassen sich infotypenweise vergeben.

Abbildung 44: Customizing der Infotypen

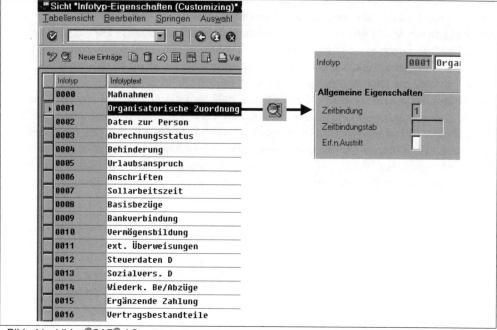

Bildschirmbilder ©SAP® AG

Infotypen fassen – wie eingangs erwähnt – gleichartige oder ähnliche Informationen zusammen, für die eine bestimmte Zeitbindung existiert. Problematisch wird dieser Zusammenhang, wenn Teile des Infotyps einer Zeitbindung 1 zuzuordnen sind, während andere Teilbereiche der Zeitbindung 2 eher zuzuordnen sind. Ein solcher Fall tritt beim Infotyp Anschriften (0006) auf. Hier werden der ständige Wohnsitz, der Zweitwohnsitz und die Heimatanschrift erfasst. Ein ständiger Wohnsitz muss zu jedem Zeitpunkt existieren (Zeitbindung 1). Eine Heimatanschrift <u>kann</u> hingegen gepflegt werden (Zeitbindung 2 oder 3). Pro Anschriftsart einen eigenen Infotyp anzulegen, erscheint allein schon wegen der inhaltlichen Zusammengehörigkeit wenig sinnvoll.

Für solche Fälle bietet R/3® Infosubtypen. Diese teilen den Infotyp in kleinere Bereiche auf. Den Subtypen kann jeweils eine eigene Zeitbindung zugeordnet werden. Dadurch sind sie separat historienfähig. Auf das Beispiel angewendet, würden für den Infotyp Anschriften drei Subtypen gebildet. Der Infotyp Anschriften bekommt dann die Zeitbindung T als Kennzeichen, dass Subtypen existieren und diese die Zeitbindung (1-3) bestimmen. Berechtigungen können auch subtypweise vergeben werden.

3.1.3 Personalmaßnahmen

Für personalwirtschaftliche Vorgänge (z.B. Einstellung, Austritt) sind typischerweise mehrere Infotypen notwendig. Daher können die Infotypen, die für einen Vorgang erforderlich sind, in Personalmaßnahmen gebündelt werden. Die Infotypen werden systemgeführt nacheinander zur Bearbeitung angeboten. Sie müssen vom Sachbearbeiter nicht einzeln aufgerufen werden. Dadurch wird nicht nur die Datenerfassung erleichtert, sondern es kann sichergestellt werden, dass kein notwendiger Infotyp ausgelassen wird.

Die Zuordnung im Customizing von Infotypen zu einer Maßnahme geschieht, indem die Infotypen zu einer Infotypgruppe zusammengefasst werden. Diese werden dann ihrerseits der Personalmaßnahme zugeordnet. Die folgenden Personalmaßnahmen sind u.a. im R/3®-Standard realisiert:

- Einstellung,
- Organisatorischer Wechsel,
- Vorruhestand/Pensionierung,
- Austritt aus dem Unternehmen,
- Wiedereintritt in das Unternehmen.

Durchgeführte Personalmaßnahmen lassen sich im Infotypen Maßnahmen (0000) für jeden Mitarbeiter einzeln dokumentieren. Der Infotyp Maßnahmen ist üblicherweise der erste zu pflegende Infotyp bei Durchführung einer Personalmaßnahme.

Zur Beschleunigung von Vorgängen gibt es die Möglichkeit der Maßnahmenschnellerfassung. Dabei werden in einem speziellen Erfassungsbildschirm sämtliche Musseingabefelder zur Pflege angeboten, die für diesen personalwirtschaftlichen Vorgang mindestens gebraucht werden. Maßnahmenschnellerfassungen werden im Standardsystem für die Einstellung und den organisatorischen Wechsel angeboten.

Sind von Datenänderungen eines Infotyps Personaldaten eines anderen Infotyps betroffen (Wechselwirkung), so wird dieser Infotyp automatisch mit zur Bearbeitung angeboten. Diese Automatik wird auch als dynamische Maßnahme bezeichnet. Soll ein Infotypsatz geändert oder abgegrenzt werden, so ist dies - je nach zugrunde liegendem Infotypen – nur über eine Personalmaßnahme möglich. Beispielsweise können Änderungen bzgl. der Zuordnung eines Mitarbeiters zur Aufbauorganisation (Infotyp 0001 Organisatorische Zuordnung) nur über die Personalmaßnahme „Organisatorischer Wechsel" durchgeführt werden.

Für viele personalwirtschaftliche Vorgänge müssen häufig Fristen gewahrt werden. Damit Personalmaßnahmen rechtzeitig möglich sind, kann ein Sachbearbeiter sich über den Infotyp Terminverfolgung (0019) erinnern lassen. Beispielsweise könnte sich der Sachbearbeiter vier Wochen vor Ablauf der Probezeit eines neuen Mitarbeiters vom System auf diesen Umstand aufmerksam machen lassen.

3.2 Organisationsmanagement

Mit der Personalmaßnahme Einstellung sollen vakante Planstellen besetzt werden. Eine Planstelle beschreibt die organisatorische Zusammenfassung von Tätigkeiten in einer Position, z.B. Abteilungssekretärin. Die Planstelle ist die Basis für die Erstellung eines Besetzungsplans und Teil der Aufbauorganisation. Die Abbildung der Aufbauorganisation, d.h. der funktionalen Unternehmensstruktur, ist ein Hauptziel der Komponente Organisationsmanagement.

Planstellen haben teilweise gleiche Eigenschaften bzw. lassen sich über ihre prinzipielle Funktion klassifizieren, z.B. Sekretärin oder Abteilungsleiter. Solche Daten werden in der Stelle als weiteres Element der Aufbauorganisation hinterlegt. Die Planstelle beschreibt eine konkret zu besetzende Position, die Stelle in R/3® hingegen eine prototypische Funktionsbeschreibung einer Tätigkeit. Bei der Erstellung einer Planstelle liefert die Stelle als Hilfsmittel allgemeine Stellenbeschreibungen. Die Planstelle übernimmt bei einer Zuordnung Aufgaben und Eigenschaften der Stelle. Der Planstelle lassen sich weiterhin ein Arbeitsplatz, d.h. ein konkreter, physischer Ort, und Aufgaben, d.h. individuelle der Planstelle zugeordnete Tätig-keiten (z.B. Einbau von Baugruppen, Bewerber beurteilen etc.), zuordnen. Die Person, die die Planstelle besetzt, wird als Inhaber bezeichnet. Die Zuordnung der Person zur Planstelle geschieht beispielsweise durch die Personalmaßnahme Einstellung und dabei über den Info-typ Organisation.

Gruppierungen von Planstellen werden zu Organisationseinheiten zusammengefasst (z.B. Einkaufsabteilung oder internes Rechnungswesen). Zur Darstellung von Hierarchien können Leiterplanstellen den Organisationseinheiten zugeordnet werden oder Organisationseinhei-ten mit anderen Organisationseinheiten verknüpft werden. Linienorganisation und Matrixor-ganisationen sind darstellbar.

Organisationseinheiten, Planstellen und Arbeitsplätze können i.S. des Controlling Kostenstel-len zugeordnet werden, so dass die jeweils entstehenden Personalkosten bei den Kostenbe-trachtungen mit einfließen können.

Die Eigenschaften und Informationen zu den Elementen der Organisationsstruktur werden wie in der Personaladministration durch Infotypen(sätze) verwaltet. Ein Beispiel für diese inhaltliche Zusammenfassung ist der Infotyp 1011 Sollarbeitszeit. Dieser legt Sollarbeitszei-ten für Organisationseinheiten, Planstellen oder Arbeitsplätze fest. Diese können bei einer Neubesetzung einer Planstelle dann mit der Sollarbeitszeit des Infotyps 0007 (Arbeitszeit im Personalstammsatz) verglichen werden. Auch die verbale Beschreibung der Stelle bzw. Planstelle wird über einen Infotyp gepflegt (Infotyp 1002 Verbale Beschreibung).

Nicht alle Infotypen lassen sich für sämtliche Elemente einsetzen, beispielsweise kann über den Infotypen 1003 Abteilung/Stab eine Organisationseinheit mit einem Kennzeichen verse-hen werden, das die Einheit als Stab oder Abteilung kennzeichnet. Auch bei den Infotypen des Organisationsmanagements besteht wieder eine Zeitbindung.

Abbildung 45: Organisatorische Personalstruktur

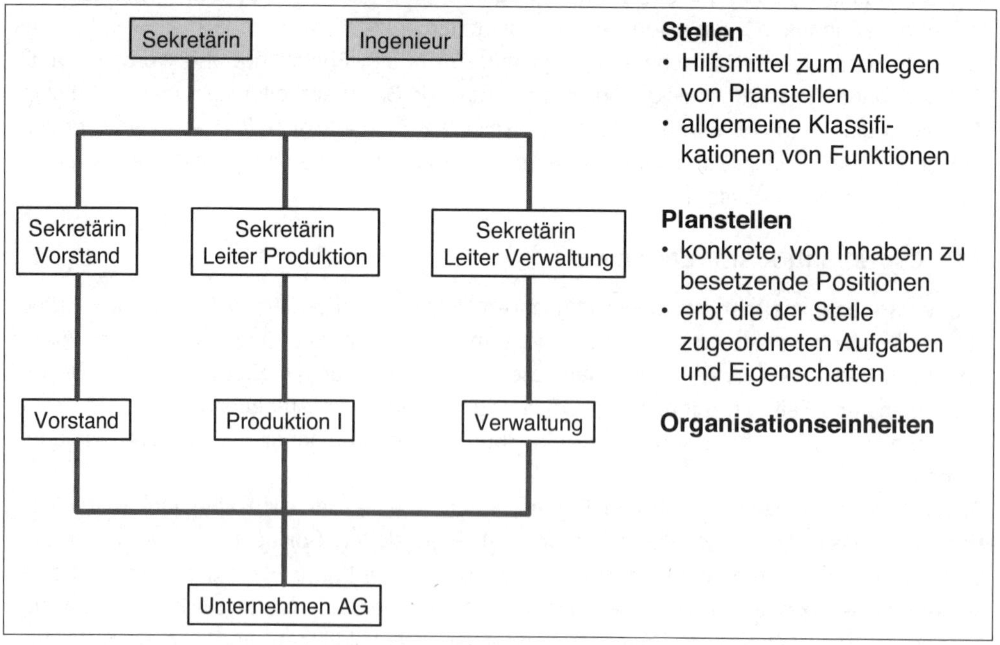

Die Elemente und Hierarchien der Aufbauorganisation können dann in einem weiteren Schritt als Berichtsstruktur dienen, beispielsweise um Personalbedarfs- oder Personalkostenplanungen durchzuführen. Die erstellte Aufbauorganisation kann also auch als Berichtsstruktur verwendet werden.

3.3 Unternehmensstruktur in der Personalwirtschaft

Von der Aufbauorganisation zu unterscheiden ist die sog. Unternehmensstruktur in R/3®. Ziel der Unternehmensstruktur ist die betriebliche Organisation der Daten für unternehmensexterne und –interne Zwecke. Eine Organisation der Daten nach innerbetrieblichen Gesichtspunkten ist z.B. die Organisation nach Profitcentern oder Kostenrechnungskreisen zur Auswertung von Kosten. Rohstoffe werden in Lagern geführt. Entsprechend existiert in R/3® eine Organisationsebene Lager. Für die Erstellung einer Bilanz ist eine finanzwirtschaftliche Einheit/Ebene notwendig (extern), der die entsprechenden Stamm- und Bewegungsdaten zugeordnet werden können. Die Unternehmensstruktur stellt somit betriebliche Bezugspunkte dar, die der Aufbauorganisation ähneln. Während also bei der Aufbauorganisation das Organigramm abgebildet werden soll, schafft die Unternehmensstruktur die notwendige Datenstruktur mit ihren Bezugspunkten für die betrieblichen Transaktionen. Die Unternehmensstruktur kann wie die Aufbauorganisation als Basis für Berichte verwendet werden. Trotz des verwendeten Begriffs der Unternehmensstruktur werden deren Einheiten/Ebenen auch als R/3®-Organisationsebenen bezeichnet.

Die Minimal-Ausstattung an Unternehmensstruktur ist ein Mandant mit einem so genannten Buchungskreis. Unternehmenseinheiten (mit oder ohne Rechtsform), für die ein eigener Jahresabschluss mit Bilanz und GuV erstellt werden kann, werden in R/3® aus finanzwirtschaftlicher Sichtweise mittels Buchungskreis dargestellt. Der Buchungskreis bildet damit die kleinste selbständig bilanzierende Einheit. Geschäftsvorfälle können nur in einem Buchungskreis bearbeitet werden, daher muss in jedem Mandanten mindestens ein Buchungskreis eingerichtet sein. Der Buchungskreis wird im System durch einen vierstelligen Schlüssel repräsentiert.

Bestehen mehrere selbständig bilanzierende Einheiten, dann können entsprechend auch mehrere Buchungskreise mittels Customizing angelegt bzw. Buchungskreise kopiert werden. Der Buchungskreis ist dem Mandanten untergeordnet. Ein Mandant kann mehrere Buchungskreise beinhalten, jeder Buchungskreis gehört aber zu genau einem Mandanten. Grundsätzlich gilt, dass Daten, die dem übergeordneten Ebene zugeordnet sind, von den jeweils untergeordneten Ebenen genutzt werden können. Für Mandant und Buchungskreis bedeutet dies, dass Daten die dem Mandant zugeordnet sind, auch allen Buchungskreisen zur Verfügung stehen.[21]

Abbildung 46: Verhältnis Mandant – Buchungskreis

©SAP® AG

Die personalwirtschaftlichen Ebenen der Unternehmensstruktur sind direkt der Hauptachse Mandant – Buchungskreis zugeordnet. Der Buchungskreis ist unterteilbar in Personalberei-

---

[21] S. auch Kapitel 4.1.4, S. 125.

che. Der Personalbereich stellt einen abgrenzbaren Bereich im Untenehmen dar, er ist einem Buchungskreis eindeutig zugeordnet.

Die Gründe für eine Einteilung sind frei entscheidbar (keine Außenwirkung wie im Falle des Buchungskreises). Der Personalbereich selbst besteht wiederum aus ein bis mehreren Personalteilbereichen. Der Personalteilbereich ist ein nach Zeit-, Abrechnungs- oder administrativen Aspekten abgrenzbarer Teil eines Personalbereichs.[22]

Abbildung 47: Unternehmensstruktur in der Personalwirtschaft

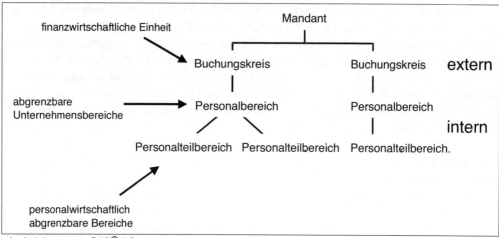

In Anlehnung an SAP® AG

Aus administrativer Sicht lassen sich:

- Mitarbeitergruppe,
- Mitarbeiterkreis und
- Abrechnungskreis

unterscheiden.

Eine Mitarbeitergruppe ist eine Gruppe von Personen, für die die gleichen personalwirtschaftlichen Regelungen gelten, z.B. Aktive, Rentner, Freiberufler etc. Der Mitarbeiterkreis spezifiziert die Gruppen dann genauer, z.B. außertarifliche Angestellte. Der Abrechnungskreis gruppiert aus Sicht der Personalabrechnung Mitarbeiter, die zum gleichen Zeitpunkt abgerechnet werden. Mit den vorgestellten Ebenen können zur Arbeitserleichterung Vorschlagswerte oder gleiche Verfahrensschemata verbunden werden, z.B. welcher Monatsarbeitsplan für welchen Mitarbeiterkreis üblicherweise im Unternehmen verwendet wird. Die Vorschlagszuordnung wird im Customizing vorgenommen. Weiter dienen die Ebenen auch als Selektionsmöglichkeit für Auswertungen.

Nachträgliche Änderungen der R/3®-Unternehmensstruktur sollten vermieden werden und lassen sich häufig nur mit sehr viel Aufwand betreiben. Beispielsweise kann der Kontenplan eines Buchungskreises nach seiner Produktivsetzung nicht mehr geändert werden, ohne dass die bisher gepflegten Daten verloren gehen. Sämtliche Zuordnungen gelten als verbindlich. Eine Gehaltsüberweisung an einen Mitarbeiter, dessen Personalteilbereich nicht dem entsprechenden Buchungskreis zugeordnet ist, würde R/3® (zu Recht) verweigern.

---

[22] Vgl. Möhrlen, SAP®-Kompendium, 1999, S. 640 f.

3.4 Eine geschäftsprozessorientierte Fallstudie

Die vorausgegangenen und folgenden Erläuterungen zu den Anwendungskomponenten werden anhand einer Fallstudie vertieft. Aufgezeigte Konzepte, Zusammenhänge und Hintergründe sollen auf operativer Ebene verdeutlicht werden. Die Bearbeitung der Fallstudienbereiche wird durch ausführliche Pflegeanleitungen unterstützt. Die für die Pflege erforderlichen Daten befinden sich im Anhang A. Ausnahmen hiervon bilden die ersten Anleitungen von S. 65 bis S. 82 (Planstelle und Personalmaßnahme Einstellung). Zur Erleichterung des Einstiegs sind hierbei die Daten direkt den Pflegeanleitungen zu entnehmen. Die für die Fallstudie wesentlichen Customizing-Einstellungen können im Anhang B eingesehen werden.

Der Ablauf der Fallstudie wird in der Abbildung 48 skizziert. Die thematische Gliederung dieses Buches orientiert sich weitergehend an diesem Ablauf. Die Darstellung von R/3® im bereichsübergreifenden Prozess soll die Informationsflüsse und die daraus entstehenden Verknüpfungen von Daten (und Informationen) verdeutlichen und so dem Leser die betriebliche Unterstützungsfunktion der Software zeigen. Hierbei wird insbesondere der Integrationsgedanke konkretisiert.

Abbildung 48: Ablauf der Fallstudie

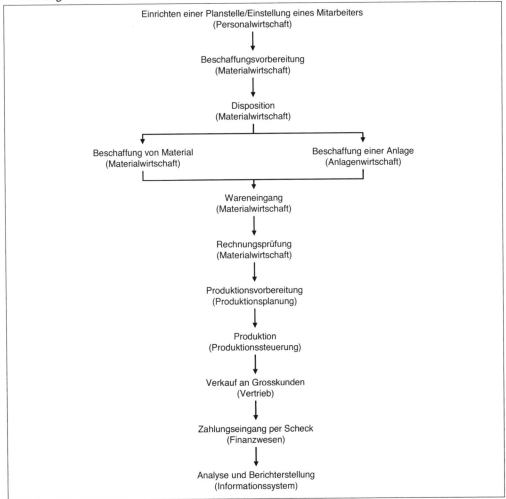

Das Unternehmensszenario, auf dem die Fallstudie basiert, sieht wie folgt aus. Der neu ein-gerichtete Unternehmenszweig „Müsli-Naturkost" hat sich zum Ziel gesetzt, zwei neue Müsli-produkte im Markt zu platzieren. „Nussper Trio" richtet sich speziell an die Nuss-Liebhaber unter den Müslikäufern, wobei „Innova Vital" ein neues Design-Produkt für die junge Genera-tion darstellt. Zur Zubereitung von „Innova Vital" braucht keine Milch mehr eingekauft zu werden, das Milchpulver ist schon integriert, so muss nur noch Wasser zugegeben werden.

Zutatenlisten:

Innova Vital	Nussper Trio
Haferflocken	Haferflocken
Honig	Honig
Leinsamen	Leinsamen
Naturidentische Aromen (Mischung)	Naturidentische Aromen (Mischung)
Vitamine (Mischung)	Vitamine (Mischung)
Trauben (getrocknet)	Trauben (getrocknet)
Aprikosen (getrocknet)	Cashew-Kerne
Erdbeeren (gefriergetrocknet)	Haselnüsse
Milchpulver	Vollmilch-Schokolade-Flocken
Sonnenblumenkerne	Walnüsse

Beide Produkte sind in einer 500g Faltschachtel (das Müsli selbst ist noch einmal in einer Tüte) und in einer 1000g Tüte erhältlich. Zum Transport werden die Müsli-Produkte in Kar-tons und weiter auf Leihpaletten gepackt. Jeder Karton enthält 10 x 1000g oder 20 x 500g Müsli. Auf eine Palette können bis zu 6 Kartons gepackt werden. Folgende Verpackungsma-terialien werden verwendet:

Etikett Innova Vital	Karton 10x1kg oder 20x500g
Etikett Nussper Trio	Tüte 1kg
Clip	Tüte 500g
Palette Typ A	
Faltschachtel Innova Vital	
Faltschachtel Nussper Trio	

Aufgabe 1

Die beiden Müsliprodukte waren bisher nicht im Sortiment. Daher müssen zunächst die per-sonellen und maschinellen Kapazitäten geschaffen werden. Konkret bedeutet dies die Schaf-fung einer Planstelle und die Einstellung eines neuen Mitarbeiters. Außerdem muss die Müs-limixmaschine noch angeschafft werden.[23]

Der neue Mitarbeiter soll ein Ingenieur sein. Das Arbeitsverhältnis beginnt zum nächsten 1. eines Monats. Er wird unbefristet eingestellt unter Berücksichtigung einer sechs-monatigen Probezeit. Alle weiteren Daten sind der rechten Spalte der jeweiligen Pflegeanlei-

---

[23] S. auch Kapitel4.4, S. 277.

tung zu entnehmen, wobei u.U. zeitliche Anpassungen vorgenommen werden müssen. Persönliche Daten des Mitarbeiters können beliebig gepflegt werden.

Der neue Mitarbeiter soll eine Planstelle besetzen. Legen Sie vor der Einstellungsmaßnahme eine Planstelle an. Nach der Einrichtung einer Planstelle soll der Mitarbeiter eingestellt werden. Benutzen Sie dazu die Personalmaßnahme „Einstellung". Die Personalnummer ist die 2001xx.

Folgende Pflegeanleitungen stehen für die Pflege der Aufgabe zur Verfügung, wobei nicht alle zur Anwendung kommen müssen:

- Planstelle einrichten
- Personalmaßnahme – Einstellung
- Personalstamm ändern
- Personalstamm erweitern (anlegen)
- Personalstamm kopieren
- Personalstamm löschen

Hinweis für die Verwendung der Pflegeanleitungen:

Bei der Pflege von Stammsätzen durch mehrere Anwender in einem Mandanten ist zu beachten, dass das „xx" bei den Identnummern jeweils durch eine Gruppen- oder Teilnehmernummer ersetzt wird. So können mehrere Fallstudien parallel im gleichen Mandanten „unabhängig" voneinander durchgeführt werden.

Beispiel: Ein neuer Mitarbeiter soll eingestellt und in R/3® gepflegt werden. Dieser bekommt laut Aufgabenstellung oder Pflegeanleitung die Personalnummer „2001xx". Haben zwei Anwender die Gruppennummer 06, so lautet die zu pflegende Personalnummer 200106.

Eingaben sind *kursiv* und Menüpunkte sind in GROSSBUCHSTABEN geschrieben. Informationen zu einzelnen Feldern, Dialogfenstern oder Bildschirmbildern sind mit ▸ gekennzeichnet.

Planstelle einrichten

FENSTER	MENUEPFAD/EINGABE
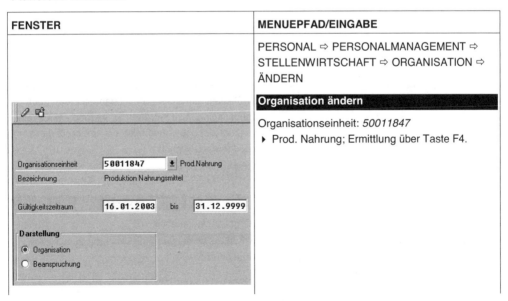	PERSONAL ⇨ PERSONALMANAGEMENT ⇨ STELLENWIRTSCHAFT ⇨ ORGANISATION ⇨ ÄNDERN
	Organisation ändern
	Organisationseinheit: *50011847*
	▸ Prod. Nahrung; Ermittlung über Taste F4.

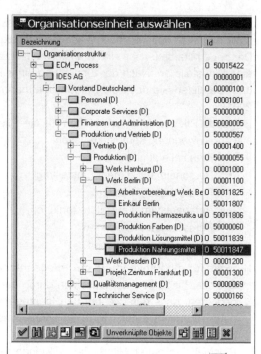

Produktion Nahrungsmittel anklicken und ✅ weiter

▸ Die Suchhilfe kann hier mit 🔲 ausgewählt werden.

Gültigkeitszeitraum: *heute bis 31.12.9999*
▸ Angabe, für welchen Zeitraum die Änderung gültig ist. 31.12.9999 ist gleichbedeutend mit unbefristet. Die angestrebte Änderung der Organisationseinheit wird damit zeitlich festgelegt, d.h. die noch anzulegende Planstelle wird der Organisationseinheit „Prod.Nahrung" entsprechend des oben gesetzten Gültigkeitszeitraumes zugeordnet sein. Die Planstelle selbst kann eine viel längere Gültigkeit aufweisen. Sie ist dann keiner Organisationseinheit zugeordnet. Es werden alle Organisationseinheiten angezeigt, die innerhalb dieses Zeitraums gültig sind.

✏️ ändern

Organisation ändern

Organisationseinheit
Produktion Nahrungsmittel durch anklicken markieren

BEARBEITEN ⇨ ANLEGEN ⇨ PLANSTELLE

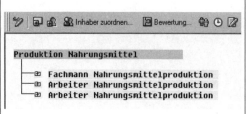

Kürzel (Stelle): *Dipl.-Ing.*

▸ Kann auch über die Suchhilfe Taste F4 ermittelt werden. Die Stelle klassifiziert Funktionen in einem Unternehmen (z.B. Sekretärin).

Kürzel (Planstelle): *Dipl.-Ing.*

▸ Bei Auswahl der Stelle über F4 wird Text automatisch geladen.

Bezeichnung: *Ingenieur Müsliproduktion xx*

▸ xx steht für Gruppennummer. Die Bezeichnung erscheint in der Struktur.

Gültigkeit der Planstellen: *von heute an*

🖫 sichern

Organisation ändern

▸ Der neu angelegten Planstelle werden im Folgenden Eigenschaften in Form von Infotypen zugeordnet.

PERSONAL ⇨ ORGANISATIONSMANAGEMENT ⇨ EXPERTENMODUS ⇨ PLANSTELLE

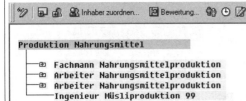

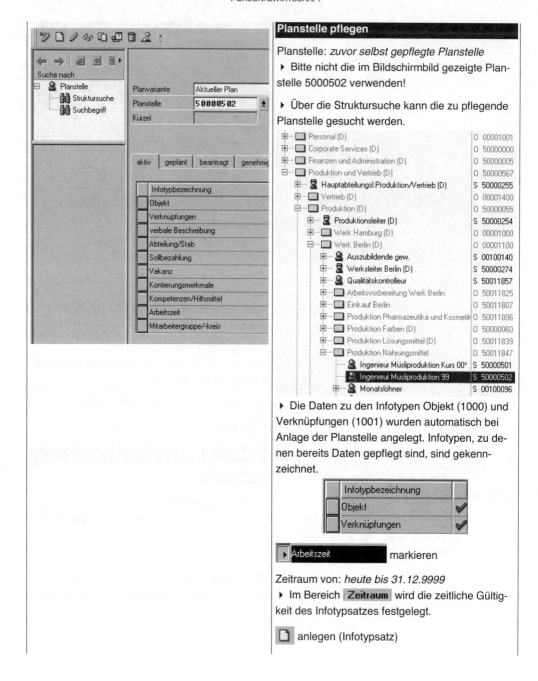

Planstelle pflegen

Planstelle: *zuvor selbst gepflegte Planstelle*
▸ Bitte nicht die im Bildschirmbild gezeigte Planstelle 5000502 verwenden!

▸ Über die Struktursuche kann die zu pflegende Planstelle gesucht werden.

▸ Die Daten zu den Infotypen Objekt (1000) und Verknüpfungen (1001) wurden automatisch bei Anlage der Planstelle angelegt. Infotypen, zu denen bereits Daten gepflegt sind, sind gekennzeichnet.

Arbeitszeit markieren

Zeitraum von: *heute bis 31.12.9999*
▸ Im Bereich ▸Zeitraum wird die zeitliche Gültigkeit des Infotypsatzes festgelegt.

anlegen (Infotypsatz)

Infotyp 1011 Arbeitszeit hinzufügen

▸ Arbeitszeit und Beschäftigungsumfang der Planstelle festlegen. Dadurch wird verhindert, dass eine Planstelle doppelt besetzt wird.

Gültigkeit: *heute bis 31.12.9999*

Stunden pro Woche: *37,50*

▸ Anstelle der Eingabe können auch Vorgaben übernommen werden. Vorgabewerte

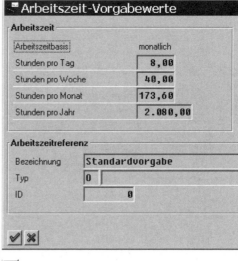

✓ übernehmen

Prozentsatz: *100,00*
▸ voll zu besetzende Stelle

✓ Daten aktualisieren

💾 sichern

▸ Mitarbeitergruppe/-kreis   anklicken

Zeitraum von: *heute bis 31.12.9999*

📄 anlegen

Infotyp 1013 Mitarbeiterkreis/-gruppe hinzufügen

▸ „Art" des Mitarbeiters für diese Planstelle festlegen.

Gültigkeit: *01.12.2000 bis 31.12.9999*

Mitarbeitergruppe: *1*
▸ Aktive; Gruppe von Personen, für die die gleichen personalwirtschaftlichen Regelungen gelten

z.B. Aktive, Rentner, Freiberufler etc.

Mitarbeiterkreis: *DT*

▸ AT-Angestellte; Teilgruppe der Mitarbeiter-gruppe, für die die gleichen personenbezogenen Regelungen gelten. Beispiel: ein Aktiver kann ein Angestellter, Beamter, oder Praktikant sein.

🖫 sichern

▸ Bewertung Tarif   anklicken (u.U. ist scrol-len erforderlich)

Zeitraum von: *heute bis 31.12.9999*

🗋 anlegen

Infotyp 1501 Bewertung Tarif hinzufügen

Gültigkeit: *01.12.2000 bis 31.12.9999*

Ländergruppierung: *01*

Tarifart: *10*
▸ Haustarif.

Tarifgebiet: *10*
▸ Berlin.

GrTarifregelung: *4*
▸ Regelung für außertarifliche Angestellte.

Tarifgruppe: *1*
▸ Einteilung hinsichtlich der Arbeitsbewertung.

🖫 sichern

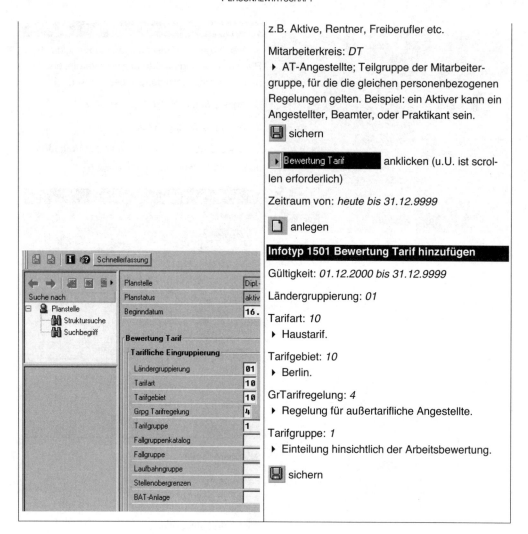

Personalmaßnahme - Einstellung

FENSTER	MENUEPFAD/EINGABE
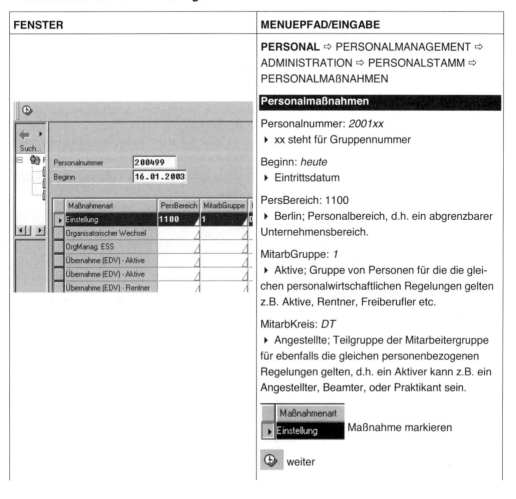	**PERSONAL** ⇨ PERSONALMANAGEMENT ⇨ ADMINISTRATION ⇨ PERSONALSTAMM ⇨ PERSONALMAßNAHMEN
	Personalmaßnahmen
	Personalnummer: *2001xx*
	▸ xx steht für Gruppennummer
	Beginn: *heute*
	▸ Eintrittsdatum
	PersBereich: 1100
	▸ Berlin; Personalbereich, d.h. ein abgrenzbarer Unternehmensbereich.
	MitarbGruppe: *1*
	▸ Aktive; Gruppe von Personen für die die gleichen personalwirtschaftlichen Regelungen gelten z.B. Aktive, Rentner, Freiberufler etc.
	MitarbKreis: *DT*
	▸ Angestellte; Teilgruppe der Mitarbeitergruppe für ebenfalls die gleichen personenbezogenen Regelungen gelten, d.h. ein Aktiver kann z.B. ein Angestellter, Beamter, oder Praktikant sein.
	Maßnahme markieren
	weiter

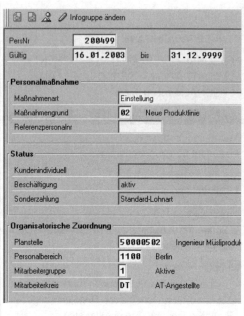

Maßnahmen anlegen (Infotyp 0000)

Gültig: *heute bis 31.12.9999*
▸ Die Gültigkeit hat Auswirkungen auf die Organisatorische Zuordnung.

Maßnahmengrund: *02*
▸ neue Produktlinie.

Planstelle: *Hier die zuvor selbst angelegte Planstelle eingeben.*
▸ Im Beispiel hat die Planstelle die Identnummer 50000502.

▸ Kann auch über Taste F4 (Suchhilfe) ermittelt werden.

🖫 sichern

Daten zur Person anlegen (Infotyp 0002)

▸ Eingabe beliebiger persönlicher Daten.

Gültig: *vom System vorgeschlagenes Datum übernehmen*

🖫 sichern

Familie/Bezugsperson anlegen (Infotyp 0021)

▸ Da der neu einzustellende Mitarbeiter ein Kind hat, müssen nun Angaben zu eben diesem Kind gemacht werden. Dies ist insbesondere wegen der Kindergeldzahlung oder anderer Zuschläge notwendig. Für die Behandlung des Kindergeldes im öffentlichen Dienst gibt es einen eigenen Infotyp (0118).

FamMitglied: *2 (voreingestellt)*
▸ Kind; Auswahl der Verwandtschaftsart.

Kindnummer: *01*
▸ Dient dazu, gleiche Infotypen zu unterscheiden, bei dem zweiten Kind würde bspw. Kindnummer 02 eingetragen.

Vorname etc: *beliebige Eingabe*

Kindverhältn.: *01*
▸ ehelich.

Zuschlag: *01*
▸ bis 16 Jahre; gibt den Status des Kindes i.S. der Zuschlagsberechtigung an.

Unterbringung: *01*
▸ im Haushalt.

KindergeldBer: 02
▸ Kindergeld berechtigt; Für die Kindergeldberechnung im öffentlichen Dienst Deutschland ist dieses Feld irrelevant. Hierfür wird ausschließlich der Informationstyp 0118 (Kindergeldberechtigung OeD D) herangezogen.

 sichern

Organisatorische Zuordnung anlegen (Infotyp 0001)

Gültig: *01.12.2000 bis 31.12.9999*

Teilber.: *Produktion I über F4 auswählen*
Personalteilbereich ist nach Zeit-, Abrechnungs-
oder administrativen Aspekten abgrenzbarer Teil
eines Personalbereichs.

GeschBer.: *1500*
▸ Organisatorische Einheit des Finanzwesens
(Tätigkeits- oder Verantwortungsbereich) für die
externe Berichterstattung.

AbrKreis: *D2*
▸ Ein Abrechnungskreis beinhaltet eine organisa-
torische Einheit, deren Mitarbeiter zum gleichen
Zeitpunkt abgerechnet werden.

AnstVerh.: techn. Angestellter
▸ technischer Angestellter; Statistische Größe

ProzSatz: *100,00*
▸ Angabe mit welchem Beschäftigungsgrad dieser Mitarbeiter die Planstelle besetzt.

OrgSchl.: *durch* ✅ *wird das Feld automatisch
gefüllt.*
▸ Der Organisationsschlüssel detailliert die Unternehmensstruktur und die Personalstruktur.

🖫 sichern

▸ Das Erscheinen des folgenden Dialogs ist davon abhängig, ab wann die Planstelle gültig ist.

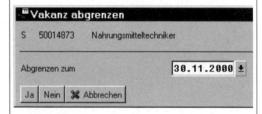

▸ Hier wird festgelegt, ob die Vakanz einer Planstelle aus der Existenz des Infotyps 1007 "Vakanz" abgeleitet werden kann (durch Ja anklicken)
oder ob jede unbesetzte Planstelle als vakant gilt.
"Vakanz" bedeutet, dass eine Planstelle, die unbesetzt ist, wieder besetzt werden soll.
Vakanzen können z.B. bei der Erstellung einer
Kostenvorschau im Rahmen der Personalkosten-
planung berücksichtigt werden. Vakanzen werden
auch in der Laufbahn- und Nachfolgeplanung

eingesetzt, wo diese Information z.B. bei der Suche von geeigneten Planstellen für einen Mitarbeiter benutzt werden können.

▶ Die angelegte Planstelle ist beispielsweise ab dem 01.11.2000 gültig, der Mitarbeiter wird aber erst zum 01.12.2000 eingestellt. Die Planstelle ist damit bis zum 30.11.2000 unbesetzt (vakant). Wurde die Planstelle später angelegt, z.B. 23.11., so wird die 1 Woche vom System nicht mehr als Vakanz angesehen.

 anklicken (sofern Dialog erscheint)

Anschriften anlegen (Infotyp 006)

Gültig: *01.12.2000 bis 31.12.9999*

Anschriftenart: *ständiger Wohnsitz*

▶ beliebige Anschrift angeben

🖫 sichern

Sollarbeitszeit anlegen (Infotyp 0007)

Arbeitszeitplanregel: *NORM*
▶ Basis für die Berechnung der monatlichen Arbeitszeiten, beinhaltet z.B. den Feiertagskalender eines Bundeslandes, hier Berlin.

Status Zeitwirtschaft: *keine Zeitauswertung*
▶ Mitarbeiter nimmt an Zeitauswertung teil, z.B. werden seine Ist-Zeiten über ein Zeiterfassungsgerät erfasst.

✅ um die Arbeitszeitplanregel zu übernehmen

▦ Arbeitszeitplan anklicken für Anzeige des Arbeitszeitplans.

oder direkt 🖫 sichern

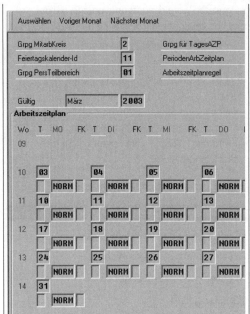

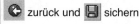

Monatsarbeitszeitplan anzeigen

Arbeitzeitplanregel: *NORM*

▸ Durch Doppelklick auf NORM kann die genaue Tagesarbeitszeit eingesehen werden.

🔄 zurück und 💾 sichern

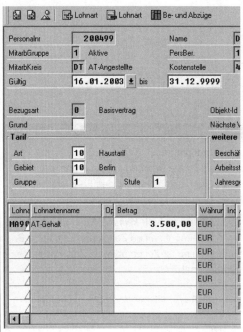

Basisbezüge anlegen (0008)

Tarifart: *10*

Tarifgebiet: *10*

Tarifgruppe: *1*

▸ Im Customizing festgelegte Tarifstruktur.

Stufe: *1*

Lohnart: *MA90*

▸ Die Lohnart MA90 wird automatisch eingestellt. Durch Auswahl von Tarifgruppe und Stufe wird der monatliche Betrag vom System vorgeschlagen.

💾 sichern

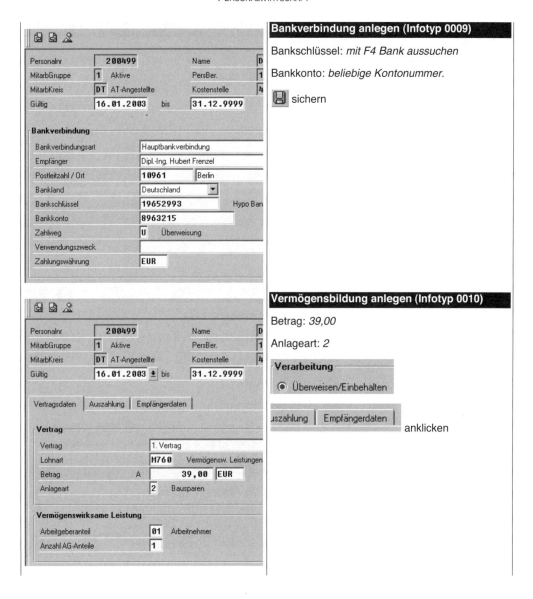

Bankverbindung anlegen (Infotyp 0009)

Bankschlüssel: *mit F4 Bank aussuchen*

Bankkonto: *beliebige Kontonummer.*

sichern

Vermögensbildung anlegen (Infotyp 0010)

Betrag: *39,00*

Anlageart: *2*

Verarbeitung

◉ Überweisen/Einbehalten

Auszahlung | Empfängerdaten anklicken

Vermögensbildung anlegen (Infotyp 0010)

Empfänger: *DWUEROT*

💾 sichern

Steuerdaten D anlegen (Infotyp 0012)

Finanzamt: *1114*

Steuerklasse: *3*

Kirchensteuer: *RK*

Kinder: *1*

Steuerpflicht: *unbeschränkt*

▶ Eine Veränderung der folgenden Voreinstellungen ist für die Fallstudie nicht notwendig:

BescheinigZrm	**01**
Steuertabelle	allgemeine ▼
Steuerverfahren	Monatstab m. LStJA ▼
VersFreibetrag	altersabhängig ▼
KiStGebiet	Berlin ▼

💾 sichern

Sozialversich. D anlegen (Infotyp 0013)

Rentenvers.-Nr: *siehe folgende Erläuterung*

▸ Die zwölfstellige Versicherungsnummer setzt sich gemäß § 147 Abs. 2 des Sechsten Buches Sozialgesetzbuch nach Maßgabe der folgenden Teilen zusammen:

(a) der Bereichsnummer, zweistellig, beschreibt Region in der der Versicherte gemeldet ist;

(b) dem Geburtsdatum, Format tt.mm.jj;

(c) Anfangsbuchstabe des Geburtsnamens des Versicherten, Großbuchstabe;

(d) der Seriennummer; zweistellig, bezeichnet die Versicherten, die an demselben Tag geboren sind und deren Geburtsname mit dem gleichen Buchstaben beginnt. Für männliche Versicherte werden die Ziffern 00 bis 49, für weibliche Versicherte die Ziffern 50 bis 99 verwendet. Bei gleichem Namen und Geburtstag würde einer z.B. die Seriennummer 27, der andere die Nummer 28 haben;

(e) der Prüfziffer; wird errechnet, indem der Buchstabe in der neunten Stelle durch eine zweistellige Zahl ersetzt wird, die die Position des Buchstabens im deutschen Alphabet kennzeichnet. Die Ziffern der damit zwölfstelligen Nummer werden - an der ersten Stelle beginnend - mit den Faktoren 2, 1, 2, 5, 7, 1, 2, 1, 2, 1, 2 und 1 multipliziert. Von den Produkten werden die Quersummen gebildet. Die Quersummen werden addiert. Die Summe wird durch 10 dividiert. Der verbleibende Rest ist die Prüfziffer.

Beispiel mit F=06:

$$
\begin{array}{cccccccccccc}
0 & 4 & 0 & 5 & 1 & 0 & 6 & 6 & \mathbf{0} & \mathbf{6} & 0 & 1 \\
\times & \times & \times & \times & \times & \times & \times & \times & \times & \times & \times & \times \\
2 & 1 & 2 & 5 & 7 & 1 & 2 & 1 & 2 & 1 & 2 & 1 \\
= & = & = & = & = & = & = & = & = & = & = & = \\
0 & 4 & 0 & 25 & 7 & 0 & 12 & 6 & 0 & 6 & 0 & 1
\end{array}
$$

Quersumme je Produkt

$$
\begin{array}{cccccccccccc}
0 & 4 & 0 & 7 & 7 & 0 & 3 & 6 & 0 & 6 & 0 & 1
\end{array}
$$

Gesamtquersumme

34

34 ÷ 10 = 4 (Prüfziffer)

▸ Idealerweise sollte eine tatsächlich existierende Rentenversicherungsnummer vergeben werden, um Probleme bei der Eingabe zu vermeiden.

SV-Ausweis: *Nichtvorlage*

▶ Sozialversicherungsausweis

Krankenkasse: *TKK*

🖫 sichern

DEÜV anlegen (Infotyp 0020)

▶ In diesem Infotyp werden für die Datenerfassungs- und Übertragungsverordnung (DEÜV) relevante Daten, d.h. der versicherungsrechtliche Status eines Mitarbeiters, erfasst.

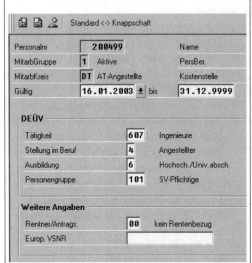

Tätigkeit: *607*

Stellung im Beruf: *4*

Ausbildung: *6*

Personengruppe: *101*

Rentner/Antrags.: *00*

▶ kein Rentenbezug

🖫 sichern

Vertragsbestandteile anlegen (Infotyp 0016)

Vertragsart: *unbefristeter Vertrag*

☑ Wettbewerbsklausel

▶ Tätigkeitseinschränkungen nach Beendigung des aktuellen Arbeitsverhältnisses.

Probezeit: *3 Monate*

Kündigungsfrist AG und AN: *3 Monate/Monatsende*

🖫 sichern

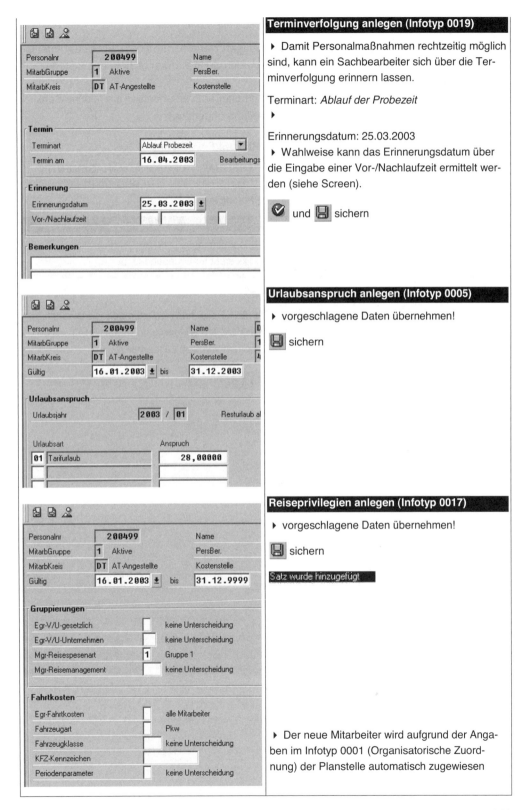

Terminverfolgung anlegen (Infotyp 0019)

▸ Damit Personalmaßnahmen rechtzeitig möglich sind, kann ein Sachbearbeiter sich über die Terminverfolgung erinnern lassen.

Terminart: *Ablauf der Probezeit*
▸

Erinnerungsdatum: 25.03.2003

▸ Wahlweise kann das Erinnerungsdatum über die Eingabe einer Vor-/Nachlaufzeit ermittelt werden (siehe Screen).

und sichern

Urlaubsanspruch anlegen (Infotyp 0005)

▸ vorgeschlagene Daten übernehmen!

sichern

Reiseprivilegien anlegen (Infotyp 0017)

▸ vorgeschlagene Daten übernehmen!

sichern

Satz wurde hinzugefügt

▸ Der neue Mitarbeiter wird aufgrund der Angaben im Infotyp 0001 (Organisatorische Zuordnung) der Planstelle automatisch zugewiesen

Personalstamm ändern

Sollen Daten von Mitarbeitern geändert bzw. korrigiert werden, ohne dass ein neuer Infotypsatz angelegt wird, so ist wie folgt vorzugehen. Änderungen werden nicht in der Historie fortgeschrieben.

Anwendungsbeispiel: Bankverbindung; der Mitarbeiter hat versehentlich die falsche Bankverbindung bei der Einstellung angegeben.

FENSTER	MENUEPFAD/EINGABE
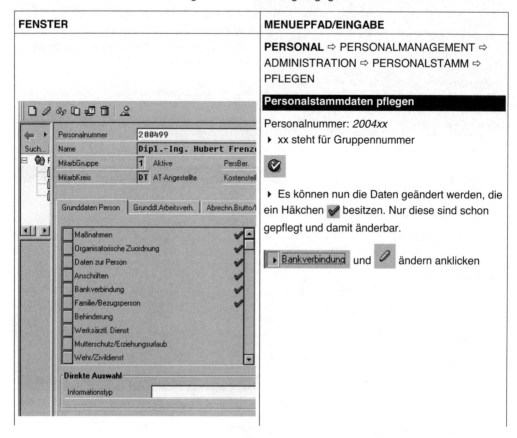	**PERSONAL** ⇨ PERSONALMANAGEMENT ⇨ ADMINISTRATION ⇨ PERSONALSTAMM ⇨ PFLEGEN **Personalstammdaten pflegen** Personalnummer: *2004xx* ▸ xx steht für Gruppennummer ▸ Es können nun die Daten geändert werden, die ein Häkchen ✔ besitzen. Nur diese sind schon gepflegt und damit änderbar. ▸ Bankverbindung und ✐ ändern anklicken

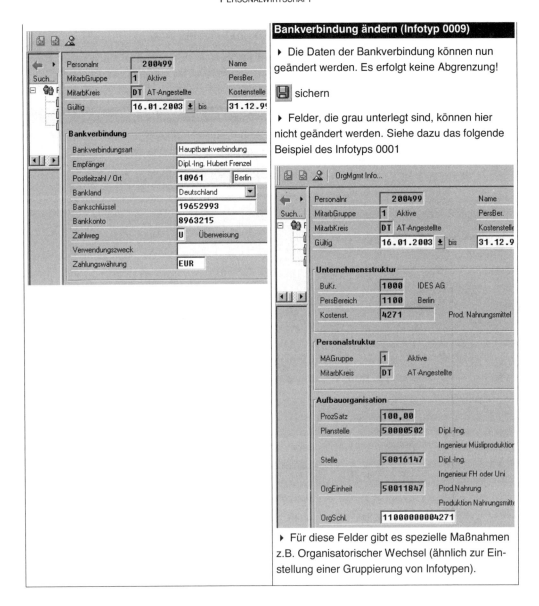

Personalstamm erweitern (anlegen)

Sollen weitere Daten eines Mitarbeiters angelegt werden, nachdem bereits ein Personalstammsatz für den Mitarbeiter erstellt worden ist, so muss der Stammsatz erweitert werden, d.h. weitere Infotypensätze angelegt werden. Darüber hinaus kann die Anwendung „Anlegen" auch zur Erstellung von neuen Infotypsätzen bereits gepflegter Infotypen verwendet werden, z.B. bei einer Adressänderung nach einem Umzug. Das erneute Anlegen eines Infotypen bringt die Historienfunktion mit sich (siehe dazu weiter Personalstamm kopieren). Anwendungsbeispiel: Es sollen noch Daten hinsichtlich einer besonderen Qualifikation des Mitarbeiters gepflegt werden.

FENSTER	MENUEPFAD/EINGABE
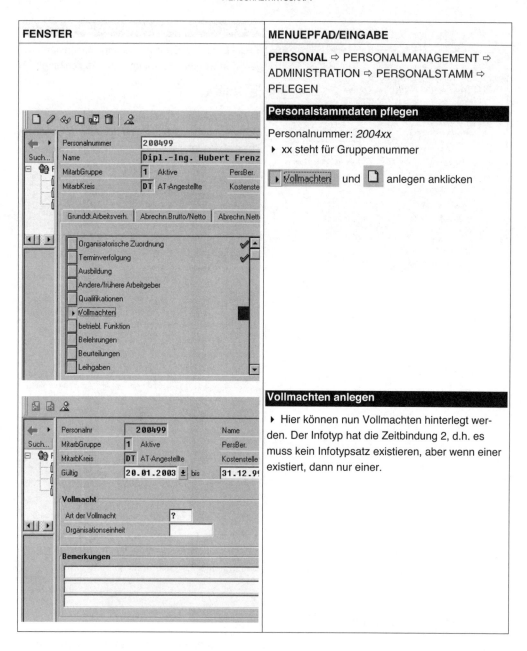	**PERSONAL** ⇨ PERSONALMANAGEMENT ⇨ ADMINISTRATION ⇨ PERSONALSTAMM ⇨ PFLEGEN

Personalstammdaten pflegen

Personalnummer: *2004xx*

▸ xx steht für Gruppennummer

▸ Vollmachten und ☐ anlegen anklicken

Vollmachten anlegen

▸ Hier können nun Vollmachten hinterlegt werden. Der Infotyp hat die Zeitbindung 2, d.h. es muss kein Infotypsatz existieren, aber wenn einer existiert, dann nur einer.

Personalstamm kopieren

Mit der Kopierfunktion können neue Infotypsätze eines bereits gepflegten Infotyps angelegt werden. Hierbei wird die Historie aufgezeichnet, mit dem Vorteil, dass der Eingabebildschirm mit den noch aktuell gültigen Daten gefüllt ist. Bei der erneuten Anlage eines Infotyps spielt die Zeitbindung eine entscheidende Rolle.

Anwendungsbeispiel: Nach der Probezeit soll das Gehalt auf die Stufe C steigen.

FENSTER	MENUEPFAD/EINGABE
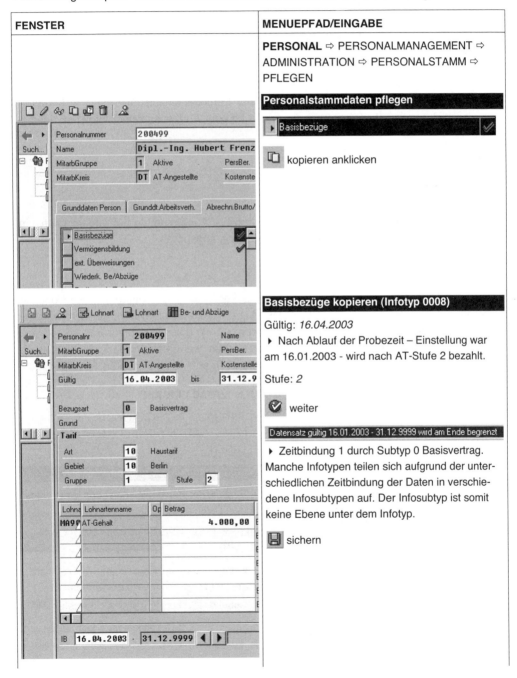	**PERSONAL** ⇨ PERSONALMANAGEMENT ⇨ ADMINISTRATION ⇨ PERSONALSTAMM ⇨ PFLEGEN **Personalstammdaten pflegen** ▶ Basisbezüge kopieren anklicken **Basisbezüge kopieren (Infotyp 0008)** Gültig: *16.04.2003* ▶ Nach Ablauf der Probezeit – Einstellung war am 16.01.2003 - wird nach AT-Stufe 2 bezahlt. Stufe: *2* ✓ weiter Datensatz gültig 16.01.2003 - 31.12.9999 wird am Ende begrenzt ▶ Zeitbindung 1 durch Subtyp 0 Basisvertrag. Manche Infotypen teilen sich aufgrund der unterschiedlichen Zeitbindung der Daten in verschiedene Infosubtypen auf. Der Infosubtyp ist somit keine Ebene unter dem Infotyp. sichern

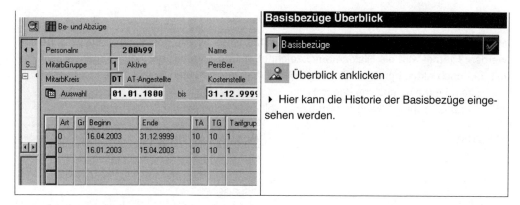

Bestimmte betriebswirtschaftliche Prozesse in der Personaladministration sind in Maßnahmen abgebildet und sollten nicht über die Änderung oder Anlage einzelner Infotypen erledigt werden, z.B.

*   Wiedereintritt ins Unternehmen,
*   organisatorischer Wechsel,
*   Änderung der Bezüge,
*   Bewerber einstellen.

Bringen Änderungen oder Anlagen einzelner Infotypen Auswirkungen auf andere Infotypen mit sich, so werden diese automatisch zur Bearbeitung angeboten.

Personalstamm löschen

Es können Teile (Infotypen) oder der ganze Stammsatz gelöscht werden. Diese Funktion sollte allerdings „sparsam" eingesetzt werden, da die Daten unwiderruflich gelöscht werden. Infotypen der Zeitbindung 1 (zu jedem Zeitpunkt muss ein gültiger Satz für den Infotyp vorhanden sein) können immer dann nicht gelöscht werden, wenn kein Vorgängersatz existiert. Der Vorgängersatz wird dann entsprechend um den Zeitraum des gelöschten verlängert.

FENSTER	MENUEPFAD/EINGABE
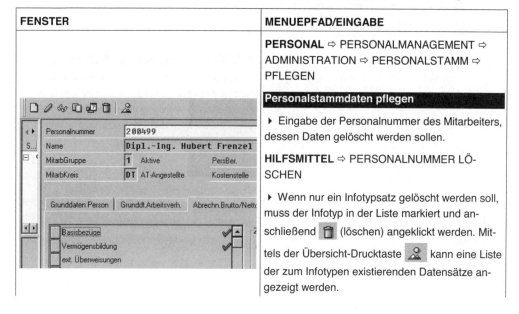	**PERSONAL** ⇨ PERSONALMANAGEMENT ⇨ ADMINISTRATION ⇨ PERSONALSTAMM ⇨ PFLEGEN
	Personalstammdaten pflegen
	▸ Eingabe der Personalnummer des Mitarbeiters, dessen Daten gelöscht werden sollen.
	HILFSMITTEL ⇨ PERSONALNUMMER LÖSCHEN
	▸ Wenn nur ein Infotypsatz gelöscht werden soll, muss der Infotyp in der Liste markiert und anschließend 🗑 (löschen) angeklickt werden. Mittels der Übersicht-Drucktaste ⌂ kann eine Liste der zum Infotypen existierenden Datensätze angezeigt werden.

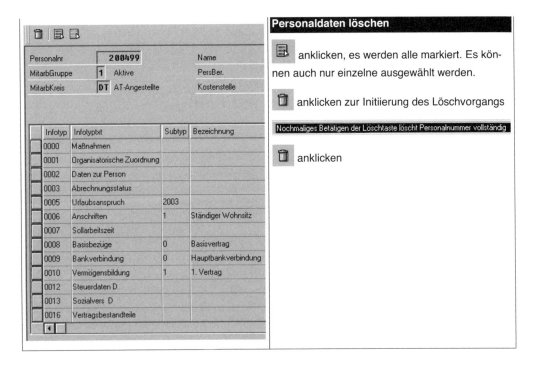

Personaldaten löschen

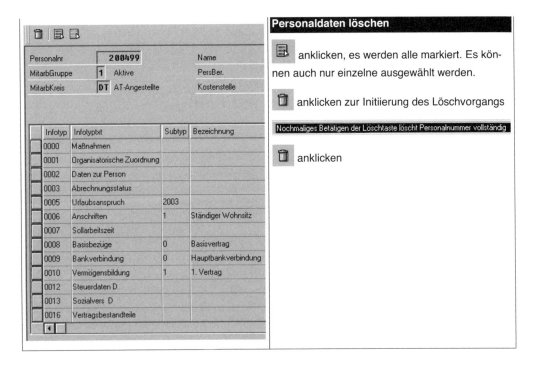 anklicken, es werden alle markiert. Es können auch nur einzelne ausgewählt werden.

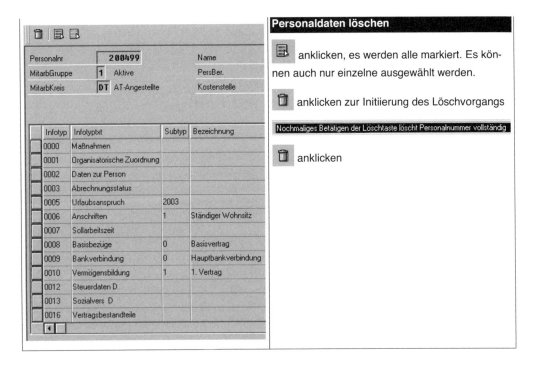 anklicken zur Initiierung des Löschvorgangs

Nochmaliges Betätigen der Löschtaste löscht Personalnummer vollständig

 anklicken

4 Materialwirtschaft

4.1 Materialwirtschaft - Einkaufsvorbereitung

Zur Durchführung der betrieblichen Prozesse sind die unterschiedlichsten Materialien notwendig, z.B. Rohstoffe, Halbfabrikate, Verpackungsmaterial etc. Dabei müssen die Materialien nicht unbedingt direkt dem Endzweck, d.h. dem Fertigerzeugnis als Zutat dienen, vielmehr werden auch sog. Nichtlagermaterialien wie Büroeinrichtungen und –hilfsmittel (Bleistift, Papier etc.) benötigt. Der Begriff des Materials ist in R/3® also weiter gefasst, als der Begriff umgangssprachlich vermuten lässt. Unter Material werden hier nicht nur Rohstoffe, Baugruppen etc. verstanden, sondern auch Sachmittel und Dienstleistungen. Ebenso gelten Fertigerzeugnisse als Material.

Neben der physischen Notwendigkeit der Materialwirtschaft gilt es auch finanzwirtschaftliche Anforderungen zu beachten. Material muss nicht nur mengenmäßig erfassbar sein, sondern auch bewertet werden, d.h. wertmäßig fortgeführt werden.

Für einen erfolgreichen Fremdbeschaffungsprozess werden geeignete Lieferanten benötigt. Auch hier gilt es wieder, unterschiedliche logistische und finanzwirtschaftliche Sichtweisen zu beachten. Im Sinne einer Bezugsquellenermittlung muss weiter bekannt sein, welcher Lieferant welche Materialien liefert.

Bevor also Material bestellt werden kann, um es in den betrieblichen Prozessen einzusetzen, müssen einige Voraussetzungen geschaffen werden. Dazu gehören die Material- und Lieferantenstammdaten . Daher wird der Einkauf hier in seine Vorbereitung, d.h. in die Stammdatenpflege, und in den eigentlichen Beschaffungsprozess (Bestellung, Wareneingang, Rechnungsprüfung etc.) geteilt. Der Beschaffungsprozess und seine Vorbereitung sind Teil der Materialwirtschaft.

4.1.1 Unternehmensstruktur in der Materialwirtschaft

Materialstammdaten und auch Bewegungsdaten bedürfen einer Zuordnung zur Unternehmensstruktur. Beispielsweise ist neben den Eigenschaften eines Materials für den reibungsarmen betrieblichen Ablauf die Angabe des Lagers notwendig, in dem sich das Material in einer bestimmten Stückzahl befindet. Für die mengenmäßige Bestandsführung ist demnach die Organisationsebene „Lager" erforderlich. Die wertmäßige Erfassung kann in Zuordnung zu einem Werk erfolgen.

Das Beispiel veranschaulicht, dass nur dann eine den Einkauf vorbereitende Stammdatenpflege erfolgen kann, wenn bestimmte Unternehmensstrukturen (also Bezugspunkte, denen Daten zugeordnet werden) in SAP® R/3® vorhanden sind. Die Einrichtung dieser Unternehmensstruktur und ihrer Ebenen erfolgt im Customizing. Im Folgenden werden die für die Fallstudie relevanten Organisationsebenen vorgestellt

4.1.1.1 Werk/Lager(ort)

Während der Buchungskreis eine organisatorische Einheit der Finanzbuchhaltung ist, sind das Werk und der Lagerort der Logistik zuzuordnen. Werk und Lagerort gliedern sich direkt an der Hauptachse Mandant – Buchungskreis an.

Das Werk ist typischerweise eine Betriebsstätte oder eine Niederlassung innerhalb eines Unternehmens, in der Materialien produziert bzw. Waren und Dienstleistungen bereitgestellt werden. Demzufolge umfasst das Werk die Vorgänge der Produktion, Beschaffung, Instandhaltung und Disposition. Abhängig vom Unternehmensgegenstand kann ein Werk in verschiedenen Rollen auftreten, z.B.:

- als Produktionsstätte,
- als zentrales Auslieferungslager zur Bereitstellung von Waren für die Verteilung,
- regionales Vertriebsbüro (Werksverkauf),
- Hauptsitz eines Unternehmens,
- Instandhaltungsstandortwerk (Instandhaltungsobjekte, die sich räumlich in diesem Werk befinden, werden zugeordnet).

Da Materialbestände aktivierungspflichtig sind (Umlaufvermögen) und auch Wareneingänge (meistens) bezahlt werden müssen, wird die für betriebliche Abläufe notwendige Verbindung zur Finanzbuchhaltung durch die Zuordnung eines Werkes zu einem Buchungskreis geschaffen. Ein Werk ist genau einem Buchungskreis zugeordnet, einem Buchungskreis können keine oder viele Werke zugeordnet werden. Der Fall „keine" tritt beispielsweise bei Banken auf, die eben keine Betriebsstätten im Sinne eines Werkes besitzen (nur wertmäßige Sichtweise). Im Gegensatz dazu führen z. B. Stahlunternehmen mit Gießereien und Walzwerken meistens mehrere Werke an verschiedenen Standorten.

Die Einlagerung von Materialien findet in einem Lagerort statt. Die Bestimmung des Lagerortes wird durch räumliche und/oder verteilungstechnische Bedingungen determiniert. Jedem Werk können viele Lagerorte zugeordnet sein. Ein Lagerort wiederum ist mindestens einem oder – beispielsweise im Hinblick auf Zentrallagerorte - mehreren Werk(en) zugeordnet. Die Abbildung 49 zeigt ein Zuordnungsbeispiel.

Abbildung 49: Unternehmensstrukturbeispiel I

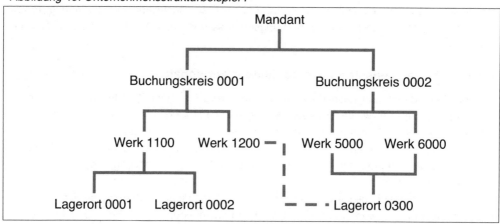

Der Mandant umfasst hier zwei Buchungskreise. Dem Buchungskreis 0001 sind zwei Werke zugeordnet. Dem Werk 1100 sind zwei Lagerorte zugeordnet. Der Buchungskreis 0002 umfasst ebenfalls zwei Werke. Diese haben einen gemeinsamen Lagerort. Der Lagerort 0300 könnte zudem auch als Lagerort für das Werk 1200 fungieren. Die Abbildung 50 konkretisiert die Ausführungen.

Abbildung 50: Unternehmensstrukturbeispiel II

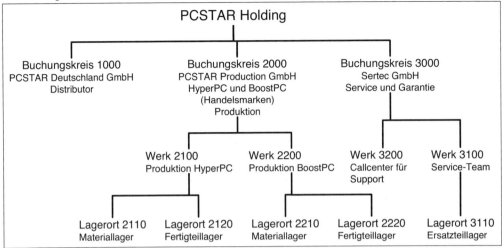

4.1.1.2 Einkaufsorganisation

Die Einkaufsabteilung ist für die Beschaffung von Materialien und Dienstleistungen zuständig. Sie handelt beispielsweise Einkaufskonditionen aus oder wickelt Bestellungen ab. Alle Positionen eines Einkaufsbelegs, d.h. Anfrage, Bestellung, Kontrakt oder Lieferplan, gehören damit zu ihrem Einflussbereich. Der Datenbezugspunkt für die Einkaufsabteilung ist in der R/3®-Unternehmensstruktur die Einkaufsorganisation. Beschaffungsprozesse geschehen somit immer in Zuordnung zu einer Einkaufsorganisation. Diese findet ihre „logistische" Anbindung an die Unternehmensstruktur über das Werk. Mittels der immer bestehenden Verbindung eines Werkes mit einem Buchungskreis wird dann die finanzwirtschaftliche Anbindung gewährleistet. Die richtige betriebswirtschaftliche Zuordnung der finanzwirtschaftlichen und logistischen Ströme geschieht durch Angabe der Organisationsebene in den Einkaufsbelegen, z.B. müssen bei einer Bestellung – neben der Einkaufsorganisation – auch immer Angaben über das Werk gemacht werden.

Je nach Unternehmen, welches einkaufstechnisch abgebildet werden soll, können verschiedene Zuordnungen in R/3® entstehen.

- eine Einkaufsorganisation beschafft für alle Buchungskreise eines Mandanten
Hierbei könnte es sich um einen konzernweiten Einkauf handeln. Alle Werke für die beschafft werden soll, werden der Einkaufsorganisation zugeordnet. Die Einkaufsorganisation wird keinem Buchungskreis direkt zugeordnet. Bei Beschaffungsvorgängen für ein Werk wird der Buchungskreis eben über dieses Werk ermittelt.

Abbildung 51: Einkaufsorganisation beschafft für alle Buchungskreise

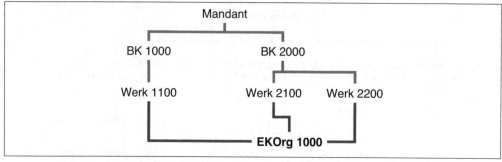

- eine Einkaufsorganisation beschafft für genau einen Buchungskreis

Die Einkaufsorganisation ist direkt einem Buchungskreis zugeordnet und ist damit für die Beschaffungsvorgänge der dem Buchungskreis zugeordneten Werke zuständig. Ein Beispiel dafür wäre der Zentraleinkauf für ein (einzelnes) Unternehmen.

Abbildung 52: Einkaufsorganisation beschafft für genau einen Buchungskreis

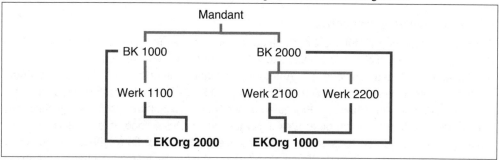

- eine Einkaufsorganisation beschafft für ein Werk

Eine Einkaufsorganisation ist für die Beschaffungsprozesse eines Werkes zuständig. Sie muss einem Werk und einem Buchungskreis zugeordnet werden.

Abbildung 53: Einkaufsorganisation beschafft für genau ein Werk

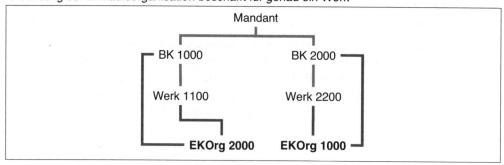

- Mischformen

Die Einkaufsorganisation 2000 im folgenden Beispiel ist buchungskreisübergreifend tätig, d.h. für die Werke 1100 und 2100 zuständig. Daneben ist die Einkaufsorganisation 1000 für die Werke des Buchungskreises 2000 zuständig. Das Werk 2100 kann von zwei Einkaufsorganisationen bedient werden.

Abbildung 54: Varianten bei Zuordnung

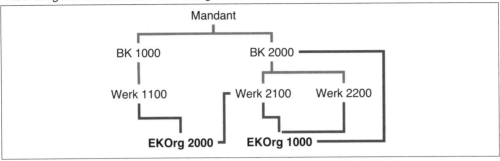

Im Prinzip kann also eine Einkaufsabteilung die Beschaffung für ein bis mehrere Werke organisieren, unabhängig davon, in welchem Buchungskreis sich dieses Werk befindet. Es können auch mehrere Einkaufsorganisationen in einem Mandanten festgelegt werden.

Eine Zuordnung, wie in Abbildung 55 dargestellt, ist nicht möglich, da die Einkaufsorganisation 1000 dem Buchungskreis 2000 zugeordnet ist und damit nur für dessen Werke zuständig sein kann.

Abbildung 55: Nicht zulässige Zuordnung Einkaufsorganisation - Werk

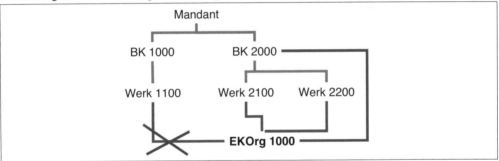

Außerdem kann die Einkaufsorganisation in mehrere Einkäufergruppen untergliedert werden. Diese sind dann für operative betriebliche Teilbereiche oder auch Produkte zuständig.

Durch die Zuordnung einer Einkaufsorganisation zu einem Buchungskreis werden die möglichen Zuordnung dieser Einkaufsorganisation zu Werken auf eben diesen Buchungskreis beschränkt.

4.1.2 Materialstammdaten

Der Materialstammsatz enthält sämtliche, für die Beschreibung eines Materials wichtigen Daten. Er wird von verschiedenen Unternehmensfunktionen (Einkauf, Produktionsplanung, Vertrieb usw.) genutzt:

- im Einkauf für die Bestellabwicklung,
- in der Bestandsführung für Warenbewegungsbuchungen und Inventurabwicklung,
- in der Rechnungsprüfung für das Buchen von Rechnungen,
- im Vertrieb für die Auftragsabwicklung,
- in der Produktionsplanung und -steuerung für Bedarfsplanung, Terminierung und Arbeitsvorbereitung.

Jeder Fachbereich möchte daher auch unterschiedliche Informationen zu einem Material hinterlegen, wodurch sich aus den Fachbereichen heraus unterschiedliche Sichten auf den einzelnen Materialstammsatz ergeben. Diese Sichten können einzeln gepflegt werden. Dadurch pflegen die Mitarbeiter eines Funktionsbereichs die Daten, die für diesen Bereich relevant sind. Dementsprechend liegt auch die Verantwortlichkeit in der Datenpflege bei den Mitarbeitern der Fachbereiche.

4.1.2.1 Materialsichten

Es existieren die folgenden Sichten für Materialien in R/3®.

- Arbeitsvorbereitung

Daten zur Vorbereitung der Fertigung von Halbfabrikaten und Fertigerzeugnissen, z.B. Toleranzdaten hinsichtlich der Eigenlieferung, Eigenfertigungszeit.

- Buchhaltung

Daten zur Bewertung und zur Kontenfindung, z.B. Standardpreis oder gleitender Durchschnittspreis, Bewertungsklasse für Zuordnung beispielsweise zum Rohstoff- oder Ersatzteilekonto.

- Disposition

Informationen zur Materialdisposition, z.B. Sicherheitsbestand, zu geplanten Liefer- oder Fertigungszeiten für ein Material.

- Einkauf

Daten, die im Rahmen des direkten Einkaufs benötigt werden, wie Bestellmengeneinheit, für dieses Material zuständige Einkäufer, akzeptierte Lieferungstoleranzen.

- Fertigungshilfsmittel

Informationen zum Material bei der Verwendung als Fertigungshilfsmittel (z.B. Schmierstoffe etc.).

- Kalkulation

Angabe von Kalkulationsspezifischen Informationen wie Kalkulationslosgröße, Planpreise, Stücklisten, die der Kalkulation zugrunde liegen sollen, etc.

- Klassifizierung

Möglichkeit zur Klassifizierung von Material mit gleichen Attributen (siehe auch Abbildung 56) z.B. LKW. Hier können zusätzliche, über die Sichten hinausgehende, Daten angegeben werden, wie PS, Zulassung, Kennzeichen etc.

- Grunddaten

Technische allgemeingültige Daten, wie z.B. Konstruktionszeichnungsnummern, EAN, Abmessungen, Gewichte, Basismengeneinheiten, etc.

- Lagerung

Informationen zur Lagerung und zum Transport wie Größe, Temperaturbedingung, Haltbarkeitsdaten, Etikettierungsart.

- Werks-/Lagerortbestand

Pflege von Materialbeständen der laufenden und der Vorperiode.

- Prognose

Information zur Vorhersage des Materialbedarfs, z.B. gleitender Mittelwert.

- Qualitätsmanagement

Angabe von technischen Prüfdaten und –Intervallen.

- Vertrieb

Informationen zum Verkauf und Versand.

Teilweise sind für die einzelnen Sichten, aufgrund ihrer Datenfülle, mehrere Pflegebildschirmbilder notwendig (z.B. Disposition 1-4).

Der Vorteil der Integration aller Materialdaten in einem einzigen Datenbankobjekt liegt in der Verhinderung einer fachbereichsspezifischen Datenredundanz. Allerdings werden nicht immer sämtliche Sichten auf ein Material benötigt. Beispielsweise müssen für Rohstoffe lediglich dann Einkaufsdaten gepflegt werden, wenn sie fremdbeschafft sind. Werden die Rohstoffe ausschließlich weiterverarbeitet, ist z.B. die Vertriebssicht nicht erforderlich. Büromaterial wird meistens nicht (in großem Stil) gelagert, sondern in irgendeinem Schrank im Büro bevorratet. Stammdaten hinsichtlich einer Bestellung lassen sich vertreten, aber eine Bestandsführung und damit die Sicht „Lagerung" machen wenig Sinn. Die jeweils von den Fachabteilungen im betrieblichen Prozess zu pflegenden Sichten ergeben sich daher in Abhängigkeit vom Material bzw. der jeweiligen Materialart (Rohstoffe, Fertigerzeugnisse etc.).

Die einzelnen Sichten des Materialstammsatzes haben unterschiedliche Bezugspunkte in der Unternehmensstruktur bzw. werden in Zuordnung zu verschiedenen Organisationsebenen angelegt. Allgemeingültige Daten werden auf Mandantenebene, Daten für spezielle Betriebsstätten auf Werksebene und für einzelne Lager gültige Daten auf Lagerortebene (z.B. Rohstofflager, Fertigwarenlager usw.) „abgelegt". Wichtig ist hierbei, dass ein Material auch auf jeder genutzten Ebene angelegt wird. So kann zwar ein Material bestellt und geliefert werden, sollte das Material allerdings für den bestimmten Lagerort nicht angelegt sein, ist eine Verbuchung nicht möglich. Es ist eine entsprechende Nachpflege notwendig.

Abhängig davon, für welchen Fachbereich Daten eingegeben werden, d.h. welche Sicht gepflegt wird, müssen daher die Organisationsebenen angegeben werden, also eine (betriebliche) Zuordnung zur bereits über das Customizing gepflegten Unternehmensstruktur (z.B. Buchungskreis, Werk, Lager, etc.) getroffen werden. In der Tabelle 1 sind die Materialsichten und ihre für die Pflege erforderlichen bzw. die optionalen Organisationsebenen angegeben. Ist eine Ebene optional, so können durch Angabe dieser Ebene mehr Datenfelder angeboten werden. Umgekehrt kann die Nichteingabe optionaler Elemente bei der entsprechenden Sicht die (gepflegten) Daten reduzieren.

Der Vorteil dieser Ebenenzuordnung liegt im operativen betrieblichen Ablauf. Gepflegte Grunddaten eines Materials können von verschiedenen Werken verwendet werden, da sich diese auf Mandantenebene befinden. Die Mitarbeiter der Werke können so den eventuell schon vorhandenen Stammsatz um ihre Daten ergänzen, ohne die Daten des anderen zu stören bzw. zu zerstören.

Tabelle 1: Abhängigkeit zwischen Fachbereich und Organisationsebenen

Sicht	Ebene	Angabe ist ...
Arbeitsvorbereitung	Werk	erforderlich
allg. Werksdaten/Lagerung	Werk	erforderlich
	Lagerort	optional
Buchhaltung 1+2	Werk	erforderlich
Disposition 1-4	Werk	erforderlich
	Lagerort	optional
Einkauf	Werk	optional
Einkaufsbestelltext	keine	
Fertigungshilfsmittel	Werk	erforderlich
Grunddaten	keine	
Kalkulation 1+2	Werk	erforderlich
Klassifizierung	keine	
Lagerung	Werk	optional
	Lagerort	optional
Lagerverwaltung 1+2	Werk	optional
	Lagerort	erforderlich
Prognose	Werk	erforderlich
Qualitätsmanagement	Werk	erforderlich
Vertrieb – Verkaufsorg. Daten 1+2	Verkaufsorg.	optional
Vertrieb – allg./Werksdaten	Werk	optional
	Verkaufsorg.	optional
Vertriebstext	Werk	optional
	Verkaufsorg.	optional

keine = Mandantenebene

In Anlehnung an SAP® AG

Gerade Fertigerzeugnisse gleichen sich zwar in ihren Merkmalen, haben aber unterschiedliche Ausprägungen. Desktop-Computer beispielsweise haben Hardwarekomponenten wie Grafikkarte, Prozessor, Festplatte etc. Allerdings gibt es verschiedene Desktop-Computer. Einige haben eine 80 GB Festplatte, andere nur eine 40 GB große Festplatte. Da Merkmale wie Festplattengröße, Prozessor, Arbeitsspeicher das Fertigerzeugnis Desktop-Computer letztlich bestimmen, ist es sinnvoll, diese Informationen im Materialstammsatz festzuhalten. Für die Pflege solcher Informationen bzw. Merkmale sind in den Sichten des Standard-R/3®-Fertigerzeugnisses keine Datenfelder vorgesehen. Die Pflege von solchen „Zusatzfeldern" geschieht über die so genannte Klassifizierung. Gleiche Merkmale von Materialien werden in einer Klasse zusammengefasst. Über die Materialstammsatzsicht Klassifizierung kann einem Material eine (oder mehrere) Klasse(n) mit Merkmalen zu gewiesen werden. Die unterschiedlichen Ausprägungen können in dieser Sicht gepflegt werden.

Abbildung 56: Klassifizierung

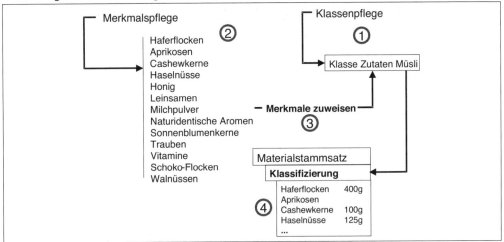

Zunächst wird eine Klasse angelegt. Danach werden Merkmale angelegt. Diese werden der Klasse zugeordnet bzw. die Merkmale können auch einer schon bestehenden Klasse zugeordnet werden. Die eingerichtete Klasse mit ihren Merkmalen wird in der Sicht „Klassifizierung" im Materialstammsatz ausgewählt. Hier werden die Merkmale „bewertet", d.h. es werden ihnen Merkmalsausprägungen zugewiesen. Enthält z.B. ein Müsli keine Aprikosen, so wird keine Ausprägung angegeben.

4.1.2.2 Materialbewertung

Zuvor wurde gesagt, dass der Buchungskreis die bilanzierende Einheit repräsentiert. Finanzwirtschaftliche Vorgänge werden also in Zuordnung zum Buchungskreis gestaltet. Die Buchhaltungssicht eines Materials wird aber in Zuordnung zu einem Werk gepflegt.[24] Das Werk scheint also in Materialwirtschaft die wertmäßig bestandsführende Einheit zu sein.

Dieser „Schein" ist darauf zurückzuführen, dass die wertmäßige Führung aller Materialbewegungen in Zuordnung zu einer besonderen Ebene geschieht, dem Bewertungskreis. Dieser legt die (Bewertungs-)Ebene für die wertmäßige Führung der Materialien fest. Zur Auswahl stehen dafür eben das Werk oder der Buchungskreis. Ist der Bewertungskreis gleich dem Buchungskreis, so wird ein Material, das in verschiedenen Werken geführt wird, in allen dem Buchungskreis zugeordneten Werken gleich bewertet. Bei einer Zuordnung zum Werk werden die Materialien getrennt bewertet, d.h. ein Material, das in zwei Werken geführt wird, kann unterschiedlich bewertet werden. Über das Customizing ist festgelegt, auf welcher Ebene die Bewertung durchgeführt wird. Letztlich fasst bei einer Bewertung auf Werksebene der zugeordnete Buchungskreis als extern bilanzierende Einheit die Daten der Bewertungskreise wieder zusammen.

Das Werk ist in der Regel die Ebene für die Materialbewertung. Die einmal festgelegte Bewertungsebene kann nachträglich also im laufenden Unternehmensbetrieb nicht direkt geändert werden. Diese Situation zeigt die Abbildung 57.

---

[24] S. auch Tabelle 1.

Abbildung 57: Bewertungskreis im Customizing

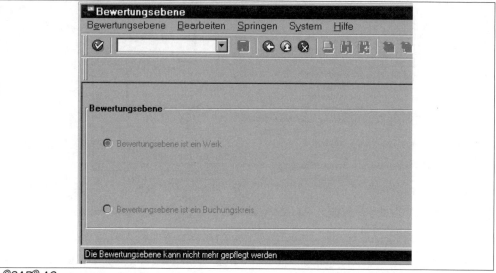

©SAP® AG

Der Bewertungskreis ist ein Werk. Die Statuszeile informiert über die nicht mehr mögliche direkte Änderung der Bewertungsebene. Die Festlegung der Bewertungsebene gilt für den gesamten Mandanten. Dies bedeutet, dass es einen Bewertungskreis auf Werksebene und einen Bewertungskreis auf Buchungskreisebene in einem Mandanten nicht geben kann. Die Abbildung 58 zeigt eine solche nicht zulässige Zuordnung.

Abbildung 58: Bewertungskreis, Werke und Lager in der Unternehmensstruktur

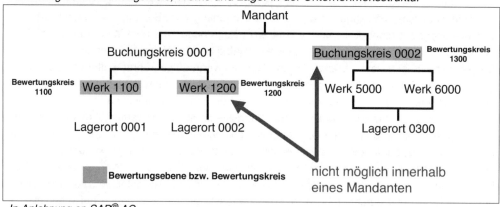

In Anlehnung an SAP® AG

Die Feststellung des Bestandswertes bzw. die Veränderung des Bestandswertes bei Änderung von Bestandsmengen oder Materialpreisen ist Aufgabe der Materialbewertung. Die Bewertung kann zum einen nach dem Standardpreisverfahren (S), d.h. mit einem konstanten Preis erfolgen. Zum anderen kann zur Anpassung an Schwankungen des Einstandspreises der gleitende Durchschnittspreis (V) verwendet werden. Die beiden Arten der (Bewertungs-)Preissteuerung unterscheiden sich durch die Bestandswertermittlung bei Wareneingang bzw. Rechnungseingang.[25]

---

[25] S. auch Kapitel 4.3.7, S. 247.

Eine Bewertung zum Standardpreis (Preissteuerung S) bedeutet, dass alle wertmäßigen Bestandsbuchungen zu einem im Materialstammsatz festgelegten Preis durchgeführt werden. Der Bestandswert ergibt sich - unabhängig vom Einstandspreis - aus dem gepflegten Bewertungspreis multipliziert mit der Bestandsmenge. Die Differenz zwischen Einstands- und Bewertungspreis bleibt für die Materialbewertung unberücksichtigt und wird als Aufwand bzw. als Ertrag verbucht.

Bei einer Bewertung mit dem Standardpreis wird der gleitende Durchschnittspreis zusätzlich mitgeführt, um festzustellen, wie stark die Einstandspreise im Durchschnitt vom Standardpreis abweichen. Die folgende Abbildung zeigt an einem Beispiel die Ermittlung des Bestandswerts bei Zugang und Preissteuerung S (Standardpreis).

Abbildung 59: Bestandswert und Preissteuerung S

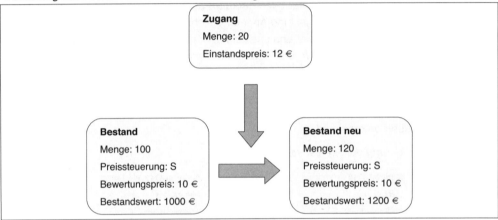

Ein weiteres Beispiel: 1 t Sand hat einen Marktpreis von 100 € je Tonne. Für den Sand ist ein Standardpreis von 95 € je Tonne im Materialsstammsatz als Bewertungspreis angegeben. Werden 50 Tonnen neu in das Lager aufgenommen, so erhöht sich der Bestandswert um 50 x 95 €. Die Differenz von 50 x 5 € würde als Ertrag gebucht.

Abbildung 60: Bestandswert und Preissteuerung V

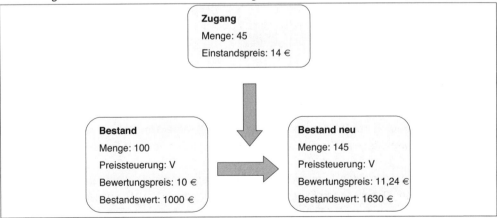

Der gleitende Durchschnittspreis berücksichtigt Abweichungen zwischen Bewertungspreis und Einstandspreis anteilig. Der Bestandswert berechnet sich aus dem alten Wert + Zugangsmenge x Einstandspreis. Der Bewertungspreis wird konsequenterweise angepasst.

Eine andere Preiseinheit, z.B. 30 € je 20 kg, als die Bewertungspreiseinheit, z.B. 1,75 € je 1 kg, wird berücksichtigt. Welche Preissteuerung verwendet werden soll, wird in der Buchhaltungssicht festgelegt.

Eine bereits gepflegte Preissteuerung kann geändert werden.

- Änderung der Preissteuerung S nach V

  Die Änderung ist ohne Bedingungen möglich. Der gleitende Durchschnittspreis nimmt „zum Start" den Standardpreis an.

- Änderung der Preissteuerung V nach S

  Der Wechsel in der Bewertung vom gleitenden Durchschnittspreis zum Standardpreis ist nicht möglich, wenn das Material getrennt bewertet wird. Getrennte Bewertung bedeutet, dass Teilbestände eines bestimmten Materials, beispielsweise wegen unterschiedlicher Qualität oder Herkunft, anders bewertet werden als der Rest oder weitere Teile. Weiter ist eine Änderung nicht möglich, sofern der Standardpreis aus einer Kalkulation stammt und ungleich dem gleitenden Durchschnittspreis ist.

  Im Falle einer zulässigen Änderungssituation wird der gleitende Durchschnittspreis als Standardpreis übernommen.

Die Änderung der Preissteuerung geschieht über eine eigene Anwendung. Sie verändert den Bestandswert zunächst nicht, da stets der bestehende Bewertungspreis von der neuen Preissteuerung übernommen wird.

Abbildung 61: Änderung der Preissteuerung

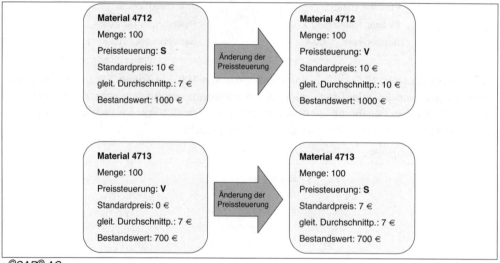

©SAP® AG

Neben einer Änderung der Preissteuerung kann auch i.S. einer Umbewertung eine Änderung des Preises notwendig sein. Die Preisänderung ist prinzipiell von der Preissteuerung unabhängig.

Bei sich stark verändernden Einstandspreisen kann es notwendig werden, den Standardpreis anzupassen. Der gleitende Durchschnittspreis wird zwar bei Materialien, die mit Standardpreis bewertet sind, mitgeführt, eine u.U. notwendige Anpassung des Standardpreises muss aber dennoch manuell durchgeführt werden.

Da sich der gleitende Durchschnittspreis an Änderungen in den Einstandspreisen anteilig anpasst, ist eine manuelle Bewertungspreisänderung möglicherweise dann erforderlich, wenn längere Zeit kein Zugang des Materials stattgefunden hat, so dass bei einer Bestands-erhöhung die daraus entstehende anteilige Anpassung nicht den realen Wert widerspiegelt.

Die Umbuchung aus einer Umlagerung von einem Werk zu einem anderen kann ebenfalls zu Veränderungen in der Bewertung führen, sofern die Bewertungsebene, d.h. der Bewertungs-kreis, gleich dem Werk ist. Dies ist dann der Fall, wenn der Bewertungspreis im empfangen-den Werk ein anderer ist als im abgebenden Werk. Beispielsweise wird ein Material im Werk 1000 mit 5 € je kg bewertet. Das Werk 1100 bewertet das Material mit 6 € je kg. Die Verbuchungsweise im empfangenden Werk ist abhängig von der gewählten Preissteuerung. Bei der Preissteuerung V verändert (hier verringert) sich der Bewertungspreis entsprechend dem Materialzugang. Bei der Preissteuerung S wird der Zugang mit 6 € je kg bewertet. Die Preisdifferenz wird hier als Ertrag aus Umlagerung verbucht.

Die angebotenen Preissteuerungen V und S entsprechen im Prinzip den gesetzlichen Vor-gaben zur Bewertung von Vorräten (Umlaufvermögen). Es gilt – wie bei allen Vermögenstei-len und Schulden – der Grundsatz der Einzelbewertung. D.h. „beim ersten Mal" werden die tatsächlichen Anschaffungskosten bzw. die Herstellkosten angesetzt. Am Bilanzstichtag wird dann dieser Wert mit dem Tageswert verglichen. Es gilt das strenge Niederstwertprinzip, d.h. es darf höchstens zu Anschaffungskosten bzw. Herstellkosten bewertet werden. Liegt am Bilanzstichtag der Wert jedoch darunter, dann muss dieser niedrigere Tageswert nach § 253 (4) HGB angesetzt werden. [26] Der Standardpreis entspricht dieser Einzelbewertung.

Eine Einzelbewertung wird schwer möglich, sofern sich der Bestand aus verschiedenen Lie-ferungen zu verschiedenen Preisen zusammensetzt. Daher ist die Anwendung einer Durch-schnittsbewertung nach § 240 (4) HGB oder die Verbrauchsfolgebewertung nach § 256 HGB bei der Bilanzierung gleichartiger Vorräte zulässig. Die Durchschnittsbewertung, genauer die permanente Durchschnittswerteermittlung, entspricht der Preissteuerung V (gleitender Durchschnittspreis). Auch gilt wieder das strenge Niederstwertprinzip. Die Bewertung nach Verbrauchsfolgen, d.h. First-in-first-out-Verfahren (FIFO) und Last-in-first-out-Verfahren (LI-FO), wird von R/3® unterstützt.

Eine Besonderheit im Rahmen der Bestandsbewertung stellt das Konsignationslager dar. Konsignationslager enthalten Waren, die Eigentum des Lieferanten sind. Das Lager selbst befindet sich allerdings auf dem Gelände des zu beliefernden Unternehmens. Die Verbind-lichkeit entsteht erst bei Entnahme der Materialien. Die Rechnung wird nach vereinbarten Perioden fällig, z.B. monatlich. Da der Konsignationsbestand für das belieferte Unternehmen jedoch jederzeit verfügbar ist, wird dieser unter derselben Materialnummer geführt wie der eigene Bestand. Allerdings sind Konsignationsbestände nicht bewertet. Die Bewertung er-folgt erst bei Entnahme abhängig von der Preissteuerung.

4.1.2.3 Materialart

Materialien in Unternehmen unterscheiden sich häufig in ihren Eigenschaften. Dennoch las-sen sich gewisse Gemeinsamkeiten bei den Eigenschaften feststellen. Zur Gruppierung ver-schiedener Materialien, die die gleichen Eigenschaften haben, bietet SAP® R/3® Materialar-ten bei der Materialanlage an. Die Materialart ROH gruppiert beispielsweise Rohmaterialien. Im R/3®-Standard (auch im IDES-System) wird zunächst davon ausgegangen, dass Rohstof-fe fremdbeschafft und anschließend weiterverarbeitet werden. Die Materialart ROH legt da-her fest, dass zwar Einkaufsichten aber keine Vertriebssichten gepflegt werden können. Ma-terial, das nicht auf Lager gehalten, sondern sofort ver- bzw. gebraucht wird, z.B. Büromate-

---

[26] Vgl. Deitermann, Manfred; Schmolke, Siegfried; Industrielles Rechnungswesen; 2000; S. 262 f.

rialien, Computer, kann als so genanntes Nichtlagermaterial klassifiziert werden (Material NLAG). Verpackungsmaterial (Materialart VERP) oder Leihgut (wieder verwendbare, rückgabepflichtiges Verpackungsmaterial oder Transporthilfsmittel) sind weitere Beispiele. Die jeweiligen Materialarten bieten relevante Sichten bzw. Datenfelder. Die Abbildung 62 zeigt eine Auswahl der im IDES System (Version 4.6C) angebotenen Materialarten. Darüber hinaus können bei Bedarf noch weitere Arten erstellt werden.

Abbildung 62: Materialarten

AEM	Muster	IBAU	Instandhaltungs-Baugruppe	UKHM	Verkaufshilfsmittel
COMP	Komponenten, zugekauft	INTR	Intramaterial	VOLL	Vollgut
CONT	KANBAN-Behälter	KMAT	Konfigurierbares Material	WERB	Werbemittel
COUP	Coupon	LEER	Leergut	WERT	Wertmaterial
DIEN	Dienstleistung	LEIH	Leihgut-Packmittel	WETT	Wettbewerberprodukt M.
ERSA	Ersatzteile	LGUT	Leergut Warenwirtschaft	YCON	Konfigurierb. Mat. MPW
FERT	Fertigerzeugnis	MODE	Mode (saisonal)	ZSER	SP: Dienstleistungen
FGTR	Getränke	NLAG	Nichtlagermaterial		
FHMI	Fertigungshilfsmittel	NOF1	Non Food		
FOOD	Food (excl. Frische)	PIPE	Pipeline-Material		
FRIP	Frischprodukte	PROC	Prozeß-Material		
HALB	Halbfabrikat	PROD	Produktgruppe		
HAWA	Handelsware	ROH	Rohstoff		
HERS	Herstellerteil	UNBW	Unbewertetes Material		
HIBE	Hilfs-/Betriebsstoff	VERP	Verpackung		

©SAP® AG

Neben den oben erwähnten Sichten (Bildschirmbildern) und Datenfeldern bestimmt die Materialart auch:

- die Zuordnung von Nummernkreisen für die eindeutige Materialnummer,
- die Vergabeart der Materialnummer,
- ob das Material eigen- oder fremdbeschafft wird,
- die Pflegebildschirmbilder mit ihren Eingabefeldern,
- ob Bestandsführungspflicht besteht,
- die Kontenverbuchung.

Die dafür notwendigen Einstellungen sowie die daraus resultierenden Konsequenzen werden im Customizing erstellt und festgelegt.

Für die Materialart ROH (Rohstoffe) können beispielsweise die in Abbildung 63 gezeigten Einstellungen gemacht werden.

Jedes Material, zu dem ein Stammsatz geführt werden soll, erhält eine eindeutige Nummer. Diese Materialnummer dient aus Datenbanksicht als Primärschlüssel. Daher kann jede Nummer auch nur einmal vergeben werden. Ob die jeweilige Nummer intern (vom System) oder extern (vom Benutzer) vergeben wird und welche Art von Nummer vergeben werden soll, wird eben durch die Materialart bestimmt. Die Eindeutigkeit in beiden Varianten wird immer geprüft. Bei der internen Vergabe wählt das System fortlaufende Nummern aus dem entsprechenden Nummernkreis. Bei externer Vergabe wird die vom Benutzer eingegebene Nummer nicht gegen diesen Nummernkreis verprobt. Damit nicht Nummern eines bestimmten Nummernkreises aus Versehen vergeben werden, muss die extern vergebene Nummer eine alphanumerische Nummer sein. Für Rohstoffe kann der Benutzer hier freigewählte „externe" Nummern vergeben.

Es kann bestimmt werden, ob ein Material intern i.S. der Eigenfertigung bestellt werden darf. Gleiches gilt für die externe Bestellung. Für die Rohstoffe ist nach diesen Einstellungen keine interne Beschaffung zulässig, sie können allein fremdbeschafft werden. Hat ein Unternehmen die Möglichkeit, Rohstoffe auch intern zu beschaffen, so müsste die interne Bestellung erlaubt werden.

Abbildung 63: Eigenschaften der Materialart ROH festlegen

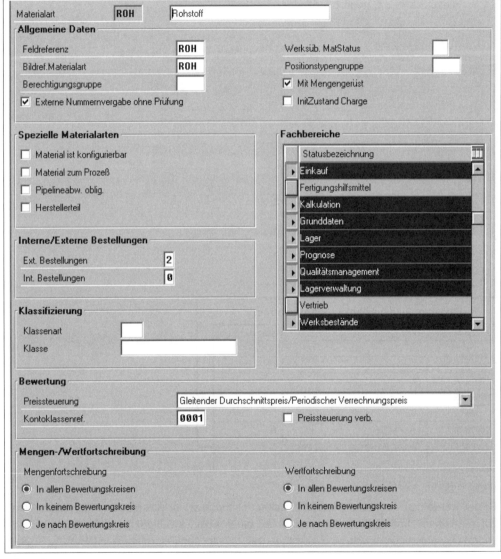

©SAP® AG

Weiter wird bestimmt, welche Sichten zur Eingabe erscheinen sollen (Fachbereiche). Die in der Abbildung angegebene Reihenfolge der Sichten entspricht nicht der Pflegefolge bei der Materialanlage.

Welche Eingabefelder in den Sichten erscheinen sollen, wird über die Zuordnung einer Feldreferenz bestimmt. Im Beispiel der Abbildung 63 ist das die Feldreferenz ROH. Die Feldreferenz legt darüber hinaus fest, welche Felder vom Benutzer ausgefüllt werden müssen und welche nicht (Muss- und Kannfelder). Die Feldreferenzen sind ebenfalls im Customizing hinterlegt. Die Abbildung 64 zeigt die Feldreferenz ROH und ihre Feldeigenschaften.

Abbildung 64: Eingabefelderbestimmung im Rahmen einer Feldreferenz

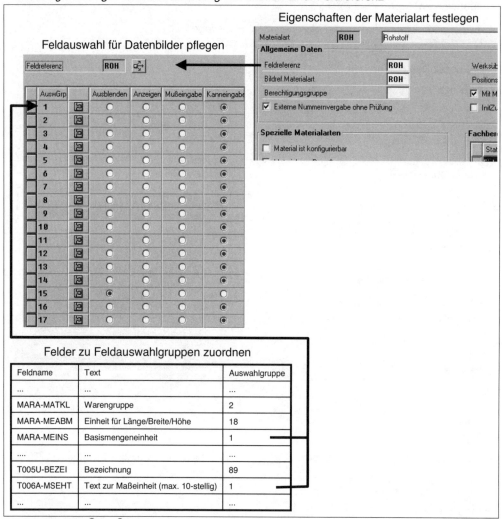

Bildschirmbilder ©SAP® AG

Felder werden zu Feldauswahlgruppen zusammengefasst. Im Beispiel sind die Felder Text zur Maßeinheit und Basismengeneinheit zu einer Feldauswahlgruppe zusammengefasst. Jede Auswahlgruppe erhält eine Nummer (hier 1). In der Feldreferenz ROH bzw. in der Feldauswahl für die Datenbilder kann dann bestimmt werden, ob die Auswahlgruppe 1 (mit ihren beiden Feldern) nur angezeigt wird, als Muss- oder Kannfeld erscheint oder gar nicht angezeigt wird. Die Einstellung gilt für die gesamte Feldergruppe.

Ebenfalls legt die Materialart fest, ob das Material mengen- und/oder wertmäßig geführt werden muss. Beispielsweise ist für Nichtlagermaterial eine mengenmäßige Führung nicht notwendig bzw. nicht zulässig.

Abbildung 65: Eigenschaften der Materialart NLAG festlegen

Materialart	**NLAG**	Nichtlagermaterial		

Allgemeine Daten

Feldreferenz	**NLAG**		Werksüb. MatStatus	☐
Bildref.Materialart	**ROH**		Positionstypengruppe	**NLAG**
Berechtigungsgruppe			☐ Mit Mengengerüst	
☐ Externe Nummernvergabe ohne Prüfung			☐ InitZustand Charge	

Spezielle Materialarten

☐ Material ist konfigurierbar

☐ Material zum Prozeß

☐ Pipelineabw. oblig.

☐ Herstellerteil

Fachbereiche

	Statusbezeichnung	
	Arbeitsvorbereitung	▲
	Buchhaltung	
	Klassifizierung	
▶	Disposition	
▶	Einkauf	
	Fertigungshilfsmittel	
	Kalkulation	
▶	Grunddaten	
	Lager	
	Prognose	▼

Interne/Externe Bestellungen

Ext. Bestellungen		2
Int. Bestellungen		2

Klassifizierung

Klassenart		
Klasse		

Bewertung

Preissteuerung		▼
Kontoklassenref.		☐ Preissteuerung verb.

Mengen-/Wertfortschreibung

Mengenfortschreibung	Wertfortschreibung
○ In allen Bewertungskreisen	○ In allen Bewertungskreisen
◉ In keinem Bewertungskreis	○ In keinem Bewertungskreis
○ Je nach Bewertungskreis	◉ Je nach Bewertungskreis

Die Materialart nimmt auch Einfluss die Preissteuerung. Je nach Materialart wird die Preissteuerung S oder V vorgeschlagen. Bei Rohstoffen wird V vorgeschlagen, da hier bilanztechnisch die permanente Durchschnittswertermittlung sinnvoll ist.

Finanzwirtschaftliche Buchungen im Rahmen von Warenbewegungen (Bestandsveränderungen) werden in R/3® automatisch durchgeführt. Welches Bestandskonto dabei verwendet wird, wird wieder durch die Materialart gesteuert. Methodisch geschieht dies durch so genannte Bewertungsklassen. Die Bewertungsklasse legt fest, auf welches (Bestands-)Konto eine Warenbewegung gebucht wird. Die Angabe der Bewertungsklasse ermöglicht synchron zur mengenmäßigen Bestandsbuchung auf Seiten der Materialwirtschaft die wertmäßige Verbuchung einer Materialbewegung.

Gepflegt wird die Bewertungsklasse in der Buchhaltungssicht des Materialstammsatzes, wobei abhängig von der Materialart mehrere Bewertungsklassen zur Auswahl stehen.

Abbildung 66: Bewertungsklasse in der Buchhaltungssicht festlegen

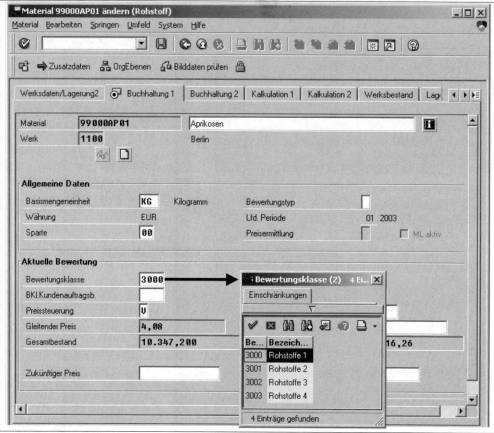

Bildschirmbilder ©SAP® AG

Die Abhängigkeit zur Materialart entsteht, indem einer so genannten Kontoklassenreferenz mindestens eine Bewertungsklasse zugewiesen wird (z.B. die Bewertungsklassen 3000-3003 zur Kontoreferenzklasse 0001). Die Kontoreferenzklasse wird ihrerseits wieder der Materialart zugeordnet.

Abbildung 67: Bewertungsklasse zuordnen

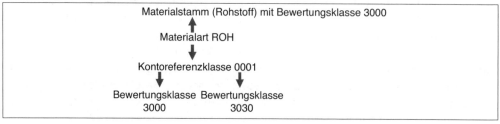

Der Mechanismus zur automatischen Kontenfindung und Erzeugung der Buchungszeilen soll im Folgenden am Vorgang einer Bestandsbuchung erläutert werden. Das Ziel ist für eine

Warenbewegung, hier Warenausgang, einen Buchungssatz ohne Eingriff eines Benutzers zu erzeugen (Buchung auf Verbrauchskonto und Bestandskonto).

Bei der Erfassung des Warenausgangs ist u.a. die Angabe des Werks, für welches der Vorgang geschehen soll, notwendig. Über die bestehende Verbindung von Werk (bzw. Bewertungskreis) und Buchungskreis kann der Kontenplan ermittelt werden, denn ein Buchungskreis hat genau einen Kontenplan. Der Kontenplan ist ein Verzeichnis aller verfügbaren Sachkonten, z.B. Industriekontenrahmen oder Gemeinschaftskontenrahmen. Einem Buchungskreis bzw. Bewertungskreis ist stets ein Kontenplan zugeordnet. Werk bzw. der Bewertungskreis und Buchungskreis werden zusammengefasst über die sog. Bewertungsmodifikationskonstante. Über die Angabe des Werkes kann das System letztlich auf die Bewertungsmodifikationskonstante schließen.

Abbildung 68: Bewertungsmodifikationskonstante

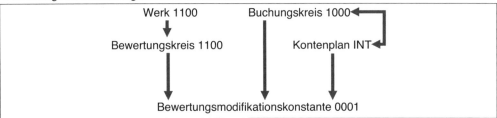

Für die buchhaltungsrelevanten Vorgänge der Bestandführung, hier der Vorgang des Warenausgangs, existieren sog. Vorgangsschlüssel. Diese umfassen im Kern das Sachkonto in Abhängigkeit von Bewertungsklasse (aus Materialstamm) und Bewertungsmodifikationskonstante (aus Werksangabe), sowie Regeln (Buchungsschlüssel) zur Zuordnung von Soll- und Haben-Buchung.

Bei einem Warenausgang würde – Bewertungsklasse 3000 vorausgesetzt – das Sachkonto 300000 im Vorgang BSX gefunden. Damit müsste dem System aber eindeutig klar sein, dass es sich um einen Warenausgang und den Vorgang BSX handelt. Erschwert wird die Auswahl durch eine Vielzahl von Warenausgangsvarianten, z.B. kann ein Warenausgang für einen Fertigungsauftrag, für eine Umlagerung, Verkauf oder für ein Projekt durchgeführt werden. Außerdem ist noch nicht klar, ob auf das Bestandskonto 300000 im Soll oder im Haben gebucht werden soll und welches die i.S. der GoB[27] erforderliche Gegenbuchung ist.

Die Gegenbuchung und damit die richtige Erstellung des Buchungssatzes wird durch die so genannte Bewegungsart in Zusammenarbeit mit der Kontomodifikation für Bewegungsarten bestimmt. Die Bewegungsart drückt die betriebliche Motivation der Materialbewegung aus, d.h. über die Bewegungsart kann unterschieden werden, ob der Warenausgang eben beispielsweise für einen Fertigungsauftrag, für eine Umlagerung, Verkauf oder für ein Projekt durchgeführt wird.

---

[27] Grundsätze ordnungsgemäßer Buchführung.

Abbildung 69: Vorgangsschlüssel

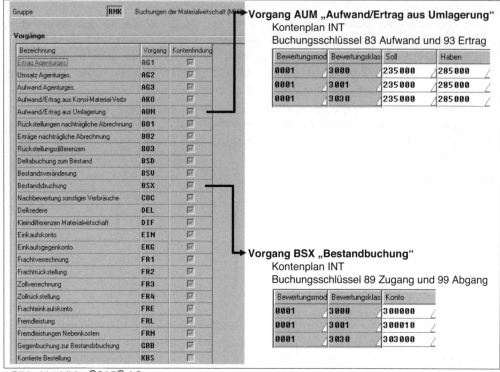

Bildschirmbilder ©SAP® AG

Die Zuordnung der betriebswirtschaftlich richtigen Gegenbuchung zu einer Bewegungsart geschieht über die Kontomodifikation für Bewegungsarten (Customizing). Hier werden der Bewegungsart u.a. die Vorgangsschlüssel und die richtige Aufstellung des Buchungssatzes mitgegeben.

Abbildung 70: Kontomodifikation für Bewegungsart 261

Bewegungsart 261 Warenausgang für Fertigungsauftrag (interner Verbrauch)

Wertfortschreibung: Ja
Mengenfortschreibung: Ja
Vorgangsschlüssel: GBB (Gegenbuchung zur Bestandsbuchung)

Bewertungsmod	Allg. Modifikatio	Bewertungsklas:	Soll	Haben
0001	VBR	3000	400000	400000
0001	VBR	3001	400010	400010
0001	VBR	3030	403000	403000

Vorgangsschlüssel: BSX (Bestandsbuchung)

Bewertungsmod	Bewertungsklas:	Konto
0001	3000	300000
0001	3001	300010
0001	3030	303000

Bildschirmbilder ©SAP® AG

Bei der Pflege des Warenausgangsbelegs muss nun zunächst die Bewegungsart, z.B. 261 Warenausgang für Auftrag, und das Werk, aus dessen Lager die Waren entnommen werden, ausgewählt werden. Daraus ergeben sich die Vorgangsschlüssel und die Bewertungsmodifkationskonstante. Über das zu entnehmende Material wird die Bewertungsklasse ermittelt.

Bewertungsklasse und Bewertungsmodifikationskonstante weisen gemeinsam innerhalb eines Vorgangsschlüssels auf das Sachkonto. Weitere Einstellungen in der Kontomodifikation und die Buchungsschlüssel (aus den Vorgangsschlüsseln) stellen dann den finalen Buchungssatz auf. Die Abbildung 71 fasst noch einmal zusammen.

Abbildung 71: Automatische Kontenfindung bei Materialbewegungen

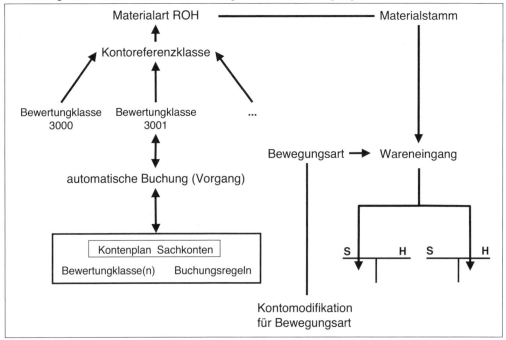

Unter Umständen ist es notwendig, die Materialart, die einem Material zugeordnet ist, im Nachhinein zu ändern. Beispielsweise soll ein bisher Fremdbeschafftes Material nun in Eigenfertigung hergestellt werden. Die Änderung sollte gut überlegt sein, da mit ihr weitreichende Konsequenzen verbunden sind. Beispielsweise werden bei einer Änderung in eine Materialart, die andere Sichten zulässt, die Felder einer Sicht, die es bei der neuen Materialart nicht mehr gibt, auf ihren Initialwert zurückgesetzt. Genauso können sich die angebotenen Bewertungsklassen ändern, was starke Auswirkungen auf die Kontofindung hätte.

4.1.2.4 Branche

Neben der Einteilung in Materialarten muss das Material einem bestimmten Industriezweig, d.h. einer Branche, zugeordnet werden. Die Branche ist im Gegensatz zur Materialart nicht mehr änderbar. Die Branche determiniert ähnlich zur Materialart die erscheinenden Bildschirmbilder sowie die Eingabefelder auf den einzelnen Bildschirmbildern. Neben den seitens des R/3®-Standards angebotenen Branchen können auch eigene Branchen angelegt bzw. vorhandene angepasst werden.

Die Materialart in Verbindung mit zusätzlichen Bildfolge- und Feldauswahlbestimmungen soll helfen, die z.B. für Rohstoffe gesetzten Bild- und Feldparameter branchenspezifischen Gegebenheiten anzupassen. Hier wird wieder auf die auch für die Materialarten geltenden Feldreferenzen verwiesen. Der Branche Nahrungsmittel (F) ist die Feldreferenz P zugeordnet. Die Funktionsweise ist die gleiche wie bei der Feldauswahl für die Materialart. Die Abbildung 72 zeigt den Zusammenhang für die Branche „Nahrungsmittel".

Es stellt sich nun die Frage nach der Dominanz von Einstellungen, denn die Feldreferenz ROH der Materialart weist die Auswahlgruppe 1 als Kann-Felder, die Branche „Nahrungsmittel" aber als Muss-Felder aus. Die Musseinstellung der Branche Nahrungsmittel „schlägt" die Kanneinstellung der Materialart ROH. Die Basismengeneinheit wird dadurch obligatorisch. Ein Mussfeld bzw. eine Mussfeldgruppe dominiert grundsätzlich ein Kannfeld bzw. eine Kannfeldgruppe.

Abbildung 72: Branche einstellen (Customizing)

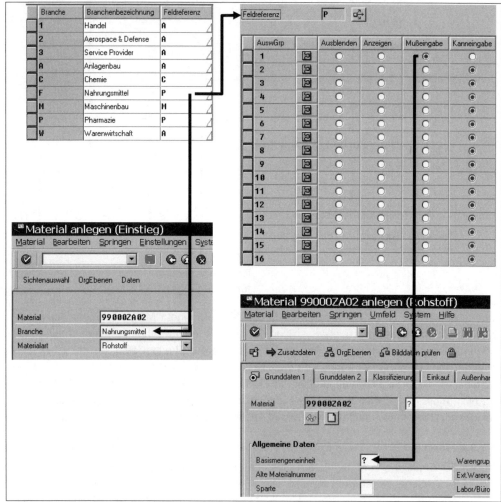

Bildschirmbilder ©SAP® AG

4.1.2.5 Anwendungen bei der Materialstammdatenpflege

Nachdem die Materialnummer, die Materialart und die Branche eingegeben wurden, die zu pflegenden Sichten ausgewählt wurden und die Zugehörigkeit zur Unternehmensstruktur gesetzt sind, kann ein neues Material angelegt werden.

Da i.S. der Datenintegrität nicht mehrere Fachbereiche parallel an demselben Material arbeiten können, müssen die jeweiligen Daten sequentiell aus den Fachbereichen heraus gepflegt werden. Dabei ist zu beachten, dass die Erweiterung des Materialstammsatzes um eine

Sicht über den Menüpunkt «ANLEGEN» erfolgt. Wenn ein Fachbereich seine Sicht der Daten gepflegt hat, wird der entsprechende Materialstammsatz mit einem Pflegestatus versehen. Dadurch ist für das System ersichtlich, welche Sichten gepflegt sind. Die Pflege von Sichten ist die Voraussetzung dafür, dass R/3®-Komponenten mit diesem Materialstammsatz arbeiten können, z.B. kann die Fertigung ein Fertigerzeugnis nur dann produzieren, wenn dessen Sicht Arbeitsvorbereitung gepflegt ist. Der Menüpunkt Material «ÄNDERN» dient nur zur Veränderung von Daten in bereits bestehenden Sichten. Eine Anwendung für die Anzeige steht ebenfalls zur Verfügung.

Ein Materialstammsatz kann auch gelöscht werden. Dies ist jedoch im Gegensatz zu den meisten Windows®-Anwendungen, bei denen Löschvorgänge meist nur durch eine Sicherheitsabfrage „verkompliziert" werden, bei SAP® R/3® komplexer. Zur Löschung von gepflegtem Material bedarf es im Prinzip dreier Schritte:

1. Das Material muss zum Löschen vorgemerkt sein.

Zur Löschvormerkung wird die Materialnummer benötigt. Es kann differenziert gelöscht werden. Differenziert insoweit, als dass Organisationsebenen angegeben werden können, auf denen Materialdaten zum Löschen vorgemerkt werden sollen. Das Setzen des Kennzeichens auf einer bestimmten Ebene bewirkt, dass die Materialstammdaten auf dieser Ebene und auf allen hierarchisch untergeordneten Ebenen zum Löschen vorgemerkt sind. Wird beispielsweise eine Löschvormerkung auf Werksebene gesetzt, so werden auch alle Daten auf Lagerortebene zum Löschen vorgemerkt. Daten auf Mandantenebene - wie die Grunddaten - bleiben hingegen bestehen.

Abbildung 73: Material zum Löschen vormerken

Bildschirmbild ©SAP® AG

Trotz seiner Löschvormerkung kann das Material weiter verwendet werden. Es wird aber bei jedem Vorgang, an dem dieses Material beteiligt ist, eine Warnmeldung ausgegeben. Die Löschvormerkung kann jederzeit zurückgenommen werden, solange der Stammsatz noch nicht physisch gelöscht bzw. archiviert wurde.

2. Archivierungslauf starten

In R/3® werden die Daten nicht einfach physisch gelöscht, sondern archiviert. Zunächst werden die Daten, die zum Löschen vorgemerkt sind, in einem Vorlauf gesammelt. Dadurch wird ein so genannter Archivierungsjob erzeugt. Dazu muss insbesondere die Tabelle (in der die Materialstammdaten geführt sind) angegeben werden. Dieser Archivierungsjob muss dann anschließend (oder zeitversetzt) angestoßen werden. Die Daten werden dann aus den Anwendungstabellen der Datenbank gelöscht und ins Archivsystem eingestellt. Sie können jederzeit zu Auswertungszwecken wieder verwendet werden. Eine Reanimation ist möglich. Die Archivierungsvorgänge können anhand von Reports nachvollzogen werden.

3. Daten aus dem Archiv löschen

Abschließend können die archivierten Daten, sofern erforderlich (beispielsweise nach Ablauf einer Aufbewahrungsfrist), gelöscht werden.

Die Archivierung bzw. Löschung von Stammdaten wird in SAP® R/3® auch unter dem Begriff der Reorganisation geführt, da mit diesem Vorgang auch eine physikalische Entlastung der Datenbank angestrebt wird.

Wird der Löschvorgang in Abbildung 73 über die oben genannten Schritte weiter geführt, so sind zwar Grunddaten und Teile der Vetriebsdaten weiter verfügbar, Lagerbestände oder buchhalterische Daten hingegen sind nicht mehr vorhanden.

Die Verhinderung des „einfachen Löschvorgangs" besteht in erster Linie auf Grund der Integration der Materialstammdaten mit anderen Daten, z.B. müsste erst eine zu dem Material existierende Bestellung archiviert werden, bevor der Materialstammsatz selbst archiviert werden kann.

4.1.3 Fallstudie - Materialstammdaten

Aufgabe 2

Damit die Materialien zur Mischung der beiden Müsliprodukte beschafft und eingelagert werden können, sind im nächsten Schritt die Materialstammdaten einzupflegen. Folgende Materialien sind zu pflegen:

Rohstoffe	Verpackungsmaterial
Haferflocken	Etikett Innova Vital
Honig	Etikett Nussper Trio
Leinsamen	Clip
Naturidentische Aromen (Mischung)	Faltschachtel Innova Vital
Vitamine (Mischung)	Faltschachtel Nussper Trio
Trauben (getrocknet)	Karton 10x1kg o. 20x500g
Aprikosen (getrocknet)	Tüte 1kg
Erdbeeren (gefriergetrocknet)	Tüte 500g
Milchpulver	Palette Typ A
Sonnenblumenkerne	
Cashew-Kerne	
Haselnüsse	
Walnüsse	
Vollmilch-Schokolade-Flocken	

Die Schlüsselkonventionen sowie die einzelnen Daten der Materialien können der Pflegetabelle «Materialstammdaten Rohstoffe» und «Materialstammdaten Verpackungen» im Anhang entnommen werden.

Das Unternehmen hat eine Einkaufsabteilung und eine Produktionsstätte. Die Materialien werden in vier verschiedenen Lagern verwaltet. Für sämtliche Pflegevorgänge ist die nachstehende Unternehmensstruktur zu verwenden.

Abbildung 74: Unternehmensstruktur in der Fallstudie

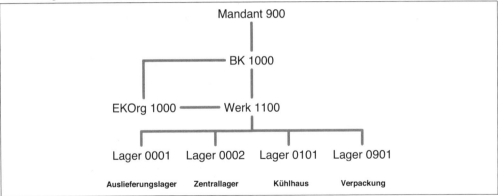

Es stehen folgende Pflegeanleitungen für diesen Teil der Fallstudie zur Verfügung.

- Material anlegen,
- Material anzeigen,
- Material ändern,
- Materialien in einer Übersichtsliste anzeigen.

Material anlegen

FENSTER	MENUEPFAD/EINGABE
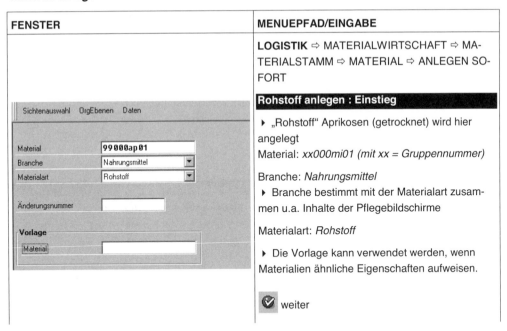	**LOGISTIK** ⇨ MATERIALWIRTSCHAFT ⇨ MATERIALSTAMM ⇨ MATERIAL ⇨ ANLEGEN SOFORT **Rohstoff anlegen : Einstieg** ▸ „Rohstoff" Aprikosen (getrocknet) wird hier angelegt Material: *xx000mi01 (mit xx = Gruppennummer)* Branche: *Nahrungsmittel* ▸ Branche bestimmt mit der Materialart zusammen u.a. Inhalte der Pflegebildschirme Materialart: *Rohstoff* ▸ Die Vorlage kann verwendet werden, wenn Materialien ähnliche Eigenschaften aufweisen. ✅ weiter

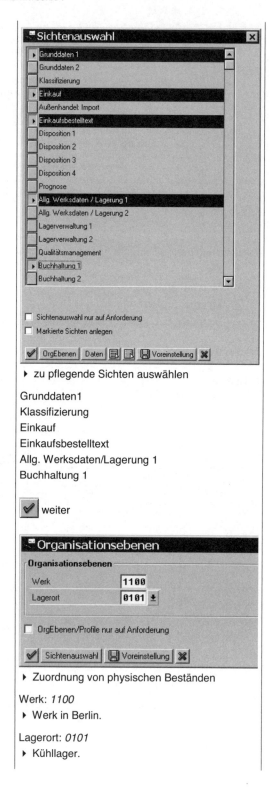

▸ zu pflegende Sichten auswählen

Grunddaten1
Klassifizierung
Einkauf
Einkaufsbestelltext
Allg. Werksdaten/Lagerung 1
Buchhaltung 1

weiter

▸ Zuordnung von physischen Beständen

Werk: *1100*
▸ Werk in Berlin.

Lagerort: *0101*
▸ Kühllager.

weiter (führt zur ersten ausgewählten Sicht)

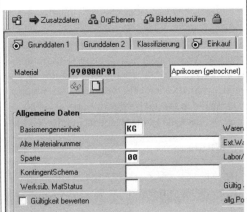

Material 99000AP01 anlegen (Rohstoff)

Materialkurztext: *Aprikosten (getrocknet)*

Basismengeneinheit: *KG*

▸ Grundlage aller Mengenberechnungen, hier Kilogramm. Die Basismengeneinheit kann später nur dann geändert werden, wenn keine Bestände vorhanden sind und/oder keine Bestellungen bzw. Bestellanforderungen vorhanden sind.

Warengruppe: *015*

▸ Gruppierung von Materialien und Dienstleistungen nach ihren Merkmalen, z.B. Lebensmittel oder 008 für Verpackungen.

Sparte: *00*

▸ Hier können noch weitere Angaben zum Material gemacht werden, die mandantenweit verwendet werden können.

 weiter

Material 99000AP01 anlegen (Rohstoff)

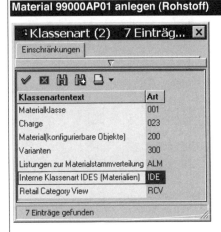

IDE auswählen.

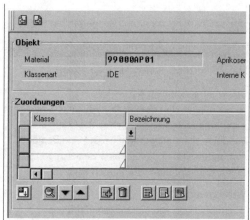

Klassifizierung

▸ Speicherung von Informationen, die nicht in Standardsichten gepflegt werden können, z.B. Papier in „weiß, 80 g" oder „gelb, 80 g". Es müssen dazu vorher im R/3®-Klassensystem entsprechende Klassen mit Merkmalen gepflegt werden. Das Material wird hier der Klasse zugeordnet. Anschließend können die Merkmale, z.B. Farbe und Stärke, bewertet werden, z.B. gelb und 80 g. Für die Fallstudie ist die Pflege nicht erforderlich.

mit 🗋 weiter

Material 99000AP01 anlegen (Rohstoff)

Bestellmengeneinheit: *kar*

▸ Die Bestellmengeneinheit muss nur eingegeben werden, sofern sie von der Basismengeneinheit abweicht, z.B. Basismengeneinheit in Stück und Bestellmengeneinheit in Kartons.

▸ Für typische Abweichungen wie Gramm und Kilogramm ist der notwendige Umrechnungsfaktor dem System bekannt, bei oben genanntem muss ein Umrechnungsfaktor festgelegt werden (siehe folgendes Bild). Das Dialogfeld erscheint automatisch.

1 Karton Aprikosen enthält 5 KG.

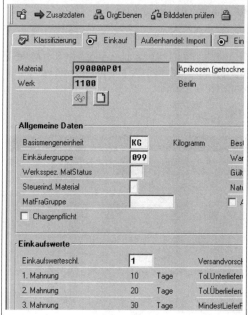

✅ weiter

Einkäufergruppe: *0xx*
▸ für dieses Material zuständiger Einkäufer.

Einkaufswertschl.: *1*
▸ Der Schlüssel steht für Mahnfristen und Toleranzen hinsichtlich Über – oder Unterlieferungen. Er wird als Vorschlagswert in Bestellungen übernommen.

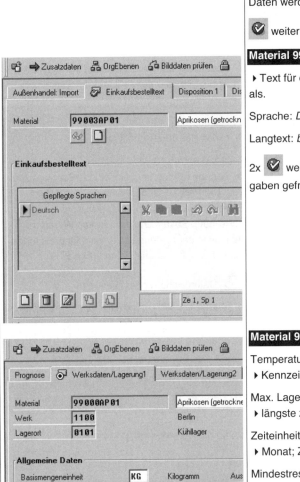

✅ weiter

Prüfen Sie die Daten zum Einkaufswerteschlüssel

Daten werden eingeblendet.

✅ weiter

Material 99000AP01 anlegen (Rohstoff)

▸ Text für eine nähere Beschreibung des Materials.

Sprache: *DE*

Langtext: *beliebige Eingabe*

2x ✅ weiter, da nach der Überprüfung der Eingaben gefragt wird.

Material 99000AP01 anlegen (Rohstoff)

Temperaturbedingung: *03*
▸ Kennzeichen für die Lagerungstemperatur.

Max. Lagerungszeit: *5*
▸ längste zulässige Lagerungszeit.

Zeiteinheit: *MON*
▸ Monat; Zeiteinheit für die Max. Lagerungszeit.

Mindestrestlaufzeit: *1*
▸ Laufzeit, die das Material bei Wareneingang mindestens noch haltbar sein muss.

Gesamthaltbarkeit: *6*
▸ Zeitraum, innerhalb dessen das Material insgesamt haltbar (von Herstelldatum bis zum Mindesthaltbarkeitsdatum) ist.

Periodenkennz. MHD: *M*
▸ Monat; Zeiteinheit für Mindestrestlaufzeit und Gesamthaltbarkeit.

✅ weiter

Achtung: Im Wareneingang muß das Herstelldatum eingegeben werden

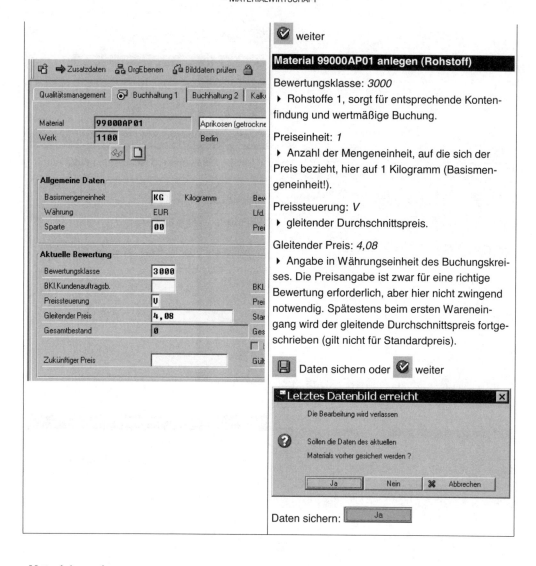

weiter

Material 99000AP01 anlegen (Rohstoff)

Bewertungsklasse: *3000*

▸ Rohstoffe 1, sorgt für entsprechende Konten-findung und wertmäßige Buchung.

Preiseinheit: *1*

▸ Anzahl der Mengeneinheit, auf die sich der Preis bezieht, hier auf 1 Kilogramm (Basismengeneinheit!).

Preissteuerung: *V*

▸ gleitender Durchschnittspreis.

Gleitender Preis: *4,08*

▸ Angabe in Währungseinheit des Buchungskreises. Die Preisangabe ist zwar für eine richtige Bewertung erforderlich, aber hier nicht zwingend notwendig. Spätestens beim ersten Wareneingang wird der gleitende Durchschnittspreis fortgeschrieben (gilt nicht für Standardpreis).

Daten sichern oder ✅ weiter

Daten sichern: Ja

Material anzeigen

FENSTER	MENUEPFAD/EINGABE
	LOGISTIK ⇨ MATERIALWIRTSCHAFT ⇨ MATERIALSTAMM ⇨ MATERIAL ⇨ ANZEIGEN ⇨ ANZEIGEN AKT. STAND
	Material anzeigen: Einstieg
	▸ Nur Sichten mit ihren Inhalten von bereits gepflegtem Material können anzeigt werden.
	▸ Falls die Materialnummer zunächst nicht bekannt ist, kann die Matchcodesuche zur Ermittlung verwendet werden.

 oder die Taste F4 drücken führt zu:

Material: *xx000**

▸ Es werden alle Materialien in einer Trefferliste zur Auswahl angezeigt, die mit der Gruppennummer + 00 beginnen.

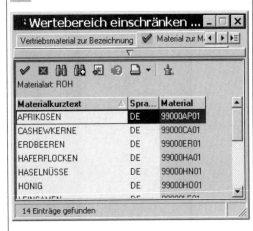

▸ Das gesuchte Material auswählen (hier nur eines zur Auswahl) und auf klicken.

Material anzeigen: Einstieg

▸ Die Materialnummer kann auch – sofern bekannt - sofort eingegeben werden.

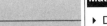

weiter

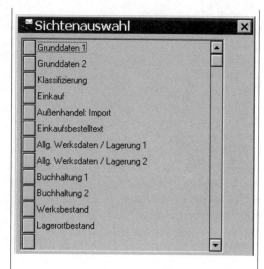

▸ Es werden nur die Sichten zur Auswahl angeboten, die auch über MATERIAL ANLEGEN gepflegt worden sind.

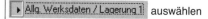 auswählen

▸ Mit [⊞] können alle Sichten zur Anzeige ausgewählt werden

auf [✓] klicken

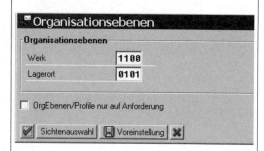

Werk: *1100*

Lagerort: *0101*

▸ Das Material kann beispielsweise in verschiedenen Lagern vorgehalten werden. Daher ist die
Zuordnung notwendig. Sollen nur Grunddaten
angezeigt werden, werden keine Organisationsebenen verlangt, da die Grunddaten der Mandantenebene zugeordnet sind.

auf [✓] klicken

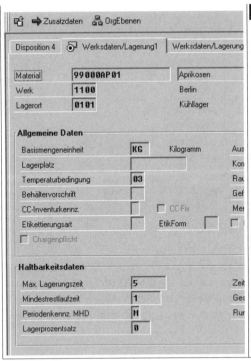

▸ Die erste Sicht, die angezeigt wird, ist Grunddaten 1.

Weitere Sichten können durch Klicken auf die Registernasen angezeigt werden, oder  für den Ausstieg wählen.

▸ Wahlweise können die Register direkt angeklickt werden.

Material ändern

Es bestehen verschiedene Möglichkeiten, Materialdaten zu ändern. Material kann sofort geändert werden, d.h. die geänderten Daten stehen unmittelbar nach der Sicherung zur Verfügung. Weiter kann die Änderung von Daten auch in die Zukunft verlegt werden, d.h. geplant werden. Dazu muss zum angegebenen Gültigkeitsdatum die Änderung aktiviert werden. Hier wird die sofortige Änderung der Materialstammdaten vorgeführt.

FENSTER	MENUEPFAD/EINGABE
	LOGISTIK ⇨ MATERIALWIRTSCHAFT ⇨ MATERIALSTAMM ⇨ MATERIAL ⇨ ANZEIGEN ⇨ ANZEIGEN AKT. STAND
	Material ändern: Einstieg
	Material: *xx000AP01 (mit xx = G.-Nr.)*
	▸ Die Eingabe einer Änderungsnummer ist nur dann notwendig, wenn der Änderung von Daten eine Gültigkeitsbedingung, ein Revisionsstand oder eine die Änderung betreffende Dokumentation mitgegeben werden soll.

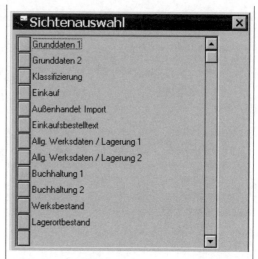

▸ Es werden nur die Sichten zur Änderung angeboten, die auch über MATERIAL ANLEGEN gepflegt worden sind. Sollen weitere Sichten angelegt werden, so ist dies über die Anwendung MA-
TERIAL ANLEGEN zu tun.

Einzelne Sichten auswählen.

auf  klicken

Werk: *1100*

Lagerort: *0101*

auf klicken.

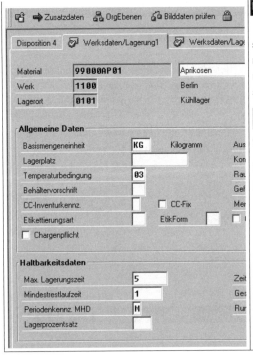

Material 99000AP01 ändern (Rohstoffe)

▸ Die Daten können geändert werden, allerdings sind – abhängig von der Verwendung der Daten – manche Feldinhalte nicht änderbar, z.B. Basismengeneinheit, wenn schon Bestände vorhanden sind.

✓ weiter für nächste Sicht (sofern vorher ausgewählt)

Nach Änderung 🖫 Daten sichern oder weitere Sichten über die Register auswählen.

Materialien in einer Übersichtsliste anzeigen

FENSTER	MENUEPFAD/EINGABE
	**LOGISTIK** ⇨ MATERIALWIRTSCHAFT ⇨ MATERIALSTAMM ⇨ SONSTIGE ⇨ MATERIALVERZEICHNIS
	Materialverzeichnis
	Material: *99000**
	Werk: *1100*
	▸ Alle bewerteten Materialien, deren Nummern mit obigem Stamm beginnen und die dem Werk 1100 zugeordnet sind, werden nun in einer Liste ausgegeben. Weitere Einschränkungen in der Treffermenge können über Materialart, Warengruppe und Ersteller vorgenommen werden.

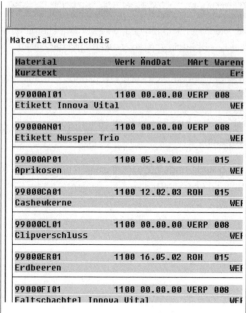

Materialverzeichnis

Material	Werk	ÄndDat	MArt	Wareng
Kurztext				Ers
99000AI01	1100	00.00.00	VERP	008
Etikett Innova Vital				WEF
99000AN01	1100	00.00.00	VERP	008
Etikett Nussper Trio				WEF
99000AP01	1100	05.04.02	ROH	015
Aprikosen				WEF
99000CA01	1100	12.02.03	ROH	015
Cashewkerne				WEF
99000CL01	1100	00.00.00	VERP	008
Clipverschluss				WEF
99000ER01	1100	16.05.02	ROH	015
Erdbeeren				WEF
99000FI01	1100	00.00.00	VERP	008
Faltschachtel Innova Vital				WEF

Materialverzeichnis

Liste verlassen mit

▸ Soll die Liste mit einer Officeanwendung wei-
terbearbeitet werden, so kann über
SYSTEM ⇨ LISTE ⇨ SICHERN ⇨ LOKALE DA-
TEI
die Liste als Datei exportiert werden. Dazu stehen
verschiedene Dateitypen zur Verfügung.

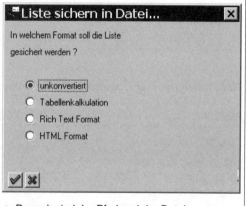

▸ Danach sind der Pfad und der Dateiname anzugeben.

Abschließend auf Übertragen klicken.

▸ Diese Vorgehensweise zur lokalen Speicherung kann auf alle Listen angewendet werden.

4.1.4 Lieferantenstammdaten

Rohstoffe, Betriebsstoffe, Verpackungsmaterial etc. werden mehrheitlich nicht selbst produziert, sondern durch externe Unternehmen geliefert. Die Daten dieser Lieferanten werden im Lieferantenstammsatz erfasst. Der Stammsatz lässt sich ähnlich zum Materialstammsatz wieder in Sichten und Unternehmensstrukturebenen gliedern.

Der Lieferant erhält analog zum Material eine eindeutige Nummer. Im Customizing kann wieder festgelegt werden, ob diese Nummer intern durch das System oder extern durch den Benutzer vergeben werden kann und in welchem Nummernintervall(en) sich diese Nummer bewegen darf. Allerdings muss die Nummer diesmal tatsächlich eine Nummer sein, da sie zugleich auch als Kreditorenkontonummer für die Kreditorenbuchhaltung verwendet wird.

Aus buchhalterischer Sicht wird für jeden Kreditor (Lieferant) ein eigenes Konto geführt. Der Identifikationsschlüssel ist damit zugleich die Kontonummer. Die Kreditorenkonten werden in der Kreditorenbuchhaltung als Nebenbuch geführt. Die notwendige Verbindung zum Hauptbuch wird durch die Pflege eines Abstimmkontos in der finanzwirtschaftlichen Sicht auf den Lieferanten hergestellt. Die Buchung von Rechnungen erfolgt dann immer parallel in Haupt- und Nebenbuch,[28] im Beispiel der Abbildung 75 im Kreditorenkonto 113 und im (Abstimm-) Konto 160000. Eine Übernahme der Daten vor Bilanzerstellung vom Neben- in das Hauptbuch ist damit nicht mehr erforderlich.

Abbildung 75: Integration Neben- und Hauptbuch

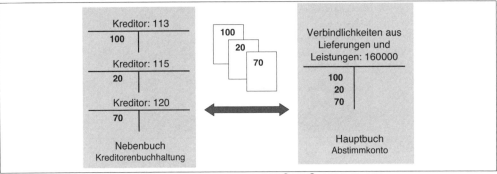

In Anlehnung an Klenger, Kostenstellenrechnung mit SAP® R/3®, 1998, S. 162.

Auf Mandantenebene werden allgemeine Daten geführt. Daten, die also wieder für alle untergeordneten Hierarchieebenen gelten. Hierzu gehören beispielsweise die Anschrift, die Telefonnummer, die Sprache, in der kommuniziert werden soll, oder die Bankverbindung.

Die Daten, die für den Einkauf von Bedeutung sind, werden in Zuordnung zur Einkaufsorganisation angelegt, z.B. Ansprechpartner, Lieferkonditionen, Partnerrollen oder Bestellwährung. Sie bilden im Prinzip eine logistische Sichtweise auf den Lieferanten. Zusätzlich zur logistischen Sichtweise auf den Lieferanten ist eine finanzwirtschaftliche Sichtweise erforderlich, nämlich dann, wenn z.B. Rechnungen auf den Lieferanten erfasst werden. Begrifflich wird aus Sicht der Buchhaltung aus dem Lieferant der Kreditor. Entsprechend den Ausführungen zur Unternehmensstruktur werden die finanzwirtschaftlichen Kreditorenstammdaten auf Buchungskreisebene geführt. Hier werden die Zahlungsverkehrsdaten, die Nummer des Abstimmkontos zur Hauptbuchhaltung, etc. geführt. Die Abbildung 76 fasst den beschriebenen Stammsatz noch einmal zusammen.

---

[28] S. auch Kapitel 8.1.1.

Abbildung 76: Lieferantenstammsatz

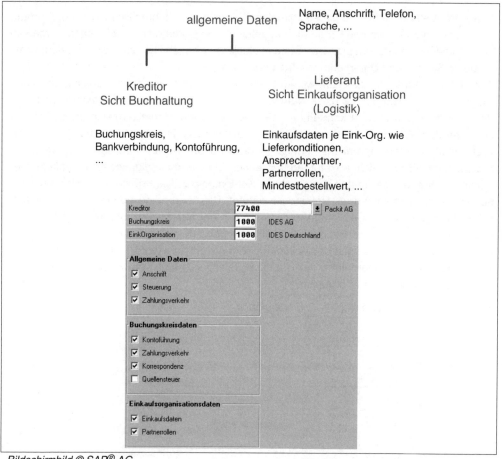

Bildschirmbild © SAP® AG

Aufgrund dieses Hierarchiekonzeptes sollten, bevor konkrete Geschäftsbeziehungen (z. B. Bestellungen) aufgenommen werden, neben den Grunddaten auch die logistischen und finanzwirtschaftlichen Daten gepflegt werden. Wird beispielsweise die „Buchhaltungssicht" ausgelassen, könnte die Konsequenz sein, dass z.B. ein Lieferant Material liefern kann, aber die Erfassung der Rechnung oder die Erfassung der Bestandswertveränderung nicht möglich ist. Kreditor und Lieferant sind also eine unterschiedliche Sichtweise auf dasselbe Objekt, den Waren- oder Dienstleistungslieferanten.

Würde eine weitere Einkaufsabteilung bzw. Einkaufsorganisation existieren und wollte diese auch Geschäftsbeziehungen mit einem schon vollständig gepflegten Lieferanten (allg. Daten, Einkaufsdaten, Buchhaltungsdaten) unterhalten, so müssen nur die „logistischen" Daten noch einmal angelegt werden, sofern die Einkaufsorganisation für den gleichen Buchungskreis „arbeitet". Der Lieferant hat in allen Einkaufsorganisationen dieselbe Nummer und wird in einem Kreditorenkonto geführt. Die Abbildung 77 zeigt noch einmal den Zusammenhang.

Abbildung 77: Stammsatzerweiterung auf weitere Einkaufsorganisation

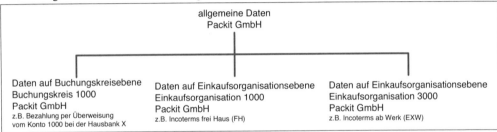

In der Materialwirtschaft wird für die Materialien ebenfalls ein „Nebenbuch" geführt. Dieses hat allerdings nicht die gleiche Wirkung wie das für die Kreditoren geführte Nebenbuch. Dieses „Materialnebenbuch" wird als Material-Ledger bezeichnet. Der Begriff Ledger bezeichnet hier den Rahmen für die Darstellung von Verkehrszahlen für bestimmte Berichts- oder Auswertungszwecke. Während Kreditoren- und auch Debitorenbuchhaltung dem Finanzwesen zugeordnet sind, ist der Material-Ledger in der Materialwirtschaft zu finden.

Die wertmäßigen Materialbestände werden in Sammelkonten, z.B. das Sachkonto 300000 Rohstoffe, im Hauptbuch direkt vorgehalten. Der Bestandswert einzelner Materialien kann über eine Bestandswertliste dargestellt und aufgeschlüsselt werden.

Der Material-Ledger sammelt Daten aus allen bewertungsrelevanten Bewegungen. Ziel ist u.a. die Berechnung eines Preises für die Bewertung des Materials (auch im Hinblick auf eine Konzernbilanz). Die Daten können in bis zu drei Währungen geführt werden.

4.1.4.1 Anwendungen im Kreditorenstamm

Analog zum Material können Lieferanten bzw. Kreditoren angelegt, geändert, angezeigt und gelöscht werden. Unterschiedlich ist die Wirkungs- bzw. Vorgehensweise bei Änderung und Löschung.

Das Löschen bzw. Archivieren von Lieferantenstammsätzen ist wegen der Verflechtung zum Nebenbuch weitaus schwieriger. Damit nun ähnlich zum Material eine Reorganisation der Betriebsdaten durchgeführt werden kann, sind folgende Schritte notwendig:

1. Es muss zunächst wieder eine Löschvormerkung gesetzt werden. Dabei kann auch wieder differenziert gelöscht werden, d.h. es können nur die Einkaufsdaten (durch Angabe der Einkaufsorganisation) und/oder die Buchhaltungsdaten (durch Angabe des Buchungskreises) und/oder alles (Ebene des allgemeinen Datenbereiches) gelöscht werden. „Alles" bedeutet die Löschung auf Mandantenebene und damit für alle in diesem Mandanten existierenden Buchungskreise und Einkaufsorganisationen. Buchungen auf ein zum Löschen vorgemerktes Konto können weiterhin erfolgen, da unter Umständen noch offene Posten ausgeglichen werden müssen. Das System gibt beim Buchen eine Warnung aus, dass auf ein zum Löschen vorgemerktes Konto gebucht wird. Sofern das Konto ausgeglichen ist, sollte es für weitere Buchungen gesperrt werden. Die Löschvormerkung kann jederzeit zurückgenommen werden, solange der Stammsatz noch nicht archiviert wurde.

2. Archivierungslauf
   Damit nun eine Löschung/Archivierung vorgenommen werden kann, muss das Konto zwei Bedingungen erfüllen:
   - Zum Konto dürfen keine Verkehrszahlen (Soll- und Haben-Buchungen) mehr im System gespeichert sein.

- Das Konto muss im Stammsatz zum Löschen vorgemerkt sein.

3. Löschen der Archivdateien

Die Löschung der Archivdateien entfernt den Lieferanten bzw. Kreditor endgültig aus dem System. Die Verweildauer im Archiv wird im Customizing in Abhängigkeit von individuellen oder gesetzmäßigen Vorgaben festgelegt.

4.1.4.2 Kontengruppe

Ähnlich zur Materialart und Branche müssen bei der Anlage eines Lieferantenstammsatzes Parameter angegeben werden, die die Art der Nummervergabe und den Bereich bestimmen, die Felder und Bildschirmbilder zur Eingabe freigeben bzw. Kann- und Mussfelder festlegen. Dies wird durch die Kontengruppe festgelegt.

Abbildung 78: Bildschirmbild Einkaufsdaten für verschiedene Lieferantenarten

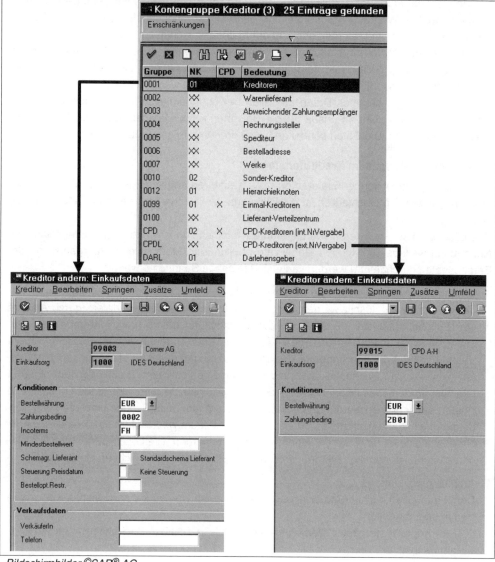

Bildschirmbilder ©SAP® AG

Für manche Lieferanten lohnt sich die Führung eines eigenen Kontos nicht, da mit ihnen nur selten Geschäfte durchgeführt werden. Für solche „Einmal-Lieferanten" werden so genannte CpD-Konten (Conto pro diverse) verwaltet. Während sonst ein Konto für einen Lieferanten geführt wird, werden nun mehrere Lieferanten in einem Konto verwaltet. Deshalb sind im Stammsatz für CpD-Lieferanten keine lieferantenspezifischen Daten festgehalten, sondern nur Daten, die für alle Lieferanten dieses Kontos gelten, z.B. Land, Abstimmkonto, Bestellwährung etc. Es sollten demnach „Einmal-Lieferanten" in CpD-Konten zusammengefasst werden, die ähnliche Eigenschaften aufweisen. Erst in den Einkaufsbelegen (Bestellung, Rechnung, Wareneingang) werden die spezifischen Daten wie Name, Anschrift oder Bankverbindung angegeben. Für den CpD-Lieferanten sind demnach andere Eingabemöglichkeiten erforderlich (eher weniger Eingabefelder). Zur Steuerung wird wieder die Kontengruppe genutzt.

Wenn der Lieferantenstammsatz angelegt ist, kann die Kontengruppe nicht mehr geändert werden. Nur in Ausnahmefällen kann die Systemverwaltung sie ändern.

Die Kontengruppe findet ebenfalls Verwendung bei der Anlage von Sachkontenstammsätzen.

4.1.4.3 Partnerrollen

Ein Lieferant kann gegenüber dem Unternehmen verschiedene Partnerrollen einnehmen. Der Lieferant kann beispielsweise Empfänger der Bestellung und der Zahlung sein. Geliefert werden die Waren aber von einer Spedition. Zur Abbildung dieser Verhältnisse wird die Möglichkeit geboten, im Stammsatz die relevanten Partnerrollen zu pflegen. Ein Lieferant muss mindestens eine Rolle haben. Die folgenden Rollen stehen im R/3®-Standard zur Verfügung.

- Lieferant
- Bestelladresse
- Warenlieferant
- Rechnungssteller
- abweichender Zahlungsempfänger

Im Customizing wird bestimmt, welche der Partnerrollen zur Auswahl stehen bzw. welche Rollen verpflichtend sind. Die Rolle Lieferant vereinigt sämtliche Rollen. Die Abbildung 79 zeigt den zugehörigen Pflegebildschirm im Rahmen des Menüpunktes «Kreditor anlegen». Die Corner AG hat sämtliche Partnerrollen inne mit Ausnahme der Bestelladresse. Eine Bestellung wird dann nicht an die Adresse des Lieferanten (Rolle LF) übermittelt, sondern an die Bestelladresse des Partners gesendet.

Würde zusätzlich noch ein anderer Partner für die Partnerrolle Rechnungssteller (RS) hinterlegt, dann würde bei der Rechnungsprüfung nicht auf das Konto des Lieferanten gebucht, sondern das Konto des Rechnungsstellers.

Abbildung 79: Partnerrollen bestimmen

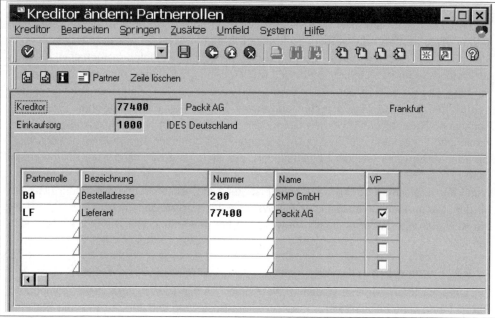

SAP® AG

4.1.5 Fallstudie – Kreditorenstammdaten

Aufgabe 3

Es werden Lieferanten benötigt, die die gepflegten Materialien liefern können. Dazu sind die entsprechenden Lieferantenstammdaten zu pflegen. Folgende Lieferanten sind anzulegen:

- Saxein GmbH,
- Corner AG,
- Meta Mix Maschinenfabrik GmbH,
- Genobst GmbH & Co, KG,
- Muhsglück OHG,
- Packit AG.

Verwenden Sie 55yxx mit y=Zähler für Kreditor und xx=Gruppennummer als Schlüssel für die Kreditoren.

Alle weiteren Daten entnehmen Sie bitte der Tabelle «Lieferantenstammdaten» im Anhang. Es stehen die folgenden Pflegeanleitungen zur Verfügung.

- Kreditor anlegen aus Sicht der Logistik,
- Kreditor anlegen aus Sicht der Buchhaltung,
- Kreditor anlegen über die zentrale Pflege,
- Kreditor ändern aus der Buchhaltungssicht,
- Kreditor ändern aus der Logistiksicht.

Kreditor anlegen aus Sicht der Logistik

FENSTER	MENUEPFAD/EINGABE
	LOGISTIK ⇨ MATERIALWIRTSCHAFT ⇨ EIN-KAUF ⇨ STAMMDATEN ⇨ LIEFERANT ⇨ EIN-KAUF ⇨ ANLEGEN
	▸ Aus Sicht der Logistik wird der Kreditor häufig auch als Lieferant bezeichnet.
	Kreditor anlegen : Einstieg
	Kreditor: *77yxx*
Kreditor 77000	▸ Bei der Nummernvergabe wieder an die Gruppennummer denken. Auswahlmöglichkeiten abhängig von der Kontengruppe, z.B. nur Ziffern, alphanumerisch, etc. y wird genutzt für die Unterscheidung zwischen den Kreditoren einer Gruppe.
Einkaufsorganisation 1000	
Kontengruppe 0001 ±	
Vorlage	Einkaufsorganisation: *1000*
Kreditor	▸ Organisationsebene aus der Logistik-Sichtweise
Einkaufsorganisation	
	Kontengruppe: *0001*
	▸ Gruppierung von Konten und Bestimmung des Nummernkreises (Kreditoren Inland)
	✅ weiter

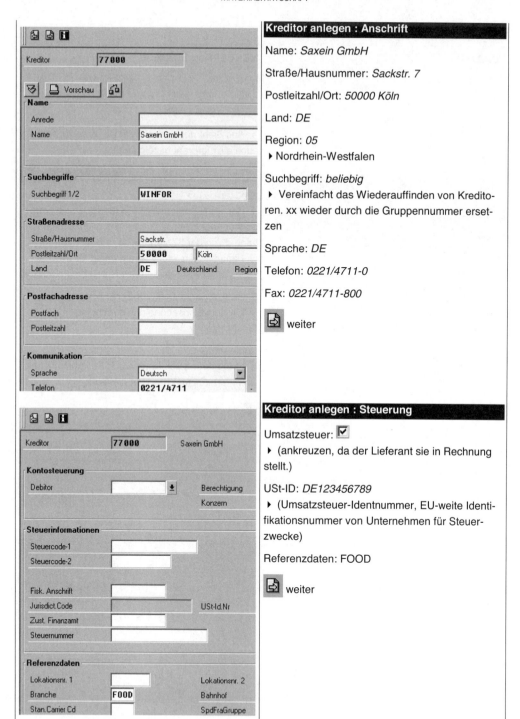

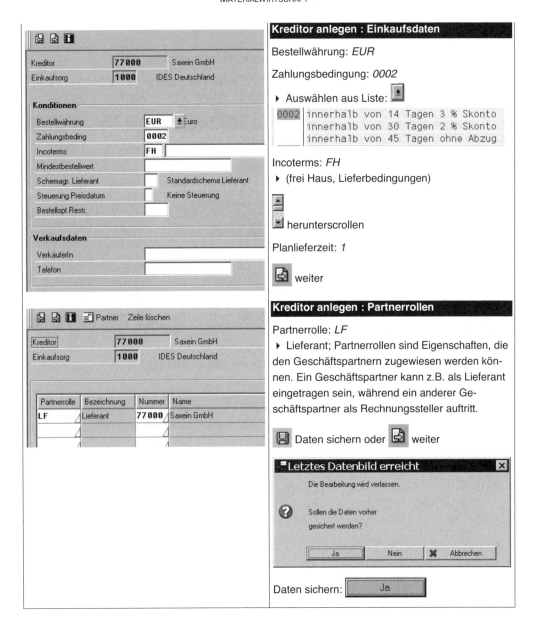

Kreditor anlegen : Einkaufsdaten

Bestellwährung: *EUR*

Zahlungsbedingung: *0002*

▶ Auswählen aus Liste: ⬇

0002	innerhalb von 14 Tagen 3 % Skonto
	innerhalb von 30 Tagen 2 % Skonto
	innerhalb von 45 Tagen ohne Abzug

Incoterms: *FH*

▶ (frei Haus, Lieferbedingungen)

⬍ herunterscrollen

Planlieferzeit: *1*

🖫 weiter

Kreditor anlegen : Partnerrollen

Partnerrolle: *LF*

▶ Lieferant; Partnerrollen sind Eigenschaften, die den Geschäftspartnern zugewiesen werden können. Ein Geschäftspartner kann z.B. als Lieferant eingetragen sein, während ein anderer Geschäftspartner als Rechnungssteller auftritt.

💾 Daten sichern oder 🖫 weiter

Letztes Datenbild erreicht ☒

Die Bearbeitung wird verlassen.

❓ Sollen die Daten vorher gesichert werden?

| Ja | Nein | ✖ Abbrechen |

Daten sichern: Ja

Kreditor anlegen aus Sicht der Buchhaltung

FENSTER	MENUEPFAD/EINGABE

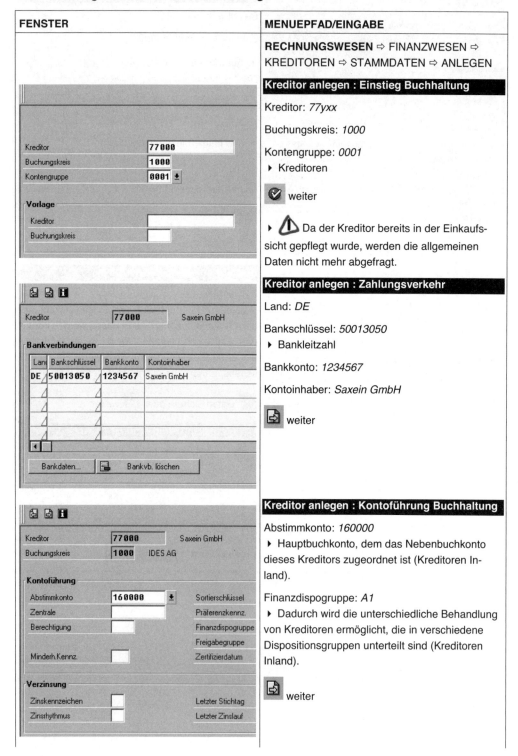

RECHNUNGSWESEN ⇨ FINANZWESEN ⇨ KREDITOREN ⇨ STAMMDATEN ⇨ ANLEGEN

Kreditor anlegen : Einstieg Buchhaltung

Kreditor: *77yxx*

Buchungskreis: *1000*

Kontengruppe: *0001*

▸ Kreditoren

✅ weiter

▸ ⚠ Da der Kreditor bereits in der Einkaufssicht gepflegt wurde, werden die allgemeinen Daten nicht mehr abgefragt.

Kreditor anlegen : Zahlungsverkehr

Land: *DE*

Bankschlüssel: *50013050*

▸ Bankleitzahl

Bankkonto: *1234567*

Kontoinhaber: *Saxein GmbH*

weiter

Kreditor anlegen : Kontoführung Buchhaltung

Abstimmkonto: *160000*

▸ Hauptbuchkonto, dem das Nebenbuchkonto dieses Kreditors zugeordnet ist (Kreditoren Inland).

Finanzdispogruppe: *A1*

▸ Dadurch wird die unterschiedliche Behandlung von Kreditoren ermöglicht, die in verschiedene Dispositionsgruppen unterteilt sind (Kreditoren Inland).

weiter

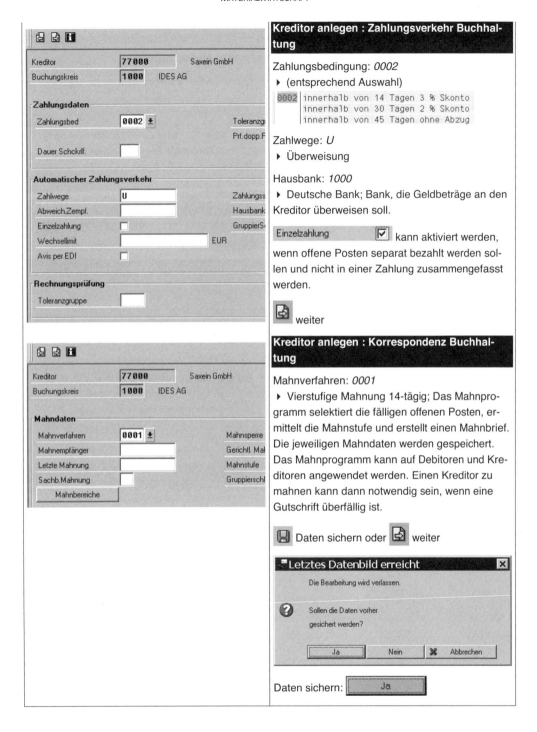

Kreditor anlegen : Zahlungsverkehr Buchhaltung

Zahlungsbedingung: *0002*
▸ (entsprechend Auswahl)

```
0002  innerhalb von 14 Tagen 3 % Skonto
      innerhalb von 30 Tagen 2 % Skonto
      innerhalb von 45 Tagen ohne Abzug
```

Zahlwege: *U*
▸ Überweisung

Hausbank: *1000*
▸ Deutsche Bank; Bank, die Geldbeträge an den Kreditor überweisen soll.

Einzelzahlung ☑ kann aktiviert werden, wenn offene Posten separat bezahlt werden sollen und nicht in einer Zahlung zusammengefasst werden.

▣ weiter

Kreditor anlegen : Korrespondenz Buchhaltung

Mahnverfahren: *0001*
▸ Vierstufige Mahnung 14-tägig; Das Mahnprogramm selektiert die fälligen offenen Posten, ermittelt die Mahnstufe und erstellt einen Mahnbrief. Die jeweiligen Mahndaten werden gespeichert. Das Mahnprogramm kann auf Debitoren und Kreditoren angewendet werden. Einen Kreditor zu mahnen kann dann notwendig sein, wenn eine Gutschrift überfällig ist.

▣ Daten sichern oder ▣ weiter

Daten sichern: Ja

Kreditor anlegen über die zentrale Pflege

FENSTER	MENUEPFAD/EINGABE
	▸ Für einen Kreditor können auch die allgemeinen Daten, die Buchhaltungssicht und die Einkaufssicht gemeinsam angelegt werden. **LOGISTIK** ⇨ MATERIALWIRTSCHAFT ⇨ EINKAUF ⇨ STAMMDATEN ⇨ LIEFERANT ⇨ ZENTRAL ⇨ ANLEGEN oder über: **RECHNUNGSWESEN** ⇨ FINANZWESEN ⇨ KREDITOREN ⇨ STAMMDATEN ⇨ ZENTRALE PFLEGE ⇨ ANLEGEN
	Kreditor anlegen : Einstieg

Kreditor	77000
Buchungskreis	1000 IDES AG
Einkaufsorganisation	1000 IDES Deutschland
Kontengruppe	0001
Vorlage	
Kreditor	
Buchungskreis	
Einkaufsorganisation	

Kreditor: *77yxx*

Buchungskreis: 1000

Einkaufsorganisation: 1000

Kontengruppe: 0001

▸ Bei der zentralen Pflege sind die Organisationsebenen für beide Sichten anzugeben, d.h. Buchungskreis und Einkaufsorganisation.

✅ weiter

Kreditor ändern aus der Logistiksicht

FENSTER	MENUEPFAD/EINGABE
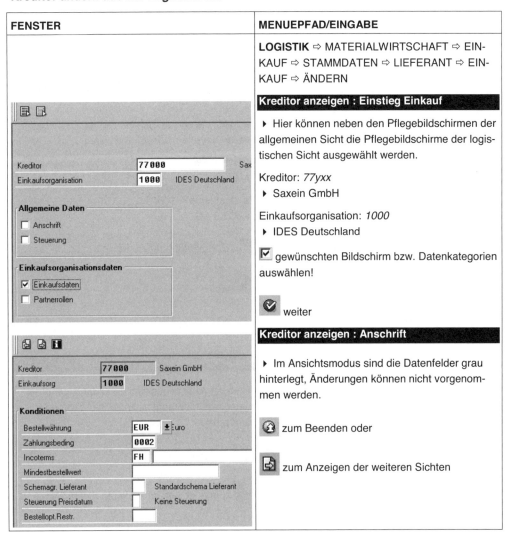	**LOGISTIK** ⇨ MATERIALWIRTSCHAFT ⇨ EIN-KAUF ⇨ STAMMDATEN ⇨ LIEFERANT ⇨ EIN-KAUF ⇨ ÄNDERN
	Kreditor anzeigen : Einstieg Einkauf
	▸ Hier können neben den Pflegebildschirmen der allgemeinen Sicht die Pflegebildschirme der logistischen Sicht ausgewählt werden.
	Kreditor: *77yxx*
	▸ Saxein GmbH
	Einkaufsorganisation: *1000*
	▸ IDES Deutschland
	☑ gewünschten Bildschirm bzw. Datenkategorien auswählen!
	✅ weiter
	Kreditor anzeigen : Anschrift
	▸ Im Ansichtsmodus sind die Datenfelder grau hinterlegt, Änderungen können nicht vorgenommen werden.
	🔙 zum Beenden oder
	🔄 zum Anzeigen der weiteren Sichten

Kreditor ändern aus der Buchhaltungssicht

FENSTER	MENUEPFAD/EINGABE
	RECHNUNGSWESEN ⇨ FINANZWESEN ⇨ KREDITOREN ⇨ STAMMDATEN ⇨ ÄNDERN
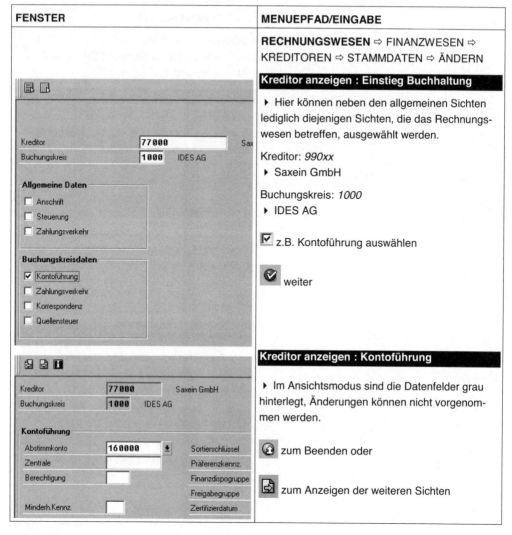	**Kreditor anzeigen : Einstieg Buchhaltung**
	▸ Hier können neben den allgemeinen Sichten lediglich diejenigen Sichten, die das Rechnungswesen betreffen, ausgewählt werden.
	Kreditor: *990xx*
	▸ Saxein GmbH
	Buchungskreis: *1000*
	▸ IDES AG
	☑ z.B. Kontoführung auswählen
	⊘ weiter
	Kreditor anzeigen : Kontoführung
	▸ Im Ansichtsmodus sind die Datenfelder grau hinterlegt, Änderungen können nicht vorgenommen werden.
	⊘ zum Beenden oder
	⊟ zum Anzeigen der weiteren Sichten

Der Kreditor kann auch aus der Zentralsicht heraus angezeigt werden. Die Anzeige bzw. die Auswahl der Daten zur Anzeige funktioniert analog zum Ändern der Daten.

4.1.6 Stammdaten für die Bezugsquellenermittlung

Eine Bezugsquelle ist gleichbedeutend mit einem Lieferanten, der einem Unternehmen ein gewünschtes Material liefert. Nicht immer ist jedem Mitarbeiter im Einkauf bekannt, welcher Lieferant welches Material zu welchen Konditionen liefert bzw. liefern kann. Daher sollten für eine Beschaffungsunterstützung einem Material, das fremdbeschafft wird, ein oder mehrere Lieferanten zugeordnet sein.

4.1.6.1 Einkaufsinfosatz

In der Einkaufssicht des Materialstammsatzes werden Einkaufsdaten nur im Zusammenhang mit einem bestimmten Material angelegt, z.B. Ausfuhrbestimmungen, Toleranzen bei Mindermengen, Wareneingangsbearbeitungszeit etc. Diese Daten gelten unabhängig vom Lieferanten. Die Einkaufsdaten, die im Rahmen der Kreditorenstammdatenpflege eingegeben werden, gelten unabhängig von den von ihm lieferbaren Materialien, z.B. Bestellwährung. Spezielle Konditionen, die sich aus der Beziehung „ein bestimmtes Material – ein bestimmter Lieferant" ergeben, können mit den bisherigen Mitteln nicht berücksichtigt werden. Beispielsweise gewährt der Lieferant bei einem bestimmten Material ein längeres Zahlungsziel als in seinem Stammsatz vermerkt ist. Oder für ein Material werden bei einem bestimmten Lieferanten andere Liefertoleranzen akzeptiert als bei anderen Lieferanten. Darüber hinaus konnten bisher elementare Eigenschaften eines Materials (wie z.B. der Einstandspreis) bei einem bestimmten Lieferanten nicht erfasst werden. Zur Behebung dieser Defizite bietet SAP® R/3® den Einkaufsinfosatz. Er dient als Informationsquelle für den Einkauf. Hier werden Einkaufsdaten eines Lieferanten in Bezug zu einem Material gepflegt.

Abbildung 80: Einkaufsinfosatz als Verbindung zwischen Lieferant und Material

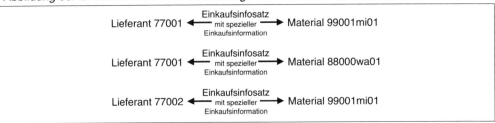

Der Einkaufsinfosatz ist die Basis für die Vorgänge im Rahmen der Beschaffung. Er enthält sämtliche, ein spezielles Material betreffende, Absprachen und Vereinbarungen mit einem bestimmten Lieferanten. Der Einkaufsinfosatz gilt somit als Bezugquelle.

Teilweise können Daten, die schon in den Einkaufsichten von Materialstammsätzen oder Kreditorenstammsätzen gepflegt wurden, erneut gepflegt werden, z.B. Mindestmengen. Die Einkaufsdaten des Einkaufsinfosatzes haben, aufgrund ihrer direkten Beziehung zwischen Lieferant und Material, Vorrang vor den allgemein gehaltenen Daten in Material- oder Kreditorenstammsatz. Konkret bedeutet hier Vorrang, dass die Daten des Einkaufsinfosatzes beispielsweise bei einer Bestellung vorgeschlagen werden. Der Einkaufsinfosatz enthält z.B.

- die aktuellen Preise und Konditionen,
- die Toleranzgrenzen für Über- bzw. Unterlieferungen,
- die Planlieferzeit des Lieferanten für das Material (Zeit, die der Lieferant benötigt, um das Material zu liefern),
- Lieferantenbeurteilungsdaten,
- ein Kennzeichen, ob der Lieferant als Regellieferant für das Material gilt,
- das Teilsortiment des Lieferanten, zu dem das Material gehört.

Üblicherweise ist ein Preis für einen bestimmten Zeitraum gültig. Dem Preis kann daher ein Gültigkeitszeitraum mitgegeben werden. Die daraus entstehende Historienfähigkeit ähnelt den Infotypen der Personalwirtschaft mit ihrer Zeitbindung. Konsequenterweise ist immer ein Preis zu einem Zeitpunkt gültig. Die Zeiträume werden abgegrenzt. Die Pflege des eigentlichen Preises kann zum einen durch Eingabe des Nettopreises unter Berücksichtigung aller Zu- und Abschläge erfolgen. Zum anderen besteht die Möglichkeit, zunächst in das Feld „Nettopreis" den Bruttopreis, d.h. den Preis ohne Zu- und Abschläge, einzugeben. Zu diesem Bruttopreis können in einem weiteren Schritt Zu- und Abschläge angegeben bzw. Staffeln oder Naturalrabatte vereinbart werden. Inhaltlich werden die Zu- und Abschläge über die so genannte Konditionsart bestimmt. Soll beispielsweise ein prozentualer Nachlass auf den Bruttopreis gewährt werden, so muss eine entsprechende Konditionsart ausgewählt werden, deren vereinbarte Rechenregel einen prozentualen Abzug ermöglicht. Vereinfacht wird der Konditionsart die notwendige Rechenregel und das für den Abzug erforderliche negative Vorzeichen im Customizing zugeordnet.

Abbildung 81: Preisfindung Einkauf

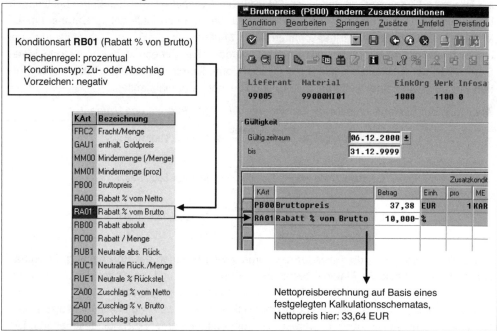

Bildschirmbilder ©SAP® AG

Auch die später anfallenden Steuern und der Bruttopreis selbst werden über Konditionsarten definiert.

Infosätze können sich auch auf Mitarbeiter beziehen. Dieser Lohnbearbeitungsinfosatz enthält Bestellinformationen, die beispielsweise ihre Verwendung finden, wenn die Montage einer Komponente von einem Lieferanten in Lohnbearbeitung ausgeführt wird. Der Lohnbearbeitungsinfosatz würde dann den Preis des Lieferanten für die Montage enthalten. Daneben gibt es noch den Pipeline-Infosatz, welcher Informationen zu einem Material enthält, das über Pipeline (Öl), Rohrleitung (Wasser) oder über andere Leitungen (Strom) beschafft wird. Für Konsignationsbestände, also Materialbestände, die der Lieferant beim Kunden vor Ort bereithält, kann ein Konsignations-Infosatz angelegt werden. Der Einkaufsinfosatz bildet die Voraussetzung für die Aufnahme von Lieferanten in eine Quotierung oder in das Orderbuch (siehe weiter unten).

Abbildung 82: Infosatz anlegen

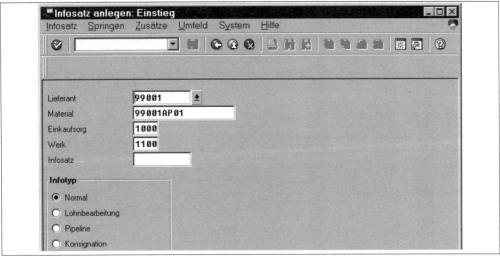

©SAP® AG

Häufig sind Bedarfseinheit bzw. Basismengeneinheit (z.B. Kilogramm) und Bestellmengeneinheit (z.B. Karton) unterschiedlich. Ein Bedarf von 124 Kilogramm könnte also nicht ohne weiteres in die Bestellung übernommen werden, da nur in Kartons zu 10 Kilogramm geliefert wird. R/3® kann für einen solchen Fall i.S. der Bestelloptimierung einen Bestellvorschlag generieren. Dieser Vorschlag setzt die Bedarfsmenge in eine mögliche Bestellmenge um, wobei berücksichtigt wird, dass ein Karton eben 10 Kilogramm enthält. Die Bedarfsmenge würde hier aufgerundet auf 130 Kilogramm, so dass 13 Kartons bestellt werden können. Ebenso ist eine Anpassung der Bedarfsmenge notwendig, wenn nur in bestimmten Mengenschritten geliefert werden kann, z.B. 10 kg, 40 kg, 80 kg etc. Auch können Preisvorteile durch eine Bedarfsmengenrundung erreicht werden.

Der Anpassungsvorgang wird durch ein so genanntes Rundungsprofil bestimmt. Das Rundungsprofil kann im Materialstammsatz (Sicht Disposition 1) und/oder im Einkaufsinfosatz (Einkaufsorganisationsdaten 1) gepflegt werden. Es gilt wieder das Vorfahrtsprinzip des Infosatzes.

• Statisches Rundungsprofil

Ein Material hat die Basismengeneinheit KG. Ab einer Bedarfsmenge von 5 KG soll, beispielsweise wegen Preisvorteilen oder Mengenvorgaben durch den Lieferanten, 14 KG bestellt werden. Bei Bedarf von mehr als 25 KG soll der Bestellvorschlag 35 KG lauten. Analog soll ab einem Bedarf von 90 KG auf eine Bestellmenge von 120 KG und bei 250 KG auf 300 KG gerundet werden. Damit muss im Rundungsprofil ein Rundungswert von 14, 35, 120 bzw. von 300 angegeben werden, also die Losgröße, auf die der Bedarf aufgerundet werden soll. Weiter müssen die korrespondierenden Schwellenwerte gepflegt werden, d.h. die Bedarfmenge, ab der die Aufrundung einsetzt.

Stufe	Schwellenwert	Rundungswert
1	5	14
2	25	35
3	90	120
4	250	300

Bei der Berechnung des Bestellvorschlags wird zunächst die Stufe 1 betrachtet. Die Bedarfsmenge wird mit dem Schwellenwert verglichen. Ist die Bedarfsmenge kleiner als der Schwellenwert, so wird die Bedarfsmenge als Bestellmenge vorgeschlagen. Ist die Bedarfsmenge größer oder gleich dem Schwellenwert, wird die höchste Stufe n betrachtet (im Beispiel die Stufe 4). Die tatsächliche Bedarfsmenge von beispielsweise 458 KG wird durch den Rundungswert von 300 geteilt. Das ganzzahlige Ergebnis ist 1, d.h. es wird mindestens eine 300er Einheit bestellt.

Abbildung 83: Das statische Rundungsverfahren im Überblick:

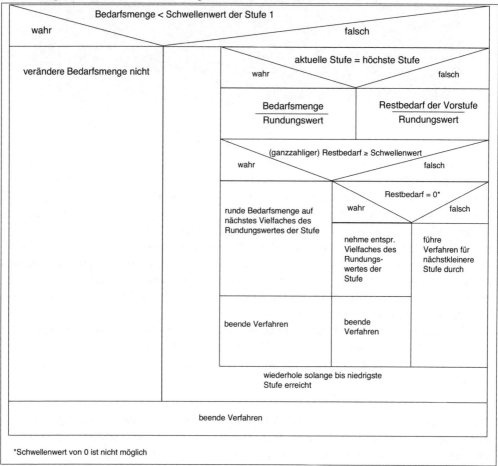

Nun wird geprüft, ob der Restbedarf (458 – 1 x 300) größer oder gleich dem Schwellenwert ist. Ist dies der Fall, so wird auf das nächste Vielfache des Rundungswertes der Stufe (hier Stufe 4) aufgerundet. Ist der Rest kleiner dem Schwellenwert, so wird die Vorgehensweise mit dem „Bedarfsrest" auf die nächstkleinere Stufe (Stufe 3) angewendet. Da im Beispiel der Rest von 158 kleiner als 250 ist, wird die Stufe 3 angewendet. Hier wird der Rest von 158 durch den Rundungswert von 120 geteilt. Das ganzzahlige Ergebnis ist 1. Es wird also zusätzlich zu den 300 aus Stufe 4 eine 120er Einheit bestellt. Der Rest beträgt jetzt 38. 38 ist kleiner als 90. Daher geht es weiter mit der Stufe 2. Die verbleibenden 38 werden durch den Rundungswert von 35 geteilt, Rest 3. Es kommen 35 hinzu (bisher also 455). Bei Erreichen der Stufe 1 wird die Vorgehensweise geändert. Anstelle der Division durch den Rundungswert wird ein Vielfaches des Rundungswertes zur Deckung des Bedarfes genommen. Im Beispiel erhöht sich der Bestellvorschlag um 14 auf final 469 KG.

Eine explizite Veränderung der Mengeneinheiten, z.B. von Stück in Kartons und bei höheren Mengen dann in Lagen oder Paletten, findet nicht statt. Es wird in der Basismengeneinheit entsprechend dem statischen Schema im Rundungsprofil aufgerundet. Durch einen geschickten Aufbau des Rundungsprofils können andere Mengeneinheiten aber „simuliert" werden. Darüber hinaus kann in einem weiteren Schritt die Basismengeneinheit in die im Materialstammsatz (Sicht Einkauf) oder Einkaufsinfosatz angegebene Bestellmengeneinheit umgewandelt werden. Die im Einkaufsinfosatz angegebene Bestellmengeneinheit mit ihrem Umrechnungsfaktor zur Basismengeneinheit hat Vorrang vor den im Materialstammsatz gepflegten Daten. Auf obiges Beispiel angewandt (Bedarf von 150 KG) würde bei einer Bestellmengeneinheit Karton (1 Karton = 10 KG) die vorgeschlagene Bestellmenge 16 Kartons betragen. Für den Fall, dass kein Rundungsprofil im Einkaufsinfosatz gepflegt, aber eine abweichende Bestellmengeneinheit mit Umrechnungsfaktor angegeben ist, wird mathematisch ab- oder aufgerundet.

Beispiel: Die Basismengeneinheit ist Stück. Die Bestellmengeneinheit ist Karton mit 10 Stück = 1 Karton. Es ist kein Rundungsprofil im Materialstammsatz oder im Einkaufsinfosatz gepflegt. Bei einer Bedarfsmenge von 39 Stück würde ein Bestellvorschlag 4 Kartons generiert, d.h. es würde auf 40 Stück aufgerundet. Ein Bedarf von 34 Stück würde zu einem Bestellvorschlag von 3 Kartons führen, wobei eine offene Bedarfsmenge von 4 Stück verbleibt. Für diese muss dann der Einkäufer individuell entscheiden.

• Dynamisches Rundungsprofil

Das dynamische Rundungsprofil stellt im Prinzip eine Erweiterung des statischen Rundungsprofils dar. Es kann abrunden und Mengen auf logistische Mengeneinheiten wie Container, Paletten, Lagen etc. optimieren. Das dynamische Rundungsprofil bietet zwei Rundungsmethoden an:

- auf Vielfaches der Bestellmengeneinheit runden,
- auf Vielfaches der Bestellmengeneinheit runden und zusätzlich auf logistische Mengeneinheiten optimieren.

Für letztere muss noch eine Rundungsregel festgelegt werden, d.h. für jede lieferbare Einheit (Palette, Karton, etc.) muss gepflegt sein, ab welchem Füllgrad auf- bzw. abgerundet werden soll.

Beispiel: Die Rundungsregel legt fest, dass eine Palette bestellt werden soll, wenn ein Füllgrad von 80% erreicht ist. Ein Karton wird bei einem Füllgrad von 50% bestellt. Im Materialstammsatz ist festgelegt, dass 1 Palette 50 Stück enthält, ein Karton 10 Stück. Bei einem Bedarf von 56 Stück wird nun die Menge ermittelt, die dem Bedarf am nächsten kommt, aber dennoch größer ist (Rundungsregel enthält hier nur Aufrundungsregeln). Der Bestellmengenvorschlag würde 60 Stück betragen.

Bestellmenge	Menge	Aufrundung
2 Paletten	100	ab 90
6 Kartons	60	ab 55

Die Rundungsprofile lassen sich auch für den Vertrieb nutzen (i.S. von Verkaufsmengeneinheiten).

4.1.6.2 Orderbuch

Das Orderbuch enthält alle erlaubten Bezugsquellen für ein Material. Hier ist im Gegensatz zum Infosatz das Material der Ausgangspunkt, d.h. ein Material wird mit seinen möglichen Lieferanten verknüpft.

Abbildung 84: Verschiedene Bezugsquellen für ein Material - Orderbuch

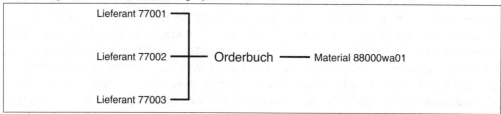

In das Orderbuch werden also nur jene Lieferanten aufgenommen, mit denen tatsächlich Geschäftsbeziehungen unterhalten werden sollen. Die festgelegten oder erlaubten Bezugsquellen (Lieferanten) können hinsichtlich ihrer zeitlichen Gültigkeit beschränkt werden. Bei einem Lieferanten, der als Bezugsquelle im Zeitraum 01.01. – 01.07. angegeben ist, kann am 05.08. nichts mehr bestellt werden. Bezugsquellen können auch direkt gesperrt werden. Weiter können Präferenzen, d.h. Rangfolgen der Lieferanten, festgehalten werden. Für die (automatische) Bezugsquellenfindung ist demnach das Orderbuch von elementarer Bedeutung.

Das Orderbuch kann mit Bezugsquellen automatisch befüllt werden, sofern zu dem Material Einkaufsinfosätze existieren. Allerdings werden sämtliche zu dem Material vorhandenen Infosätze in das Orderbuch geladen, so dass „ungewollte" Lieferanten noch bearbeitet werden müssen (sperren, löschen etc.).

Prinzipiell ist ein existierender Einkaufsinfosatz zwischen einem Material X und einem Lieferanten Y keine Voraussetzung für eine Bezugsquellenangabe im Orderbuch. D.h. ein Lieferant kann manuell als „Lieferant" im Orderbuch vermerkt werden, ohne dass ein Einkaufsinfosatz vorhanden ist. Im Falle der Bestellung müssen die Einkaufsdaten dann nachgepflegt werden.

Es gibt also für bestimmte Materialien jeweils ein Orderbuch, in dem Orderbuchsätze enthalten sind. Ein Orderbuchsatz umfasst den Gültigkeitszeitraum, den Lieferanten und die organisatorische Zuordnung.

4.1.6.3 Quotierung

Sollen mehrere Lieferanten abwechselnd ein bestimmtes Material liefern, so können die einzelnen Lieferanten mit einer Quote versehen werden. Aus der Quotierung ergibt sich die Reihenfolge, in der quotierte Lieferanten Anteile des gesamten Bedarfes liefern dürfen. Quotierungen können für einen spezifischen Zeitraum vereinbart werden. Damit wird nicht der einzelne Bedarf im Verhältnis auf alle Lieferanten aufgeteilt, sondern abhängig von einem Quotierungsmechanismus abwechselnd Lieferanten zugeteilt.

Beispiel: Lieferant A, B und C befinden sich in der Quotierung. Jeder Lieferant „darf" 1000 Einheiten liefern. Ein Auftrag über 800 Einheiten wird erteilt. Diese darf A liefern. Ein weiterer Auftrag über 1000 Einheiten wird erteilt. Je nach Vereinbarung könnte nun A noch mal 200 liefern und B 800 oder B liefert alles (1000). Die Aufträge werden aber nicht gedrittelt, da jeder die gleich Anzahl liefern darf.

Für eine erfolgreiche Quotierung ist wieder als Basis der Einkaufsinfosatz notwendig.

4.1.6.4 Rahmenvertrag

Der Rahmenvertrag ist eine längerfristige Vereinbarung mit einem Lieferanten über die Lieferung von Materialien oder die Erbringung von Dienstleistungen zu festgelegten Lieferkonditionen (z.B. ausgehandelter Preis). Er bildet neben dem Lieferanten eine weitere Bezugsquelle, d.h. der Rahmenvertrag (mit einem Lieferanten) kann in das Orderbuch bzw. in die Quotierung aufgenommen werden. Bei Rahmenverträgen lassen sich zwei Formen unterscheiden: Kontrakte und Lieferpläne.

Kontrakte werden wertmäßig oder mengenmäßig abgeschlossen. Wertmäßig bedeutet, dass der Gesamtlieferwert festliegt, z.B. jede Bestellung beläuft sich auf 10000 €. Im Gegensatz dazu legt ein mengenmäßiger Kontrakt die Gesamtliefermenge fest.

Der Lieferplan hat zwar inhaltlich ähnliche Vereinbarungen, unterscheidet sich vom Kontrakt aber dadurch, dass das Material in Zeitabständen zu bestimmten Terminen geliefert wird.

4.1.6.5 Werk

Das im Rahmen der Unternehmensstruktur erwähnte Werk kann ebenfalls eine Bezugsquelle sein. Das Werk ist eine interne Bezugsquelle. Da die Materialien von einem Lager zu einem anderen umgelagert werden, wird die Bestellung auch Umlagerbestellung genannt. Der Einkaufspreis oder der Verkaufspreis aus Sicht des „verkaufenden" Werks ist der Bewertungspreis. Bezugsnebenkosten können geltend gemacht und aktiviert werden. Das abgebende Werk verbucht bei Abgabe der Materialien einen Warenausgang. Damit findet eine mengen- und wertmäßige Bestandsminderung statt. Die Materialien befinden sich aber immer noch im Eigentum des Unternehmens und müssen insbesondere wert- aber auch mengenmäßig weiter geführt werden. Für die Zeit des Transports von einem Werk zum anderen werden die Materialien im so genannten Transitbestand des empfangenden Werks wert- und mengenmäßig geführt. Davon zu unterscheiden sind Umlagerbestände. Diese sind Ergebnisse aus Umlagerungen. Sie basieren nicht auf Umlagerbestellungen. Umlagerungen können beispielsweise auftreten, wenn ein Lager umgebaut werden soll und seine eingelagerten Materialien zeitweise in einem anderen Lager untergebracht werden sollen. Der Umlagerbestand deckt wieder die Transportzeit zwischen Lagern oder Werken ab.

4.1.7 Fallstudie – Einkaufsinfosatz und Orderbuch

Aufgabe 4

Rohstoffe	Verpackungsmaterial
Haferflocken	Etikett Innova Vital
Honig	Etikett Nussper Trio
Leinsamen	Clip
Naturidentische Aromen (Mischung)	Faltschachtel Innova Vital
Vitamine (Mischung)	Faltschachtel Nussper Trio
Trauben (getrocknet)	Karton 10x1kg o. 20x500g
Aprikosen (getrocknet)	Tüte 1kg
Erdbeeren (gefriergetrocknet)	Tüte 500g
Milchpulver	Palette Typ A
Sonnenblumenkerne	
Cashew-Kerne	
Haselnüsse	
Walnüsse	
Vollmilch-Schokolade-Flocken	

Die Materialien werden ihren möglichen Lieferanten zugeordnet, d.h. es sollen Einkaufsinfo-sätze gebildet werden.

Die zugehörigen Lieferanten und ihre Preise können der Pflegetabelle « Einkaufsinfosatz» und «Einkaufsinfosatz - Lieferanten und Preise» im Anhang A entnommen werden. Die Muhsglück OHG gewährt bis auf weiteres 5% Rabatt auf den Bruttopreis des Milchpulvers (Konditionsart RA01). Alle weiteren für den Einkaufsinfosatz notwendigen Daten finden sich in der Pflegetabelle «Einkaufsinfosatz – weitere Daten».

Erstellen Sie für die Materialien Aprikosen, Cashew-Kerne, Erdbeeren, Haferflocken, Hasel-nüsse, Honig, Leinsamen etc. die Orderbücher. Nutzen Sie dazu die Einkaufsinfosätze und die Daten der Pflegetabelle «Orderbuch» im Anhang.

Folgende Pflegeanleitungen unterstützen die Fallstudie:

- Einkaufsinfosatz anlegen,
- Orderbuch pflegen,
- Infosatz anzeigen,
- Lieferanten für ein Material anzeigen,
- Von einem Lieferanten lieferbare Materialien anzeigen.

Einkaufsinfosatz anlegen

FENSTER	MENUEPFAD/EINGABE
	LOGISTIK ⇨ MATERIALWIRTSCHAFT ⇨ EIN-KAUF ⇨ STAMMDATEN ⇨ INFOSATZ ⇨ AN-LEGEN

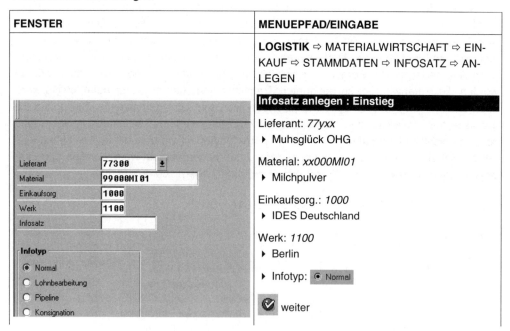

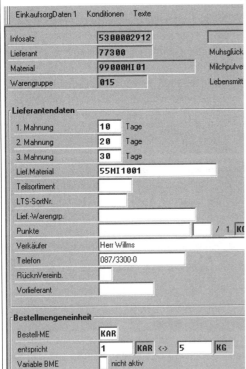

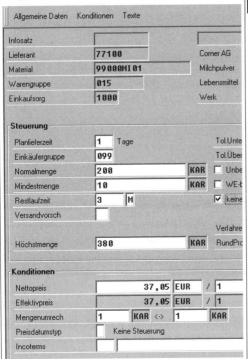

Infosatz anlegen : allgemeine Daten

▸ Verknüpfung von Lieferant 77yxx mit dem Material xx000MI01

Mahnung: *10 / 20 / 30 Tage*

▸ Anzahl von Tagen, nach denen der Lieferant (an die Lieferung) wg. Lieferverzug erinnert werden soll. Es können auch negative Tage eingegeben werden. Dadurch wird der Lieferant entsprechend vor dem Liefertermin erinnert.

▸ Die hier angezeigten Daten wurden teilweise bereits bei der Anlage von Lieferant bzw. Material gepflegt. Werden die Daten hier verändert (sofern möglich), so haben sie für dieses Material Vorrang.

Lief.Material: *55MI1000*

▸ Materialnummer, unter der das Produkt beim Lieferanten geführt wird. Nummer wird bei Bestellung mit angegeben.

Verkäufer: *beliebig*

 weiter

Infosatz anlegen : Einkaufsorgdaten 1

Planlieferzeit:: *1*

Einkäufergruppe: *0xx*

▸ Diese Daten wurden aus dem Materialstammsatz übernommen.

Normalmenge: *200 (Kartons)*

▸ Entspricht der Menge, die normalerweise bestellt wird. Findet weiter als Mengenbasis bei der Lieferantenbeurteilung Verwendung.

Mindestmenge: *10*

Höchstmengen: *380*

▸ Menge in der Bestellposition darf nicht größer sein. Wird für Bestellmengenoptimierung verwendet.

Restlaufzeit: *3*

▸ Zeit, die der Rohstoff bei Lieferung noch mindestens haltbar sein muss, hier 1 Monat (Daten wurden aus Materialstammsatz übernommen)

Steuerkz: *V2*

▸ Steuerkennzeichen für halbe Steuer (Lebensmittel). Das Steuerkennzeichen für die volle Steuer ist VN.

Rundungsprofil: *0020*

▸ Dient zur Ermittlung eines Bestellvorschlages. Beispiel: Es besteht ein Bedarf von 23 KG, laut dem Rundungsprofil soll ab einer Menge von 10 KG auf 15 KG aufgerundet werden und ab einer Menge von 20 KG auf 35 KG aufgerundet werden. Der Bestellvorschlag würde 35 KG lauten. Zusätzlich könnte durch Festlegung einer Bestellmengeneinheit (Kartons) der Bestellvorschlag angepasst werden.

Nettopreis: *37,38 EUR*

▸ Ermittelt aus einer Preisauskunft oder einem vorangegangenen Angebot. Der Nettopreis ist der Preis nach Berücksichtigung aller Rabatte und Zuschläge. Wahlweise kann hier auch der Bruttopreis eingegeben werden. Zu- und Abschläge werden in einem weiteren Schritt über `Konditionen` gepflegt. Das System berechnet dann den Nettopreis.

☑ `keine auto WEAbr`

Kennzeichen bestimmt, dass zu Bestellvorgängen keine Rechnung erstellt wird. Stattdessen wird der Rechnungsbeleg automatisch auf der Grundlage der Daten aus Bestellung und Wareneingängen gebucht. Rechnungsabweichungen (z.B. aus einem zu hohen Preis) können so vermieden werden.

Gültig bis: *31.12.9999*

▸ Preis soll bis auf weiteres gültig sein

`Konditionen` anklicken, um detailliertere Preisangaben (Rabatte etc.) zu machen oder ✔ weiter, wenn keine weiteren Angabe gemacht werden sollen.

▸ Die Schaltfläche `Neuer Zeitraum` kann eingesetzt werden, um einen neuen Preis zu pflegen. Es ist immer ein Preis zu einem Zeitpunkt gültig (ähnelt dem Infotypenkonzept der Personalwirtschaft).

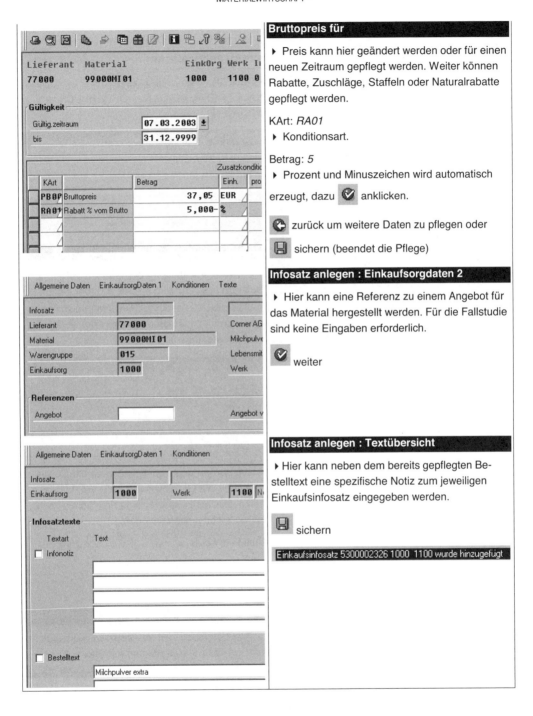

Bruttopreis für

▸ Preis kann hier geändert werden oder für einen neuen Zeitraum gepflegt werden. Weiter können Rabatte, Zuschläge, Staffeln oder Naturalrabatte gepflegt werden.

KArt: *RA01*

▸ Konditionsart.

Betrag: *5*

▸ Prozent und Minuszeichen wird automatisch erzeugt, dazu 🗸 anklicken.

↩ zurück um weitere Daten zu pflegen oder

💾 sichern (beendet die Pflege)

Infosatz anlegen : Einkaufsorgdaten 2

▸ Hier kann eine Referenz zu einem Angebot für das Material hergestellt werden. Für die Fallstudie sind keine Eingaben erforderlich.

🗸 weiter

Infosatz anlegen : Textübersicht

▸ Hier kann neben dem bereits gepflegten Bestelltext eine spezifische Notiz zum jeweiligen Einkaufsinfosatz eingegeben werden.

💾 sichern

Einkaufsinfosatz 5300002326 1000 1100 wurde hinzugefügt

Orderbuch pflegen

FENSTER	MENUEPFAD/EINGABE
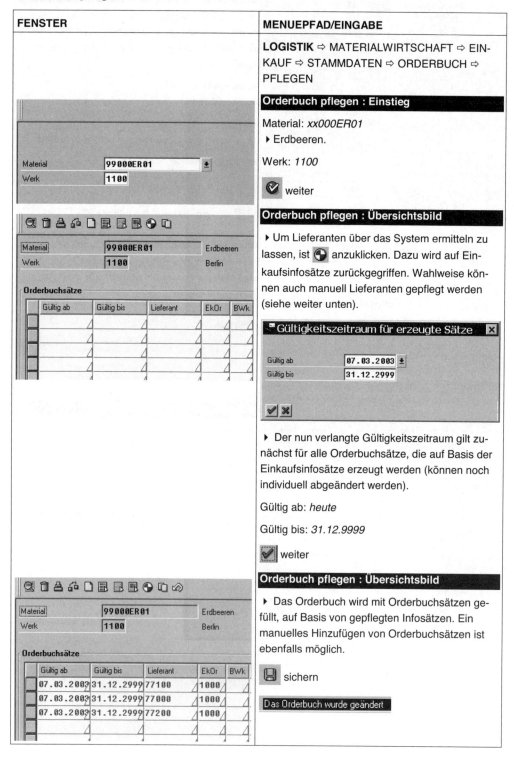	**LOGISTIK** ⇨ MATERIALWIRTSCHAFT ⇨ EIN-KAUF ⇨ STAMMDATEN ⇨ ORDERBUCH ⇨ PFLEGEN

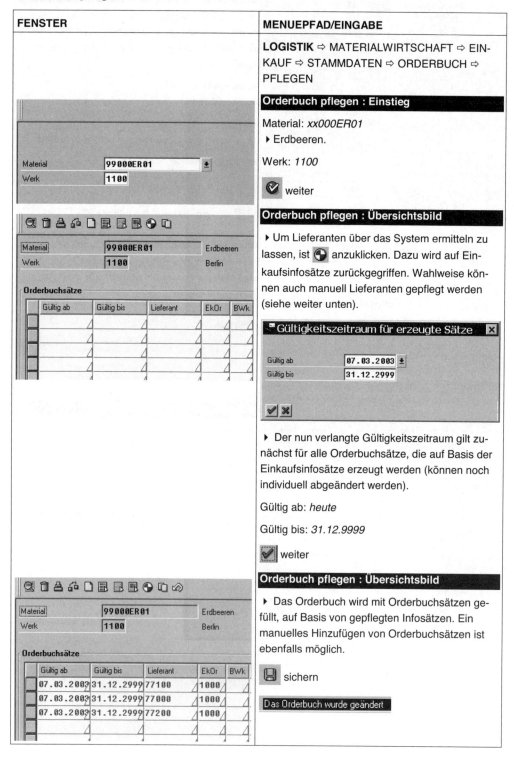

The menu/input column text (reproduced in reading order):

Orderbuch pflegen : Einstieg

Material: *xx000ER01*
▸ Erdbeeren.

Werk: *1100*

✅ weiter

Orderbuch pflegen : Übersichtsbild

▸ Um Lieferanten über das System ermitteln zu lassen, ist 🌐 anzuklicken. Dazu wird auf Ein-kaufsinfosätze zurückgegriffen. Wahlweise können auch manuell Lieferanten gepflegt werden (siehe weiter unten).

Gültigkeitszeitraum für erzeugte Sätze ☒

Gültig ab	07.03.2003
Gültig bis	31.12.2999

✅ ☒

▸ Der nun verlangte Gültigkeitszeitraum gilt zunächst für alle Orderbuchsätze, die auf Basis der Einkaufsinfosätze erzeugt werden (können noch individuell abgeändert werden).

Gültig ab: *heute*

Gültig bis: *31.12.9999*

✅ weiter

Orderbuch pflegen : Übersichtsbild

▸ Das Orderbuch wird mit Orderbuchsätzen gefüllt, auf Basis von gepflegten Infosätzen. Ein manuelles Hinzufügen von Orderbuchsätzen ist ebenfalls möglich.

💾 sichern

Das Orderbuch wurde geändert

Infosatz anzeigen

FENSTER	MENUEPFAD/EINGABE
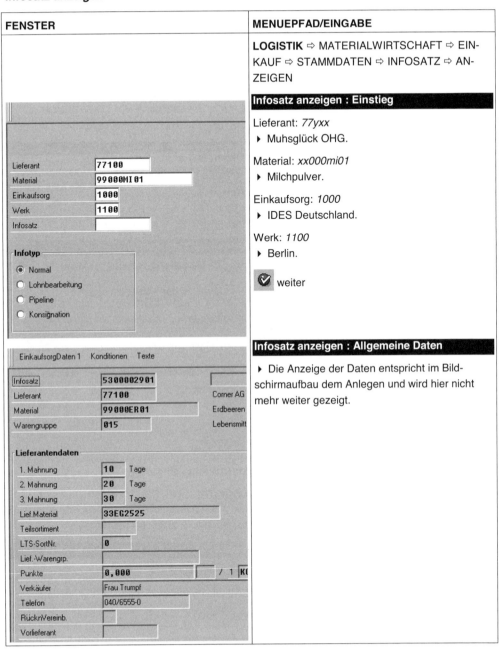	**LOGISTIK** ⇨ MATERIALWIRTSCHAFT ⇨ EIN-KAUF ⇨ STAMMDATEN ⇨ INFOSATZ ⇨ AN-ZEIGEN
	Infosatz anzeigen : Einstieg
	Lieferant: *77yxx*
	▸ Muhsglück OHG.
	Material: *xx000mi01*
	▸ Milchpulver.
	Einkaufsorg: *1000*
	▸ IDES Deutschland.
	Werk: *1100*
	▸ Berlin.
	⊘ weiter
	Infosatz anzeigen : Allgemeine Daten
	▸ Die Anzeige der Daten entspricht im Bild-schirmaufbau dem Anlegen und wird hier nicht mehr weiter gezeigt.

Lieferanten für ein Material anzeigen

Ausgangspunkt ist hierbei, dass zwar das Material bekannt ist, mögliche Lieferanten aber über das Orderbuch gezeigt werden sollen.

FENSTER	MENUEPFAD/EINGABE
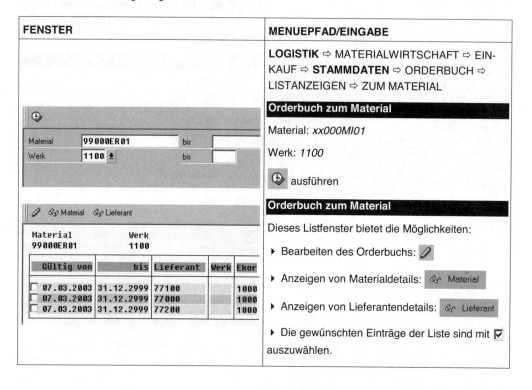	**LOGISTIK** ⇨ MATERIALWIRTSCHAFT ⇨ EIN-KAUF ⇨ **STAMMDATEN** ⇨ ORDERBUCH ⇨ LISTANZEIGEN ⇨ ZUM MATERIAL
	Orderbuch zum Material
	Material: *xx000MI01*
	Werk: *1100*
	⊕ ausführen
	Orderbuch zum Material
	Dieses Listfenster bietet die Möglichkeiten:
	▸ Bearbeiten des Orderbuchs: ✎
	▸ Anzeigen von Materialdetails: ✂ Material
	▸ Anzeigen von Lieferantendetails: ✂ Lieferant
	▸ Die gewünschten Einträge der Liste sind mit ☑ auszuwählen.

Von einem Lieferanten lieferbare Materialien anzeigen

FENSTER	MENUEPFAD/EINGABE
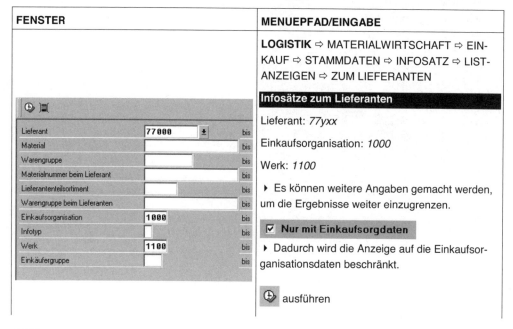	**LOGISTIK** ⇨ MATERIALWIRTSCHAFT ⇨ EIN-KAUF ⇨ STAMMDATEN ⇨ INFOSATZ ⇨ LIST-ANZEIGEN ⇨ ZUM LIEFERANTEN
	Infosätze zum Lieferanten
	Lieferant: *77yxx*
	Einkaufsorganisation: *1000*
	Werk: *1100*
	▸ Es können weitere Angaben gemacht werden, um die Ergebnisse weiter einzugrenzen.
	☑ **Nur mit Einkaufsorgdaten**
	▸ Dadurch wird die Anzeige auf die Einkaufsorganisationsdaten beschränkt.
	⊕ ausführen

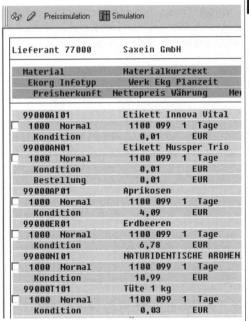

Einkaufsinfo zum Lieferanten

▸ Mittels Preissimulation kann für ein spezielles Material (aus der Liste) für eine mögliche Bestellmenge der mögliche Gesamtpreis ermittelt werden.

Ein Material mit ☑ markieren.

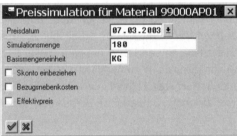

Preissimulation für Material 99000AP01 ☒

Preisdatum	07.03.2003 ±
Simulationsmenge	180
Basismengeneinheit	KG

☐ Skonto einbeziehen
☐ Bezugsnebenkosten
☐ Effektivpreis

✔ ✖

▸ Als Simulationsmenge wird 180 KG vorgeschlagen (Normalmenge).

✔ weiter

Das „simulierte" Material (grüne Markierung) auswählen ☑ und anschließend über ⊞ Simulation anzeigen lassen.

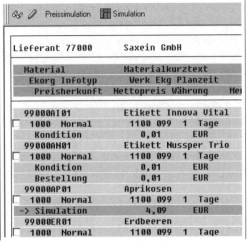

```
  ⚙ Konditionssatz   ⚙ Lieferant   ⚙ Infosatz   ⚙ Rahmenvertrag
 ──────────────────────────────────────────────────────────
  Berechnet wurde der Nettowert zum Bezug von
  180,000 KG des Materials 99000AP01 am 07.03.

  ┌──────────────────────────────────────────────┐
  │ Lieferant  Ekorg Infosatz   Werk Infotyp      │
  │ 77000       1000  5300002896 1100 Normal       │
  │                                                │
  │ Bester Preis in diesem Vergleich               │
  │ Berechneter Wert            736,20   EUR        │
  │                                                │
  │ KArt Bezeichnung         Betrag         Währ    │
  │                                                │
  │ PB00 Bruttopreis              4,09   EUR        │
  │      Nettowert incl Ra        4,09   EUR        │
  │      Nettowert incl Vs        4,09   EUR        │
  │ SKTO Skonto                   3,00-  %          │
  │      Effektivpreis            3,97   EUR        │
  └──────────────────────────────────────────────┘
```

▶ Weiter können über die kontextsensitiven Buttons direkt Informationen zum Einkaufsinfosatz angezeigt bzw. geändert werden.

4.2 Controlling – Musterkalkulation

Bevor nun mit der Beschaffung der erforderlichen Materialien begonnen wird, sollen die zwei neuen Müsliprodukte und deren Varianten noch kalkuliert werden. D.h. es soll festgestellt werden, ob die Produkte überhaupt zu absatzfähigen Preisen produziert werden können. Zum jetzigen Zeitpunkt liegen aber noch keine Daten aus der Produktionsplanung und -steuerung vor (Stücklisten, Arbeitspläne, Arbeitsplätze an Maschinen), so dass die Kalkulation sozusagen von Hand erfolgen muss. Dies wird von SAP® R/3® durch die so genannte Musterkalkulation[29] unterstützt. In ihr können Produktzusammensetzungen, Arbeitszeiten und Gemeinkosten (auch für mehrstufige Prozesse) nach unterschiedlichen Anforderungen (Handelsrecht, Steuerrecht, Selbstkosten zur Preisfindung etc.) von Hand kalkuliert werden.

4.2.1 Kostenstelle

Bei der Kalkulation sollen nicht nur die Materialien mit ihren Einstandspreisen berücksichtigt werden, sondern auch die Kostenstellen, also die organisatorischen Einheiten, an denen durch Mensch und Maschine Kosten bei der Produktion von Müsli entstehen würden. Kostenstellen sind „abgegrenzte Teilbereiche eines Unternehmens, für welche die von ihnen jeweils verursachten Kosten erfasst und ausgewiesen, gegebenenfalls auch geplant und kontrolliert werden."[30] Die Kostenstelle ist ein Objekt des Controllings und wird demzufolge dort verwaltet. Sie findet ihre Verwendung im Gemeinkosten-Controlling. Dieses dient u.a. zur Ermittlung von Zuschlagsätzen bei der Produktkalkulation und zur Ist-Abrechnung. Basis für die Kostenstellen sind die Kostenarten. Darüber hinaus können auch Ist-Buchungen über Zusatzkontierungen auf Kostenstellen ausgeführt werden.

Kostenstellen sind einer hierarchisch aufgebauten Kostenstellenstruktur zugeordnet, d.h. sie werden zu Entscheidungs-, Steuerungs- und Verantwortungseinheiten zusammengefasst. Jede Kostenstelle muss, wenn sie angelegt wird, einem Knoten der untersten Hierarchie-Ebene zugeordnet werden. Die einzelnen Kostenstellen werden immer zu so genannten Kostenstellengruppen zusammengefasst. Ein Beispiel für eine Kostenstellenhierarchie findet sich in der Abbildung 85.

---

[29] Bis Release 4.6A wurde die Musterkalkulation als Bauteilkalkulation bezeichnet.

[30] Vgl. Hummel, Kostenrechnung – Grundlagen, Aufbau und Anwendung, 1990, S. 190.

Abbildung 85: Kostenstellenhierarchie

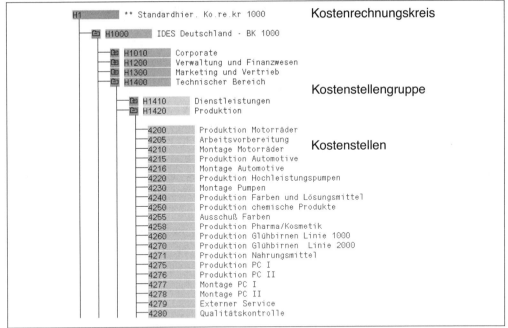

©SAP® AG

Für die Kostenstelle muss ein Schlüssel (zur eindeutigen Identifizierung) festgelegt werden. Es sind der Verantwortliche (der Kostenstelle) und die zugehörige Abteilung zu pflegen, sowie die organisatorische Zuordnung zu Kostenstellenhierarchie und Geschäftsbereich mit ihrer jeweiligen Währung. Eine Zuordnung zu einem Profit-Center ist nur erforderlich, sofern die Profit-Center-Rechnung aktiv ist.

Soll eine Vielzahl von Kostenstellen eingerichtet werden, so kann dies zur Arbeitserleichterung über eine Sammelbearbeitung geschehen. Diese Kostenstellen verlangen für ihre Funktionsfähigkeit auf jeden Fall eine Nachbearbeitung, da außer Gültigkeitszeitraum, Schlüssel und gegebenenfalls Daten zum Geschäftsbereich keine weiteren Daten pflegbar sind.

Bei der Anlage muss auch eine Kostenstellenart angegeben werden. Die Klassifikation von Kostenstellen betrifft diesmal die Behandlung der Kostenstellen im Rahmen der Planung, der Ist-Abrechnung und im Berichtswesen.[31]

Anschließend können für eine Kostenstelle Leistungsarten als Bezugsgröße gepflegt werden. Diese werden für die innerbetriebliche Leistungsverrechnung und für die Kalkulation benötigt. Leistungsarten stehen für den mengenmäßigen Output einer Kostenstelle, z.B. gefahrene Kilometer, Meter, Stück usw. Die Bewertung der Leistungsmenge erfolgt mit einem Tarif (Verrechnungspreis). Eine Leistungsart kann auch mehreren Kostenstellen zusammen zugewiesen werden.

Kostenstellen, die an der Fertigung der Endprodukte beteiligt sind, können ihren Anteil an der Leistungserstellung regelmäßig genau quantitativ angeben. Bspw. kann die Zeit gemessen werden, die eine Maschine zur Produktion einer bestimmten Menge eines Produktes benötigt. Das Gleiche gilt für die Zeit, die die Mitarbeiter mit der Produktion zugebracht haben, sowie die Zeit, die benötigt wird, um die Maschinen auf- und abzurüsten. Für diese (und

---

[31] Vgl. Möhrlen, SAP® R/3® – Controlling, 1999, S.82.

andere) so genannte Leistungsarten können pro Kostenstelle Kapazitäten und Tarife einge- pflegt werden. Somit ist es möglich, pro Kostenstelle die maximal verfügbare Leistungsabga- be und den Preis für eine Einheit der jeweiligen Leistung im System vorzugeben und in Be- rechnungen zu nutzen (z.B. Musterkalkulation). Eine Kostenstelle kann nur dann wieder aus dem System gelöscht werden, wenn noch keine Buchungen für diese Kostenstelle erfolgt sind.

Für das interne Rechnungswesen (Kostenrechnung) einer Unternehmung wird als Rahmen für die Kostenstellen-Hierarchie ein Kostenrechnungskreis eingerichtet. Der Kostenrech- nungskreis ist aus Sicht der Unternehmensstruktur die Einheit, für die eine Kostenrechnung durchgeführt werden soll. Da hierzu die Daten der Finanzbuchhaltung (primäre Kosten und Erlösarten) notwendig sind, wird der Kostenrechnungskreis zum Buchungskreis in Beziehung gesetzt. Im erweiterten Sinne bildet der Kostenrechnungskreis den organisatorischen Rah- men für die Kostenstellen und -arten, Gemeinkostenaufträge etc., analog zum Buchungs- kreis als datenorganisatorischer Rahmen für die Konten des externen Rechnungswesens.

Abbildung 86: Der Kostenrechnungskreis in der Unternehmensstruktur

Ein Kostenrechnungskreis umfasst mindestens einen Buchungskreis. Bei mehreren Bu- chungskreisen können zwar unterschiedliche Währungen in den Konten geführt werden, es müssen aber die gleichen Kontenpläne für eine einheitliche Kostenrechnung (gerade im Hin- blick auf die Kostenartenrechnung) verwendet werden. Mehrere Buchungskreise in einem Kostenrechnungskreis sind insbesondere dann sinnvoll, wenn ein „Buchungskreis" innerbe- triebliche Leistungen von einem anderen „Buchungskreis" erhält.

Der einheitliche Kontenplan steht zwar für die Vergleichbarkeit, bedeutet aber unter Umstän- den bei heterogenen Unternehmen (z.B. BK Walzwerk und BK Großhandel) einen Konten- ballast. Die Abbildung 86 zeigt zwei Kostenrechnungskreise, wovon einer buchungskreis- übergreifend ist.

4.2.2 Fallstudie Kostenstellen und Tarife

Aufgabe 5

In der Kalkulation sollen - neben den Einstandspreisen der Materialien – auch die Kosten aus der Kostenstelle mit einfließen, die an der Produktion des Müslis beteiligt ist (Maschinen- und Personaleinsatz). Diese Kostenstelle muss angelegt und anschließend bewertet werden, d.h. es werden eine bzw. mehrere Leistungsarten mit jeweiligen Tarifen zugewiesen. Es sind für das aktuelle Jahr die folgenden Werte zu pflegen:

Leistungsart	Bezeichnung	Planleistung	Kapazität	Tarif var
1420	Maschinenzeit	2016	2016	5,25
1421	Personalzeit	2016	2016	42,00
1422	Rüstzeit	2016	2016	2,50
1424	Abrüstzeit	2016	2016	2,80

Die weiteren Daten sind den Pflegeanleitungen zu entnehmen. Es stehen nachfolgende Pflegeanleitungen zur Verfügung:

- Kostenstelle anlegen,
- Zuordnung von Leistungsarten zu Kostenstellen.

Kostenstelle anlegen

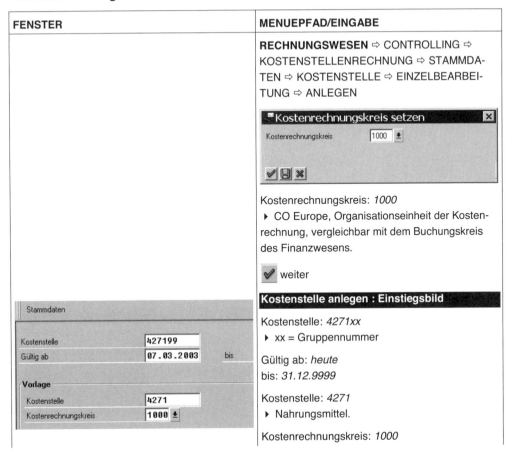

FENSTER	MENUEPFAD/EINGABE
	RECHNUNGSWESEN ⇨ CONTROLLING ⇨ KOSTENSTELLENRECHNUNG ⇨ STAMMDA-TEN ⇨ KOSTENSTELLE ⇨ EINZELBEARBEI-TUNG ⇨ ANLEGEN

Kostenrechnungskreis: *1000*
▶ CO Europe, Organisationseinheit der Kostenrechnung, vergleichbar mit dem Buchungskreis des Finanzwesens.

✓ weiter

Kostenstelle anlegen : Einstiegsbild

Kostenstelle: *4271xx*
▶ xx = Gruppennummer

Gültig ab: *heute*
bis: *31.12.9999*

Kostenstelle: *4271*
▶ Nahrungsmittel.

Kostenrechnungskreis: *1000*

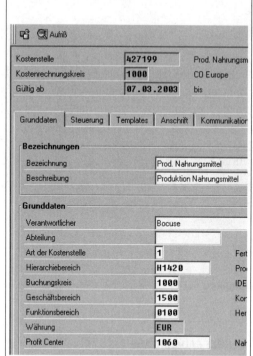

 weiter

Kostenstelle anlegen : Grundbild

▸ Die angezeigten Daten ergeben sich aus der Vorlagekostenstelle 4271. Sie sind an die Bedürfnisse der neuen Kostenstelle anzupassen.

Bezeichnung: *Nahrungsmittelpr. xx*
▸ xx = Gruppennummer.

Beschreibung: *Produktion Nahrungsmittel Gruppe xx*

Verantwortlicher: *N.N.*
▸ Namen der Gruppenmitglieder.

Art der Kostenstelle: *1*
▸ Kostenstelle in der Fertigung.

Hierarchiebereich: *H1420*

▸ Produktion. Die Kostenstellen sind zum besseren Wiederfinden in eine hierarchische Ordnungsstruktur eingebettet, die sich an der tatsächlichen Unternehmensstruktur des Unternehmens orientiert.

Buchungskreis: *1000*
▸ IDES AG.

Geschäftsbereich: *1500*
▸ Konsumprodukte: Nahrungsmittel. Ein Geschäftsbereich dient der organisatorischen Zusammenfassung von Teilbereichen des Unternehmens für interne Rechnungswesen- und Controllingzwecke.

Profit Center: *1060*
▸ Nahrungsmittel. Profit Center dienen der Betrachtung von Unternehmensteilbereichen (z.B. Abteilungen, Filialen) als selbständige „Unternehmen".

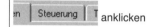 anklicken

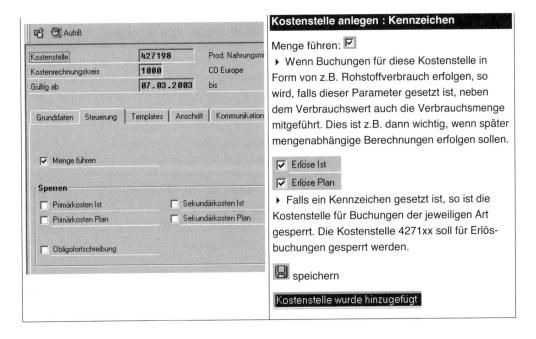

Kostenstelle anlegen : Kennzeichen

Menge führen: ☑

▸ Wenn Buchungen für diese Kostenstelle in Form von z.B. Rohstoffverbrauch erfolgen, so wird, falls dieser Parameter gesetzt ist, neben dem Verbrauchswert auch die Verbrauchsmenge mitgeführt. Dies ist z.B. dann wichtig, wenn später mengenabhängige Berechnungen erfolgen sollen.

☑ Erlöse Ist
☑ Erlöse Plan

▸ Falls ein Kennzeichen gesetzt ist, so ist die Kostenstelle für Buchungen der jeweiligen Art gesperrt. Die Kostenstelle 4271xx soll für Erlös-buchungen gesperrt werden.

💾 speichern

Kostenstelle wurde hinzugefügt

Zuordnung von Leistungsarten zu Kostenstellen

FENSTER	MENUEPFAD/EINGABE
	RECHNUNGSWESEN ⇨ CONTROLLING ⇨ KOSTENSTELLENRECHNUNG ⇨ PLANUNG ⇨ LEISTUNG/TARIFE ⇨ ÄNDERN
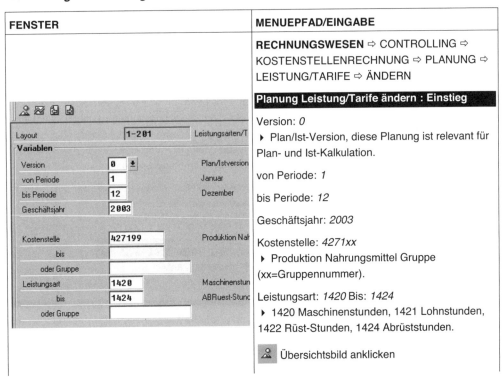	**Planung Leistung/Tarife ändern : Einstieg** Version: *0* ▸ Plan/Ist-Version, diese Planung ist relevant für Plan- und Ist-Kalkulation. von Periode: *1* bis Periode: *12* Geschäftsjahr: *2003* Kostenstelle: *4271xx* ▸ Produktion Nahrungsmittel Gruppe (xx=Gruppennummer). Leistungsart: *1420* Bis: *1424* ▸ 1420 Maschinenstunden, 1421 Lohnstunden, 1422 Rüst-Stunden, 1424 Abrüststunden. 👤 Übersichtsbild anklicken

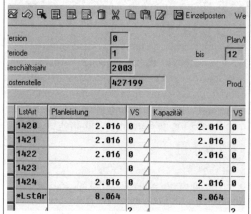

Planung Leistungen/Tarife ändern : Übersichtsbild

▸ Hier erfolgt die zeilenweise Eingabe der Planleistungen.

Leistungsart 1420.

Planleistung: *2016*

VS: *1 oder 0*

▸ gleichmäßige Verteilung; Verteilungsschlüssel, verteilt die Planleistungen über die Perioden; hier: von Periode 1 bis 12 gleichmäßig.

Kapazität: *2016*

▸ maximale Kapazität dieser Leistungsart (oberhalb der Planleistung).

VS: *1 oder 0*

▸ siehe Planleistung.

EH: *H*

▸ Stunden; vom System vorgegeben.

Tarif fix: *keine Eingabe*

▸ Kosten, die immer, unabhängig von der Höhe der Inanspruchnahme, anfallen. Wird für die Fallstudie vernachlässigt.

Tarif var: *5,25*

▸ Kosten, die abhängig von der Höhe der Inanspruchnahme anfallen.

▸ Vkostenart: Erhält eine andere Kostenstelle oder einen Fertigungsauftrag die hier gepflegten Leistungen, so sind sie dort mit dieser Kostenart ausgewiesen. Die Voreinstellungen des Systems können übernommen werden.

▸ Alle weiteren Vorschlagswerte können übernommen werden.

Für die Periodenverteilung eine Zeile markieren

 und ⊠ Periodenverteilung anklicken.

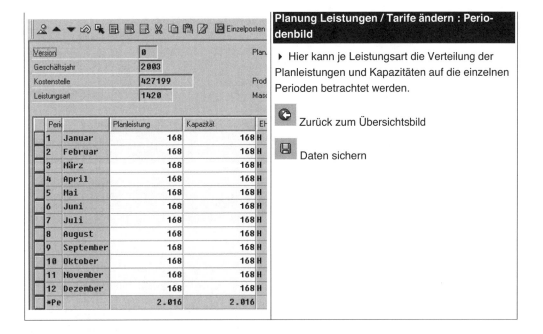

4.2.3 Musterkalkulation

Ziel der Musterkalkulation ist die Planung der Kosten für ein neues Produkt oder eine neue Dienstleistung. Die Kalkulationspositionen werden in Form einer Einzelkalkulation manuell eingegeben. Einzelne Kalkulationen können wieder als Baustein in anderen Kalkulationen eingesetzt werden.

Für die Musterkalkulation muss zunächst ein Schlüssel eingegeben werden, an dem die Kalkulation eindeutig identifiziert und wieder gefunden werden kann. Weiter müssen Angaben zu Buchungskreis und Werk gemacht werden. Das Werk kann beispielsweise später dazu verwendet werden, den Bewertungspreis als Materialpreis für die Kalkulation zu ermitteln. Außerdem muss die Losgröße angegeben werden, für die kalkuliert werden soll.

Die manuelle Eingabe der Kalkulationszeilen kann unterstützt werden durch Angabe eines Kalkulationsschemas. R/3® bildet selbständig Summen bzw. Zuschläge i.S. der Gemeinkosten. Es kann für eine Musterkalkulation ein Schema zur Unterstützung ausgewählt werden.

Abbildung 87: Kalkulationsschema COGS (Berechnung bis Selbstkosten)

Schema **COGS** Selbstkosten · Prüfen · Liste

Kalkulationsschemazeilen

Kostenarten 400000 - 410000

Zuschlag 5%

Kostenarten 619000 620000 623000 625000

Zeile	Basis	Zuschlag	Bezeichnung	von	bis Zeile
10	B100	↓	Rohmaterial		
20		A200	Fertigungs-GK	10	
60	B200		Fertigungskosten		
65	B110		Halbfabrikate		
70			Herstellkosten Stufe	10	60
75			Herstellkosten ges.	10	65
80		A300	Verwaltungs-GK	70	
90		A310	Vertriebs-GK	75	
100			Selbstkosten	75	90

Zuschlag 20%   Zuschlag 15%

Bildschirmbild ©SAP® AG

Weiter müssen Rohmaterial und Eigenleistungen (z.B. Maschinenstunden) angegeben werden. Fertigungskosten werden aus den Tarifen der beteiligten Kostenstellen ermittelt. Auch für die Rohmaterialien ermittelt das System die Preise selbständig. Sämtliche Preise werden in Abhängigkeit zur kalkulierten Menge oder Zeit gesetzt. Die Zuschläge werden abhängig vom gewählten Schema berechnet.

Abbildung 88: Musterkalkulation

Musterkalkulation **99000BAHFBT** Basismüsli 99

Kalkulationspositionen - Grundsicht

F	Position	T	Ressource	Werk/Lei	Einka	Menge		Men	L	Wert - Gesamt	Beschreibung	Preis - Gesamt	Preisein	Kostenart
	1	M	000HA01	1100		666,667		KG		680,00	Haferflocken	1,02	1	400000
	2	M	99000HO01	1100		66,667		KG		153,33	Honig	2,30	1	400000
	3	M	99000LE01	1100		50		KG		447,00	Leinsamen	8,94	1	400000
	4	M	99000NI01	1100		33,333		KG		391,00	NATURIDENTISCI	11,73	1	400000
	5	M	99000TR01	1100		166,667		KG		298,33	TRAUBEN	1,79	1	400000
	6	M	99000VI01	1100		16,667		KG		192,50	Vitamine (Mischung	11,55	1	400000
	7	S								2.162,16				
	8	C								108,11	GMKZ Rohmaterial			655100
	9	C								454,05	GMKZ Verwaltung			655300
	10	C												

Musterkalkulation **99000NTHFBT** Nussper Tio HF BT 99

Kalkulationspositionen - Grundsicht

F	Position	T	Ressource	Werk/Lei	Ein	Menge		Men	L	Wert - Gesamt	Beschreibung	Preis - Gesamt	Preisein	Kostenart
	1	B	000BAHFBT			600		KG		1.838,92	Basismüsli für NT und ..	3.064,86	1.000	890000
	2	M	99000CA01	1100		100		KG		716,00	Cashewkerne	7,16	1	400000
	3	M	99000HA01	1100		100		KG		102,00	Haferflocken	1,02	1	400000
	4	M	99000VO01	1100		100		KG		225,00	Schockoladenflocken	2,25	1	400000
	5	M	99000WA01	1100		100		KG		1.044,00	Walnüsse (gehackt)	10,44	1	400000
	6	S								3.925,92				
X	7	E	4271	1420		250		MIN		21,88	Maschinenstunden	5,25	1	620000
X	8	E	4271	1421		275		MIN		183,33	Lohnstunden	40,00	1	619000
X	9	E	4271	1422		10		MIN		0,42	Ruest-Stunden	2,50	1	625000
	10	E	4271	1424		15		MIN		0,70	ABRuest-Stunden	2,80	1	625000
	11	S								4.132,25				
	12	C								104,35	GMKZ Rohmaterial			655100
	13	C								479,54	GMKZ Verwaltung			655300
	14	C								635,49	GMKZ Vertrieb			655400

Bildschirmbilder ©SAP® AG

Die Abbildung 88 zeigt zwei Musterkalkulationen, bei denen das Schema COGS eingesetzt wurde. Die obere Musterkalkulation wurde in der anderen weiterverwendet.

Je nach Präferenz können für Rohmaterialien beispielsweise der Bewertungspreis oder der Preis aus den Einkaufsinfosätzen verwendet werden. Die Auswahl wird gesteuert über die sog. Kalkulationsvariante. Diese wird über das Customizing eingestellt.

Abbildung 89: Kalkulationsvariante

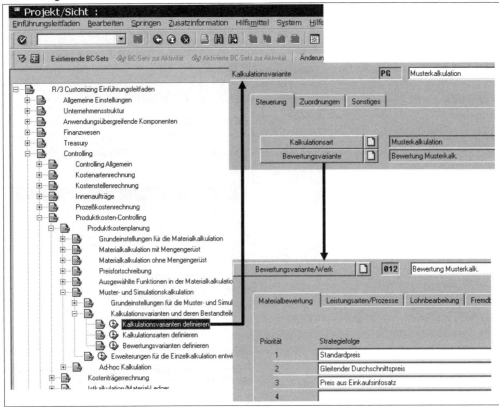

Bildschirmbilder ©SAP® AG

Die Kalkulationsvariante „PG" steuert für die Musterkalkulation die Preisfindung (auch für die Tarife im Rahmen der Leistungserbringung von Kostenstellen). Im Kern besteht die Kalkulationsvariante aus der Kalkulationsart und der Bewertungsvariante. Die Kalkulationsart legt u.a. fest, zu welchem Bezugsobjekt eine Kalkulation zugelassen ist, z.B. Material, Musterkalkulation, Auftrag. Die Kalkulationsvariante PG ist beispielsweise nur für die Musterkalkulation verwendbar. Die Bewertungsvariante umfasst die eigentlichen Preisfindungsstrategien. Zunächst wird nach dem Standardpreis gesucht (s. Abbildung 89), existiert keiner, wird entsprechend der Prioritätenliste weiter ermittelt.

4.2.4 Fallstudie - Musterkalkulation

Aufgabe 6

Für die Müsliprodukte sind Musterkalkulationen durchzuführen. Zunächst wird eine Basismischung zusammengestellt. Diese bildet die Grundlage für Innova Vital und Nussper Trio. Danach werden die jeweils spezifischen Zutaten hinzugemischt. Im abschließenden dritten Schritt erfolgt das Abpacken und Etikettieren. Entsprechend dieser drei Stufen soll die Kalkulation durchgeführt werden. Die Preise für Material und Leistungen werden vom System ermittelt. Zeiten und Mengen müssen eingegeben werden. Die Kalkulationen sind jeweils für eine Losgröße von 1000 kg anzulegen.

Die Mengenanteile der Rohstoffe und die notwendigen Leistungen der Kostenstelle sind der Pflegeliste «Musterkalkulation» zu entnehmen. Zur Fallstudienpflege können folgende Pflegeanleitungen eingesetzt werden.

- Musterkalkulation für die Basismischung des Müslis,
- Integration des Basismüslis in das Fertigmüsli „Nussper Trio",
- Abpacken und Etikettieren des Müslis „Nussper Trio" in Tüten zu 1 kg.

Musterkalkulation für die Basismischung des Müslis

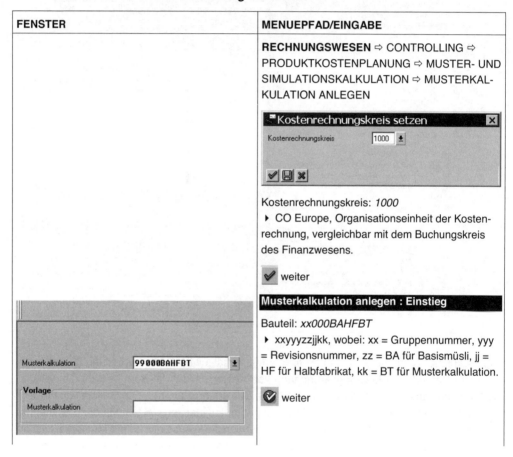

FENSTER	MENUEPFAD/EINGABE
	RECHNUNGSWESEN ⇨ CONTROLLING ⇨ PRODUKTKOSTENPLANUNG ⇨ MUSTER- UND SIMULATIONSKALKULATION ⇨ MUSTERKALKULATION ANLEGEN
	Kostenrechnungskreis setzen [×]
	Kostenrechnungskreis [1000] ±
	Kostenrechnungskreis: *1000*
	▸ CO Europe, Organisationseinheit der Kostenrechnung, vergleichbar mit dem Buchungskreis des Finanzwesens.
	✔ weiter
	Musterkalkulation anlegen : Einstieg
Musterkalkulation [99000BAHFBT] ±	Bauteil: *xx000BAHFBT*
Vorlage	▸ xxyyyzzjjkk, wobei: xx = Gruppennummer, yyy = Revisionsnummer, zz = BA für Basismüsli, jj = HF für Halbfabrikat, kk = BT für Musterkalkulation.
Musterkalkulation [ ]	✔ weiter

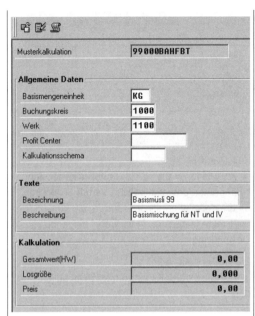

Musterkalkulation anlegen : Stammdaten

Basismengeneinheit: *KG*
▸ Es soll auf Basis von einem Kilogramm Müsli gerechnet werden.

Kostenart: *890000*
▸ Verbrauch Halbfabrikate. Wenn dieses Bauteil in ein anderes Bauteil eingeht, so wird es dort als Verbrauch der Kostenart 89000 gebucht.

Buchungskreis: *1000*
▸ IDES AG, Finanzwesen-Ordnungseinheit.

Bauteilgruppe: *MUHF*
▸ Frei wählbares Ordnungskriterium zum einfacheren wiederfinden, für Halbfabrikate dieser Fallstudie MUHF, Müsli Halbfabrikat.

Werk: *1100*
▸ Berlin

Kalkulationsschema: COGM
▸ Es werden die Herstellkosten berechnet. Dazu wird das folgende Schema verwendet:

Schema	**COGM**	Herstellkosten

Kalkulationsschemazeilen

	Zeile	Basis	Zuschlag	Bezeichnung	von
	10	**B100**	±	Rohmaterial	
	20		**A100**	Materialgemeinkosten	**10**
	60	**B200**		Fertigungskosten	
	70			Herstellkosten	**10**

Dadurch wird ein im Customizing festgelegter Zuschlagssatz auf das Rohmaterial angewendet.

Sortierfeld: *xx*
▸ Weiteres frei wählbares Ordnungskriterium zum einfacheren Wiederfinden, hier stets die Gruppennummer eingeben.

Bezeichnung: *Basismüsli xx*
▸ Basismüsli mit Gruppennummer ergänzen.

Beschreibung: *Basismüslimischung für NT und IV*

▤ Kalkulation anlegen
▸ Eine Kalkulation zu diesen Stammdaten anlegen.

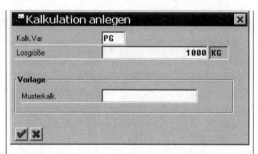

Kalk.Var: *PG*

▸ Kalkulationsvariante für Bauteilkalkulationen, hier könnten unterschiedliche Verfahrensweisen für die Kalkulation – insbesondere die verwendeten Preis - eingesteuert werden (Pflege im Customizing).

Losgröße: *1000 KG*

▸ Es sollen 1000 Kilogramm Müsli kalkuliert werden.

 weiter

Einzelkalkulation anlegen : Listbild – 1

▸ Hier handelt es sich um eine Art Tabellenkalkulation, in die die benötigten Daten zeilenweise einzugeben sind.

Typ: *M*

▸ In dieser Zeile wird ein im System gepflegtes Material zur Kalkulation herangezogen. Der Typ S steht beispielsweise für die Summenbildung.

Ressource: *xx000HA01 etc.*

▸ Materialnummer, hier Haferflocken.

Werk/Leistungsart: *1100*

▸ Werk Berlin

Menge: 666,667

▸ Einsatzmenge des Rohstoffes bezogen auf die Losgröße von 1000 Kilogramm.

Mengeneinheit: *KG*

▸ Die Bewertung der Einsatzmaterialien wird aus der Buchhaltungssicht 1 der Materialstammsätze anhand der Materialnummer übernommen (Steuerung durch Kalkulationsvariante). Die Preise gelten als Vorschläge und können demzufolge verändert werden. Für eine Eingabe anderer Preise ist nach rechts zu scrollen [◀ ▶] (s. auch folgendes Bildschirmbild).

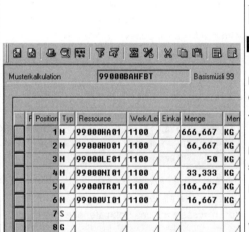

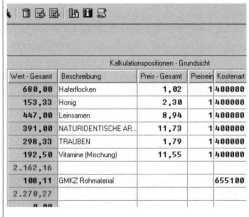

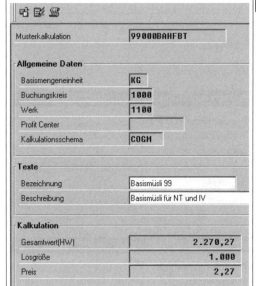

Einzelkalkulation anlegen : Listbild – 1

Preiseinheit: *1*

▸ Preis wird je 1 Kilogramm angegeben.

Preis – Gesamt: *1,02*

▸ Preis für ein Kilogramm Haferflocken.

FUNKTIONEN ⇨ GEMEINKOSTEN RECHNEN

▸ Die Gemeinkosten werden berechnet und mit dem Positionstyp „G" der Liste hinzugefügt. Die Gemeinkosten (Typ G) werden automatisch über das Kalkulationsschema gezogen.

▸ Summen (Typ S) sind entsprechend zu setzen.

🖫 sichern

Musterkalkulation anlegen: Stammdaten

Kalkulation wurde zwischengesichert

🖫 zum Sichern der gesamten Musterkalkulation

Musterkalkulation 1000 99000BAHFBT wurde gesichert

Integration des Basismüslis in das Fertigmüsli „Nussper Trio"

Das Basismüsli liegt nun als fertiges „Bauteil" vor und kann in weitere Kalkulationen einbezogen werden. In diesem Schritt kommen die besonderen Zutaten des Müslis „Nussper Trio" hinzu.

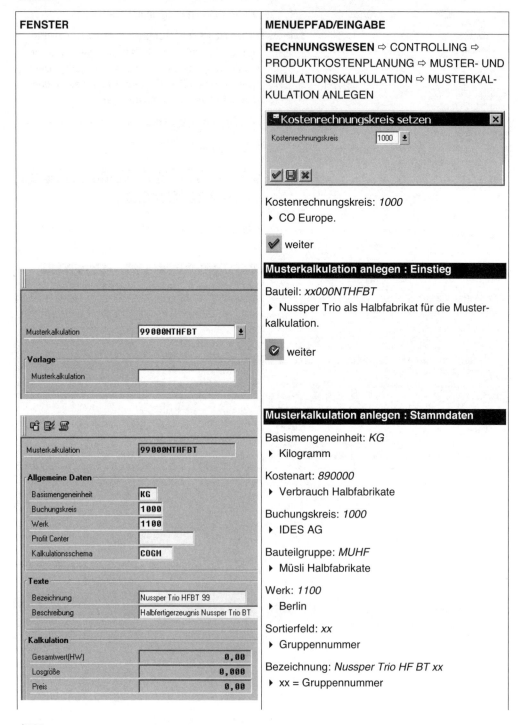

FENSTER	MENUEPFAD/EINGABE
	RECHNUNGSWESEN ⇨ CONTROLLING ⇨ PRODUKTKOSTENPLANUNG ⇨ MUSTER- UND SIMULATIONSKALKULATION ⇨ MUSTERKAL-KULATION ANLEGEN
	Kostenrechnungskreis: *1000* ▸ CO Europe. ☑ weiter
	Musterkalkulation anlegen : Einstieg
	Bauteil: *xx000NTHFBT* ▸ Nussper Trio als Halbfabrikat für die Musterkalkulation. ☑ weiter
	Musterkalkulation anlegen : Stammdaten
	Basismengeneinheit: *KG* ▸ Kilogramm
	Kostenart: *890000* ▸ Verbrauch Halbfabrikate
	Buchungskreis: *1000* ▸ IDES AG
	Bauteilgruppe: *MUHF* ▸ Müsli Halbfabrikate
	Werk: *1100* ▸ Berlin
	Sortierfeld: *xx* ▸ Gruppennummer
	Bezeichnung: *Nussper Trio HF BT xx* ▸ xx = Gruppennummer

Beschreibung: *Halbfabrikat Nussper Trio BT*

 Kalkulation anlegen

▸ Eine Kalkulation zu diesen Stammdaten anlegen.

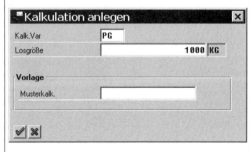

Kalk.Var: *PG*

▸ Kalkulationsvariante für Bauteilkalkulationen.

Losgröße: *1000*

▸ Es sollen 1000 Kilogramm Müsli kalkuliert werden.

 weiter

Einzelkalkulation anlegen : Listbild – 1

▸ Das Bauteil aus dem vorigen Schritt wird hier mit 600 Gramm übernommen

Typ: *B*

▸ Bauteil

Ressource: *xx000BAHFBT*

▸ Das im vorigen Schritt angelegte Bauteil.

Menge: *600*

Mengeneinheit: Kilogramm

▸ Die für Nussper Trio notwendigen zusätzlichen Zutaten werden in den folgenden Zeilen gepflegt mit Typ M, Materialnummer, Werk und Menge.

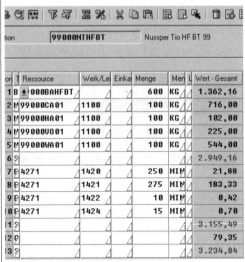

 weiter (Tabelle wird aktualisiert)

▸ Für eine Veränderung der Vorschlagspreis nach rechts scrollen ◂▭▭▭▸ .

Zeilen 7-10:

▸ Neben den Rohstoffen fallen auch noch Arbeitsleistungen an, die für die Fallstudie aus Maschinenstunden, Lohnstunden, Rüststunden (zum Einrichten der Maschinen) und Abrüststunden bestehen. Für jede Kostenstelle können so genannte Leistungsarten mit Kapazitäten und Tari-

fen gepflegt werden. Somit wird im System eingestellt, welche Arten von Leistungen in welcher
Höhe von den jeweiligen Kostenstellen erbracht
werden können.

Typ: *E*
▸ In dieser Zeile wird eine vom Unternehmen
erbrachte Eigenleistung eingetragen.

Ressource: *4271*
▸ Kostenstelle, hier Nahrungsmittel.

Werk/Leistungsart: *1420*
▸ Leistungsart Maschinenstunden.

Menge: *250*
▸ Einsatzmenge der Leistungsart Maschinenst.

Mengeneinheit: *MIN*
▸ Minuten

▸ Die weiteren Leistungen sind analog zu pflegen.

FUNKTIONEN ⇨ GEMEINKOSTEN RECHNEN
▸ Die Gemeinkosten werden berechnet und mit
dem Positionstyp „G" der Liste hinzugefügt. Die
Gemeinkosten (Typ G) werden automatisch über
das Kalkulationsschema gezogen.

▸ Summen (Typ S) sind entsprechend zu setzen.

🖫 zum Sichern der Einzelkalkulation

Musterkalkulation anlegen : Stammdaten

Kalkulation wurde zwischengesichert

🖫 zum Sichern der gesamten Musterkalkulation

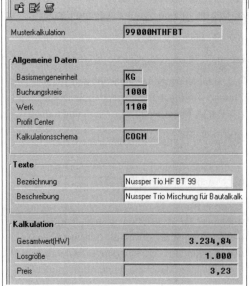

Abpacken und Etikettieren des Müslis „Nussper Trio" in Tüten zu 1 kg

Nun wird kalkuliert, was das Müsli in Tüten - abgepackt zu je 1.000 g - inklusive Etikett - kostet. Zusätzlich werden Gemeinkostenzuschlag für Vertrieb und Verwaltung berücksichtigt.

FENSTER	MENUEPFAD/EINGABE
	RECHNUNGSWESEN ⇨ CONTROLLING ⇨ PRODUKTKOSTENPLANUNG ⇨ MUSTER- UND SIMULATIONSKALKULATION ⇨ MUSTERKALKULATION ANLEGEN

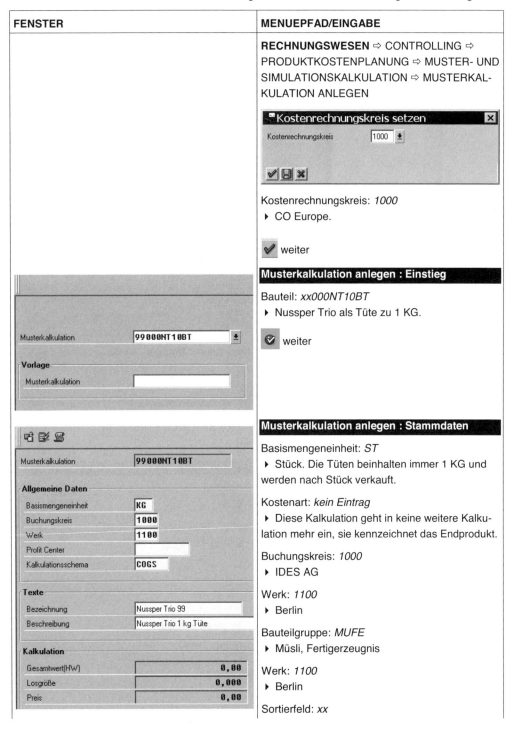

Kostenrechnungskreis: *1000*
▸ CO Europe.

✓ weiter

Musterkalkulation anlegen : Einstieg

Bauteil: *xx000NT10BT*
▸ Nussper Trio als Tüte zu 1 KG.

✓ weiter

Musterkalkulation anlegen : Stammdaten

Basismengeneinheit: *ST*
▸ Stück. Die Tüten beinhalten immer 1 KG und werden nach Stück verkauft.

Kostenart: *kein Eintrag*
▸ Diese Kalkulation geht in keine weitere Kalkulation mehr ein, sie kennzeichnet das Endprodukt.

Buchungskreis: *1000*
▸ IDES AG

Werk: *1100*
▸ Berlin

Bauteilgruppe: *MUFE*
▸ Müsli, Fertigerzeugnis

Werk: *1100*
▸ Berlin

Sortierfeld: *xx*

▸ Gruppennummer

Kalkulationsschema: *COGS*

▸ Das Kalkulationsschema steuert die Berech-
nungsart der Zuschläge, die auf die einzelnen
Produktbestandteile aufgeschlagen werden, um
die nicht einzeln zurechenbaren Gemeinkosten zu
berücksichtigen. COGS bedeutet „Zuschlags-
schema zur Berechnung der Selbstkosten". Das
heißt, dass z.B. auch Vertriebs- und Verwaltungs-
gemeinkosten in die Berechnung mit einbezogen
werden, die bei einer (handelsrechtlichen) Her-
stellkostenermittlung nicht Bestandteil wären.

| Schema | | **COGS** | Selbstkosten | | |

Kalkulationsschemazeilen

	Zeile	Basis	Zuschlag	Bezeichnung	von	bis Z
	10	B100	±	Rohmaterial		
	20		A100	Materialgemeinkosten	10	
	60	B200		Fertigungskosten		
	65	B110		Halbfabrikate		
	70			Herstellkosten Stufe	10	60
	75			Herstellkosten ges.	10	65
	80		A300	Verwaltungs-GK	70	
	90		A310	Vertriebs-GK	75	
	100			Selbstkosten	75	90

Bezeichnung: *Nussper Trio 99*

Beschreibung: *Nussper Trio 1kg Tüte*

 Kalkulation anlegen

▸ Eine Kalkulation zu diesen Stammdaten anlegen.

⌐ **Kalkulation anlegen**	✕
Kalk.Var	**PG**
Losgröße	**1000** **KG**

Vorlage

| Musterkalk. | |

Kalk.Var: *PG*
▸ Bauteilkalkulation

Losgröße: *1000*

 weiter

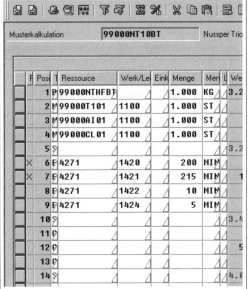

	F	Posi	T	Ressource	Werk/Le	Eink	Menge	Men	L	We
		1	P	99000NTHFBT			1.000	KG		3.2
		2	M	99000T101	1100		1.000	ST		
		3	M	99000AI01	1100		1.000	ST		
		4	M	99000CL01	1100		1.000	ST		
		5	S							3.2
X		6	F	4271	1420		200	MIN		
X		7	F	4271	1421		215	MIN		1
		8	F	4271	1422		10	MIN		
		9	F	4271	1424		5	MIN		
		10	S							3.
		11	G							
		12	G							5
		13	G							
		14	S							4.

Musterkalkulation   99000NT10BT   Nussper Trio

Einzelkalkulation anlegen : Listbild – 1

▸ Das Bauteil aus dem vorigen Schritt wird hier mit 1 Kilogramm übernommen.

Typ: *B*
▸ Bauteil

Ressource: *xx000NTHFBT*
▸ Das im vorigen Schritt angelegte Bauteil.

Menge: *1000*

Mengeneinheit: *KG*

▸ Die für die Verpackung notwendigen zusätzlichen Materialien werden eingepflegt.

Typ: *M*
▸ Material

Ressource: xx000yy0z
▸ Die jeweilige Materialnummer aus der Pflegliste, hier xx000T101, Tüte 1 KG.

Werk/Leistungsart: *1100*
▸ Berlin.

Menge: *1000*
▸ Einsatzmenge aus der Pflegeliste.

Mengeneinheit: *ST*

▸ Die Leistungen werden wieder gepflegt

Typ: *E*
▸ Eigenleistung.

Ressource: *4271*
▸ Kostenstelle, hier Nahrungsmittel.

Werk/Leistungsart: *1420*
▸ Leistungsart Maschinenstunden.

Menge: *0,5*
▸ Einsatzmenge der Leistungsart Maschinenstunden.

Mengeneinheit: *MIN*
▸ Minuten.

FUNKTIONEN ⇨ GEMEINKOSTEN RECHNEN
▸ Die Gemeinkosten werden berechnet und mit dem Positionstyp „G" der Liste hinzugefügt. Die Gemeinkosten (Typ G) werden automatisch über das Kalkulationsschema gezogen.

▸ Weiter sind die Summen (Typ S) entsprechend zu bilden.

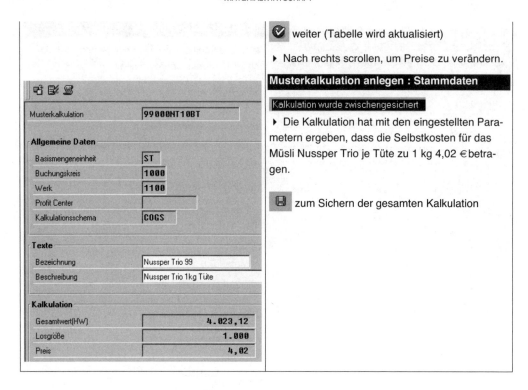

4.3 Materialwirtschaft –Beschaffung

Das Material und seine möglichen Lieferanten inklusive der Konditionen sind vorhanden. Die (Fremd-)Beschaffung kann systemseitig durchgeführt werden. Der in Abbildung 90 dargestellte Beschaffungszyklus umfasst die Aktivitäten, die typischerweise für die (Fremd-)Beschaffung von Material oder Dienstleistungen erfolgen.

Abbildung 90: Beschaffungszyklus

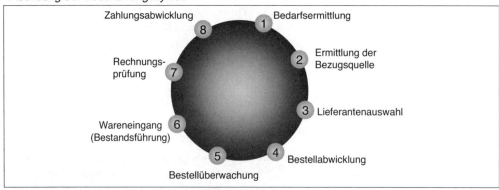

Die Aktivitäten werden im Folgenden kurz erläutert:

- **Bedarfsermittlung**
  Die Bedarfsermittlung als auslösende Phase des Beschaffungszyklus erfolgt im SAP®-System sowohl automatisch als auch durch die einzelnen Fachabteilungen. Eine automa-

tische Bedarfsermittlung setzt jedoch voraus, dass das Material im Materialstammsatz in den entsprechenden Sichten gepflegt ist. Nur so ist das System fähig, eingestellte Meldebestände mit den aktuellen Beständen zu vergleichen und ggf. Bestellanforderungen automatisch zu erzeugen bzw. den Bedarf zu melden.

- **Bezugsquellenermittlung / Lieferantenauswahl**
Die Ermittlung der für die Bedarfsdeckung möglichen Bezugsquellen und die Lieferantenauswahl werden durch Auswertungen von historischen Daten und bestehenden Rahmenverträgen erleichtert. Zusätzlich berücksichtigt das System definierte Quotierungen (abwechselnde Lieferung eines Materials von verschiedenen Bezugsquellen) und Daten aus Infosätzen und dem Orderbuch.

- **Bestellabwicklung**
Die gesamte Abwicklung einer Bestellung, d.h. die Erstellung der für die Beschaffung notwendigen Belege, kann nun gestützt auf Bestellanforderung, Angebot und Rahmenvertrag realisiert werden.

- **Bestellüberwachung**
Eine Überwachung der Einhaltung von Fristen kann durch das System unter Berücksichtigung vorgegebener Wiedervorlagefristen ebenfalls vorgenommen werden. Sind einzelne Fristen überschritten, erzeugt das System eine Meldung. Neben dieser Überwachungsfunktion kann der Status sämtlicher einkaufsrelevanter Belege (z.B. Bestellanforderung) abgerufen werden.

- **Wareneingang**
Durch die Eingabe der Bestellnummer kann der Wareneingang bestätigt werden. Als Reaktion hierauf werden die entsprechenden Bestellpositionen als geliefert erkannt, was sich auf den Status der Bestellung und auf die Bestellüberwachung auswirkt.

- **Rechnungsprüfung**
Die den Einkaufszyklus abschließende Rechnungsprüfung wird durch den Zugriff auf Bestell- und Wareneingangsdaten erleichtert. Der Rechnungsprüfer wird auf Abweichungen der Leistungserfüllung hingewiesen.

- **Zahlungsabwicklung**
Rechnungen, die zur Zahlung freigegeben sind und demnach keine Unstimmigkeiten beispielsweise hinsichtlich Menge oder Einzelpreis aufweisen, werden auf Basis von Bestell- und Wareneingangsdaten von der Buchhaltung in einem Zahlungslauf fristgerecht (Daten aus Einkaufsinfosätzen) bezahlt. Die Rechnungen müssen also nicht einzeln gezahlt werden, sondern der Zahlungslauf berücksichtigt sämtliche fälligen Beträge.

Prinzipiell werden in der Materialwirtschaft (Einkauf) Materialien für das Lager oder direkt für den Verbrauch beschafft.

Lagermaterialien haben immer einen Materialstammsatz. Jeder Wareneingang wird eingelagert und führt zu einer automatischen Mengenerhöhung. Gleichzeitig greift die über den Stammsatz festgelegte Bewertungsklasse. Die Verbuchung auf den Konten und die Werteveränderung werden automatisch durchgeführt.

Bei Verbrauchsmaterialien handelt es sich um Materialien oder Dienstleistungen, die wertmäßig über die Kostenartenkonten oder Anlagenkonten erfasst werden. Die Bestellung bzw. der Wareneingang muss manuell kontiert werden. Ein Materialstammsatz kann vorhanden sein, ist aber keine Bedingung. Es werden entsprechende Materialarten angeboten, wie beispielsweise NLAG (Nicht-Lagermaterial) oder UNBW (unbewertetes Material).

Vereinfacht formuliert handelt es sich um Materialien, die direkt in die Geschäftsprozesse eingehen. Eine mengenmäßige Bestandsführung ist möglich. Ein Beispiel für Verbrauchsmaterial sind Kugelschreiber für das Sekretariat. Diese werden nicht gelagert, sondern direkt eingesetzt. Ein Materialstammsatz ist nicht notwendig. Die Kugelschreiber werden über ein Aufwandskonto für Büromaterial erfasst. Das Aufwandskonto muss bei der Bestellung bzw. beim Wareneingang angegeben werden. Das Material gilt mit dem Wareneingang als verbraucht.

Zusätzlich ist die Angabe eines Verbrauchszweckes – insbesondere aus Sicht der Kostenrechnung - notwendig. Verbrauchszwecke können z.B. ein Projekt, eine Kostenstelle, ein Kundenauftrag oder eine Anlage sein. Die über das Customizing eingestellten Verbrauchszwecke können den einzelnen Bestellpositionen über den so genannten Kontierungstyp zugewiesen werden. Verbrauchsmaterial und Lagermaterial können auch zusammen in einer Bestellung aufgeführt werden.

4.3.1 Disposition

Bedarfe können zum einen aus den Fachbereichen, Abteilungen oder Gruppen etc. entstehen oder zum anderen durch die Disposition ermittelt werden. Die Disposition überwacht die Materialbestände entsprechend dem vereinbarten Dispositionsverfahren. Ziel ist die Verhinderung von Engpässen bei der Produktion aufgrund von fehlenden Materialien oder Dienstleistungen.

Bei externem Material wird – sofern Bedarf besteht – ein Planauftrag oder eine Bestellanforderung (Banf) erstellt. Eine Bestellanforderung ist eine Art Aufforderung an den Einkauf, Ressourcen i.S. von Materialien, Anlagen, oder Dienstleistungen in angegebener Menge zum angegebenen Termin zu besorgen. Es handelt sich also um ein festes Zugangselement, welches zur Beschaffung verpflichtet. Bei Ihrer Erstellung wird auf vorhandene Stammsätze, z.B. Material, zurückgegriffen. Die Bestellanforderung kann vom Einkauf in eine Bestellung (die an den Lieferanten geht) umgesetzt werden. Während eine Bestellanforderung also eine direkte konkrete Aufforderung zur Beschaffung darstellt, stellt ein Planauftrag einen geplanten Wareneingang zu einem bestimmten Termin dar, d.h. der Beschaffungsvorgang wird erst später initiiert. Der Planauftrag hat keine unmittelbare Außenwirkung und ist demnach ein internes planerisches Element. Damit die Positionen des Planauftrags beschafft werden können, muss der Planauftrag (rechtzeitig) in eine Bestellanforderung umgesetzt werden. „Erinnerungsfunktionen" dazu sind vorhanden. Das Pendant zur Bestellanforderung bei internem Bedarf ist der Fertigungsauftrag. Bei Bedarf an „internem Material", also an eigengefertigtem Material, wird ein entsprechender Fertigungsauftrag erzeugt. Auch hier können Planaufträge generiert werden. Der interne Beschaffungsvorgang (Fertigung) wird erst durch Umsetzung in einen Fertigungsauftrag initiiert.

4.3.1.1 Dispositionsverfahren

Die plangesteuerte Disposition ermittelt die Materialbedarfe orientiert an den in nächster Zukunft eingeplanten Kundenaufträgen und an bestehenden Materialreservierungen. Stücklisten müssen nicht extra aufgelöst werden, da dies schon in den Kundenaufträgen bzw. Planaufträgen geschehen ist.

Im Gegensatz zur eher zukunftsorientierten plangesteuerten Disposition ist die verbrauchs-gesteuerte Disposition vergangenheitsorientiert, d.h. sie orientiert sich an den Bedarfen vergangener Perioden. Die Lager sollen so aufgefüllt werden, dass bis zur nächsten Materiallieferung alle Materialbedarfe gedeckt werden können. Trends und saisonale Schwankungen können für diese Art der Bedarfsermittlung mit einbezogen werden. Prinzipiell stehen im R/3®-Standard drei verbrauchsgesteuerte Verfahren zur Verfügung.

- Bestellpunktdisposition

Es wird der verfügbare Lagerbestand mit dem Meldebestand verglichen. Nur wenn der Lagerbestand kleiner als der Meldebestand ist, wird ein Planauftrag oder eine Bestellanforderung generiert. Der Meldebestand muss dazu im Materialstammsatz gepflegt sein. Hilfreich ist die Pflege eines Sicherheitsbestandes, um die Wiederbeschaffungszeit oder Lieferverzögerungen abzudecken.

- Stochastische Disposition

Anhand eines integrierten Prognoseprogamms wird – auf Basis vergangener Bedarfe – der zukünftige Bedarf prognostiziert. Wird beim Vergleich von prognostiziertem Bedarf und verfügbaren Lagerbeständen eine Unterdeckung festgestellt, so wird ein Bestellvorschlag erzeugt.

- Rhythmische Disposition

Die Disposition geschieht immer im gleichen zeitlichen Rhythmus. Liefert ein Lieferant Materialien z.B. immer donnerstags bei einer (Plan-)Lieferzeit von 2 Tagen, so wird um diese Lieferzeit versetzt disponiert. Dabei vergleicht das System wieder den aus der Prognose ermittelten Bedarf mit den Lagerbeständen.

Die Dispositionsverfahren bestimmen, ob überhaupt bestellt werden soll. Die im Bestellvorschlag ausgewiesene Menge wird in ihrer Höhe durch das gewählte Losgrößenverfahren bestimmt. Im Folgenden werden einige im R/3®-Standard verfügbare Losgrößenverfahren kurz vorgestellt.

- Auffüllen bis Höchstbestand: Die Losgröße entspricht der Differenz aus dem verfügbaren Lagerbestand und dem zulässigen Höchstbestand (Materialstammsatz – Disposition). Bereits initiierte Zugänge, z.B. Bestellungen, werden berücksichtigt. Ein Planauftrag oder eine Bestellanforderung wird nur bei Unterschreitung des Meldebestands erzeugt.
- Exakte Losgröße: Als Lösgröße wird exakt die ermittelte Unterdeckungsmenge eingesetzt, d.h. der Bedarf minus dem verfügbaren Lagerbestand. Es ergibt sich daraus ein geplanter Lagerbestand von Null.
- Periodische Losgröße: Die Bedarfe einer oder mehrere Perioden (Tage, Woche, Monat) werden zusammengefasst (s. auch Abbildung 91).

Das Dispositionsverfahren bestimmt letztlich, welches Losgrößenverfahren zulässig ist. Weiter müssen Parameter zur Terminierung im Materialstammsatz (Sicht Disposition) gepflegt sein (z.B. Planlieferzeit, Wareneingangsbearbeitungszeit etc.), damit der korrekte Liefertermin ermittelt werden kann.

Abbildung 91: Periodische Losgröße

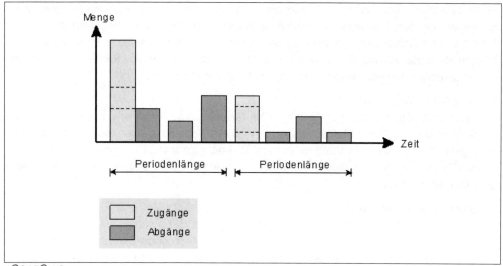

©SAP® AG

4.3.1.2 Dispositionsdurchführung

Wahlweise kann die Disposition für ein oder mehrere Materialien durchgeführt werden. Die Dispositionsdurchführung für ein Material wird als Einzelplanung, die Dispositionsdurchführung für mehrere Materialien wird als Gesamtplanung bezeichnet.

Die Einzelplanung wird in der Materialwirtschaft einstufig durchgeführt, d.h. dass nur die Stückliste des beplanten Materials aufgelöst wird. Eine weitere Auflösung von Stücklisten der Komponenten wird nicht durchgeführt. Die Planung für ein Material muss auf einen Unternehmensbereich begrenzt werden. Hier kommen wieder die Organisationsebenen der Unternehmensstruktur zum Einsatz. Die Einzelplanung kann wahlweise auf ein Werk oder einen Dispositionsbereich fokussiert werden. Bei einer Durchführung in Zuordnung zu einem Werk wird das Material eben nur für dieses Werk disponiert (vorausgesetzt, es ist in Zuordnung zu diesem Werk angelegt). Der Dispositionsbereich kann alternativ zum Werk eingesetzt werden, da einem Dispositionsbereich genau ein Werk zugeordnet ist.

Abbildung 92: Dispositionsbereiche

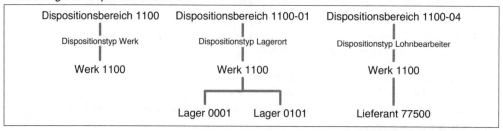

Darüber hinaus kann mittels Dispositionsbereich die Einzelplanung auf einzelne Lagerorte eines Werkes beschränkt werden. Weiter kann ein Dispositionsbereich für die Bereitstellung von Komponenten für einen Lohnbearbeiter, z.B. Teile für Vormontage, genutzt werden. So kann dieser besondere Bedarf vom übrigen Bedarf getrennt disponiert werden. Dispositionsbereiche lassen sich also festlegen für ein Werk, eine oder mehrere Lagerorte eines Werkes oder dem Werk zugeordnete Lohnbearbeiter.

Die Gesamtplanung führt einen Dispositionslauf für die gesamten Materialien eines Werkes durch. Sie beinhaltet – im Gegensatz zur Einzelplanung - die Stücklistenauflösung für Materialien mit Stückliste. Auch für Komponenten werden hier Stücklisten aufgelöst. Um die Gesamtplanung auf mehrere Werke oder mehrere Dispositionsbereiche auszudehnen, kann ein sog. Planungsumfang angegeben werden. Dazu werden im Customizing dem Planungsumfang mehrere Werke oder (i.S. von exklusiv oder) Dispositionsbereiche zugewiesen. Es werden bei Nutzung des Planungsumfangs alle Materialien der zugeordneten Werke bzw. Dispositionsbereiche disponiert.

Abbildung 93: Planungsumfang

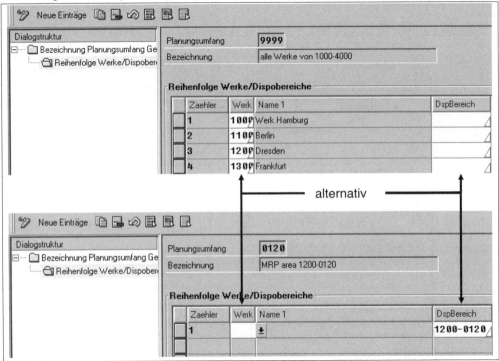

Bildschirmbilder ©SAP® AG

Mit den Planungsarten (Einzel- oder Gesamtplanung) sind Ablaufarten verbunden:

* Neuplanung (alle Materialien für ein Werk oder Planungsumfang werden geplant; nur für Gesamtplanung verfügbar),
* Veränderungsplanung (nur Materialien, die Lagerbewegungen, Kundenaufträge etc. erfahren haben, für beide Planungen verfügbar),
* Veränderungsplanung im Planungshorizont (setzt zeitliches Limit hinsichtlich dispositionsrelevanter Materialien; für beide Planungen verfügbar).

Die Neuplanung sollte nach Möglichkeit vermieden werden, da sämtliche Materialien eines Werkes unabhängig davon, ob sie dispositionsrelevante Veränderungen wie Bestellungen, Lagerbewegungen etc. erfahren haben, geprüft werden. Dies kann zu einer hohen Rechnerbelastung führen. Der Planungslauf sollte daher auf die Materialien beschränkt werden, die dispositionsrelevante Änderungen erfahren haben. Damit auch tatsächlich nur diese Materialien berücksichtigt werden, merkt sich das R/3®-System die entsprechenden Materialien in der so genannten Planungsvormerkdatei. Wenn ein Material eine dispositionsrelevante Veränderung erfährt (z.B. muss ein Großteil der Haselnüsse wegen Schimmelbefall entsorgt werden (=Warenausgang)) wird in der Planungsdatei für dieses Material ein Kennzeichen gesetzt. Bei einem Planungslauf mit der Ablaufart „Veränderungsplanung" wird zunächst die Planungsvormerkdatei auf diese Kennzeichen durchsucht. Anschließend werden nur die Materialien mit diesem Kennzeichen für die Disposition betrachtet.

Die Veränderungsplanung lässt sich zeitlich auf einen für das Werk eingestellten Zeitraum (Planungshorizont) begrenzen. Materialien, die eine Änderung innerhalb dieses Zeitraums erfahren, bekommen zusätzlich ein Kennzeichen (in der Abbildung 94 das Material 99001HA01). Die Planungsvormerkdatei findet sowohl bei der Gesamt- als auch bei der Einzelplanung Anwendung.

Abbildung 94: Planungsvormerkdatei

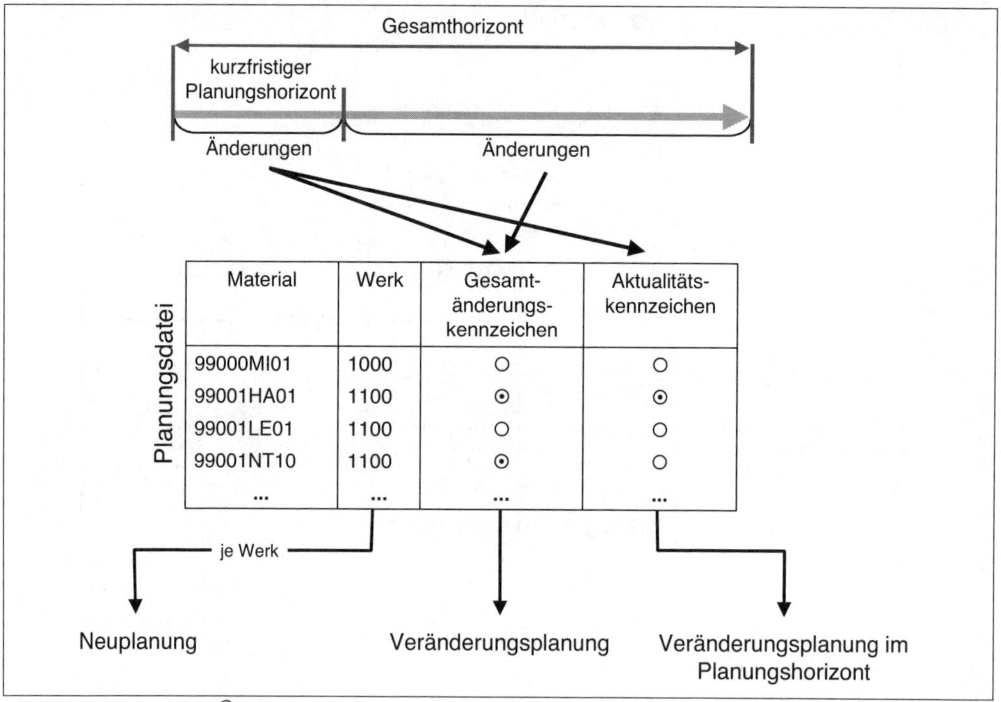

In Anlehnung an SAP® AG

Basis für die Planung ist der frei verwendbare Bestand inklusive dem Qualitätsprüfbestand und eventuellen Konsignationslagerbeständen. Abhängig vom gewählten Dispositionsverfahren werden weitere Dispositionselemente zum frei verfügbaren Lagerbestand hinzugezählt. Beispielsweise wird bei der Bestellpunktdisposition noch der Bestellbestand (Bestellungen, Planaufträge, Bestellanforderungen) mit hinzugerechnet. Ist der Lagerbestand kleiner als der Meldebestand, so wird disponiert, d.h. ein Planauftrag bzw. eine Bestellanforderung generiert. Die Terminierung, also die Berechnung des Zeitpunktes, an dem der Zugang stattfinden soll, geschieht auf Basis der im Materialstammsatz (Sicht Disposition 2) gepflegten Planlieferzeit, Bearbeitungszeit (für den Einkauf) und der Wareneingangsbearbeitungszeit. Die Planlieferzeit wird in Kalendertagen, Bearbeitungs- und Wareneingangsbearbeitungszeit werden in Arbeitstagen gepflegt. Die Terminierungsrichtung ergibt sich wieder aus dem gewählten Dispositionsverfahren.

Das Planungsergebnis kann wahlweise in einen Planauftrag oder direkt in eine Bestellanforderung umgesetzt werden. Eine Dispositionsliste visualisiert zum Zeitpunkt der Planung die Bestands- und Bedarfssituation.

Abbildung 95: Dispositionsliste und generierte Bestellanforderung

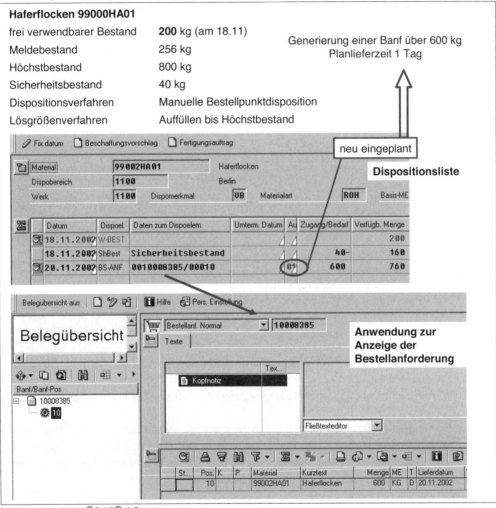

Bildschirmbilder ©SAP® AG

Im Kopf sind Materialnummer, Werk und Dispositionsverfahren (hier Bestellpunktdisposition) vermerkt. Die einzelnen Positionen beinhalten ein Dispositionsdatum (Zugang- oder Bedarfszeitpunkt), das Dispositionselement (Bestellanforderung, Reservierung, Kundenauftrag, Fertigungsauftrag, etc.) mit seinem numerischen Schlüssel, Zugängen und Bedarfen, sowie die daraus resultierende verfügbare Menge.

Besonderheiten oder Ausnahmen im Planungslauf werden erkannt. Die entsprechende Position erhält eine Ausnahmemeldung. Die Ausnahme wird durch einen zweistelligen Schlüssel repräsentiert. Typischerweise wird diese Nummer bei Planaufträgen, Fertigungsaufträgen, Bestellanforderungen und Bestellungen angezeigt. Ein Beispiel für eine Ausnahmemeldung ist die Ausnahme 20, dass der Vorgang storniert werden sollte, da Zugangstermin bereits in der Vergangenheit liegt (Ausnahmemeldungen 07). In der Abbildung 96 sind außerdem die Ausnahmen 01 und 10 dargestellt. Die Meldung 01 macht darauf aufmerksam, dass es sich hierbei um eine – durch den Planungslauf verursachte - Neueinplanung handelt. Die Meldung 10 weist auf eine Umterminierung hin.

Abbildung 96: Ausnahmemeldungen

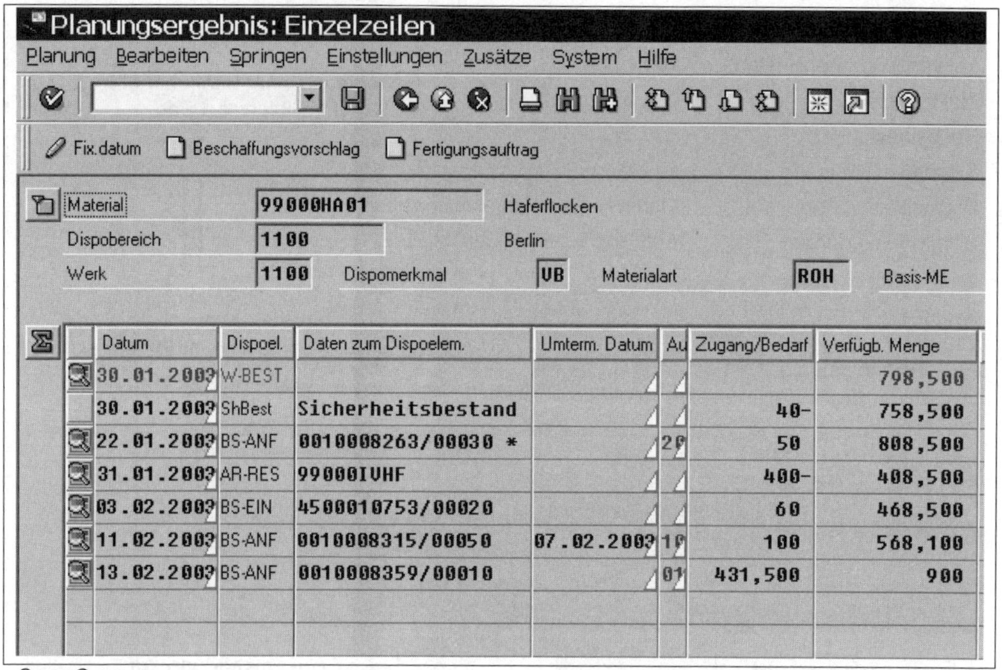

Planungsergebnis: Einzelzeilen

Planung   Bearbeiten   Springen   Einstellungen   Zusätze   System   Hilfe

Fix.datum   Beschaffungsvorschlag   Fertigungsauftrag

Material	99000HA01	Haferflocken
Dispobereich	1100	Berlin
Werk	1100	Dispomerkmal	UB	Materialart	ROH	Basis-ME

	Datum	Dispoel.	Daten zum Dispoelem.	Umterm. Datum	Au	Zugang/Bedarf	Verfügb. Menge
	30.01.2003	W-BEST					798,500
	30.01.2003	ShBest	Sicherheitsbestand			40-	758,500
	22.01.2003	BS-ANF	0010008263/00030 *		20	50	808,500
	31.01.2003	AR-RES	99000IUHF			400-	408,500
	03.02.2003	BS-EIN	4500010753/00020			60	468,500
	11.02.2003	BS-ANF	0010008315/00050	07.02.2003	10	100	568,100
	13.02.2003	BS-ANF	0010008359/00010		01	431,500	900

©SAP® AG

Umterminierung bedeutet, dass Vorgänge vorgezogen oder verschoben werden. Beispielsweise liegt ein Bedarf für den 12.02. vor, die Banf weist einen Zugang zum 07.02 aus. Damit die Materialien nicht unnötig Lagerkapazitäten binden, wird die Banf umterminiert auf den 11.02.

An der Planungsliste lässt sich auch noch einmal die Integration der Daten verdeutlichen. Würde beispielsweise die durch den Planungslauf generierte Bestellanforderung aufgerufen und die darin enthaltene Position gelöscht, so würde dies bei einem erneuten Planungslauf berücksichtigt. Es würde wieder eine (neue) Bestellanforderung generiert.

Abbildung 97: Integration zwischen Einkauf und Disposition

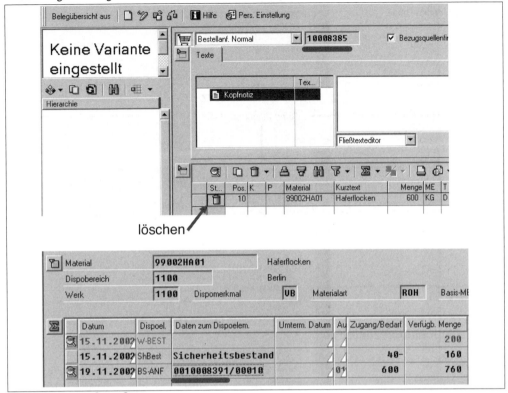

Bildschirmbilder ©SAP® AG

Die Höhe des ermittelten Bedarfs (Losgröße) wird durch das im Materialstammsatz (Disposition 1) vereinbarte Losgrößenverfahren bestimmt. In Ergänzung können auch die in der Sicht Disposition 1 angegebenen Rundungsvorschriften auf die zu beschaffende Bedarfsmenge einwirken. Zwei Rundungsvorschriften stehen alternativ zur Auswahl. Entweder wird im Materialstamm ein Rundungsprofil (statisch oder dynamisch) gepflegt (s. auch Einkaufsinfosatz) oder es wird ein Wert angegeben, auf dessen Vielfaches die Bedarfsmenge stets aufgerundet wird. Letztere Rundungsvorschrift wird als Rundungswert bezeichnet. Besteht laut Planungslauf ein Bedarf von 9 Stück und ist ein Rundungswert von 2 gepflegt, so wird eine Bestellanforderung oder ein Planauftrag mit der Bedarfsmenge 10 generiert. Das Rundungsprofil unterscheidet sich vom Rundungswert durch seine Mehrstufigkeit.

Die Disposition verwendet nur im Materialstammsatz gepflegte Rundungsvorschriften (Rundungsprofil oder Rundungswert). Die Bedarfsmenge wird in der Basismengeneinheit ermittelt. Ein im Einkaufsinfosatz gepflegtes Rundungsprofil wird erst bei Umsetzung einer Bestellanforderung in eine tatsächliche Bestellung angewendet.

Abbildung 98: Von der Bedarfsmenge zum Bestellmengenvorschlag in der BANF

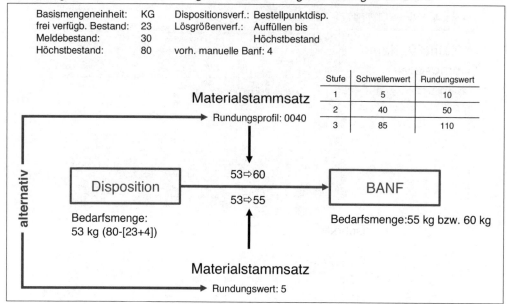

4.3.2 Disposition Fallstudie

Aufgabe 7

Für die Materialien des Verpackungslagers (Lagerort 0901) und des Kühllagers (Lagerort 0101) ist eine Gesamtplanung durchzuführen (s. Aufgabe 9). Dazu ist ein entsprechender Dispositionsbereich im Customizing anzulegen (und später zu verwenden). Es sollen bei den Planungen Bestellanforderungen erzeugt werden.

Materialien im Kühllager	Materialien im Verpackungslager
Aprikosen (getrocknet)	Etikett Innova Vital
Erdbeeren (gefriergetrocknet)	Etikett Nussper Trio
Naturidentische Aromen (Mischung)	Clip
Trauben (getrocknet)	Faltschachtel Innova Vital
Vitamine (Mischung)	Faltschachtel Nussper Trio
Vollmilch-Schokolade-Flocken	Karton 10x1kg o. 20x500g
	Tüte 1kg
	Tüte 500g
	Palette Typ A

Aufgabe 8

Zur Durchführung der Disposition ist die Pflege der Dispositionssichten im Materialstammsatz notwendig. Die Sichten mit ihren Daten sind daher für die gepflegten Rohstoffe zu ergänzen. Die Daten finden sich in der Pflegetabelle «Materialstammsatz».

Aufgabe 9

Für Honig, Haferflocken und Leinsamen Materialien sind eine Einzelplanung, für das Verpackungs- und das Kühllager ist eine Gesamtplanung durchzuführen.

Es stehen folgende Pflegeanleitungen zur Verfügung:

- Dispositionsbereich erzeugen,
- Planungsumfang festlegen,
- Material anlegen (Dispositionssichten),
- Einzelplanung durchführen,
- Gesamtplanung durchführen.

Dispositionsbereich erzeugen

FENSTER	MENUEPFAD/EINGABE
	WERKZEUGE ⇨ ACCELERATEDSAP ⇨ CUSTOMIZING ⇨ PROJEKTBEARBEITUNG
	Customizing Projektbearbeitung
	SAP Referenz-IMG anklicken
	Projekt/Sicht
	MATERIALWIRTSCHAFT ⇨ VERBRAUCHSGE-STEUERTE DISPOSITION ⇨ STAMMDATEN ⇨ DISPOSITIONSBEREICHE ⇨ DISPOSITIONS-BEREICHE DEFINIEREN
	anklicken

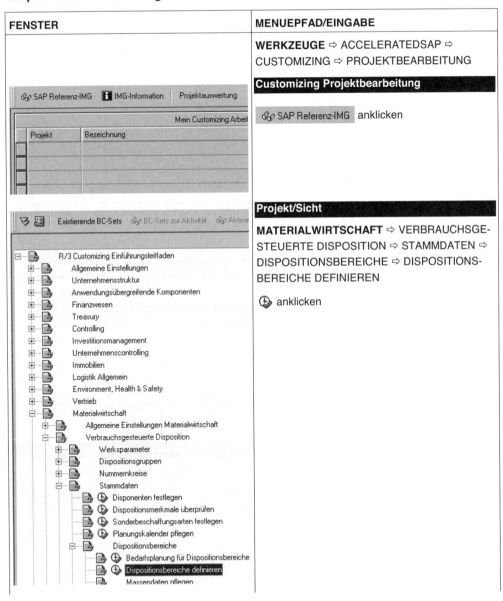

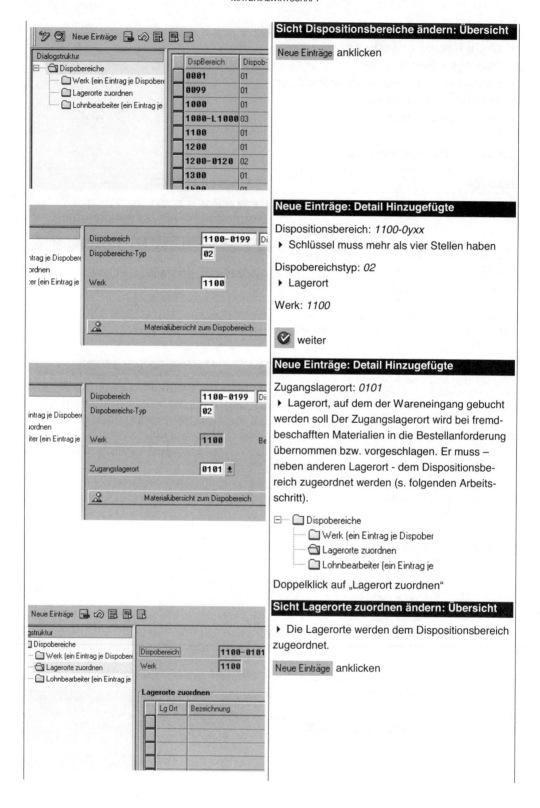

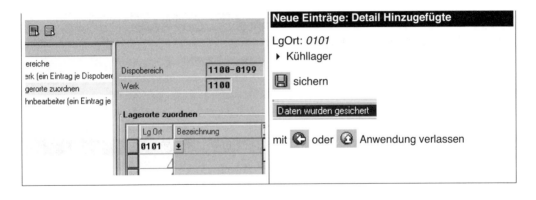

Planungsumfang festlegen

FENSTER	MENUEPFAD/EINGABE
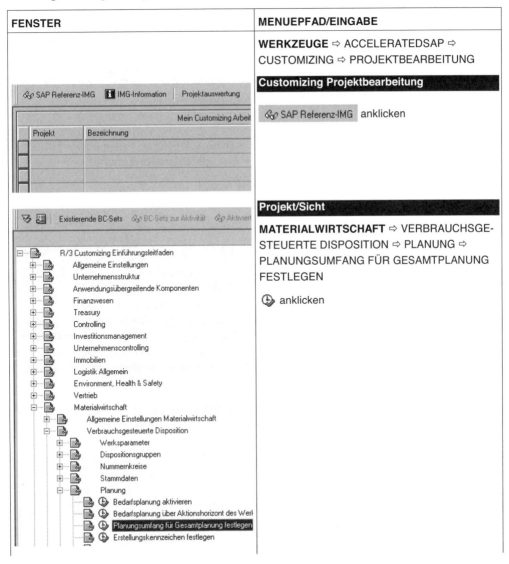	**WERKZEUGE** ⇨ ACCELERATEDSAP ⇨ CUSTOMIZING ⇨ PROJEKTBEARBEITUNG
	Customizing Projektbearbeitung
	&⁄o SAP Referenz-IMG anklicken
	Projekt/Sicht
	MATERIALWIRTSCHAFT ⇨ VERBRAUCHSGE-STEUERTE DISPOSITION ⇨ PLANUNG ⇨ PLANUNGSUMFANG FÜR GESAMTPLANUNG FESTLEGEN
	⊕ anklicken

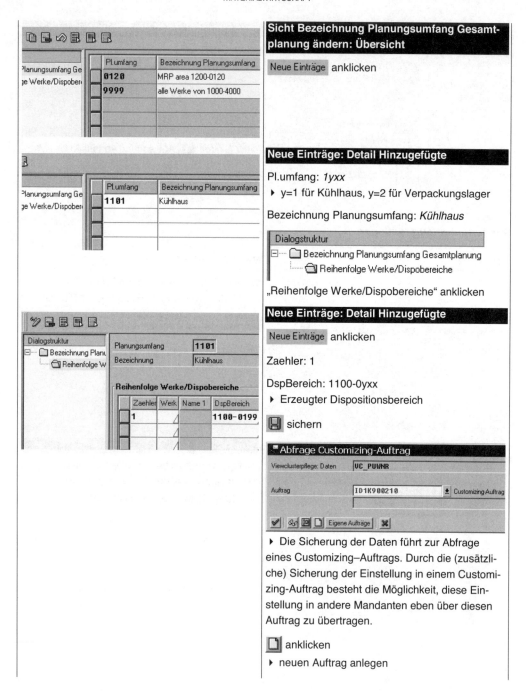

Sicht Bezeichnung Planungsumfang Gesamtplanung ändern: Übersicht

Neue Einträge anklicken

Neue Einträge: Detail Hinzugefügte

Pl.umfang: *1yxx*
▸ y=1 für Kühlhaus, y=2 für Verpackungslager

Bezeichnung Planungsumfang: *Kühlhaus*

Dialogstruktur
⊟······ ☐ Bezeichnung Planungsumfang Gesamtplanung
 ······· ☐ Reihenfolge Werke/Dispobereiche

„Reihenfolge Werke/Dispobereiche" anklicken

Neue Einträge: Detail Hinzugefügte

Neue Einträge anklicken

Zaehler: 1

DspBereich: 1100-0yxx
▸ Erzeugter Dispositionsbereich

💾 sichern

▸ Die Sicherung der Daten führt zur Abfrage eines Customizing–Auftrags. Durch die (zusätzliche) Sicherung der Einstellung in einem Customizing-Auftrag besteht die Möglichkeit, diese Einstellung in andere Mandanten eben über diesen Auftrag zu übertragen.

☐ anklicken
▸ neuen Auftrag anlegen

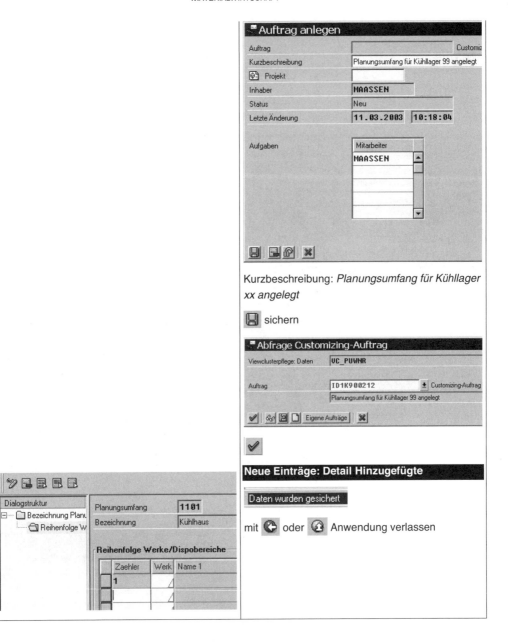

Auftrag anlegen

Auftrag	Customiz
Kurzbeschreibung	Planungsumfang für Kühllager 99 angelegt
Projekt	
Inhaber	MAASSEN
Status	Neu
Letzte Änderung	11.03.2003 10:18:04

Aufgaben	Mitarbeiter
	MAASSEN

Kurzbeschreibung: *Planungsumfang für Kühllager xx angelegt*

sichern

Abfrage Customizing-Auftrag

Viewclusterpflege: Daten	VC_PUWNR
Auftrag	ID1K900212 Customizing-Auftrag
	Planungsumfang für Kühllager 99 angelegt

Eigene Aufträge

Neue Einträge: Detail Hinzugefügte

Daten wurden gesichert

mit oder Anwendung verlassen

Dialogstruktur
- Bezeichnung Planu
  - Reihenfolge W

Planungsumfang	1101
Bezeichnung	Kühlhaus

Reihenfolge Werke/Dispobereiche

Zaehler	Werk	Name 1
1		

Material anlegen (Dispositionssichten)

FENSTER	MENUEPFAD/EINGABE
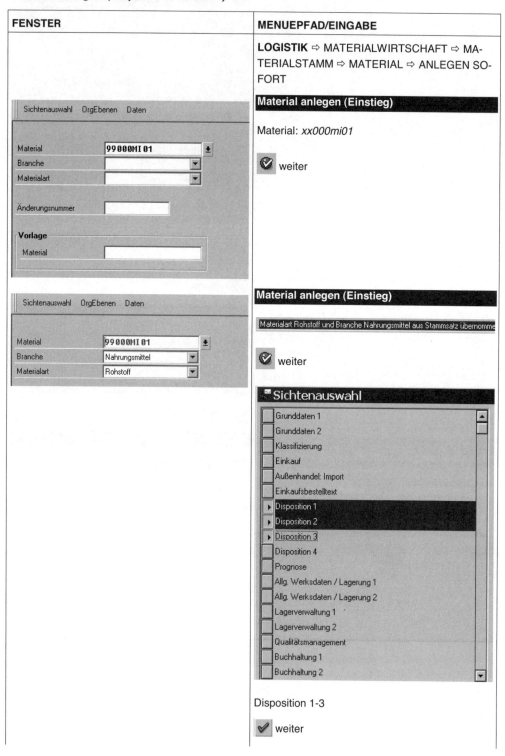	**LOGISTIK** ⇨ MATERIALWIRTSCHAFT ⇨ MATERIALSTAMM ⇨ MATERIAL ⇨ ANLEGEN SOFORT **Material anlegen (Einstieg)** Material: *xx000mi01* ✅ weiter **Material anlegen (Einstieg)** Materialart Rohstoff und Branche Nahrungsmittel aus Stammsatz übernomme ✅ weiter **⊞ Sichtenauswahl** Grunddaten 1 Grunddaten 2 Klassifizierung Einkauf Außenhandel: Import Einkaufsbestelltext ▸ Disposition 1 ▸ Disposition 2 ▸ Disposition 3 Disposition 4 Prognose Allg. Werksdaten / Lagerung 1 Allg. Werksdaten / Lagerung 2 Lagerverwaltung 1 Lagerverwaltung 2 Qualitätsmanagement Buchhaltung 1 Buchhaltung 2 Disposition 1-3 ✅ weiter

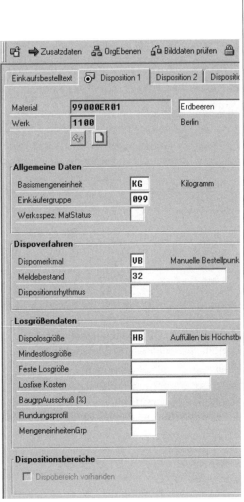

Organisationsebenen

Organisationsebenen

Werk	1100
Lagerort	0002 ±

Profile

Dispoprofil	

☐ OrgEbenen/Profile nur auf Anforderung

✔ Sichtenauswahl | 💾 Voreinstellung | ✖

Werk: *1100*

Lagerort: *0002*

✔ weiter

Rohstoff anlegen : Disposition 1 F

Dispositionsgruppe: 0010

Dispomerkmal: *VB*
▸ Manuelle Bestellpunktdisposition, d.h. Bestimmung des Bestellpunkts durch den Disponenten (Meldebestand).

Meldebestand: *20* (Kilogramm)

Disponent: *101*

Dispolosgröße: *HB*
▸ Auffüllen bis Höchstbestand

Höchstbestand: *100* (Kilogramm)
▸ maximal zulässige Menge des Materials

Rundungswert: 5
▸ Dies bewirkt eine Rundung des Planungsergebnisses aus der Disposition auf ein Vielfaches des angegebenen Wertes. Beispielsweise beträgt der Bedarf 22,4 Kilogramm. Durch den Rundungswert ergeben sich 25 Kilogramm als Bestellvorschlag in der Bestellanforderung.

Damit ist die Sicht Disposition 1 für die Planung auf Werksebene gepflegt. Bei der Verwendung von Dispositionsbereichen für Einzel- oder Gesamtplanung muss Dispositionsbereiche angeklickt werden.

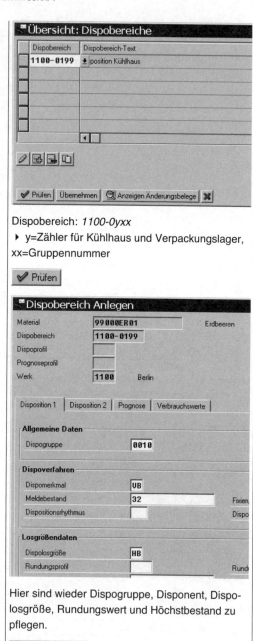

Dispobereich: *1100-0yxx*

▸ y=Zähler für Kühlhaus und Verpackungslager,
xx=Gruppennummer

Hier sind wieder Dispogruppe, Disponent, Dispolosgröße, Rundungswert und Höchstbestand zu
pflegen.

anklicken

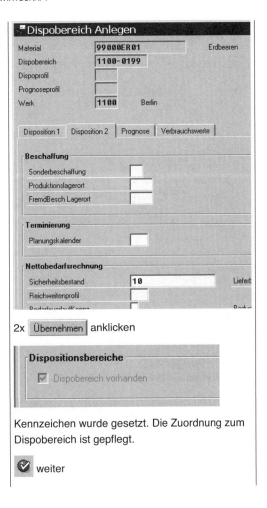

2x Übernehmen anklicken

Kennzeichen wurde gesetzt. Die Zuordnung zum Dispobereich ist gepflegt.

weiter

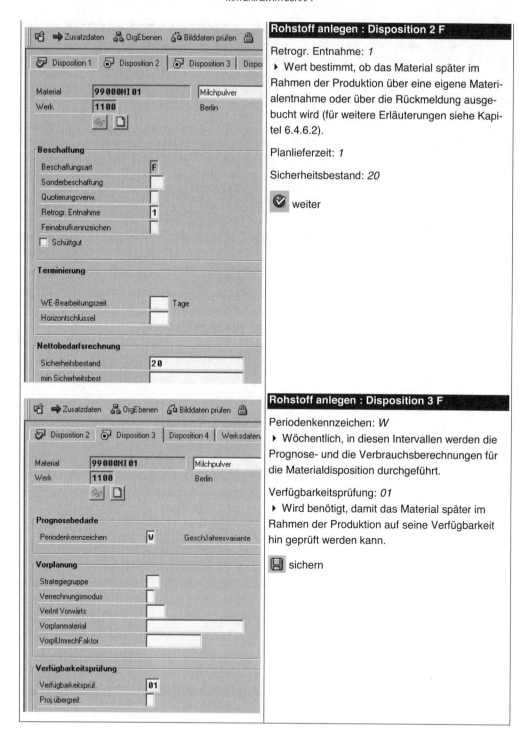

Rohstoff anlegen : Disposition 2 F

Retrogr. Entnahme: *1*

▸ Wert bestimmt, ob das Material später im Rahmen der Produktion über eine eigene Materialentnahme oder über die Rückmeldung ausgebucht wird (für weitere Erläuterungen siehe Kapitel 6.4.6.2).

Planlieferzeit: *1*

Sicherheitsbestand: *20*

✅ weiter

Rohstoff anlegen : Disposition 3 F

Periodenkennzeichen: *W*

▸ Wöchentlich, in diesen Intervallen werden die Prognose- und die Verbrauchsberechnungen für die Materialdisposition durchgeführt.

Verfügbarkeitsprüfung: *01*

▸ Wird benötigt, damit das Material später im Rahmen der Produktion auf seine Verfügbarkeit hin geprüft werden kann.

💾 sichern

Einzelplanung durchführen

FENSTER	MENUEPFAD/EINGABE
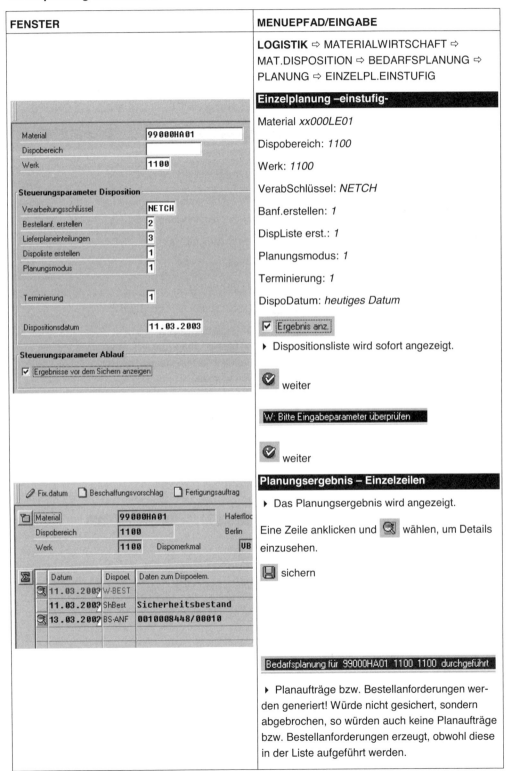	**LOGISTIK** ⇨ MATERIALWIRTSCHAFT ⇨ MAT.DISPOSITION ⇨ BEDARFSPLANUNG ⇨ PLANUNG ⇨ EINZELPL.EINSTUFIG
	Einzelplanung –einstufig-
	Material *xx000LE01*
	Dispobereich: *1100*
	Werk: *1100*
	VerabSchlüssel: *NETCH*
	Banf.erstellen: *1*
	DispListe erst.: *1*
	Planungsmodus: *1*
	Terminierung: *1*
	DispoDatum: *heutiges Datum*
	☑ Ergebnis anz.
	▸ Dispositionsliste wird sofort angezeigt.
	⊘ weiter
	W: Bitte Eingabeparameter überprüfen
	⊘ weiter
	Planungsergebnis – Einzelzeilen
	▸ Das Planungsergebnis wird angezeigt.
	Eine Zeile anklicken und 🔍 wählen, um Details einzusehen.
	💾 sichern
	Bedarfsplanung für 99000HA01 1100 1100 durchgeführt
	▸ Planaufträge bzw. Bestellanforderungen werden generiert! Würde nicht gesichert, sondern abgebrochen, so würden auch keine Planaufträge bzw. Bestellanforderungen erzeugt, obwohl diese in der Liste aufgeführt werden.

Gesamtplanung durchführen

FENSTER	MENUEPFAD/EINGABE
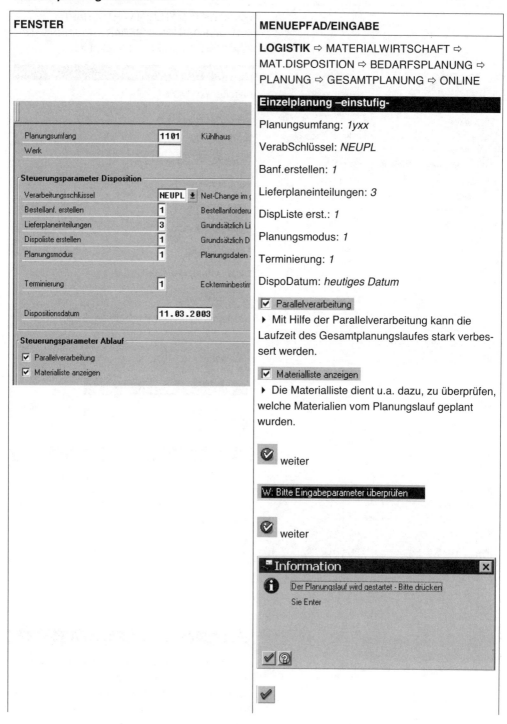	**LOGISTIK** ⇨ MATERIALWIRTSCHAFT ⇨ MAT.DISPOSITION ⇨ BEDARFSPLANUNG ⇨ PLANUNG ⇨ GESAMTPLANUNG ⇨ ONLINE

Einzelplanung –einstufig-

Planungsumfang: *1yxx*

VerabSchlüssel: *NEUPL*

Banf.erstellen: *1*

Lieferplaneinteilungen: *3*

DispListe erst.: *1*

Planungsmodus: *1*

Terminierung: *1*

DispoDatum: *heutiges Datum*

☑ Parallelverarbeitung
▸ Mit Hilfe der Parallelverarbeitung kann die Laufzeit des Gesamtplanungslaufes stark verbessert werden.

☑ Materialliste anzeigen
▸ Die Materialliste dient u.a. dazu, zu überprüfen, welche Materialien vom Planungslauf geplant wurden.

✅ weiter

W: Bitte Eingabeparameter überprüfen

✅ weiter

Information ☒
🛈 Der Planungslauf wird gestartet - Bitte drücken Sie Enter

✔ ⑦

✔ |

Planungslauf Parallelverarbeitung

⊞ Disp.Liste

⊞ Disp.Liste ⊞ Akt.Liste ⓘ Ausnahmegr.

Geplante Materiali

Anz.	Uhrzeit	Stu	Dispober.	Mater
1	13.40.04	002	1100-0199	99000
2	13.40.04	002	1100-0199	99000
3	13.40.04	002	1100-0199	99000
4	13.40.05	003	1100-0199	99000
5	13.40.05	003	1100-0199	99000

Statistik

Materialien geplant
Materialien mit neuen Ausnahmen
Materialien mit Abbruch-Dispoliste
Parameter   1101 /   /

Datenbankstatisti

Bestellanforderungen erzeugt
Bestellanforderungen geändert

Laufzeitstatistik

Start des Planungslaufes
Ende des Planungslaufes
Laufzeit
CPU-Zeit Verbuchung

Hitliste der Materialien mit größten CPU-Ze

Material	Dispober.		
Laufzeit	Lesen	Nettorech.	Stuel
99000AP01	1100-0199		
540	160	30	
99000ER01	1100-0199		
510	60	0	
99000TR01	1100-0199		
200	170	0	
99000VO01	1100-0199		
161	71	0	
99000VI01	1100-0199		
80	10	10	

Materialbaum ein ⚲ ▽ ⊡ ⊠ ✔ Ein

🗐 Material |99000VI01 | ⬦ Vitamine
Dispobereich |1100-0199 | Disposition Kühlhaus
Werk |1100 | Dispomerkmal |UB|

Datum	Dispoelem	Daten zum Dispoelem.	Umt	Au	Z
11.03.2003	W-BEST		/	/	
13.03.2003	BS-ANF	0010008446/000...	/	01	

Dispositionsliste

▸ Es können hier für die einzelnen Materialien
die Dispositionslisten eingesehen werden.

mit ⟲ oder ⟳ Anwendung verlassen

4.3.3 Einkauf

Die primäre Aufgabe des Einkaufs in einem Unternehmen ist die externe Beschaffung von Materialien oder Dienstleistungen. Hier wird auch die logistische Sicht auf den Lieferanten gepflegt. Der Einkauf selbst ist eine Komponente der Materialwirtschaft. Aufgrund seiner betrieblichen Stellung weist er Schnittstellen zu anderen Modulen bzw. Komponenten auf, z.B. zum:

- Controlling (CO)

Die Schnittstelle zum Kostenrechnungssystem (Controlling) ist vor allem bei Bestellungen für Verbrauchsmaterial bzw. Dienstleistungen ersichtlich, weil sie direkt einer Kostenstelle bzw. einem Auftrag zugeordnet werden können.

- Finanzwesen (FI)

Zusammen mit dem Finanzwesen pflegt der Einkauf die Daten der im System definierten Lieferanten. Für jeden Lieferanten wird ein so genannter Lieferantenstammsatz gepflegt, der sowohl buchhalterische Daten als auch Informationen zur Beschaffung enthält. Der Lieferantenstammsatz stellt in der Finanzbuchhaltung das Konto des Kreditors dar.

- Vertrieb (SD)

Im Rahmen der Disposition kann ein Bedarf, der aus dem Vertrieb entstanden ist, an den Einkauf übergeben werden. Darüber hinaus kann der Bedarf bereits bei der Erfassung der Bestellanforderung dem Kundenauftrag direkt zugeordnet werden.

4.3.3.1 Belegprinzip

Damit Vorgänge im Unternehmen wie Bestellungen, Wareneingänge, finanzwirtschaftliche Buchungen etc. nachvollziehbar bleiben, werden sämtliche Vorgänge über Belege dokumentiert. In SAP® R/3® wird daher durchgängig das so genannte Belegprinzip verwendet. Belege (Bewegungsdaten) benötigen stets Stammdaten. Beispielsweise müssen für finanzwirtschaftliche Transaktionen Sachkonten mit ihren Stammdaten vorhanden sein. Ebenso kann nur bei einem Lieferanten Material bestellt werden, der dem System vorher in Form eines Kreditorenstammsatzes bekannt gemacht worden ist. Ein Beleg ist durch folgende Merkmale gekennzeichnet:

- nur vollständige Belege werden gebucht,
- Schlüsselprüfung bei Belegerfassung,
- Beleg verbleibt im System,
- Beleg enthält Belegkopf und mindestens eine Belegposition,
- Beleg wird gesteuert durch die Belegart.

Der Belegkopf enthält die Daten, die für den ganzen Beleg gelten (vgl. Abbildung 99). Dazu zählen die Belegnummer, das Belegdatum oder das Erfassungsdatum. Die Belegpositionen enthalten die Daten, die letztlich ursächlich für den betriebswirtschaftlichen Vorgang sind z.B. Material, Mengen, Sachkontennummer, Beträge oder Unternehmensstrukturen.

Abbildung 99: Beleg einer Bestellung

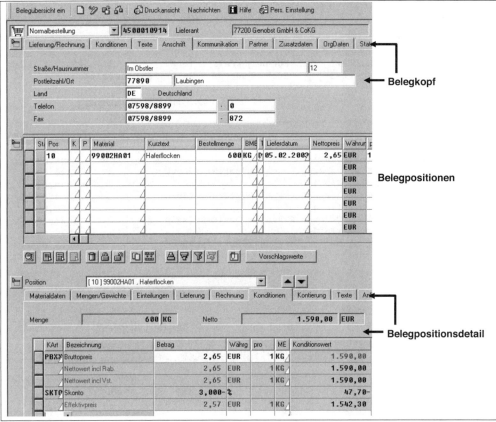

©SAP® AG

Belege müssen unterschiedliche Vorgänge dokumentieren bzw. haben interne Wirkung (z.B. Bestellanforderung) oder externe Wirkung (z.B. Bestellung oder Buchhaltungsbeleg). R/3® bietet daher in Abhängigkeit von der gewählten Anwendung verschiedene Belegarten. Beispielsweise kann bei der Anwendung „Bestellung anlegen" zwischen den Belegarten Normalbestellung, Umlagerbestellung und Rahmenbestellung unterschieden werden. Bei einem Buchhaltungsbeleg kann es sich um einen Beleg mit Daten für eine Debitorenrechnung handeln oder um einen Beleg für eine Debitorengutschrift.

Die Belegart steuert im Wesentlichen folgende Eigenschaften:

- Nummernvergabe,
- Kontenverbuchung,
- Differenzierung der Geschäftsvorfälle (z.B. kann es sich bei einer Bestellung um eine Normalbestellung oder eine Umlagerbestellung handeln).

Ein Beleg wird in seinem betriebswirtschaftlichen Inhalt durch die Belegart beschrieben und hat damit eine sehr ähnliche Funktion wie z.B. Kontengruppe, Materialart u.a. Abhängig vom Beleg wird die Belegnummer vergeben, d.h. für bestimmte Belege sind Nummernintervalle (in R/3® auch Kreise genannt) festgelegt. Die Belegnummer dient als Schlüssel. Je nach Beleg (z.B. Buchhaltungsbeleg oder Materialbeleg) wird der Belegschlüssel um das Belegjahr oder im Falle des Buchhaltungsbeleges, um den Buchungskreis ergänzt.

Abbildung 100: Belege eines Wareneingangs

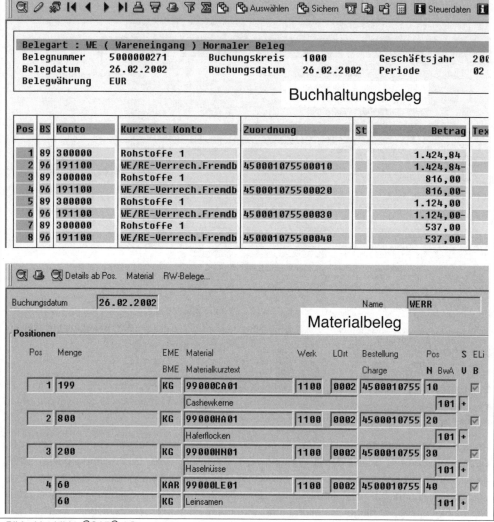

Bildschirmbilder ©SAP® AG

Abhängig von ihrer betriebswirtschaftlichen Bedeutung sind Belege teilweise im Nachhinein veränderbar. Eine Bestellanforderung ist problemlos änderbar, solange sie noch nicht in eine Bestellung umgesetzt worden ist. Der Buchhaltungsbeleg hingegen ist nicht mehr abänderbar. Hier ist eine entsprechende Stornobuchung erforderlich. Erzeugte Belege können stets (nach Erstellung) angezeigt werden.

Das Belegprinzip ist gerade aus finanzwirtschaftlicher Sicht wichtig. Entsprechend der Vorgabe der doppelten Buchführung bildet der EDV-Beleg den erforderlichen zweiten Beleg neben dem Originalbeleg. Zu den Originalbelegen zählen z.B. Eingangsrechnungen, Bankauszüge und Durchschriften von Ausgangsrechnungen.

Muss ein Benutzer die Erfassung eines Beleges unterbrechen, so kann er den bisher erfassten Teil mittels der Funktion „Merken" zwischenspeichern. Auch gibt es die Möglichkeit der Vorerfassung, weil noch nicht alle für den vollständigen Beleg notwendigen Daten vorliegen. Hierfür wird die Funktion „Parken" angeboten.

4.3.3.2 Bestellanforderung

Dass ein Bedarf an Material oder Dienstleistungen besteht, wird in R/3® durch die Bestellanforderung (Banf) ausgedrückt. Die Bestellanforderung ist damit ein firmeninterner Beleg einer Fachabteilung oder der Disposition über einen bestimmten ermittelten Bedarf. Der Einkauf wird dadurch aufgefordert, Material bzw. Dienstleistungen extern zu beschaffen. Eine Banf kann mehr als eine Bedarfsposition aufnehmen oder umgekehrt muss nicht für jeden einzelnen Bedarf eine Banf erzeugt werden. Bei der Anlage einer Banf wird auf vorhandene Daten wie Materialstammsätze zurückgegriffen. Sie ist – im Gegensatz zu einer Bestellung – nicht lieferantenspezifisch.

Eine Bestellanforderung dient somit als Instrument zur Identifizierung der Materialien oder Dienstleistungen, die beschafft werden sollen. Bestellanforderungen werden indirekt oder direkt angelegt. Indirekt bedeutet, dass die Bestellanforderung aus anderen Anwendungen heraus angelegt wird, beispielsweise aus der Gesamtplanung der Disposition oder aus Instandhaltungsplänen heraus. Auch im Rahmen der Projektplanung können auf Basis von geplanten Vorgängen Bestellanforderungen automatisch erzeugt werden. Bei der direkten Bestellanforderung wird die Banf über die Anwendung „Banf anlegen" direkt eingegeben. Der Mitarbeiter bestimmt hier, was in welcher Menge zu welchem Termin bestellt werden soll. Über ein Erstellungskennzeichen kann festgestellt werden, ob die Banf direkt oder indirekt angelegt wurde. Die Banf bildet im Prinzip den Initiator des Beschaffungsprozesses.

4.3.3.3 Freigabeverfahren

Bestellanforderungen können einem Freigabeverfahren unterliegen, beispielsweise dürfen Bestellanforderungen mit einem Bestellwert über 5000 € nicht ohne Genehmigung eines bestimmten Mitarbeiters (meistens Vorgesetzter) in eine Bestellung umgesetzt werden. Freigabeverfahren können im Einkauf für folgende Belege eingerichtet werden:

- Bestellanforderung,
- Bestellung, Kontrakt, Lieferplan, Anfrage und Dienstleistungserfassungsblatt (Einkaufsbelege).

Über Freigabebedingungen wird geprüft, ob eine Bestellanforderung genehmigt werden muss. Bedingungen, die auf Banf-Positionen geprüft werden können, sind der Kontierungstyp, die Warengruppe, das Werk und der Gesamtwert. Sollen andere Bedingungen geprüft werden, so sind dafür Merkmale über die Klassifizierung einzurichten. Der Genehmigungsvorgang wird nur dann initiiert, wenn die Bedingungen erfüllt sind. Sind die Bedingungen nicht erfüllt oder ist keine Bedingungsprüfung vereinbart, so ist die Bestellanforderung automatisch zur Weiterbearbeitung (z.B. Umsetzung in eine Bestellung) frei.

Der Genehmigungsvorgang wird über eine so genannte Freigabestrategie abgebildet. Sie bildet die Hülle zur Zuordnung von Beteiligten mit ihren Freigabecodes und der Reihenfolge, auch Freigabevoraussetzungen genannt. Beispiel: Der Projektleiter kann eine Banf freigeben, ohne dass ein anderer Freigabecode bereits vergeben wurde. Der Kostenstellenleiter kann dieselbe Banf erst dann mit seinem Freigabecode freigeben, wenn der Projektleiter diese bereits freigegeben hat. Die Strategie besagt also, Projektleiter und Kostenstellenleiter müssen beide die Banf genehmigen, allerdings kann der Kostenstellenleiter erst nach dem Projektleiter die Banf freigeben. Die Freigabestrategie wird den Freigabebedingungen zugeordnet.

Mitarbeiter, die am Genehmigungsprozess beteiligt sind, erhalten einen Freigabecode (zwei-stelliges Kürzel). Die Zuordnung von Freigabecodes zu Benutzern erfolgt über die Berechti-gungsvergabe.[32]

Neben der eigentlichen Genehmigungsreihenfolge können Alternativen festgelegt werden. Dies ist sehr wichtig, da nicht immer alle für eine Genehmigung notwendigen Mitarbeiter ver-fügbar sind. Gibt beispielsweise ein Mitarbeiter X mit seinem Freigabecode eine Banf frei, so ist die übliche Reihenfolge ausgesetzt (erst Mitarbeiter Y, dann Mitarbeiter Z). Die Banf ist sofort zur Weiterbearbeitung frei. Eine alternative Freigabe darf keine Voraussetzung für weitere Freigabecodes sein.

Enthält eine Banf-Position den Kontierungstyp K, das bestellte Material gehört zur Waren-gruppe 006 (Büromaterialien), der Gesamtwert der Position ist höher als 500 € und die Posi-tion ist dem Werk 1100 zugeordnet, dann kommt die in Abbildung 101 gezeigte Strategie zur Anwendung. Der Gruppenleiter kann seinen Freigabecode 01 ohne Voraussetzung einset-zen. Der Kostenstellenleiter kann die Banf erst freigeben, wenn der Gruppenleiter dies getan hat. Alternativ kann der Abteilungsleiter die Banf, ohne den Freigabecode der anderen, zur Weiterbearbeitung freigeben.

Abbildung 101: Freigabeverfahren ohne Klassifizierung

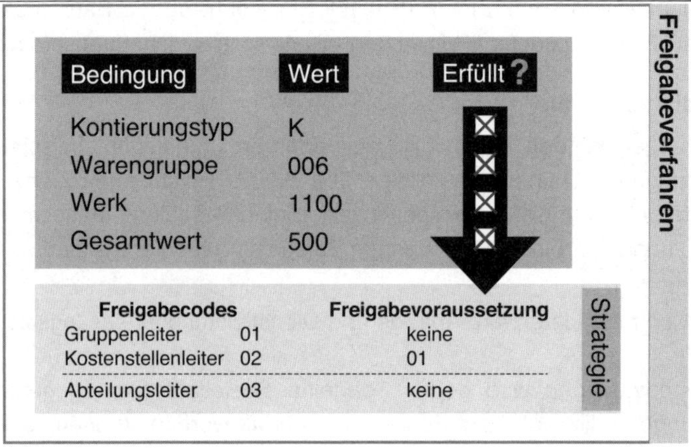

In Anlehnung an SAP® AG

Mit Ausnahme der Banf können alle Einkaufsbelege nur insgesamt freigegeben werden. Die Banf kann auch positionsweise freigegeben werden. Einkaufsbelege können per Einzel- oder Sammelfreigabe freigegeben werden. Die verschiedenen Freigabestrategien, die im Unter-nehmen für Warengruppen und Abteilungen eingesetzt werden können, werden im Customi-zing des Einkaufs eingestellt. Eine Anbindung der Freigabeverfahren an die Workflow-Komponente von R/3® ist möglich.

4.3.3.4 Bestellung

Die Bestellung ist die formale Aufforderung an einen Lieferanten, bestimmte Waren oder Dienstleistungen zu den angegebenen Bedingungen bereitzustellen. Wesentliche Elemente der Bestellung sind:

- Lieferant,
- zu bestellende Ware oder Dienstleistung,

---

[32] S. auch Kapitel 2.5, S. 39.

- Menge,
- Preis,
- Liefertermin und Lieferbedingungen,
- Zahlungsbedingungen.

Eine Bestellung kann direkt durch den Einkäufer oder auch mit Bezug zu einer Bestellanforderung erzeugt werden. Dabei werden die Daten der Bestellanforderung in die Bestellung (als Vorschlag) hineinkopiert. Ebenfalls kann die Bestellung mit Bezug zu einer Anfrage oder einem Kontrakt erstellt werden. Ein Kontrakt ist ein (Rahmen-)Vertrag, bei dem Materialien oder Dienstleistungen für einen festgesetzten Zeitraum zu den ausgehandelten Bedingungen bei Bedarf abgerufen werden können.

Abbildung 102: Von der Bedarfsmenge zum Bestellmengenvorschlag in Bestellung

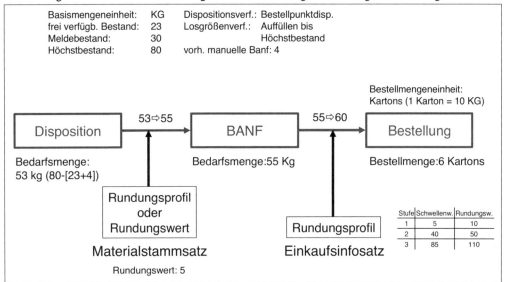

Die in der Banf enthaltene Bestell- bzw. Bedarfsmenge kann im Rahmen der Bestellungsgenerierung noch einmal modifiziert werden. Zum einen durch das im Einkaufinfosatz festgelegte Rundungsprofil und/oder durch die Bestellmengeneinheit.[33]

Eine Änderung einer Bestellanforderung bzw. von deren Positionen hat typischerweise Änderungen in der Bestellung zur Folge. Ob eine Positionsänderung wirksam wird, hängt im Wesentlichen davon ab, ob aus der Bestellanforderung eine Bestellung generiert worden ist oder nicht. Ist keine Bestellung erstellt worden, so können Positionen geändert oder auch gelöscht werden. Gelöschte Positionen bekommen ein Löschkennzeichen. Dadurch wird der Löschvorgang nachvollziehbar. Änderungen werden in einem Änderungsprotokoll festgehalten. Einschränkungen bei der Manipulation von Positionen können durch Freigabeverfahren und bei durch die Disposition erstellten Bestellanforderungen entstehen. Die Freigabekomponente in R/3® berücksichtigt auch die nachträgliche Veränderung einer Bestellanforderung. Bei der Disposition sind Menge und Termin wichtige Aspekte. Eine Änderung sollte nur nach Rücksprache mit dem Disponenten stattfinden.

---

[33] S. auch Kapitel 4.1.6.1, S. 138.

Abbildung 103: Positionen in der Bestellanforderung ändern

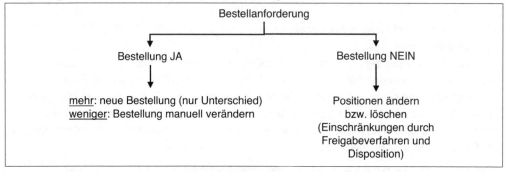

Die Bestellung besteht – wie alle Belege – aus einem Kopf und Positionen. Der Kopf enthält den Belegschlüssel, den Lieferanten, die Liefer- und Zahlungsbedingungen und die Bestellart. Die Bestellart (z.B. Normalbestellung oder Bestellung auf Basis eines Mengenkontrakts) verhält sich wieder wie Materialart, Branche, Kontengruppen, etc., d.h. sie bestimmt die Parameter bei der Pflege, beispielsweise wird die Belegnummer der Bestellung durch R/3® vergeben.

Die Positionen enthalten dann das benötigte Material, die Menge, die Konditionen (Preise) und die Zuordnung zur Unternehmensstruktur.

Eine manuelle Änderung des Preises in der Bestellung ist möglich. Ist kein passender Konditionssatz (z.B. Einkaufsinfosatz) vorhanden, so müssen die Daten in der Bestellung manuell nachgepflegt werden. Die Zuordnung der Bestellung zur Unternehmensstruktur geschieht sowohl über den Kopf als auch über die Positionen. Im Kopf wird der zuständige Einkäufer mit seiner Einkaufsorganisation festgehalten. Damit wird festgehalten, wer bzw. welcher Bereich die Bestellung bearbeitet hat. Die Angabe der Einkaufsorganisation ist aber nicht ausreichend, da durch sie der Buchungskreis nicht eindeutig bestimmt werden kann, zu dem die Rechnung letztlich „geschickt" werden soll. Eine Einkaufsorganisation kann nämlich für mehrere Werke tätig sein, die unterschiedlichen Buchungskreisen zugeordnet sind. Daher muss in den Positionen mindestens das bedarfverursachende Werk gepflegt sein, wahlweise kann noch der zukünftige Lagerort hinzugefügt werden. Dieser wird dann beim Wareneingang vorgeschlagen. Die eindeutige Verbindung Buchungskreis – Werk ergibt dann die gewünschte Zuordnung.

Wird Lagermaterial bestellt, so ist stets die Materialnummer im Feld Material anzugeben. Bei Bestellung von Material, das direkt verbraucht werden soll, ist zusätzlich der Kontierungstyp anzugeben. Beispiele für Kontierungstypen sind Kostenstellen, Anlagen, Kundenauftrag etc. Während beim Lagermaterial die Bewertungsklasse (Materialstammsatz) beim Wareneingang die Soll-Buchung bestimmt, ist beim Verbrauchsmaterial zusätzlich neben dem eigentlichen Kontierungsobjekt, z.B. Projekt, die Angabe eines Sachkontos erforderlich. Da für Verbrauchsmaterial nicht notwendigerweise ein Materialstammsatz und damit eine Materialnummer existieren muss, kann also auch Material ohne Stammsatz bestellt werden.

Jede Position hat darüber hinaus einen Positionstyp. Dieser steuert, ob in der Bestellposition eine Materialnummer angegeben werden soll, eine Kontierung verlangt wird, es lagerhaltig geführt werden muss und/oder ob ein Wareneingang und/oder Rechnungseingang folgen soll. Eine Position mit dem Positionstyp K (Konsignation) verlangt beispielsweise die Eingabe einer Materialnummer, es muss konsequenterweise lagerhaltig sein und ein Warengang ist erforderlich.

Für die Bestellung von Materialien oder Dienstleistungen ist neben der Angabe, was bestellt werden soll, die Auswahl der Bezugsquelle von Bedeutung, d.h. in der Bestellung muss angegeben werden, welcher Lieferant das oder die Materialien liefern soll. Die Banf enthält zunächst nur die Bedarfe ohne Berücksichtigung, wer was liefern kann. R/3® splittet die Banf entsprechend der gepflegten Bezugsquellen in einzelne Bestellungen auf.

Diese Splittung kann dialoggesteuert erfolgen, d.h. für jede Position in der Banf wird der Einkäufer mit möglichen Bezugsquellen und zugehörigen Informationen wie Termintreue, Preissimulationen für jede Bezugsquelle etc. unterstützt.

Für die systemgesteuerte Bezugsquellenfindung greift R/3® auf vorhandene Einkaufsstammdaten zurück. Diese Stammdaten werden in folgender Reihenfolge durchsucht:

1. Quotierung;
2. Orderbuch;
3. Rahmenverträge, wobei diese u. U. schon im Orderbuch als Bezugsquelle angegeben sind;
4. Einkaufsinfosätze.

Dabei werden nicht einfach alle Stammsätze durchsucht und sämtliche gefundenen Quellen zur Auswahl angeboten. Die Suche wird nach Auffindung von Bezugsquellen beispielsweise im Orderbuch abgebrochen. Das bedeutet dann, dass für ein bestimmtes Material keine Quotierung existierte und eventuell nicht im Orderbuch notierte Rahmenverträge nicht mehr durchsucht werden.

Es wird entsprechend der gefundenen Bezugsquellen eine Lieferantenauswahl angezeigt. Zusätzlich zu dem Vorteil der Lieferantenermittlung werden auch Lieferantenstammdaten (z.B. Anschrift) und Konditionen (aus Einkaufsinfosatz) in die Bestellung übernommen. Die Konditionen können in der Bestellung noch individuell geändert werden. Kann R/3® keine Bezugsquelle ermitteln, so kann die angefangene Bestellung als Banf gesichert werden, um zu einem späteren Zeitpunkt die Bestellung (inkl. Lieferant) neu zu bearbeiten.

Abbildung 104: Aufteilung einer Banf in mehrere Bestellungen

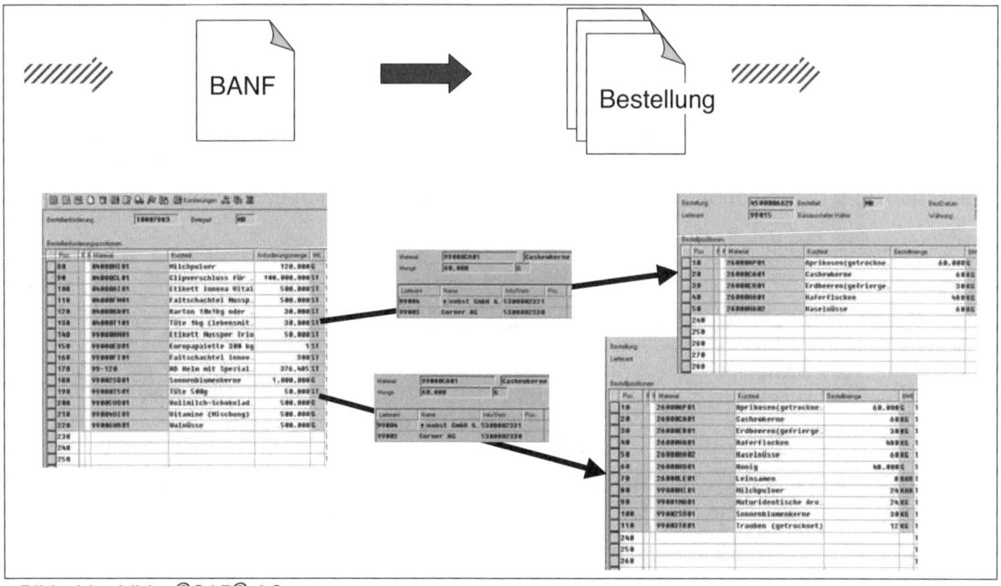

Bildschirmbilder ©SAP® AG

Neben der automatischen Bezugsquellenermittlung kann ein Lieferant auch direkt als Empfänger einer Bestellung gepflegt werden. R/3® bietet also im Prinzip zwei Wege für eine Bestellung.

- Lieferant bekannt: Bestellung von verschiedenen Materialien bei einem Lieferanten, Lie-
ferantennummer muss bekannt sein, automatische Bezugsquellenermittlung ist hier nicht
möglich. Es wird eine Bestellung erzeugt.

Abbildung 105: Bestellung anlegen

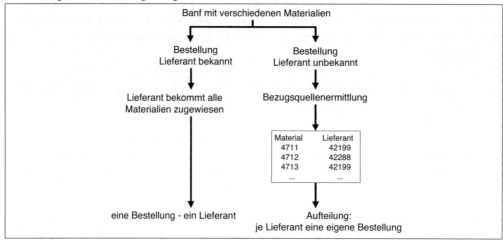

- Lieferant unbekannt: Bestellung von verschiedenen Materialien bei verschiedenen Lieferanten in einer Bestellung, wobei letztlich i. S. der Nachrichten einzelne Bestellungen erzeugt werden. Eine von der Bezugsquellenermittlung unabhängige manuelle Zuweisung
von Lieferanten ist hier nicht zulässig. Je Lieferant wird eine Bestellung mit mindestens
einem Material erzeugt (eigene Nummer für Bestellung).

Die Bestellung dient dann in der Folge als Bearbeitungsgrundlage für den Wareneingang
und die Rechnungsprüfung. Bestellungen können wie die Bestellanforderung einem Freigabeverfahren unterliegen.

Manuelle oder durch die Änderung einer Bestellanforderung verursachte Änderungen von
Bestellpositionen haben je nach Fortschritt des Beschaffungsprozesses unterschiedliche
Auswirkungen. Die folgende Abbildung zeigt Änderungssituationen und deren Auswirkungen.

Abbildung 106: Bestellung ändern

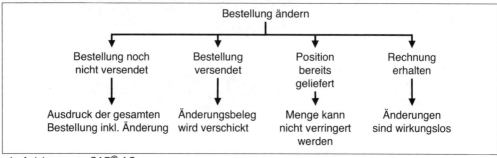

In Anlehnung an SAP® AG

Weiter können Bestellpositionen gesperrt werden, wenn hierzu kein Wareneingang gewünscht ist. Waren- oder Rechnungseingang dürfen noch nicht erfolgt sein. In einer Bestellposition seien z.B. 50 kg bestellt worden und geliefert worden seien lediglich 30 kg. Auf die Restlieferung soll verzichtet werden. Die Position ist zu stornieren.

Änderungen, Sperrungen sowie Stornovorgänge setzen natürlich immer entsprechende Absprachen bzw. Situationen zwischen Unternehmen und Lieferant voraus.

Der Nettopreis wird über die Preisfindung ermittelt. Der Mechanismus gestaltet sich wie folgt. Die Berechnung des Effektivpreises geschieht auf Basis eines über das im Customizing festgelegten Kalkulationsschemas. Das Kalkulationsschema gibt vor, wie der Preis für jede Position berechnet werden soll, z.B. wird zuerst der Rabatt vom Bruttopreis abgezogen, danach werden die Frachtkosten addiert und schließlich noch der Skontobetrag subtrahiert.

Abbildung 107: Preise in der Bestellung

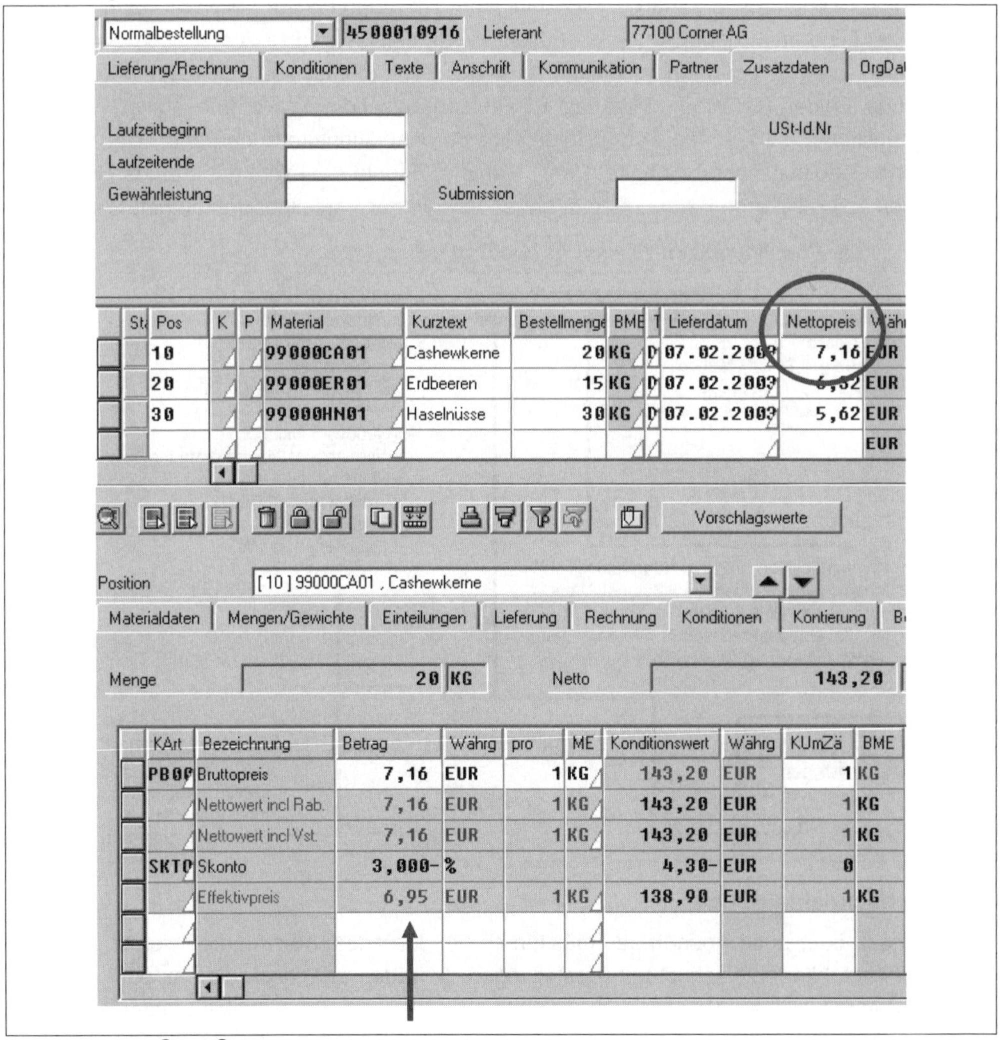

Bildschirmbild ©SAP® AG

Da für verschiedene Anwendungsfälle jeweilige Kalkulationsschemata existieren, bedarf es einer anwendungsfallabhängigen Auswahl. Dazu wird im Lieferantenstammsatz (Einkaufsdaten, Bereich Konditionen) eine sog. Schemagruppe Lieferant gepflegt. Diese wird im Customizing in Abhängigkeit zu einer Belegart (z.B. Normalbestellung oder Umlagerbestellung) einem Kalkulationsschema zugeordnet. Konkret wird dann über Schemagruppe und Belegart das Kalkulationsschema ermittelt. Es könnten so für verschiedene Lieferantengruppierungen bei Anlage einer Normalbestellung unterschiedliche Kalkulationsschemata ermittelt werden. Die Einrichtung von Schemagruppen für Einkaufsorganisationen ist möglich.

Nachdem das Kalkulationsschema gefunden wurde, müssen nun die Werte für die Kalkulationsbestandteile ermittelt werden. Bei den Bestandteilen des Schemas wird auch von Konditionsarten gesprochen. Beispiele für die Konditionsart sind der Bruttopreis (PB00), Fracht absolut (FRA2), Bonus (A0001) und Skonto (SKTO). Die Konditionsart wird über einen vierstelligen Schlüssel eindeutig identifiziert. Da u.U. mehrere Bruttopreise für ein Material existieren (Preis in Einkaufsinfosatz oder Kontraktposition), bedarf es einer Suchfolge – im Folgenden auch Zugriffsfolge genannt – für den Wert. Die Zugriffsfolge bestimmt dann, in welcher Reihenfolge nach dem Bruttopreis gesucht wird, beispielsweise zuerst nach einer Kontraktposition, danach nach einem Einkaufsinfosatz. Zur Findung setzt die Zugriffsfolge entsprechende Felder (Lieferant, Material, Einkaufsorganisation, Werk, Infosatztyp, Vertrag, Vertragsposition, ...) ein. Die Zugriffsfolge wird der Konditionsart zugeordnet. Der letztlich gefundene Konditionssatz (beinhaltet Preis, Rabatte, Skonto etc.) wird dann an das Kalkulationsschema zur weiteren Berechnung gegeben bzw. in der Bestellposition aufgeführt.

Abbildung 108: Preisfindung im Einkauf (grobe Darstellung)

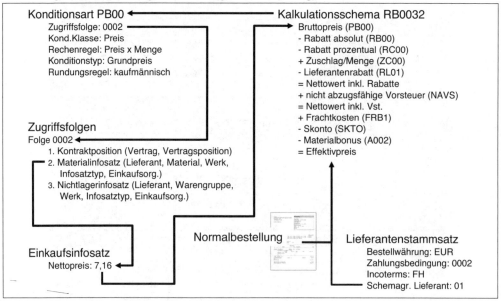

4.3.3.5 Nachrichtendruck

Bestellungen oder auch Änderungen müssen an den Lieferanten übermittelt werden. Neben dem Ausdruck können Nachrichten (Bestellungen, Anfragen etc.) auch als Fax oder elektronisch versendet werden. Das Medium (Fax etc.), welches für den einzelnen Lieferanten genutzt werden soll, wird über eine eigene Anwendung angelegt. Ausgehend von der Nachrichtenart (z.B. Bestellneudruck, Mahnung, Erinnerung, Auftragsbestätigungsmahnung) werden Lieferanten Medien zugeordnet. Für die elektronische Versendung müssen entsprechende

Ausgangs- und Eingangsparameter (sog. Partnervereinbarung) im Customizing für jeden Lieferanten individuell eingestellt werden.

Die Nachricht wird immer automatisch bei der Erstellung eines Einkaufsbeleges erzeugt. Bei der Erzeugung muss dem R/3®-System klar sein, welche Nachricht es dem Lieferanten über welches Medium schickt. Dies kann individuell für den Lieferanten gestaltet werden.

Beispiel: Der Lieferant mit der Nummer 99005 soll Bestellungen nur per Fax erhalten. Dazu ist ausgehend von der Nachrichtenart „Bestellneudruck" das Fax als Übermittlungsmedium für diesen Lieferanten festzulegen. Ein Konditionssatz wird erstellt. Der Konditionssatz gibt nun an, mit welchem Medium die Bestellung (an den Lieferanten) ausgegeben werden soll.

Eine Bestellung wird erstellt. Das R/3®-System wählt die Nachrichtenart Bestellneudruck mit zugehörigem Text aus, da es sich um eine neue Bestellung handelt. Unklar ist zunächst noch, über welches Medium diese Bestellung dem Lieferanten zugestellt werden soll. Die Ermittlung des Mediums geschieht wie folgt. Mit der Nachrichtenart verbunden ist eine so genannte Zugriffsfolge. Die Zugriffsfolge enthält Feldkombinationen, nach denen sie die Konditionstabellen bzw. deren Konditionssätze durchsucht. Angewendet auf die Abbildung 109 bedeutet dies, es wird versucht, mit den Feldinhalten der Felder Einkaufsorganisation (1000), Belegart (Normalbestellung, NB) und Lieferant (99005) aus der Bestellung einen Konditionssatz zu finden. Im Beispiel würde so das Fax als das richtige Medium für den Lieferanten 99005 ausgewählt. Ist die Suche erfolglos, so wird der zweite Eintrag der Zugriffsfolge verwendet, um ein Medium zu finden, d.h. hier die Belegart. Konditionssätze können auch unabhängig vom Lieferanten gebildet und somit als Defaultwert verwendet werden. Die automatische Nachrichtenfindung führt so zu einem (Versendungs-)Vorschlag, der in der Bestellung noch manuell geändert werden kann. Nachrichtenarten, Zugriffsfolgen und die Attribute der Konditionstabellen werden im Customizing festgelegt.

Abbildung 109: Nachrichtenfindung (vereinfachte Darstellung)

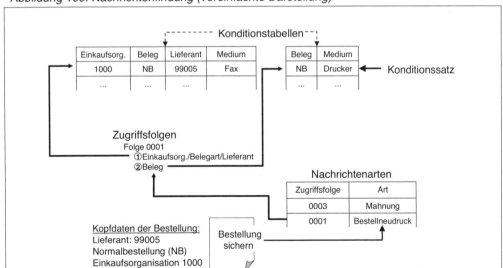

Die auf Basis des Vorschlags aus der Nachrichtenfindung erzeugte Nachricht wird automatisch in die so genannte Nachrichtenwarteschlange gestellt. Die weitere Verarbeitung bis zur tatsächlichen Versendung hängt von den Parametern zum Versendezeitpunkt ab. Die Schritte werden am Beispiel des Ausdrucks einer Bestellung erläutert.

Abbildung 110: Bestellung drucken

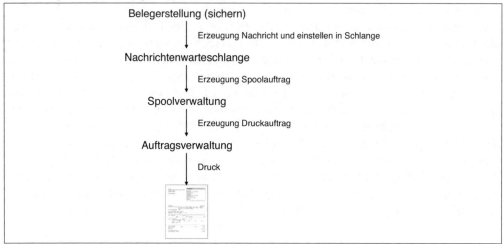

Prinzipiell muss für die Nachrichten in der Nachrichtenwarteschlange ein Spoolauftrag erzeugt werden. Der Spoolauftrag steht für die Druckvorbereitung, d.h. die Nachricht wird zum Druck vorbereitet. Für den tatsächlichen Ausdruck müssen die Druckdaten in einem Spoolauftrag an einen bestimmten Drucker oder ein Fax gesendet werden. Dies geschieht über einen Druckauftrag. Zu einem Spoolauftrag kann es mehrere Ausgabeaufträge geben, z.B. der Ausdruck auf zwei verschiedenen Druckern.

Der Zeitpunkt der „Umwandlung" eines Eintrags in der Nachrichtenwarteschlange in einen Spoolauftrag hängt vom Parameter des Versendezeitpunkts ab. Für den Versendezeitpunkt der automatisch erstellten Nachricht bestehen grundsätzlich vier Varianten:

- Versenden durch periodisch eingeplanten Job (Zeitpunkt 1); die erzeugte Nachricht wird durch das Programm RSNAST00 verarbeitet. In regelmäßigen Zeitabständen wandelt das Programm RSNAST00 die Nachrichten der Nachrichtenwarteschlange in einzelne Spoolaufträge um. Diese werden ebenfalls periodisch von einem Druckjob in einen Ausgabeauftrag umgesetzt und ausgedruckt. Wahlweise kann die Umsetzung in einen Spoolauftrag auch manuell durchgeführt werden, ebenso wie über das Computing Center Management System (CCMS) der Ausgabeauftrag manuell initiiert werden kann.

- Versenden durch Job, mit zusätzlicher Zeitangabe (Zeitpunkt 2); die Bestellung bekommt hinsichtlich der Nachricht ein frühestes Verarbeitungsdatum und eine gewünschte Verarbeitungszeit. Die Nachricht wird vor dem gewünschten Datum von dem Programm RSNAST00 nicht berücksichtigt. Nach der Berücksichtigung durch RSNAST00 erfolgt die Verarbeitung analog zum Zeitpunkt 1.

- Versenden durch anwendungseigene Transaktion (Zeitpunkt 3); die Erzeugung des Spoolauftrag geschieht durch anwendungsspezifische Programme. Bei der Bestellung würde aus dem Arbeitsbereich „Einkauf" die Anwendung «Nachricht ausgeben» verwendet.

- Sofort versenden beim Sichern der Anwendung (Zeitpunkt 4); hier wird während des Sicherns der Bestellung direkt ein Spoolauftrag für die Nachricht erzeugt. Die Nachrichtenwarteschlange wird nicht verwendet.

Abbildung 111: Nachrichtendruck

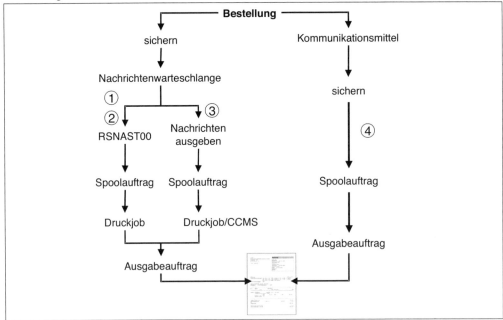

Über den Menüpunkt «Kommunikationsmittel» in der Anwendung «Bestellung anlegen» kann der Ausdruck beschleunigt werden. Hier besteht die Möglichkeit, der Bestellung das Kennzeichen «Sofort drucken» mitzugeben. Dieses Kennzeichen steht für die sofortige automatische Umsetzung eines Spoolauftrags in einen oder mehrere Druckaufträge. Ein periodischer Druckjob ist nicht mehr erforderlich.

Je nach Versendezeitpunkt hat dies unterschiedliche Auswirkungen. Bei Anwendung in Kombination mit dem Zeitpunkt 4 erfolgt nach dem Sichern der Bestellung ein sofortiger tatsächlicher Ausdruck. In Kombination mit dem Zeitpunkt 1 wird wieder sofort ausgedruckt, aber erst nachdem der Report alle relevanten Nachrichten aus der Nachrichtenwarteschlange, d.h. alle Nachrichten mit dem Zeitpunkt 1 (und auch Zeitpunkt 2)

Der Versendezeitpunkt wird analog zum Medium ermittelt. Dazu wird dem Konditionssatz, der das Medium bestimmt, noch der Versendezeitpunkt mitgegeben. Weiter können die Konditionssätze noch nach Partnerrollen differenziert werden, d.h. je nach Partnerrolle können für einen Lieferanten unterschiedliche Medien und Versendungszeitpunkte festgelegt werden. Dem Medium wird z.B. im Falle des Druckers über eine sog. logische Destination ein bestimmter Drucker zugeordnet. Für den Fall, dass kein Konditionssatz greift bzw. eine zusätzliche Nachricht benötigt wird, ermittelt das System Versendezeitpunkt und Medium in Abhängigkeit von Nachrichtenart (z.B. Neubestellung oder Mahnung) und Partnerrolle (z.B. Lieferant oder Bestelladresse). Die Abbildung 112 erweitert die Abbildung 109 um die genannten Aspekte.

Neben den in der Spoolverwaltung von R/3® bekannt gemachten Druckern kann auch über so genannte Frontend-Drucker ausgedruckt werden. Der Druck von Dokumenten wird dann über ein Client-System, z.B. Microsoft®-Windows®-PC, gesteuert. Als Frontend-Drucker können sämtliche auf dem lokalen PC unter Windows® installierte Drucker verwendet werden. Dazu wird in der Spoolverwaltung von R/3® ein Frontend-Drucker lediglich mit einer Bezeichnung und der Koppelart zum Hostspool F (für Frontend-Drucker) eingerichtet. D.h. es wird kein spezieller Drucker eingerichtet, sondern lediglich der „Hinweis", den lokalen Drucker des jeweiligen Clients für die Ausgabe anzusteuern.

Abbildung 112: Nachrichtenfindung (vereinfachte erweiterte Darstellung)

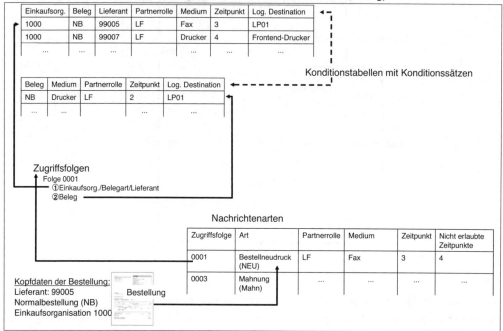

Bei Auswahl des Frontend-Druckers durch den Anwender, z.B. für den Ausdruck einer Bestellung, wird dann stets der in seinem lokalen Windows®-PC vereinbarte Standarddrucker als Ausgabegerät angesteuert. Die Ansteuerung des lokal angeschlossenen Druckers geschieht über das SAP®-GUI. Frontend-Druckvorgänge können nur mit einem SAP®-GUI Release 3.1G oder höher initiiert werden.

Der Frontend-Druck bewirkt ebenfalls die Erstellung eines Spoolauftrags, der manuell oder maschinell in einen Ausgabeauftrag umgesetzt wird. Auch besteht wieder die Möglichkeit, dem Druckauftrag das Kennzeichen „Sofort drucken" mitzugeben.

4.3.3.6 Anfrage und Angebot

Sollte für ein Material keine Bezugsquelle gefunden werden, so müssen Anfragen hinsichtlich dieses Materials an neue (oder alte) Lieferanten gestellt werden.

Eine Anfrage ist eine Aufforderung an alle potentiell in Frage kommenden Lieferanten, ein Angebot über die Lieferung eines oder mehrerer Materialien abzugeben. Ziel ist es, den optimalen Lieferanten unter Berücksichtigung der Faktoren Zuverlässigkeit, Lieferbereitschaft, Qualität und Preis herauszufinden. Gegenüber einer Bestellanforderung enthält eine Anfrage noch einige zusätzliche (anfragerelevante) Informationen. So kann sie neben den Lieferantendaten (die auch in einer Banf berücksichtigt werden können) z.B. auch Daten über die Angebots- bzw. Bewerbungsfrist enthalten. Für die Anlage einer Anfrage müssen folgende Komponenten vorhanden sein:

- Lieferanten(nummer) : Berücksichtigte Lieferanten müssen – zumindest mit ihren Grunddaten – angelegt sein.
- Fristen: Welche Angebotsfristen sollen gelten (z.B. Frist der Angebotsabgabe)?

- Submissionsnummer: Zur Sammlung verschiedener Angebote zu dem gleichen Objekt bietet R/3® bei Anlage einer Anfrage die Möglichkeit, eine so genannte Submissionsnummer anzugeben. Die Submissionsnummer bildet ein Zuordnungskriterium für ankommende Angebote.

Der erste Schritt beim Einholen von Angeboten ist, die Lieferanten, an die das Angebot geschickt werden soll, auszuwählen. Diese müssen R/3® schon bekannt sein.

Die Anfrage kann manuell oder auf Basis einer Bestellanforderung erstellt werden. Die Anfrage selbst ist ebenso strukturiert wie alle anderen Belege (z.B. Banf, Bestellungen). Der Kopf beinhaltet allgemeine Informationen (z.B. Lieferantenadresse). Die angefragten Materialien werden positionsweise aufgeführt. Allerdings ist mit der Anfrage, im Gegensatz zu vielen anderen Belegen, keine Buchung auf Konten verbunden.

Wird eine Anfrage zu mehreren potentiellen Lieferanten geschickt, so wäre es sinnvoll, die Antworten (Angebote) gruppieren zu können, um beispielsweise leichter Preisvergleiche durchzuführen. Dies wird mit der oben genannten Submissionsnummer gewährleistet. Pro Adressat wird dann ein separater Beleg erstellt.

Unter einem Angebot wird eine Willenserklärung eines Lieferanten verstanden, die seine Preise und Konditionen für spezifizierte Lieferungen oder Leistungen enthält und die meist als Reaktion auf eine Anfrage unterbreitet wird.

In der SAP®-Komponente Einkauf sind Anfrage und Angebot ein und derselbe Beleg. Die vom Lieferanten genannten Preise und Konditionen werden damit in der ursprünglichen Anfrage erfasst. Da meistens die Belegnummer der Anfrage nicht mehr geläufig ist, kann die Submissionsnummer als Suchkriterium verwendet werden. Anschließend können die Angebote einer Submissionsnummer in einem Preisspiegel miteinander verglichen werden. Durch den Preisspiegel ist es möglich, positionsweise Angebote zu vergleichen, einen mittleren Preis für ein Material zu errechnen und den (preis-) günstigsten Lieferanten zu ermitteln. Weiter wird die Verschickung von Absageschreiben an die entsprechenden Lieferanten unterstützt. Zu Angeboten, die in Bestellungen umgesetzt werden, kann ein Infosatz angelegt werden. Dies bietet sich dann an, wenn weitere Bestellungen folgen sollen. Die Preise und Lieferbedingungen bestimmter Angebote können zwecks späteren Zugriffs in Einkaufsinfosätzen gespeichert werden.

Auf Basis der Anfrage kann unter Berücksichtigung der Angebote eine Bestellung erzeugt werden. Die Abbildung 113 fasst die Zusammenhänge noch einmal zusammen.

Abbildung 113: Von der Banf zur Bestellung

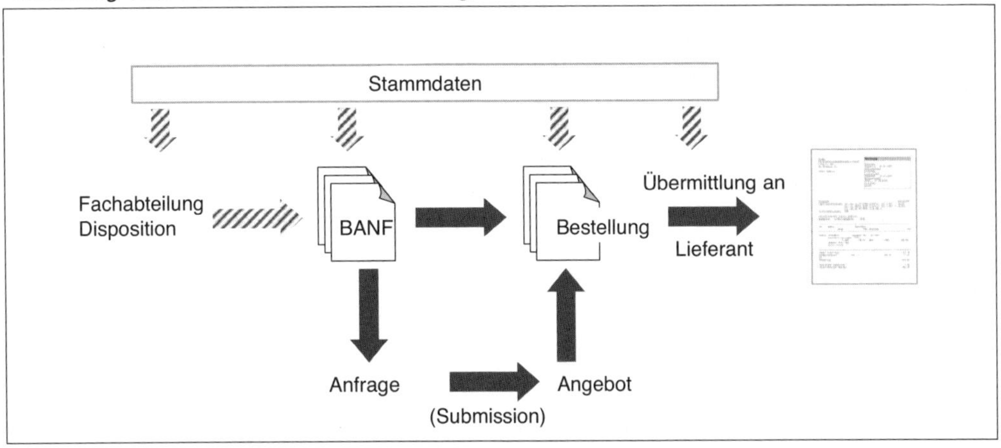

4.3.4 Periodenverschiebung

Belege mit finanzwirtschaftlicher Relevanz können immer nur mit Bezug zum aktuellen oder zum Vormonat gebucht werden. Der Buchungskreis muss also für diese Perioden gültig gesetzt sein.

Damit die Werte in der richtigen Periode fortgeschrieben werden, wird einmal monatlich jeweils am Anfang der neuen Periode mittels des so genannten Periodenverschiebers die Periode um einen Monat verschoben. Dabei werden die Werte der vormals laufenden Periode als Werte der Vorperiode gespeichert. Die Periode kann verschoben werden:

- im Dialog,
- im Hintergrund.

In produktiven Systemen findet die Periodenverschiebung in der Regel im Hintergrundmodus statt, da sichergestellt sein muss, dass kein Materialstammsatz durch eine Warenbewegung oder ähnliches gesperrt ist. Wäre dies der Fall, so würde das belegerzeugende Programm abbrechen, und die erforderlichen Änderungen nicht vornehmen.

4.3.5 Fallstudie – Bestellanforderung und Bestellung

Aufgabe 10
Einige Rohstoffe sollen manuell disponiert werden, d.h. es sollen direkte Bestellanforderungen erstellt werden.

Die Bestellanforderung wird bei der Bestellung weiterverwendet. Sie ist lieferantenunabhängig, d.h. Materialien verschiedener Lieferanten können in einer Bestellanforderung aufgenommen werden. Die Bestellanforderung nutzt vorhandene Stammsätze. Bestellt werden soll von jedem Material soviel, dass der Höchstbestand erreicht wird. Eine Banf soll erstellt werden für die folgenden Materialien.

Rohstoffe
Cashew-Kerne
Haselnüsse
Milchpulver
Sonnenblumenkerne
Walnüsse

Aufgabe 11
Weiter sind noch Büromaterialien anzuschaffen:

- 2 Kugelschreiber, blau, longlife, Art.-Nr. 7522xx, je 1,98 €
- 3 Blöcke DIN A4, kariert, Art.-Nr. 3420xx, je 2,25 €
- 1 Schreibtischunterlage, grün, 60x70, Art.-Nr. 6902xx, 14,95 €

Erstellen Sie dazu eine neue Bestellanforderung oder erweitern Sie die Bestellanforderung aus Aufgabe 10 um diese Materialien. Materialstammsätze müssen für die Büromaterialien nicht angelegt werden. Die Waren werden direkt der Kostenstelle zugeschlagen und als Aufwand im Finanzwesen verbucht. Für diese Banf-Positionen ist der Kontierungstyp K zu verwenden.

Aufgabe 12

Auf Basis der Bestellanforderungen sind nun die Bestellungen zu generieren. Als Lieferanten sind die jeweils günstigsten Anbieter auszuwählen. R/3® fasst Materialien aus Bestellanforderungen, die an den gleichen Lieferanten gehen, zu einer Bestellung zusammen.

Aufgabe 13

Da intern keine Büromaterialien verfügbar sind, sollen die Artikel einmalig bei einem kleinen Lieferanten in unmittelbarer räumlicher Nähe besorgt werden. Die Bestellung ist sofort auszudrucken (wahlweise über einen R/3-Drucker oder Frontend-Drucker). Dazu ist zuerst ein CpD-Lieferantenstammsatz 770xx (alle Lieferanten von A bis H) zu pflegen (für Daten siehe Pflegeanleitung).

Gekauft werden die Büromaterialien bei Büroausstattung Häfter, Gneisenaustrasse 2, 10961 Berlin, Tel: 030/8900650. Die Adresse ist dann in der <u>Bestellung</u> nachzupflegen.

Die Bearbeitung der Aufgaben wird durch die folgenden Pflegeanleitungen unterstützt.

- Bestellanforderung anlegen (mit Materialstammsatz),
- Bestellanforderung anlegen (ohne Materialstammsatz),
- Bestellung anlegen mit Bezugsquellenermittlung und mit Bezug zur Bestellanforderung,
- CPD-Lieferantenkonto anlegen,
- Bestellung anlegen mit bekanntem CpD-Lieferanten und mit Bezug zur Bestellanforderung,
- Bestellung ausdrucken (Nachrichten),
- Bestellanforderung stornieren,
- Bestellung stornieren.

Bestellanforderung anlegen (mit Materialstammsatz)

FENSTER	MENUEPFAD/EINGABE
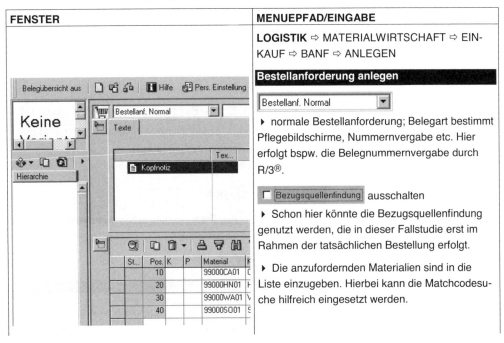	**LOGISTIK** ⇨ MATERIALWIRTSCHAFT ⇨ EINKAUF ⇨ BANF ⇨ ANLEGEN **Bestellanforderung anlegen** Bestellanf. Normal ▼ ▶ normale Bestellanforderung; Belegart bestimmt Pflegebildschirme, Nummernvergabe etc. Hier erfolgt bspw. die Belegnummernvergabe durch R/3®. ☐ Bezugsquellenfindung ausschalten ▶ Schon hier könnte die Bezugsquellenfindung genutzt werden, die in dieser Fallstudie erst im Rahmen der tatsächlichen Bestellung erfolgt. ▶ Die anzufordernden Materialien sind in die Liste einzugeben. Hierbei kann die Matchcodesuche hilfreich eingesetzt werden.

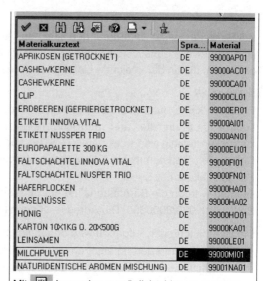

Mit kann eine persönliche Liste zusammengestellt werden, die über eingesehen werden
kann. Diese oder auch die oben gezeigte Liste
kann mit ⚖ festgehalten werden, so dass die
Materialien hintereinander ausgewählt werden
können (✓). Dazu muss abwechselnd ein Material und eine Position in der Banf ausgesucht werden.

Menge: *max. die Höchstmenge*
▸ Die Mengen sind in Einheiten der Basismen-
geneinheit anzugeben, so wie sie im jeweiligen
Materialstammsatz eingepflegt wurde.

Werk: *1100*

Lagerort: *0002*

▸ Soll die Bestellanforderung mehr als die bisher
angezeigten Zeilen beinhalten, so ist ▯ (Zeilen
erfassen, F7) anzuklicken. Es können weitere
Zeilen in der Banf gepflegt werden.

✓ weiter

▸ Alle Daten werden aus den Materialstammdaten übernommen (Kontrollmöglichkeit!)

▯ sichern

`Bestellanforderung unter Nummer 0010008447 hinzugefügt`

▸ Anzeige in der Statuszeile beachten und ggf.
Nummer der Banf notieren für spätere Bestellung!

Bestellanforderung anlegen (ohne Materialstammsatz)

Ist kein Materialstammsatz vorhanden, so muss die Position der Bestellanforderung einem Kontierungsobjekt zugeordnet werden, z.B. einer Kostenstelle, einem Aufwandskonto oder einem Projekt. Es können auch Positionen mit unterschiedlichen Kontierungstypen in einer Banf zusammengestellt werden.

FENSTER	MENUEPFAD/EINGABE
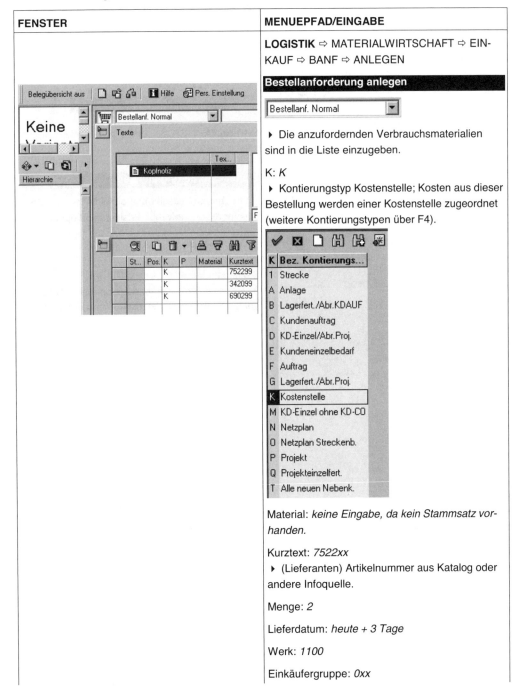	**LOGISTIK** ⇨ MATERIALWIRTSCHAFT ⇨ EINKAUF ⇨ BANF ⇨ ANLEGEN

LOGISTIK ⇨ MATERIALWIRTSCHAFT ⇨ EINKAUF ⇨ BANF ⇨ ANLEGEN

Bestellanforderung anlegen

Bestellanf. Normal ▼

▸ Die anzufordernden Verbrauchsmaterialien sind in die Liste einzugeben.

K: *K*

▸ Kontierungstyp Kostenstelle; Kosten aus dieser Bestellung werden einer Kostenstelle zugeordnet (weitere Kontierungstypen über F4).

Material: *keine Eingabe, da kein Stammsatz vorhanden.*

Kurztext: *7522xx*
▸ (Lieferanten) Artikelnummer aus Katalog oder andere Infoquelle.

Menge: *2*

Lieferdatum: *heute + 3 Tage*

Werk: *1100*

Einkäufergruppe: *0xx*

217|

▸ zuständige Einkäufer (bei Reklamationen, Verhandlungen mit Lieferanten etc.)

Warengruppe: *006*

▸ Büromaterial, Angabe für spätere Auswertungen.

Bestellanforderung anlegen

▸ Alle weiteren Daten wurden durch die Vorschlagswerte (s. oben) übernommen.

Position markieren

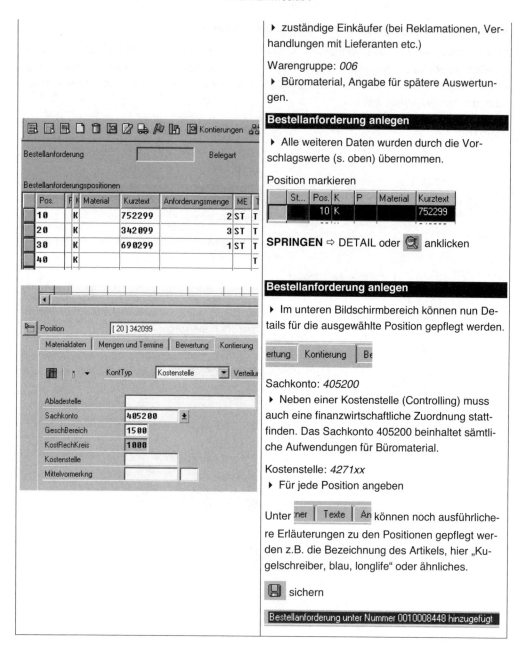

SPRINGEN ⇨ DETAIL oder anklicken

Bestellanforderung anlegen

▸ Im unteren Bildschirmbereich können nun Details für die ausgewählte Position gepflegt werden.

Sachkonto: *405200*

▸ Neben einer Kostenstelle (Controlling) muss auch eine finanzwirtschaftliche Zuordnung stattfinden. Das Sachkonto 405200 beinhaltet sämtliche Aufwendungen für Büromaterial.

Kostenstelle: *4271xx*

▸ Für jede Position angeben

Unter ｎｅｒ | Texte | An können noch ausführlichere Erläuterungen zu den Positionen gepflegt werden z.B. die Bezeichung des Artikels, hier „Kugelschreiber, blau, longlife" oder ähnliches.

🖫 sichern

Bestellanforderung unter Nummer 0010008448 hinzugefügt

Bestellung anlegen mit Bezugsquellenermittlung und mit Bezug zur Bestellanforderung

FENSTER	MENUEPFAD/EINGABE
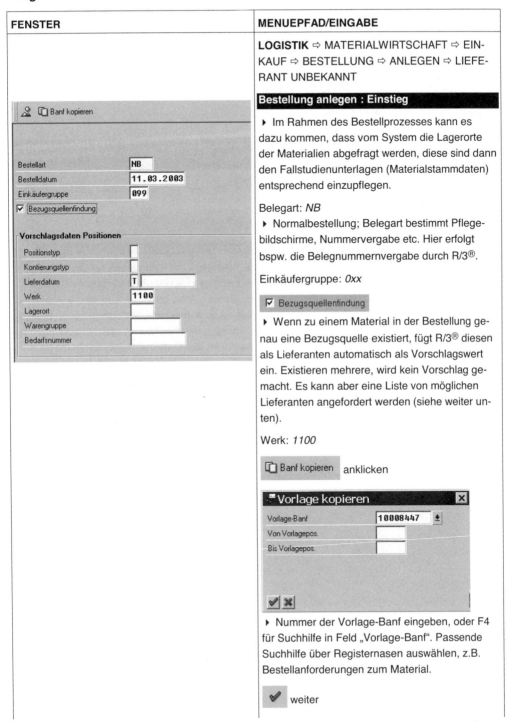	**LOGISTIK** ⇨ MATERIALWIRTSCHAFT ⇨ EINKAUF ⇨ BESTELLUNG ⇨ ANLEGEN ⇨ LIEFERANT UNBEKANNT
	Bestellung anlegen : Einstieg
	▸ Im Rahmen des Bestellprozesses kann es dazu kommen, dass vom System die Lagerorte der Materialien abgefragt werden, diese sind dann den Fallstudienunterlagen (Materialstammdaten) entsprechend einzupflegen.
	Belegart: *NB*
	▸ Normalbestellung; Belegart bestimmt Pflegebildschirme, Nummervergabe etc. Hier erfolgt bspw. die Belegnummernvergabe durch R/3®.
	Einkäufergruppe: *0xx*
	☑ Bezugsquellenfindung
	▸ Wenn zu einem Material in der Bestellung genau eine Bezugsquelle existiert, fügt R/3® diesen als Lieferanten automatisch als Vorschlagswert ein. Existieren mehrere, wird kein Vorschlag gemacht. Es kann aber eine Liste von möglichen Lieferanten angefordert werden (siehe weiter unten).
	Werk: *1100*
	🗋 Banf kopieren anklicken
	▸ Nummer der Vorlage-Banf eingeben, oder F4 für Suchhilfe in Feld „Vorlage-Banf". Passende Suchhilfe über Registernasen auswählen, z.B. Bestellanforderungen zum Material.
	✔ weiter

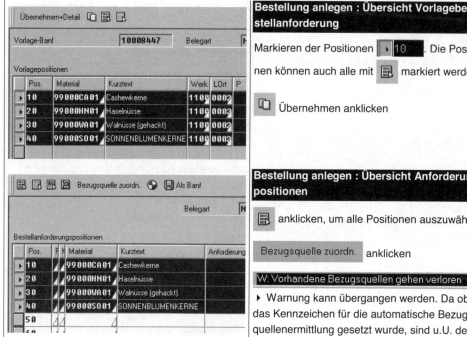

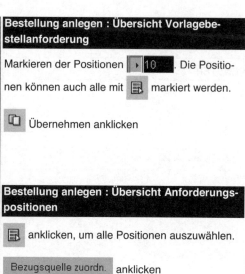

Bestellung anlegen : Übersicht Vorlagebestellanforderung

Markieren der Positionen ▶ 10 . Die Positionen können auch alle mit ▤ markiert werden.

▢ Übernehmen anklicken

Bestellung anlegen : Übersicht Anforderungspositionen

▤ anklicken, um alle Positionen auszuwählen.

Bezugsquelle zuordn. anklicken

W: Vorhandene Bezugsquellen gehen verloren

▸ Warnung kann übergangen werden. Da oben das Kennzeichen für die automatische Bezugsquellenermittlung gesetzt wurde, sind u.U. den Positionen schon Lieferanten zugeordnet. Stehen mehrere Lieferanten zur Auswahl (Steuerung auch über das Orderbuch), muss über die folgende Dialogbox ausgewählt werden.

Die Auswahl eines Lieferanten geschieht, indem der Cursor in der entsprechenden Zeile positioniert wird.

▸ Zu jeder Position der Bestellung erscheint das nebenstehende Bildschirmbild, sofern mehr als ein Infosatz (Lieferant) für das betreffende Material besteht.

▸ Der Lieferant, der den günstigsten Preis anbietet, ist jeweils auszuwählen. Die Nettopreisangabe bezieht sich auf eine Einheit der Basismengen-einheit Kilogramm.

▸ Für einen ausgewählten Lieferanten kann mittels 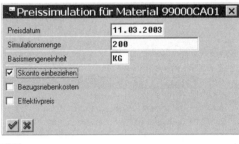 Preissimulation der Gesamtpreis für die gewünschte Liefermenge ermittelt werden, so dass genauere Preisvergleiche möglich sind.

 weiter, wenn nicht Preissimulation durchgeführt werden soll.

Preissimulation für Material 99000CA01	☒
Preisdatum	11.03.2003
Simulationsmenge	200
Basismengeneinheit	KG
☑ Skonto einbeziehen	
☐ Bezugsnebenkosten	
☐ Effektivpreis	
☑ ☒	

 weiter

Infosatz 5300002331 1000 0 1100 anzeigen : Position – Konditionen

▸ Dieses Bildschirmbild zeigt für den ausgewählten Lieferanten die auf die gewünschte Menge hochgerechneten Preise unter Berücksichtigung von Rabatten und Skonti.

Mittels ▦ Analyse kann analysiert werden, wie dieser Konditionswert zustande kommt.

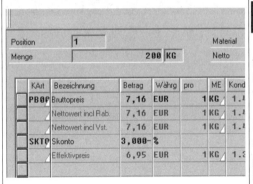

Position	1				Material
Menge		200 KG			Netto

	KArt	Bezeichnung	Betrag	Währg	pro	ME	Kond
	PB00	Bruttopreis	7,16	EUR	1	KG	1.
		Nettowert incl Rab.	7,16	EUR	1	KG	1.
		Nettowert incl Vst.	7,16	EUR	1	KG	1.
	SKTO	Skonto	3,000-%				
		Effektivpreis	6,95	EUR	1	KG	1.3

↩ Zurück

Übersicht Bezugsquellen zur Position 00010					
Material	99000CA01		Cashewkerne		
Menge	200		KG		

Lieferant	Name	Info/Vertr	Pos.	Nettopreis	Währg
77200	Genobst GmbH & CoKG	5300002899		8,06	EUR
77100	Corner AG	5300002898		7,16	EUR

☑ &⍺ Bezugsquelle &⍺ Lieferant ▦ Preissimulation ▦ Preissimulation alle

▸ Das vorherige Bild wird wieder angezeigt.

Lieferant auswählen, hier z.B. 77100, indem in die

Zeile geklickt wird

 weiter

▸ Der Vorgang wiederholt sich für alle Materialien, für die noch keine Bezugsquelle zugeordnet ist und für die mehrere Lieferanten zur Auswahl stehen. Für die anderen Materialien wird automatisch der einzig vorhandene Lieferant eingesetzt.

Bestellung anlegen: Übersicht Anforderungspositionen

▸ Die Bezugsquellen einzelner Positionen können eingesehen werden.

Position markieren und 🔲 Detail anklicken

Bestellung anlegen: Anforderungsposition 0010

Mit ⬅ zurück oder 🔍 Positionsübersicht gelangt man wieder zur Übersicht zurück.

🔲 🔲 🔲 🔲 Bezugsquelle zuordn. 🌐 💾 Als Banf

Belegart

Bestellanforderungspositionen

Pos.	F	K	Material	Kurztext	Anforderung
▸ 10			99000CA01	Cashewkerne	
20			99000HN01	Haselnüsse	
30			99000WA01	Walnüsse (gehackt)	
40			99000S001	SONNENBLUMENKERNE	
50					

Bezugsquelle zuordn. 🏳 📝 🔲 Kontierungen ▸

Banf-Pos	10
Material	99000CA01
Kurztext	Cashewkerne

Menge und Termin

Menge	200	KG	LiefD

Dispodaten

	EinkGruppe	099
BedarfsNr		
RevStand		☐ Fixiert

Bewertungssteuerung

BwrtPreis	7,16	EUR	/	1	KG

Bezugsmöglichkeiten

Vertrag			Einkaufsorg
Fst.Lief	77100	Corner AG	
Infosatz	5300002898		
			Lief.Material

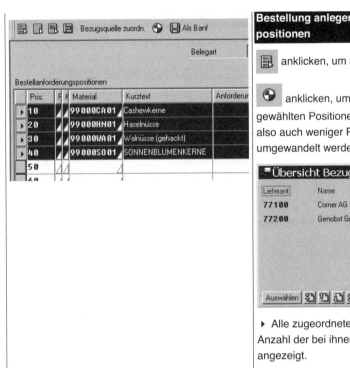

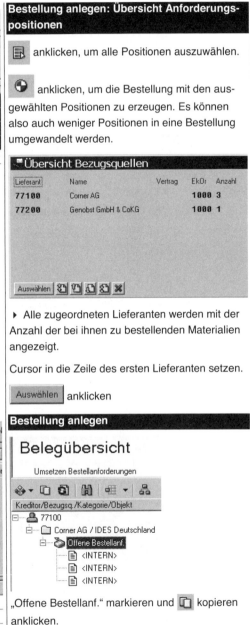

Bestellung anlegen: Übersicht Anforderungs-positionen

anklicken, um alle Positionen auszuwählen.

anklicken, um die Bestellung mit den ausgewählten Positionen zu erzeugen. Es können also auch weniger Positionen in eine Bestellung umgewandelt werden.

Übersicht Bezugsquellen

Lieferant	Name	Vertrag	EkOr	Anzahl
77100	Corner AG		1000	3
77200	Genobst GmbH & CoKG		1000	1

Auswählen

▸ Alle zugeordneten Lieferanten werden mit der Anzahl der bei ihnen zu bestellenden Materialien angezeigt.

Cursor in die Zeile des ersten Lieferanten setzen.

Auswählen anklicken

Bestellung anlegen

Belegübersicht

Umsetzen Bestellanforderungen

Kreditor/Bezugsq./Kategorie/Objekt

„Offene Bestellanf." markieren und kopieren anklicken.

▸ Es werden alle 3 Positionen in die Bestellung übernommen.

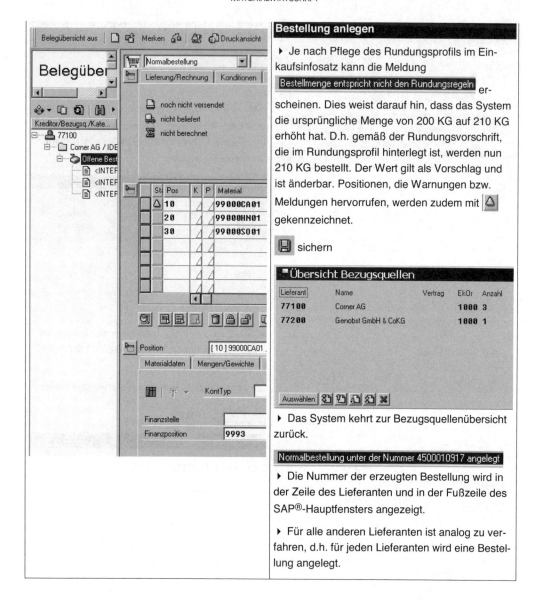

Bestellung anlegen

▸ Je nach Pflege des Rundungsprofils im Einkaufsinfosatz kann die Meldung

`Bestellmenge entspricht nicht den Rundungsregeln` erscheinen. Dies weist darauf hin, dass das System die ursprüngliche Menge von 200 KG auf 210 KG erhöht hat. D.h. gemäß der Rundungsvorschrift, die im Rundungsprofil hinterlegt ist, werden nun 210 KG bestellt. Der Wert gilt als Vorschlag und ist änderbar. Positionen, die Warnungen bzw. Meldungen hervorrufen, werden zudem mit △ gekennzeichnet.

🖫 sichern

▸ Das System kehrt zur Bezugsquellenübersicht zurück.

`Normalbestellung unter der Nummer 4500010917 angelegt`

▸ Die Nummer der erzeugten Bestellung wird in der Zeile des Lieferanten und in der Fußzeile des SAP®-Hauptfensters angezeigt.

▸ Für alle anderen Lieferanten ist analog zu verfahren, d.h. für jeden Lieferanten wird eine Bestellung angelegt.

CpD-Lieferantenkonto anlegen

FENSTER	MENUEPFAD/EINGABE
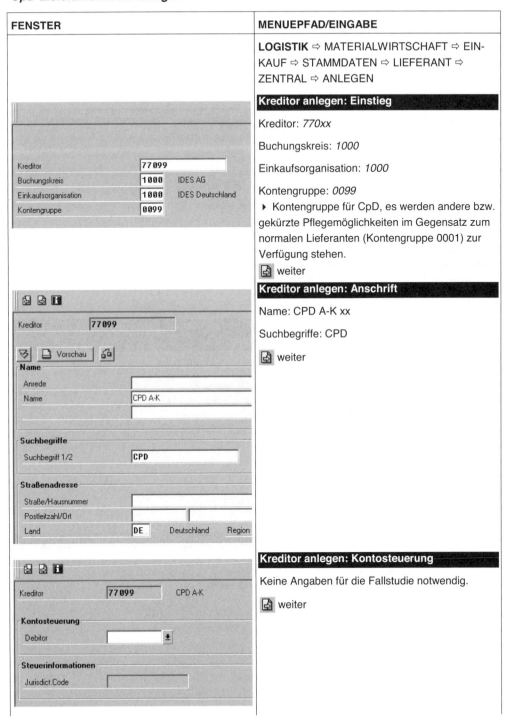	**LOGISTIK** ⇨ MATERIALWIRTSCHAFT ⇨ EIN-KAUF ⇨ STAMMDATEN ⇨ LIEFERANT ⇨ ZENTRAL ⇨ ANLEGEN
	Kreditor anlegen: Einstieg
	Kreditor: *770xx*
	Buchungskreis: *1000*
	Einkaufsorganisation: *1000*
	Kontengruppe: *0099*
	▸ Kontengruppe für CpD, es werden andere bzw. gekürzte Pflegemöglichkeiten im Gegensatz zum normalen Lieferanten (Kontengruppe 0001) zur Verfügung stehen.
	🖪 weiter
	Kreditor anlegen: Anschrift
	Name: CPD A-K xx
	Suchbegriffe: CPD
	🖪 weiter
	Kreditor anlegen: Kontosteuerung
	Keine Angaben für die Fallstudie notwendig.
	🖪 weiter

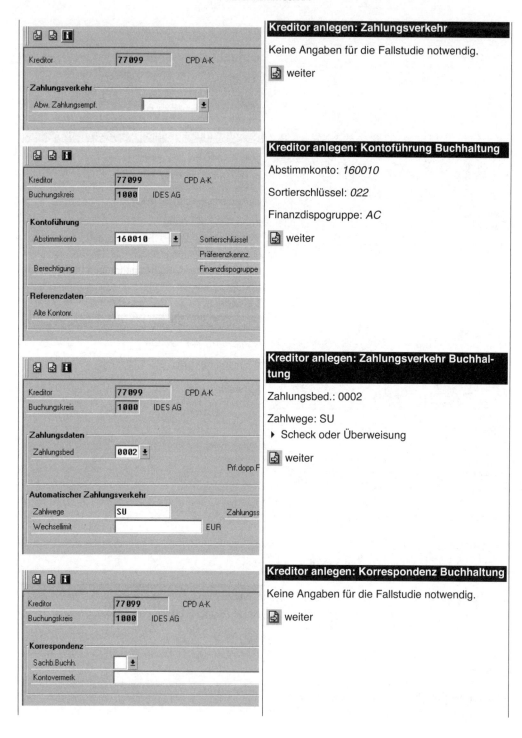

Kreditor anlegen: Zahlungsverkehr

Keine Angaben für die Fallstudie notwendig.

weiter

Kreditor anlegen: Kontoführung Buchhaltung

Abstimmkonto: *160010*

Sortierschlüssel: *022*

Finanzdispogruppe: *AC*

weiter

Kreditor anlegen: Zahlungsverkehr Buchhaltung

Zahlungsbed.: 0002

Zahlwege: SU
▸ Scheck oder Überweisung

weiter

Kreditor anlegen: Korrespondenz Buchhaltung

Keine Angaben für die Fallstudie notwendig.

weiter

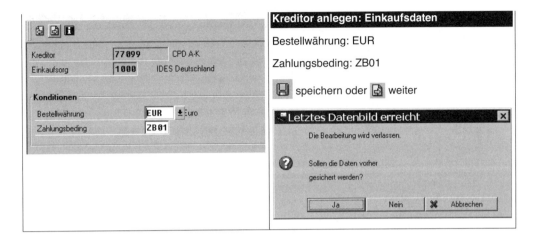

Bestellung anlegen mit bekanntem CpD-Lieferanten und mit Bezug zur Bestellanforderung

FENSTER	MENUEPFAD/EINGABE
	LOGISTIK ⇨ MATERIALWIRTSCHAFT ⇨ EINKAUF ⇨ BESTELLUNG ⇨ ANLEGEN ⇨ LIEFERANT BEKANNT
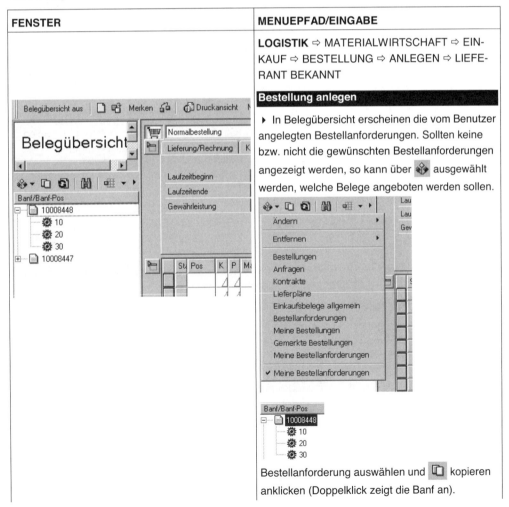	**Bestellung anlegen**
	▸ In Belegübersicht erscheinen die vom Benutzer angelegten Bestellanforderungen. Sollten keine bzw. nicht die gewünschten Bestellanforderungen angezeigt werden, so kann über 💠 ausgewählt werden, welche Belege angeboten werden sollen.
	Bestellanforderung auswählen und 🗐 kopieren anklicken (Doppelklick zeigt die Banf an).

Bestellung anlegen

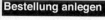 Kennzeichen vor der Position weist auf Fehler hin, hier fehlen noch der (bekannte) Lieferant und der Nettopreis der Positionen (kein Stammsatz vorhanden). Zur Ermittlung der Fehler auf klicken. Warnungen werden durch △ angezeigt, z.B. wenn der Liefertermin zum Zeitpunkt der Bestellungserstellung in der Vergangenheit liegt.

Lieferant: *77015*

▸ CpD A-H; Unternehmen heißt Häfter.

▸ Die Bestellung wird auf Basis der Banf erstellt.

Einkäufergruppe: *0xx*

Lieferdatum: *heute + 2 Arbeitstage*

Werk: *Berlin*

Nettopreis: *siehe Aufgabenstellung*

Bestellung anlegen

 anklicken

▸ Ohne die Pflege der Anschrift kann der Beleg nicht vollständig richtig gesichert werden.

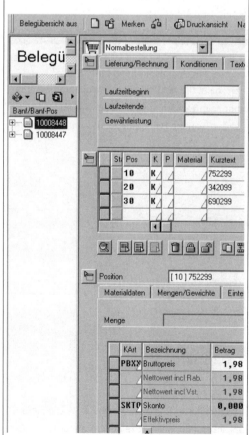

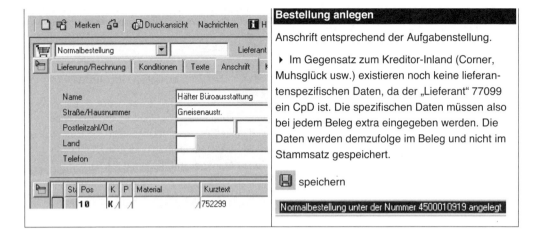

Bestellung anlegen

Anschrift entsprechend der Aufgabenstellung.

▸ Im Gegensatz zum Kreditor-Inland (Corner, Muhsglück usw.) existieren noch keine lieferantenspezifischen Daten, da der „Lieferant" 77099 ein CpD ist. Die spezifischen Daten müssen also bei jedem Beleg extra eingegeben werden. Die Daten werden demzufolge im Beleg und nicht im Stammsatz gespeichert.

💾 speichern

Normalbestellung unter der Nummer 4500010919 angelegt

Bestellung ausdrucken (Nachrichten)

A1 Manueller Ausdruck über die Nachrichtenwarteschlange

Prinzipiell wird bei der Erstellung einer Bestellung automatisch nach der Verbuchung (sichern) eine (Bestell-)Nachricht in die Nachrichtenwarteschlange gestellt. Diese kann dann wie folgt ausgedruckt werden.

FENSTER	MENUEPFAD/EINGABE
	LOGISTIK ⇨ MATERIALWIRTSCHAFT ⇨ EINKAUF ⇨ BESTELLUNG ⇨ NACHRICHTEN ⇨ NACHRICHTEN AUSGEBEN

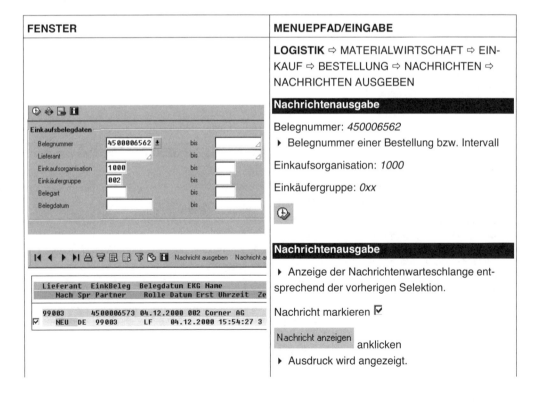

Nachrichtenausgabe

Belegnummer: *450006562*
▸ Belegnummer einer Bestellung bzw. Intervall

Einkaufsorganisation: *1000*

Einkäufergruppe: *0xx*

⊕

Nachrichtenausgabe

▸ Anzeige der Nachrichtenwarteschlange entsprechend der vorherigen Selektion.

Nachricht markieren ☑

Nachricht anzeigen anklicken

▸ Ausdruck wird angezeigt.

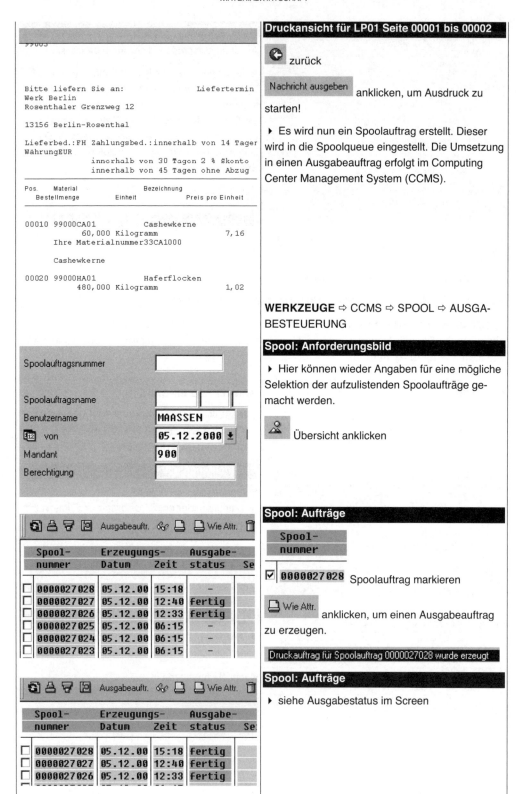

99003

Bitte liefern Sie an: Liefertermin
Werk Berlin
Rosenthaler Grenzweg 12

13156 Berlin-Rosenthal

Lieferbed.:FH Zahlungsbed.:innerhalb von 14 Tager
WährungEUR
                innerhalb von 30 Tagen 2 % Skonto
                innerhalb von 45 Tagen ohne Abzug

Pos.   Material   Bezeichnung
       Bestellmenge   Einheit   Preis pro Einheit

00010 99000CA01   Cashewkerne
          60,000 Kilogramm   7,16
       Ihre Materialnummer33CA1000

       Cashewkerne

00020 99000HA01   Haferflocken
          480,000 Kilogramm   1,02

Spoolauftragsnummer

Spoolauftragsname

Benutzername   MAASSEN

von   05.12.2000 ±

Mandant   900

Berechtigung

Ausgabeauftr.   Wie Attr.

Spool-	Erzeugungs-		Ausgabe-	Se
nummer	Datum	Zeit	status	
0000027028	05.12.00	15:18	–	
0000027027	05.12.00	12:40	fertig	
0000027026	05.12.00	12:33	fertig	
0000027025	05.12.00	06:15	–	
0000027024	05.12.00	06:15	–	
0000027023	05.12.00	06:15	–	

Ausgabeauftr.   Wie Attr.

Spool-	Erzeugungs-		Ausgabe-	Se
nummer	Datum	Zeit	status	
0000027028	05.12.00	15:18	fertig	
0000027027	05.12.00	12:40	fertig	
0000027026	05.12.00	12:33	fertig	

Druckansicht für LP01 Seite 00001 bis 00002

 zurück

Nachricht ausgeben anklicken, um Ausdruck zu starten!

▸ Es wird nun ein Spoolauftrag erstellt. Dieser wird in die Spoolqueue eingestellt. Die Umsetzung in einen Ausgabeauftrag erfolgt im Computing Center Management System (CCMS).

WERKZEUGE ⇨ CCMS ⇨ SPOOL ⇨ AUSGA-BESTEUERUNG

Spool: Anforderungsbild

▸ Hier können wieder Angaben für eine mögliche Selektion der aufzulistenden Spoolaufträge gemacht werden.

 Übersicht anklicken

Spool: Aufträge

| Spool-
| nummer

☑ 0000027028 Spoolauftrag markieren

Wie Attr. anklicken, um einen Ausgabeauftrag zu erzeugen.

Druckauftrag für Spoolauftrag 0000027028 wurde erzeugt

Spool: Aufträge

▸ siehe Ausgabestatus im Screen

A2 manueller Ausdruck über die Bestellung

FENSTER	MENUEPFAD/EINGABE

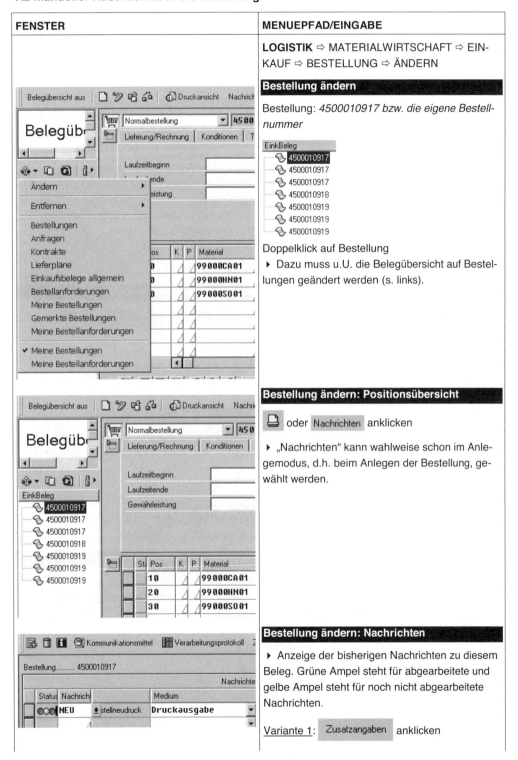

LOGISTIK ⇨ MATERIALWIRTSCHAFT ⇨ EIN-
KAUF ⇨ BESTELLUNG ⇨ ÄNDERN

Bestellung ändern

Bestellung: *4500010917 bzw. die eigene Bestell-
nummer*

Doppelklick auf Bestellung

▸ Dazu muss u.U. die Belegübersicht auf Bestellungen geändert werden (s. links).

Bestellung ändern: Positionsübersicht

🖶 oder Nachrichten anklicken

▸ „Nachrichten" kann wahlweise schon im Anlegemodus, d.h. beim Anlegen der Bestellung, gewählt werden.

Bestellung ändern: Nachrichten

▸ Anzeige der bisherigen Nachrichten zu diesem
Beleg. Grüne Ampel steht für abgearbeitete und
gelbe Ampel steht für noch nicht abgearbeitete
Nachrichten.

Variante 1: Zusatzangaben anklicken

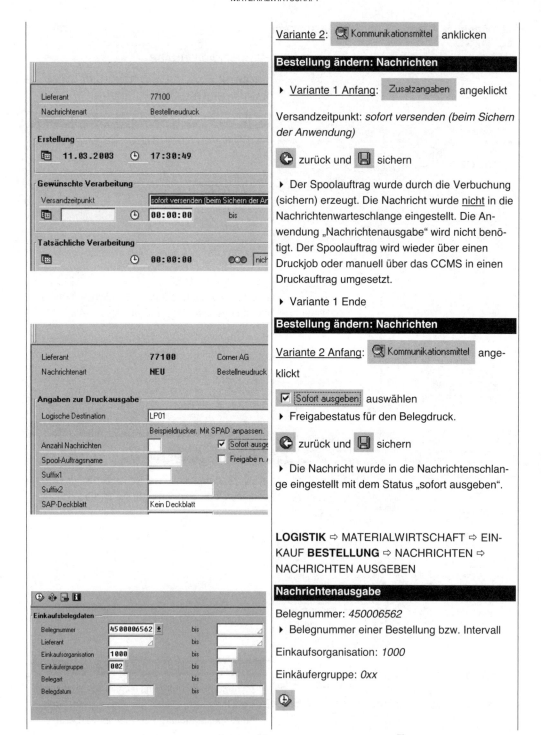

Variante 2: 🔍 Kommunikationsmittel anklicken

Bestellung ändern: Nachrichten

▸ <u>Variante 1 Anfang</u>: Zusatzangaben angeklickt

Versandzeitpunkt: *sofort versenden (beim Sichern der Anwendung)*

🔙 zurück und 💾 sichern

▸ Der Spoolauftrag wurde durch die Verbuchung (sichern) erzeugt. Die Nachricht wurde <u>nicht</u> in die Nachrichtenwarteschlange eingestellt. Die Anwendung „Nachrichtenausgabe" wird nicht benötigt. Der Spoolauftrag wird wieder über einen Druckjob oder manuell über das CCMS in einen Druckauftrag umgesetzt.

▸ Variante 1 Ende

Bestellung ändern: Nachrichten

<u>Variante 2 Anfang</u>: 🔍 Kommunikationsmittel angeklickt

☑ Sofort ausgeben auswählen

▸ Freigabestatus für den Belegdruck.

🔙 zurück und 💾 sichern

▸ Die Nachricht wurde in die Nachrichtenschlange eingestellt mit dem Status „sofort ausgeben".

LOGISTIK ⇨ MATERIALWIRTSCHAFT ⇨ EIN-KAUF **BESTELLUNG** ⇨ NACHRICHTEN ⇨ NACHRICHTEN AUSGEBEN

Nachrichtenausgabe

Belegnummer: *450006562*

▸ Belegnummer einer Bestellung bzw. Intervall

Einkaufsorganisation: *1000*

Einkäufergruppe: *0xx*

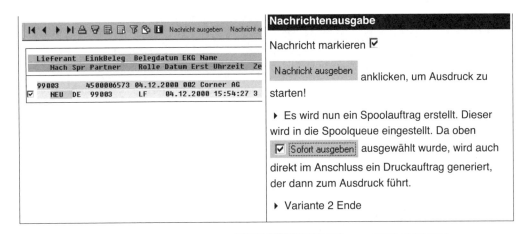

Nachrichtenausgabe

Nachricht markieren ☑

Nachricht ausgeben anklicken, um Ausdruck zu starten!

▸ Es wird nun ein Spoolauftrag erstellt. Dieser wird in die Spoolqueue eingestellt. Da oben ☑ Sofort ausgeben ausgewählt wurde, wird auch direkt im Anschluss ein Druckauftrag generiert, der dann zum Ausdruck führt.

▸ Variante 2 Ende

Die Kombination von Einstellungen in Kommunikationsmittel und Zusatzangaben führt dann zum sofortigen Ausdruck!

A3 Frontend-Druck über die Bestellung

FENSTER	MENUEPFAD/EINGABE
	LOGISTIK ⇨ MATERIALWIRTSCHAFT ⇨ EIN-KAUF ⇨ BESTELLUNG ⇨ ÄNDERN

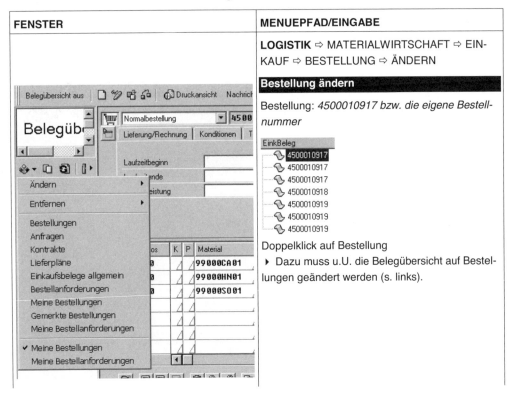

Bestellung ändern

Bestellung: *4500010917 bzw. die eigene Bestell-nummer*

Doppelklick auf Bestellung

▸ Dazu muss u.U. die Belegübersicht auf Bestel-lungen geändert werden (s. links).

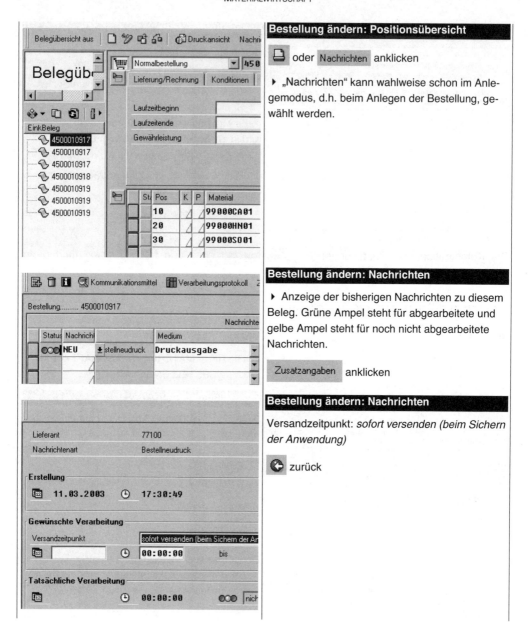

Bestellung ändern: Positionsübersicht

🖨 oder Nachrichten anklicken

▸ „Nachrichten" kann wahlweise schon im Anlegemodus, d.h. beim Anlegen der Bestellung, gewählt werden.

Bestellung ändern: Nachrichten

▸ Anzeige der bisherigen Nachrichten zu diesem Beleg. Grüne Ampel steht für abgearbeitete und gelbe Ampel steht für noch nicht abgearbeitete Nachrichten.

Zusatzangaben anklicken

Bestellung ändern: Nachrichten

Versandzeitpunkt: *sofort versenden (beim Sichern der Anwendung)*

🔙 zurück

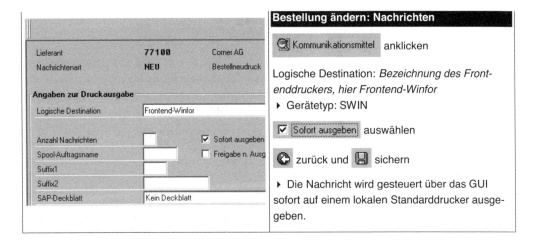

Bestellung ändern: Nachrichten

🔲 Kommunikationsmittel anklicken

Logische Destination: *Bezeichnung des Front-enddruckers, hier Frontend-Winfor*

▸ Gerätetyp: SWIN

☑ Sofort ausgeben auswählen

🔄 zurück und 💾 sichern

▸ Die Nachricht wird gesteuert über das GUI sofort auf einem lokalen Standarddrucker ausge-geben.

Bestellanforderung stornieren

Status: Bestellanforderung ist noch nicht als Bestellung umgesetzt.

FENSTER	MENUEPFAD/EINGABE
	LOGISTIK ▷ MATERIALWIRTSCHAFT ▷ EINKAUF ▷ BANF ▷ ÄNDERN

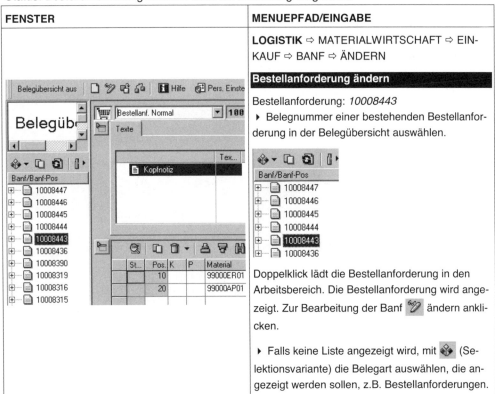

Bestellanforderung ändern

Bestellanforderung: *10008443*

▸ Belegnummer einer bestehenden Bestellanfor-derung in der Belegübersicht auswählen.

Doppelklick lädt die Bestellanforderung in den Arbeitsbereich. Die Bestellanforderung wird ange-zeigt. Zur Bearbeitung der Banf 🖊 ändern ankli-cken.

▸ Falls keine Liste angezeigt wird, mit 🔷 (Se-lektionsvariante) die Belegart auswählen, die an-gezeigt werden sollen, z.B. Bestellanforderungen.

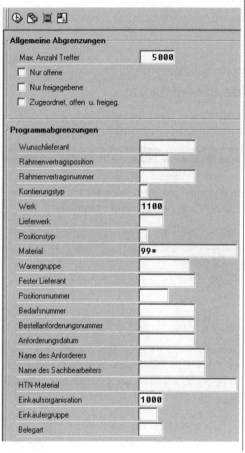

Bestellanforderung

▸ Erscheint nur, wenn oben als Selektionsvarian-
te Bestellanforderungen gewählt wurde.

▸ Eingabe von Werten zur Eingrenzung der Auswahl.

 weiter

ausführen

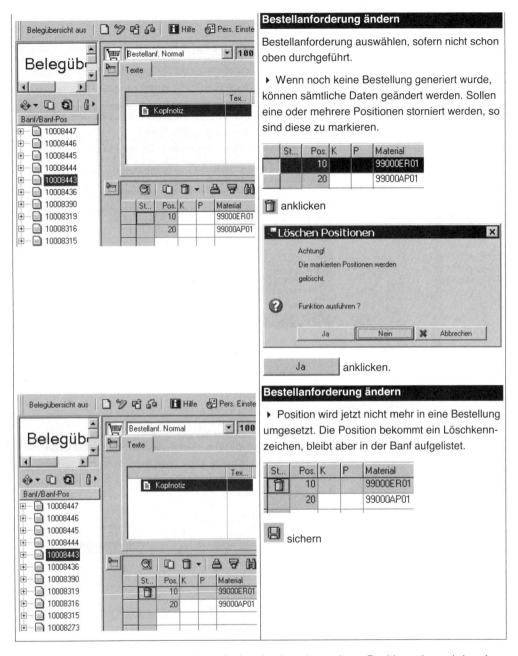

Wird die Bestellanforderung positiv geändert (mehr oder weitere Positionen), nachdem bereits eine Bestellung aus ihr generiert wurde, so kann auf Basis der geänderten Bestellanforderung wieder eine Bestellung erstellt werden, wobei nur die Unterschiede berücksichtigt werden. Wird eine Position negativ verändert (weniger oder gelöscht), so gibt R/3® eine Warnmeldung aus, dass zu dieser Bestellanforderung schon eine Bestellung existiert. Trotzdem lässt R/3® die Änderung zu. Die Bestellung muss von Hand angepasst werden.

Bestellung stornieren

FENSTER	MENUEPFAD/EINGABE

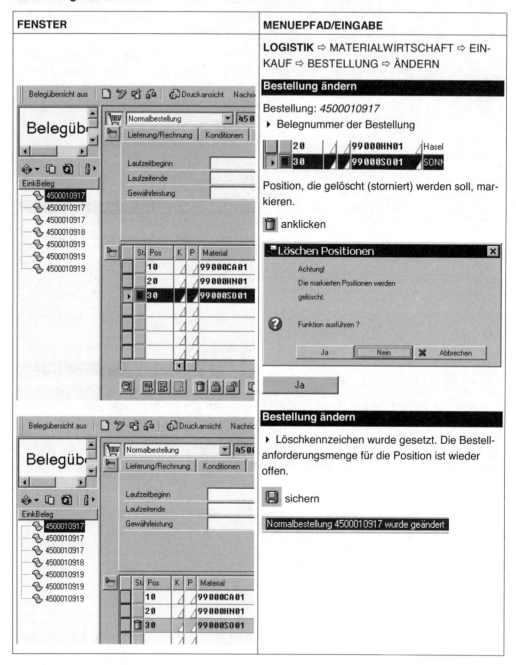

4.3.6 Bestandsführung - Warenbewegung

Vorgänge, die eine Änderung des Bestandes bewirken, werden als Warenbewegung bezeichnet. Prinzipiell lassen sich in R/3® die folgenden Warenbewegungen unterscheiden.

* Wareneingang

  Erhalt von Materialien von einem externen Lieferanten oder aus der Produktion; Erhöhung des Lagerbestandes (Wert und Menge).

* Warenausgang

  Materialentnahme zu Verbrauchszwecken oder zum Versand an den Kunden; Minderung des Lagerbestandes (Wert und Menge).

* Umbuchung

  Umlagerungen, d.h. Auslagern von Materialien von einem Lagerort zu einem anderen und Änderungen der Bestandsidentifikation. Bei einer Umbuchung ist nicht notwendigerweise eine tatsächliche physische Bewegung erforderlich (z.B. Umbuchung Material an Material oder die Übernahme von Konsignationsmaterial in den eigenen Bestand oder die Freigabe von Materialbeständen aus der Qualitätsprüfung).

Ein Wareneingang kann unterschiedliche betriebswirtschaftliche Gründe haben, gleiches gilt für den Warenausgang und die Umbuchung. Die Unterschiede ergeben sich aus der Erfassung der Warenbewegung, z.B. werden für eine Retoure zum Kundenauftrag andere Daten erfasst als bei einem Wareneingang zu einer Bestellung. Entsprechend sind andere Konsequenzen mit den beiden Belegen verknüpft. Retoure und Bestelleingang sind beide Wareneingänge. Zur Abbildung der unterschiedlichen Prozesse innerhalb der Warenbewegungen Wareneingang, Warenausgang und Umbuchung werden Bewegungsarten angeboten.

Abbildung 114: Bewegungsarten (Auswahl)

BwA	Text	BwA	Text
101	Wareneingang zur Bestellung in das Lager		
102	Wareneingang zur Bestellung in das Lager - Storno	262	Verbrauch für Auftrag aus dem Lager - Storno
103	Wareneingang zur Bestellung in den WE-Sperrbestand	281	Verbrauch für Netzplan aus dem Lager
104	Wareneingang zur Bestellung in den WE-Sperrbestand - Storno	282	Verbrauch für Netzplan aus dem Lager - Storno
105	Freigeben des WE-Sperrbestandes für das Lager	291	Verbrauch für alle Kontierungen aus dem Lager
106	Freigeben des WE-Sperrbestandes für das Lager - Storno	292	Verbrauch für alle Kontierungen aus dem Lager - Storno
122	Rücklieferung an den Lieferanten	331	Entnahme für Stichprobe aus Qualität
123	Storno Rücklieferung	332	Entnahme für Stichprobe aus Qualität
124	Rücklieferung aus dem WE-Sperrbestand	333	Entnahme für Stichprobe aus Frei verwendbar
125	Rücklieferung aus dem WE-Sperrbestand - Storno	334	Entnahme für Stichprobe aus Frei verwendbar - Storno
161	Retoure zur Bestellung	335	Entnahme für Stichprobe aus Gesperrt
201	Verbrauch für Kostenstelle aus dem Lager	336	Entnahme für Stichprobe aus Gesperrt - Storno
202	Verbrauch für Kostenstelle aus dem Lager - Storno	351	Umbuchung an Transitbestand aus frei verwendbar
221	Verbrauch für Projekt aus dem Lager	352	Umbuchung an Transitbestand aus frei verwendbar - Storno
222	Verbrauch für Projekt aus dem Lager - Storno	451	Retoure vom Kunden
231	Verbrauch für Kundenauftrag aus dem Lager	452	Retoure vom Kunden - Storno
232	Verbrauch für Kundenauftrag aus dem Lager - Storno	501	Eingang ohne Bestellung in Frei verwendbar
241	Verbrauch für Anlage aus dem Lager	502	Eingang ohne Bestellung in Frei verwendbar - Storno
242	Verbrauch für Anlage aus dem Lager - Storno	503	Eingang ohne Bestellung in Qualitätsprüfung
251	Verbrauch für Verkauf aus dem Lager	504	Eingang ohne Bestellung in QualPrüf. - Storno
252	Verbrauch für Verkauf aus dem Lager - Storno	505	Eingang ohne Bestellung in Gesperrt
261	Verbrauch für Auftrag aus dem Lager	506	Eingang ohne Bestellung in Gesperrt - Storno
		511	Eingang kostenlose Lieferung

Bildschirmbilder ©SAP® AG

Diese spezifizieren den betriebswirtschaftlichen Vorgang. Die Bewegungsart steuert die richtige Fortschreibung der mengen- und wertmäßigen Bestände. Abhängig vom betriebswirtschaftlichen Vorgang wird auf Bestands- und Verbrauchskonten gebucht.[34] Zum Teil werden die Bewegungsarten direkt aus der benutzten Transaktion abgeleitet, z.B. bei der Anwendung « Wareneingang zur Bestellung» wird die Bewegungsart „101 Wareneingang zur Bestellung in das Lager" für die Positionen vorgeschlagen. Die Bewegungsart kann pro Position vergeben werden.

Die Bewegungsart bildet damit eine weitere Variante zur Spezifizierung von Vorgängen bzw. Objekten wie die Materialart, Kontengruppe, Belegart etc.

4.3.6.1 Wareneingang zur Bestellung

Für den Einkauf ist in erster Linie der Wareneingang die relevante Warenbewegung. Sobald Waren (am Lager) angeliefert werden, müssen diese von der Bestandsführung als Wareneingang gebucht werden. Eine typische Bewegungsart für den Wareneingang im Falle des Einkaufs ist der Wareneingang zur Bestellung in das Lager.

Basiert ein Wareneingang auf einer Bestellung (Bewegungsart 101), so werden die Bestelldaten als Prüfdaten, insbesondere für Menge und Termin, in den Wareneingang übernommen. Jede Bestellposition bildet dann eine Wareneingangsposition. Wahlweise können auch für eine Bestellposition mehrere Wareneingangspositionen gebildet werden, z.B., wenn ein Material auf mehrere Lagerorte aufgeteilt oder eine Teilmenge in den Qualitätsprüfbestand gebucht werden soll.

Die Abbildung 115 zeigt, welche Bestimmungen bestelltes Material haben kann. Die prinzipiellen Bestimmungen werden wieder durch Bewegungsarten abgedeckt, teils mit unterschiedlichen Ausprägungen. Der Wareneingangssperrbestand nimmt Lieferungen auf, die unter Vorbehalt aufgenommen wurden. Materialbestand (Lagermaterial), der nicht verwendet werden soll, wird als gesperrter Bestand geführt.

Abbildung 115: Wareneingänge und ihre Bestimmung

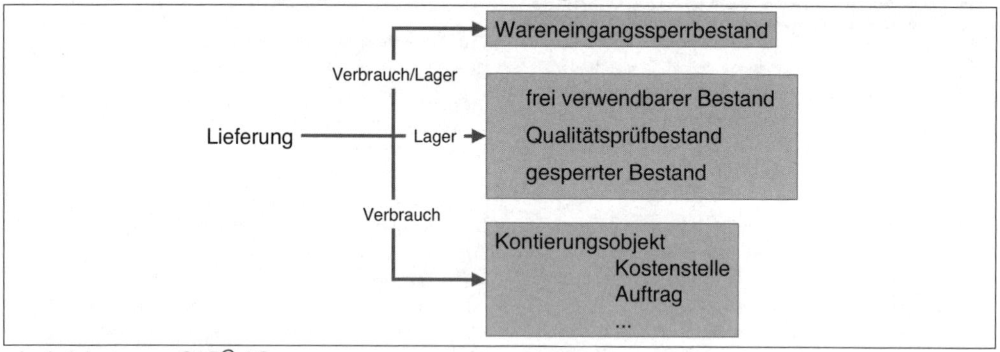

In Anlehnung an SAP® AG

Zur Erfassung von kostenlosen Lieferungen (z.B. die Zusendung unaufgeforderter Muster) oder für die Übernahme von Buchbeständen aus Alt-Systemen kann die Anwendung „Sonstige Wareneingänge" eingesetzt werden. Hiermit können – unter Berücksichtigung der richtigen Bewegungsart - Wareneingänge ohne Belegbezug (Bestellung, Auftrag) gepflegt werden.

Da Vorgänge in R/3® mit Belegen dokumentiert werden, entsteht bei der Erfassung des Wareneingangs ein Materialbeleg. Der Materialbeleg stellt den Nachweis für die Bewegung dar. Der Beleg kann auch von anderen Anwendungen als Informationsquelle genutzt werden. Ist

---

[34] S. auch Kapitel 4.1.2.3, S. 101.

die Warenbewegung finanzwirtschaftlich relevant, so wird gleichzeitig ein Buchhaltungsbeleg erzeugt.

Die Fortschreibung des Bestands- und der Sachkonten hängt von der gewählten Bewegungsart bzw. vom Bestimmungsort ab. Ein Wareneingang zur Bestellung ins Lager bewirkt eine Erhöhung des frei verwendbaren Bestandes (Menge) sowie des bewerteten Bestandes (Wert). Bei Wareneingängen für den Verbrauch erfolgt u.U. keine Mengenfortschreibung und es wird ein Verbrauchskonto anstelle eines Bestandskontos bebucht. Der Materialbeleg muss also nicht, wie an den zwei Beispielen gezeigt, unbedingt zu einer Mengenfortschreibung führen. Die Fortschreibung der Sachkonten geschieht über automatische Kontenfindung mit Hilfe von Bewertungsklasse und Bewegungsart bzw. Kontomodifikation. Für die richtigen Sachkonten bei der Verbuchung von Verbrauchsmaterial (kontierte Bestellposition) greift der Wareneingang auf den Bestellungsbeleg zurück.

Abbildung 116: Beispielbelege aus dem Wareneingang

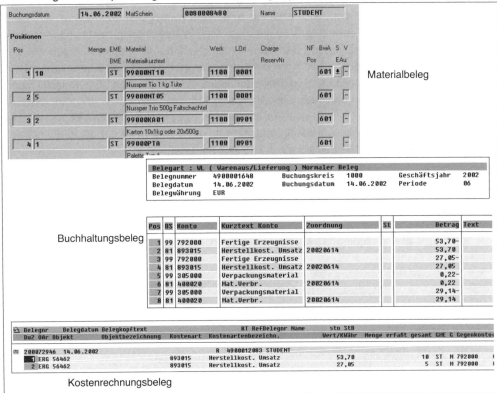

Bildschirmbilder ©SAP® AG

Neben Material- und Buchhaltungsbeleg können noch ein Warenbegleitschein und für die Fortschreibung wertmäßiger Veränderungen von Controlling-Objekten, z.B. Kostenstellen, Kostenrechnungsbelege erzeugt werden.

Da üblicherweise zum Zeitpunkt des Wareneingangs die Rechnung noch nicht vorliegt, kann die wertmäßige Verbuchung eines Wareneingangs nur auf Basis des Bestellpreises erfolgen. Der Bestellpreis kann, muss aber u.U. nicht der Preis sein auf den die Rechnung lautet, so dass eventuell Korrekturbuchungen notwendig sind.

Abbildung 117: Notwendigkeit eines Zwischenkontos

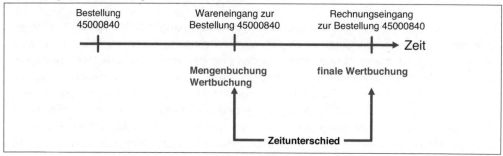

Zudem formuliert die Rechnung die eigentliche Verbindlichkeit gegenüber dem Lieferanten. So lange keine Rechnung vorliegt, fühlen sich die wenigsten zur Zahlung animiert. Es bietet sich also an die Wertbuchung zur Überbrückung der Zeitdifferenz zwischen Waren- und Rechnungseingang auf einem Zwischenkonto bzw. Verrechnungskonto, zu „parken". Das Konto, das hier diese Funktion ausübt ist das sog. Wareneingang/Rechnungseingang-Verrechnungskonto (WE/RE-Konto). Der Wareneingang wird auf der Habenseite gebucht. Je nach Preissteuerung (S oder V) wird noch ein Aufwands- bzw. Ertragskonto benötigt um Unterschiede zwischen Bestellpreis und Bewertungspreis auszugleichen. Ein Beispiel zum Standardpreis (Preissteuerung S) zeigt die Abbildung 118. Bei einer Bewertung zum gleitenden Durchschnittspreis wäre das Preisdifferenzenkonto nicht notwendig. Es wird nur die jeweils gelieferte Warenmenge wertmäßig erfasst, d.h. wenn statt bestellter 30 Stück nur 15 Stück geliefert werden, so werden auch nur 15 Stück bewertet.

Abbildung 118: Wareneingang bei Preissteuerung S

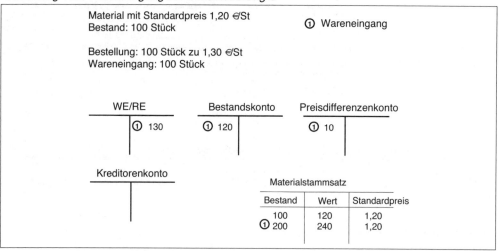

Mit dem Wareneingang ist eine Vielzahl von Informationsflüssen verbunden. Im Wareneingang erfasste Daten verursachen – neben mengen- und wertmäßiger Fortschreibung – eine Fortschreibung in der Bestellentwicklung und in der Lieferantenbeurteilung. Durch Setzen eines Kennzeichens WE-Nachricht in der Bestellung wird der Sachbearbeiter im Einkauf automatisch informiert, wenn der Wareneingang erfolgt ist. Außerdem stellen die Wareneingangsinformationen eine Grundlage für die Rechnungsprüfung dar.

4.3.6.2 Mengenabweichung beim Wareneingang

R/3® schlägt auf Basis der Bestellung bei einem Wareneingang die offene Bestellmenge einer Position vor. R/3® vergleicht dann die gepflegte Menge, also die tatsächliche gelieferte Menge, mit der offenen Bestellmenge. Die offene Bestellmenge ergibt sich aus:

bestellte Menge – bisher gelieferte Menge.

Bei Lieferung der gesamten Position bzw. einer Überlieferung ist die offene Bestellung gleich Null. Eine Bestellposition gilt als erledigt, wenn die offene Bestellmenge gleich Null ist.

Wird weniger als die Bestellmenge geliefert, dann wird diese Menge als Teilmenge angesehen. Es wird noch ein weiterer Wareneingang erwartet. Durch Setzen des so genannten Endlieferungskennzeichens für diese Position wird die offene Bestellmenge gleich Null gesetzt. Die Position gilt als endgeliefert, obwohl nicht die gesamte Menge geliefert wurde. Es wird keine weitere Lieferung mehr erwartet. Restmengenbuchungen sind möglich, haben aber keine Auswirkung auf den offenen Bestellbestand. Das Endlieferungskennzeichen wird automatisch gesetzt, wenn die Gesamtmenge bezogen auf die Position geliefert wurde.

Abbildung 119: Wareneingang zur Bestellung mit Überlieferung

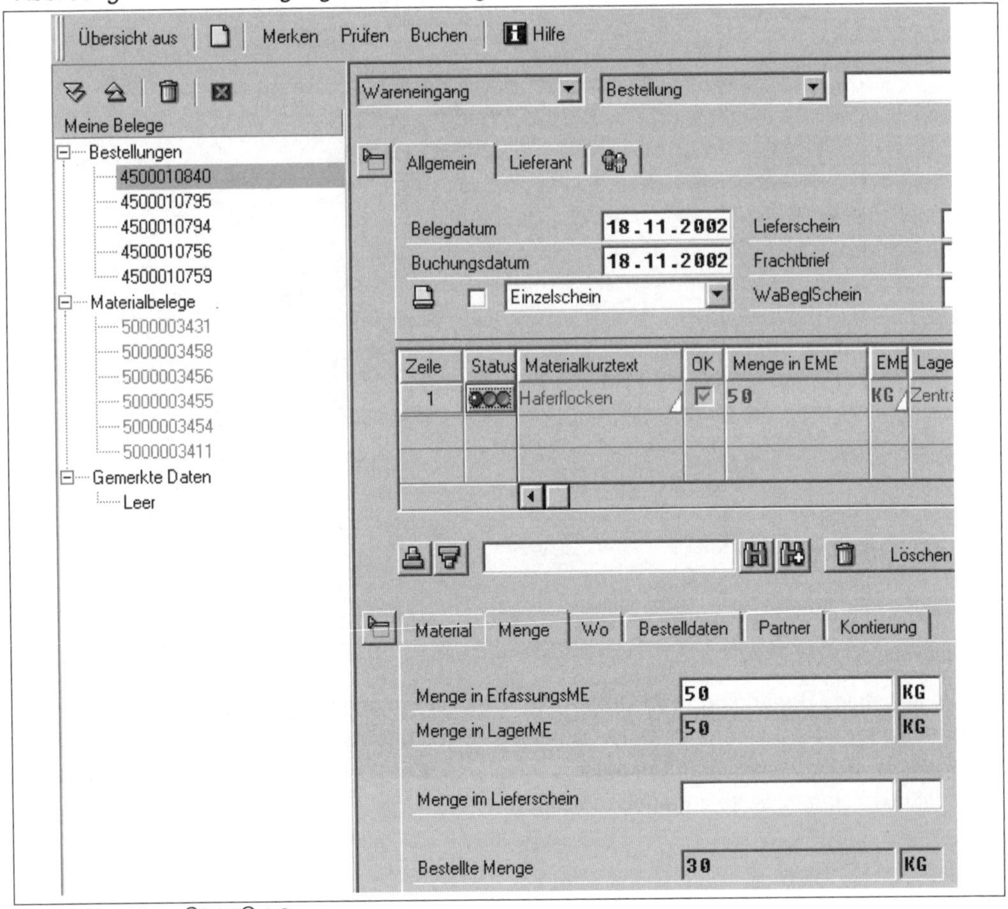

Bildschirmbilder ©SAP® AG

Grundsätzlich sind Unterlieferungen, d.h. weniger als die offene Bestellmenge, im R/3®-Standardsystem zulässig. Die Unterlieferung wird als Teillieferung angenommen. Überlieferungen werden nicht akzeptiert. Es wird eine Fehlermeldung ausgegeben. Fehlermeldungen können nicht übergangen werden. Bei Bedarf kann dies im Customizing umgestellt werden. Die Abbildung 119 zeigt eine Überlieferung für die Position 1. 30 KG wurden bestellt, 50 KG jedoch geliefert. Die „rote Ampel" in der Position 1 bei Status signalisiert den Fehler. Eine Verbuchung wird abgelehnt. Im Gegensatz dazu das Bildschirmbild der Abbildung 120 . Hier wird eine Unterlieferung dargestellt. Es wird nur „gewarnt". Eine weitere Lieferung wird vom System noch erwartet.

Abbildung 120: Wareneingang zur Bestellung mit Unterlieferung

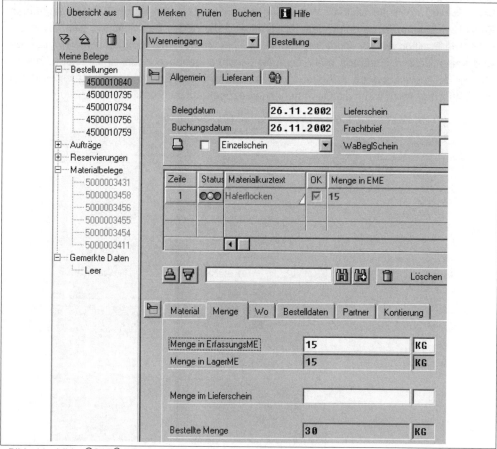

Bildschirmbilder ©SAP® AG

Die relativ strikte Behandlung von Unter- oder Überlieferungen in Positionen lässt sich spezifizieren bzw. ändern, indem im Materialstammsatz (Sicht Einkauf – Einkaufswerteschlüssel) und/oder im Einkaufsinfosatz (Einkaufsorganisationsdaten 1) und/oder in der Bestellposition prozentuale Toleranzwerte angegeben werden.

Abbildung 121: Toleranzgrenzen pflegen

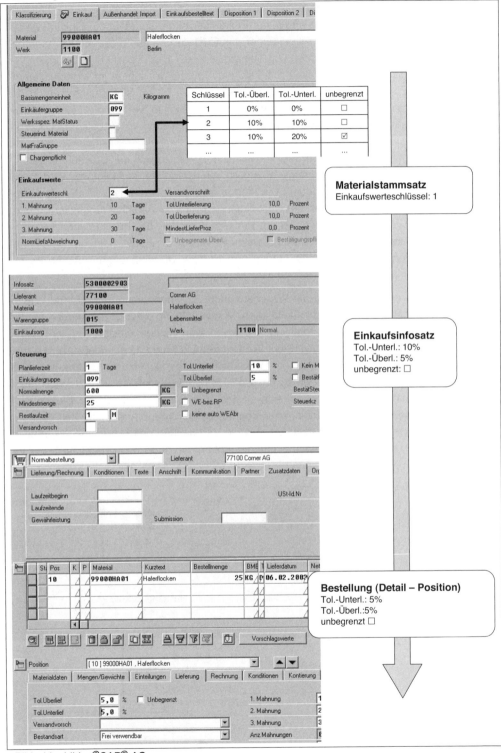

Bildschirmbilder ©SAP® AG

Die prozentualen Unter- und Überlieferungstoleranzen beziehen sich stets auf die Bestellmenge. Mit Ausnahme des Materialstammsatzes können die Toleranzwerte direkt eingegeben werden. Im Materialstammsatz wird in der Einkaufssicht der so genannte Einkaufswerteschlüssel gepflegt. Diesem Schlüssel sind über das Customizing des Einkaufs die Toleranzwerte (und weitere Daten) zugeordnet. Der Toleranzwert der Bestellposition hat Vorrang vor dem des Einkaufsinfosatz. Der Einkaufsinfosatz hat Vorrang vor einem im Materialstammsatz gepflegten Einkaufswerteschlüssel. Bei Erstellung des Einkaufsinfosatzes werden die Toleranzwerte des Materialstammsatzes vorgeschlagen. Ebenso werden die Toleranzwerte des Einkaufsinfosatzes für die Bestellpositionen in der Bestellung vorgeschlagen. Die Vorschlagswerte sind wie immer änderbar.

Ist die Wareneingangsmenge größer als die Bestellmenge zuzüglich der Überlieferungstoleranz oder kleiner als die Bestellmenge abzüglich der Unterlieferungstoleranz, wird keine Meldung in der Statuszeile ausgegeben. Die Menge wird akzeptiert, das Endlieferungskennzeichen gesetzt. Bei Unterschreiten der Bestellmenge inklusive Unterlieferungstoleranz wird wie vorher eine Warnmeldung ausgegeben. Ein Überschreiten der Bestellmenge inklusive Überlieferungstoleranz ist nicht möglich. Es erscheint wieder die Fehlermeldung. Durch Setzen des „Unbegrenzt"- Kennzeichens werden unbegrenzte Überlieferungen erlaubt. Es erscheint keine (Fehler-)Meldung.

Es kann auch zu einer Ablehnung der Warenannahme kommen, wenn verderbliche Waren der Mindesthaltbarkeitsprüfung nicht standhalten. Voraussetzung dafür ist die Aktivierung der Mindesthaltbarkeitsprüfung im Customizing. Weiter müssen Haltbarkeitsdaten in der Bestellung und/oder im Materialstammsatz (Sicht Werksdaten/Lagerung 1) gepflegt sein, d.h. die Mindestrestlaufzeit und Gesamthaltbarkeit. Eine Gesamthaltbarkeit von sechs Monaten – wie in Abbildung 122 dargestellt – bedeutet, dass das Material ausgehend vom Herstelldatum sechs Monate haltbar ist. Es berechnet sich so das Mindesthaltbarkeitsdatum. Dieses wird gegen das Tagesdatum des Wareneingangs geprüft. Ist die daraus errechnete Zeit geringer als die angegebene Mindestrestlaufzeit, so wird die Verbuchung des Materialbelegs verweigert. Für den Fall, dass keine Gesamthaltbarkeit gepflegt ist, muss das Mindesthaltbarkeitsdatum angegeben werden.

Abbildung 122: Mindesthaltbarkeitsprüfung

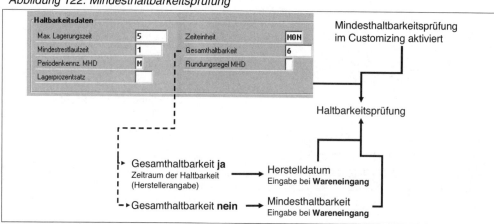

Bildschirmbild ©SAP® AG

4.3.7 Rechnungsprüfung

Die Rechnungsprüfung hat die Aufgabe, erhaltene Rechnungen zu erfassen und auf Vollständigkeit bzw. Richtigkeit zu überprüfen.

Die Rechnungsprüfung als Menüfunktion ist, trotz ihrer finanzwirtschaftlichen Nähe, in der Materialwirtschaft angesiedelt. Die Begründung liegt darin, dass der Beschaffungsprozess überwiegend logistischen Charakter hat und die Rechnungsprüfung nicht die Funktion der Zahlung beinhaltet. Die Rechnungsprüfung umfasst folgende Tätigkeiten:

* die Erfassung von eingegangenen Rechnungen und Gutschriften,
* die Prüfung auf sachliche, preisliche und rechnerische Richtigkeit,
* die Kontierung der Rechnung,
* die Fortschreibung von Daten (z.B. gleitender Durchschnittspreis, offene Posten, etc.),
* die Nachbearbeitung von Rechnungen, deren Abweichungen vom Bestellvorgang zu groß waren.

Rechnungen gehen üblicherweise als Folge von Bestellungen ein. Um die Rechnung auf sachliche, preisliche und rechnerische Richtigkeit zu prüfen, ist die Zuordnung zu einem Bestellvorgang notwendig. In einer Positionsübersicht können dann die Positionen der Bestellung ausgewählt werden, die für die Rechnung geprüft werden sollen. Als weiterer Bezugspunkt kann der Lieferschein verwendet werden.

Der Anwender muss den Rechnungskopf (Belegdatum, Buchungsdatum, Rechnungsbruttopreis, Zuordnung etc.) pflegen. R/3® bietet für die Positionen der zugeordneten Bestellung Vorschlagswerte an. Der Mengenvorschlag basiert auf dem oder den Materialbelegen. Teillieferungen (mehrere Wareneingangsbelege) zu einer Position werden summiert und zusammen abgerechnet, z.B. würden zwei Wareneingänge zu einer Bestellposition von 2 und 4 Kartons zu einer Rechnungsposition zusammengefasst. Die bisher tatsächlich eingegangene Menge einer Position wird dann als Rechnungsmenge vorgeschlagen. Der vorgeschlagene Rechnungsbetrag berechnet sich aus Wareneingangsmenge und Einzelpreis aus der Bestellung. Falls notwendig können diese Vorschlagswerte i.S. der Rechnung korrigiert werden.

Die Rechnungsprüfung wird von R/3® durchgeführt. Verglichen wird der Preis der Bestellposition mit dem eingegebenen Preis der Rechungsposition. Für die richtige Menge wird die tatsächlich eingegangene Menge berücksichtigt, d.h. die zu dieser Bestellung durchgeführten Wareneingänge. Die Menge ergibt sich aus den entsprechenden Materialbelegen. Die Prüfbasis bilden damit zwei Belege, die Bestellung und der Materialbeleg des Wareneingangs. Dies wird auch als bestellbezogene Rechnungsprüfung bezeichnet.

Im Beispiel der Abbildung 123 wird für die Rechnungsposition 1 eine Rechnungsmenge von 20 KG und ein Betrag von 143,20€ (20 x 7,16) vorgeschlagen. Basis ist die Bestellung mit dem Bestellpreis und der Wareneingangsbeleg mit der eingegangenen Menge.

Sollen mehrere Wareneingänge zu einer Bestellposition auch durch mehrere Positionen in der Positionsliste dargestellt werden, dann muss eine wareneingangsbezogene Rechnungsprüfung durchgeführt werden. Daher muss der Wareneingang erfolgt sein, bevor die Rechnung erfasst wird. Die wareneingangsbezogenen Rechnungsprüfung ist dann sinnvoll, wenn davon auszugehen ist, dass eine Vielzahl von Teillieferungen zu erwarten ist. Wie geprüft werden soll, wird in der Bestellposition durch den Einkäufer festgelegt. Es hängt von der zugeordneten Bestellung ab, wie die Rechnungspositionsliste in R/3® aufgebaut wird. Der Einkäufer kann für Bestellpositionen die wareneingangsbezogene Rechnungsprüfung festlegen.

Des Weiteren gibt es auch Rechnungen ohne Bestellbezug, z.B. Waren, die unaufgefordert gesendet wurden, aber dennoch im Unternehmen verbleiben oder Rechnungen ohne Lieferung wie Spesenrechnungen. Diese Rechnung können direkt auf ein Material-, Sach- oder Anlagenkonto gebucht werden.

Abbildung 123: Vorschlagswerte auf Basis von Bestellung und Wareneingang

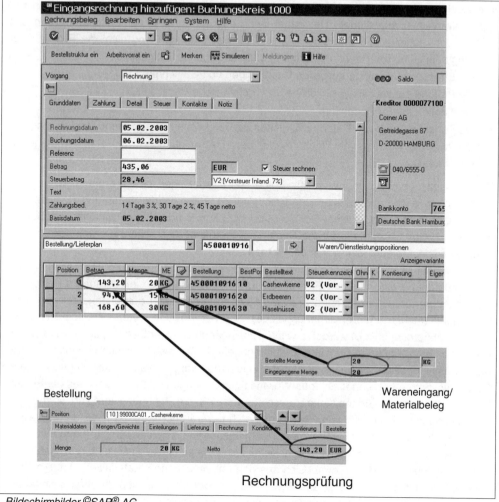

Umfasst eine Rechnung mehrere Bestellungen, so kann der Vorgang über Mehrfachzuordnungen abgebildet werden. Rechnungen, für die noch Klärungsbedarf besteht oder für die noch keine Waren geliefert wurden und die Lieferung noch abgewartet werden soll, können vorerfasst werden. Die Rechnung wird zwar im R/3®-System durch einen Beleg erfasst, aber eben nicht gebucht. Sie wird im Prinzip nur zwischengespeichert.

An der Rechnungsprüfung zeigt sich nochmals deutlich das in R/3® realisierte Integrationskonzept, denn neben Bestellung und Materialbeleg werden noch weitere Bewegungsdaten und auch Stammdaten vom R/3®-System zur Rechnungsprüfung hinzugezogen. Zu den verwendeten Stammdaten gehören u.a. die Materialdaten (z.B. Bestandsdaten, Bewertungspreis) und die Kreditorendaten (z.B. Bankverbindung, Zahlungsbedingungen). Die Bewegungsdaten werden durch den beim Wareneingang erzeugten Buchhaltungsbeleg ergänzt.

Die bisher beschriebene Rechnungsprüfung erfolgt im Dialog. Für die Verbuchung von Massendaten (ohne Prüfung auf Positionsebene) kann auch eine Prüfung im Hintergrund ohne Benutzereingriff durchgeführt werden. Belegkopfdaten und Zuordnung müssen weiterhin vom Benutzer gepflegt werden. Ein papierloser (elektronischer) Rechnungseingang ist möglich.

4.3.7.1 Rechnungen mit Preisabweichungen

Rechnungen mit Abweichungen bedeutet, dass mindestens eine Position der Rechnung von den Vorschlagswerten (Menge oder Preis der Position) abweicht. Die Funktionsweise der Rechnungsprüfung wird zunächst am Beispiel der Preisabweichung erläutert.

In einem ersten Schritt wird im Feld Betrag der in der Rechnung des Lieferanten angegebene Rechnungsbruttobetrag (inkl. Mehrwertsteuer) eingegeben. Alternativ kann auch der Nettobetrag (exkl. Mehrwertsteuer) eingegeben werden. Bei Angabe des Rechnungsbruttobetrags muss das Kennzeichen „Steuer rechnen" gesetzt werden.

Die Rechnung gilt als betragsmäßig in Ordnung, wenn die Summe aller von R/3® vorgeschlagenen Beträge zuzüglich der Mehrwertsteuer gleich dem Rechnungsbruttobetrag ist, d.h. die Differenz Null ist. Nur dann könnte die Rechnung verbucht werden. Der Saldo von Null wird demonstriert durch eine „grüne Ampel". Die Vorschlagsbeträge sind der Bestellung entnommen

Abbildung 124: Rechnung ohne Abweichung

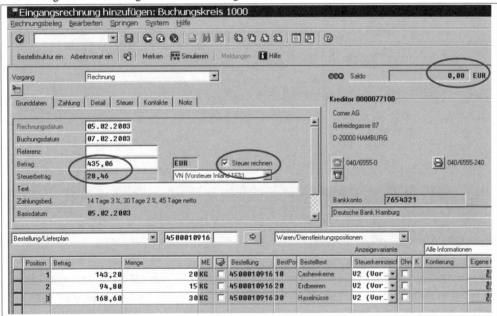

Bildschirmbild ©SAP® AG

Bei einer möglichen Abweichung des Rechnungspreises können im Prinzip zwei Situationen auftreten. Entweder eine oder mehrere Positionen weichen vom jeweiligen vorgeschlagenen Positionsbetrag (aus der Bestellung ab) und ergeben so einen höheren bzw. niedrigeren Rechnungspreis oder nur der Rechnungspreis weicht ab und die Positionen entsprechen dem Vorschlag. Im letzten Fall könnte sich z.B. um einen Tipp- oder Rechenfehler des Lieferanten handeln (435,60 € statt 432,06 €). U.U. ist die daraus entstehende Differenz so gering, dass der Aufwand für die Ursachenforschung oft höher ist als die Differenz selbst. Für sog. Kleindifferenzen kann eine obere Toleranzgrenze eingestellt werden. Im Gegensatz zum Wareneingang, wo Unter-/Überlieferungsgrenzen für Positionen im Materialstammsatz, im Einkaufsinfosatz oder in der Bestellung festgelegt werden, werden die zulässigen Grenzen für die Rechnungsprüfung im Customizing eingestellt. Es wird hier ein absoluter Wert in Buchungskreiswährung gepflegt. Die Abbildung 125 zeigt ein Beispiel mit einer Toleranzgrenze von ± 2,50 € Die Rechnung kann aber nur gebucht werden, wenn die Differenz gleich Null ist. Daher wird die verbleibende Differenz von 0,54 € vom System durch eine zusätzlich automatisch erzeugte Buchungszeile auf das Konto "Aufwand auf Kleindifferenz" gebucht. Damit ist der Saldo Null, und der Beleg kann gebucht werden. Liegt die Differenz außerhalb der Toleranzgrenze, so kann die Rechnung nicht gebucht werden.

Für den Fall, dass die Differenz die Toleranzgrenze über- bzw. unterschreitet, sie aber dennoch zu gering ist, so dass sich eine Ursachenforschung lohnt, kann zusätzlich eine Position erfasst werden, die diese Differenz ausgleicht.

Abbildung 125: Kleindifferenzen

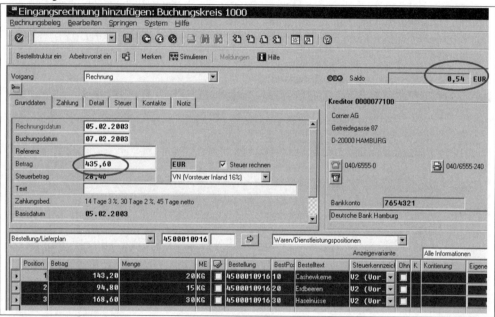

Bildschirmbild ©SAP® AG

Bei einer zu hohen Abweichung von der Bestellung müssen in einem zweiten Schritt die Positionen überprüft werden. Dazu werden die Vorschlagswerte, die auf Basis der Bestelldaten ermittelt wurden, mit den Beträgen der Rechnungspositionen überschrieben (natürlich nur sofern sie abweichen). Nun werden die Positionen einzeln auf festgelegte Toleranzgrenzen für Preisabweichungen geprüft (Rechnungsmenge x Bestellpreis gegen Rechnungsposition). Es werden Toleranzgrenzen für Rechnungen insgesamt (Kleindifferenzen) und Toleranzgrenzen für die Positionen geprüft.

Der Ablauf soll noch einmal an einem Beispiel demonstriert werden. Die Summe der auf Basis der Bestellung vorgeschlagenen Rechnungspositionen beträgt 406,60 € Die Rechnung lautet (netto) auf 410,40 € Damit besteht eine Differenz von 3,80 € Die Kleindifferenztoleranz lässt nur Abweichungen bis 2,50 € zu. Die Rechnung hat die „rote Ampel". Der Vorschlagswert der Position 1 wird – der Lieferantenrechnung entsprechend - auf 147 € korrigiert. Die Summe der Rechnungspositionen in R/3® beträgt nun 410,40 € Die Differenz ist also Null. Die Abweichung von Bestellposition und Rechnungsposition beträgt 3,80 € Dies unter der im Customizing gesetzten Grenze von 5 € Die Rechnung könnte – die sachliche Richtigkeit vorausgesetzt – gebucht werden und zur Zahlung freigegeben. Sie hat die „grüne Ampel".

Abbildung 126: Toleranzprüfung auf Positionsebene

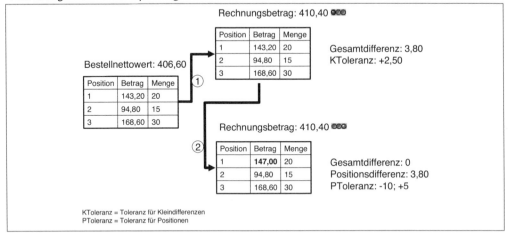

Ein Positionsbetrag von 147,50 € würde die Verbuchung ebenfalls nicht stören, da hier wieder die Kleindifferenztoleranz greifen würde. Bei Überschreiten der Positionstoleranzgrenze, z.B. bei einem Betrag von 149 €, würde die Rechnung zwar gebucht, aber zur Zahlung gesperrt (gelbe Ampel).

Abbildung 127: Toleranzüberschreitung in der Position

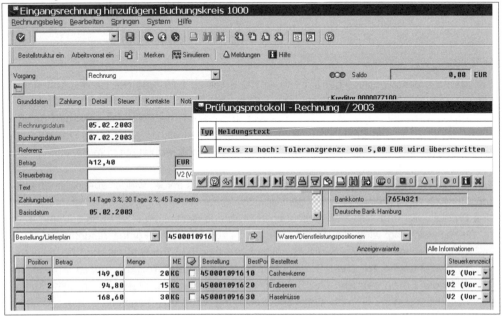

©SAP® AG

Die für die Zahlung notwendige Freigabe muss in einem eigenen Arbeitsschritt durchgeführt werden. Bei einer Unterschreitung der unteren Toleranzgrenze auf Positionsebene wird die Rechnung nicht zur Zahlung gesperrt. Es erscheint lediglich eine Warnmeldung (die ja übergangen werden kann). Toleranzgrenzenverletzungen bei Positionen und bei Kleindifferenzen haben unterschiedliche Auswirkungen.

Die Buchungen, die bei Preisabweichungen von R/3® durchgeführt werden, sind u.a. durch die Bewertung des jeweiligen Materials bestimmt. Die Verbuchung der Differenz steht im Fokus. Die Abbildung 128 zeigt die Buchungen an einem Beispiel für ein Material, dass mit dem Standardpreis bewertet wurde. Zur buchungstechnischen Überbrückung der Zeitdifferenz zwischen Waren- und Rechnungseingang wird der Wareneingang auf der Habenseite auf ein Verrechnungskonto, das sog. Wareneingang/Rechnungseingang-Verrechnungskonto (WE/RE-Konto), gebucht. Die Soll-Seite der Buchung stellt ein Bestands-, Verbrauchs- oder Anlagenkonto dar.

Abbildung 128: Kontobewegungen bei Material mit Standardpreis

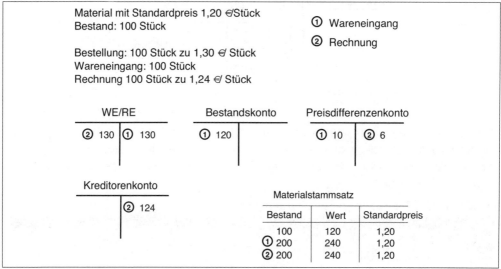

In Anlehnung an SAP® AG

Der Wert der Bestellposition beträgt 130 € (100 Stück zu 1,30 €/Stück). Da das Material eben mit dem Standardpreis (Preissteuerung S) bewertet wird, erhöht sich der bewertete Bestand beim Wareneingang um 120 € Die sich ergebende Preisdifferenz zwischen Bewertungspreis (1,20 €) und Bestellpreis (1,30 €) wird zunächst als Ertrag auf das Preisdifferenzenkonto gebucht. Die Gegenbuchung auf das WE/RE-Konto erfolgt mit dem Bestellwert von 130 €

Da das WE/RE-Konto ein Verrechnungskonto ist, muss es immer wieder ausgeglichen werden. Der Ausgleich geschieht durch die Verbuchung der Rechnung. Allerdings ist im Beispiel eine Preisabweichung zwischen Rechnung (124 €) und Bestellung (130 €) aufgetreten. Diese Preisabweichung wird wieder mit Hilfe des Preisdifferenzenkontos aufgefangen. Das Preisdifferenzenkonto erfasst damit Abweichungen zwischen Bewertungs- und Bestellpreis, sowie Abweichungen zwischen Bestell- und Rechnungspreis. Preisdifferenzen werden als Aufwand oder Ertrag gebucht. Der Saldo des Preisdifferenzenkontos wird am Jahresende (Bilanzerstellung) in die Gewinn- und Verlustrechnung (GuV) übernommen.

Bei Material mit gleitendem Durchschnittspreis (Preissteuerung V) werden diese Differenzen – im Gegensatz zum Standardpreis - dem Materialbestandskonto nachbelastet (bzw. – entlastet). Die Abbildung 129 beinhaltet ein Beispiel. Die Nachbe- oder entlastung des bewerteten Bestands ist allerdings nur dann möglich, wenn das Material, im Beispiel die gelieferten 100 Stück, noch vollständig vorhanden ist. Das heißt, eine eventuelle Korrektur wegen Preisabweichung erfolgt je bewerteter Materialeinheit. Besteht eine Bestandsdeckung (Material vollständig vorhanden), dann kann der Bestandswert korrigiert werden. Das Preisdifferenzenkonto ist nicht relevant. Eine Unterdeckung beispielsweise durch eine zwischenzeitliche Materialentnahme würde auch beim gleitenden Durchschnittspreis das Preisdifferenzenkonto erforderlich machen. Jetzt würde nur noch das von der Lieferung vorhandene Material nachbe- oder entlastet. Der „Rest" würde auf das Preisdifferenzenkonto gebucht.

Abbildung 129: Material mit gleitendem Durchschnittspreis mit Bestandsdeckung

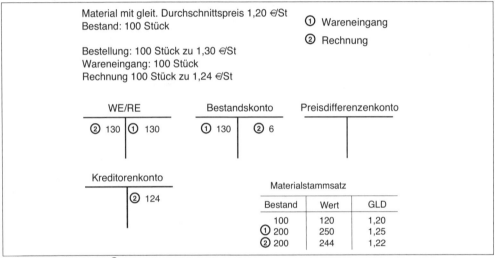

In Anlehnung an SAP® AG

Falls die Glattstellung des WE/RE nicht möglich ist, erfolgt ein periodischer Ausgleich:
- auf ein Bestandskonto, wenn die Waren mit der Mengenabweichung mit dem gleitenden Durchschnittspreis (GLD) bewertet sind, sofern keine Unterdeckung besteht,
- auf ein Aufwands- oder Ertragskonto, wenn die Waren mit der Mengenabweichung mit dem Standardpreis bewertet sind.
- auf ein Kosten- oder Anlagenkonto bei kontierten Bestellungen.

4.3.7.2 Mengenabweichungen

Bei einer Mengenabweichung weicht die in Rechnung gestellte Menge mindestens in einer Position von einem Vorschlagswert ab. Der Vorschlagswert ergibt sich aus der Differenz aus gelieferter und bereits berechneter Menge. Werden die hierfür festgelegten Toleranzgrenzen überschritten, erscheint eine Warnmeldung. Toleranzgrenzen lassen sich für jede Art der Abweichung im Customizing getrennt einstellen. Die Mengen werden auf Positionsebene geprüft. Dazu müssen Mengen und zugehörige Preise zuvor gepflegt sein. Im Beispiel wurden statt der gelieferten 20 KG nur 10 KG berechnet. Die 10 KG werden mit 71,60 € (Einzelpreis 7,16 €) in Rechnung gestellt. Auch wenn hier Preis und Menge modifiziert worden sind, handelt es sich nur um eine Mengenabweichung. Denn der Bestellpreis je KG war 7,16 €, so dass die in Rechnung gestellten 71,60 € für 10 KG korrekt sind.

Abbildung 130: Mengenabweichung

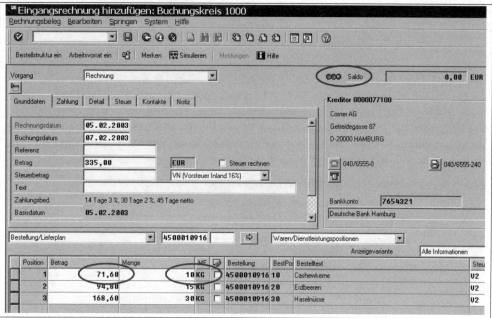

SAP® AG

Rechnungen, deren Mengenabweichung in Positionen die obere Toleranzgrenze überschreitet werden gebucht, aber wegen Verletzung der oberen Grenze zur Zahlung gesperrt. Die Rechnung hat die „gelbe Ampel". Es gibt eine Warnmeldung „Rechnungsmenge ist größer als Wareneingangsmenge". R/3® erwartet zudem, dass die zuviel berechnete Menge noch geliefert wird. Wurde zu wenig Menge in Rechnung gestellt (Abbildung 130), d.h. die Rechnungsmenge ist kleiner als die Wareneingangsmenge, und ist die untere Grenze überschritten, dann wird die Rechnung gebucht und zur Zahlung freigegeben. Für die zuviel gelieferte Menge wird eine weitere Rechnung erwartet.

Abbildung 131: Kontobewegungen bei Mengenabweichung

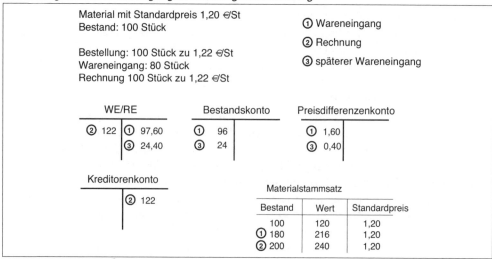

In Anlehnung an SAP® AG

Die Abbildung 131 zeigt die Kontobewegungen bei einer Mengenabweichung. Die hier gezeigte Rechnung würde bei ihrer Buchung ② zur Zahlung gesperrt.

4.3.7.3 Mengen- und Preisabweichung

Mengen- und Preisabweichung bedeutet, dass sowohl bestellte und gelieferte Menge, als
auch der Bestellpreis je Einheit vom Rechnungspreis je Einheit von einander abweichen.
Beide zuvor vorgestellten Prüfverfahren arbeiten zusammen. Auch die Kleindifferenztoleranz wird wieder überprüft, d.h. zunächst wird nach Eingabe des Rechnungsbetrages geprüft, ob eine geringfügige Abweichung vorliegt. In der Abbildung 132 liegt eine zu hohe Abweichung vor (29,80 €).

Abbildung 132: Kleindifferenzprüfung

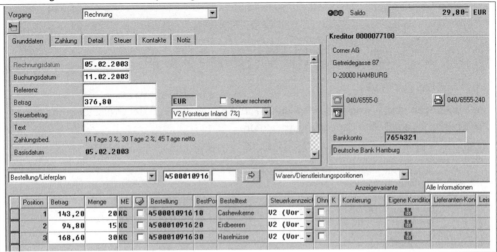

Bildschirmbild SAP® AG

Nun werden die Positionen bearbeitet, d.h. Mengen und Beträge werden der Rechnung angepasst. Für die Position 1 wurden nur 15 KG berechnet. Eine Mengenabweichung liegt vor.
Es wird erwartet, dass noch eine weitere Rechnung folgt. Der Betrag gegen den die Toleranzgrenze der Position geprüft wird, ergibt sich aus Rechnungsmenge x Einzelpreis aus
Bestellung (hier: 15 x 7,16 = 107,40). In der Rechnung wird allerdings die Position 1 mit einem Betrag von 113,4 € ausgewiesen, was einem Einzelpreis von 7,56 € entspricht. Es liegt
also zusätzlich eine Preisabweichung vor. Der eigentlich zur Menge „passende" Betrag von
107,40 € wird um 6 € überschritten und liegt damit über der zulässigen oberen Toleranzgrenze von 5 € Die Rechnung wird zwar gebucht aber hinsichtlich der Zahlung gesperrt.

Abbildung 133: Mengen- und Preisabweichung

Bildschirmbilder SAP® AG

Die Buchungen sind – wegen der Preisabweichung – wieder von der Preissteuerung abhängig. Ebenso ist auf Bestandsdeckung zu achten.

Abbildung 134: Kontobewegungen bei Mengen- und Preisabweichung (GLD)

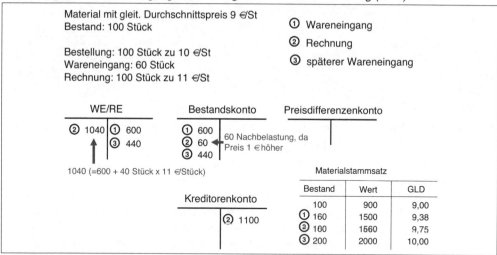

In Anlehnung an SAP® AG

4.3.7.4 Abweichung bei Bestellpreismengen

Bestellt werden beispielsweise 100 Gebinde Getränkedosen. Ein Gebinde enthält 6 Dosen mit je 0,33 Liter Inhalt. Der Bestellpreis bezieht sich nicht auf das Stück (Gebinde), sondern lautet 1,20 € je Liter. Stück ist die Bestellmengeneinheit und Liter die Bestellpreismengeneinheit. Das Verhältnis von Stück zu Liter, hier 1 Stück = 2 Liter, muss dem System spätestens in der Bestellung bekannt gemacht werden.

Es werden auch 100 Gebinde mit 0,33 Literdosen geliefert. Der Vorschlagswert für die Rechnungsposition beträgt 240 € (200 Liter x 1,20 €/Liter). Die zugesendete Rechnung gibt für diese Position einen Betrag von 360 € für 100 Gebinde mit 0,5 Literdosen (= 300 Liter) an.

Es handelt sich hierbei nicht um eine Mengenabweichung, denn es wurden 100 Stück bestellt, geliefert und in Rechnung gestellt. Eine Preisabweichung, wie oben erläutert, liegt ebenfalls nicht vor, da der Bestellpreis sich nicht auf Bestelleinheit, sondern eben auf eine Bestellpreismengeneinheit bezieht. Die Abweichung entsteht also durch die Bestellpreismenge, denn es wurden 100 Stück = 200 Liter bestellt bzw. geliefert. In Rechnung gestellt werden 100 Stück = 300 Liter. Die Bestellpreismengenabweichung ergibt sich also aus dem Verhältnis von:

$$\frac{\text{Rechnungsmenge in Bestellpreismengeneinheit}}{\text{Rechnungsmenge in Bestellmengeneinheit}} \quad \text{zu} \quad \frac{\text{Wareneingangsmenge in Bestellpreismengeneinheit}}{\text{Wareneingangsmenge in Bestellmengeneinheit}} \;.$$

Für Rechnungen, die vor dem Wareneingang eintreffen, werden zur Prüfung die bestellten Mengen ins Verhältnis gesetzt. Bei Überschreiten der oberen Toleranzgrenze wird die Rechnung wieder zur Zahlung gesperrt.

Die Kontobewegungen bei Bestellpreismengenabweichungen erfolgen analog zu denen bei reinen Preisabweichungen. In Abhängigkeit von der Preissteuerung werden die Abweichungen auf das Bestandskonto oder auf das Preisdifferenzenkonto (Ertrag aus Preisdifferenzen bzw. Aufwand aus Preisdifferenzen) gebucht. Die Abbildung zeigt ein Beispiel zum gleitenden Durchschnittspreis bei Bestandsdeckung.

Abbildung 135: Kontobewegungen bei Bestellpreismengenabweichung

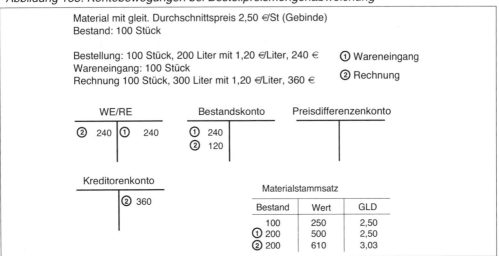

In Anlehnung an SAP® AG

Neben der gezeigten Möglichkeit, Abweichungen zu akzeptieren, bietet R/3® auch die Möglichkeit, Rechnungen zu kürzen (ab Release 4.0). Dazu wird der Vorschlagswert (Menge und/oder Preis je Position) beibehalten und die Rechnungsmenge bzw. der Rechnungsbetrag in zusätzlichen Feldern erfasst. Die Abweichung wird somit als Lieferantenfehler ausgelegt. Das System bucht dann zwei Belege, die Rechnung und – in Höhe der Kürzung - eine Gutschrift.

Sämtliche Buchungen im Rahmen der Rechnungsprüfung können simuliert werden. So können die Buchung und ihre Folgen noch einmal durch den Benutzer geprüft werden.

4.3.7.5 Rechnungen sperren

Rechnungen, deren Positionen in Menge und/oder Betrag die obere Toleranzgrenze über-schreiten, werden vom System automatisch gesperrt. Dazu wird im Belegkopf im Feld Zahl-sperre systemseitig ein R gesetzt. Da die Zahlsperre im Belegkopf gesetzt wird, gilt diese immer für die gesamte Rechnung. Die Finanzbuchhaltung kann diese Rechnung(en) nicht bezahlen bzw. die Rechnung würde bei einem so genannten Zahlungslauf nicht berücksich-tigt. Das System ermittelt bei einem solchen Lauf sämtliche zur Zahlung fälligen Positionen. Gründe für eine automatische Sperrung können sein:

- Mengenabweichung,
- Preisabweichung,
- Bestellpreismengenabweichung,
- Terminabweichung,
- Qualitätsprüfung,
- stochastische Sperre,
- Betragshöhe.

Die Terminabweichung tritt dann auf, wenn die Rechnung vor dem vereinbarten Liefertermin erfasst wird. Wird eine Qualitätsprüfung durchgeführt, dann ist die Rechnung solange ge-sperrt, bis der Prüfvorgang als erfolgreich gemeldet ist. Rechnungen, die keinen Anlass zur Beanstandung geben, können stochastisch gesperrt werden. Für die stochastische Sperrung wird ein Schwellenwert angegeben, bei dem eine Rechnung, sofern kein anderer Sperrgrund vorliegt, mit einer bestimmten Wahrscheinlichkeit zur Zahlung gesperrt wird. Die Wahr-scheinlichkeit sinkt, je weiter der Betrag unter dem Schwellenwert bleibt.

Beispiel: Der Schwellenwert beträgt 3000 € und der Prozentsatz 50%. Jede Rechnung zu einem Betrag von 3000 € wird mit 50%iger Wahrscheinlichkeit gesperrt. Bei einem Re-chungsbetrag von 5000 € wird mit einer 83%igen Wahrscheinlichkeit automatisch ge-sperrt. Entsprechend bei einem Betrag von 1500 € erfolgt die Sperrung mit einer Wahr-scheinlichkeit von 25%.

Abbildung 136: Stochastisches Sperren

BuKr	Name der Firma	Schwellenwert	Währung	Prozentsatz
0001	SAP A.G.		EUR	
1000	IDES AG	3.000,00	EUR	50,00
2000	IDES UK		GBP	
2200	IDES France		EUR	
2300	IDES España		EUR	
2400	IDES Italia		EUR	
2500	IDES Netherlands		EUR	
3000	IDES US INC	6.000,00	USD	50,00
4000	IDES Canada	3.000,00	CAD	50,00
5000	IDES Japan		JPY	

©SAP® AG

Weiter können Rechnung gesperrt werden, wenn eine Rechnungsposition einen ungewöhnlich hohen Betrag enthält. Welche Beträge ungewöhnlich hoch sind, wird wieder über Toleranzgrenzen eingestellt.

Rechnungen können auch manuell gesperrt werden, indem vom Anwender im Belegkopf in das Feld Zahlsperre ein R eingetragen wird. Einzelne Positionen der Rechnung können manuell durch Markieren des Feldes „Sp" in der Positionsliste gesperrt werden.

Jede einmal gesperrte Rechnung bleibt solange gesperrt, bis in einem weiteren Arbeitsschritt die Rechnung freigegeben wird. Durch die Freigabe wird das Sperrkennzeichen zurückgenommen. Rechnungen ohne Sperrgrund sind automatisch zur Zahlung freigegeben. Die folgende Abbildung zeigt die Einstellung der Betragstoleranzen je Position.

Abbildung 137: Toleranzgrenzen einstellen

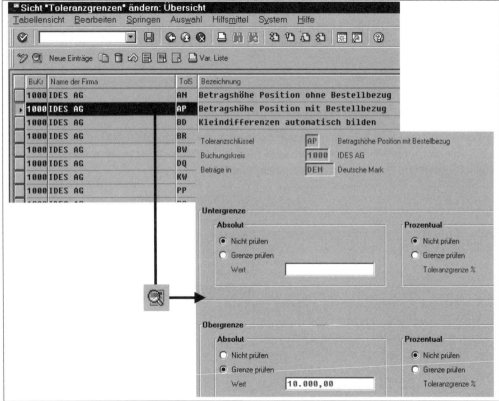

Bildschirmbilder ©SAP® AG

4.3.8 Fallstudie Wareneingang und Rechnungsprüfung

Nach der erfolgreichen Bestellung werden die Waren geliefert. Dazu ist der Prozess des Wareneingangs durchzuführen. Danach müssen die eingegangenen Rechnungen auf ihre Richtigkeit hin überprüft werden.

Aufgabe 14

Pflegen Sie den Wareneingang für die durchgeführten Bestellungen. Sämtliche Materialien werden vollständig geliefert. Geben Sie jeweils für das Herstelldatum einen sinnvollen Zeitpunkt (in der Vergangenheit) an. Das Belegdatum der Orginalbelege kann beliebig gewählt werden, jedoch nicht älter als das Bestelldatum. Gleiches gilt für die Rechnungen (siehe nächste Aufgabe). Die Bewegungsart ist die 101 „Wareneingang zur Bestellung in das Lager".

Aufgabe 15

Führen Sie eine bestellbezogene Rechnungsprüfung durch. Ändern Sie gegebenenfalls die Steuerkennzeichen in der Positionsübersicht.

Die folgenden Anleitungen unterstützen die Bearbeitung:
- Wareneingang zur Bestellung (vollständige Lieferung),
- Wareneingang zur kontierten Bestellung bzw. kontierten Position,
- Anzeige von Bestellungen bzw. Bestellpositionen in einer Übersichtsliste,
- Anzeige der erzeugten Belege,
- Rechnungsprüfung zur Bestellung (vollständige Lieferung),
- Rechnungsprüfung – CpD-Lieferant,
- Rechnungsbeleg anzeigen,
- Rechnung freigeben,

Wareneingang zur Bestellung (vollständige Lieferung)

Bei einem Wareneingang zu einer Bestellung werden die bestellten Mengen (aus der Bestellung) mit den erfassten, d.h. mit den tatsächlich gelieferten, Mengen verglichen. Dadurch können Unter- und Überlieferungen festgestellt werden.

FENSTER	MENUEPFAD/EINGABE
	**LOGISTIK** ⇨ MATERIALWIRTSCHAFT ⇨ BESTANDSFÜHRUNG ⇨ WARENBEWEGUNG ⇨ WARENEINGANG ⇨ ZUR BESTELLUNG ⇨ WE ZUR BESTELLUNG (MIGO)
	Wareneingang Bestellung
	Bestellung: *4500010917*
	▸ Eigene Bestellnummer verwenden! Kann auch mit F4 ermittelt werden.

auswählen und

▸ Bewegungsart

weiter

▸ Alternativ kann auch die Bestellung in der Belegübersicht doppelt angeklickt werden (s. folgenden Screen).

Falls die Übersicht nicht gezeigt wird, mit

Übersicht ein einschalten.

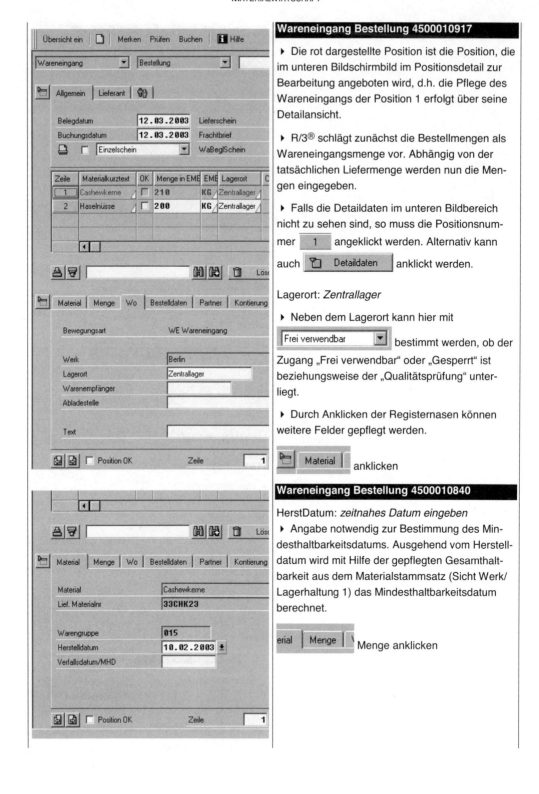

Wareneingang Bestellung 4500010917

▸ Die rot dargestellte Position ist die Position, die im unteren Bildschirmbild im Positionsdetail zur Bearbeitung angeboten wird, d.h. die Pflege des Wareneingangs der Position 1 erfolgt über seine Detailansicht.

▸ R/3® schlägt zunächst die Bestellmengen als Wareneingangsmenge vor. Abhängig von der tatsächlichen Liefermenge werden nun die Mengen eingegeben.

▸ Falls die Detaildaten im unteren Bildbereich nicht zu sehen sind, so muss die Positionsnummer 1 angeklickt werden. Alternativ kann auch [⧉ Detaildaten] anklickt werden.

Lagerort: *Zentrallager*

▸ Neben dem Lagerort kann hier mit [Frei verwendbar ▼] bestimmt werden, ob der Zugang „Frei verwendbar" oder „Gesperrt" ist beziehungsweise der „Qualitätsprüfung" unterliegt.

▸ Durch Anklicken der Registernasen können weitere Felder gepflegt werden.

[⧉ Material] anklicken

Wareneingang Bestellung 4500010840

HerstDatum: *zeitnahes Datum eingeben*
▸ Angabe notwendig zur Bestimmung des Mindesthaltbarkeitsdatums. Ausgehend vom Herstelldatum wird mit Hilfe der gepflegten Gesamthaltbarkeit aus dem Materialstammsatz (Sicht Werk/Lagerhaltung 1) das Mindesthaltbarkeitsdatum berechnet.

[erial | Menge |] Menge anklicken

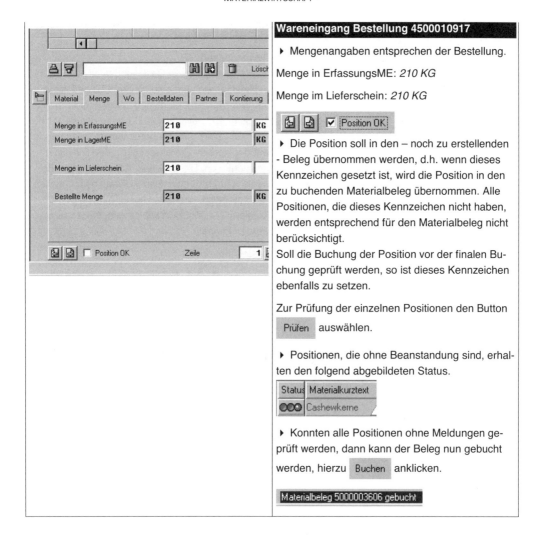

Wareneingang Bestellung 4500010917

▶ Mengenangaben entsprechen der Bestellung.

Menge in ErfassungsME: *210 KG*

Menge im Lieferschein: *210 KG*

▶ Die Position soll in den – noch zu erstellenden – Beleg übernommen werden, d.h. wenn dieses Kennzeichen gesetzt ist, wird die Position in den zu buchenden Materialbeleg übernommen. Alle Positionen, die dieses Kennzeichen nicht haben, werden entsprechend für den Materialbeleg nicht berücksichtigt.

Soll die Buchung der Position vor der finalen Buchung geprüft werden, so ist dieses Kennzeichen ebenfalls zu setzen.

Zur Prüfung der einzelnen Positionen den Button Prüfen auswählen.

▶ Positionen, die ohne Beanstandung sind, erhalten den folgend abgebildeten Status.

▶ Konnten alle Positionen ohne Meldungen geprüft werden, dann kann der Beleg nun gebucht werden, hierzu Buchen anklicken.

Wareneingang zur kontierten Bestellung bzw. kontierten Position

FENSTER	MENUEPFAD/EINGABE
	LOGISTIK ⇨ MATERIALWIRTSCHAFT ⇨ BESTANDSFÜHRUNG ⇨ WARENBEWEGUNG ⇨ WARENEINGANG ⇨ ZUR BESTELLUNG ⇨ BESTELL-NR. BEKANNT ▶ Ist die Bestellnummer unbekannt, so muss entsprechend der Menüpunkt BESTELL-NR. UNBEKANNT gewählt werden.

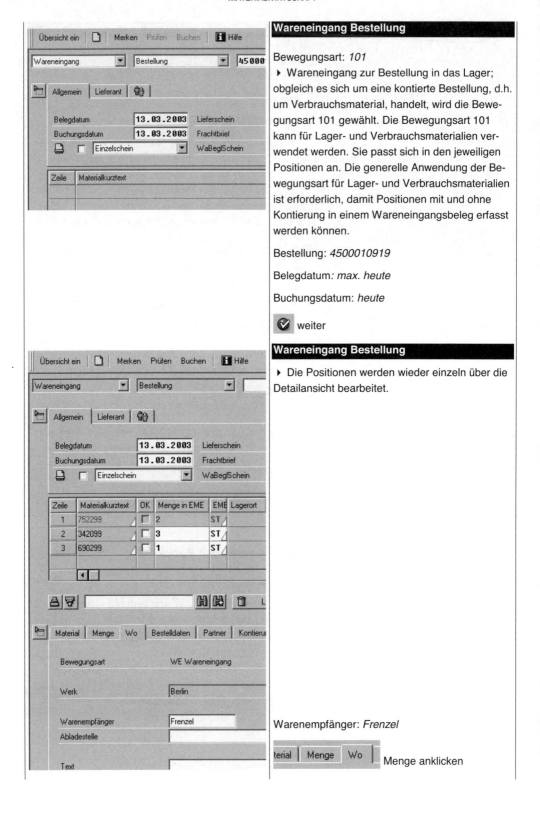

Wareneingang Bestellung

Bewegungsart: *101*

▸ Wareneingang zur Bestellung in das Lager; obgleich es sich um eine kontierte Bestellung, d.h. um Verbrauchsmaterial, handelt, wird die Bewegungsart 101 gewählt. Die Bewegungsart 101 kann für Lager- und Verbrauchsmaterialien verwendet werden. Sie passt sich in den jeweiligen Positionen an. Die generelle Anwendung der Bewegungsart für Lager- und Verbrauchsmaterialien ist erforderlich, damit Positionen mit und ohne Kontierung in einem Wareneingangsbeleg erfasst werden können.

Bestellung: *4500010919*

Belegdatum*: max. heute*

Buchungsdatum: *heute*

✅ weiter

Wareneingang Bestellung

▸ Die Positionen werden wieder einzeln über die Detailansicht bearbeitet.

Warenempfänger: *Frenzel*

Menge anklicken

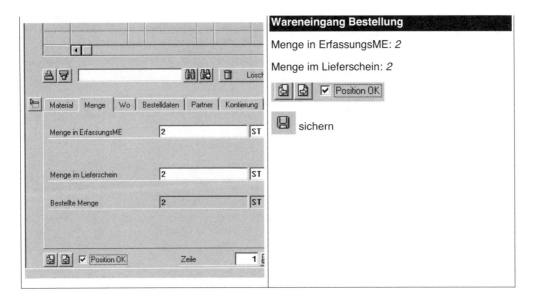

Anzeige von Bestellungen bzw. Bestellpositionen in einer Übersichtsliste.

FENSTER	MENUEPFAD/EINGABE
	LOGISTIK ⇨ MATERIALWIRTSCHAFT ⇨ EIN-KAUF ⇨ BESTELLUNG ⇨ LIST ANZEIGEN ⇨ ZUR BESTELLNUMMER
	▸ Wahlweise können auch andere Objekte zur Listerstellung dienen, z.B. der Lieferant (alle offenen Bestellpositionen zu einem Lieferanten) oder das Material.

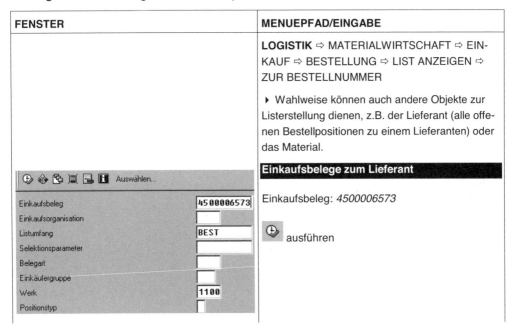

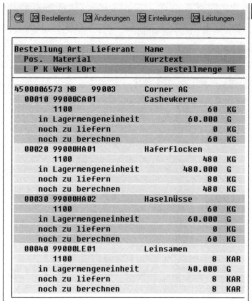

Einkaufsbelege zum Lieferant

▸ Die Rubriken „noch zu liefern" und „noch zu berechnen" geben Aufschluss über den Status der Bestellpositionen.

▸ Bestellungen, die ihren Liefertermin inkl. erste Mahnstufe überschritten haben, können wie folgt angezeigt werden.

LOGISTIK ⇨ MATERIALWIRTSCHAFT ⇨ EIN-KAUF ⇨ BESTELLUNG ⇨ NACHRICHTEN ⇨ ERINNERN UND MAHNEN

Mahnen und Erinnern von Einkaufsbelegen

Einkaufsorganisation: *1000*

Belegart: *NB*
▸ Normalbestellung

Einkäufergruppe: *0xx*

Bezugsdatum: *18.12.2000*

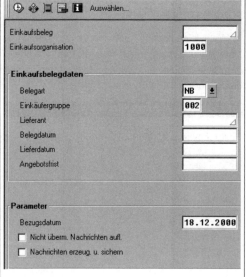

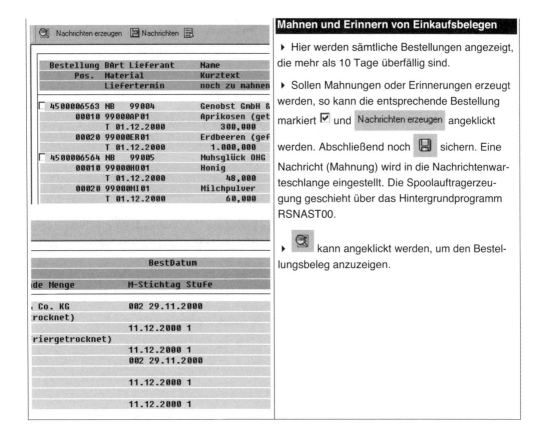

Mahnen und Erinnern von Einkaufsbelegen

▶ Hier werden sämtliche Bestellungen angezeigt, die mehr als 10 Tage überfällig sind.

▶ Sollen Mahnungen oder Erinnerungen erzeugt werden, so kann die entsprechende Bestellung markiert ☑ und Nachrichten erzeugen angeklickt werden. Abschließend noch 🖫 sichern. Eine Nachricht (Mahnung) wird in die Nachrichtenwarteschlange eingestellt. Die Spoolauftragerzeugung geschieht über das Hintergrundprogramm RSNAST00.

▶ 🔍 kann angeklickt werden, um den Bestellungsbeleg anzuzeigen.

Anzeige der erzeugten Belege

Beim Wareneingang werden verschiedene Belege erzeugt. Wie diese angezeigt werden können, wird im Folgenden beispielhaft am Material- und Buchhaltungsbeleg gezeigt.

FENSTER	MENUEPFAD/EINGABE
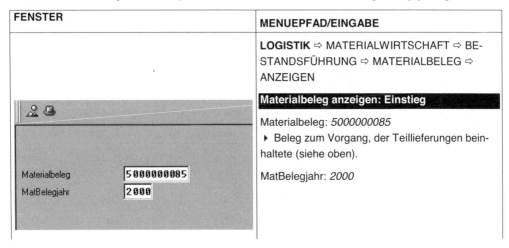	LOGISTIK ⇨ MATERIALWIRTSCHAFT ⇨ BESTANDSFÜHRUNG ⇨ MATERIALBELEG ⇨ ANZEIGEN
	Materialbeleg anzeigen: Einstieg
	Materialbeleg: *5000000085*
	▶ Beleg zum Vorgang, der Teillieferungen beinhaltete (siehe oben).
	MatBelegjahr: *2000*

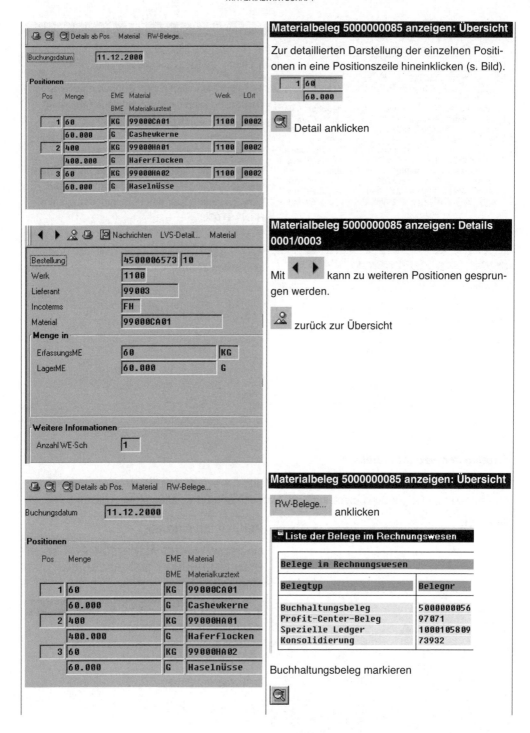

Materialbeleg 5000000085 anzeigen: Übersicht

Zur detaillierten Darstellung der einzelnen Positionen in eine Positionszeile hineinklicken (s. Bild).

Detail anklicken

Materialbeleg 5000000085 anzeigen: Details 0001/0003

Mit ◀ ▶ kann zu weiteren Positionen gesprungen werden.

zurück zur Übersicht

Materialbeleg 5000000085 anzeigen: Übersicht

RW-Belege... anklicken

Liste der Belege im Rechnungswesen

Belege im Rechnungswesen	
Belegtyp	**Belegnr**
Buchhaltungsbeleg	5000000056
Profit-Center-Beleg	97071
Spezielle Ledger	1000105809
Konsolidierung	73932

Buchhaltungsbeleg markieren

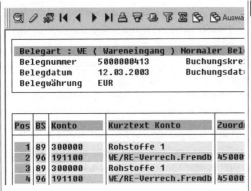

Beleg anzeigen: Übersicht

▸ Hier sind die Buchungsvorgänge im Zusammenhang mit dem WE/RE-Verrechnungskonto sichtbar. Jede Wareneingangsposition führte zu einer wertmäßigen Bestandserhöhung.

Rechnungsprüfung zur Bestellung (vollständige Lieferung)

FENSTER	MENUEPFAD/EINGABE
	LOGISTIK ⇨ MATERIALWIRTSCHAFT ⇨ LOGISTIK-RECHNUNGSPRÜFUNG ⇨ BELEGERFASSUNG ⇨ EINGANGSRECHNUNG HINZUFÜGEN

Buchungskreis: *1000*

✓

Rechnungsdatum: *12.03.2003*
▸ Belegdatum des Originalbelegs

Betrag: 2811,53 *EUR*
▸ Betrag ist hier inkl. Mehrwertsteuer.

☑ **Steuer rechnen** anklicken, wenn Betrag inkl. Mehrwertsteuer angegeben wurde.

Einkaufsbeleg: 4500010917
▸ Falls nicht bekannt, über Suche ermitteln.

⊘ weiter

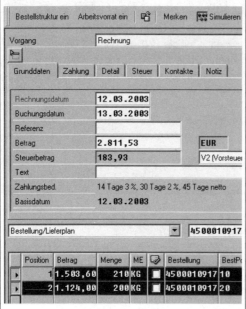

Eingangsrechnung hinzufügen

▸ Positionsübersicht und Belegkopf werden aktualisiert.

▸ Ampel zeigt an, ob Rechnung betragsmäßig (in Bezug auf Menge und Einzelpreis in Ordnung ist.

◉◯◯ Saldo bedeutet, dass Differenzen (Menge/Preis) aufgetreten sind, die aber noch zulässig sind (Toleranzen) (gelbe Ampel). Beispiel: die Rechnung lautet auf 220 KG zum Preis von 1503,60 €, bestellt bzw. geliefert wurden 210 KG.

◉◯◯ Saldo bedeutet, dass Differenzen zu unserem Nachteil aufgetreten sind (rote Ampel). Auf obiges Beispiel bezogen 1600,00 € für 210 KG (Position 1).

▸ Die Preis- und Mengendaten basieren auf den Daten der Bestellung (Einkaufsbeleg 4500010917). Es werden sämtliche Positionen der Bestellung angeboten. Es werden für Prüfung auf Richtigkeit nur die markierten Zeilen berücksichtigt.

▸ Die Kopfdaten können durch Anklicken der Register eingesehen bzw. verändert werden.

▸ Durch ◀┃┃▒▒▒▒▒▶ Scrollen können weitere Details in den Positionen eingesehen bzw. gepflegt werden.

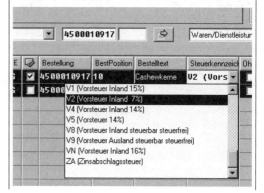

St. *V2 bzw. VN*

▸ Das Steuerkennzeichnen wird aus der Bestellung übernommen, kann aber hier noch geändert werden. Jede Position hat ihr eigenes Steuerkennzeichen.

▸ Wenn hier in einer Position ein Kennzeichen (X) gesetzt ist, liegen Sperrgründe vor (Bestellpreismenge (Bpm), Menge (Mng), Preis (Prs), Termin (Trm), Betragshöhe (Btg), Qualität (Qua)).

▸ Ma steht für Sperrgrund manuell, d.h. besteht kein Sperrgrund aus Mengen- oder Preisdifferenzen usw., so kann hier eine manuelle Sperre gesetzt werden.

Simulieren anklicken, um die Rechnung zu simulieren.

▸ Es werden die Buchungen angezeigt, die nach dem Sichern in der Finanzbuchhaltung durchgeführt werden. Der Buchungssatz lautet Vorsteuer und WE/RE-Verrechnungskonto an Verbindlichkeiten (Kreditor Saxein GmbH). Die Soll-Buchung auf dem WE/RE-Verrechnungskonto stellt die Haben-Buchung im Wareneingang glatt.

Buchen sichern

▸ Alle Rechnungspositionen sind, soweit nicht

stochastisch gesperrt, zur Zahlung freigegeben.

Rechnungsprüfung – CpD-Lieferant

FENSTER	MENUEPFAD/EINGABE
	**LOGISTIK** ⇨ MATERIALWIRTSCHAFT ⇨ LOGISTIK-RECHNUNGSPRÜFUNG ⇨ BELEGERFASSUNG ⇨ EINGANGSRECHNUNG HINZUFÜGEN

Eingangsrechnung hinzufügen

Belegdatum: *12.03.2003*
▸ Datum auf der Rechnung

Bestellung: *4500010919*
▸ Belegnummer der zugehörigen Bestellung, hier als Beispiel die 4500010919.

Betrag: 29,77

✅ weiter |

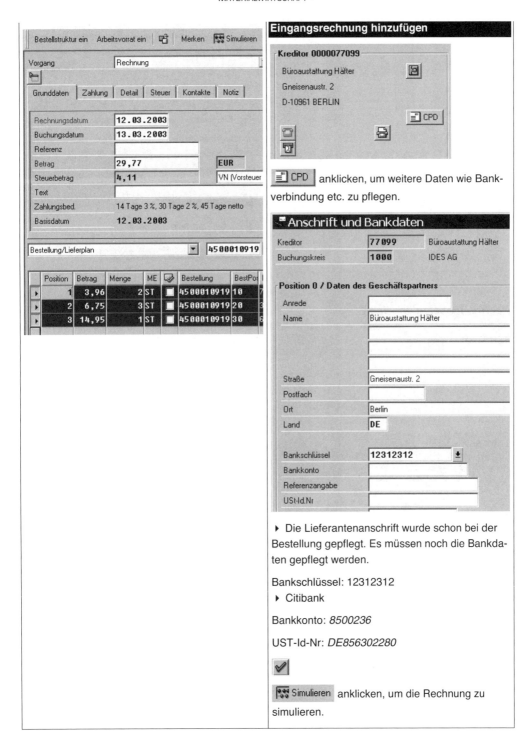

Die Lieferantenanschrift wurde schon bei der Bestellung gepflegt. Es müssen noch die Bankdaten gepflegt werden.

Bankschlüssel: 12312312
▸ Citibank

Bankkonto: *8500236*

UST-Id-Nr: *DE856302280*

Simulieren anklicken, um die Rechnung zu simulieren.

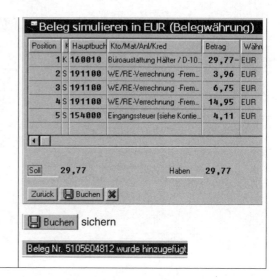

Position	K	Hauptbuch	Kto/Mat/Anl/Kred	Betrag	Währu
1	K	160010	Büroaustattung Hälter / D-10...	29,77-	EUR
2	S	191100	WE/RE-Verrechnung -Frem...	3,96	EUR
3	S	191100	WE/RE-Verrechnung -Frem...	6,75	EUR
4	S	191100	WE/RE-Verrechnung -Frem...	14,95	EUR
5	S	154000	Eingangssteuer (siehe Kontie...	4,11	EUR

Soll 29,77   Haben 29,77

Zurück | Buchen | ✖

Buchen sichern

Beleg Nr. 5105604812 wurde hinzugefügt

Rechnungsbeleg anzeigen

FENSTER	MENUEPFAD/EINGABE
	LOGISTIK ⇨ MATERIALWIRTSCHAFT ⇨ LO-GISTIK-RECHNUNGSPRÜFUNG ⇨ WEITER-VERARBEITUNG ⇨ RECHNUNGGBELEG AN-ZEIGEN
	Rechnungsbeleg anzeigen
Beleg anzeigen RechnungsBelegnummer 5105604812 Geschäftsjahr 2003	RechungsBelegnummer: *5105604812* ▸ Belegnummer der Rechnung, zu der noch Wareneingänge ausstehen. Geschäftsjahr: *2003* Beleg anzeigen anklicken

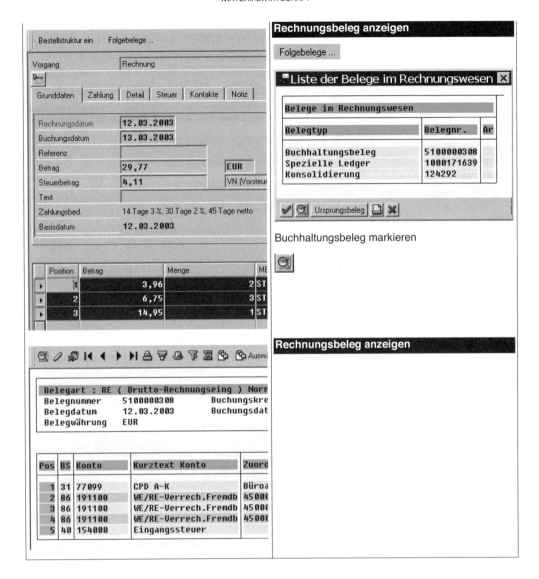

Rechnung freigeben

Rechnungen können aus verschiedenen Gründen zur Zahlung gesperrt sein, dabei genügt, dass nur eine Position einen Sperrgrund aufweist, um die gesamte Rechnung zu sperren. Ein Grund kann eine Mengenabweichung zwischen Bestell-, Wareneingangs und Rechnungsmenge sein. Damit die Rechnung – nachdem der eigentliche Sperrgrund behoben ist – bei einem Zahlungslauf berücksichtigt werden kann, muss die Rechnung freigegeben werden.

FENSTER	MENUEPFAD/EINGABE

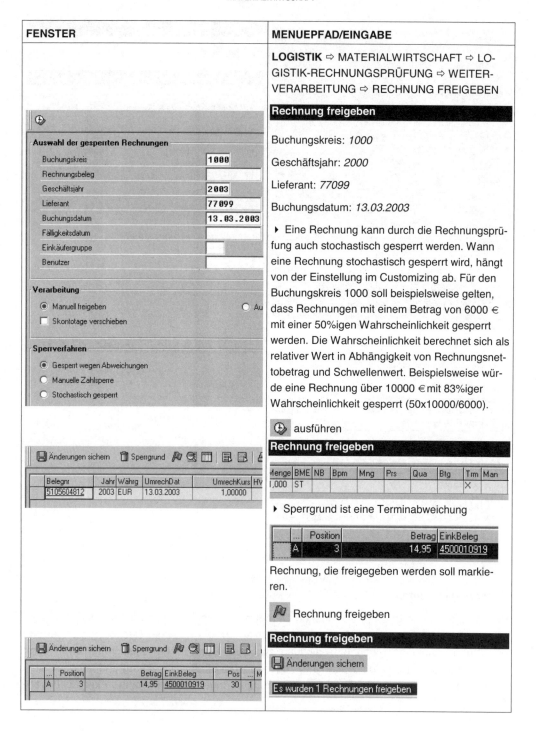

MENUEPFAD/EINGABE

LOGISTIK ⇨ MATERIALWIRTSCHAFT ⇨ LO-
GISTIK-RECHNUNGSPRÜFUNG ⇨ WEITER-
VERARBEITUNG ⇨ RECHNUNG FREIGEBEN

Rechnung freigeben

Buchungskreis: *1000*

Geschäftsjahr: *2000*

Lieferant: *77099*

Buchungsdatum: *13.03.2003*

▸ Eine Rechnung kann durch die Rechnungsprüfung auch stochastisch gesperrt werden. Wann
eine Rechnung stochastisch gesperrt wird, hängt
von der Einstellung im Customizing ab. Für den
Buchungskreis 1000 soll beispielsweise gelten,
dass Rechnungen mit einem Betrag von 6000 €
mit einer 50%igen Wahrscheinlichkeit gesperrt
werden. Die Wahrscheinlichkeit berechnet sich als
relativer Wert in Abhängigkeit von Rechnungsnet-
tobetrag und Schwellenwert. Beispielsweise würde eine Rechnung über 10000 € mit 83%iger
Wahrscheinlichkeit gesperrt (50x10000/6000).

⊕ ausführen

Rechnung freigeben

Menge	BME	NB	Bpm	Mng	Prs	Qua	Btg	Trm	Man
1,000	ST							X	

▸ Sperrgrund ist eine Terminabweichung

	...	Position	Betrag	EinkBeleg
	A	3	14,95	4500010919

Rechnung, die freigegeben werden soll markieren.

🏴 Rechnung freigeben

Rechnung freigeben

💾 Änderungen sichern

Es wurden 1 Rechnungen freigegeben

4.4 Exkurs: Anlagenbuchhaltung

Die R/3®-Komponente FI-AA(Anlagenbuchhaltung) ist eigentlich eine Komponente des Finanzwesens. Da hier der Zugang einer Anlage durch Kauf gezeigt werden soll, wird FI-AA im Rahmen des Kapitels zur Materialwirtschaft behandelt.

Die Anlagenbuchhaltung hat die Verwaltung und Überwachung des Sachanlagevermögens nach gesetzlichen und buchhalterischen Anforderungen zur Aufgabe, d.h. Kontierung von Geschäftsvorfällen und Stammdatenführung (auch für Anlagen im Bau) sowie die Durchführung der Abschreibungen. Veränderungen bei der Bewertung, z.B. über eine veränderte Abschreibungsregel, können per Simulation vorgenommen werden. Die Anlagenbuchhaltung unterstützt die Konsolidierung. Die Abbildung von Leasing-Vorgängen ist möglich. Sie führt in ihrem Nebenbuch zum Hauptbuch detaillierte Informationen zu den Vorgängen im Sachanlagevermögen. Analog zu den Kreditoren existieren wieder Nebenbuchkonten und Abstimmkonten.

Da die Komponente für den internationalen Einsatz und branchenunabhängig ausgelegt ist, müssen die spezifischen Gegebenheiten vor Inbetriebnahme mit Hilfe entsprechender Customizing-Einstellungen eingebracht werden.

4.4.1 Unternehmensstrukturen

Der Bewertungsplan verwaltet die Bewertungsvorschriften zum Anlagevermögen. Da der Buchungskreis prinzipiell den finanzwirtschaftlichen Rahmen für die Geschäftsprozesse bildet, wird der Bewertungsplan dem Buchungskreis zugeordnet. Der Buchungskreis erfordert eine einheitliche Gestaltung der Bewertungsvorschriften, daher hat ein Buchungskreis genau einen Bewertungsplan. Ein Bewertungsplan kann aber mehreren Buchungskreisen zugeordnet werden, falls bei diesen die gleichen Bewertungsvorschriften gelten. Wegen der länderabhängigen Vorgaben bei der Bewertung von Anlagevermögen wird üblicherweise ein Bewertungsplan für alle Buchungskreise eines Landes eingesetzt. Der Bewertungsplan ist damit unabhängig von der Unternehmensstruktur.

Das Anlagevermögen kann unter verschiedenen Gesichtspunkten bewertet sein, z.B. nach handelsrechtlichen oder kalkulatorischen Aspekten. Bewertungsbereiche innerhalb des Bewertungsplans repräsentieren diese verschiedenen Bewertungsmöglichkeiten. Damit beinhalten die Bewertungsbereiche die eigentlichen handelsrechtlich, steuerrechtlich oder kalkulatorisch motivierten Bewertungsvorschriften. Jeder Bewertungsbereich umfasst eine spezifische Bewertungsvorschrift. Die verschiedenen Bewertungen einer Anlage können so parallel geführt werden.

Abbildung 138: Bewertungsplan und Bewertungsbereich

Weitere Elemente des Bewertungsplans sind Schlüssel für die automatische Abschreibung der Anlagen (z.B. linear bis zum Nullwert oder degressiv 2-fach) und Objekte für spezielle Rechnungszwecke (z.B. Förderschlüssel für Investitionsförderungen).

Abbildung 139: Abschreibungsschlüssel

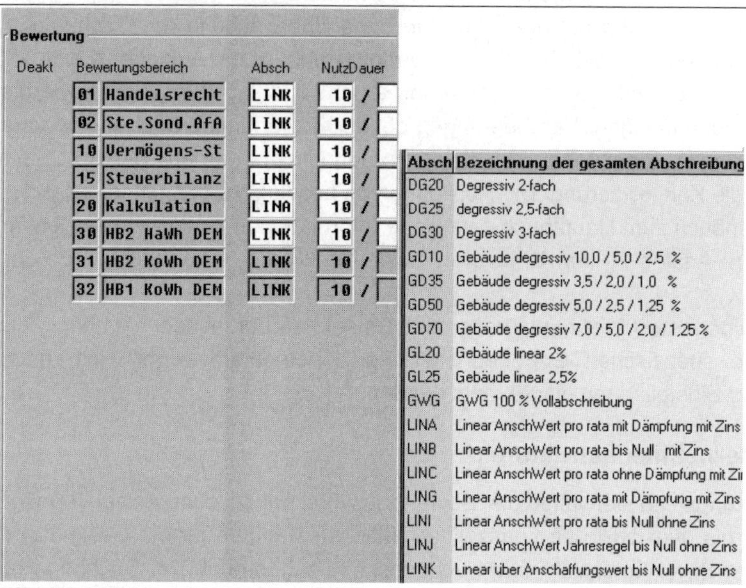

Bildschirmbilder ©SAP® AG

Die gesetzeskonforme Erfassung aller buchungspflichtigen Ereignisse und die Erstellung aller Nachweise für einen gesetzlichen Einzelabschluss wie Bilanzen oder Gewinn- und Verlustrechnungen erfordern die Führung eines Kontenplans. Der Kontenplan ist ein vom Rechnungswesen definiertes, geordnetes Gliederungsschema und Verzeichnis aller Sachkonten, die von einem oder mehreren Buchungskreisen gemeinsam verwendet werden. Beispiele sind der Industriekontenrahmen und der Gemeinschaftskontenrahmen. Der Kontenplan enthält zu jedem Sachkonto seiner Gliederung einen buchungskreisunabhängigen Stammsatz. Dieser umfasst die Kontonummer, die Kontobezeichnung und die Art des Kontos (Bestands- oder Erfolgskonto). Darüber hinaus werden Informationen hinterlegt, die die spätere Anlage des Sachkontos im Buchungskreis steuern. Jedem Buchungskreis muss ein Kontenplan zugeordnet sein, aber nicht alle verfügbaren Konten des Kontenplans müssen vom Buchungskreis verwendet werden. Zur Vermeidung von Kontenballast erhalten die Konten im Buchungskreis einen weiteren buchungskreisabhängigen Sachkontenstammsatz (z.B. die Währung, in der das Konto geführt wird).

Abbildung 140: Bewertungs- und Kontenplan

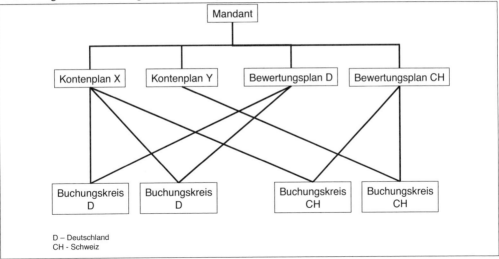

In Anlehnung an SAP® AG

Die Zuordnung eines Buchungskreises zu einem Bewertungsplan ist unabhängig von der zu einem Kontenplan. Mehrere Buchungskreise können denselben Kontenplan nutzen, obwohl ihnen unterschiedliche Bewertungspläne zugewiesen sind (und umgekehrt).

4.4.2 Zugang einer Anlage durch Kauf

Ein Hauptprozess im Rahmen der Anlagenbuchhaltung ist der Zugang einer Anlage durch Kauf. Dabei kann es sich um Anlagen im Bau (Sammlung der Kosten) oder direkt aktivierbare Anlagen handeln. Hier wird die direkt aktivierbare Anlage betrachtet.

Abbildung 141: Zugang durch Kauf

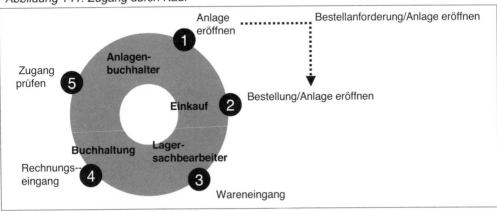

In Anlehnung an SAP® AG

Im Rahmen der vielfältigen Integrationsbeziehungen kann der Zugang der direkt aktivierbaren Anlagen durch Kauf mit dem Wareneingang der Anlage gebucht und aktiviert werden. Dies bedeutet, dass der Wareneingang als Komponente der Materialwirtschaft direkt auf Anlagen in FI-AA kontieren kann. Die Basis zum Wareneingang bildet eine entsprechende Bestellung. Der Bestellungs- und der Wareneingangsbeleg der Anlage liefern die für eine Aktivierung notwendigen Daten. Die Anlage wird zunächst zum Bestellpreis abzüglich Skonto und Vorsteuer aktiviert. Eventuelle Differenzen bei Rechnungseingang werden der Anlage nachbelastet oder gutgeschrieben.

Grundvoraussetzung für die Kontierung von Anlagen ist der Anlagenstammsatz. Der Anlagenstammsatz beinhaltet neben allgemeinen Daten wie Bezeichnung, Kostenstelle oder Herkunftsdaten, die Angaben zur Bewertung. Der jeweilige Bewertungsbereich setzt die entsprechenden Parameter wie AfA-Schlüssel[35], Nutzungsdauer, Schrottwert etc. Der Anlagenstammsatz enthält dann die individuellen Ausprägungen.

Viele Anlagenstammsätze gleichen sich in Teildaten. Daher werden die Anlagen in Anlagenklassen unterteilt. Die einzelne Anlagenklasse wird mit Vorschlagswerten belegt, die so ein schnelles Anlegen unterstützen. Bildaufbau und Feldeigenschaften können ebenfalls wie der Kontierungstyp klassenspezifisch festgelegt werden. Beispielsweise kann für das Feld Buchungskreis der Buchungskreis 1000 vorgeschlagen werden oder über die Bildablaufsteuerung eine Veränderung des Vorschlagswertes untersagt werden. Die „1000" würde dann nur angezeigt. Außerdem steuert die Klasse die Anlagennummernvergabe (eindeutige Kennzeichnung) und ist Selektionskriterium für Auswertungen. Sämtliche definierten Anlagenklassen stehen mandantenweit, d.h. buchungskreisübergreifend, zur Verfügung.

Wenn der Zugang (der Anlage) beim Wareneingang automatisch kontiert wird, muss dem R/3®-System bekannt sein, auf welche Konten es buchen muss. Das Konto der Anlagenbuchhaltung ergibt sich aus der Stammsatznummer. Das Konto des Hauptbuches wird grundsätzlich mit Hilfe des Kontofindungsschlüssel aus der Anlagenklasse gefunden. Dieser bewirkt in Verbindung mit dem Kontenplan und dem Bewertungsplan die richtige Verbuchung.

Im Detail funktioniert die systemseitige Ermittlung der richtigen Konten wie folgt. Wird ein Anlagenstammsatz auf Basis der Vorschlagsdaten einer Anlagenklasse erstellt, so wird dem Stammsatz dabei auch ein Kontenfindungsschlüssel zugeteilt. Weiter ist der Anlagenstammsatz einem bestimmten Buchungskreis zugeordnet.

Diesem ist notwendigerweise wiederum ein Kontenplan zugeordnet, der die Menge der für Buchungen zur Verfügung stehenden Konten bestimmt. Der Kombination aus Kontenfindungsschlüssel und Kontenplan wird im Customizing ein Bewertungsplan zugewiesen. Für jeden gewünschten Bewertungsbereich dieses Bewertungsplans werden dann die Konten des Hauptbuchs eingetragen. Der Bewertungsbereich 01 des Bewertungsplans 1DE in der Abbildung 142 kann mit unterschiedlichen Hauptbuchkonten belegt werden, da es sich um verschiedene Kombinationen von Kontenplan und Kontenfindungsschlüssel handelt.

---

[35] Abschreibung für Abnutzung.

Abbildung 142: Automatische Kontenfindung in der Anlagenbuchhaltung

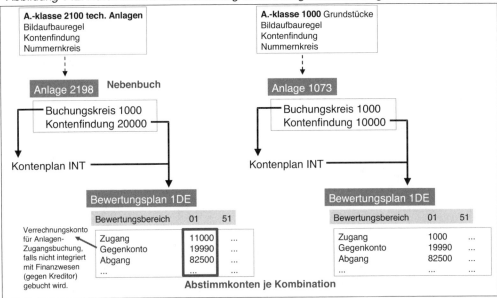

In Anlehnung an SAP® AG

Für den Kauf durch Zugang ist eine kontierte Bestellanforderung oder eine kontierte Bestellung notwendig. Dazu wird in der Position der Kontierungstyp A (für Anlagen) eingegeben.

Abbildung 143: Kontierte Bestellung

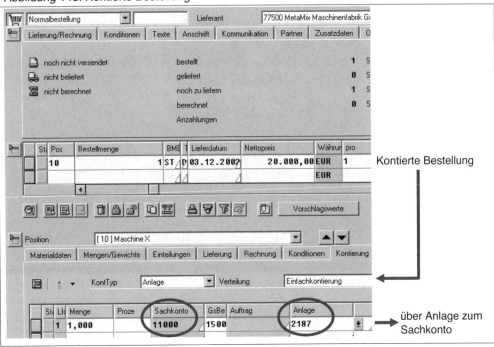

Bildschirmbilder ©SAP® AG

Mit dem Kontierungstyp A sind wieder Steuerungsfunktionen verbunden (Feldauswahl, Wareneingangs- und Rechnungseingangsparameter). Besonders ist die Verzweigung in einen eigenen Bildschirm. Hier kann ein vorhandener Anlagenstammsatz der Bestellung zugeordnet werden und/oder eine neue Anlage angelegt und diese der Bestellung zugeordnet werden. Das Anlegen eines Anlagenstammsatzes kann entweder vor dem Beschaffungsvorgang als eigener Arbeitsschritt oder integriert mit der Transaktion Bestellanforderung oder Bestellung durchgeführt werden. Der Kontierungstyp wird im Customizing eingestellt (s. auch Abbildung 144).

Abbildung 144: Kontierungstyp A im Customizing

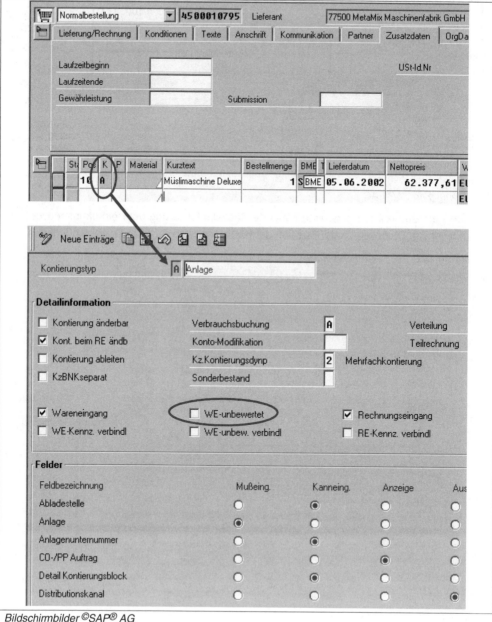

Bildschirmbilder ©SAP® AG

Der Anlagenstammsatz verlangt bei seiner Pflege spezifische finanzwirtschaftliche Kenntnisse, so dass für den Besteller (Bestellanforderung) oder den Einkäufer (Bestellung) die integrierte Pflege einen unverhältnismäßig hohen Aufwand erfordert. Daher besteht die Möglichkeit, eine unkontierte Bestellanforderung anzulegen. Die durch Sachbearbeiter des Finanzwesens gepflegte Anlage wird dann in der Bestellung eingetragen. Beim Waren- bzw. Rechnungseingang aktiviert das System die Anlage auf dem Anlagenstammsatz dann automatisch (Einstellung im Kontierungstyp „Wareneingang unbewertet" steht auf „off").

Abbildung 145: Buchhaltungsbeleg für Zugang durch Kauf

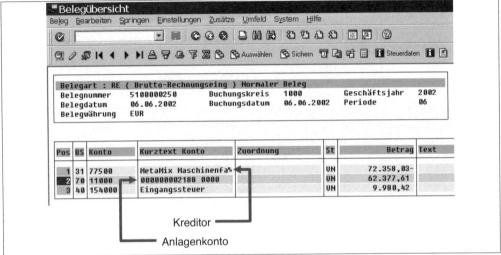

Bildschirmbild ©SAP® AG

4.4.3 Fallstudie Anlagenbuchhaltung - Kauf und Einbuchung einer Maschine

Aufgabe 16

Für die Müsliproduktion wird eine (Misch-)Maschine benötigt. Bestellen Sie eine entsprechende Müslimixmaschine und legen Sie integriert einen Anlagenstammsatz an. Legen Sie direkt eine Bestellung oder wahlweise zuerst eine Bestellanforderung an. Der Preis der Maschine beträgt 62377,61 € Pflegen Sie den Wareneingang. Verwenden Sie zur Pflege der Aufgabe die in den Pflegeanleitungen gezeigten Daten (soweit sinnvoll). Folgende Pflegeanleitungen stehen zur Verfügung:

* Bestellanforderung anlegen für Anlagen,
* Maschine bestellen,
* Wareneingang bei Lieferung der Maschine.

Bestellanforderung anlegen für Anlagen

FENSTER	MENUEPFAD/EINGABE

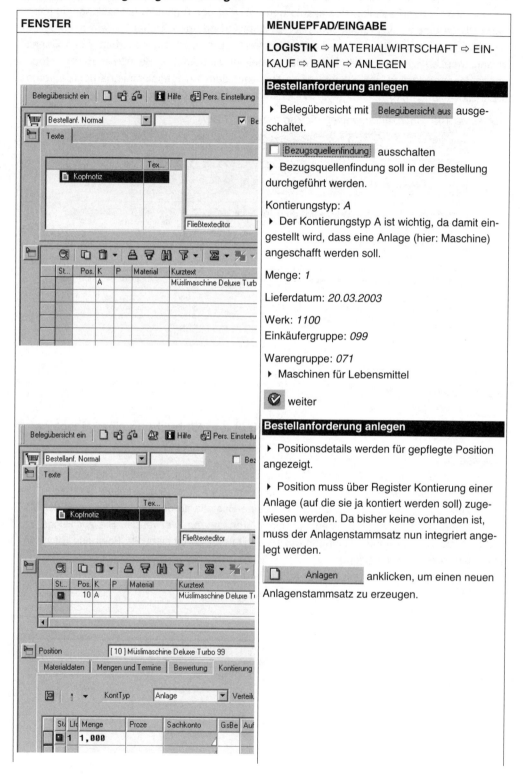

MENUEPFAD/EINGABE (rechte Spalte):

LOGISTIK ⇨ MATERIALWIRTSCHAFT ⇨ EINKAUF ⇨ BANF ⇨ ANLEGEN

Bestellanforderung anlegen

▸ Belegübersicht mit `Belegübersicht aus` ausgeschaltet.

☐ `Bezugsquellenfindung` ausschalten

▸ Bezugsquellenfindung soll in der Bestellung durchgeführt werden.

Kontierungstyp: *A*

▸ Der Kontierungstyp A ist wichtig, da damit eingestellt wird, dass eine Anlage (hier: Maschine) angeschafft werden soll.

Menge: *1*

Lieferdatum: *20.03.2003*

Werk: *1100*
Einkäufergruppe: *099*

Warengruppe: *071*
▸ Maschinen für Lebensmittel

✅ weiter

Bestellanforderung anlegen

▸ Positionsdetails werden für gepflegte Position angezeigt.

▸ Position muss über Register Kontierung einer Anlage (auf die sie ja kontiert werden soll) zugewiesen werden. Da bisher keine vorhanden ist, muss der Anlagenstammsatz nun integriert angelegt werden.

☐ `Anlagen` anklicken, um einen neuen Anlagenstammsatz zu erzeugen.

Auf Anlagen verteilen

◉ **Auf neu anzulegende Anlagen**

Anzulegende Anlagen

Anlagenklasse	`2100`
Buchungskreis / Anlage	`1000`
Anzahl gleichartiger Anlagen	`1`

☐ Unternummer

Vorlage

Buchungskreis / Anlage	

Stammsatz-Daten

Bezeichnung	Müslimaschine Deluxe Turbo 99
Inventarnummer	
Geschäftsbereich	`1500`
Kostenstelle	`427199`
Werk	`1100`
Standort	`4`

[Weitere Daten]

○ **Auf vorhandene Anlagen**

Buchungskreis	`1000`		
Hauptnummer		bis	
Unternummer		bis	

✓ ⟳ ✗

◉ **Auf neu anzulegende Anlagen** auswählen

Anlagenklassen: *2100*
▸ Maschinen, lineare Abschreibung

Anzahl gleichartiger Anlagen: *1*
▸ es gibt nur eine Maschine dieses Typs

Bezeichnung: *Müslimaschine Deluxe rs turbo xx*
▸ wobei „xx" = Gruppennummer

Geschäftsbereich: *1500*
▸ Konsumprodukte, Nahrungsmittel

Kostenstelle: *4271*
▸ Nahrungsmittel

Werk: *1100*
▸ Berlin

Standort: *4*
▸ Produktionsbereich Nahrungsmittel

Würde die Schaltfläche [Weitere Daten]
gedrückt, so würde R/3® in die Standarderfas-
sungsmaske der Anlagenwirtschaft (Modul FI-AA)

wechseln, wo weitaus umfassendere Eingabemöglichkeiten bezüglich der neu anzulegenden
Anlage geboten werden (siehe Bildschirmbild auf
der linken Seite). Nachdem man seine Eingaben
dort vervollständigt hat, kehrt man mit in die
vereinfachte Erfassungsmaske zurück.

✔ weiter

Bestellanforderung anlegen

▸ Die angezeigten Werte wurden automatisch
aus der neu angelegten Anlage (Maschine) übernommen. Zu sehen ist auch die vorläufige Bezeichnung der Anlage: INTERN-00001. Diese
entspricht nicht der später verwendeten Anlagen-
nummer.

💾 sichern

Bestellanforderung unter Nummer 0010008451 hinzugefügt

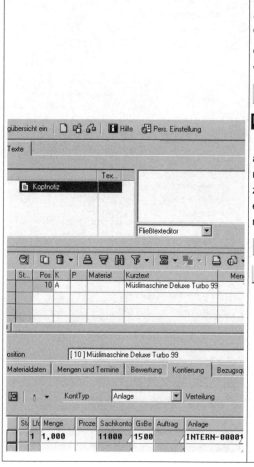

Maschine bestellen

FENSTER	MENUEPFAD/EINGABE
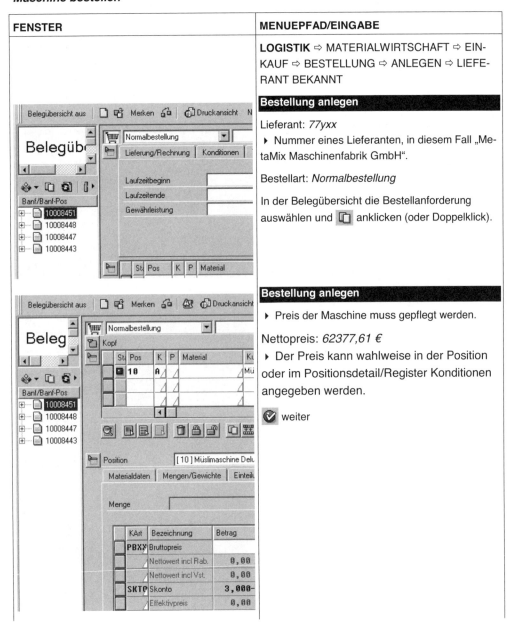	**LOGISTIK** ⇨ MATERIALWIRTSCHAFT ⇨ EINKAUF ⇨ BESTELLUNG ⇨ ANLEGEN ⇨ LIEFERANT BEKANNT

Bestellung anlegen

Lieferant: *77yxx*

▸ Nummer eines Lieferanten, in diesem Fall „MetaMix Maschinenfabrik GmbH".

Bestellart: *Normalbestellung*

In der Belegübersicht die Bestellanforderung auswählen und 🗂 anklicken (oder Doppelklick).

Bestellung anlegen

▸ Preis der Maschine muss gepflegt werden.

Nettopreis: *62377,61 €*

▸ Der Preis kann wahlweise in der Position oder im Positionsdetail/Register Konditionen angegeben werden.

✅ weiter

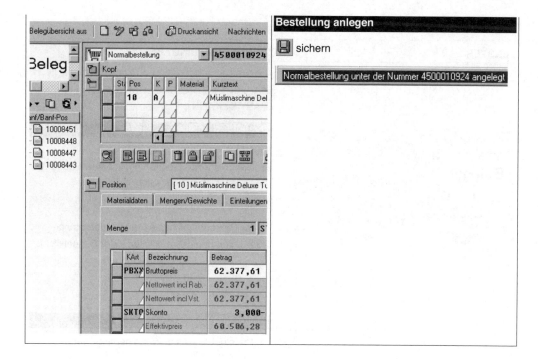

Wareneingang bei Lieferung der Maschine

Nach Ablauf der planmäßigen Lieferzeit wird die Maschine vom Hersteller angeliefert, der Lagersachbearbeiter erfasst diesen Wareneingang – selbstverständlich – im SAP® R/3®-System.

FENSTER	MENUEPFAD/EINGABE
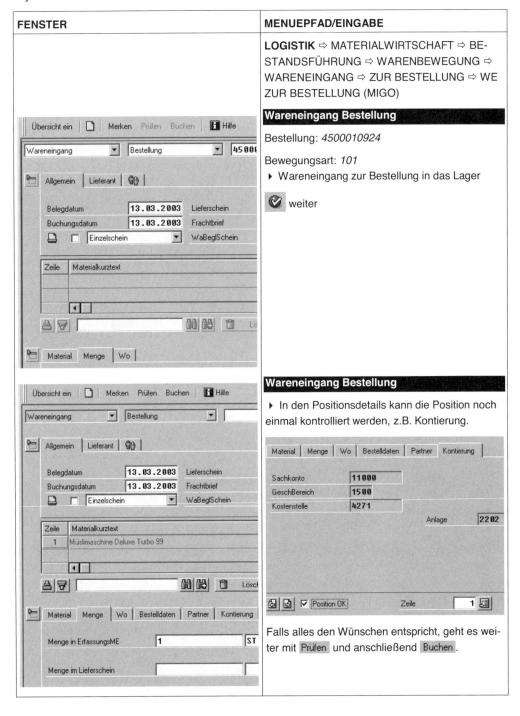	**LOGISTIK** ⇨ MATERIALWIRTSCHAFT ⇨ BESTANDSFÜHRUNG ⇨ WARENBEWEGUNG ⇨ WARENEINGANG ⇨ ZUR BESTELLUNG ⇨ WE ZUR BESTELLUNG (MIGO)
	Wareneingang Bestellung
	Bestellung: *4500010924*
	Bewegungsart: *101*
	▸ Wareneingang zur Bestellung in das Lager
	✅ weiter
	Wareneingang Bestellung
	▸ In den Positionsdetails kann die Position noch einmal kontrolliert werden, z.B. Kontierung.
	Falls alles den Wünschen entspricht, geht es weiter mit Prüfen und anschließend Buchen.

5 Technik

Im Folgenden soll die technologische Infrastruktur des Systems R/3® betrachtet werden. Das Kapitel wurde bewusst an dieser Stelle platziert, da der Leser schon jetzt einen ersten größeren Einblick gewonnen hat und nun die dahinterliegende Technik besser ergründen kann. Für die folgenden Schritte der Fallstudie kann dieses Kapitel dann als Erklärungsbasis dienen, Der bisher betrachtete Geschäftsprozess wird daher im Prinzip für ein Kapitel (kurz) unterbrochen.

Bei der Betrachtung der technologischen Infrastruktur steht die Erläuterung von Konzepten und Mechanismen im Vordergrund, d.h. es sollen die Wirkungsweisen deutlich werden. Auch betriebwirtschaftliche Anforderungen an die technische Funktionsweise von Datenbanken und Anwendungen stehen im Blickpunkt. Das Kapitel verbindet die bisherigen und folgenden Erläuterungen der R/3-Anwendungskomponenten mit der technologischen Infrastruktur.

Die technologische Infrastruktur des System R/3® lässt sich durch folgende Eigenschaften charakterisieren:

- Client/Server-Architektur,
- Transaktionen,
- Skalierbarkeit,
- Offenheit (Interoperabilität, Portabilität,)
- Business Framework,
- Einbindung von Desktop-Anwendungen,
- Mandant als logische Trennung von betrieblichen Daten.

5.1.1 Client/Server-Architektur

Die Begriffe Client und Server stammen aus der Hardwareterminologie: Desktop-Systeme (i.d.R. PCs), die über Netzwerkverbindungen mit Hintergrundsystemen verbunden sind (Datei oder Druckserver). Das Desktop-System wird dann als Client, das oder die Hintergrundsystem(e) als Server bezeichnet. Die alleinige Ausrichtung des Begriffs auf eine Hardwarekonfiguration würde allerdings dem Technologiegedanken nicht gerecht.

Die Client/Server-Technologie ist in erster Linie eine Softwaretechnologie, die auf dem Steuerungsprinzip von Auftraggeber/Auftragnehmer-Beziehungen basiert. Im Sinne eines Auftragnehmers (Server) bietet eine Software-Komponente einen Dienst an. Eine solche Komponente kann aus einem Prozess oder einer Gruppe von Prozessen bestehen. Beispiele für solche Prozesse sind:

- der Aufruf einer Eingabemaske mit der dazu gehörigen Aktion oder
- die Aktualisierung von Daten anderer Anwendungen nach einer Dateneingabe in der Anwendung X, z. B. Bestandserhöhung in der Materialwirtschaft mit entsprechender Bewertung in der Finanzbuchhaltung.

Der Auftraggeber (Client) fordert dann diesen Dienst neben anderen eigenen Verarbeitungsschritten an. Bei Client und Server handelt es sich also aus Softwaresicht um Anwendungen bzw. Programme. Die Besonderheit dieses Aufrufprinzips ist, dass der Client nicht auf die Beendigung des Dienstes durch den Server warten muss und dass beide Prozesse auf unterschiedlichen (logischen) Rechnern ablaufen können.[36] Um obiges Beispiel wieder auf-

---

[36] Vgl. Buch-Emden, S.25 f.

zugreifen: Eine Bestandserhöhung von einem Material wird verbucht. Die für diesen Vorgang zuständige Anwendung stößt zusätzlich ein Unterprogramm an, das die wertmäßige Aktualisierung in der Finanzbuchhaltung vornimmt. Die Anwendung kann so ihre mengenmäßige Verbuchung sowie weitere Prozesse durchführen, ohne auf das Ende der wertmäßigen Verbuchung warten zu müssen. Der Ablauf der Vorgänge auf unterschiedlichen Rechnern erbringt i.d.R. Perfomancevorteile.

Damit findet eine Verteilung der Arbeitslast zwischen den Clients und Servern nach bestimmten Regeln statt, wobei sämtliche Teilkomponenten spezielle Aufgaben erfüllen. Clients können wiederum selbst auch als Server dienen, d.h. Dienste anbieten. Die Abbildung 146 zeigt die Software- und Hardwareorientierung der Client/Server-Technologie.

Abbildung 146: Zwei Sichten der Client/Server-Technologie

Hardware-orientierte Sicht

Server

Client(s)

LAN/WAN

Software-orientierte Sicht

Client | Anforderung einer Dienstleistung | Server

Prozeß | Erbringen einer Dienstleistung | **Prozeß**

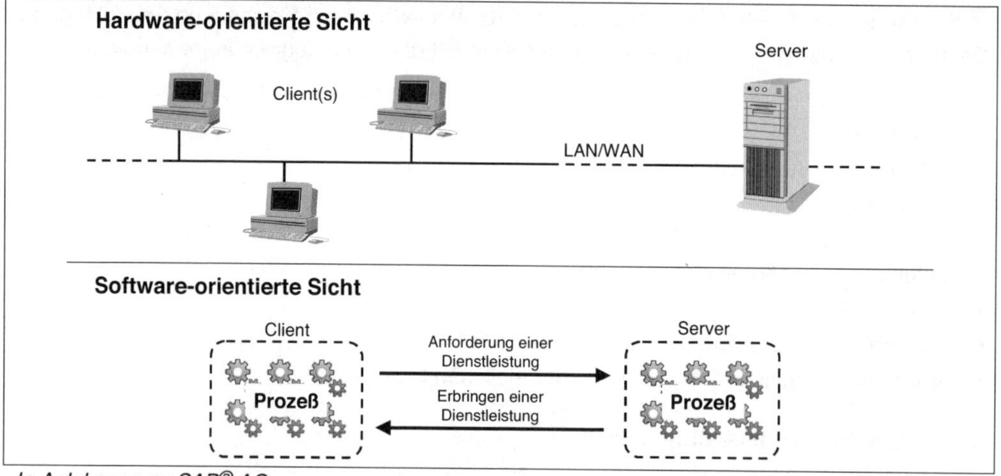

In Anlehnung an SAP® AG

SAP® R/3® folgt dem oben genannten softwareorientierten Client/Server-Prinzip. Dies bedeutet hier die logische Entkopplung der Applikation von Präsentation und Datenbank. Dementsprechend gibt es die grundlegenden Dienste der Präsentations-, der Applikations- und der Datenbankebene.

Präsentationsservices sind Dienste, die dem Benutzer am nächsten sind. Hier werden die Ein- und Ausgabefunktionen von SAP® R/3® über das SAP®-GUI (Graphical User Interface) realisiert. Aufgabe der Präsentationsservices ist zum einen die Weitergabe von Benutzereingaben und die Entgegennahme von Daten von der Applikationsebene sowie die jeweilige Visualisierung.

Die Präsentationsebene beinhaltet alle Teilbereiche der Oberflächengestaltung wie Online-Hilfe (z.B. bei Windows® Integration mit WinHelp), Bedienelemente (Buttons, Checkboxen, Bildlaufleisten, ...), Menüs, Symbolleisten, Shortcuts. Das GUI, auch als sog. Frontend bezeichnet, lässt sich mit nahezu allen gängigen Betriebssystemen nutzen. Die Trennung von Präsentations- und Anwendungsschicht erlaubt eine vielfältige Visualisierung der Anwendungen. Auch browser-basierte oder eigenprogrammierte Lösungen graphischer Benutzeroberflächen sind möglich. R/3® kann so den Benutzern ihre gewohnte Arbeitsumgebung erhalten.

Für die grafische Darstellung übermittelt die Applikationsebene plattformunabhängige Bildbeschreibungen an die Präsentationsebene. Die Umsetzung in eine grafische Benutzeroberfläche erfolgt dann auf den Präsentationsrechnern in Abhängigkeit der jeweiligen Präsentationsumgebung. Außer der grafischen Darstellung übernimmt das SAP®-GUI weitere Aufgaben wie die Anbindung von Desktopanwendungen (Microsoft® Word®, Microsoft® Excel®, usw.) an R/3®.[37] Das SAP®-GUI ist ohne die Applikationsebene nicht funktionsfähig, d.h. sie ist während ihrer Laufzeit immer fest mit einer Benutzeranmeldung an einen Applikationsserver verknüpft. Verbindungen über Wide Area Network (WAN) sind wegen der relativ geringen Datenvolumina (i.d.R. 2,6 bis 5,3 kB pro Transaktion bzw. Bildwechsel) möglich. Konsequenterweise müssen Versionsnummern von GUI und R/3®-Anwendungssystem selbst nicht übereinstimmen. Jedoch muss die Versionsnummer der GUI gleich oder höher als die Version der Anwendungsebene sein. Das GUI ist abwärtskompatibel. Beispielsweise kann ein R/3®-Anwendungssystem Release 3.1 mit der GUI Release 4.5 kombiniert werden.

Für alternative Clientplattformen wie OS/2®, Mac und Motif® wurden bis zum GUI-Release 4.5B eigene Varianten entwickelt. Ab dem GUI-Release 4.6D werden diese durch eine javabasierende und damit relativ plattformunabhängige GUI abgelöst. Zusätzlich steht noch die Version SAP® GUI for HTML® zur Verfügung.

Die mittlere Client/Server-Ebene, die Applikationsebene, bildet in erster Linie die Laufzeitumgebung (Kernel und Basisdienste) für die R/3®-Anwendungsprogramme. Für die Anwendungen stellt R/3® eine eigene Infrastruktur (Programmiersprache ABAP®[38], Compiler, Bibliotheken, Laufzeitumgebung etc.). Da die Anwendungsprogramme in einer eigenen Laufzeitumgebung ablaufen, sind sie zwar unabhängig von Hardware und Betriebssystem, aber nicht außerhalb eines R/3®-Systems einsetzbar. Während auf Präsentationsebene das jeweilige Betriebssystem als „Wirt" benutzt wird, benötigt auch die R/3®-Laufzeitumgebung ein entsprechendes Betriebssystem. Die Laufzeitumgebung hat u.a. zur Aufgabe:

- die Ausführung von Anwendungsprogrammen auf Virtual Machines (Softwareprozessoren),
- Verwaltung von Benutzern und Prozessen,
- die Steuerung der Datenbankzugriffe, da die Anwendungen nicht direkt auf die Datenbank zugreifen.

Prinzipiell genügt ein logischer Applikationsserver zum Betrieb eines R/3®-Systems. Bei mehreren Applikationsservern beinhaltet die Applikationsebene zusätzlich noch einen Message Server. Dieser steuert die Kommunikation der Server untereinander. Beispielsweise sorgt der Message Server für eine verteilte Benutzeranmeldung i.S. einer Lastverteilung. Jeder Applikationsserver hat einen eigenen Kernel und leistet Basisdienste.

Der Applikationsserver bildet damit den „Vermittler" zwischen Benutzer und Datenbank.

Der R/3® Applikationsserver besteht im Wesentlichen aus dem Dispatcher und den Workprozessen. Dem einzelnen Applikationsserver werden - in Abhängigkeit vom physisch verfügbaren Arbeitsspeicher - Workprozesse zugeordnet. Workprozesse sind logische Komponenten, die in der Lage sind, eine Anwendung bzw. einen Dialogschritt auszuführen. Der Dispatcher ist der Zugangspunkt zur Applikationsebene aus Sicht der Präsentationsebene. Er hat die Aufgabe, vom Benutzer über das GUI angeforderte Dialogschritte zur Ausführung an freie Workprozesse weiterzuleiten. Dabei wird immer genau ein Dialogschritt einem Workprozess zugeordnet. Nach der Ausführung ist der Workprozess für beliebige Dialogschritte frei. Bildschirmausgaben als Resultat von Dialogschritten gelangen auf dem umgekehrten Wege über

---

[37] S. auch Kapitel 5.1.5, S. 312.

[38] Advanced Business Application Programming Language; Neuentwicklungen werden auch zunehmend in Java programmiert.

einen Workprozess und den Dispatcher wieder zum Benutzer (Präsentationsebene) zurück. Jeder Applikationsserver meldet seine Workprozesse während der Laufzeit als User (Client) der Datenbank (Server) an. Damit hat jeder Workprozess seinen eigenen Datenbank-Kanal.

Abbildung 147: Client/Server in vereinfachter Darstellung

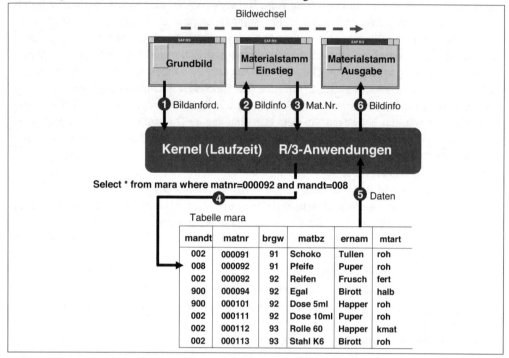

Auf der Ebene des Betriebssystems, in dem die Laufzeitumgebung ausgeführt wird, stellen die Workprozesse einzelne „Tasks" dar. Unter „Tasks" werden einzelne Prozesse verstanden, denen vom Betriebssystem im Rahmen des preemptiven Multitaskings nacheinander CPU-Zeit in Form von Zeitscheiben zugeteilt wird.

Alle Aktivitäten, die in einem Workprozess stattfinden können, werden vom so genannten Taskhandler des Workprozesses koordiniert. Folgende Aktionen kann der Workprozess ausführen:

- Kommunikation mit dem Dispatcher;
- Aufruf des Dialog-Interpreters (Dynpro-Prozessor),
- Aufruf des ABAP-Interpreters
- Kontrolle des Hinein- und Hinausschreibens des Benutzerkontextes in die Roll- und Paging-Bereiche zu Beginn bzw. zum Ende des Dialogschrittes.

Roll- und Paging-Bereiche sind Speicherbereiche[39] zur Zwischenlagerung von Daten über unterschiedlich lange Zeiträume und auch über Workprozess-Grenzen hinweg. Die Daten der Anwendungsprogramme (z.B. interne Tabelle, Reportlisten) werden im Paging-Bereich abgelegt. Im Roll-Bereich sind die eher benutzerspezifischen Daten untergebracht. Zu ihnen gehören die Eingabedaten vorhergehender Dialogschritte, Verwaltungsinformationen für den

---

[39] Arbeitsspeicher des Applikationsservers

ABAP-Interpreter bzw. Dynpro-Prozessor, aber auch Daten zur Charakterisierung des Anwenders, z.B. die Zugriffsberechtigungen.[40]

Abhängig von ihrer Aufgabe im Applikationsserver können Workprozesse unterschieden werden.

- Dialog-Workprozesse erledigen alle Aufträge zum Ausführen von Dialogschritten.
- Verbuchungs-Workprozesse führen Verbuchungsaufträge, d.h. Datenänderungen aus.
- Hintergrund-Workprozesse verarbeiten Programme, die ohne Benutzerinteraktion ausgeführt werden sollen.
- Der Enqueue-Workprozess verwaltet die Sperrtabelle für die logischen Datenbanksperren. Diese sollen das gleichzeitige Bearbeiten von einem Datenobjekt durch mehrere Anwendungsprogramme verhindern. Je R/3®-System ist nur eine Sperrtabelle zulässig.
- Der Spool-Workprozess ist zuständig für den Ausdruck. Er darf je Applikationsserver nur einmal existieren.

Sämtliche Daten werden durch das zentrale Datenbanksystem verwaltet. Das Datenbanksystem besteht aus dem Datenbank Management System (DBMS) und der eigentlichen Datenbank (Datenbestand). Die Daten, sowie deren Beziehungen, werden in zweidimensionalen logischen Tabellen abgelegt (relationales Datenbankmanagementsystem). Die Abbildung 148 zeigt ein mögliches relationales Schema.

Abbildung 148: Beispiel eines relationalen Datenbankmanagementsystems

MIETWAGEN

WNR	F_TYP	BJ	Versich.	Firma	Preis
W12	Corsa	91	Allianz	Tullen	25.700
W33	Golf	91	Lloyd	Puper	28.000
W45	Vectra	92	Allianz	Frusch	32.000
W52	DB 300	92	Lloyd	Birott	47.777
W64	Escort	92	Iduna	Happer	26.000
W75	Golf	92	Gothaer	Puper	28.400
W84	Escort	93	Lloyd	Happer	27.300
W99	DB 230	93	Iduna	Birott	42.550

GEMIETET

KDNR	WNR	Zeitraum
M1	W12	1.1.-3.1.
M1	W84	3.2.-9.2.
M1	W12	4.4.-4.4.
M2	W45	3.1.-4.1.
M2	W52	3.2.-4.5.
M2	W45	5.6.-7.7.
M3	W99	3.2.-3.3.
M3	W75	4.4.-5.4.
M4	W75	3.1.-9.1.
M4	W75	1.3.-1.4.
M5	W12	2.2.-9.2.
M5	W99	4.7.-1.8.
M5	W64	1.6.-7.6.

MIETER

KDNR	Name	Branche
M1	AEG	B2
M2	Bolle	P
M3	IBM	B3
M4	Siemens	B2
M5	Müller	P

MIETPREIS

F_TYP	M_satz
Corsa	43
Golf	53
Vectra	69
DB 300	119
Escort	53
DB 230	85

Die Tabellen werden in logischen Einheiten, den so genannten Tablespaces, gehalten. Ein Tablespace bildet mindestens eine (physikalische) Datendatei. Pro Datenbank sind ein oder mehrere Tablespaces definiert. Aufgrund dieser Zuordnung bietet sich für den Anwender eine logisch geschlossene Datenbank-Struktur und für den Datenbankadministrator die Möglichkeit zur Steuerung des Speicherplatz-Verbrauchs. Dateien bzw. Tablespaces mit einem „I" am Ende des Namens beherbergen Indextabellen. Entsprechend deutet ein „D" auf Datentabellen hin.

---

[40] Vgl. Will, Liame et al.; R/3 Administration; Bonn 1995; S. 53f.

Abbildung 149: Logische und physische Abstraktionsebenen

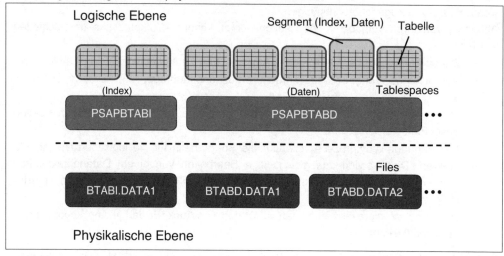

Segmente unterteilen den Tablespace in einzelne Bereiche, so dass eigentlich die Segmente die Tabellen beherbergen. Der Tablespace ist zu Beginn typischerweise noch vollständig belegt. Erst mit zunehmender Größe der Tabellen beginnt sich das „Datenlager Tablespace" zu füllen. Kann ein Segment einer Tabelle nicht mehr genug Platz bieten, so wird ein neues Segment eingerichtet (sog. Next Extent). Eine Tabelle kann sich damit auch über mehrere Segmente erstrecken.

Benötigt beispielsweise eine Tabelle „MIETER" mehr Platz für ihre Daten als ihr Tablespace bieten kann, d.h. ein Next Extent ist nicht möglich, so wird dieser Tablespace erweitert, indem eine weitere Datendatei angelegt wird.

Abbildung 150: Erweiterung innerhalb eines Tablespace

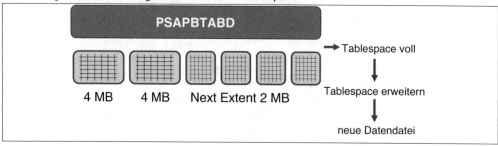

Der Tablespace erstreckt sich nun über zwei Datendateien und kann seinen Tabellen entsprechend Erweiterungsplatz zur Verfügung stellen (Extent). Die Tabelle MIETER bleibt als Einheit bestehen (logische Ebene), obwohl sie nun im Prinzip auf zwei Datendateien „verteilt" ist. Je nach Datenbanksoftware werden Erweiterungen automatisch durchgeführt.

Die Definition von Attributen, Tabellen und Tabellenbezeichnungen erfolgt im Data Dictionary des Datenbanksystems.

Es werden aber nicht nur die betrieblichen Daten in der Datenbank gespeichert. In einem speziellen Teil der Datenbank, dem R/3®-Repository, werden beispielsweise auch die Customizing-Daten sowie die Anwendungen (mit ihren zugehörigen ABAP-Programmen) gespeichert. Die betrieblichen Anwendungen stehen somit jedem Applikationsserver zur Verfügung. Welche Anwendungen letztlich über welchem Applikationsserver dem Benutzer zur

Verfügung stehen, ist von den administrativen Einstellungen abhängig. Die Freischaltung der Anwendungen erfolgt typischerweise in Abhängigkeit von Performance und Anwendungsbedarf. Beispielsweise können die Anwendungen zur Unterstützung des Vertriebs auf Server 1 zur Benutzung freigegeben sein. Die Anwendungen zur Unterstützung des Einkaufs sind dann auf dem Server 2 verfügbar. Die Benutzer haben so virtuelle Verbindungen zu ihren Anwendungen, da durch administrative Eingriffe der Aufruf von Anwendungen zu beliebigen Applikationsservern geleitet werden kann. Nachdem eine Anwendung vom Benutzer aufgerufen worden ist, wird sie im Hauptspeicher (shared memory) des Applikationsservers gehalten. Möchte ein weiterer Benutzer mit der Anwendung arbeiten, so muss diese nicht mehr aus der Datenbank „geholt" werden, sondern kann direkt vom Applikationsserver zur Verfügung gestellt werden.

Der Benutzer ist über das GUI an einem Applikationsserver angemeldet. Es wird ein Anwendungsprogramm aufgerufen. Der Benutzer möchte ein neues Material anlegen. Das GUI gibt die Anforderung an den Dispatcher. Dieser leitet die Anforderung an einen freien Workprozess. Der Workprozess ist als Datenbank-User an der Datenbank angemeldet. Vom Kernel und den Basisdiensten unterstützt erfolgt der Zugriff auf das R/3®-Repository, gesteuert vom DBMS. Das angeforderte Anwendungsprogramm wird durch einen in der Laufzeitumgebung laufenden Workprozess (Virtual Machine) ausgeführt.

Ist das in ABAP® geschriebene Programm bisher noch nicht ausgeführt worden – es wollte bisher also noch niemand Material anlegen – dann erzeugt der ABAP®-Compiler beim ersten Aufruf aus dem Quelltext einen Zwischencode (Bytecode). Die Anweisungen des Zwischencodes sind mit C-Funktionen verknüpft. Beim folgenden Ausführen des ABAP®-Programms wird dieser Zwischencode von der ABAP®-Laufzeitumgebung interpretiert und die zugehörigen C-Funktionen aufgerufen. Bei weiteren Aufrufen muss der Zwischencode nur noch interpretiert werden. Die Ergebnisse dieses Prozesses bzw. die Bildinformationen leitet der Dispatcher zur anfordernden GUI. Sowohl Quelltext als auch Bytecode werden in der Datenbank verwaltet. Eine Neugenerierung von Bytecode wird durchgeführt, sofern Veränderungen am Quelltext vorgenommen wurden (auch nach Einspielung von Patches).

Die Anforderung betrieblicher Daten funktioniert nun ähnlich. Der Datenbankzugriff für Datenabfrage und –Manipulation erfolgt über die Datenbanksprache Structured Query Language (SQL). Die ABAP/4®-Anwendungen realisieren dies über ein SQL-Entry-Level (ABAP/4® Open SQL). Dazu liest der Interpreter des Workprozesses das Open-SQL-Statement einer ABAP-Anwendung. Open-SQL ist ein datenbankunabhängiger SQL-Dialekt der SAP®, welches den R/3®-internen Data Dictionary verwendet. Das Statement wird an die Datenbankschnittstelle gegeben. Diese generiert den entsprechenden Native-SQL-Befehl, der dann an das DBMS gereicht wird. Native-SQL ist der SQL-Dialekt der Datenbank. Das DBMS liefert die Daten zurück an die Schnittstelle. Die Schnittstelle übergibt weiter an den Interpreter. Der Workprozess und Dispatcher bilden wieder die logischen Komponenten zur Steuerung der Vorgänge bis hin zur Übergabe der Bildinformationen an das GUI.

Ein direkter Zugriff mittels Native-SQL ist auch möglich. Dazu liest der Interpreter den Exec-SQL-Block eines ABAP®-Programms. Anstelle der Weitergabe an die Datenbankschnittstelle wird der Befehlsblock ohne Rückgriff auf das Data Dictionary an das DBMS gegeben. Das DBMS gibt dann das Ergebnis direkt wieder an den Interpreter zurück. Allerdings werden bei dieser Vorgehensweise die anwendungsspezifischen betriebswirtschaftlich motivierten Konsistenzprüfungen umgangen. Zudem ist diese Zugriffsart datenbankabhängig.

Die Abbildung 151 skizziert noch einmal die softwareorientierte Client/Server-Technologie aus dem Blickwinkel von R/3®.

Abbildung 151: Zusammenspiel der Client/Server-Ebenen unter R/3®

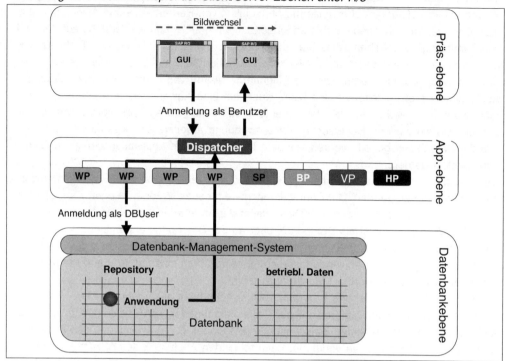

Das Datenbanksystem wird beispielsweise von Datenbankherstellern wie Oracle, Informix oder Microsoft® gestellt. Die Datenbanksoftware kann auf gängigen Betriebssystemen aufsetzen (Unix®, Solaris®, Windows®NT®, Linux® ...).

Die horizontale, logische und meist auch physische Skalierung des Datenbanksystems ist im Gegensatz zur Präsentations- und Anwendungsebene nicht beliebig, sondern ist abhängig vom jeweiligen verwendeten Datenbanksystem.

Eine weitere Besonderheit ist die Verwaltung von Clustertabellen, die hier auch als Pooltabellen bezeichnet werden. Einige Tabellen der R/3®-Datenbasis haben relativ wenige Datensätze, so dass eine eigene Datenbanktabelle unnötig wäre. Die Clustertabellen fassen diese „kleinen" Tabellen in einer großen zusammen, d.h. die Clustertabelle besteht aus einer Vielzahl von kleineren Tabellen, die dann letztlich die Datensätze enthalten. Zur Beschleunigung der Prozesse können i.S. von Client-Caching (aus Sicht der Datenbank) Daten auf der Applikationsebene gepuffert werden (Zugriff nur mit OpenSQL).

Client/Server-Systeme bedingen eine logische, softwaremäßige Trennung, wobei zugleich eine entsprechende Hardwaretrennung erfolgen <u>kann</u> (nicht muss). Dadurch kann die Beziehung zwischen den möglichen Dienstnutzern und den Diensterbringern vielfältig hardwaremäßig konfiguriert werden. Zentralistische Konfigurationen (wie R/2®) werden genauso unterstützt wie verteilte Systeme mit einer Vielzahl von Servern. Folgende Konfigurationen sind unter R/3® realisierbar:

- zentrale R/3® Konfiguration: Sämtliche Verarbeitungsleistungen werden von einem Rechner erbracht (entspricht der klassischen Großrechnerverarbeitung).

- zweistufige R/3® Konfiguration: Die Präsentationsebene läuft auf Präsentationsservern z.B. Windows®-PCs. Datenbank und Applikation befinden sich weiterhin zusammen auf einem Rechner.

- dreistufige R/3® Konfiguration: Für Präsentation, Applikation und Datenbank werden eigene Rechner genutzt. Die Abbildung 152 zeigt unter anderem diese dreistufige Rechnerhierarchie. Auf einem zentralen Rechner wird der Datenbankserver installiert. Hier werden die Daten zentral verwaltet. Damit verbunden sind ein oder mehrere Applikationsserver, auf denen die eigentliche Anwendungslogik abgearbeitet wird. Auf der Client-Ebene schließt sich der Kreis sinnvoll verteilter Aufgaben zwischen verschiedenen Rechnern mit der Präsentation der Arbeitsergebnisse am Präsentationsserver, den Frontends (Workstation, PC). Hier wird die Oberfläche, das SAP®-GUI zur Verfügung gestellt. Zusammengefasst liefert der Präsentationsserver die Bildschirmoberfläche mit Menüpunkten und Datenfeldern, der Applikationsserver steuert die Bildfolge und die möglichen Datenfelder, er koordiniert die Datenweitergabe an den Datenbankserver (es können auch mehrere sein), welcher die Unternehmensdaten verwaltet.

Abbildung 152: Unterschiedliche R/3®-Konfigurationen

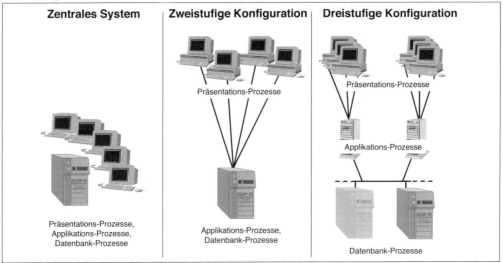

In Anlehnung an SAP® AG

Für alle möglichen Konfigurationen gilt: die Gesamtheit aller Software-Komponenten, die derselben Datenbank zugeordnet sind, werden als R/3®-System bezeichnet.

5.1.2 Transaktionen – vom Aufruf der Anwendung bis zur Datenmanipulation

Der Aufruf von Anwendungen und der damit verbundene Bildwechsel geschieht durch sog. Transaktionen. Eine Transaktion ist eine Kette von betriebswirtschaftlich logisch zusammengehörenden Dialogschritten.

Beispiel: Auftragsanlage mit gleichzeitiger Reservierung der Materialien

In einem ersten Schritt werden die Auftragsart (Sofortauftrag, Terminauftrag, kostenlose Nachlieferung, ...) und organisatorische Informationen (Verkäufer, Abteilung, ...) eingepflegt. Dann werden Auftraggeber (Kunde) und seine Warenbestellung erfasst. Es folgen Datenerfassungen hinsichtlich Konditionen, Kontierung (z. B. für Profit Center), Partnerrollen u.a., abschließend erfolgt im Zuge der Datensicherung die Verbuchung.

Die Durchführung einer Transaktion umfasst damit sämtliche Dialogschritte zuzüglich der Verbuchung. Die den Dialogschritt jeweils repräsentierende graphische Darstellung und die zugehörige Ablauflogik, z.B. die Initialisierung der Verbuchung im letzten Dialogschritt, wird als Dynpro bezeichnet.

Durch Eingabe von Daten (Dynpro 001) wird die Verarbeitung der Daten initialisiert (PAI, Process After Input). Dies führt zur Vorbereitung und Sendung der nächsten Bildschirmmaske (Dynpro 002). Der Vorgang selbst wird dann als Process Before Output (PBO) bezeichnet. Dialogschritte erfolgen für Benutzer und System zeitversetzt. Begrifflich ist im Prinzip die Transaktion der Benutzung der Anwendung gleichzusetzen.

Abbildung 153: SAP®-Transaktion

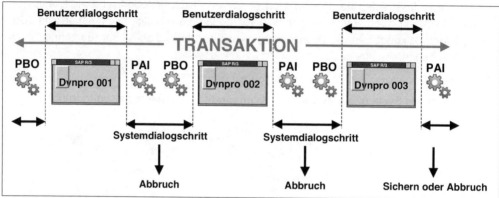

In Anlehnung an SAP® AG

Damit der Workprozess Dialogschritte und ihre Konsequenzen (z.B. Datenmanipulationen) konsistent ausführen kann, werden so genannte Logical-Unit-of-Work (LUW) geöffnet. Eine LUW „ist eine nicht teilbare Folge von Datenbankoperationen, an deren Anfang und Ende ein konsistenter Datenbestand stehen muss."[41]

Jeder Bildschirmwechsel benötigt eine eigene LUW. Die betrieblich motivierte R/3®-Transaktion beinhaltet meistens mehrere LUWs. Ein Abbruch einer R/3®-Transaktion würde somit ohne besondere Vorkehrungen Dateninkonsistenzen zur Folge haben. Beispiel: Eine betriebliche Transaktion erfordert in SAP® R/3® vier Dialogschritte bzw. Bildwechsel. Während des zweiten Schritts wird die Transaktion abgebrochen. Da jeder Schritt eine LUW darstellt und Datenmanipulationen verursacht, wären die Daten der ersten LUW schon gespeichert, d.h. der Datensatz befände sich u.U. aus betrieblicher Sicht nicht mehr in einem konsistenten Zustand. Aus Sicht der Datenbank bestünde jedoch ein konsistenter Zustand. Vorausgegangene LUWs können nicht rückgängig gemacht werden, da die „alten" Daten überschrieben wurden.

Die Problematik wurde in R/3® umgangen, indem eine eigene LUW definiert wird, die SAP®-Logical-Unit-of-Work. Diese besteht aus einem unteilbaren Geschäftsprozess mit seinen Dialogschritten und umfasst mehrere Datenbank-LUWs. Datenmanipulationen aus den einzelnen LUWs werden in einer Verbuchungstabelle (VBlog) zwischengespeichert. Erst nach dem letzten Dialogschritt und damit in der letzten LUW erfolgt die Übertragung in die entsprechende Datenbanktabelle. Wird hier beim zweiten von vier Dialogschritten innerhalb einer R/3®-Transaktion abgebrochen, so wird lediglich der Datensatz in der Verbuchungstabelle gelöscht. Der Datenbankbereich mit den betrieblichen Daten bleibt unberührt. Folge-

---

[41] SAP® R/3® Online Hilfe.

richtig bleibt eine Datenmanipulation bis zum erfolgreichen Ende einer Transaktion rücksetz-
bar.

Die R/3®-Transaktion teilt sich somit in einen Dialogteil und einen Verbuchungsteil. Die Verbuchung, der in der Verbuchungstabelle zwischengespeicherten Daten, wird über einen eigenen (Verbuchungs-)Workprozess gesteuert. Die 1:1 Zuordnung zwischen Workprozess
und LUW bzw. Dialogschritt wird nicht gestört.

Abbildung 154: SAP®-LUW

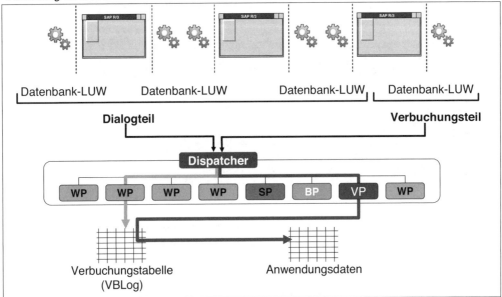

U.U. wollen Benutzer bestimmte Datenobjekte wie eine Bestellung, einen Auftrag oder einen
Materialstamm gleichzeitig bearbeiten. Da dies aus technischen und auch betriebswirtschaftlichen Gründen wenig sinnvoll ist, muss ein Mechanismus geschaffen werden, der die 1:1-
Beziehung zwischen Benutzer und Objekt herstellt. Dabei ist zu beachten, dass die parallele
Nutzung der gleichen Anwendung für unterschiedliche Objekte, z.B. Materialstammsätze,
weiterhin möglich sein soll, sollen unnötige Wartezeiten für Pflegevorgänge vermieden werden.

Die Problematik soll an einem Beispiel aufgezeigt werden. Der Mitarbeiter X ist mit Mitarbeiter Y zuständig für den Einkauf der unternehmenseigenen Kantine. Mitarbeiter X erstellt mit
der Anwendung „Bestellung anlegen" eine Bestellung bei dem Lieferanten Corner AG. Die
Bestellung hat zunächst eine Position (Cashewkerne). Die Bestellung erhält die Belegnummer 4500010916 (siehe folgende Abbildung).

Abbildung 155: Normalbestellung Mitarbeiter X

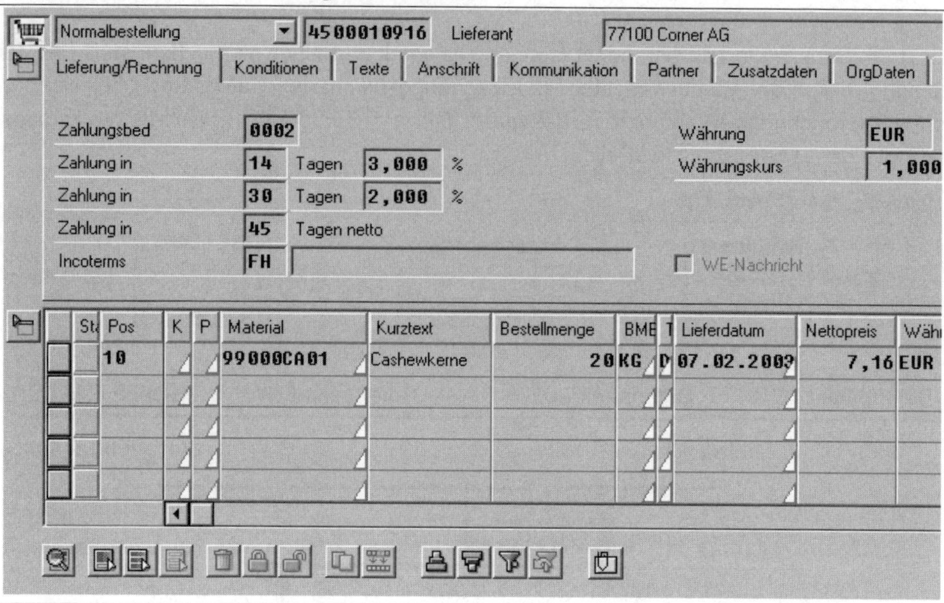

© SAP® AG

Anschließend will er die Bestellung mit der Anwendung „Bestellung ändern" noch einmal ändern, indem er eine weitere Position hinzufügt (15 KG Erdbeeren).

Abbildung 156: Geänderte Normalbestellung Mitarbeiter X

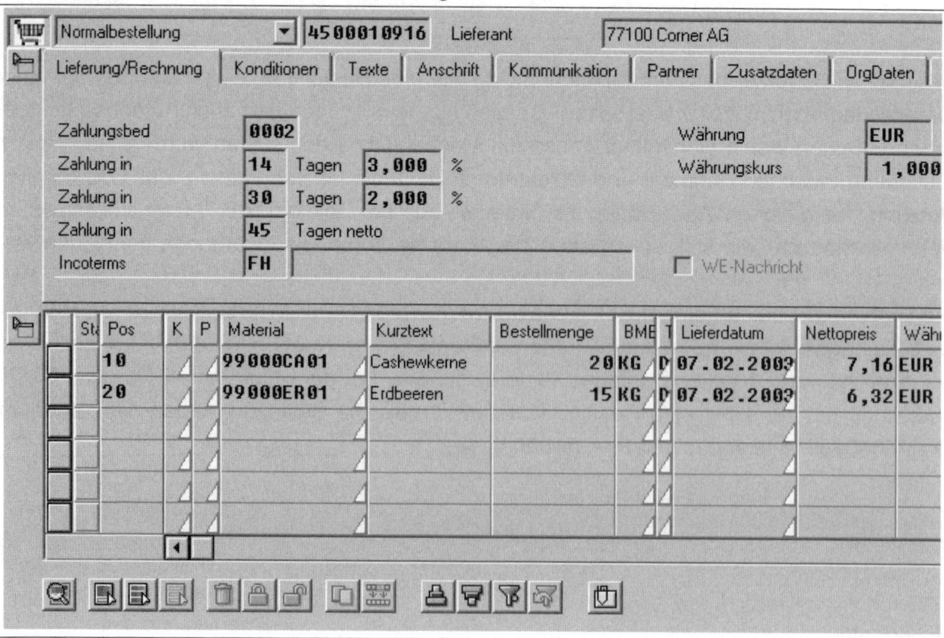

© SAP® AG

Während aber Mitarbeiter X die Bestellung ändert, ruft Kollege Y mittels der Anwendung „Bestellung ändern" ebenfalls die Bestellung 4500010916 auf und fügt zu der bereits existierenden Position (Cashewkerne) eine weitere Position (Haselnüsse) hinzu. Daraus ergibt sich für ihn das folgende Bildschirmbild.

Abbildung 157: Geänderte Normalbestellung Mitarbeiter Y

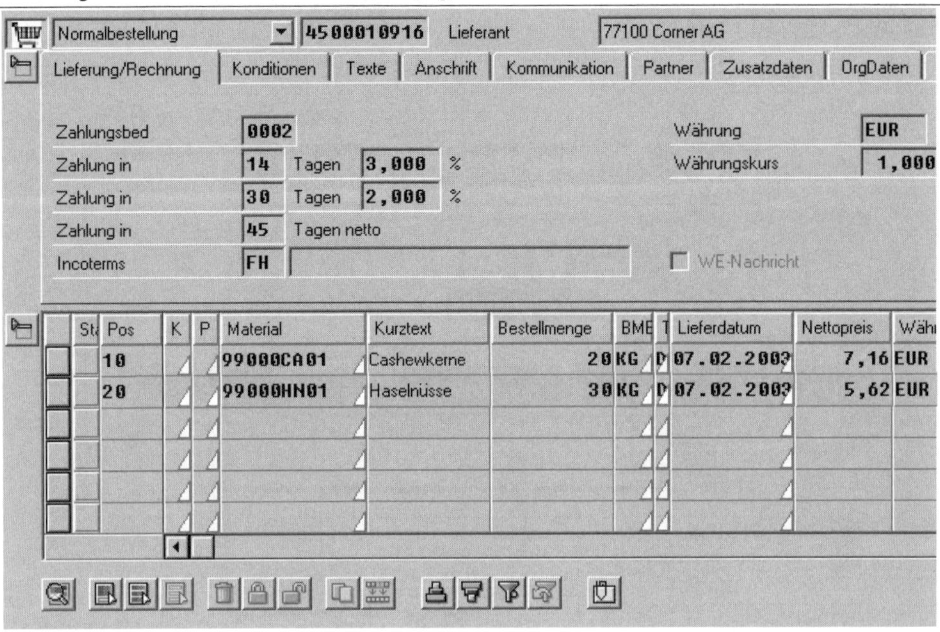

© SAP® AG

Beide Mitarbeiter haben ihre Änderungen zunächst noch nicht gespeichert! Zuerst speichert Mitarbeiter X seine Daten, danach erst Mitarbeiter Y. Das geschilderte Problem ist im Kern ein betriebswirtschaftliches Problem, denn technisch gesehen wird die Position 20 „nur" überschrieben. Der Unterschied zu einer seriellen Änderung erst durch Mitarbeiter X und dann durch Mitarbeiter Y ist, dass Mitarbeiter Y unbewusst die Daten von Mitarbeiter X geändert. Bei einer seriellen Änderung, d.h. der Mitarbeiter Y „sieht" die schon vorhandene Position 20 „Erdbeeren" und ändert diese in Haselnüsse um, ist es ein bewusster und damit auch nachvollziehbarer Vorgang. **Es sei unbedingt darauf hingewiesen, dass - trotz der in Abbildung 155 bis Abbildung 157 exemplarischen Verwendung von R/3-Bildschirmbildern - die zuvor und auch im Folgenden beschriebene Problematik bei R/3 nicht auftritt!**

Die parallele Bearbeitung von Datenobjekten kann auch bei aufeinander folgenden Bewegungsdaten auftreten. Beispielsweise wurde eine Bestellung erstellt, der ein einwandfreier Wareneingang folgte. Da noch weitere Materialien benötigt werden, soll die Bestellung nun durch einen Mitarbeiter X geändert werden. Der Mitarbeiter Y möchte während der Bestellungsänderung aber die Rechnungsprüfung für diese Bestellung durchführen. Wenn Mitarbeiter X nun beispielsweise eine weitere Position hinzufügt, müsste diese auch bei der Rechnungsprüfung mit berücksichtigt werden. Wäre parallel zur Bestellungsänderung die Rechnungsprüfung dieser Bestellung möglich, so könnte diese nur auf Basis der „alten" und damit unvollständigen Bestellung durchgeführt werden. Die Durchführung der Rechnungsprüfung für eine andere als die gerade zur Bearbeitung aufgerufene Bestellung sollte aber wieder möglich sein. Es sei auch noch darauf hingewiesen, dass der bloße Eintrag von Werten in einem Feld (im GUI) noch nicht zu Datenmanipulation führt. Erst durch Betätigen des

Sicherungsbuttons oder mindestens durch einen Dialogschritt/Bildschirmwechsel geschehen Manipulationen an der Datenbank.

Damit parallele Datenmanipulationen verhindert werden, verhängt das Datenbanksystem bei Anweisungen wie insert, modify oder delete Datenbanksperren. Die Sperren dauern konsequenterweise genau eine LUW lang.

Abbildung 158: SAP®-Sperren

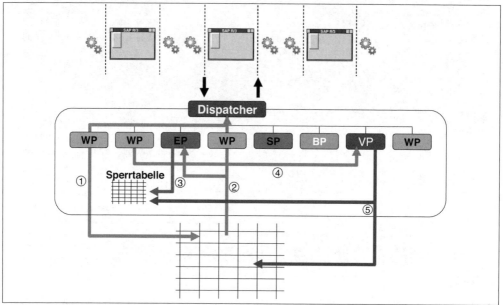

Das SAP®-LUW-Konzept umfasst aber eben mehrere (Datenbank-)LUWs. Das Datenobjekt muss also während seiner gesamten Bearbeitung (mehrere Dialogschritte) gesperrt sein. Der Sperrmechanismus der Datenbank ist daher nicht ausreichend. Er wird ergänzt durch das SAP®-Sperren. Hierbei wird vom Enqueue-Workprozess eine Sperrtabelle im Hauptspeicher des Applikationsservers verwaltet. Der Eintrag in die Sperrtabelle geschieht beim „Einstiegs-PBO", also beim Aufruf des Datenobjektes (z.B. Kundenstammsatz von Kunde 0815). Im Rahmen einer Sperrverwaltung wird erreicht, dass für die Dauer einer Transaktion ein ausschließlicher Zugriff auf ein bestimmtes betriebswirtschaftliches Objekt besteht, um so die Datenintegrität zu gewährleisten. Beispielsweise können so Produktreservierungen zuverlässig durchgeführt werden. Die Sperre wird aufgehoben, wenn die Transaktion beendet ist (Verbuchungsprozess) oder abgebrochen wurde. Neue Sperranforderungen werden mit vorhandenen Sperren auf Kollision überprüft.

Der Prozess bis zur Verbuchung in VBLog gilt als Änderungsvormerkung. Erst der Verbuchungsprozess ist verantwortlich für die Änderungsanforderung. Die eigentliche Verbuchung geschieht damit ohne Benutzereingriff, d.h. der Sachbearbeiter hat keinen Einfluss auf die Vorgänge von VBLog bis hin zum Eintrag in die Tabelle XY. Die in der Abbildung 159 abgebildeten Schritte 4 und 5 sollen im Folgenden genauer beleuchtet werden.

Der durch eine abgeschlossene Transaktion erzeugte Protokollsatz für die Datenfortschreibung entscheidet, ob die Daten synchron oder asynchron verbucht werden. Synchrone Verbuchung bedeutet, dass das Anwendungsprogramm darauf wartet, dass der Verbuchungsprozess den Status Verbuchung zurückgibt. Dies bedeutet, dass in der Wartezeit vom Benutzer keine weiteren Arbeitsschritte erledigt werden können oder der Start einer folgenden

SAP®-LUW (Anschlussprogramm) sich um diese Zeit verschiebt. Typisches Anwendungsgebiet für die synchrone Verbuchung ist der Batch-Input. Bei der asynchronen Verbuchung verläuft die eigentliche Verbuchung im Hintergrund. Sichert der Benutzer seine Transaktion und erfolgt die Verbuchung asynchron, so erhält er nur eine vorläufige Bestätigung (z.B. Material wird geändert). Das die Verbuchung initialisierende Anwendungsprogramm wartet also nicht auf die endgültige Verbuchungsbestätigung. Der Benutzer kann hier unabhängig vom Verlauf der Verbuchungsroutine weiterarbeiten. Die meisten Anwendungsprogramme unter R/3® arbeiten asynchron.

Abbildung 159: Aufteilung in Vormerkung und Anforderung

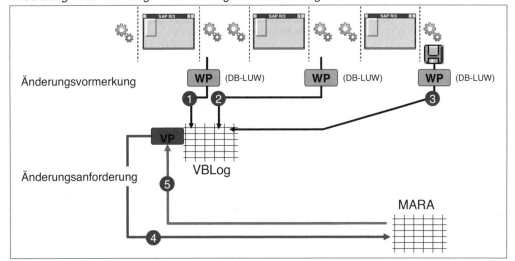

In einem weiteren Verbuchungsschritt wird unterschieden, ob es sich um eine zeitkritische (V1) oder nicht zeitkritische Verbuchung (V2) handelt. Zeitkritisch ist beispielsweise eine Auftragserstellung oder eine Änderung in einem Materialbestand, also Objekt mit Steuerfunktion. Nicht zeitkritisch sind beispielsweise rein statistische Verbuchungen. Die V1-Verbuchung wird im Gegensatz zur V2-Verbuchung unter den R/3®-Sperren durchgeführt.

Sollte eine Verbuchung während der Datenaktualisierung abbrechen, so würde trotz der bisher beschriebenen Mechanismen eine Dateninkonsistenz entstehen. Dieses Problem kann beispielsweise bei Speicherproblemen entstehen. Hier greift die so genannte Rollback-Technik der ORACLE®-Datenbank. Es wird eine Kopie der Daten, wie sie vor der Änderung waren, in ein so genanntes Rollbacksegment geschrieben, so dass bei einem Verbuchungsabbruch die alten, aber vollständigen Daten in die Tabelle „zurück gerollt" werden. Die Rollbacksegmente sind Teil eines Rollbacktablespace. Im Abbruchfalle wird der Datensatz als fehlerhaft markiert. Der Benutzer erhält Nachricht über die gescheiterte Datenmanipulation.

Abbildung 160: Rollbackmechanismus

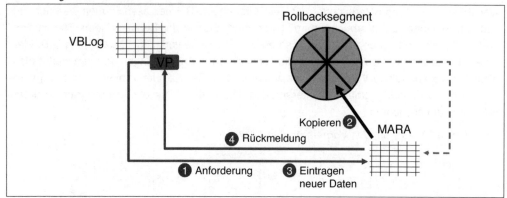

Eine Frage, die sich im Zusammenhang mit dem Rollbackmechanismus stellt, ist, warum zunächst die alten Daten gesichert werden. Es könnten ja zunächst die neuen Daten in das Rollbacksegment eingetragen werden, danach beginnt die Eintragung der Daten in eigentliche Zieltabelle (in der Abbildung 160 mit - - -➤ dargestellt). Im Abbruchfalle könnte ja der neue Datensatz aus dem Rollbacksegment erneut eingespielt werden. Dieses Vorgehen wäre kritisch, wenn der neue Datensatz logische Fehler enthielt (wobei diese eigentlich weitestgehend durch die Anwendungen abgefangen werden). Damit würde die Datenbank immer wieder versuchen, einen fehlerhaften Datensatz abzulegen, wobei dies eben wegen der enthaltenen Fehler letztlich wieder abgelehnt würde.

Bei einem erfolgreichen Abschluss der Datenbanktransaktion werden die Rollbackeinträge als abgeschlossen gekennzeichnet (freigegebene Einträge) und der Rollbacksegmentbereich wird zur erneuten Verwendung verfügbar gemacht. Freigegebener Platz wird überschrieben. Es wird nicht gelöscht. Eine Transaktion wird einem Rollback-Segment zugeordnet, d.h. alle durch die Transaktion verursachten Rollbackeinträge werden in dieses Segment geschrieben. Verursacht eine Transaktion mehr Rollbackeinträge als im Segment gespeichert werden kann, so wird das Segment vergrößert. Ist dies nicht möglich, z.B. der Tablespace kann keinen weiteren Speicherplatz zur Verfügung stellen, so bricht die Transaktion mit einem so genannten ABAP-Dump ab.

Abbildung 161: Verbuchungsprozess detailliert

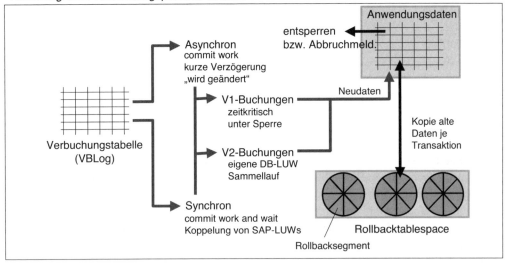

Für das Rollbacktablespace können ebenfalls kritische Momente entstehen, wie das folgende Beispiel zeigt. Ein Datensatz A wird geändert (Datenbanktransaktion 1). Die Kopie wurde in ein Rollbacksegment eingetragen. Außerdem benötigt die Datenbanktransaktion 1 zusätzlich einen Lesezugriff auf Datensatz B. Dieser wird aber während der Laufzeit der Datenbanktransaktion 1 durch die Datenbanktransaktion 2 geändert (vorher Kopie ins Rollbacksegment). Zu ihrer Durchführung benötigt die Transaktion 1 eine konsistente Sicht auf die Daten (Datensatz A und B). Der Datensatz B steht aber im Augenblick nicht konsistent zur Verfügung (wird gerade geändert). Daher greift die Datenbank auf den Eintrag im Rollbacksegment von Datensatz B zurück. Diese Vorgehensweise wird problematisch, sofern folgende Bedingungen eintreten:

- die Datenbanktransaktion 2 ist vor der Datenbanktransaktion 1 abgeschlossen und der Teil des Rollbacksegments ist freigegeben,
- eine Datenbanktransaktion 3 wurde gestartet und aufgrund der Platzverhältnisse im Rollbacksegment wird der (freigegebene) Segmentteil der Datenbanktransaktion 1 überschrieben.

Durch diesen Umstand kann die Datenbanktransaktion 1 nicht mehr lesend zugreifen, da die Kopie des Datensatzes B im Rollbacksegment überschrieben wurde. Die Transaktion 1 kann nicht durchgeführt werden und bricht mit einem ABAP-Dump ab.

5.1.3 Skalierbarkeit und Offenheit

Der Vorteil der mehrstufigen Konfiguration liegt zum einen in der Möglichkeit des Load-Balancing, d.h. spezielle Applikationsserver können für bestimmte Arbeitsgebiete eingesetzt werden, so dass die Stärken unterschiedlicher Hardwarekomponenten konsequent ausgenutzt werden können. Damit wird deutlich, dass ein Benutzer mit seinem Präsentationsrechner auf verschiedene Applikationsserver (gleichzeitig) zugreifen kann. Zum anderen erlaubt diese Art der Softwaretechnologie eine stufenlose und transparente Erweiterbarkeit der installierten Rechnerleistung (Skalierbarkeit). Vertikal ist eine physikalische Trennung auf bis zu drei Ebenen möglich, d.h. für Präsentation, Applikation und Datenbank jeweils eigene Rechner. Die horizontale Skalierbarkeit ist - wie oben erläutert - für Präsentation und Applikation beliebig möglich. Die horizontale Skalierbarkeit der Datenbank ist von den jeweiligen Fähigkeiten des Datenbanksystems abhängig. Client/Server-Systeme können mit 30 Arbeitsplätzen ebenso wie mit einigen tausend Benutzern genutzt werden. Die Eigenschaft der Skalierbarkeit ermöglicht das Wachsen des Systems mit den Anforderungen des Unternehmens.[42] Beispiele für die Skalierbarkeit des SAP® R/3® Systems sind die Unternehmen Bitburger mit 20 Usern, Bosch Telenorma mit 415 Usern und Swiss PTT mit 3200 Usern.

Im Zusammenhang mit Client/Server-Systemen wird häufig der Begriff Downsizing genannt. Prinzipiell bedeutet Downsizing den Austausch von Großrechnern durch Rechner mittlerer Größen, allerdings bleiben die Beziehungen der Softwarekomponenten zueinander von der „Verkleinerung" unberührt. Bestehende Softwarelösungen werden also auf „kleinere" Rechner portiert. Client/Server-Konfigurationen beinhalten zwar eine gewisse Downsizing-Strategie, jedoch können Downsizing-Projekte auch unabhängig von Client/Server-Vorhaben durchgeführt werden.

Der problemlose Ablauf einer bestimmten Anwendung im Zusammenspiel mit verschiedenen Hardware- und Betriebssystemen (Portabilität), sowie der konsistente Austausch von Daten über Datenformate und Protokolle zwischen Einzelsystemen (Interoperabiltät), kennzeichnen eine offene Softwarelösung.

Präsentations-, Applikations- und Datenbankdienste unter R/3® lassen sich auf einer Vielzahl von Hardwaresystemen und zugehörigen Betriebssystemen installieren. Diese Offenheit gilt sowohl horizontal als auch vertikal. Da R/3® für seine betrieblichen Anwendungen eine eigene Laufzeitumgebung stellt, und die Kommunikation der Systemebenen untereinander und zu Fremdanwendungen durch die Verwendung internationaler Industriestandards für Schnittstellen, Formate und Protokolle offen gestaltet wird, sind vielerlei Hardware- und Betriebssystemkombinationen möglich.

5.1.4 Business Framework

Nicht jedes Unternehmen verwaltet sämtliche Prozesse mit R/3® bzw. manche Prozesse sind in Unternehmen noch durch Software anderer Hersteller oder durch Eigenlösungen abgebildet. Zur Berücksichtigung dieser Informationsflüsse bietet die SAP® den R/3®-Nutzern eine bewegliche Infrastruktur, das so genannte Business Framework. Kunden können eigene Komponenten an das R/3® System ankoppeln.

Das Business Framework stellt eine dem Prinzip der Komponentensoftware nachempfundene Verbundlösung dar. Eine Softwarekomponente ist ein Baustein einer Gesamtanwendung mit standardisierten Schnittstellen für die Zusammenarbeit mit anderen Komponenten. Die Komponente kann unabhängig von der Gesamtanwendung gepflegt werden und bietet Funktionalitäten für andere integrierte Bausteine. Die Produktarchitektur besteht im Wesentlichen aus:

- Business-Komponenten,
- Business-Objekten,
- Schnittstellen- und Integrationstechnologien .

Business-Komponenten stellen betriebswirtschaftlich gekapselte Funktionalitätenbündel dar. Beispiele dazu sind die Personalwirtschaft, Logistik, Treasury, IS-Lösungen oder Internetapplikationen für Consumer-to-Business- oder Business-to-Business-Prozesse. Die Business-Komponenten bieten entsprechende Funktionen zur Verwaltung von betriebswirtschaftlichen

---

[42] Vgl. Keller, G., Teufel, T.; SAP® R/3® prozessorientiert anwenden., 1. Aufl., Bonn et al. 1997.

Prozessen, Zusammenhängen oder Einheiten mit ihren Attributen, z.B. Aufträge, Angestellte, Bestellungen, Rechnungen, Kunden etc. Die Einheiten werden als Business-Objekte (BO) bezeichnet. Zu einem Objekt gehören anwendbare Methoden. Beispielsweise umfasst das Objekt „Auftrag" die Methoden „Auftrag anlegen" oder „Auftrag ändern". Hintergrund der Business-Objekte ist, dass sie im Gegensatz zu den Veränderungen in der umgebenden Software (Anwendungen, Programme) selbst einer geringeren Änderungsdynamik unterliegen. Die Objekte bieten so eine (langfristig) stabile Möglichkeit, auf Funktionalitäten von Anwendungen bzw. von anderen Business-Objekten aus, nahezu beliebig für eigene Zwecke zuzugreifen. Abbildung 162 gibt einen ersten Eindruck von der Business Framework Architektur (BFA).

Abbildung 162: Business-Objekte in vereinfachter Darstellung

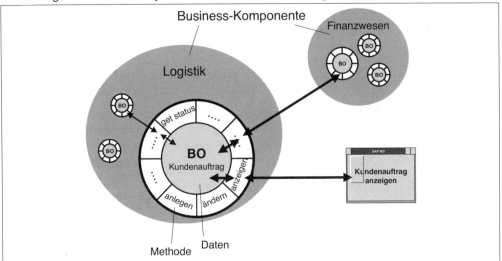

Der Zugriff auf das Business-Objekt geschieht über das Business Application Programming Interface (BAPI) . Die Funktionsweise des BAPI soll an einem Beispiel erläutert werden. Es soll ein Kundenauftrag angelegt werden. Die R/3®-Anwendung V-01 (Kundenauftrag anlegen) wurde aufgerufen. Hierbei kommt die BAPI-Methode CreateFromDat1() zum Einsatz. Der Zugriff auf das Business-Objekt und seine BAPI-Methoden geschieht mit objektorientierten Technologien (COM/DCOM, RFC, CORBA®,[43] JAVA®). Es werden standardisierte Parameter, die änderungsrelevante Felder/ Attribute beinhalten, übergeben. Ein Beispiel für einen Parameter ist der Auftragskopf. Die über das BAPI gepflegten Kundendaten werden zunächst wieder zwischengespeichert. Die Anwendung initiiert durch Aufruf einer BAPI-Methode (BapiService.TransactionCommit()) die Verbuchung in den Anwendungstabellen. Die betriebswirtschaftliche Logik (Geschäftsregeln) des BAPIs sorgt für eine konsistente Speicherung. Auf das Beispiel angewendet bedeutet dies die tatsächliche Anlage des Kundenauftrags, wobei die Anlage nur erfolgt, sofern alle (betriebswirtschaftlich) notwendigen Daten bzw. Parameter vorhanden sind (Auftragsart, Erstellungsdatum, Kundennummer etc.). Damit hinterlässt das BAPI immer einen konsistenten Datenbankzustand. BAPIs sind auch für Fremdanwendungen einsetzbar.

---

[43] Component Object Model / Distributed Component Object Model, Remote Function Call, Common Object Request Broker Architectur.

Der Zugriff wird unterstützt vom Business-Object-Repository (BOR). Das BOR verwaltet nicht nur die BAPIs, sondern es ist zusätzlich in der Lage, aus den Business-Objekten Laufzeitobjekte zu erstellen. Dies ist für die Übergabe der Parameter und für die Ausführung von Methoden und Regeln technologisch erforderlich.

Die Trennung von BAPI und Anwendung zeigt sich insbesondere im Zugriff auf die Daten, da die Anwendungen auf die Daten des Business-Objekts nur über dessen Methoden zugreifen können. Außerdem geben BAPIs keine Bildschirmdialoge an die aufrufende Anwendung zurück. Die Bildschirmdarstellung ist also neben der Ansteuerung der BAPIs und weiterer betriebswirtschaftlicher Funktionalität ein eindeutiger Bereich der Anwendung.

Das BAPI als Komponente oder Teil einer Anwendung ist nur nutzbar, wenn der Benutzer der Anwendung die entsprechende Berechtigung besitzt.

Abbildung 163: BAPI Funktionsweise in vereinfachter Darstellung

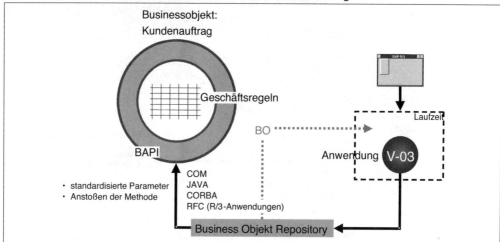

Aufgrund von betrieblichen und/oder technischen Erfordernissen kann eine Entkopplung von Anwendungssystemen innerhalb eines Unternehmens notwendig sein, z.B. zwei R/3® Systeme an zwei Standorten, wobei jedes System per Definition eine eigene Datenbank hat. Damit steht keine gemeinsame Datenbank zur Verfügung. Die Anwendungen greifen auf eine lokale Datenbank zu. Die Daten müssen i.S. der konsistenten Datenhaltung redundant gehalten werden, d.h. die Datenbanken der beiden R/3®-Systeme haben bezogen auf die jeweils eingesetzten Anwendungen gleichaktuelle Daten. Bei einer verteilten Installation ist somit der Synchronisationsmechanismus gleichbedeutend mit dem kontrollierten und konsistenten Datenaustausch zwischen R/3®-Systemen und von großer Bedeutung.

Dieser Mechanismus besteht im Wesentlichen aus dem Nachrichtenaustausch auf Basis der Integrationstechnologie Application Link Enabling (ALE). Nachrichten enthalten Daten wie Änderungen von Stammdaten, Steuerdaten, Geschäftsdaten, etc. .

Zunächst muss im so genannten Verteilungsmodell festgelegt werden, welche Anwendungen vom System 1 Daten von System 2 benötigen und umgekehrt. Da die Daten asynchron ausgetauscht werden, geschieht der Datentransfer zum externen System weitestgehend transparent für den Benutzer.

Wird beispielsweise eine Anwendung im Verteilungsmodell berücksichtigt und legt ein Benutzer mit dieser Anwendung einen neuen Materialstammsatz an, so wird neben der Fortschreibung der lokalen Datenbank ein so genanntes Master-Intermediate Document (IDoc) erzeugt. Das IDoc ist eine Art Behälter für den Austausch von Daten zwischen R/3®-, R/2®-und auch Fremdsystemen. Es enthält hier den neuen Stammsatz. Das IDoc wird von der ALE für die Versendung aufbereitet und mittels RFC an das entkoppelte System übertragen. Dort wird es von der ALE-Schicht eingelesen, verarbeitet und an die entsprechende Anwendung übergeben. Diese steuert dann die richtige Verbuchung der IDoc-Inhalte in dem zweiten System.

IDocs können auch aus (Objekt-) Methoden erzeugt werden. Eine Zusammenarbeit von ALE und BAPI wird so möglich. Das BAPI des Client „befüllt" das IDoc über eine spezielle Schnittstelle (BAPI-ALE-Schnittstelle). Über die BAPI-ALE-Schnittstelle des entkoppelten Systems wird das IDoc wieder entleert. Für R/3®-fremde Internetanwendungen steht eine Web-Variante des ALE zur Verfügung. Die Abbildung 164 zeigt den Ablauf zwischen R/3® und einem Fremdsystem zur Lagerverwaltung.

Abbildung 164: Kommunikation zwischen Systemen mittels IDoc

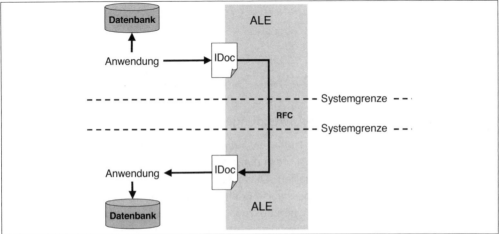

ALE .dient zur semantischen Synchronisation (Nachrichtensteuerung) von entkoppelten Systemen und dient somit als Integrator. BAPIs ermöglichen methodengesteuerten Zugriff auf die Daten der Business-Objekte (auch über ALE-Nachrichten) bzw. können zur Koppelung von Fremdanwendungen an R/3® dienen und bilden so die Schnittstellen. Das Business Framework ist somit ein Verbund von SAP®- und Fremdprodukten, der eine separat pflegbare, aber integriert arbeitende Geschäftssoftwarelösung schaffen soll. Das Business Framework wird in der Abbildung 165 abschließend dargestellt.

Abbildung 165: Architektur des Business Framework (Teildarstellung)

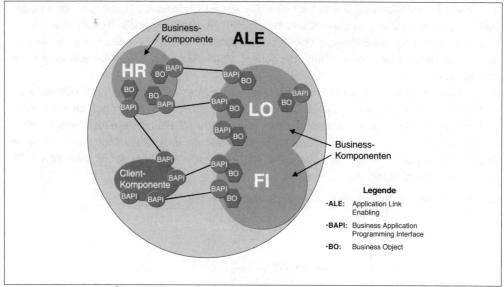

In Anlehnung an SAP® AG und Pérez, Geschäftsprozesse im Internet mit SAP® R/3®, S. 120 f.

5.1.5 Integration der Desktop-Anwendungen

Auf den Arbeitsplatzrechnern der R/3®-Anwender sind üblicherweise neben dem R/3®-Frontend parallel eine Reihe von PC-Anwendungen (z.B. Textverarbeitung, Tabellenkalkulation) oder lokale Datenbanken installiert. Diese Anwendungen können entsprechend ihrer Stärken dazu genutzt werden, beispielsweise Briefe oder Unternehmensdokumentationen zu verfassen oder Daten für Präsentationen auszuwerten. Die dafür notwendigen Daten liegen aber häufig im R/3®-System. Die notwendige Verbindung kann in zwei Richtungen geschaffen werden. Zum einen als Outside-In-Ansatz, d.h. eine Desktopanwendung holt sich Daten aus R/3® ab und gibt gegebenenfalls wieder Daten an R/3® zurück. Beispielsweise zieht eine lokale Data-Warehouse-Anwendung Daten aus R/3®, um sie über eine methodische Verdichtung als Managementinformation aufzubereiten. Eine Data-Warehouse-Anwendung ist eine Anwendung zur Zusammenstellung von Bewegungsdaten mit einer spezifischen Struktur für Abfragen und Analysen zur Entscheidungsunterstützung.[44]

Zum anderen besteht die Möglichkeit des Inside-Out-Ansatzes. Desktopanwendungen werden aus R/3® heraus gestartet, verwendet und beendet. Mit dem Release 4.0 können über eine Standardschnittstelle Anwendungen mit der Fähigkeit zum Object Linking and Embedding (OLE) wie Microsoft® Office, Lotus®SmartSuite, Corel®Office oder Visio® eingebunden werden. Bisher erforderliche Downloads von Daten auf den PC entfallen. Beispielsweise werden unter R/3® 3.x Datenlisten mittels dem sog. XXL-Werkzeug (EXtended EXport of Lists) an PC-Anwendungen (typischerweise Microsoft® Excel®) übergeben. XXL sorgt(e) für eine geordnete Übergabe.

Die Bearbeitung von Dokumenten oder Sheets erfolgt direkt unter R/3® mit der Funktionalität der Desktopanwendung. Bei dieser In-Place-Activation ist kein zusätzlicher Start erforderlich. Menüs und Menüeinträge der jeweiligen Anwendung werden angezeigt.

---

[44] Vgl. Kimball, The Data Warehouse Toolkit, 1996, Seite 371.

Darüber hinaus können R/3®-Daten über Links in Vorlagendokumente eingefügt werden. Beispielsweise soll ein Fax versendet werden. Das Fax als Word®-Dokumentvorlage beinhaltet Verweise auf R/3®-Daten, z.B. Name, Straße, Ort, etc. Die Verweise werden dann von R/3® durch entsprechende Daten ersetzt. Anschließend wird das Fax in seiner Endfassung angezeigt. In der Abbildung 166 wurde bei der Anzeige von flexiblen Mitarbeiterdaten die Erstellung eines Fax initiiert. Die unter Word® erstellte Vorlage wurde aufgerufen und die hier grau unterlegten Felder wurden mit R/3®-Daten gefüllt. Prinzipiell können Links zu Feldern, internen Tabellen, Bitmaps und Rich Text Format Texten (RTF) gesetzt werden. Weiterhin existieren Schnittstellen für den File-Transfer (Downloads und Uploads).

Realisiert wird die Einbindung von Desktop-Anwendungen durch den Microsoft® Standard für zusammengesetzte Dokumente (Object Linking and Embedding, OLE). OLE basiert auf den COM/DCOM-Spezifikationen von Microsoft®. Der COM-Standard legt fest, wie Objekte aufgebaut sind (gilt auch für Business Objekte) und wie diese untereinander kommunizieren. OLE in der in R/3® verwendeten Version 2.0 ist dabei für folgende Bereiche zuständig:

- Speichern von fremden Objekten (z.B. Excel®-Tabelle) oder Links auf fremde Objekte in Dokumenten (z.B. Microsoft® Word®);
- Öffnen und Bearbeiten von Objekten durch Anwendungen;
- „Selbstauslöser" bei Eintritt bestimmter Ereignisse (z.B. Benutzereingaben);
- ActiveX-Steuerung für HTML®-Seiten

Abbildung 166: Einfügen von R/3®-Daten in Vorlagendokumente

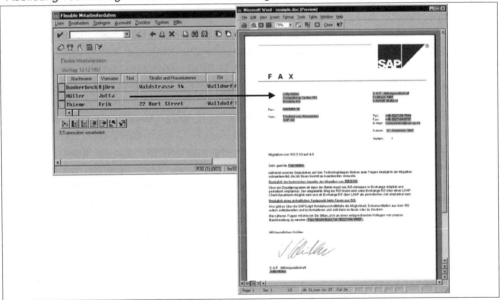

Bildschirmbilder © SAP® AG

Die Verbindung zwischen R/3® und Desktopanwendung bildet das SAP®-GUI. Sie umfasst die notwendigen universellen Text- und Tabellenkalkulationsschnittstellen. Zudem kann sie Daten puffern, die über OLE-Links in ein Dokument eingefügt werden sollen. Die Abbildung 167 fasst noch einmal zusammen.

Abbildung 167: Desktop-Einbindung unter R/3®

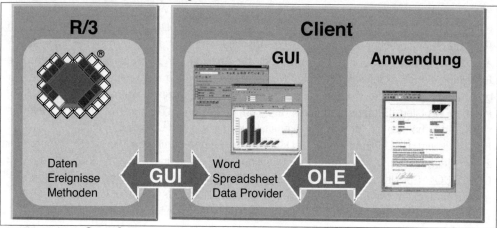

Bildschirmbilder © SAP® AG

Das Zusammenspiel von R/3® und den Desktopanwendungen wird unterstützt durch die Kommunikation von OLE und BAPIs, da BAPIs kompatibel zu den COM/DCOM-Spezifikationen von Microsoft® sind.

5.1.6 Internet Transaction Server

Damit Daten, die von außerhalb über das Internet in das Unternehmen gelangen, auch Aktivitäten in R/3® anstoßen können (z.B. damit eine Bestellung in R/3® den entsprechenden Vertriebsprozess auslösen kann), ist eine entsprechende technische Infrastruktur erforderlich. Aufgrund der Client/Server-Technologie und damit der Trennung von Präsentation, Applikation und Datenbank unterstützt das R/3®-System auch alternative Benutzeroberflächen z.B. Web-Browser zur SAP®-GUI (Präsentation).

Die R/3®-Internetanwendungskomponenten (IAC) sind Anwendungen, die speziell für den Zugriff über einen Web-Browser konzipiert sind. Beide Clients, SAP®-GUI und Browser, kommunizieren mit R/3® über TCP/IP, aber nur die Internetanwendungen lassen sich als einzige Anwendungen über einen Browser ansprechen. Die SAP® versteht ihre IAC´s als Beispielanwendungen. Unternehmen können also die vorhandenen IAC´s optisch an den allgemeinen Unternehmensauftritt anpassen und/oder als Vorlage für die Entwicklung eigener IAC´s verwenden. Die mit dem Standard ausgelieferten IAC´s sind unterteilt in Anwendungen für Intranet- und Internetbenutzer. Die letzten genannten lassen sich weiter unterteilen in Consumer-to-Business- und Business-to-Business-Anwendungen. Beispiele für die Anwendungen sind:

- Kontostandsabfrage,
- Produktkatalog und Online-Store,
- Verfügbarkeitsauskunft,
- Kundenauftragserfassung,
- Konsignationsbestandsabfrage,
- Stellenangebote,
- Einkauf,
- Projektdatenrückmeldung,
- Projektdokumente,

- Personaladministration,
- Zeitwirtschaft,
- Reisemanagement.

Nach der Anmeldung kann der Benutzer entsprechend seiner Berechtigungen IAC-Funktionalitäten mit ihren Konsequenzen in R/3® ausführen. Die Sitzung wird entweder durch Verlassen der IAC oder durch einen einstellbaren Timeout-Mechanismus beendet.

Der Internet Transaction Server (ITS) ist die technologische Voraussetzung für die Verbindung zwischen Browser und den IAC's bzw. R/3®. Der Internet Transaction Server ist somit ein Stück Software, das eine Übersetzungsfunktion zwischen Browser und R/3® ausübt.

Ruft ein Benutzer über einen Browser eine IAC auf, so geschieht folgendes: Der Aufruf wird vom Browser an den HTTP-Server weitergeleitet. Eine gesicherte Verbindung mittels Secure Socket Layer (SSL) wird hergestellt. Der HTTP-Server leitet den Aufruf an das so genannte WGate weiter. Das als DLL (Dynamic Link Library) implementierte WGate bildet die Schnittstelle zwischen dem HTTP-Server und dem sogenannten AGate. AGate und WGate bilden die Kernkomponenten des Internet Transaction Servers. Das WGate wandelt HTTP in das für das AGate verständliche SAP®-NI Protokoll um. Das AGate wiederum wandelt SAP®-NI in RFC um. Das RFC wird benutzt, um dann letztlich die IAC aufzurufen. Für Datenbankoperationen (aufrufen, ändern, anlegen) kommunizieren die IAC's mit den BAPIs. Eine Bestellung in einem Online-Store bewirkt mit Hilfe des ITS und der entsprechenden IAC die gleiche Transaktion, die die Anlage eines Kundenauftrags mittels SAP®-GUI unter R/3® bewirken würde.

Abbildung 168: ITS

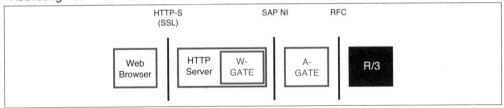

In Anlehnung an SAP® AG

Die softwaretechnische Trennung von WGate und AGate unterstützt die hardwaretechnische Trennung des HTTP-Servers und des AGates. Dadurch sind zusätzliche Sicherheitsmaßnahmen möglich.

Die Nutzung des Internet Transaction Servers für die Arbeit mit R/3® über den Browser ist nicht obligatorisch. Mittels der BAPIs und entsprechend programmierter Anwendungslogik können auch Datenbankoperationen angestoßen werden.

Daraus ergeben sich zwei Prinzipien zur Anbindung externer Clients über das Internet an R/3®. Die Internetanbindungen umfassen jene Verbindungen, die das Transmission Control Protocol/Internet Protocol (TCP/IP) für den Datentransport nutzen.

(1) Inside-out

Hierbei kann anstelle dem SAP®-GUI eine entsprechendes Windows®-GUI oder üblicherweise ein Web-Browser eingesetzt werden. Diese greifen auf fertige R/3®-Internet-Anwendungen zu, die so genannten IAC's (Internet-Application-Component). Die IAC's sind vom Kern des R/3®-Systems abgekoppelt und liefern über BAPIs die geforderten R/3®-Kernfunktionalitäten. Dem Web-Browser (Client) gelingt der Zugriff auf R/3® mittels Webserver und dem dafür konzipierten Internet Transaction Server (ITS). Der ITS fungiert als Bindeglied zwischen dem WWW und dem R/3®-System. Er konvertiert die R/3®-Daten in HTML®-Seiten und umgekehrt.

Zur Gewährleistung von Transaktions- und Zugriffssicherheit werden R/3®-Mechanismen genutzt. Die Möglichkeiten zur Nutzung der IAC´s können so über das R/3®-Berechtigungskonzept gesteuert werden. Da die IAC´s ein entkoppeltes Anwendungssystem bilden, wird zur erforderlichen Nachrichtensteuerung wieder ALE verwendet.

(2) Outside-in

Für Unternehmen, die andere Systeme einsetzen, aber in Teilbereichen R/3®-Funktionalitäten verwenden wollen, ist der Outside-In-Ansatz gedacht. Es können hier in Visual Basic, C, C++ oder JAVA® programmierte Internetanwendungen zum Zugriff auf R/3® benutzt werden. Damit befindet sich die Internetanwendung nicht mehr im R/3®-System, sondern beim Datensender. Die Anwendungen können dann über BAPIs bereitgestellte Objekte bearbeiten. R/3® übernimmt allerdings nicht mehr die Verantwortung für die Transaktionssicherheit. Als Präsentationsebene kann ein Web-Browser eingesetzt werden.

Daneben ist der Einsatz des SAP®-GUI nicht an ein lokales Netzwerk (LAN) bzw. an einen Standort gebunden. So können Mitarbeiter oder auch Lieferanten über Standleitungen oder Modemwählverbindungen auch über ein Wide Area Network mittels SAP®-GUI direkten Zugriff auf R/3®-Kernfunktionalitäten erhalten.

Abbildung 169: Zugriffsmöglichkeiten auf R/3

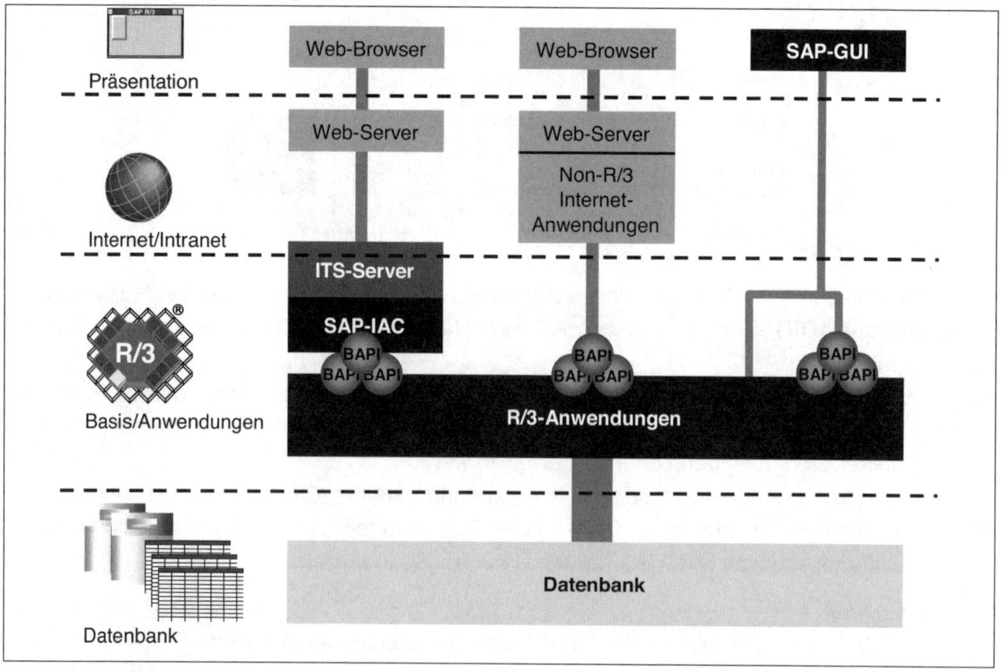

5.1.7 Mandant

Ein R/3®-System (Basis, Kernel, Anwendungen, Datenbank) ist auf Datenbankebene in mehrere logische Einheiten teilbar. Jede logische Einheit bildet einen informationstechnologisch und betriebswirtschaftlich abgeschlossenen Bereich. Eine solche logische Einheit wird als Mandant bezeichnet.

R/3® wird mit drei standardmäßig eingerichteten Mandanten ausgeliefert, den Mandanten mit den Schlüsseln 000, 001 und 066. Der Mandant 000 bildet den so genannten SAP®-Referenz-Mandanten. Er enthält Tabellen- und Customizing-Voreinstellungen und Mustereinträge. Da keine betrieblich Daten (z.B. Stammdaten) vorhanden sind, ist der Mandant – trotz der Voreinstellungen – nur lauffähig, aber nicht ablauffähig. Der Mandant 000 wird zum Einspielen von neuen Releases (Version) und Patches (Fehlerkorrekturen) verwendet. Ein Release-Wechsel z.B. von 3.1H auf 4.6C bedeutet eine Aktualisierung von Tabelleninhalten und Tabellenstrukturen, ABAP-Programmen, Dynpros, Formularen, Online-Hilfe und des IMG (Customizing). Selbst erstellte Programme unter R/3® können hierbei wirkungslos werden oder Fehler verursachen, sofern diese nicht an von der SAP® vordefinierten Schnittstellen programmiert wurden. Der Mandant 000 bildet eine Grundvorlage für weitere Mandantenkopien, z.B. für Entwicklungs-, Test- oder Schulungsmandanten), daher sollte in diesem Mandanten nicht gearbeitet werden. Kopiert wird ein Mandant mittels einer Customizing-Funktion. Der Kopiervorgang geschieht aus einem bestehenden Mandanten (z.B. 000) heraus.

Abbildung 170: Auszug aus der Tabelle MARA

```
SQLWKS> select * from SAPR3.MARA
     2>
MAN MATNR              ERSDA    ERNAM       LAEDA     AENAM       UPSTI
--- ------------------ -------- ----------  --------  ----------  -------
800 000000000000000038 19950904 CADCPIC    19990215  MUELLERJ    KDEUI
800 000000000000000058 19960105 DIEHL      19960712  ODABASHIAN  KLBX
800 Z-112              19950727 PETRIDIS   19960606  PFANNKUCHEN KUEDI
800 Z-113              19950727 PETRIDIS   19960606  PFANNKUCHEN KUEDI
800 Z-300              19950601 FUNKE      19970213  GASPARD     KUDPI
810 000000000000000001 19960716 MORLEY     19960716  MORLEY      KCUL
810 000000000000000088 19960902 ALEREMOTE  19970624  ALEREMOTE   KBU
811 QCV001             19950505 SCHAEFF    00000000              K
811 TOM01              19950711 ALEREMOTE  00000000              K
811 TOM05              19960219 ALEREMOTE  00000000              EKLU
811 TOM06              19960219 ALEREMOTE  00000000              EKLU
812 M-01               19990218 ROSEMANN   19990303  ROSEMANN    KUEL:
812 M-08               19990218 ROSEMANN   19990303  ROSEMANN    KUEL:
812 M-10               19990218 ROSEMANN   19990303  ROSEMANN    KUEL:
820 B2                 19970820 PANTKE     00000000              KB
820 PF-2000            19961025 PANTKE     19961118  HOLLBERG    KELB:
820 RG-1000            19961025 PANTKE     19961118  HOLLBERG    KELB:
860 000000000000001092 19981016 ZIMMERMANN 00000000              KUELI
860 000000000000001094 19981016 ZIMMERMANN 00000000              KUELI
900 09000MI01          20001129 GRÜMMER    20001129  GRÜMMER     KCEDI
900 01000AI01          20001129 WALDER     00000000              KCEDI
900 01000CL01          20001129 WALDER     00000000              KCEDI
900 01000FN01          20001129 WALDER     00000000              KCEDI
900 01000KA01          20001129 WALDER     00000000              KCEDI
900 01000T101          20001129 WALDER     00000000              KCEDI
900 02000H001          20001130 SCHOENEN   00000000              KCEDI
```

Der Mandant 001, auch als Customizing -Mandant bezeichnet, stellt eine vollständige Kopie des Mandanten 000 dar und ist von der SAP® für das Einrichten der unternehmensspezifischen Anforderungen vorgesehen. Ziel ist ein auf die Unternehmensbedürfnisse voreingestellter Mandant.

Der Mandant 066 dient in erster Linie als Bezugspunkt für Ferndiagnosen. Beispielsweise kann über den sog. Early-Watch®-Service der SAP® AG ein R/3®-System ferngewartet werden.

Die Anwendungen bzw. die Laufzeitumgebung ist mandantenunabhängig. Die Trennung der Daten erfolgt, indem den Tabellen ein Attribut „Mandant" mitgegeben wird. Ein Beispiel:

sämtliche Materialstammdaten stehen in der Datenbanktabelle MARA unabhängig davon, welchem Mandanten sie zugeordnet sind. Die Zuordnung geschieht eben durch das Attribut Mandant. Jeder Datensatz hat eine eindeutige Mandantenzuordnung und einen eindeutigen Schlüssel zur Abgrenzung innerhalb des Mandanten (hier Materialnummer).

Bei der Anmeldung am System muss jeder Benutzer einen Mandantenschlüssel angeben. Damit legt er fest, mit welcher Datenbasis er arbeiten möchte. Eingaben, Verarbeitung und Auswertung von Daten erfolgen nach dem erläuterten Konzept getrennt nach Mandanten, beispielsweise können Debitorenkonten unterschiedlicher Mandanten nicht in einem Mahnlauf ausgewertet werden.

Von der logischen Trennung ausgenommen sind bestimmte Einstellungen im Customizing (z.B. Feiertagskalender oder ALE-Kommunikationssteuerung) und Repositoryobjekte. Zu den Repositoryobjekten zählen auch die R/3®-Anwendungen (bzw. deren Programmcode). Jeder Benutzer greift über dieselben Anwendungen auf logisch getrennte Daten (Mandant) in der Datenbank zu. Anwendungen, Repositoryobjekte etc. werden folglich in mandantenunabhängigen Tabellen gehalten. Das Customizing wird je Mandant vorgenommen. Die Pflege der mandantenübergreifenden Daten und Objekte geschieht zentral. Dazu ist nur ein Mandant „berechtigt".[45] In der Abbildung 171 wird das Prinzip noch einmal vereinfacht dargestellt.

Abbildung 171: Mandantenkonzept auf logischer Ebene

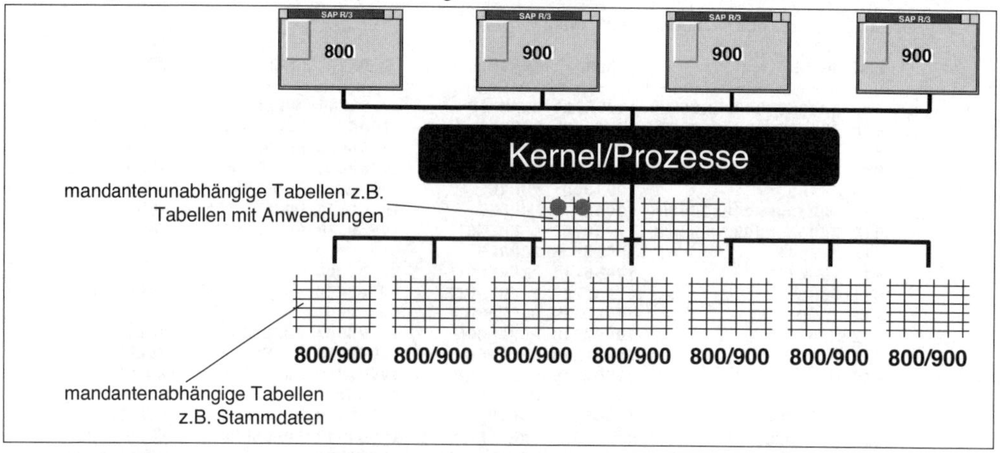

Üblicherweise werden für Tests, Customizing und betriebliche Produktion unterschiedliche Mandanten eingerichtet. Der Mandant für die betriebliche Produktion ist der Mandant, der tatsächlich im Unternehmen zur Abbildung der betrieblichen Prozesse genutzt wird.

Die Mandanten können sich in einem R/3®-System oder in eigenen R/3®-Systemen befinden. Dazu können die Systeme noch auf unterschiedlicher physischer Hardware installiert sein. Die Sicherheit gegen Störungen erhöht sich mit stärkerer Trennung. Alle drei beschriebenen Mandanten sind zunächst Kopien des Mandanten 000. Für den Customizing-Mandanten kann auch der Mandant 001 verwendet werden.

Zunächst werden die Einstellungen den Unternehmenserfordernissen entsprechend im Customizing des Customizing-Mandanten vorgenommen. Hier werden nur Customizing-Einstellungen gepflegt. Die umgesetzten Einstellungen werden in Form von Aufträgen festgehalten. Im Testmandanten werden die Customizing-Einstellungen auf ihre Funktionsfähig-

---

[45] Vgl. Möhrlen, SAP® R/3® – Das Basisystem, 1999, S. 53ff.

keit geprüft. Dazu wird der Testmandant mit betrieblichen Daten befüllt, so dass er prinzipiell ablauffähig ist (zum Vergleich: der Customizing-Mandant ist lauffähig). Die im Customizing-Mandanten vorgenommenen Einstellungen werden mittels eines Transportsystems in den Testmandanten überspielt. Damit das Transportsystem weiß, welche Einstellungen überspielt werden sollen, wurden die Aufträge angelegt. Aufträge und damit Einstellungen können sowohl zwischen Mandanten in einem R/3®-System als auch zwischen Mandanten verschiedener R/3®-Systeme übertragen werden. Mandantenunabhängige Daten lassen sich konsequenterweise nicht zwischen Mandanten des gleichen Systems übertragen. Das Transportsystem lässt sich auch für Betriebsdaten einsetzen.

In der Regel werden beim Transport alle Objekte in demselben Zustand, in dem Sie im Quellmandanten vorgefunden werden, in den Zielmandanten kopiert. Im Quellmandanten existierende Objekte überschreiben gleichnamige Objekte im Zielmandanten. Dagegen werden im Quellmandanten nicht existierende Objekte auch im Zielmandanten gelöscht, also mit „nichts" überschrieben. Allerdings gibt es einen besonderen Schutz für Objekte, die ihr Original im Zielmandanten besitzen oder die im Zielmandanten als repariert markiert sind. Sie werden beim Transport in den Zielmandanten nicht verändert.

Ist der Integrationstest erfolgreich, so werden die Customizing-Einstellungen vom Customizing-Mandanten in den Produktivmandanten, also in den Mandanten mit dem tatsächlich im Unternehmen gearbeitet wird, überspielt. Falls der Test negativ ausfällt, wird im Customizing-Mandanten nachgebessert und die Einstellung wieder auf den Testmandanten übertragen.

Abbildung 172: Einrichtung des Produktivmandanten

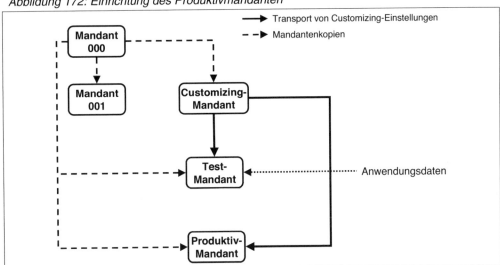

Innerhalb des Mandanten lassen sich nun die unternehmensspezifischen organisatorischen Gegebenheiten mit ihren Daten abbilden. Ein Unternehmen hat z.B. eine selbständige Filiale, d.h. es muss für das Untenehmen und seine Filiale jeweils eine Bilanz erstellt werden. Wenn beide im gleichen Mandanten arbeiten, benötigen Unternehmen und Filiale eine eigene finanzwirtschaftliche Einheit, um die wertmäßigen Bewegungen im Unternehmen zuzuordnen. Ein weiteres Beispiel ist die Zuordnung von Materialstammsätzen zu einem Werk oder Lager, um so den Standort von Rohstoffen zu bestimmen. Solche Strukturelemente dienen also der Zuordnung von Stamm- und Bewegungsdaten, d.h. der betrieblichen Datenorganisation. Der Mandant ist der oberste Ordnungsbegriff in der R/3®-Unternehmensstruktur.

Der Mandant ist demnach nicht nur eine datentechnische logische Einheit, sondern auch Teil der in ihm eingerichteten Unternehmensstruktur. Der Mandant im SAP®-Sinn entspricht also nicht der gewöhnlichen Sprachbedeutung Kunde oder Klient.

6 Produktionsplanung und –steuerung

In diesem Kapitel wird die Informationsverarbeitung mit SAP® R/3® bei der Fertigung von Produkten skizziert. Zunächst werden die Stammdaten (Stückliste, Arbeitsplan etc.), die für die Produktion notwendig sind und anschließend die Bewegungsdaten (Fertigungsauftrag) besprochen. Die Fallstudie wird entsprechend fortgeführt.

In der Fertigung werden aus Rohstoffen und Halbfabrikaten (eventuell unter Verwendung von Verpackungsmaterialien etc.) Fertigerzeugnisse hergestellt. Die interne Verwaltung dieses Vorgangs geschieht über Fertigungsaufträge, in denen die Produktion(-sabteilung) beauftragt wird, eine bestimmte Anzahl von Halbfabrikaten und Fertigerzeugnissen herzustellen.

6.1 Schnittstellen der Produktion

Die Produktion ist ebenfalls als Bestandteil eines Geflechts vieler Teilprozesse zu sehen, die ineinander greifen und sich gegenseitig beeinflussen.

- Zur Produktion werden Rohstoffe benötigt, deren Verfügbarkeit sichergestellt sein muss.
- In Stücklisten wird für Halbfabrikate und Fertigerzeugnisse festgelegt, aus welchen Materialien in welchen Stückzahlen bzw. Mengen sie bestehen. Bei der Produktion wird auf Grundlage der Stücklisten das benötigte Material aus dem Lager ausgebucht und wertmäßig verrechnet.
- Arbeitspläne legen fest, an welchen Arbeitsplätzen welche Tätigkeiten (=Vorgänge) ausgeführt werden, um das Fertigprodukt zu erstellen. Die Einplanung von Fertigungsaufträgen beansprucht Kapazitäten der Arbeitsplätze. Über Arbeitsplätze der Personalwirtschaft können Mitarbeiter den Arbeitsplänen zugeordnet werden.
- Die Kosten der Fertigerzeugnisse (die als Herstellungskosten in die Bilanz als Bestand eingehen) setzen sich u.a. aus Material- und Fertigungskosten zusammen.[46] Die Fertigungskosten lassen sich aus den Tarifen für die Leistungen der Kostenstellen ermitteln. Mit diesen Kosten wird der Fertigungsauftrag bei Anlage belastet und bei Rückmeldung mit Ist-Kosten entlastet. Bei der Bilanzierung der anfallenden Kosten finden die Regelungen des Handelsrechts Verwendung, die im System hinterlegt sind.

Konkret ergeben sich diverse Berührungspunkte der Komponenten der Produktionsplanung und –steuerung zu den anderen Modulen bzw. Komponenten des R/3®-Systems. Im Folgenden sind einige Beispiele für solche Berührungspunkte dargestellt.

- Anwendungsübergreifende Funktionen:
  Daten aus der Fertigung fließen insbesondere im Rahmen der Betriebsdatenerfassung an das Logistikinformationssystem (LIS). Dieses sammelt Daten aus sämtlichen R/3®-Logistikanwendungen. Das Infosystem selbst stellt der Fertigung Daten für die Losgrößen von Fertigungsaufträgen (z.B. zur Optimierung) zur Verfügung.
- Qualitätsmanagement
  Sämtliche das Fertigerzeugnis und seine Zutaten betreffenden Qualitätsleistungen werden hier verwaltet.

---

[46] Siehe zur Definition der Herstellungskosten auch Coenenberg, Adolf G.; Jahresabschluss und Jahresabschlussanalyse, 11. Auflage, Landsberg am Lech 1990, S.75ff.

- Instandhaltungsmanagement

    Dieses Modul umfasst u.a. die Stammdaten der im Produktionsprozess eingesetzten technischen Objekte (Maschinen). Bei Störfällen sorgt das Instandhaltungsmanagement für die Beseitigung.

- Projektsystem (PS)

    Die Produktion von größeren Anlagen wird häufig als Projekt betrieben, so dass hier die Zusammenarbeit der Module PP und PS sehr eng sein muss.

- Vertrieb

    Der Bedarf an Fertigerzeugnissen kann nicht nur aus Prognosen des LIS bestehen, sondern auch direkt aus dem Vertrieb stammen. Außerdem ist eine Kundenauftragsverfolgung durch den Vertrieb häufig erforderlich, um den Kunden über den Status seines Auftrages in Kenntnis zu setzen.

- Controlling

    Mitarbeiter mit ihren technischen Arbeitsplätzen, Equipment und Materialien verursachen Kosten. Für eine kostengerechte Produktkalkulation sind kostenorientierte Rückmeldungen aus dem Produktionsprozess notwendig.

- Materialwirtschaft

    Die Materialwirtschaft kümmert sich um die Bereitstellung von Materialien (auch Dienstleistungen), um die Führung der Stammdaten und die Verwaltung der Lagerbestände.

- Personalwirtschaft

    Die Führung der Mitarbeiterstammdaten und deren Zuordnung zu Arbeitsplätzen mit Verbindung zur Produktion geschieht im HR-Modul. Daraus ergibt sich auch die Steuerung der Entlohnung der Produktionsmitarbeiter in Abhängigkeit von Tätigkeit und Stellung.

Die Vielzahl der Berührungspunkte zu anderen Komponenten führt zu einer Vielzahl von relevanten Organisationsebenen wie z.B.:

- Mandant,
- Buchungskreis (Entnahme von Rohstoffen mindert, Einstellen von Fertigerzeugnissen erhöht den wertmäßigen Bestand),
- Kostenrechnungskreis (Arbeitsplätze bilden Kostenstellen, welche einer Kostenrechnungshierarchie zugeordnet sind),
- Einkaufsorganisation (Rohstoffe müssen eventuell beschafft werden),
- Werk (Stammdaten und Bewegungsdaten der Produktion sind stets einem Werk zugeordnet),
- Lagerort,
- Verkaufsorganisation (Fertigerzeugnis soll verkauft werden).[47]

Die Stammdatenführung (Stückliste, Arbeitsplan, Arbeitsplatz, Kapazität etc.) und Fertigungsdurchführung (Fertigungsauftrag, Wareneingang etc.) geschieht auf Werksebene.[48]

---

[47] Vgl. auch Kapitel 7.1, S. 409.

[48] Vgl. Wenzel, Betriebswirtschaftliche Anwendungen mit SAP® R/3®, 1999, S. 403f.

6.2 Stammdaten der Fertigung

Zur Anlage (Eröffnung) eines Fertigungsauftrages sind bestimmte Stammdaten als Basis notwendig. Diese Stammdaten werden teilweise auch in anderen Komponenten als den PP-Komponenten gepflegt. Welche Daten für die Fortführung der Fallstudie notwendig sind, zeigt die folgende Darstellung.

Abbildung 173: Fertigungsvorbereitung

6.2.1 Materialstammdaten

Der Materialbegriff in R/3® umfasst auch Halbfabrikate und Fertigerzeugnisse. Daher muss das Fertigerzeugnis wie schon die Rohstoffe im Einkaufsprozess mit einem Materialstammsatz angelegt werden. Allerdings ergibt sich bei den Fertigerzeugnissen eine andere Sichtenauswahl als bei der Pflege der Rohstoffe (Einkauf). Die zu pflegenden Sichten werden durch die Materialart FERT bzw. HALB gesteuert.

Aus Sicht der Produktion ist insbesondere die Arbeitsvorbereitung von Bedeutung. Die Arbeitsvorbereitung beinhaltet Felder wie Toleranzangaben, Dauer der Eigenfertigung, den Fertigungssteuerer für Kapazitätsplanungen oder Fertigungssteuerungsprofile für Parameter hinsichtlich des Prozessverlaufs. Das Fertigungssteuerungsprofil legt beispielsweise fest, ob ein Fertigungsauftrag für dieses Material freigegeben werden muss oder ob dies automatisch geschieht. Weiter wird auch bestimmt, ob der Produktion ein automatischer oder manuell getriebener Wareneingang folgt.

Sowohl in der Sicht Arbeitsvorbereitung als auch in der Sicht Disposition 2 können Angaben hinsichtlich der Eigenfertigungszeit gepflegt werden. In der Disposition 2 kann die Anzahl von Arbeitstagen angegeben werden, die für die Herstellung des Materials notwendig ist. Die Angabe ist unabhängig von der Bedarfsmenge. Verwendet wird die Eigenfertigungszeit für die Disposition. Bei einem Dispositionslauf wird in Abhängigkeit von den im Materialstammsatz gepflegten Dispositions- und Losgrößenverfahren die Bedarfsmenge an eigengefertigtem Material ermittelt. Der Zeitpunkt, zu dem das Material zur Verfügung gestellt werden kann, wird durch die Eigenfertigungszeit bestimmt. Wird also am 12. eines Monats disponiert und beträgt die Eigenfertigungszeit 3 Arbeitstage, so wird laut Disposition der Zugang am 15. erfolgen. Zur Ermittlung, welcher Tag ein Arbeitstag ist, wird auf den Fabrikkalender zurückgegriffen.

Alternativ kann in der Sicht Arbeitsvorbereitung eine losgrößenabhängige oder eine losgrößenunabhängige Eigenfertigungszeit angegeben werden. Die losgrößenunabhängige Eigenfertigungszeit wird entweder sofern sie schon in der Sicht Disposition 2 gepflegt worden ist, übernommen oder hier extra gepflegt. Die losgrößenabhängige Eigenfertigungszeit kann differenziert eingegeben werden: Rüstzeit, Bearbeitungszeit und Übergangszeit. Die Bearbeitungszeit wird im Verhältnis zu einer Basismenge eingegeben. Die konkrete Bearbeitungszeit wird dann vom System in Abhängigkeit von der Losgröße als Vielfaches der angegebenen Basismenge berechnet (es wird aufgerundet). Die berechnete Eigenfertigungszeit wird wieder für die Disposition zur Ermittlung von Plantarifen in Planaufträgen als Vorstufe zu Fertigungsaufträgen verwendet.

Abbildung 174: Sicht Arbeitsvorbereitung

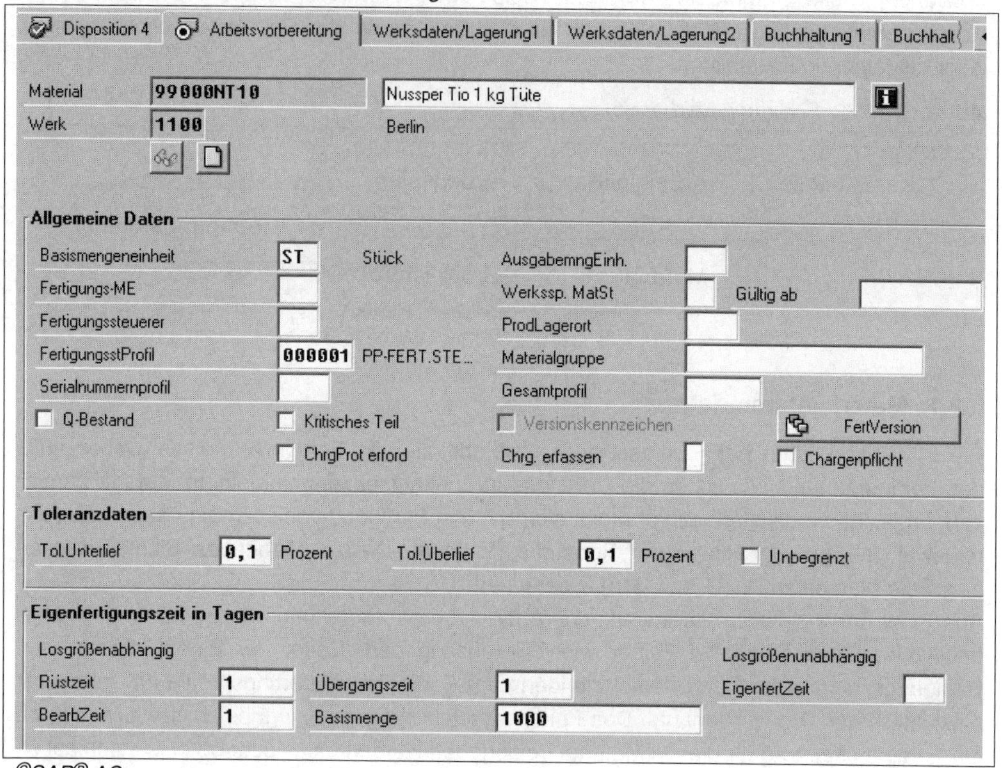

©SAP® AG

In der Abbildung betragen Rüstzeit und Übergangszeit je 1 Tag. Für eine Menge von 1000 St. wird ebenfalls 1 Tag benötigt. Wenn beispielsweise am 17.02 disponiert wird und sich eine Bedarfsmenge von 4830 St. ergibt, dann ist das Zugangsdatum der 27.02. (Rüstzeit 1 + Übergangszeit 1 + Basismenge 1000 x 5 = 7 Tage).

Abbildung 175: Dispositionsliste aus Einzelplanung

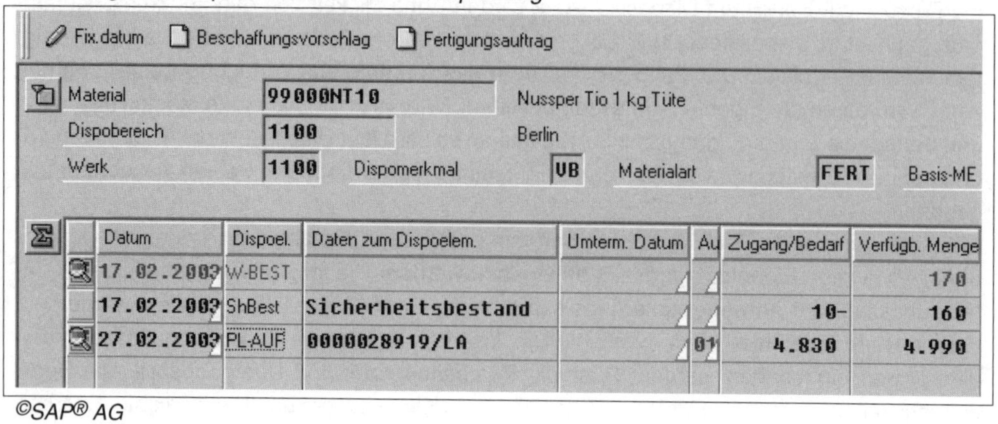

©SAP® AG

Es wird nur in ganzen Tagen gerechnet, d.h. wenn die Rüstzeit 0,4 Tage betragen würde, so würde trotzdem ein voller Tag berechnet. Hinzu kommt noch ein Tag für die Wareneingangsbearbeitungszeit (Angabe in Sicht Disposition 2), so dass sich eine gesamte Dauer von 8 Werktagen ergibt. Da noch ein Wochenende berücksichtigt werden muss, beträgt die Dauer letztlich 10 Kalendertage. Damit eine Verfügbarkeitsprüfung im Fertigungsauftrag durchgeführt werden kann, muss in der Sicht Disposition 3 eine Prüfgruppe für die Verfügbarkeitsprüfung gepflegt werden.

6.2.2 Stückliste

Eine Stückliste ist ein vollständiges, strukturiert aufgebautes Verzeichnis für einen Gegenstand, welche dessen Zusammensetzung aus anderen Gegenständen definiert. D.h. für den zuvor angelegten Materialstammsatz des Fertigerzeugnisses (vgl. oben) wird die Zusammensetzung festgelegt. In R/3® können Stücklisten verschiedene Gegenstände verwalten bzw. lassen sich folgende Stücklisten unterscheiden:

- Eine Materialstückliste stellt den Aufbau eines Erzeugnisses dar, das im Unternehmen produziert wird. Als Komponenten können Materialien und auch Dokumente verwendet werden.
- Eine Dokumentenstückliste oder ein Dokumentinformationssatz fasst mehrere Dokumente (Zeichnungen, Baupläne, Schriftstücke, Fotos etc.) zu einer Einheit zusammen.
- Stücklisten zur Verwaltung von Instandhaltungsobjekten werden Equipmentstücklisten genannt. Sie beschreiben den konstruktiven Aufbau des Equipments und ordnen die notwendigen Ersatzteile zur Instandhaltung zu. Equipment ist ein individueller körperlicher Gegenstand, der eigenständig instand zu halten ist. Equipment kann Bestandteil z.B. einer Anlage sein.
- Für die Zusammenfassung von Einheiten einer maschinellen Anlage kann die Stückliste mit Bezug zum technischen Platz erstellt werden, beispielsweise die Funktionseinheiten einer Gesamtanlage. Derartige Stücklisten können Materialien sowie Dokumente enthalten.
- Kundenauftragsstücklisten beziehen sich auf konfigurierbare Materialien, deren Merkmale nach individuellen Kundenaufträgen zusammengestellt werden. Diese Stückliste wird je nach Kundenauftrag durch Modifikation einer Vorlage individuell angepasst.
- Eine Projektstückliste dient zur Produktionslos-Planung von Halbfabrikaten und Fertigerzeugnissen. Hierbei können unterschiedliche Stücklisten, z.B. zum Austausch von Komponenten, zur Kostenanalyse verwendet werden. Dieser Stücklistentyp ist dem Projektsystem angegliedert, daher der Name.

Für die Abbildung von Produktvarianten und Fertigungsalternativen bietet das System zwei so genannte technische Typen für Stücklisten. Wenn verschiedene Objekte (z.B. Fertigerzeugnisse) einen hohen Anteil identischer Bestandteile aufweisen, so können diese in einer Variantenstückliste gemeinsam beschrieben werden. Abweichungen in Mengen oder Komponenten werden in einer eigenen Variante abgebildet. Dazu muss erst eine Stückliste gebildet werden, die die identischen Bestandteile umfasst. Anschließend werden von dieser Stückliste Varianten gebildet. Beispielsweise beinhalten die Müslivarianten Innova Vital und Nussper Trio diverse gleiche Zutaten (identische Mengeanteile). Dieses Basismüsli wird als Materialstückliste angelegt. Innova Vital und Nussper Trio werden dann auf Basis dieser Stückliste als Varianten angelegt. Die Zutaten des Basismüslis werden automatisch in die

Variantenstückliste gezogen, d.h. nicht das Basismüsli, sondern seine Bestandteile werden in den Variantenstücklisten aufgelistet.

Abbildung 176: Variantenstückliste

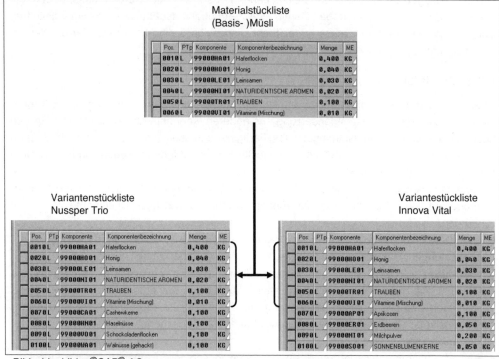

Bildschirmbilder ©SAP® AG

Wenn sich die Zusammensetzung eines Materials losgrößenabhängig ändern kann, d.h. ab einer bestimmten Losgröße verändern sich die Mengen eines oder mehrerer Materialien bzw. es kommen neue Komponenten hinzu, dann wird diese Materialstückliste in eine Mehrfachstückliste umgewandelt. Es werden Alternativen zur ursprünglichen Stückliste gebildet.

Der technische Typ einer Stückliste wird erst dann festgelegt, wenn zu einer bereits bestehenden Stückliste (z.B. Materialstückliste) eine Alternative (Mehrfachstückliste) oder eine Variante (Variantenstückliste) hinzugefügt wird. Eine Mehrfachstückliste kann nicht in eine Variantenstückliste umgewandelt werden.

Eine Stückliste enthält einen Stücklistenkopf (Werk, Gültigkeitsdauer, Alternativen etc.), der für alle gepflegten Stücklistenpositionen gilt, welche jeweils die Zutaten mit ihrer Menge aufnehmen. Eine Stückliste ohne Werksangabe ist unternehmensweit gültig. Soll die Stückliste nur für bestimmte Produktionsbereiche relevant sein, dann muss die Stückliste mit Bezug zum Werk angelegt werden. Die Gültigkeit (Datum ab und bis) kann auch für einzelne Positionen gepflegt werden.

Anhand der Stücklisten wird der für die Fertigung der Produktionslose erforderliche Bedarf ermittelt. Abhängig von den enthaltenen Materialien ergeben sich Konsequenzen für Vorgangsplanung und Fertigungssteuerung. Weiter liefert die Stückliste Daten für die Produktkalkulation.

Die Stückliste ist sowohl Informationssender (z.B. Beschaffungsterminierung) als auch Informationsempfänger (Basisinformationen aus der Materialwirtschaft).

6.2.3 Arbeitsplatz

Ein Arbeitsplatz ist ein räumlicher Bereich innerhalb eines betrieblichen Arbeitssystems. An ihm wird ein Vorgang, also eine Eigenleistung, ausgeführt. Bei einem Arbeitsplatz kann es sich in R/3® um:

- Maschinen, Maschinengruppen,
- Fertigungsstraßen,
- Montagearbeitsplätze oder
- Personen, Personengruppen

handeln.

Über die Arbeitsplatzart, die im Customizing des Arbeitsplatzes definiert wird, wird analog zu den bereits vorgestellten „Arten" (Materialart, Belegart etc.) die Art des Arbeitsplatzes und die Datenpflege bestimmt. Arbeitsplätze werden auf Werksebene angelegt. Die Stammdaten des Arbeitsplatzes, die dann in der Folge eingegeben werden müssen, umfassen u.a. Grunddaten, Angaben zu Kapazitäten, Terminierung, Kalkulation und Technologie.

6.2.3.1 Grunddaten

Die Grunddaten enthalten eine allgemeine Beschreibung des Arbeitsplatzes wie die Arbeitsplatzart (Maschine, Person etc.), den Standort, den verantwortlichen Mitarbeiter oder Vorgabewerte hinsichtlich Rüstzeit, Maschinenzeit etc.

Für die Festlegung von Vorgabewerten wird in den Grunddaten ein Vorgabewertschlüssel gepflegt. Mit diesem verbunden sind sechs Felder, denen Vorgaben hinsichtlich Bezeichnung, Dimension und Wert vorgegeben werden kann, z.B. Rüstzeit 10 Min. Bei den Vorgabewerten handelt es sich um Planwerte für die Durchführung eines Vorgangs. Der Vorgang ist Teil eines Arbeitsplans. Der Arbeitsplatz wird später einem Vorgang zugeordnet. Über den Vorgabewertschlüssel des Arbeitsplatzes werden dem Vorgang also bis zu sechs Datenfelder und Bezeichnung für die Vorgabewerte zugeordnet. Es können Vorgabewerte in Dimension und Wert festgelegt werden. Konkret bedeutet dies, dass in dem Vorgang, dem der Arbeitsplatz der Abbildung 177 zugeordnet ist, Felder für die Pflege von Rüstzeit, Maschinenzeit, Personalzeit, Abrüstzeit sowie zwei variable Vorgabewerte zur Verfügung stehen. Für die Rüstzeit gilt die Vorgabe von 10 Minuten (Dimension Time).

Zusätzlich kann in den Grunddaten angegeben werden (Eingabevorschrift Vorgabewert), ob die Vorgabewerte im Vorgang (des Arbeitsplans) gepflegt werden müssen, oder ob die Pflege optional ist.

Das benachbarte Register erweitert die Vorschlagswertmöglichkeiten u.a. um Lohnarten, Rüstartenschlüssel und Maßeinheiten (Abweichung vom Vorschlag aus Vorgabewertschlüssel).

Aus den Ausführungen wird wieder das in R/3® verfolgte Konzept deutlich. Es wird versucht, über Einstellung bzw. Gruppierungen Pflegewerte für eine Vielzahl von Unternehmensvorgängen über Vorschlags- oder Auswahlwerte dem Benutzer zur Verfügung zu stellen, so dass der Pflegevorgang beschleunigt werden kann (s. auch Materialart, Belegart, Bewegungsart, Kontogruppe usw.).

Abbildung 177: Arbeitsplatz und Vorgabewertbehandlung

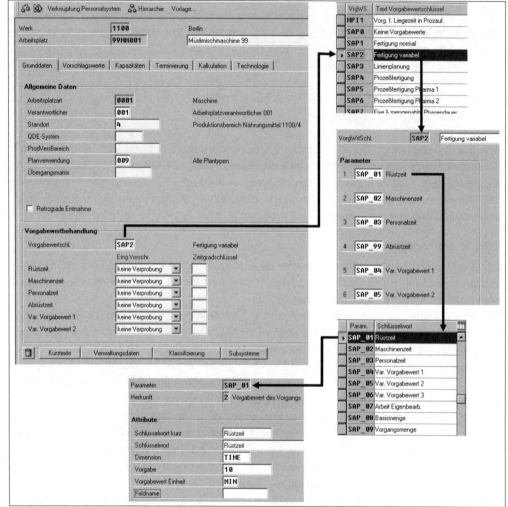

Bildschirmbilder ©SAP® AG

6.2.3.2 Kapazitäten

Kapazitäten können für Personen- oder Maschinen, Energiebedarf, Abgasemission und e-ventuelle Reservekapazitäten für Eilaufträge festgelegt werden.[49] Die Unterscheidung geschieht über die Kapazitätsart.

Die Kapazität besteht im Kern aus:

- der Einsatzzeit (produktiv nutzbare Arbeitszeit bzw. Leistung einer Kapazität),
- dem Kapazitätsangebot (werden im Rahmen der Terminierung und der Kapazitätsplanung genutzt),
- Formeln zur Berechnung von Kapazitätsbedarfen,
- der Vorschlagskapazität.

---

[49] Vgl. Möhrlen, SAP®-Kompendium, 1999, S. 370.

Die Kapazitätseinsatzzeit wird tages- oder schichtbezogen erfasst. Es können Arbeits- und Pausenzeiten angegeben werden. Der Arbeitszeit kann noch ein Nutzungsgrad zugeordnet werden. Die Einsatzzeit ergibt sich aus:

Einsatzzeit = (Arbeitszeit - Pausenzeit) x Nutzungsgrad/100%.

Eine Kapazität kann auch mehrere Maschinen, Personen etc. umfassen (sog. Kapazitätsgruppen). Daher muss zur Berechnung des Kapazitätsangebots die Einsatzzeit mit der Anzahl der Maschinen gleicher Einzelkapazität multipliziert werden. Das Kapazitätsangebot wird für die Durchlaufterminierung verwendet. Es entspricht im einfachsten Fall dem Standardangebot. Die Gültigkeit des Standardangebots ist unbegrenzt. An jedem Arbeitstag des Fabrikkalenders wird dieselbe Kapazität angeboten. Dies gilt solange, wie kein sog. Angebotsintervall aktiviert ist. Das Angebotsintervall bietet die Möglichkeit, zu Gültigkeitszeiträumen alternative Kapazitätsangebote, insbesondere für Schichtbetrieb, zu kreieren. Den Angebotsintervallen werden die Schichten über einen Schlüssel zugeordnet. Diesem wurden im Customizing Arbeits- und Pausenzeiten etc. zugeordnet. Eine explizite Pflege von Zeiten in diesem Zusammenhang entfällt also.

Abbildung 178: Kapazitätsangebot

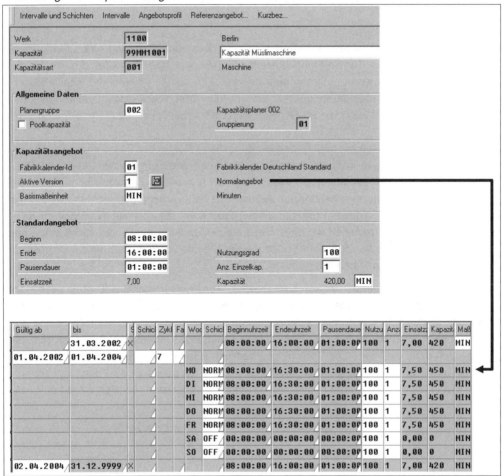

Bildschirmbilder ©SAP® AG

Die Kapazität der Abbildung hat ein Standardangebot 8.00 – 16.00 h (inkl. 1 h Pause). Zusätzlich gibt es ein Angebotsintervall. Dieses gilt für den Zeitraum vom 01.04.2002 bis zum 01.04.2004. Dadurch erhöht sich die Einsatzzeit von 7 h auf 7,5 h. Die Schicht wird über den Schlüssel NORM in die Kapazität „geholt". Außerhalb des angegeben Zeitraums gilt das Standardangebot.

Kapazitäten können direkt im Arbeitsplatz angelegt werden. Damit sind sie direkt dem Arbeitsplatz zugeordnet. Sie können auch unabhängig vom Arbeitsplatz in der Kapazitätspflege erfassen werden und so u.U. verschiedenen Arbeitsplätzen zugeordnet werden, z.B. Poolkapazität.

Die Kapazitätsbedarfe werden durch im Arbeitsplatz gepflegte Formeln berechnet. Es können Formeln (z.B. Maschinenzeit x Vorgangsmenge/Basismenge; wird im Customizing erstellt) z.B. für das Rüsten, Bearbeiten und Abrüsten angegeben werden.

Beim Anlegen einer Kapazität für eine Person oder Maschine wird eine Vorschlagskapazität angeboten. Diese kann dann an die Bedürfnisse der realen Gegebenheiten angepasst werden. Die Vorschlagskapazität wird in Abhängigkeit von der Kapazitätsart und dem Werk angeboten (Erstellung im Customizing). So kann für Personenkapazitäten eine andere Kapazitätskomposition vorgeschlagen werden als für Maschinen.

6.2.3.3 Terminierung

Die Terminierungsdaten werden verwendet, um die Durchführungszeiten eines Fertigungsauftrages zu berechnen. Terminierungsbasis ist die hier gepflegte Kapazität, d.h. die für die Terminierung genutzte Kapazität kann eine andere sein, als die im Register Kapazität vereinbarte. Wird keine Kapazität angegeben, so wird die Vorschlagskapazität verwendet bzw. die Vorschlagskapazität kann wie im Register Kapazität arbeitsplatzbezogen verändert werden.

Auch müssen wieder Formeln angegeben werden. Diese dienen der Berechnung der Durchlaufzeiten von Vorgängen in Fertigungsaufträgen. Neben den Formeln zur Dauer von Rüsten, Bearbeiten und Abrüsten werden noch Wartezeiten gepflegt. Wartezeit ist die Zeit, die ein Auftrag noch vor der Bearbeitung am Arbeitsplatz liegt. Angegeben werden können die normale und minimale Wartezeit (bis auf diesen Wert kann die normale Wartezeit im Rahmen der Terminierung reduziert werden). Der Fertigungsauftrag verwendet somit einen anderen Berechnungsmechanismus zur Ermittlung der Eigenfertigungsdauer als die Disposition (verwendet Angaben im Materialstammsatz).

Sämtliche Vorschlagswerte - Vorschlagskapazität, Vorgabewerteschlüssel, aber auch Formeln, Leistungsarten (s. folgende Kalkulation) und weitere Werte - werden im Vorschlagsarbeitsplatz gesammelt. Der Vorschlagsarbeitsplatz wird in Abhängigkeit zum Werk und zur Arbeitsplatzart im Customizing des Arbeitsplatzes angelegt. Beim Anlegen des Arbeitsplatzes werden dann die Werte des Vorschlagsarbeitsplatzes in den Registern Grunddaten, Kapazität, Terminierung etc. angeboten. Durch geschickte Einstellung des Vorschlagsarbeitsplatzes kann der Pflegeaufwand beim Anlegen eines Arbeitsplatzes reduziert werden.

Abbildung 179: Vorschlagsarbeitsplatz

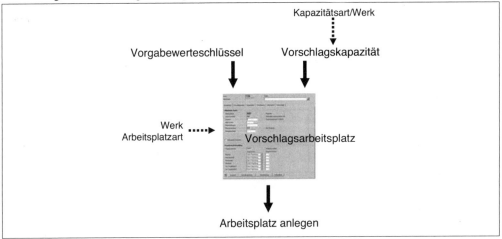

Bildschirmbild ©SAP® AG

6.2.3.4 Kalkulation

Damit die Kosten, die bei Durchführung des Vorgangs, dem der Arbeitplatz zugeordnet ist, verfolgt werden können, müssen Daten zur Kostenrechnung erfasst werden. Wahlweise kann ein Arbeitsplatz Leistungen einer Kostenstelle (Kostenstellenrechnung) oder eines Prozesses (Prozessrechnung) in Anspruch nehmen.

Bei einer Verknüpfung zur Kostenstelle muss die Kostenstelle angegeben werden. Der Zugriff auf die Tarife der Leistungsarten geschieht durch Angabe der Leistungsart, z.B. für Rüstzeit die Leistungsart Rüststunden. Die Tarife ergeben sich dann über die gewählte Leistungsart, sofern die Tarife vorher gepflegt wurden.[50]

Die festgelegten Formeln berechnen unter Bezugnahme auf die Vorgabewerte des Vorgangs im Arbeitsplan und der Plantarife die Plankosten. Beispielsweise lautet die Formel für die Maschinenzeit:

$$\text{Maschinenzeit} / \text{Basismenge} \times \text{Vorgangsmenge}.$$

Das (Zeit-)Ergebnis wird mit dem Tarif entsprechend bewertet. Das gesamte Kalkulationsergebnis kann in der Kostenanalyse des Fertigungsauftrages eingesehen werden.

---

[50] S. auch Kapitel 4.2.1, S. 154.

Abbildung 180: Arbeitplatz - Kalkulation

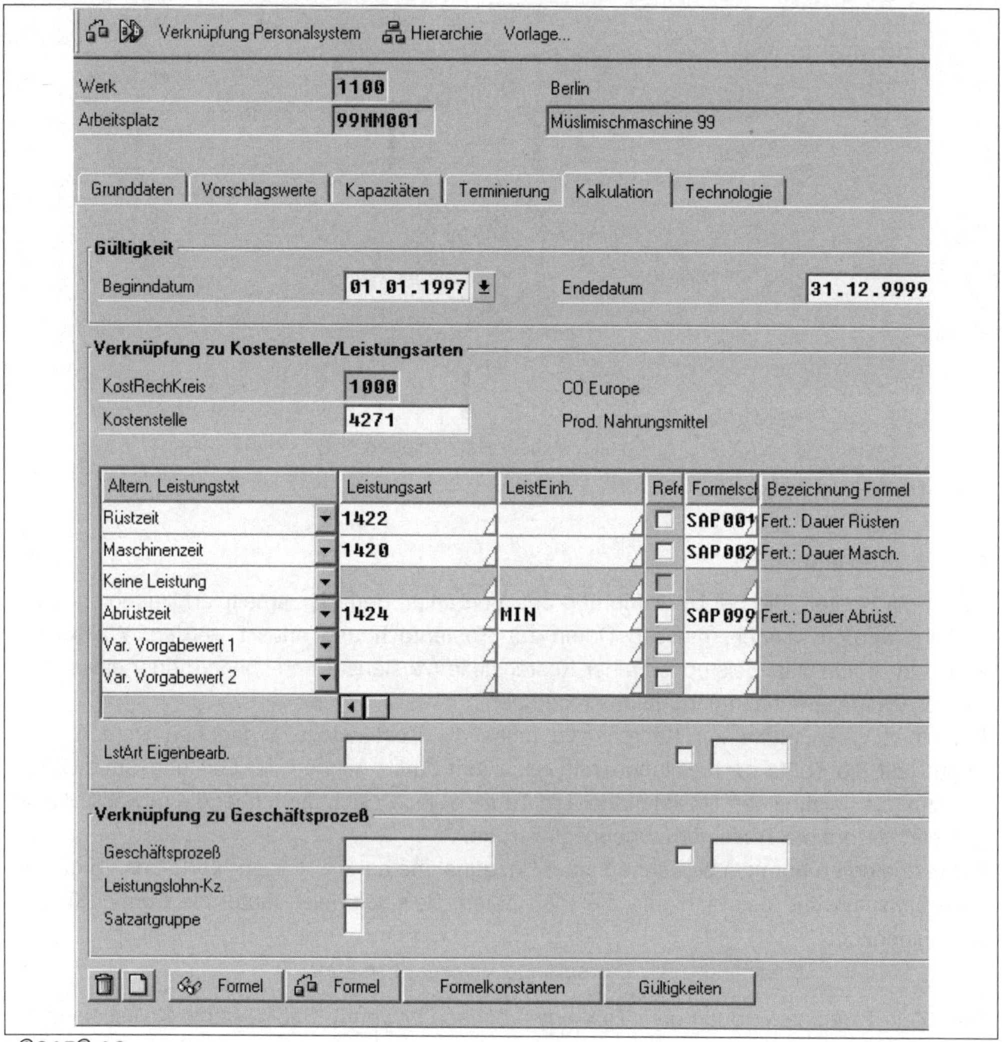

©SAP® AG

6.2.3.5 HR-Arbeitsplatz

Der Arbeitsplatz der Produktion bildet den tatsächlichen „Ort des Geschehens" ab. Die Zuordnung eines Mitarbeiters, der an diesem Arbeitsplatz arbeiten soll, geschieht mittels des HR-Arbeitsplatzes. Der HR-Arbeitsplatz vereinigt – als organisatorische Einheit – Person(en), Planstelle und Qualifikation. Diese Verknüpfung zwischen der Produktionsplanung und –steuerung und der Personalwirtschaft ermöglicht zum einen die weitergehende Pflege von personalspezifischen Daten mit einem eindeutigem Bezug zu einem PP-Arbeitsplatz, zum anderen sind die mit dem HR-Arbeitsplatz verbundenen Daten beispielsweise für die Kapazitätsplanung und die Terminierung in der Produktion relevant.

Die folgende Abbildung 181 zeigt die Verknüpfung eines HR-Arbeitsplatzes mit einem Arbeitsplatz der Materialwirtschaft (MM), wobei eine Planstelle und ihre Besetzung über den HR-Arbeitsplatz dem MM-Arbeitsplatz zugeordnet sind.

Abbildung 181: Arbeitsplatz der Personalwirtschaft

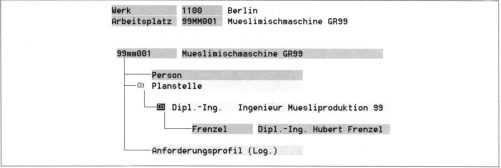

©SAP® AG

Ähnlich zur beschriebenen Kostenstellenhierarchie[51] können Arbeitsplatzhierarchien gebildet werden. Zweck ist die Verdichtung von Kapazitätsplanungen. Diese Arbeitsplatzhierarchien lassen sich grafisch pflegen bzw. anzeigen.

6.2.4 Arbeitsplan

Der Arbeitsplan umfasst im Kern die während der Fertigung auszuführenden Vorgänge (Arbeitsschritte), die in den Vorgängen zu erbringenden Leistungen und die Materialien, die in den Vorgängen einzusetzen sind. Die benötigten Materialien ergeben sich über die Stückliste. Die im vorherigen Abschnitt beschriebenen Arbeitsplätze werden ebenfalls den Vorgängen der Arbeitspläne zugeordnet.

Die Vorgänge und ihre Detaildaten bilden die Grundlage für die Ermittlung von Terminen, Kapazitätsbedarfen und Kostenanalyse bzw. Erzeugniskalkulation. Die Arbeitspläne sind damit ein zentrales Element der Fertigungsplanung von Halbfabrikaten und Fertigerzeugnissen.

Für Materialien kann ein Normalarbeitsplan angelegt werden. Der Normalarbeitsplan beschreibt den Arbeitsablauf zur Fertigung eines bestimmten Materials. Zu einem Material können mehrere Normalarbeitspläne angelegt werden, die z.B. in der Fertigung, Nacharbeitung oder bei Prototypen genutzt werden. Für Fließ- und Serienfertigung bietet R/3® den Linienplan. Beide Planarten können durch den Standardarbeitsplan unterstützt werden. Der Standardarbeitsplan enthält wie der Normalarbeitsplan einzelne Vorgänge, ist aber nicht unmittelbar für die Produktion eines spezifischen Materials vorgesehen. Er dient lediglich der Verringerung des Erfassungsaufwandes in Normalarbeitsplänen, d.h. Standardarbeitspläne werden in Normalarbeitsplänen referenziert, so dass häufig wiederkehrende Vorgänge nicht ständig neu eingegeben werden müssen. Auch kann er als Vorlage für einen neuen Arbeitsplan genutzt werden. Grundvoraussetzung für die Pflege von Normal- und Linienarbeitsplänen ist, dass ein Materialstammsatz des zu fertigenden Materials im System angelegt ist und dass Material einer Materialart zugeordnet ist, für die die Zuordnung zu Arbeitsplänen zulässig ist.

---

[51] S. auch Kapitel 4.2.1, S. 154.

Abbildung 182: Zuordnung Materialart zu Arbeitsplan

	PlnTyp	Text	MArt	Materialartenbezeichnung
	N	Standardlinienplan	ROH	Rohstoff
	N	Normalarbeitsplan	DIEN	Dienstleistung
	N	Normalarbeitsplan	ERSA	Ersatzteile
	N	Normalarbeitsplan	FERT	Fertigerzeugnis
	N	Normalarbeitsplan	HALP	Halbfabrikat
	N	Normalarbeitsplan	HIBF	Hilfs-/Betriebsstoff
	N	Normalarbeitsplan	KMAT	Konfigurierbares Material
	N	Normalarbeitsplan	NLAG	Nichtlagermaterial
	N	Normalarbeitsplan	PROD	Produktgruppe
	N	Normalarbeitsplan	ROH	Rohstoff
	N	Normalarbeitsplan	YCOM	Konfigurierb. Mat. MPW
	Q	Prüfplan	FERT	Fertigerzeugnis
	Q	Prüfplan	HALP	Halbfabrikat
	Q	Prüfplan	HAWA	Handelsware
	Q	Prüfplan	KMAT	Konfigurierbares Material
	Q	Prüfplan	NLAG	Nichtlagermaterial

Eintrag 35 von 69

©SAP® AG

Einmal vorhandene Arbeitspläne können auch anderen Materialien zugeordnet werden, beispielsweise für die Fertigung des Müslis Nussper Trio und Innova Vital. Die Arbeitspläne werden in Zuordnung zum Werk gepflegt.

U.U. müssen Arbeitsschritte in einem Arbeitsplan parallel ablaufen, so dass die angegebenen Vorgänge in parallel ablaufende Folgen unterteilt werden. Dazu müssen zunächst die Vorgänge der Folge angelegt werden, von der die anderen Folgen abzweigen bzw. zu der zurückgeführt wird. Diese Folge wird als Stammfolge bezeichnet. Anschließend kann die parallele Folge angelegt werden. Für den Fall einer losgrößenabhängigen Folge, beispielsweise sind ab einer bestimmten Losgröße andere Vorgänge durchzuführen, können sog. alternative Folgen angelegt werden, die in Abhängigkeit von bestimmten Losgrößen relevant werden.

Abbildung 183: Folgen im Arbeitsplan

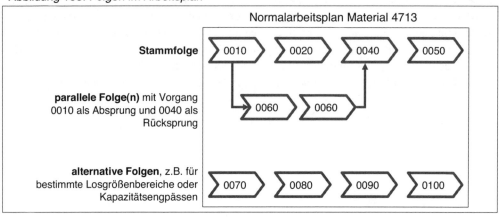

Durch Pflege des Arbeitsplatzes in einem Vorgang werden die Vorgabewerte eben dieses Arbeitsplatzes (Vorgabewertschlüssel, Formeln, Tarife etc.) in den Vorgang übernommen. Die Abbildung 184 zeigt einen Ausschnitt aus einem Arbeitsplan. Neben den aus Vorgaben übernommenen Werten wurden hier noch die Zeiten in Abhängigkeit zu einer Basismenge gepflegt.

Abbildung 184: Zusammenhang zwischen Arbeitsplan und Arbeitsplatz

Bildschirmbild©SAP® AG

Einzelnen Vorgängen im Arbeitsplan können außerdem Fertigungshilfsmittel zugeordnet werden. Zu den Fertigungshilfsmitteln gehören nicht nur Equipment, z.B. Werkzeuge, NC-Programme, Mess- und Prüfmittel, sondern auch Dokumente, z.B. Zeichnungen oder Programme, die für die Dokumentenverwaltung genutzt werden. Auch Material kann als Fertigungshilfsmittel geführt werden. Dazu ist ein Material anzulegen, das die Sicht Fertigungshilfsmittel besitzt (im R/3®-Standard FHMI). Dies geschieht über die gewohnte Anwendung „Material anlegen". Einem Vorgang können mehrere Fertigungshilfsmittel zugeordnet werden. Ein Fertigungshilfsmittel kann mehreren Vorgängen zugeordnet werden. Fertigungshilfsmittel dienen der Unterstützung der Produktion, gehen aber nicht über die Stückliste in das Erzeugnis ein.

6.2.5 Fallstudie – Fertigungsstammdaten

Aufgabe 17

a) Drei unterschiedliche Halbfabrikate sind für die Zwecke der Fallstudie anzulegen: Das Basismüsli als Träger der Stückliste für die Basismüslimischung und die beiden Müslisorten Innova Vital und Nussper Trio, die als Stücklistenvariante des Basismüslis im System realisiert werden. Bei einer Stücklistenvariante wird eine Stückliste eines bestehenden Materials als eine Art Vorlage benutzt und für das neue Material abgewandelt. Die notwendigen Materialstammdaten der Halbfabrikate sind der entsprechenden Pflegetabelle «Materialstammdaten Halbfabrikate» zu entnehmen.

b) Es sind insgesamt vier Fertigerzeugnisse anzulegen, je zwei pro Müslisorte. Die benötigten Stammdaten sind der Pflegetabelle «Materialstammdaten Fertigerzeugnisse» zu entnehmen. Neu ist hier die Pflege der Arbeitsvorbereitungssicht, sie dient der Sammlung produktionsrelevanter Informationen.

Aufgabe 18

a) Zur Zuordnung der für die Produktion benötigten Materialien zu den Halbfabrikaten (in der richtigen Menge) werden Stücklisten pro Material angelegt. In ihnen wird vermerkt, welche Rohstoffe in welcher Menge in die Halbfabrikate und Fertigerzeugnisse eingehen sollen. Zunächst soll für das Halbfabrikat Basismüsli xx000BAHF eine Stückliste angelegt werden, die als Vorlage für die in der Produktion tatsächlich verwendeten Halbfabrikate Innova Vital und Nussper Trio dienen soll. Die notwendigen Rezepturdaten sind der Pflegeliste «Materialstückliste der Halbfabrikate und Fertigerzeugnisse» zu entnehmen.

b) Eine Materialstückliste kann auch als Variante einer bereits bestehenden Stückliste eines Materials angelegt werden. Dies wird in der Fallstudie zum Anlegen der Halbfabrikate xx000IVHF und xx000NTHF genutzt. Es werden Varianten der Stückliste des vorher gepflegten Halbfabrikats Basismüsli angelegt. Die Rezepturdaten ergeben sich aus der Pflegetabelle «Stückliste».

Aufgabe 19

Die Fertigerzeugnisstücklisten müssen angelegt werden. Die Zusammensetzungen sind in der Pflegetabelle «Stückliste» dargestellt. Für die Fertigerzeugnisse sind insgesamt vier Stücklisten (xx000nt05 / xx000nt10 / xx000iv05 / xx000iv10) anzulegen.

Aufgabe 20

Die Kapazitäten für den Mitarbeiter (xxMP1001) und die Maschine (xxMM1001) sind anzulegen. Entsprechend sind die Kapazitätsarten auszuwählen.

- Kapazitätsart 001 Maschinenkapazität
- Kapazitätsart 002 Personenkapazität

Es können die in der Pflegeanleitung abgebildeten Daten für die Kapazität verwendet werden.

Aufgabe 21

Der Arbeitsplatz ist die R/3®-Abbildung des Ortes, an dem tatsächlich die Wertschöpfung stattfindet. Es ist ein Personen- und ein Maschinenarbeitsplatz zu pflegen. Bei der Anlage des Personenarbeitsplatzes findet eine Verbindung zur Personalwirtschaft statt. Dabei sind die angelegten Strukturen der jeweiligen Gruppe für die Verknüpfung zu nutzen. Für die Pflege können die Daten direkt aus der Pflegeanleitung verwendet werden.

Aufgabe 22

Die tatsächliche Herstellung eines Erzeugnisses kann sich in unterschiedliche Vorgänge bspw. an unterschiedlichen Arbeitsplätzen aufgliedern. Für die Fallstudie wird angenommen, dass der Produktionsprozess lediglich aus zwei parallel ablaufenden Vorgängen besteht. Zum einen das Mischen bzw. Verpacken von Müsli und die Beaufsichtigung/Bedienung der Maschine durch eine Person. Diese sind in einem so genannten Arbeitsplan zu hinterlegen, damit die Abläufe der Produktion im System dokumentiert sind. Es sollen Normalarbeitspläne für jedes Halbfabrikat und Fertigerzeugnis angelegt werden, dass tatsächlich produziert werden soll (also nicht für das Halbfabrikat Basismüsli). Die im Arbeitsplan hinterlegten Komponenten ergeben sich aus der Stückliste des jeweiligen Halbfabrikats oder Fertigerzeugnisses. Die für die Pflege notwendigen Daten sind den Pflegetabellen «Arbeitsplandaten Halbfabrikat» und «Arbeitsplandaten Fertigerzeugnis» im Anhang zu entnehmen.

Für die Pflege stehen wieder die notwendigen Pflegeanleitungen zur Verfügung:

- Halbfabrikat anlegen,

- Fertigerzeugnis anlegen,
- Stücklisten anlegen – Halbfabrikat Basismüsli,
- Stücklisten als Variante anlegen – Halbfabrikat Innova Vital und Nussper Trio,
- Kapazität anlegen
- Arbeitsplatz anlegen (Maschine),
- Arbeitsplatz anlegen (Person),
- Normalarbeitsplan anlegen.

Halbfabrikate anlegen

FENSTER	MENUEPFAD/EINGABE
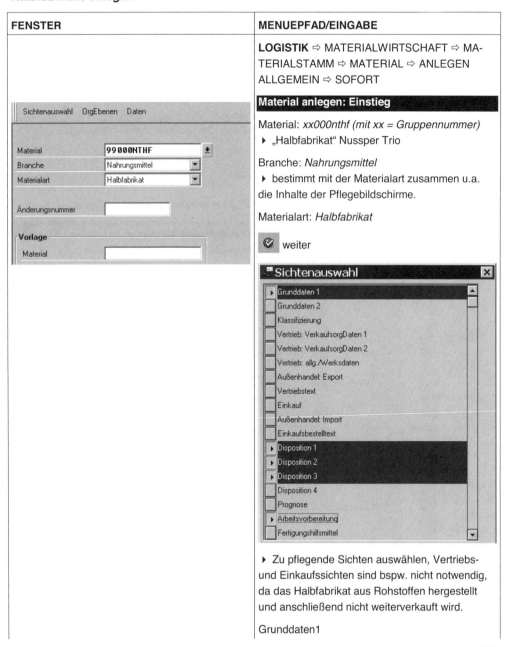	**LOGISTIK** ⇨ MATERIALWIRTSCHAFT ⇨ MATERIALSTAMM ⇨ MATERIAL ⇨ ANLEGEN ALLGEMEIN ⇨ SOFORT

Die rechte Spalte enthält zusätzlich:

Material anlegen: Einstieg

Material: *xx000nthf (mit xx = Gruppennummer)*

▸ „Halbfabrikat" Nussper Trio

Branche: *Nahrungsmittel*

▸ bestimmt mit der Materialart zusammen u.a. die Inhalte der Pflegebildschirme.

Materialart: *Halbfabrikat*

⊘ weiter

▸ Zu pflegende Sichten auswählen, Vertriebs- und Einkaufssichten sind bspw. nicht notwendig, da das Halbfabrikat aus Rohstoffen hergestellt und anschließend nicht weiterverkauft wird.

Grunddaten1

Disposition 1

Disposition 2 (nicht Basismüsli)

Disposition 3 (nicht Basismüsli)

Arbeitsvorbereitung (nicht Basismüsli)

Allg. Werksdaten/Lagerung 1 (nicht Basismüsli)

 weiter

Werk: *1100*

Lagerort: *0002*

 weiter (führt zur ersten ausgewählten Sicht).

Material 99000NTHF anlegen (Halbfabrikat)

Materialkurztext: *Nussper Trio*

Basismengeneinheit: *KG*

Warengruppe: *015*

Sparte: *00*

 weiter

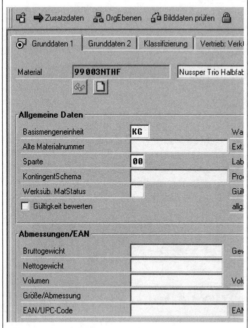

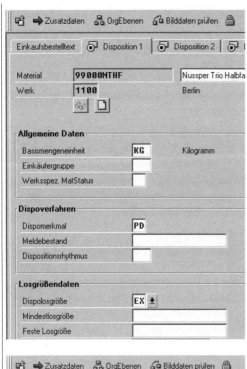

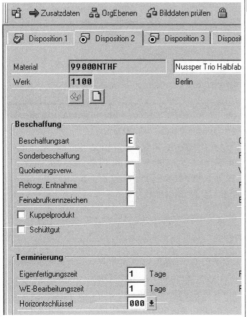

Material 99000NTHF anlegen (Halbfabrikat)

Dispositionsgruppe: *0010*

Dispomerkmal: *PD*

▸ plangesteuerte Disposition; Disposition wird durch geplante oder exakte Bedarfe gesteuert. Exakte Bedarfe können beispielsweise aus Kundenaufträgen oder Primärbedarfen (z.B. Innova Vital 500g-Faltschachtel) stammen. Die mehrstufige Bedarfsplanung (Disposition) mit Stücklistenauflösung kann verwendet werden.

Dispolosgröße: *EX*

▸ Exakte Losgrößenberechnung; entsprechend der Unterdeckung (Bedarf – Lagermenge) wird bei einem Dispositionslauf ein Planauftrag bzw. Fertigungsauftrag erstellt.

Disponent: 101

 weiter

Material 99000NTHF anlegen (Halbfabrikat)

Beschaffungsart: E

▸ Eigenfertigung, die Halbfabrikate werden aus den Rohstoffen eigengefertigt.

Eigenfertigungszeit: *1*

▸ Zeit in Tagen, die für die Eigenfertigung benötigt wird.

WE-Bearbeitungszeit: *1*

▸ Zeit in Tagen, die für den Wareneingang benötigt wird. Beide Zeitangaben werden für die Disposition bzw. für die Verfügbarkeitsprüfung bei Fertigung und Vertrieb verwendet. Die angegebenen Zeiten sind losgrößenunabhängig.

Horizontschlüssel: *000*

▸ Setzt Pufferzeiten für Disponenten und Fertigung. Die einzelnen Werte werden im Customizing gepflegt.

 weiter

Material 99000NTHF anlegen (Halbfabrikat)

Periodenkennzeichen: *W*

▸ Wöchentlich, in diesen Intervallen werden die Prognose- und die Verbrauchsmengen für die Materialdisposition geführt. Für weitere Berechnungen stehen dann in diesem Fall Wochendaten zur Verfügung.

Verfügbarkeitsprüfung: *01*

▸ Tagesbedarf; bestimmt, wie Verfügbarkeitsprüfungen bei Produktions- und Vertriebsbelegen durchgeführt werden. Wird benötigt, damit Material später vor der Produktion auf seine Verfügbarkeit hin geprüft werden kann.

▸ GesWiederschaffzeit steht für „Gesamte Wiederbeschaffungszeit". Diese Zeitangabe (in Tagen) wird alternativ zu den Zeitangaben in Disposition 2 für die Verfügbarkeitsprüfung verwendet. Die Prüfung wird dann auf diesen Zeitraum bezogen (Zu- und Abgänge). Ist diese gesamte Wiederbeschaffungszeit nicht angegeben, so wird die Wiederbeschaffungszeit aus der Summe aus Eigenfertigungszeit und Wareneingangsbearbeitungszeit berechnet. Das Feld ist nur bei Eigenfertigung zu verwenden. Die angegebene Zeit ist losgrößenunabhängig.

 weiter

Material 99000NTHF anlegen (Halbfabrikat)

FertigungsstProfil: *000001*

▸ Steuert die Auftragseröffnung des Fertigungsauftrages hinsichtlich seiner Freigabe. Es kann z.B. eine automatische Freigabe bei Eröffnung eingesteuert werden.

Tol.Unterlief: *0,1*

Tol.Unterlief: *0,1*

▸ Die Eigenfertigungszeit kann auch losgrößenabhängig gestaltet werden. Dazu können hier Zeiten in Abhängigkeit von einer Basismenge angegeben werden. Die Zeitangaben sind für die Disposition relevant. Zeitangaben für die Terminierung eines Fertigungsauftrags werden beim Arbeitsplan und –platz gemacht.

 weiter

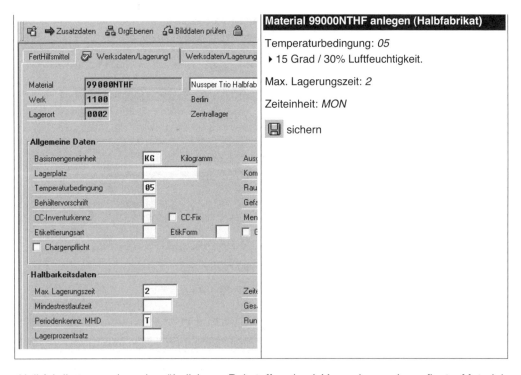

Halbfabrikate werden also ähnlich zu Rohstoffen (und Verpackungen) gepflegt. „Material ändern" und „Material anzeigen" können analog angewendet werden. Die Sicht Buchhaltung 1 wird zu einem späteren Zeitpunkt gepflegt. Der für diese notwendige Bewertungspreis (hier die Herstellkosten) wird über den Fallstudienteil in Kapitel 6.3.4 ermittelt.

Fertigerzeugnisse anlegen

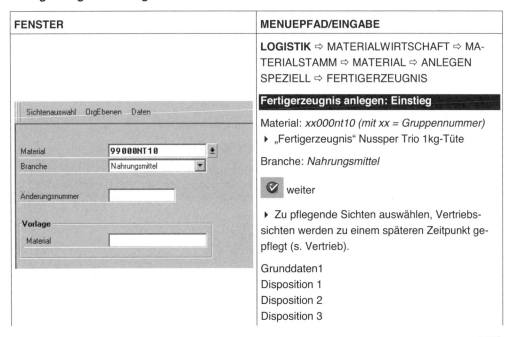

FENSTER	MENUEPFAD/EINGABE
	LOGISTIK ⇨ MATERIALWIRTSCHAFT ⇨ MATERIALSTAMM ⇨ MATERIAL ⇨ ANLEGEN SPEZIELL ⇨ FERTIGERZEUGNIS

Fertigerzeugnis anlegen: Einstieg

Material: *xx000nt10 (mit xx = Gruppennummer)*
▸ „Fertigerzeugnis" Nussper Trio 1kg-Tüte

Branche: *Nahrungsmittel*

✓ weiter

▸ Zu pflegende Sichten auswählen, Vertriebssichten werden zu einem späteren Zeitpunkt gepflegt (s. Vertrieb).

Grunddaten1
Disposition 1
Disposition 2
Disposition 3

Arbeitsvorbereitung

Allg. Werksdaten/Lagerung 1

✅ weiter

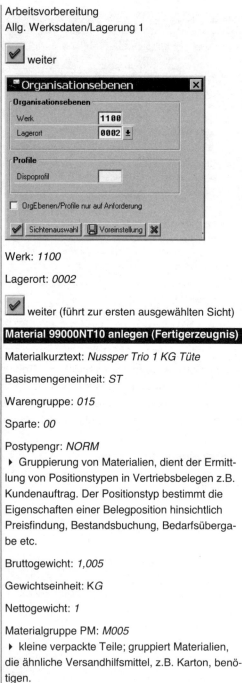

Werk: *1100*

Lagerort: *0002*

✅ weiter (führt zur ersten ausgewählten Sicht)

Material 99000NT10 anlegen (Fertigerzeugnis)

Materialkurztext: *Nussper Trio 1 KG Tüte*

Basismengeneinheit: *ST*

Warengruppe: *015*

Sparte: *00*

Postypengr: *NORM*

▸ Gruppierung von Materialien, dient der Ermittlung von Positionstypen in Vertriebsbelegen z.B. Kundenauftrag. Der Positionstyp bestimmt die Eigenschaften einer Belegposition hinsichtlich Preisfindung, Bestandsbuchung, Bedarfsübergabe etc.

Bruttogewicht: *1,005*

Gewichtseinheit: K*G*

Nettogewicht: *1*

Materialgruppe PM: *M005*

▸ kleine verpackte Teile; gruppiert Materialien, die ähnliche Versandhilfsmittel, z.B. Karton, benötigen.

✅ weiter

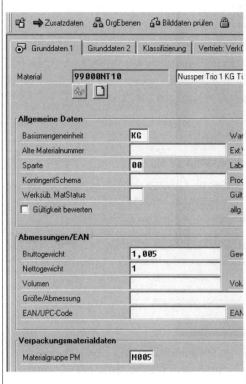

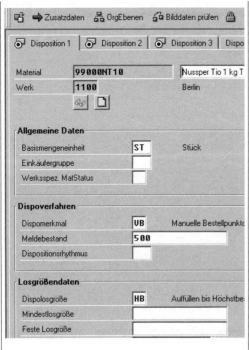

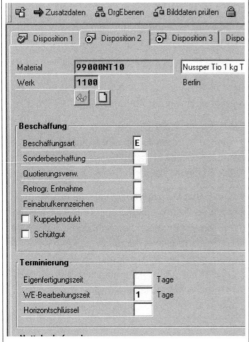

Material 99000NT10 anlegen (Fertigerzeugnis)

Dispositionsgruppe: *0010*

▸ anonyme Lagerfertigung; die Dispositionsgruppe fasst Materialien zusammen, die die gleichen Steuerungsparameter aus Sicht der Disposition haben. Z.B. soll bei bestimmten Materialien bei einer Bedarfsunterdeckung (z.B. aus einem Kundenauftrag) der fehlende Bedarf zwar ermittelt, aber nicht an die Produktion weitergeleitet werden. Dies ist dann der Fall, wenn ein einzelner Auftrag (i.S. einer Glättung des Produktionsprogramms) nicht die Produktionsplanung beeinflussen soll.

Dispomerkmal: *VB*

▸ Manuelle Bestellpunktdisposition, d.h. bei Erreichen des Meldebestandes wird manuell der Beschaffungsvorgang initiiert.

Meldebestand: *500*

Disponent: *101*

Dispolosgröße: *HB*

Höchstbestand: *10000*

✅ weiter

Material 99000NT10 anlegen (Fertigerzeugnis)

Beschaffungsart: *E*

WE-Bearbeitungszeit: *1*

Sicherheitsbestand: *10*

✅ weiter

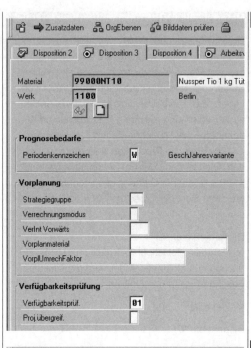

Material 99000NT10 anlegen (Fertigerzeugnis)

Verfügbarkeitsprüf.: 01

✓ weiter

Material 99000NT10 anlegen (Fertigerzeugnis)

FertigungsstProfil: *000001*

Tol.Unterlief: *0,1*

Tol.Überlief: *0,1*

Rüstzeit: *1*
▸ unabhängig von der Auftragsmenge

Übergangszeit: *1*
▸ unabhängig von der Auftragsmenge

BearbZeit: *1*
▸ abhängig von der Auftragsmenge

Basismenge: *1000*
▸ Menge in Basismengeneinheit, auf die sich die Bearbeitungszeit in Tagen bezieht, hier 1000 Stück an einem Tag.

▸ Die Daten zur Eigenfertigungszeit in Tagen werden auch für die Berechnung der ATP-Menge (Available To Promise) herangezogen. Sollte eine Bedarfsunterdeckung bestehen, so kann vom System unter Berücksichtigung der Eigenfertigungszeit der Zeitpunkt ermittelt werden, zu dem die fehlende Menge lieferbar wäre.

✓ weiter

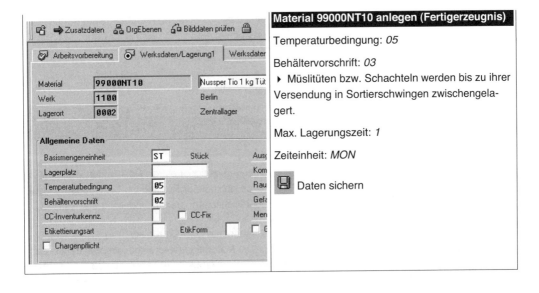

Material 99000NT10 anlegen (Fertigerzeugnis)

Temperaturbedingung: *05*

Behältervorschrift: *03*

▸ Müslitüten bzw. Schachteln werden bis zu ihrer Versendung in Sortierschwingen zwischengelagert.

Max. Lagerungszeit: *1*

Zeiteinheit: *MON*

Daten sichern

Stücklisten anlegen – Halbfabrikat Basismüsli

Zunächst wird das Halbfabrikat Basismüsli angelegt. Dieses soll aber <u>nicht produziert</u> werden, sondern dient allein der <u>Erstellung von Varianten</u>. Daher werden die Anteilsmengen gepflegt, die für die Produktion der Varianten benötigt werden, d.h. der Anteil Basismüsli an den Varianten Nussper Trio und Innova Vital beträgt 0,600 Kilogramm. Daher wird die Stückliste auch auf 0,600 Kilogramm angelegt.

FENSTER	MENUEPFAD/EINGABE
	LOGISTIK ⇨ PRODUKTION ⇨ STAMMDATEN ⇨ STÜCKLISTEN ⇨ STÜCKLISTEN ⇨ MATERIALSTÜCKLISTE ⇨ ANLEGEN ▸ Stücklisten unterscheiden sich in ihrem Aufbau nicht bei Halbfabrikaten und Fertigerzeugnissen.
	Materialstückliste anlegen: Einstieg ▸ Materialstückliste für das Halbfabrikat Basismüsli. Material: *xx000bahf* ▸ (mit xx = Gruppennummer), Basismüsli (intern), gemeinsame Zutaten von Innova Vital und Nussper Trio.
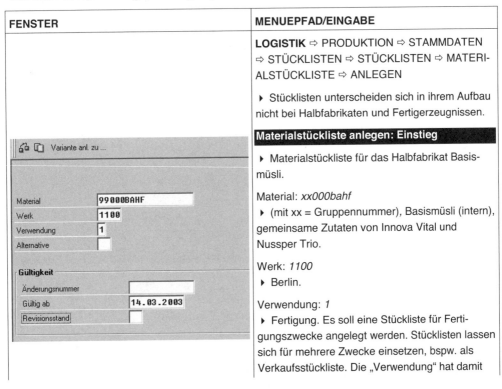	Werk: *1100* ▸ Berlin. Verwendung: *1* ▸ Fertigung. Es soll eine Stückliste für Fertigungszwecke angelegt werden. Stücklisten lassen sich für mehrere Zwecke einsetzen, bspw. als Verkaufsstückliste. Die „Verwendung" hat damit

eine ähnliche Funktion wie Materialart, Kontengruppe etc.

Gültigkeit: *ab heute*

 weiter

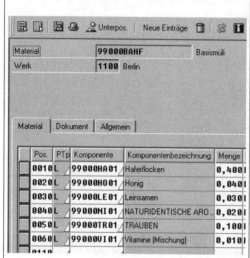

Materialstückliste anlegen: Positionsübersicht Allgemein

PTp: *L*

▸ Lagerposition. Legt die Positionsart fest, z.B.
ob es sich bei der Position um Text, Lagermaterial
oder Nichtlagermaterial handelt.

Komponente: *xx000ha01 etc.*

▸ Die Materialnummer eines jeden Materials, das
in das Halbfabrikat oder Fertigerzeugnis eingehen
soll, ist hier einzutragen, hier Haferflocken.

Menge: *z.B. 0,4 KG*

▸ Eingabe der Anteilsmenge für eine Basismengeneinheit des Halbfabrikats oder Fertigerzeugnisses (BME hier: 1 KG).

 weiter

▸ Wahlweise kann auch die Menge über eine
Detailansicht eingegeben werden. Hier besteht
außerdem die Möglichkeit, noch weitere Daten zu
pflegen.

Stücklistenposition(en) markieren

und ▣ Details anklicken

Materialstückliste anlegen: Position: Alle Daten

Komponente: xx000ha01

Menge: *z.B. 0,400*

▸ Menge des jeweiligen Materials/Komponente bezogen auf die Basismengeneinheit.

🖰 anklicken, um die Kopfdaten der Stückliste einzusehen bzw. zu pflegen.

Materialstückliste anlegen: Kopfübersicht

Z.B. kann hier bei Basismenge die Bezugsmenge für die Stückliste geändert werden. Wenn die Basismenge auf 10 KG lauten würde, dann müssten die Zutatenmengen entsprechend angepasst werden.

💾 zum Speichern der Stückliste anzuklicken, sofern alle Zutaten/Rohstoffe eingeben wurden.

Stückliste zu Material 99000BAHF wird angelegt

Stücklisten als Variante anlegen – Halbfabrikat Innova Vital und Nussper Trio

FENSTER	MENUEPFAD/EINGABE
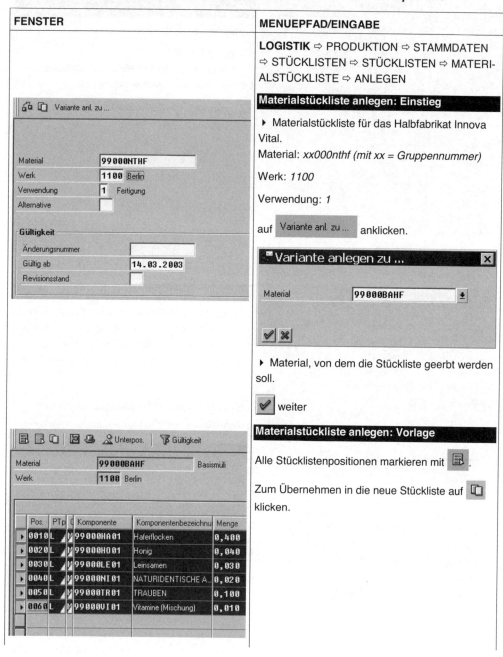	**LOGISTIK** ⇨ PRODUKTION ⇨ STAMMDATEN ⇨ STÜCKLISTEN ⇨ STÜCKLISTEN ⇨ MATERI-ALSTÜCKLISTE ⇨ ANLEGEN

<table>
<tr><td></td><td>

Materialstückliste anlegen: Einstieg

▸ Materialstückliste für das Halbfabrikat Innova Vital.

Material: *xx000nthf (mit xx = Gruppennummer)*

Werk: *1100*

Verwendung: *1*

auf Variante anl. zu ... anklicken.

▸ Material, von dem die Stückliste geerbt werden soll.

✓ weiter

Materialstückliste anlegen: Vorlage

Alle Stücklistenpositionen markieren mit ▤ .

Zum Übernehmen in die neue Stückliste auf ▢ klicken.
</td></tr>
</table>

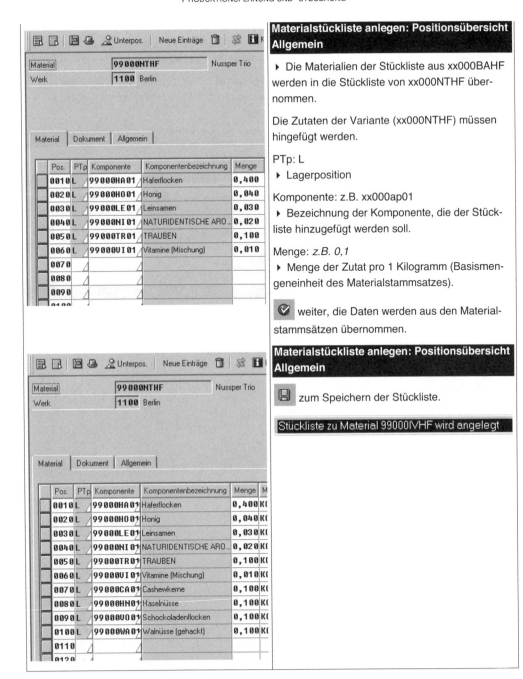

Materialstückliste anlegen: Positionsübersicht
Allgemein

▸ Die Materialien der Stückliste aus xx000BAHF werden in die Stückliste von xx000NTHF übernommen.

Die Zutaten der Variante (xx000NTHF) müssen hingefügt werden.

PTp: L
▸ Lagerposition

Komponente: z.B. xx000ap01
▸ Bezeichnung der Komponente, die der Stückliste hinzugefügt werden soll.

Menge: z.B. 0,1
▸ Menge der Zutat pro 1 Kilogramm (Basismengeneinheit des Materialstammsatzes).

✅ weiter, die Daten werden aus den Materialstammsätzen übernommen.

Materialstückliste anlegen: Positionsübersicht
Allgemein

💾 zum Speichern der Stückliste.

Stückliste zu Material 99000IVHF wird angelegt

Kapazität anlegen

FENSTER	MENUEPFAD/EINGABE
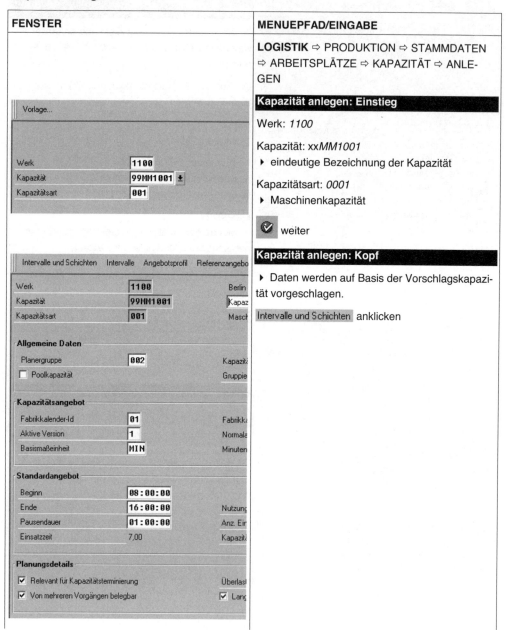	**LOGISTIK** ⇨ PRODUKTION ⇨ STAMMDATEN ⇨ ARBEITSPLÄTZE ⇨ KAPAZITÄT ⇨ ANLE-GEN **Kapazität anlegen: Einstieg** Werk: *1100* Kapazität: xx*MM1001* ▸ eindeutige Bezeichnung der Kapazität Kapazitätsart: *0001* ▸ Maschinenkapazität ✅ weiter **Kapazität anlegen: Kopf** ▸ Daten werden auf Basis der Vorschlagskapazität vorgeschlagen. Intervalle und Schichten anklicken

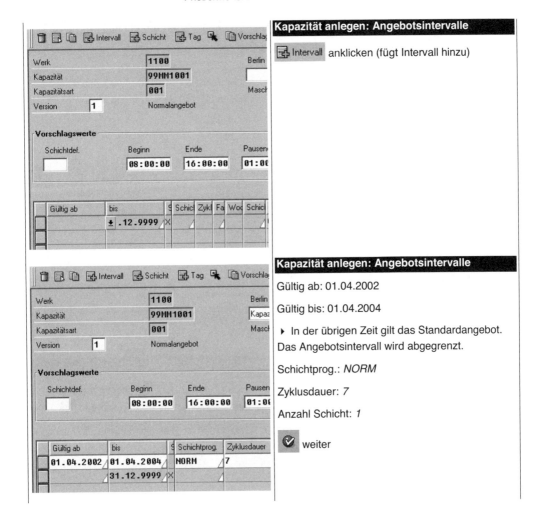

Kapazität anlegen: Angebotsintervalle

Intervall anklicken (fügt Intervall hinzu)

Kapazität anlegen: Angebotsintervalle

Gültig ab: 01.04.2002

Gültig bis: 01.04.2004

▸ In der übrigen Zeit gilt das Standardangebot. Das Angebotsintervall wird abgegrenzt.

Schichtprog.: *NORM*

Zyklusdauer: *7*

Anzahl Schicht: *1*

weiter

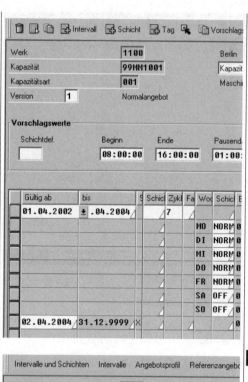

🔄 zurück

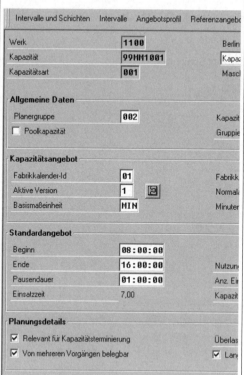

Kapazität anlegen: Kopf

▸ Durch Anklicken von 🔲 oder Intervalle kann das Intervall wieder eingesehen werden.

▸ Angebotsprofil zeigt eine detaillierte Übersicht zum Kapazitätsangebot

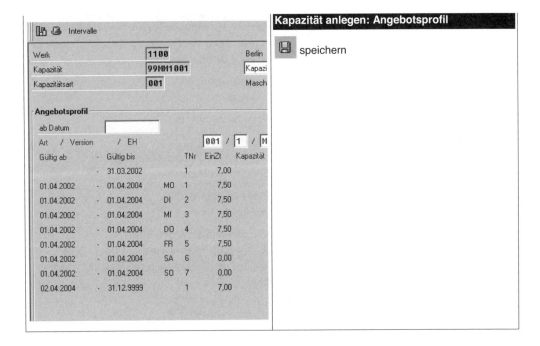

Arbeitsplatz anlegen (Maschine)

FENSTER	MENUEPFAD/EINGABE
	LOGISTIK ⇨ PRODUKTION ⇨ STAMMDATEN ⇨ ARBEITSPLÄTZE ⇨ ARBEITSPLATZ ⇨ AN- LEGEN

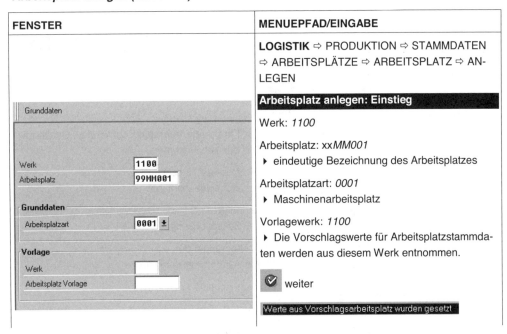

Arbeitsplatz anlegen: Einstieg

Werk: *1100*

Arbeitsplatz: xx*MM001*
▸ eindeutige Bezeichnung des Arbeitsplatzes

Arbeitsplatzart: *0001*
▸ Maschinenarbeitsplatz

Vorlagewerk: *1100*
▸ Die Vorschlagswerte für Arbeitsplatzstammda-ten werden aus diesem Werk entnommen.

✅ weiter

Werte aus Vorschlagsarbeitsplatz wurden gesetzt

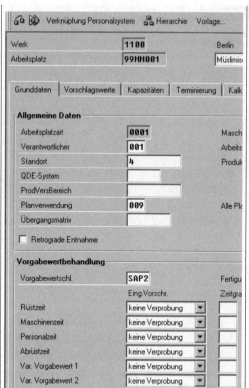

Arbeitsplatz anlegen: Grunddaten

Arbeitsplatzbezeichnung: *Müslimischmaschine xx*
▸ (xx = Gruppennummer)

Arbeitsplatzart: *0001*
▸ Maschine

Verantwortlicher: *001*

Standort: *4*
▸ Produktionsbereich Nahrungsmittel (auch Standort der Maschine)

Planverwendung: *009*
▸ Alle Plantypen

Vorgabewerteschlüssel: SAP2
▸ Fertigung variabel, Relevant für die Zeitermittlung bei der Terminierung von Produktionsaufträgen.

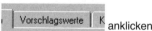 anklicken

Arbeitsplatz anlegen: Vorschlagswerte

Steuerschlüssel: *PP01*
▸ Art der Fertigung am anzulegenden Arbeitsplatz.

Eignung: *Ingenieur*
▸ Für diesen Arbeitsplatz notwendige Qualifikation des Arbeitnehmers.

Rüstartenschlüssel: *MB*
▸ Maschinenbediener

Lohnart: *PP30*
▸ Zeitentlohnung

Lohngruppe: *002*
▸ Akademiker (angestellt)

Lohnscheine Anzahl: *1*

Anz. Rückmeldescheine: *1*

Rüstzeit: *MIN*
Maschinenzeit: *MIN*
Abrüstzeit: *MIN*
▸ Maßeinheiten der Vorgabewerte

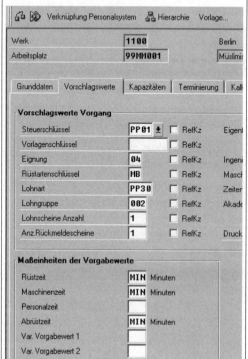

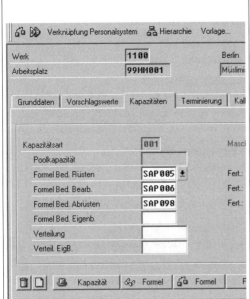

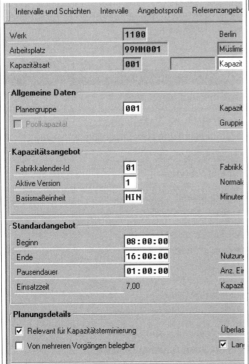

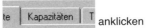

Arbeitsplatz anlegen: Kapazitätsübersicht

▸ Standardformeln zur Berechnung der Kapazitätsanforderungen im Fertigungsablauf.

Maschine:

Formel Bed. Rüsten: *SAP005*
▸ Fertigung, Bedarf Rüsten

Formel Bed. Bearb.: *SAP006*
▸ Fertigung, Bedarf Maschinen

Formel Bed. Bearb.: *SAP098*
▸ Fertigung, Bedarf Abrüsten

▸ Mit [D] können weitere Kapazitäten in den Arbeitsplatz integriert werden.

Kapazität auswählen (Klick in Kapazitätsart) und anklicken, um die Kapazität zu bearbeiten.

Arbeitsplatzkapazität ändern: Kopf

Hier wird die Kapazität entsprechend der Pflegeanleitung zur Kapazität gepflegt.

Relevant für Kapazitätsterminierung: ☑
▸ Würde dieses Kennzeichen nicht gesetzt, so könnte die Kapazität dieses Arbeitsplatzes in beliebiger Weise belastet werden.

🔙 zurück

Pflege der Terminierungsdaten.

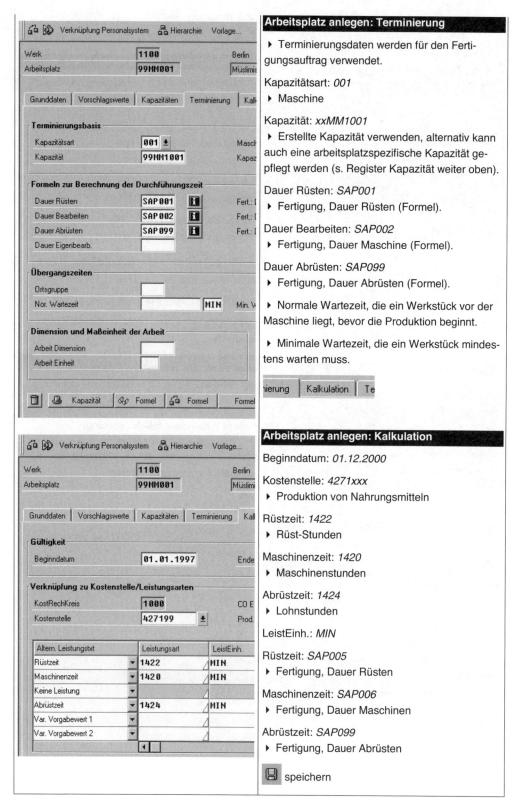

Arbeitsplatz anlegen (Person)

FENSTER	MENUEPFAD/EINGABE

MENUEPFAD/EINGABE

LOGISTIK ⇨ PRODUKTION ⇨ STAMMDATEN ⇨ ARBEITSPLÄTZE ⇨ ARBEITSPLATZ ⇨ ANLEGEN

Arbeitsplatz anlegen: Einstieg

Werk: 1100

Arbeitsplatz: xxMP1001
▸ eindeutige Bezeichnung des Arbeitsplatzes

Arbeitsplatzart: 0003
▸ Personenarbeitsplatz

Vorlagewerk: 1100
▸ Die Vorschlagswerte für Arbeitsplatzstammdaten werden aus diesem Werk entnommen.

✅ weiter

Werte aus Vorschlagsarbeitsplatz wurden gesetzt

Arbeitsplatz anlegen: Grunddaten

Arbeitsplatzbezeichnung: *Müslimischmaschine xx*
▸ (xx = Gruppennummer)

Arbeitsplatzart: *0003*

Verantwortlicher: *001*

Standort: *4*
▸ Produktionsbereich Nahrungsmittel (auch Standort der Maschine)

Planverwendung: *009*
▸ Alle Plantypen

Vorgabewerteschlüssel: SAP2
▸ Fertigung variabel, Relevant für die Zeitermittlung bei der Terminierung von Produktionsaufträgen.

Vorschlagswerte K anklicken

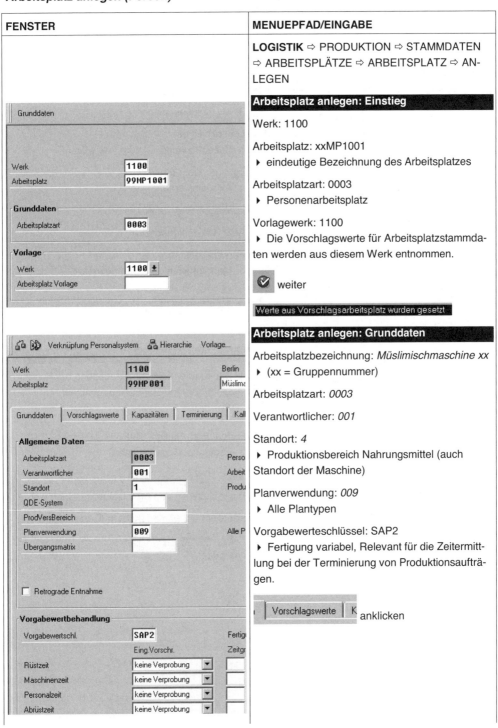

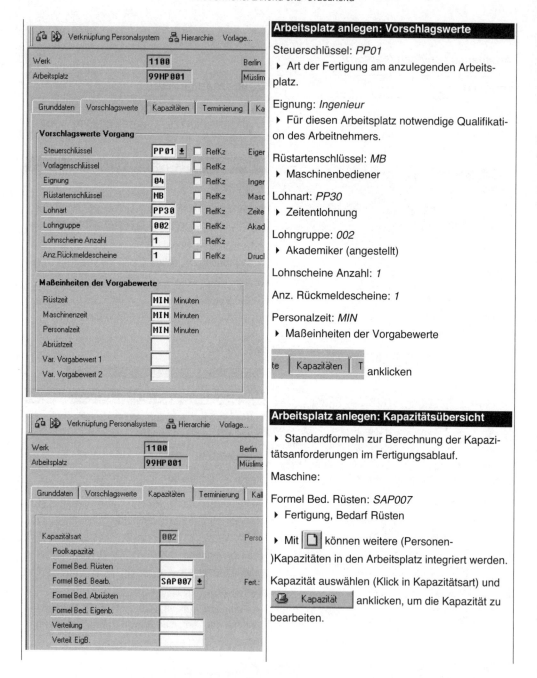

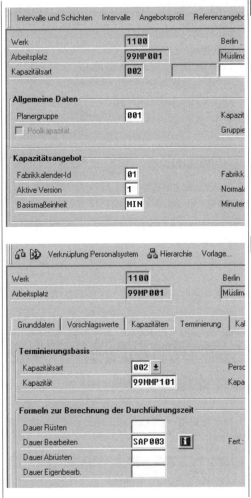

Arbeitsplatzkapazität ändern: Kopf

Hier wird die Kapazität entsprechend der Pfleg-elanleitung zur Kapazität gepflegt.

Relevant für Kapazitätsterminierung:

▸ Würde dieses Kennzeichen nicht gesetzt, so könnte die Kapazität dieses Arbeitsplatzes in beliebiger Weise belastet werden.

🕒 zurück

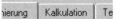 Pflege der Terminie-rungsdaten.

Arbeitsplatz anlegen: Terminierung

▸ Terminierungsdaten werden für den Ferti-gungsauftrag verwendet.

Kapazitätsart: *002*
▸ Person

Kapazität: *xxMM1001*
▸ Erstellte Kapazität verwenden, alternativ kann auch eine arbeitsplatzspezifische Kapazität ge-pflegt werden (s. Register Kapazität weiter oben).

Dauer Bearbeiten: *SAP003*
▸ Fertigung, Dauer Person (Formel).

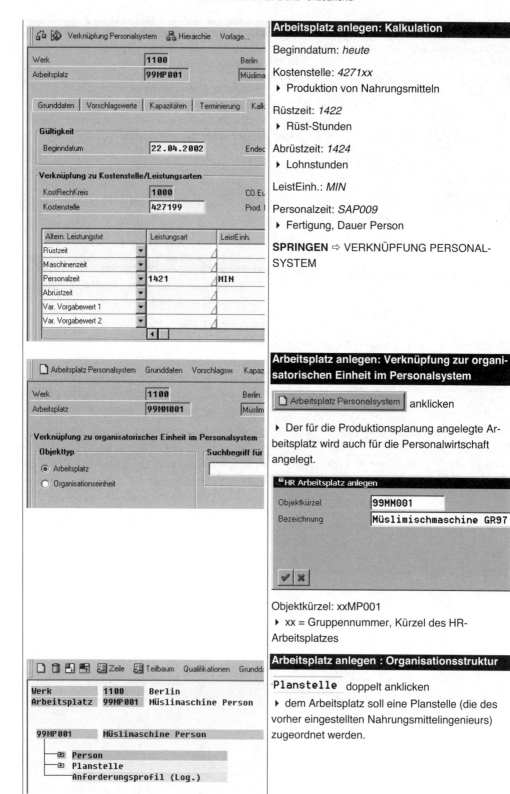

Arbeitsplatz anlegen: Kalkulation

Beginndatum: *heute*

Kostenstelle: *4271xx*
▸ Produktion von Nahrungsmitteln

Rüstzeit: *1422*
▸ Rüst-Stunden

Abrüstzeit: *1424*
▸ Lohnstunden

LeistEinh.: *MIN*

Personalzeit: *SAP009*
▸ Fertigung, Dauer Person

SPRINGEN ⇨ VERKNÜPFUNG PERSONAL-
SYSTEM

Arbeitsplatz anlegen: Verknüpfung zur organisatorischen Einheit im Personalsystem

Arbeitsplatz Personalsystem anklicken

▸ Der für die Produktionsplanung angelegte Arbeitsplatz wird auch für die Personalwirtschaft angelegt.

Objektkürzel: xxMP001
▸ xx = Gruppennummer, Kürzel des HR-Arbeitsplatzes

Arbeitsplatz anlegen : Organisationsstruktur

Planstelle doppelt anklicken
▸ dem Arbeitsplatz soll eine Planstelle (die des vorher eingestellten Nahrungsmittelingenieurs) zugeordnet werden.

▸ Auswählen der selbst erstellten Planstelle mit F4.

Planstelle auswählen

▸ Die Baumstruktur zeigt die Organisationsstruktur der IDES AG aus der Sicht der R/3® Personalwirtschaft.

Auswahl von:
Planstellenbesetzung entlang..... – IDES AG – Vorstand Deutschland – Produktion und Vertrieb – Produktion – Werk Berlin – Produktion Nahrungsmittel – Ingenieur Müsliproduktion xx

▸ Auswahl der gewünschten Planstelle durch einmaliges Anklicken des leeren Kästchens vor der Bezeichnung. (□ ⇨ ☒)

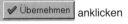 anklicken

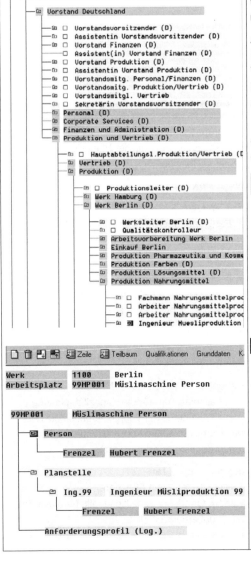

Arbeitsplatz anlegen : Organisationsstruktur

▸ Die Planstelle wurde mit Inhaber dem Arbeitsplatz der Produktion zugeordnet.

▸ Weitere mögliche Zuordnungen wären die direkte Zuordnung einer Person zum Arbeitsplatz oder die Definition eines Anforderungsprofils ohne direkte Personenverknüpfung.

🔙 anklicken, um zurück zur Arbeitsplatzanlage zu gelangen.

💾 speichern

Normalarbeitsplan anlegen

FENSTER	MENUEPFAD/EINGABE
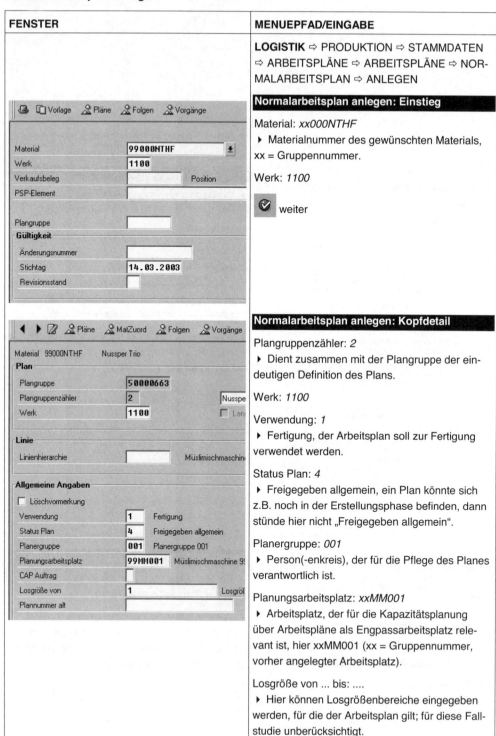	**LOGISTIK** ⇨ PRODUKTION ⇨ STAMMDATEN ⇨ ARBEITSPLÄNE ⇨ ARBEITSPLÄNE ⇨ NOR-MALARBEITSPLAN ⇨ ANLEGEN

Normalarbeitsplan anlegen: Einstieg

Material: *xx000NTHF*

▸ Materialnummer des gewünschten Materials, xx = Gruppennummer.

Werk: *1100*

☑ weiter

Normalarbeitsplan anlegen: Kopfdetail

Plangruppenzähler: *2*

▸ Dient zusammen mit der Plangruppe der eindeutigen Definition des Plans.

Werk: *1100*

Verwendung: *1*

▸ Fertigung, der Arbeitsplan soll zur Fertigung verwendet werden.

Status Plan: *4*

▸ Freigegeben allgemein, ein Plan könnte sich z.B. noch in der Erstellungsphase befinden, dann stünde hier nicht „Freigegeben allgemein".

Planergruppe: *001*

▸ Person(-enkreis), der für die Pflege des Planes verantwortlich ist.

Planungsarbeitsplatz: *xxMM001*

▸ Arbeitsplatz, der für die Kapazitätsplanung über Arbeitspläne als Engpassarbeitsplatz relevant ist, hier xxMM001 (xx = Gruppennummer, vorher angelegter Arbeitsplatz).

Losgröße von ... bis: ....

▸ Hier können Losgrößenbereiche eingegeben werden, für die der Arbeitsplan gilt; für diese Fallstudie unberücksichtigt.

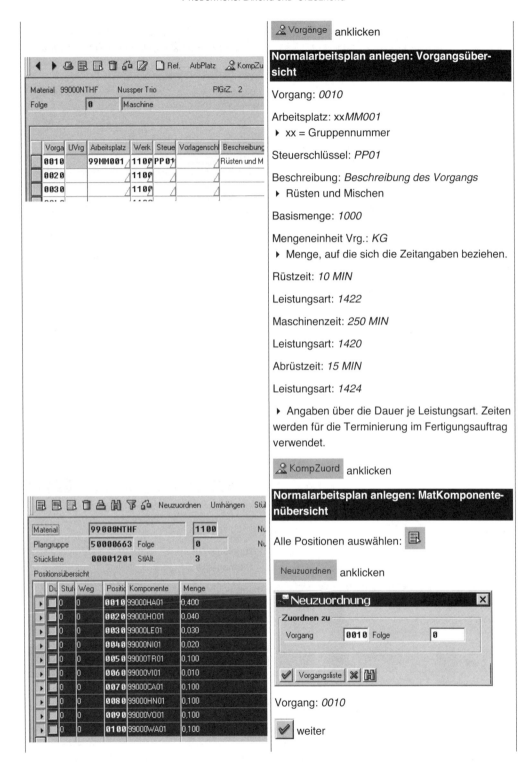

◄ ► 🖨 🖫 🖫 🗑 🔗 📝 ⬜ Ref. ArbPlatz ⚫KompZu

Material 99000NTHF Nussper Trio PlGrZ. 2
Folge **0** Maschine

Vorga	UVrg	Arbeitsplatz	Werk	Steue	Vorlagensch	Beschreibunç
0010		**99MM001**	**1100**	**PP01**		Rüsten und M
0020			**1100**			
0030			**1100**			

⚫Vorgänge anklicken

Normalarbeitsplan anlegen: Vorgangsüber-sicht

Vorgang: *0010*

Arbeitsplatz: xx*MM001*
▸ xx = Gruppennummer

Steuerschlüssel: *PP01*

Beschreibung: *Beschreibung des Vorgangs*
▸ Rüsten und Mischen

Basismenge: *1000*

Mengeneinheit Vrg.: *KG*
▸ Menge, auf die sich die Zeitangaben beziehen.

Rüstzeit: *10 MIN*

Leistungsart: *1422*

Maschinenzeit: *250 MIN*

Leistungsart: *1420*

Abrüstzeit: *15 MIN*

Leistungsart: *1424*

▸ Angaben über die Dauer je Leistungsart. Zeiten werden für die Terminierung im Fertigungsauftrag verwendet.

⚫KompZuord anklicken

Normalarbeitsplan anlegen: MatKomponente-nübersicht

Alle Positionen auswählen: 🖫

Neuzuordnen anklicken

🖫 🖫 🖫 🗑 🖨 🖽 🔻 🔗 Neuzuordnen Umhängen Stü

Material	**99000NTHF**		**1100**	Nu
Plangruppe	**50000663** Folge		**0**	Nu
Stückliste	**00001201** StlAlt.		3	

Positionsübersicht

Du	Stuf	Weg	Positic	Komponente	Menge
▸ ☐	0	0	**0010**	99000HA01	0,400
▸ ☐	0	0	**0020**	99000HO01	0,040
▸ ☐	0	0	**0030**	99000LE01	0,030
▸ ☐	0	0	**0040**	99000NI01	0,020
▸ ☐	0	0	**0050**	99000TR01	0,100
▸ ☐	0	0	**0060**	99000VI01	0,010
▸ ☐	0	0	**0070**	99000CA01	0,100
▸ ☐	0	0	**0080**	99000HN01	0,100
▸ ☐	0	0	**0090**	99000VO01	0,100
▸ ☐	0	0	**0100**	99000WA01	0,100

⬛ Neuzuordnung ☒

Zuordnen zu
Vorgang **0010** Folge **0**

✔ Vorgangsliste ❌ 🖽

Vorgang: *0010*

✔ weiter

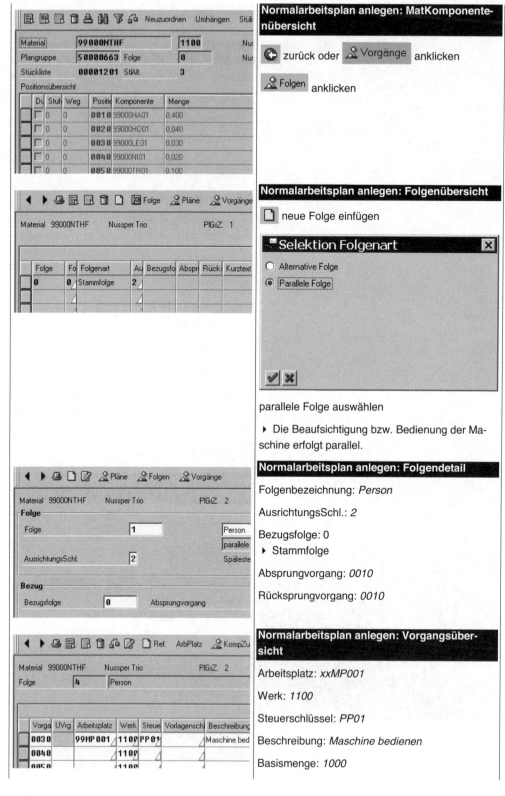

Normalarbeitsplan anlegen: MatKomponente-nübersicht

🔙 zurück oder 🔍 Vorgänge anklicken

🔍 Folgen anklicken

Normalarbeitsplan anlegen: Folgenübersicht

🗋 neue Folge einfügen

Selektion Folgenart

○ Alternative Folge
◉ Parallele Folge

✓ ✗

parallele Folge auswählen

▸ Die Beaufsichtigung bzw. Bedienung der Maschine erfolgt parallel.

Normalarbeitsplan anlegen: Folgendetail

Folgenbezeichnung: *Person*

AusrichtungsSchl.: *2*

Bezugsfolge: 0
▸ Stammfolge

Absprungvorgang: *0010*

Rücksprungvorgang: *0010*

Normalarbeitsplan anlegen: Vorgangsüber-sicht

Arbeitsplatz: *xxMP001*

Werk: *1100*

Steuerschlüssel: *PP01*

Beschreibung: *Maschine bedienen*

Basismenge: *1000*

Personalzeit: *275 MIN*

	Vorga	UVrg
▶	0010	

Position markieren

DETAIL ⇨ VORGANGSDETAIL

▸ Die Positionsdetails können auch eingesehen bzw. bearbeitet werden.

Normalarbeitsplan anlegen: Vorgangsdetail

▸ Hier können – im Gegensatz zur Übersicht – auch die Leistungsarten verändert werden.

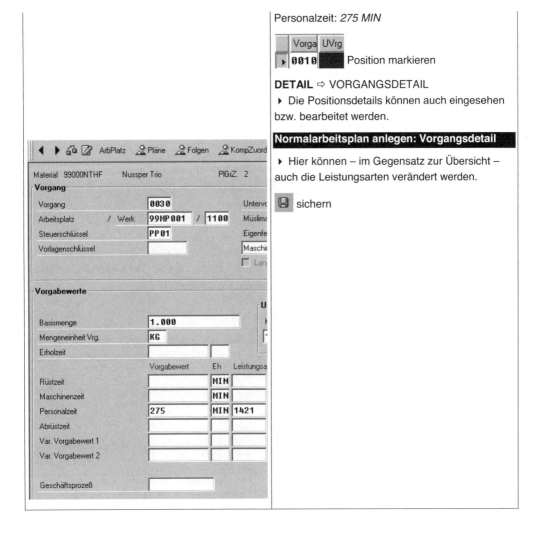 sichern

6.3 Produktkostenplanung

Die Produktkostenplanung ist ein Teilbereich des Produktkostencontrolling. Die Planung wird insbesondere für die Analyse der Kosten von gefertigten Materialien verwendet. Verschiedene Analysen können durchgeführt werden, z.B.:

- Wie hoch sind Material-, Fertigungs- und Gemeinkosten?
- Welchen Bewertungspreis soll ein zukünftiges Produkt haben?
- Welcher Verkaufpreis führt zu einem Deckungsbeitrag?

Die Kalkulation läuft auf Werksebene ab und wird mit Bezug zum Werk gespeichert. Soll die Kalkulation für die Bewertung bei Materialbewegungen herangezogen werden, so muss der Bewertungskreis dem Werk zugeordnet sein.

Die Produktkostenplanung verwendet bei der Kalkulation viele Stammdaten der Produktionsplanung und –steuerung, z.B. Stücklisten oder Arbeitspläne. Aber auch Controllingdaten wie Kostenstelle und Leistungsarten oder der Materialstammsatz und der Einkaufsinfosatz aus der Materialwirtschaft werden benötigt. Die hohe Integration von Produktions-, Materialwirtschafts- und Controlling-Anwendungskomponenten wird deutlich.

6.3.1 Kalkulation mit und ohne Mengengerüst

Die Kalkulation mit Mengengerüst hat die von Aufträgen unabhängige Ermittlung von Herstell- oder Selbstkosten zum Ziel. Ein Ergebnis könnte also der Bewertungspreis (Standardpreis) für ein eigengefertigtes Produkt (Material) sein.

Voraussetzung sind eine Stückliste und ein Arbeitsplan. Die genauen Zusammenhänge bzw. Datenquellen der Kalkulation zeigt Tabelle 2.

Tabelle 2: Kalkulation mit Mengengerüst

Die Kalkulation mit Mengengerüst ermittelt...	aus ...	in ...
die Materialeinsatzmenge pro Komponente	der Stückliste des Materials	PP
die Vorgabezeiten für die Fertigung des Produkts	dem Arbeitsplan des Materials und den Arbeitsplätzen, an denen die Vorgänge ausgeführt werden	PP
die Materialeinsatzmenge pro Kuppelprodukt	der Materialliste	PP
die Vorgabezeiten für die Fertigung des Kuppelprodukts	dem Planungsrezept des Kuppelprodukts und den Ressourcen, an denen die Vorgänge und Phasen ausgeführt werden	PP
den Preis für ein fremdbezogenes Material	dem Materialstammsatz oder dem Einkaufsinfosatz	MM
den Preis für einen fremdbearbeiteten Vorgang	dem Einkaufsinfosatz oder der Bestellung oder dem Arbeitsplan	MM/ PP
die Kosten für ein Halbfabrikat	der Kalkulation für das Halbfabrikat, die bei der Kalkulation des Fertigfabrikats erzeugt wird (lt. Übernahmesteuerung)	CO
den Preis für ein Halbfabrikat, das von einem Lieferanten verarbeitet wird (Lohnbearbeitung),	dem Einkaufsinfosatz oder der Bestellung	MM
den Tarif für eine Leistung, die bei den eigenbearbeiteten Vorgängen in Anspruch genommen wird,	der Leistungsartenplanung oder der Tarifermittlung	CO
die Bedingungen für die Ermittlung von Gemeinkostenzuschlägen	dem Kalkulationsschema und ggf. einer Gemeinkostengruppe	CO
die Prozesskosten	dem Prozessschema	CO

In Anlehnung an SAP® AG

Die Kalkulation ohne Mengengerüst hat die individuelle Einzelkalkulation zum Ziel. Während bei der Kalkulation mit Mengengerüst die Materialien und ihre Mengen über die Stückliste ermittelt wurden, wird bei der Kalkulation ohne Mengengerüst der Mengenanteil der Materialien von Hand eingegeben. Ähnlich zur Tabellenkalkulation kann die Kalkulation ohne Mengengerüst frei gestaltet werden. R/3® ermittelt zu jeder Kalkulationsposition (Material, Eigenleistungen, Fremdleistungen, Dienstleistungen, Prozesse, variable Positionen, Gemeinkosten) die Preise und Tarife (für interne Leistungen).

6.3.2 Preisfindung

Für die Kalkulationselemente müssen Preise bzw. Tarife ins Verhältnis zu Kalkulationsmengen und Leistungen gesetzt werden. Die Elemente, für die Preise gesucht werden müssen, werden wieder durch das Kalkulationsschema vorgegeben. Welches Schema verwendet wird, bestimmt die Kalkulationsvariante. Diese wird zu Beginn beim Anlegen der Kalkulation zusammen mit der Kalkulationslosgröße gepflegt. Es kann so ausgewählt werden, bis zu welcher Kostenstufe für welche Produktmenge kalkuliert wird. Dem Beispiel der Abbildung 185 liegt die Kalkulationsvariante DPC1 (Plankalkulation bis Selbstkosten) und die Menge 1000 KG zugrunde.

Abbildung 185: Produktkostenkalkulation bis Selbstkosten

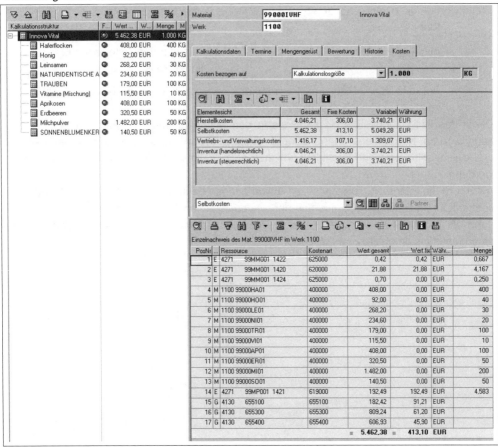

SAP® AG

Mit der Kalkulationsvariante DPC1 verbunden ist das Kalkulationsschema COGS[52]. Dieses gibt vor wie Herstell- oder Selbstkosten berechnet werden. Die Preise für Rohmaterial und Leistungen ergeben sich über die mit der Kalkulationsvariante verbundene Bewertungsvariante. Zuschläge werden der rechnerischen Vorgabe des Schemas entsprechend ermittelt.

Je nach Präferenz können für Rohmaterialien beispielsweise der Bewertungspreis oder der Preis aus den Einkaufsinfosätzen verwendet werden.

Im Prinzip wird das gleiche Verfahren angewendet wie in der Muster- und Simulationskalkulation. Die Auswahl der Kalkulationsvariante bestimmt Preise/Tarife und Kalkulationsschema. Darüber hinaus sind mit der Kalkulationsvariante weitere steuernde Elemente verbunden, z.B. ob die Kalkulation gesichert werden kann oder welcher Termin für den Bewertungspreis gilt.

6.3.3 Preisfortschreibung

Nachdem eine Kalkulation durchgeführt wurde, können die ermittelten Kosten, genauer die Herstellkosten, als Bewertungspreis in den Materialstamm übernommen werden. Die Pflege des Bewertungspreises sollte vor dem Start eines Fertigungsauftrages vorgenommen werden, weil sonst später der folgende Wareneingang wertmäßig nicht erfasst werden kann.

In Abhängigkeit von der gewählten Kalkulation (wird über die Kalkulationsvariante ausgewählt) werden die entsprechenden Preise im Materialstamm fortgeschrieben.

Plankalkulation	⇒ Standardpreis
Inventurkalkulation	⇒ handels- oder steuerrechtlicher Preis
Sollkalkulation, Plan- und Inventurkalkulation, aktuelle Kalkulationen	⇒ sonstige Planpreise

Damit das Kalkulationsergebnis als Preis in den Materialstammsatz übernommen werden kann, wird der Kalkulationsvariante über die Kalkulationsart ein Kennzeichen mitgegeben, ob und welcher Preis in den Materialstammsatz des zu kalkulierenden Produktes übernommen werden soll.

Auch wird die Integration zwischen den Anwendungen deutlich. Zur Kalkulation der Materialkosten können Bewertungspreise aus den Materialstammsätzen herangezogen werden, um dann als Ergebnis wieder einen (neuen) Bewertungspreis, diesmal für das Erzeugnis, an einen Materialstammsatz zurückzugeben.

---

[52] S. Abbildung 87.

Abbildung 186: Kalkulationsgestützte Preisfortschreibung (vereinfachte Darstellung)

Kalkulationsvariante PPC1 (Plankalkulation Material)

Bewertungsvariante

Bewertungsvariante	001	Mischkalkulation Werk1100
im Werk	1100	

Materialbewertung	Eigenleistung	Lohnbearbeitung

Priorität	Strategiefolge
1	Preis aus Einkaufsinfosatz
2	Planpreis 1
3	Standardpreis
4	Gleitender Durchschnittspreis
5	

Kalkulationsart

Kalkulationsart	01	Plankalkulation (Mat.)

Fortschreibung	Verbuchung	Sonstiges

Preisfortschreibung Materialstamm
Standardpreis ▼

Material	99000IVHF	Innova Vital
Werk	1100	

Kalkulationsdaten	Termine	Mengengerüst	Bewertung	Historie	Kosten

Kosten bezogen auf   Kalkulationslosgröße ▼ 1.000

Kalkulationsschema

Schema	COGS	Selbstkosten

Kalkulationsschemazeilen

Zeile	Basis	Zuschlag	Bezeichnung	von	bis Zeile
10	B100	±	Rohmaterial		
20		A200	Fertigungs-GK	10	
60	B200		Fertigungskosten		
65	B110		Halbfabrikate		
70			Herstellkosten Stufe	10	60
75			Herstellkosten ges.	10	65
80		A300	Verwaltungs-GK	70	
90		A310	Vertriebs-GK	75	
100			Selbstkosten	75	90

Elementesicht	Gesamt	Fixe Kosten	Variabel	Währung
Herstellkosten	3.932,39	303,29	3.629,10	EUR
Selbstkosten	5.308,73	409,44	4.899,29	EUR
Vertriebs- und Verwaltungskosten	1.376,34	106,15	1.270,19	EUR
Inventur (handelsrechtlich)	3.932,39	303,29	3.629,10	EUR
Inventur (steuerrechtlich)	3.932,39	303,29	3.629,10	EUR

Herstellkosten ▼   Partr

Einzelnachweis des Mat. 99000IVHF im Werk 1100

PosNr	...	Ressource			Kostenart	Wert gesamt	Wert fix	Währ.
1	E	4271	99MM001	1422	625000	0,42	0,42	EUR
2	E	4271	99MM001	1420	620000	21,88	21,88	EUR
3	E	4271	99MM001	1424	625000	0,70	0,00	EUR
4	M	1100	99000HA01		400000	408,00	0,00	EUR
5	M	1100	99000HO01		400000	89,20	0,00	EUR
6	M	1100	99000LE01		400000	268,50	0,00	EUR
7	M	1100	99000NI01		400000	213,20	0,00	EUR
8	M	1100	99000TR01		400000	179,00	0,00	EUR
9	M	1100	99000VI01		400000	112,50	0,00	EUR
10	M	1100	99000AP01		400000	397,00	0,00	EUR
11	M	1100	99000ER01		400000	298,00	0,00	EUR
12	M	1100	99000MI01		400000	1.438,00	0,00	EUR
13	M	1100	99000SO01		400000	136,50	0,00	EUR
14	E	4271	99MP001	1421	619000	192,49	192,49	EUR
15	G	4130	655100		655100	177,00	88,50	EUR
16	G	4130	655300		655300	0,00	0,00	EUR
17	G	4130	655400		655400	0,00	0,00	EUR
						3.932,39	303,29	EUR

Materialstamm (Buchhaltung 1)

BKl. Projektbestand	
Preiseinheit	1.000
Standardpreis	3.932,39

6.3.4 Fallstudie Produktkostenplanung

Aufgabe 23

Die Produktkostenkalkulation ist durchzuführen. Ermitteln Sie die Herstellkosten (Bewertungspreis) mit der Kalkulationsvariante DPC1 für jedes Halbfabrikat und Fertigerzeugnis.

Anschließend sind die Materialstammsätze der Halbfabrikate und Fertigerzeugnisse um die Sicht Buchhaltung 1 erweitern. Als Bewertungspreis sind jeweils die ermittelten Herstellkosten zu pflegen. Der Bewertungspreis soll die Preissteuerung S (Standardpreis) haben.

Folgende Pflegeanleitungen stehen für die Produktkalkulation und Materialstammpflege zur Verfügung:

- Materialstamm anlegen (erweitern um Kalkulationssicht),
- Kalkulation mit Mengengerüst,
- Material anlegen (erweitern um Buchhaltungssicht).

Material anlegen (erweitern um Kalkulationssicht)

FENSTER	MENUEPFAD/EINGABE
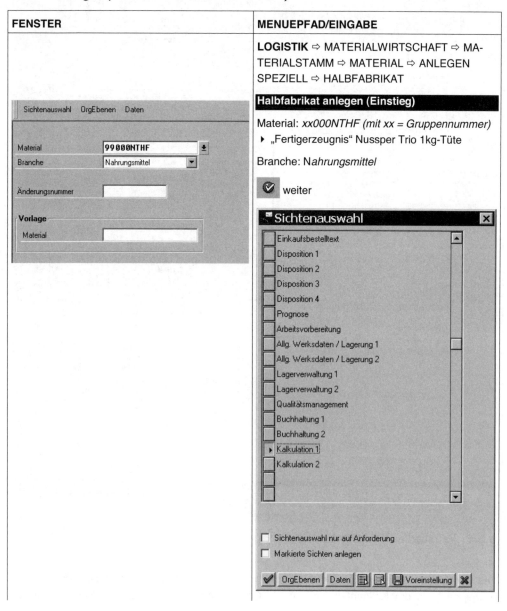	**LOGISTIK** ⇨ MATERIALWIRTSCHAFT ⇨ MATERIALSTAMM ⇨ MATERIAL ⇨ ANLEGEN SPEZIELL ⇨ HALBFABRIKAT

Kalkulation 1 auswählen

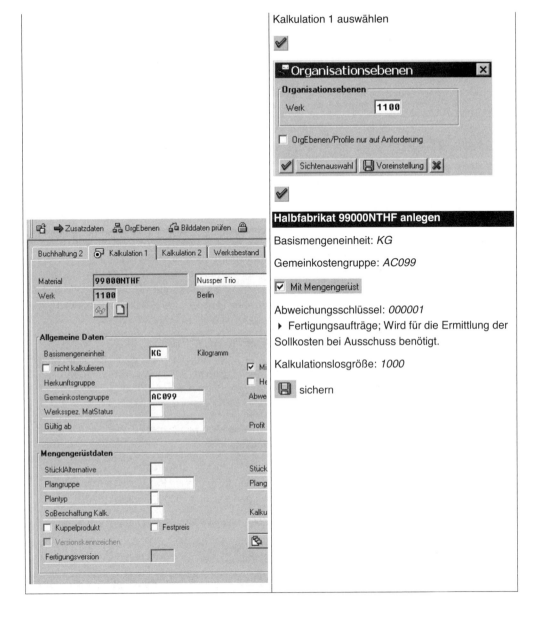

Halbfabrikat 99000NTHF anlegen

Basismengeneinheit: *KG*

Gemeinkostengruppe: *AC099*

☑ Mit Mengengerüst

Abweichungsschlüssel: *000001*

▸ Fertigungsaufträge; Wird für die Ermittlung der Sollkosten bei Ausschuss benötigt.

Kalkulationslosgröße: *1000*

💾 sichern

Kalkulation mit Mengengerüst

FENSTER	MENUEPFAD/EINGABE
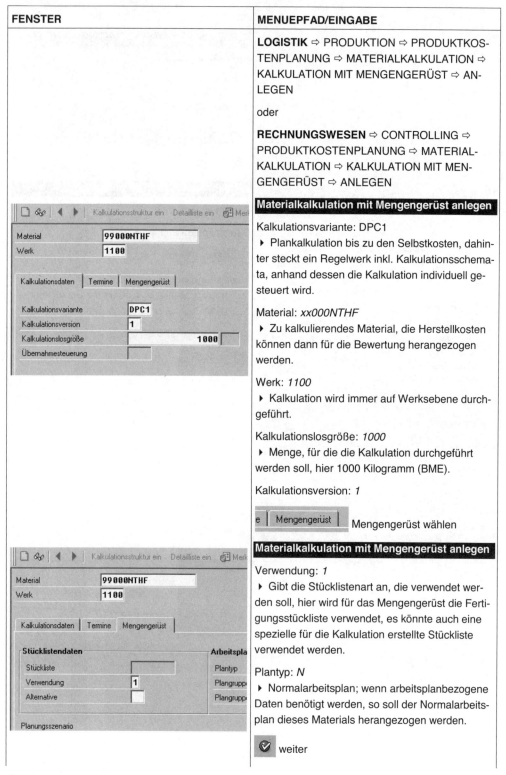	**LOGISTIK** ⇨ PRODUKTION ⇨ PRODUKTKOS-TENPLANUNG ⇨ MATERIALKALKULATION ⇨ KALKULATION MIT MENGENGERÜST ⇨ AN-LEGEN oder **RECHNUNGSWESEN** ⇨ CONTROLLING ⇨ PRODUKTKOSTENPLANUNG ⇨ MATERIAL-KALKULATION ⇨ KALKULATION MIT MEN-GENGERÜST ⇨ ANLEGEN

Materialkalkulation mit Mengengerüst anlegen

Kalkulationsvariante: DPC1
▶ Plankalkulation bis zu den Selbstkosten, dahinter steckt ein Regelwerk inkl. Kalkulationsschemata, anhand dessen die Kalkulation individuell gesteuert wird.

Material: *xx000NTHF*
▶ Zu kalkulierendes Material, die Herstellkosten können dann für die Bewertung herangezogen werden.

Werk: *1100*
▶ Kalkulation wird immer auf Werksebene durchgeführt.

Kalkulationslosgröße: *1000*
▶ Menge, für die die Kalkulation durchgeführt werden soll, hier 1000 Kilogramm (BME).

Kalkulationsversion: *1*

[e | Mengengerüst] Mengengerüst wählen

Materialkalkulation mit Mengengerüst anlegen

Verwendung: *1*
▶ Gibt die Stücklistenart an, die verwendet werden soll, hier wird für das Mengengerüst die Fertigungsstückliste verwendet, es könnte auch eine spezielle für die Kalkulation erstellte Stückliste verwendet werden.

Plantyp: *N*
▶ Normalarbeitsplan; wenn arbeitsplanbezogene Daten benötigt werden, so soll der Normalarbeitsplan dieses Materials herangezogen werden.

✓ weiter

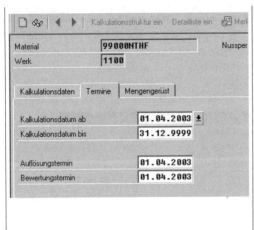

Materialkalkulation mit Mengengerüst anlegen

▶ Die Kalkulationsdaten „ab" und „bis" bestimmen die Gültigkeit der Kalkulation.

▶ Stücklisten, die zum Auflösungstermin gültig sind, werden als Mengengerüst verwendet.

▶ Der Bewertungstermin bestimmt, wie das System nach gültigen Preis- und Tarifdaten sucht.

▶ Die hier vorgegebenen Daten können jeweils so belassen werden. Die Vorschlagsdaten sind abhängig von den Einstellungen im Kalkulationsregelwerk (Customizing), welches über DPC1 (siehe oben) ausgewählt wurde.

 weiter

Materialkalkulation anlegen: Kalk.daten zu einem Material

▶ Auflistung der Kosten.

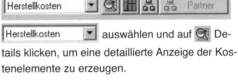

Herstellkosten ▼ auswählen und auf 🔍 Details klicken, um eine detaillierte Anzeige der Kostenelemente zu erzeugen.

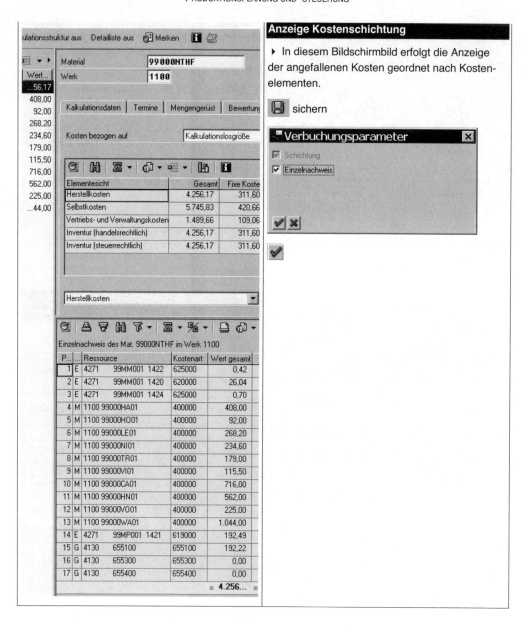

Material anlegen (erweitern um Buchhaltungssicht)

FENSTER	MENUEPFAD/EINGABE
	LOGISTIK ⇨ MATERIALWIRTSCHAFT ⇨ MATERIALSTAMM ⇨ MATERIAL ⇨ ANLEGEN SPEZIELL ⇨ HALBFABRIKAT

MENUEPFAD/EINGABE (Forts.):

Halbfabrikat anlegen (Einstieg)

Material: *xx000NTHF (mit xx = Gruppennummer)*

▸ „Fertigerzeugnis" Nussper Trio 1kg-Tüte

Branche: N*ahrungsmittel*

✅ weiter

FENSTER:

Sichtenauswahl   OrgEbenen   Daten

Material	99000NTHF
Branche	Nahrungsmittel
Änderungsnummer	

Vorlage

Material	

MENUEPFAD/EINGABE (Forts.):

Sichtenauswahl

- Einkauf
- Außenhandel: Import
- Einkaufsbestelltext
- Disposition 1
- Disposition 2
- Disposition 3
- Disposition 4
- Prognose
- Arbeitsvorbereitung
- Fertigungshilfsmittel
- Allg. Werksdaten / Lagerung 1
- Allg. Werksdaten / Lagerung 2
- Lagerverwaltung 1
- Lagerverwaltung 2
- Qualitätsmanagement
- ▸ Buchhaltung 1
- Buchhaltung 2
- Kalkulation 1

☐ Sichtenauswahl nur auf Anforderung
☐ Markierte Sichten anlegen

✅ OrgEbenen   Daten   🗒   🗒   💾 Voreinstellung

Buchhaltung 1 auswählen

✅

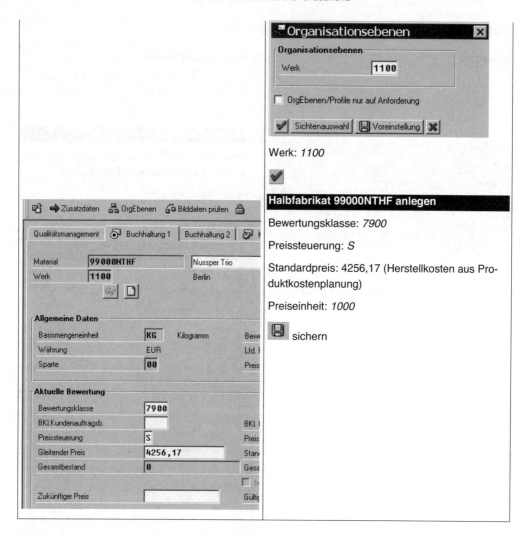

6.4 Produktionssteuerung

6.4.1 Fertigungsaufträge

Die Produktionssteuerung ist zuständig für die Umsetzung der aus Kundenaufträgen und Planaufträgen (Disposition) entstandenen Bedarfe in Fertigungsaufträge.

Der Fertigungsauftrag besteht aus einem Auftragskopf (Menge, Termine, Kalkulation etc.), Folgen (z.B. parallele Verarbeitung), Vorgängen und Komponenten. Ein Vorgang beschreibt, wie ein Arbeitsschritt durchzuführen ist. Aus den Folgen lassen sich verschiedene Abläufe (z.B. parallel, alternativ etc.) ableiten. Die Vorgänge der jeweiligen Folge sind den entsprechenden Arbeitsplänen entnommen, wodurch sich die Verbindung zu einem oder mehreren Arbeitsplätzen und deren Daten (Kapazität etc.) ergibt. Des Weiteren werden dem Vorgang im Fertigungsauftrag die erforderlichen Komponenten, d.h. die Materialien aus den passenden Stücklisten, zugeordnet. Ebenso können Vorgängen Fertigungshilfsmittel zugewiesen werden. Der Fertigungsauftrag vereinigt damit als Bewegungsdatum die Stammdaten aus

Vorgängen (Arbeitspläne), Stücklisten und Arbeitsplätzen. Dabei werden auch Versionen, Alternativen und Gültigkeitszeiträume von Stücklisten und Arbeitsplänen geprüft und entsprechend berücksichtigt.

Beispiel: Stückliste zum Material „Dauergebäck" enthält u.a. eine Zutat Weihnachtsgewürz, deren Gültigkeit für den Zeitraum Juli bis September angesetzt ist.

Die Zusammenstellung der Stammdaten wird durch das Material, für das der Fertigungsauftrag erstellt worden ist, ermöglicht.

Abbildung 187: Datenquellen des Fertigungsauftrages und ihre Verknüpfungen

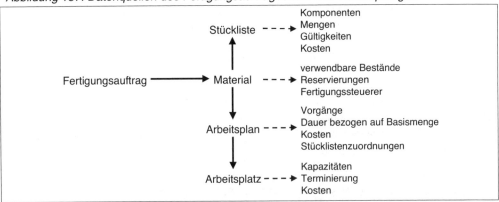

Verändern sich Stammdaten nach Eröffnung des Fertigungsauftrags und sollen diese Änderungen in den Auftrag übernommen werden, so können die Stammdaten „nachgelesen" werden. Eine automatische Übernahme der Änderungen existiert nicht. Die Möglichkeit zum Nachlesen ist abhängig vom Fertigungsfortschritt.

Der Fertigungsauftrag durchläuft die in der Abbildung 188 gezeigten Phasen. Er bildet damit ein zentrales Element in der Produktionssteuerung und zugleich den Initiator des Fertigungsprozesses.

Abbildung 188: Phasen der Fertigung

In Anlehnung an SAP® AG.

Für den Fortschritt der Fertigung bzw. bei Ereignissen können für einzelne Vorgänge so genannte Ereignispunkte gesetzt werden. Diese bestimmen die weitere Vorgehensweise bei

Eintritt der Ereignisse. Beispielsweise wird einem Vorgang 0030 ein Ereignispunkt zugewiesen. Hier ist festgelegt, dass bei Werkzeugbruch der zuständige Werksmeister per Mail informiert wird, oder es würde nach Rückmeldung eines Vorgangs der zuständige Bearbeiter eine Liste aller Funktionen erhalten, die manuell für den Vorgang ausgelöst werden können.

Weitere Aktionen, die bei Anlage eines Fertigungsauftrages stattfinden, sind:

- Auflösung der Stückliste(n),
- (dispositive) Reservierung für lagerhaltige Stücklistenpositionen,
- Vorkalkulation,
- Erzeugung der Belastungssätze für Arbeitsplatzkapazität und Fertigungshilfsmittel,
- Erzeugung der Bestellanforderungen für Fremdarbeitsvorgänge und Nichtlagermaterial (NLAG),
- Versionsprüfung hinsichtlich Stücklistenpositionen.

Fertigungsaufträge durchlaufen – den Phasen entsprechend - verschiedene Stati im betrieblichen Abwicklungsprozess. Ein Status dokumentiert den aktuellen Bearbeitungsstand eines Objektes - hier eines Fertigungsauftrages. Der Status beeinflusst die weitere Vorgehensweise. Es kann zwischen einem systemseitig gesetzten und einem durch den Anwender gesetzten Status unterschieden werden.

Abbildung 189: Mögliche Stati im Fertigungsauftrag

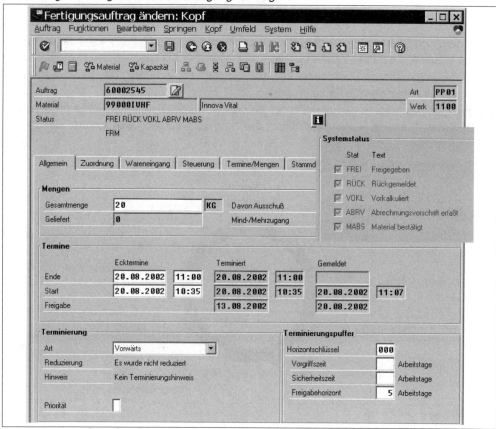

Bildschirmbilder ©SAP® AG

Der Systemstatus informiert den Benutzer darüber, dass eine bestimmte Funktion an einem Objekt ausgeführt wurde. Dieser Status kann nicht direkt durch den Benutzer verändert oder sogar gelöscht werden. Eine Statusänderung kann nur durch einen Vorgang bewirkt werden (den der Benutzer initiieren kann).

Benutzerstati werden durch den Benutzer gesetzt und sind als Ergänzung zu den Systemstati zu sehen.

Nach der manuellen (ohne Planauftrag) oder maschinellen Eröffnung (Umsetzung eines Planauftrages) des Fertigungsauftrages beginnt der in der Abbildung 188 dargestellte Phasendurchlauf. Der neu angelegte und gespeicherte Auftrag hat nun den Status „Eröffnet" (EROF).

Ein Beispiel für Wirkung von Systemstati ist das Nachlesen von Arbeitsplänen in Fertigungsaufträge. Arbeitspläne werden nur in Abhängigkeit von bestimmten Bedingungen nachgelesen. Arbeitspläne können u.a. nicht nachgelesen werden, wenn der Auftrag rückgemeldet ist (Status RÜCK). Ist der Auftrag noch nicht rückgemeldet und wird nachgelesen, so die Auftragsfreigabe (Status FREI) umgesetzt in den Status EROF (Eröffnet).

6.4.2 Auftragsart

Bei Eröffnung des Fertigungsauftrages wird mittels Auftragsart (Customizing) bestimmt, welche Pflegemöglichkeiten und Steuerungen mit dem Fertigungsauftrag verbunden sind. Beispielsweise sind mit der Auftragsart verbunden:

- die Meldung von Daten an ein BDE-System (Betriebsdatenerfassung);
- der Nummernkreis;
- die Mechanismen zur Auswahl von Stücklisten und Arbeitsplänen;
- die Vorgehensweise bei der Kalkulation des Auftrags (Kalkulationsvariante).

U.U. existieren mehrere Stücklisten bzw. Arbeitspläne zu einem Material. Der Fertigungsauftrag benötigt also ein Auswahlverfahren. Bei der Auftragseröffnung wird nach einem Arbeitsplan gesucht, der zum vorgegebenen Auflösungstermin gültig ist und zur vorgegebenen Losgröße passt. Bei manuell angelegten Fertigungsaufträgen ist der Auflösungstermin der Eckstarttermin. Bei einem Gleichstand, d.h. mehr als ein Arbeitsplan ist relevant, werden die Pläne zur manuellen Auswahl angezeigt. Um einem Gleichstand vorzubeugen können Selektionsprioritäten im Customizing gesetzt werden. Ob überhaupt nach einem Arbeitsplan gesucht werden soll, ist abhängig von den Einstellungen bei der Auftragsart. Auch wird der nur zulässige Plantyp, z.B. Normalarbeitsplan, festgelegt. Alternativ kann auch manuell ausgewählt werden.

Die Stücklistenselektion verhält sich im Grunde ähnlich zur Arbeitsplanselektion. Es wird u.a. wieder nach zur Losgröße und Termin passenden Stücklisten gesucht. Weiter kann die richtige Stückliste über die Fertigungsversion ermittelt werden. Die Zuordnung der Steuerungsparameter ist bei Stückliste im Gegensatz zum Arbeitsplan verteilt. Ob die Stückliste mittels Termin, Losgröße oder Fertigungsversion gefunden wird, hängt vom Kennzeichen zur Selektion von Alternativstücklisten im Materialstammsatz (Sicht Disposition 4) ab. Andere Steuerungen, wie Prioritäten, Prüfung des Stücklistenstatus etc. werden in der Auftragsart vereinbart.

Bei der Kalkulation des Fertigungsauftrages i.S. einer Plankostenanalyse wird das schon im Rahmen der Muster- und Simulationskalkulation und Produktkostenkalkulation vorgestellte Verfahren genutzt.

Abbildung 190: Preisfindung bei Kostenanalyse im Fertigungsauftrag

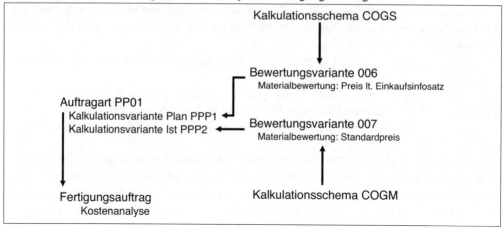

Je nach zugeordneter Bewertungsvariante können sich unterschiedliche Ergebnisse bei Plan- und Ist-Kalkulationen ergeben, obwohl sich im Prozess keine Abweichungen vom Plan ergeben haben (s. folgende Abbildung). Der Kalkulationsvariante für die Ist-Kosten ist das Schema COGM anhängig. Diese berechnet die Kosten nur bis zu den Herstellkosten. Im Gegensatz dazu das schon mehrfach erwähnte Schema COGS, dass die Kosten bis hin zu den Planselbstkosten auflistet.

Abbildung 191: Kostenanalyse in Abhängigkeit zur Kalkulationsvariante

Kostenart	Kostenart [Text]	Herkunft	Istkosten ges.	Soll/Ist-Abweichung	S/I-Abw(%)	Währung	Plankosten gesamt
400000	Verbrauch Rohstoffe 1		364,82	364,82		EUR	361,83
Einsatzmaterialien			**364,82**	**364,82**		**EUR**	**361,83**
895000	Fabrikleistung Fertigungs-Aufträge		0,00	0,00		EUR	385,00-
Entlastung/Reporting			**0,00**	**0,00**		**EUR**	**385,00-**
620000	Dir.Leistungsverr. Maschinenkosten	4271/1420	2,19	2,19		EUR	2,19
Fertigung Maschine			**2,19**	**2,19**		**EUR**	**2,19**
619000	Dir.Leistungsverr. Fertigungsstunden	4271/1421	31,50	31,50		EUR	31,50
Fertigung Personal			**31,50**	**31,50**		**EUR**	**31,50**
625000	Direkte Leistungsverr. Rüsten	4271/1422	0,42	0,42		EUR	0,42
Fertigung Rüsten			**0,42**	**0,42**		**EUR**	**0,42**
655400	Gemeinkostenzuschlag Vertrieb	4130	0,00	0,00		EUR	59,39
Vertriebsgemeinkost.			**0,00**	**0,00**		**EUR**	**59,39**
655300	Gemeinkostenzuschlag Verwaltung	4130	0,00	0,00		EUR	79,19
Verwaltungsgemeink.			**0,00**	**0,00**		**EUR**	**79,19**
			398,93	**398,93**		**EUR**	**149,52**

Kalkulationsvariante Plan PPP2

Priorität	Strategiefolge
1	Bewertungspreis laut Preissteuerung im Materialstamm
2	Standardpreis
3	Standardpreis der Vorperiode

Kalkulationsvariante Ist PPP1

Priorität	Strategiefolge
1	Preis aus Einkaufsinfosatz
2	Planpreis 1
3	Standardpreis

Bildschirmbilder ©SAP® AG

6.4.3 Verfügbarkeitsprüfung

Zur Sicherstellung der erforderlichen Ressourcen erfolgt für den Fertigungsauftrag eine Verfügbarkeitsprüfung für Material, Fertigungshilfsmittel und Kapazitäten (Mensch und Maschine). Damit Material überhaupt auf Verfügbarkeit geprüft werden kann, muss im Stammsatz eine Prüfgruppe vermerkt sein (Sicht Disposition 3, Feld Verfügbarkeitsprüfung). Die Prüfgruppe dient zur Gruppierung von Materialien, die nach den gleichen Kriterien (Prüfumfang) geprüft werden sollen. Der Prüfumfang bestimmt beispielsweise, welche Zugänge (z.B. Bestellungen oder Fertigungsaufträge) oder Abgänge (z.B. Kundenaufträge oder Sekundärbedarf) bei der Verfügbarkeitsprüfung berücksichtigt werden sollen.

Abbildung 192: Prüfumfang für Tagesbedarf und PP-Prüfregel

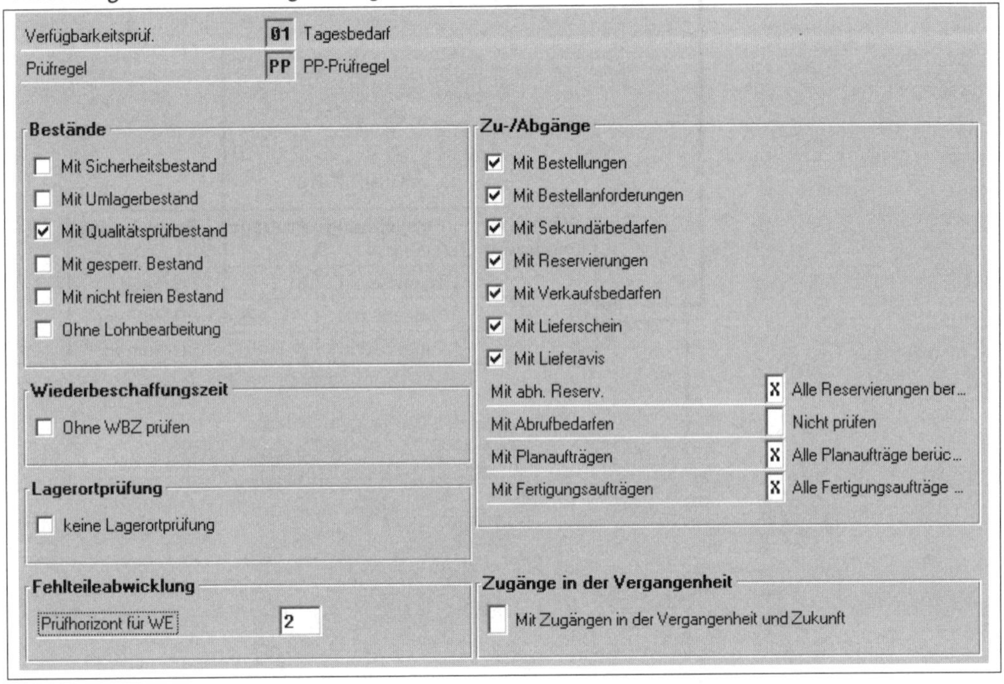

©SAP® AG

Ein Material soll z.B. hinsichtlich des Tagesbedarfs auf Verfügbarkeit hin geprüft werden. Dazu wird mit Materialstammsatz (Sicht Disposition 3) im Feld Verfügbarkeit der Wert 01 gepflegt. Allerdings kann es notwendig sein, den Tagesbedarf, je nach Fachbereich, unterschiedlich auf Verfügbarkeit zu prüfen. Während die Produktion die Bestände inklusive Qualitätsprüfbestand prüfen und bei den Zu-/Abgängen auch die Bestellanforderungen berücksichtigt haben will, verzichtet der Vertrieb bei seinen Verfügbarkeitsprüfungen auf diese Prüfpunkte. Es ist also notwendig, nach Bereichen bzw. nach Anwendungen zusätzlich zu unterscheiden. Dies wird durch die Prüfregel realisiert. Über die Prüfregel können Prüfungen für

- Vertrieb,
- Disposition,
- Fertigungsauftragsabwicklung,
- Instandhaltungsauftragsabwicklung,
- Bestandsführung,

durchgeführt werden.

Die anzuwendende Prüfregel wird durch die Auftragsart festgelegt (Prüfsteuerung). Für die Kombination aus Prüfgruppe und Prüfregel wird dann letztlich der Prüfumfang definiert. Prüfumfang, Prüfsteuerung, Prüfgruppe und Prüfregel werden im Customizing eingestellt.

Abbildung 193: Auswahl des Prüfumfangs

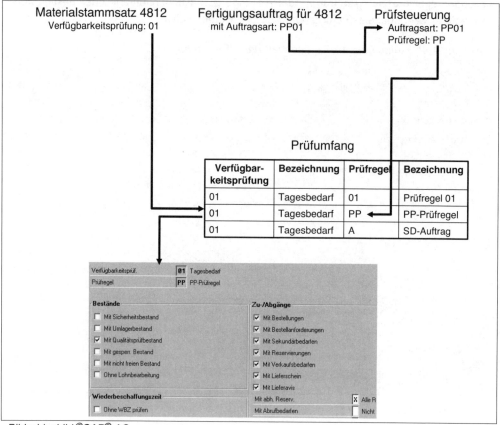

Bildschirmbild ©SAP® AG

Die Verfügbarkeitsprüfung kann zeitlich begrenzt werden. Dazu ist im Customizing der Prüfregel die Wiederbeschaffungszeit „einzuschalten". Konkret muss der Schalter „ohne WBZ prüfen" auf „off" gestellt werden. Die Wiederbeschaffungszeit umfasst begrifflich die Zeit für die Fremdbeschaffung oder Eigenfertigung eines Materials. Bei der Fremdbeschaffung (Einkauf) besteht die Wiederbeschaffungszeit aus der Einkaufsbearbeitungs-, der Planliefer- und der Wareneingangsbearbeitungszeit. Bei Eigenfertigung ergibt sich die Wiederbeschaffungszeit aus der in Disposition 3 gepflegten gesamten Wiederbeschaffungszeit. Diese wird nicht vom System berechnet, sondern als Summe aus der geschätzten Fertigungszeit über alle Fertigungsstufen und der Beschaffungszeit von Rohstoffen eingegeben. Bei Nicht-Pflege der gesamten Wiederbeschaffungszeit wird alternativ die Summe aus Eigenfertigungszeit und Wareneingangsbearbeitungszeit verwendet. Sämtliche Zeiten sind in Tagen angegeben.

Das System prüft die Verfügbarkeit dann nur für diesen Zeitraum. Danach geht das System davon aus, dass jede beliebige Menge durch die Disposition lieferbar/verfügbar gemacht wird. Bedarfe, die nicht innerhalb der Wiederbeschaffungszeit gedeckt werden können, sind demzufolge frühestens nach Ablauf der Wiederbeschaffungszeit zu decken. Die Verfügbarkeitsprüfung mit Wiederbeschaffungszeit verlangt, dass in regelmäßigen, zeitlich kurzen Abständen disponiert wird, so dass den bestätigten Mengen auch tatsächliche Zugänge gegenüberstehen.

Eine Verfügbarkeitsprüfung ohne Berücksichtigung der Wiederbeschaffungszeit prüft die Verfügbarkeit zu jedem Bedarfszeitpunkt.

Abbildung 194: Verfügbarkeitsprüfung und Wiederbeschaffungszeit

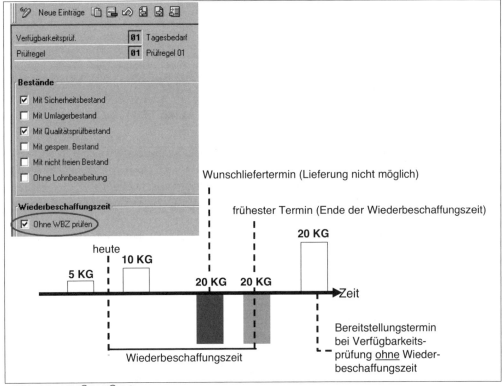

Bildschirmbild ©SAP® AG

Die Menge, gegen die bei einem konkreten Fertigungsauftrag die Bedarfsmenge geprüft wird, ist die ATP-Menge (Available To Promise). Die ATP-Mengenberechnung beruht auf dem Prinzip der zeitlichen Zuordnung von Abgängen zu den zeitlich nächsten Zugängen. Das System prüft, ob ein Abgang durch einen Zugang gedeckt werden kann, der zeitlich den geringsten Abstand hat. Ist der Zugang größer als der Abgang, dann ergibt sich eine positive ATP-Menge. Ist der Zugang kleiner als der Abgang, so wird versucht, den Restbedarf über positive ATP-Mengen zu decken, die zeitlich vor dem Zugang-Abgang-Paar liegen. Sollte dies nicht möglich sein, müssen über die Disposition neue Zugänge (Bestellanforderungen oder Planaufträge) erzeugt werden. Die Prüfung erfolgt bei jedem Aufruf neu. Steht dem Abgang eine ausreichende ATP-Menge gegenüber, so wird die Bedarfsmenge zum Bedarfstermin bestätigt. Die ATP-Menge wird um die bestätigte Menge verringert. Geprüft wird wahlweise auf Werks- oder Lagerortebene.

Abbildung 195: ATP-Mengen

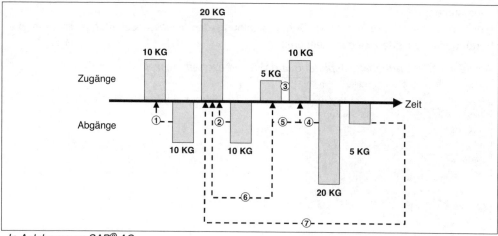

In Anlehnung an SAP® AG

Die ATP-Mengenberechnung im Zeitablauf wird im Folgenden beschrieben:

1 Dem Abgang von 10 KG wird der Zugang von 10 KG zugeordnet. Die ATP-Menge des Zugangs beträgt dann 0 KG.

2 Der folgende Abgang wird dem Zugang von 20 KG zugeordnet. Die ATP-Menge des Zugangs beträgt 10 KG.

3 Bei den Zugängen über 5 KG und 10 KG ist die ATP-Menge zunächst auch 5 KG und 10 KG.

4 Der Abgang von 20 KG wird dem 10-KG-Zugang zugeordnet. Die ATP-Menge des Zugangs beträgt jetzt 0 KG.

5 Der „Rest" des Abgangs wird weiter mit dem 5-KG-Zugang verrechnet. Auch hier beträgt die ATP-Menge dieses Zugangs jetzt 0 KG.

6 Der immer noch verbleibende Rest von 5 KG wird mit einer zeitlich weiter vorne liegenden positiven ATP-Menge eines Zugangs verrechnet, d.h. mit der ATP-Menge des 20-KG-Zugangs. Die ATP-Menge beträgt hier nun 5 KG.

Im Gegensatz dazu wird die verfügbare Menge (beispielsweise) in der Disposition berechnet, indem Zu- und Abgangsmengen dem Lagerbestand hinzugerechnet bzw. abgezogen werden.

Abbildung 196: Verfügbare Menge in der Disposition

Material	99001IUHF		Innova Vital Mischung	
Dispobereich	1100	Berlin		
Werk	1100	Dispomerkmal	PD Materialart	HALB

Datum	Dispoel.	Daten zum Dispoelem.	Zugang/Bedarf	Verfügb. Menge
28.09.2001	W-BEST			1.599,500
19.06.2001	SK-BED	99001IU05	850-	749,500
11.07.2001	AR-RES	99001IU05	100,500-	649
13.07.2001	FE-AUF	000060002370/PP01/FR	400	1.049

©SAP® AG

Der im Materialstammsatz (Sicht Werksbestand) vom System angegebene frei verwendbare Bestand umfasst nur den tatsächlichen aktuell vorhandenen Bestand. Reservierungen, Zugänge aus Bestellungen und ähnliche Dispositionselemente werden nicht berücksichtigt.

Die für einzelne Vorgänge notwendigen Kapazitäten werden gegen freie Kapazitäten der Arbeitsplätze geprüft. Sind nicht ausreichend Kapazitäten verfügbar, so kann per Dialog eine manuelle Einplanung vorgenommen werden.

6.4.4 Terminierung

Die Terminierung ermittelt die Fertigungstermine und Kapazitätsbedarfe. Es werden die Fertigungszeiten gemäß den Vorgabewerten im Arbeitsplan berechnet und diese dann in Abhängigkeit von bereits vorhandenen Kapazitätsbedarfen eingeplant.

Für die Terminierung sind wieder einige Customizing-Einstellungen notwendig. In Zuordnung zur Auftragsart und Werk wird beispielsweise für die Feinterminierung festgelegt, dass vorwärts und pausengenau terminiert wird. Bei Eröffnung des Fertigungsauftrags muss also der Eckstarttermin angegeben werden. Je nach Einstellung der Terminierungsart (vorwärts, rückwärts, etc.) kann auch eine exakte Startuhrzeit im Auftrag gepflegt werden. Bei den Pausen wird Bezug auf die an den Arbeitsplätzen verfügbare Kapazität (Einsatzzeit) genommen. Die Berechnung von Rüst-, Bearbeitungszeit etc. stützt sich auf die im Arbeitsplatz, Register Terminierung, gepflegten Formeln. Der Arbeitsplatz ergibt über den Arbeitsplan.

Abbildung 197: Terminierung

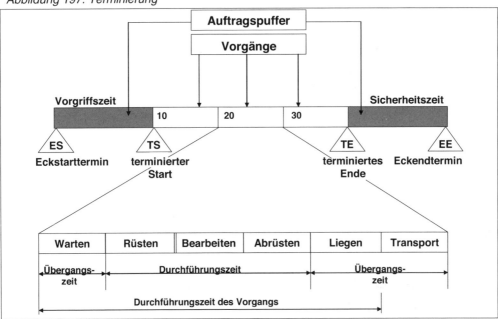

In Anlehnung an ©SAP® AG

Neben den zeitlichen Vorgaben für Rüsten, Bearbeitungszeiten, Abrüsten etc. werden auf Vorgangsebene Angaben zu Warte-, Liege und Transportzeiten in Arbeitsplätze bzw. Arbeitsplänen berücksichtigt. Die Wartezeit dient als Möglichkeit zeitliche Verzögerungen auf Vorgangsebene aufzufangen. Es wird zwischen minimaler und normaler Wartezeit unterschieden. Dadurch ergibt sich eine früheste oder späteste terminliche Lage eines Vorgangs.

Bei der frühesten Lage wird keine bzw. die minimale Wartezeit[53] berücksichtigt, bei der spätesten Lage entsprechend die normale Wartezeit.

Weitere zeitliche Puffer können auf Auftragsebene gesetzt werden. Um eventuelle Verspätungen bei der Bereitstellung von einzusetzendem Material aufzufangen und um bei Kapazitätsengpässen den terminierten Start in Richtung Eckstarttermin zu verschieben kann eine Vorgriffszeit gesetzt werden. Störungen während des Fertigungsprozesses, die das terminierte Ende weiter in die Zukunft verschieben können über die Sicherheitszeit als Endpuffer abgesichert werden. Die beiden Puffer werden über den Horizontschlüssel[54] im Materialstammsatz (Sicht Disposition 2) zusammengefasst. Indem ein Auftrag für ein Material angelegt wird, werden automatisch die materialspezifischen Puffer für den Auftrag gesetzt. Mit dem Horizontschlüssel verbunden sind noch zwei weitere zeitliche Größen, den Eröffnungs- und den Freigabehorizont. Der Eröffnungshorizont bestimmt die Anzahl von Arbeitstagen, die von einem Planstarttermin, vorgegeben aus einem Planauftrag, abgezogen werden. Dieser Termin ist der Auftragseröffnungstermin, also der Zeitpunkt zu dem der Planauftrag (erzeugt durch die Disposition) zu einem Fertigungsauftrag umgewandelt wird. Der Disponent kann sich so einen zusätzlichen Puffer schaffen. Der Eröffnungshorizont wird nur bei Rückwärtsterminierung und Planaufträgen mitgerechnet. Die zweite Größe ist der Freigabehorizont. Wieder wird eine bestimmte Anzahl von Arbeitstagen vom terminierten Start abgezogen. Der sich ergebende Zeitpunkt ist der Termin zu dem der Fertigungsauftrag freigegeben werden muss, damit pünktlich mit der Fertigung begonnen werden kann.

Abbildung 198: Eröffnungs- und Freigabehorizont

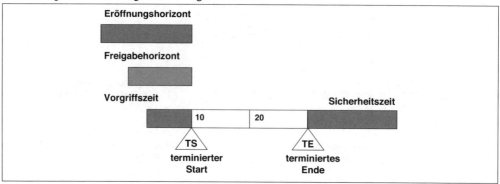

Die Werte des Horizontschlüssels werden im Auftragskopf vorgeschlagen und sind änderbar. Weitere Ausführungen zur Freigabe von Fertigungsaufträgen finden sich im folgenden Kapitel.

6.4.5 Auftragsfreigabe

Damit auch tatsächlich produziert werden kann, muss der Auftrag freigegeben werden, d.h. nur ein (rechtzeitig) freigegebener Auftrag kann zum terminierten Start in Produktion gehen. Der Zeitraum zwischen Eröffnung und Freigabe kann für diverse betriebliche Vorbereitungen verwendet werden. Es erfolgt dann eine manuelle Freigabe. Wird kein Puffer zwischen Eröffnung und Freigabe benötigt, dann kann der Auftrag automatisch freigegeben werden.

---

[53] Wartezeit, die ein Auftrag mindestens vor der Bearbeitung am Arbeitsplatz liegt.

[54] Pflege im Customizing in Zuordnung zum Werk.

Die automatische Freigabe kann im Materialstammsatz (Sicht Arbeitsvorbereitung) über die Pflege des Felds „Fertigungssteuerungsprofil" bewerkstelligt werden. Ein Fertigungsauftrag für dieses Material würde automatisch nach Eröffnung und Verfügbarkeitsprüfung den Status „Freigegeben" (FREI) erhalten. Die verschiedenen Fertigungssteuerungsprofile (auch ohne Freigabe) werden im Customizing gepflegt. Der Status FREI ermöglicht den tatsächlichen Produktionsstart.

Erst nach Auftragsfreigabe erfolgt die Übergabe des Fertigungsauftrages an die Produktion. Es können Einzel-, Sammel- und Vorgangsfreigaben durchgeführt werden. Ohne Auftragsfreigabe haben die Reservierungen aus dem Fertigungsauftrag rein dispositiven Charakter. Die Materialien werden nicht entnommen. Es finden für diesen Auftrag keine Lagerbewegungen statt. Rückmeldungen können nicht ausgeführt werden. Die Freigabe hebt diese (und weitere) Beschränkungen auf.

Nach der Freigabe ist der Druck der Arbeitspapiere möglich. Arbeitspapiere sind Dokumente wie Steuerkarten für Maschinen, Zeit- und Lohnscheine für die Rückmeldung, Materialentnahmescheine etc. „Druck" umfasst hier auch die Darstellung über den Bildschirm.

Abbildung 199: Fertigungssteuerungsprofil

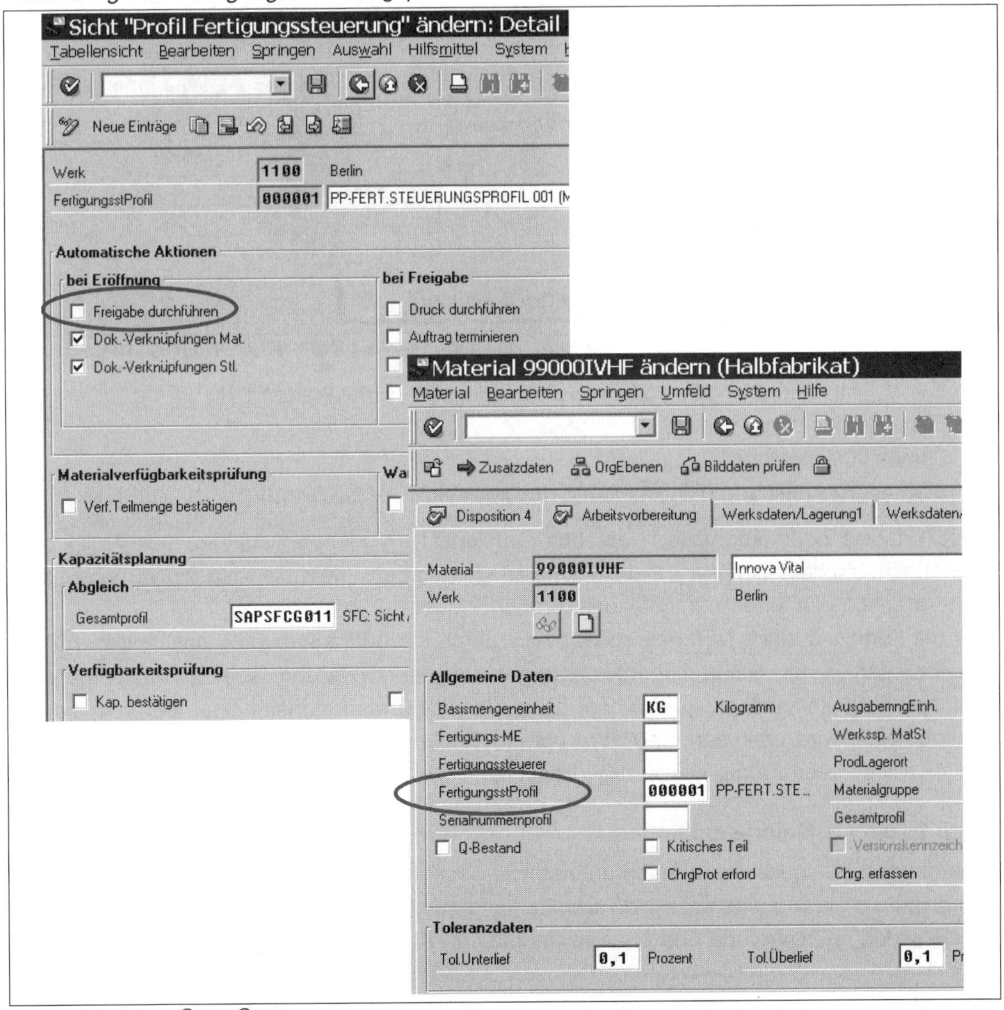

Bildschirmbilder ©SAP® AG

6.4.6 Rückmeldungen

Rückmeldungen sollen Auskunft über Gut- und Ausschussmengen geben. Weiter sollen sie über Beginn- und Endzeiten der Produktion, die in Anspruch genommenen Arbeitsplätze und Mitarbeiter informieren. Bezugspunkte für eine Rückmeldung können sein:

- Auftrag,
- Vorgang,
- Einzelkapazität.

Ist eine Rückmeldung zum Auftrag bereits erfolgt, so kann keine vorgangsbezogene Rückmeldung des Fertigungsauftrages mehr erfolgen. Umgekehrt kann auch bei einer nur teilweise erfolgten vorgangsbezogenen Rückmeldung keine auftragsbezogene Rückmeldung mehr erfolgen. Der Benutzer muss sich für eine Art der Rückmeldung entscheiden.

Voraussetzung für die Rückmeldung ist der Status „Freigegeben" oder zumindest „Teilfreigegeben" im Fertigungsauftrag. Rückmeldungen können automatisch aus einem R/3®-fremden Betriebsdatenerfassungssystem übernommen werden oder in R/3® manuell erfasst werden.

Abbildung 200: Rückmeldung von Ist-Daten

In Anlehnung an Wenzel, Betriebswirtschaftliche Anwendungen mit SAP® R/3®, 1999, S. 495.

Für die Ist-Daten-Rückmeldung gibt es verschiedene Rückmeldearten z.B.:

- Einzelrückmeldung,
- Sammelrückmeldung,
- Standardrückmeldung (Rückmeldung der Soll-Werte als Ist-Werte) .

Jede erfasste oder automatisch erzeugte Rückmeldung kann vollständig rückgängig gemacht, d.h. storniert werden.[55] Die Rückmeldungen sorgen – wie alle anderen vorhergehenden Vorgänge - für eine Auftragsaktualisierung (Status).

Für die Fertigung eines Materials müssen die durch die Auftragsfreigabe entstandenen Reservierungen in physische Lagerbewegungen umgesetzt werden. Die Materialentnahme kann zu zwei Zeitpunkten geschehen. Entweder direkt als eigenständiger Vorgang bevor rückgemeldet wird oder retrograd, d.h. bei der Rückmeldung des Vorgangs/Auftrags, dem die jeweilige Materialkomponente zugeordnet ist.

6.4.6.1 direkte Materialentnahme

Die durch eine eigene Anwendung unterstützte direkte Materialentnahme gilt als Warenausgang mit der Bewegungsart 261 „Warenausgang zum Auftrag". Sie wird im Ablauf vor der Rückmeldung durchgeführt und zwar zu dem Zeitpunkt zu dem die Materialien aus dem La-

---

[55] Vgl. Wenzel, Betriebswirtschaftliche Anwendungen mit SAP® R/3®, 1999, S. 497.

ger tatsächlich für die Produktion entnommen werden. Analog zum Wareneingang im Einkauf wird ein Materialbeleg erstellt, der die Bestandsmengenveränderung dokumentiert.

Abbildung 201: Verbuchung der Materialentnahme

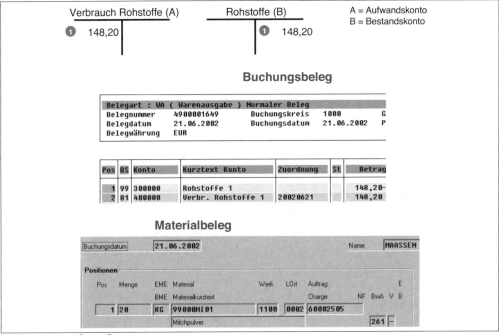

Bildschirmbild ©SAP® AG

Ebenso entsteht ein Buchhaltungsbeleg. Die automatische Kontenfindung stützt sich wieder auf die Bewertungsklasse (Bestandskonto) und den Kontomodifikationsschlüssel der Bewertungsart (Verbrauchskonto). Konkret erfolgt eine Soll-Buchung vom Aufwandskonto auf die Haben-Seite des Bestandskontos. Die Abbildung 201 zeigt die Buchung am Beispiel einer Materialentnahme für einen Fertigungsauftrag im Wert von 148,20 € (20 KG).

Die Materialentnahme erfolgt mit Bezug zur Auftragsnummer oder Reservierungsnummer. Daher können die Materialkomponenten des Fertigungsauftrags zur Entnahme vorgeschlagen werden. Alle als entnommen gepflegten Materialkomponenten werden mit ihren Ist-Kosten im Auftrag nach Kostenart und Herkunft festgehalten. Eine ungeplante Entnahme, bspw. weil die im Auftrag angegebene Menge zu gering oder das Material gar nicht im Auftrag aufgeführt war, ist zulässig. Das System verlangt dafür die Auftragsnummer. Als Bewegungsart kann wieder die Art mit dem Schlüssel 261 verwendet werden. Da die Entnahme ungeplant ist, werden keine Vorschlagsdaten angeboten. Die Ist-Kosten des Auftrags werden der ungeplanten Entnahme entsprechend fortgeschrieben.[56]

6.4.6.2 Retrograde Materialentnahme

Anstelle der Warenausgangsbuchung bei der Materialentnahme ist auch eine retrograde Entnahme und damit die Buchung des Warenausgangs bei der Rückmeldung möglich. Bis dahin behalten die Materialien den Status reserviert und werden bei dispositiven Vorgängen als nicht frei verfügbar angesehen. Im Customizing der Rückmeldeparameter muss das

---

[56] Vgl. Möhrlen, SAP®-Kompendium, 1999, S. 389.

Kennzeichen „Warenbewegungen" auf „off" gesetzt werden, so das in der Warenbewegungsübersicht innerhalb der Rückmeldung nur retrograd zu entnehmende Materialien angezeigt werden. Die „nicht-retrograden" Materialien müssen über die direkte Materialentnahme verbucht werden.

Abbildung 202: Customizing Rückmeldung

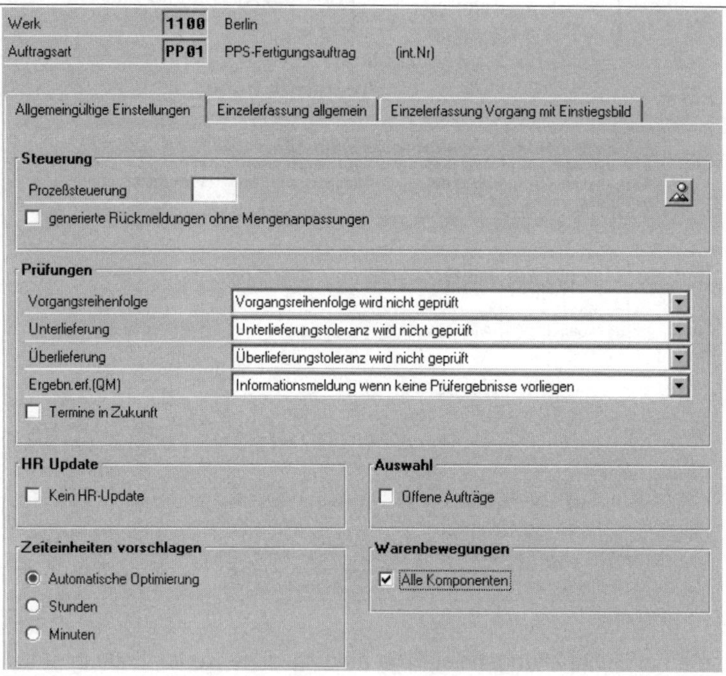

©SAP® AG

Ist das Kennzeichen gesetzt, dann werden alle Materialien des Vorgangs, unabhängig davon ob sie als retrograd gekennzeichnet sind, zur Rückmeldung über tatsächlich verbrauchte Mengen angezeigt und auch verbucht. Es ist zu beachten, dass keine zusätzliche Materialentnahme durchzuführen ist, da sonst die Materialien doppelt auf den Auftrag gebucht werden.

Das Kennzeichen, ob ein Material retrograd zu entnehmen ist, kann wahlweise im Materialstammsatz (Sicht Disposition 2), im Arbeitsplatz oder im Arbeitsplan gepflegt werden. Die Verbuchung im Rahmen der Rückmeldung erfolgt bei Sicherung der Rückmeldung.

Abbildung 203: retrograde Warenentnahme im Zeitablauf

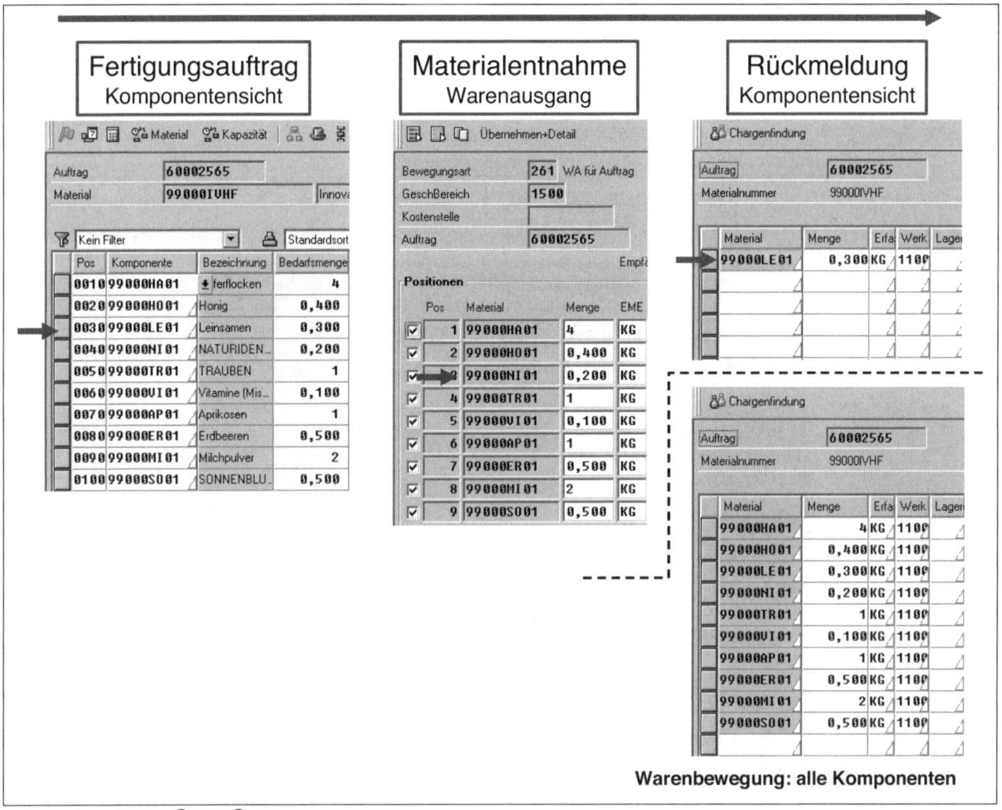

Bildschirmbilder ©SAP® AG

6.4.7 Abrechnung und Wareneingang

Nach erfolgreicher Fertigung wird die Gutmenge als interne Warenbewegung in das Lager gebucht. Der Auftragsstatus wird aktualisiert. Die Lieferung aus dem Auftrag in das Lager führt zu einer Buchung vom Bestandskonto (fertige- bzw. unfertige) Erzeugnisse auf das Aufwands-/Ertragskonto Bestandsveränderungen. Der Fertigungsauftrag wird dadurch im Gegenzug entlastet.

Die Bewertung der gefertigten Materialien ist vom Preissteuerungskennzeichen des Materials (Materialstammdaten, Sicht Buchhaltung 1) abhängig. Bei der Preissteuerung S wird ein eventueller Unterschied zwischen dem gepflegten Bewertungspreis und den Herstellkosten im Preisdifferenzenkonto verbucht. Ist die Preissteuerung V im Stammsatz eingestellt und wird zu Herstellkosten bewertet, dann können Änderungen des gleitenden Durchschnittspreises verursacht werden. In Fortführung des Beispiels aus Abbildung 201 wird in der folgenden Abbildung die Verbuchung des Wareneingangs abgebildet. Die Bewertung erfolgt exakt zu den Herstellkosten von 500.

Abbildung 204: Verbuchung des Wareneingangs zum Auftrag in das Lager

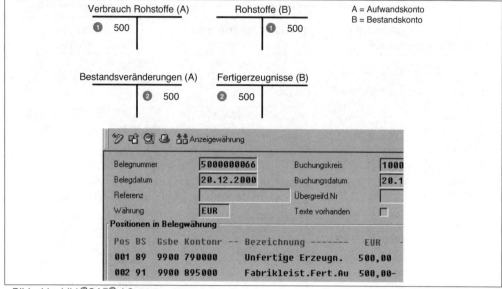

Bildschirmbild ©SAP® AG

Die Wareneingangsbuchung wird mit der Bewegungsart „Wareneingang zum Auftrag in das Lager" (Schlüssel 101) durchgeführt. Bei der Ablieferung in das Lager werden die im Fertigungsauftrag gepflegten Daten des Wareneinganges überprüft (z.B. auf Einhaltung von Über/Unterlieferungstoleranzen). Die Mengenerhöhung, d.h. die Erhöhung des Lagerbestandes, wird parallel zur finanzwirtschaftlichen Verbuchung durchführt.

Der Wareneingang kann automatisch als letzter Vorgang des Fertigungsauftrages (Einstellung im Fertigungssteuerungsprofil) oder manuell erfolgen.

Abbildung 205: Materialbeleg

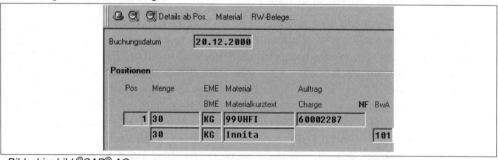

Bildschirmbild ©SAP® AG

Bei der Entlastung des Fertigungsauftrags können auch alternative Empfängerobjekte anstelle des gefertigten Materials belastet werden, wie z.B. ein Kundenauftrag.

Fertigungsaufträge, die nicht mehr benötigt werden, (z.B. als Vorlage für neue Aufträge) werden archiviert und stehen damit den Prozessen in R/3® nicht mehr zur Verfügung. Zu gegebener Zeit können diese Aufträge dann physisch gelöscht werden.

Ein Fertigungsauftrag kann vorzeitig beendet werden, weil er beispielsweise nicht ordnungsgemäß durchgeführt wurde oder die Produktion nicht mehr notwendig ist. Der Abbruch wird über die Anwendung „technischer Abschluss" realisiert. Es werden alle Reservierungen hinsichtlich Materialien und Kapazitäten gelöscht. Entstandene Bestellanforderungen (z.B. für Fremdvorgänge) werden ebenfalls gelöscht. Änderungen am Auftrag nach einem technischen Abschluss sind nicht mehr möglich. Es können aber noch weitere Buchungen mit Bezug zum Auftrag vorgenommen werden, z.B. für noch nicht gepflegte Rückmeldungen.

Die im Rahmen der Materialentnahme und dem Wareneingang von Erzeugnissen vorgestellten finanzwirtschaftlichen Buchungsschritte basieren auf dem so genannten Gesamtkostenverfahren. Das Gesamtkostenverfahren ist ein Verfahren zur Erstellung der Gewinn- und Verlustrechnung. Bei diesem Verfahren werden zunächst sämtliche Aufwendungen, die im Rahmen der Produktion anfallen, direkt als Aufwand verbucht (Materialentnahme/Rückmeldung). Gleiches gilt für weitere Aufwendungen wie Personal. Allerdings kann handelsrechtlich nur dann Aufwand in einer Periode 1 geltend gemacht werden, wenn die hergestellten Produkte (zum Aufwand) auch in der Periode 1 verkauft wurden. Der Aufwand von Produkten, die zwar in Periode 1 hergestellt wurden, aber in Periode 1 nicht verkauft wurden, muss also herausgerechnet werden. Die Aufwandseite der Gewinn- und Verlustrechnung (GuV) soll letztlich nur die Herstellungskosten der Produkte ausweisen, denen Umsatzerlöse (Erträge) gegenüberstehen. Dies gelingt, indem Mehrungen des Bestandes an fertigen und unfertigen Erzeugnissen in Höhe ihrer Herstellungskosten den Umsatzerlösen hinzugerechnet und Bestandsminderungen von den Umsatzerlösen abgezogen werden. Die Bestandveränderungen werden durch eine „körperliche" Bestandserfassung (Inventur) am Ende der Berichtsperiode erfasst. Dies erschwert im Prinzip eine unterjährige Berichterstattung.[57] Wie die Abbildung 204 aber zeigt, ist in R/3 durch die zeitgenaue Verbuchung beispielsweise eine monatliche Saldenanzeige für ein Erzeugniskonto möglich. In der Abbildung 206 wird das Beispiel fortgeführt. Fertigerzeugnisse zu Herstellkosten von 250 € werden verkauft. Mit der Buchung des Warenausganges bei Lieferung wird die Bestandsminderung an Fertigerzeugnissen gebucht (Bestandsveränderungen werden abhängig vom Vorgang in dem in IDES 4.6C verwendeten Kontenplan auf Konten mit der Nummer 89x gebucht).

Bei Rechnungserstellung (Faktura) wird der Buchhaltungsbeleg zur Verbuchung der Umsatzerlöse (406 € inkl. Steuern) erstellt. Die Aufwendungen in der Periode insgesamt betragen 500 €. Die Berechnung der tatsächlichen Aufwendungen geschieht, indem die nach dem Verkauf verbleibende Bestandsmehrung von 250 € zu den Umsatzerlösen hinzugerechnet wird.

Parallel dazu kann – nach entsprechender Vorbereitung im Customizing – das im angloamerikanischen Raum bevorzugte Umsatzkostenverfahren zur Erstellung der GuV verwendet werden. In Abgrenzung zum Gesamtkostenverfahren werden den Umsatzerlösen lediglich die Herstellungskosten des Umsatzes gegenübergestellt. Erst mit dem Zugang von Umsatzerlösen wird Aufwand in Höhe der Herstellungskosten verbucht. Die Sammlung dieser Kosten geschieht u.a. unter Zuhilfenahme der Kosten- und Leistungsrechnung.

Beide Verfahren führen – bei ansonsten gleicher Bewertung - letztlich zum gleichen Überschuss. Nach § 275 Abs. 1 HGB kann die Aufstellung der GuV wahlweise nach dem Gesamt- oder dem Umsatzkostenverfahren erfolgen.

---

[57] Vgl. Coenenberg, Jahresabschluss und Jahresabschlussanalyse, 1990, S. 284 f.

Abbildung 206: GuV nach dem Gesamtkostenverfahren (vereinfachtes Beispiel)

Verbrauch Rohstoffe (A)	Rohstoffe (B)	
① 500 S - - -	1000	① 500

A = Aufwandskonto
B = Bestandskonto
E = Ertragskonto
S = Saldo

Bestandsveränderungen (A)	Fertigerzeugnisse (B)		**GuV**
③ 250 ② 500	② 500	③ 250	Umsatzerlöse 350 ◄
S			+ Bestandsver. 250
			- Verbr. Roh. 500
			Gewinn 100

Umsatzerlöse (E)	Forderungen (B)	
- S ④ 350	④ 406	Steuer
		④ 66

```
⌁ ⌸ ▦ ⎙  ⬚⬚ Anzeigewährung

 Belegnummer      4900000095        Buchungskreis      1000
 Belegdatum       28.12.2000        Buchungsdatum      28.12.2000
 Referenz                           Übergreifd.Nr
 Währung          EUR               Texte vorhanden    ☐
 Positionen in Belegwährung

 Pos BS  Gsbe Kontonr -- Bezeichnung ------- MW ------ EUR
 001 99  9900 792000     Fertige Erzeugnisse          250,00-
 002 81  9900 893015     Herstellkost. Umsat          250,00
```

```
⌁ ⌸ ▦ ⎙  ℹ Steuern  ⬚⬚ Anzeigewährung

 Belegnummer      100000025         Buchungskreis      1000
 Belegdatum       21.12.2000        Buchungsdatum      21.12.2000
 Referenz                           Übergreifd.Nr
 Währung          EUR               Texte vorhanden    ☐
 Positionen in Belegwährung

 Pos BS  Gsbe Kontonr -- Bezeichnung ------- MW ------ EUR
 001 01  9900 88099      Reformdiscount GmbH A2       406,00
 002 50  9900 800000     Umsatzerlöse Inland A2       350,00-
 003 50       175000     Ausgangssteuer      A2        66,00-
```

Bildschirmbilder ©SAP® AG

6.4.8 Fallstudie - Fertigungsauftrag

Die Halbfabrikate und Fertigerzeugnisse werden auf Lager gefertigt. Zunächst sind für alle zu produzierenden Erzeugnisse manuell Fertigungsaufträge anzulegen und diese dann rückzumelden (es könnten auch mittels Disposition Planaufträge erstellt werden). Abschließend erfolgen die Wareneingangsbuchung der Erzeugnisse und eine Kontrolle der Ist-Kosten.

Aufgabe 24

Legen Sie Fertigungsaufträge manuell an (ohne Disposition). Von jedem Fertigerzeugnis sollen je 200 kg produziert werden. Daraus ergibt sich für die Halbfabrikate Innova Vital und Nussper Trio eine Mindestproduktionsmenge von je 400 kg. Dementsprechend ist für die Verfügbarkeit von Rohstoffen und Verpackungsmaterialien gemäß den Rezepturen aus den Stücklisten zu sorgen, falls dies noch nicht erfolgt ist. Planen Sie wahlweise Ausschussmengen. Nutzen Sie u.a. die Daten in den Pflegeanleitungen.

Hinweis: Das Anlegen der Fertigungsaufträge für die Halb- und Fertigerzeugnisse ist nur möglich, wenn für diese vorab die Buchhaltungssicht innerhalb des Materialstammes gepflegt wurde.

Aufgabe 25

Der Produktionsprozess wurde durch die Auftragsfreigabe gestartet. Zur Ermittlung der Ist-Kosten sind nun Rückmeldungen zum Fertigungsauftrag notwendig. Die zurückgemeldeten Werte sind so einzupflegen, dass sie den geplanten Werten entsprechen (Plan = Ist). Im Bereich Personal sind die innerhalb der Fallstudie angelegten Mitarbeiter und Strukturen zu verwenden. Die Fertigungsaufträge werden auftragsbezogen zurückgemeldet. Da die Materialien retrograd zu entnehmen sind, erfolgt die Ausbuchung über die Rückmeldung. Die Ausnahme hiervon bilden die Verpackungsmaterialien. Diese sind – sofern notwendig - über die Materialentnahme auszubuchen.

Aufgabe 26

Buchen Sie die Wareneingänge für die Halbfabrikate und Fertigerzeugnisse. Bei den Halbfabrikaten geht jeweils ein Kilogramm verloren.

Lagerort Halbfabrikate: 0900

Lagerort Fertigerzeugnis: 0002

Aufgabe 27

Kontrollieren Sie abschließend die entstandenen Ist-Kosten Ihrer Fertigungsaufträge und gehen Sie dabei wie in den Bildschirmbildern beschrieben vor.

Nachfolgend die verwendbaren Pflegeanleitungen:

- Fertigungsauftrag anlegen,
- Fertigungsauftrag auftragsbezogen rückmelden,
- Materialentnahme,
- Fehlerhafte Warenbewegungen nachbearbeiten,
- Wareneingang in das Lager buchen,
- Wareneingang stornieren,
- Endrückgemeldete Rückmeldung stornieren,
- Ist-Kosten kontrollieren.

Fertigungsauftrag anlegen

FENSTER	MENUEPFAD/EINGABE
	LOGISTIK ⇨ PRODUKTION ⇨ FERTIGUNGS-STEUERUNG ⇨ AUFTRAG ⇨ ANLEGEN ⇨ MIT MATERIAL
	Fertigungsauftrag anlegen: Einstieg
Material — 99000NTHF Produktionswerk — 1100 Planungswerk — Auftragsart — PP01 ⤵ Auftrag — **Vorlage** Auftrag —	Material:*xx000NTHF* ▸ (xx = Gruppennummer) Fertigungsaufträge müssen sowohl für die Halbfabrikate als auch für die Fertigerzeugnisse angelegt werden, jedoch nicht für das Basismüsli. Produktionswerk: *1100* ▸ Werk, in dem das Material produziert wird. Das Planungswerk muss nur dann angegeben werden, sofern Produktionswerk und das Werk für den Wareneingang (Planungswerk) voneinander abweichen. Auftragsart: *PP01* ▸ Schlüssel, der die Aufträge hinsichtlich ihrer Verwendung unterscheidet (hier: interne Vergabe der Auftragsnummer) ✓ weiter
	Fertigungsauftrag anlegen: Kopf
Auftrag — 🖉 Material — 99000NTHF — Nussper Trio Status — Allgemein | Zuordnung | Wareneingang | Steuerung | Termine/M **Mengen** Gesamtmenge — 200 — KG — Davon Au Geliefert — 0 — Mind-/Me **Termine** Ecktermine Terminiert Ende — — 00:00 Start — 17.03.2003 — 00:00 Freigabe — **Terminierung** Art — Vorwärts ▾	Gesamtmenge: *y KG* ▸ Zu produzierende Menge unter Berücksichtigung des zu erwartenden Ausschusses. Davon Ausschuss: *0* ▸ Menge, die voraussichtlich als Ausschuss anfallen wird. R/3® berechnet die daneben ausgewiesene Prozentzahl. Start: *„heute"* TerminierArt: *Vorwärts* ▸ Das Ende-Datum wird dann bei der Terminierung automatisch berechnet. ✓ weiter ▸ Arbeitsplan und Stückliste werden übernommen. Die Materialverfügbarkeit wird geprüft. Ist nicht ausreichend Material vorhanden, dann erscheint eine Meldung.

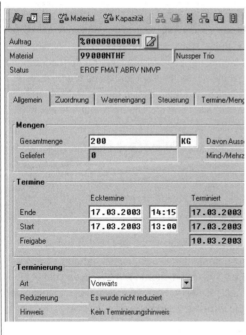

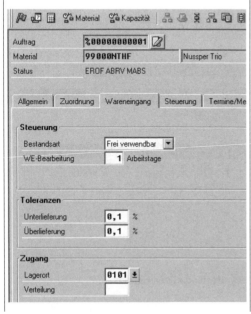

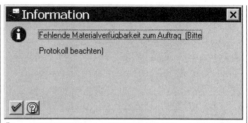

Über **SPRINGEN** ⇨ PROTOKOLLE ⇨ VERFÜG-BARKEIT MATERIAL kann das Protokoll und damit die Fehlteile eingesehen werden.

Sind alle Materialien verfügbar, dann erscheint:

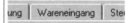

▸ Die Terminierung wird auch automatisch durchgeführt. Die Termine werden unter Berücksichtigung der Kapazitäten und deren Einsatzzeiten an den Arbeitsplätzen (aus dem Arbeitsplan) ermittelt.

Die Stati EROF, ABRV und MABS werden gesetzt. EROF steht für Fertigungsauftrag eröffnet. ABRV steht für die Abrechnungsvorschrift für Produktkostensammlung. MABS zeigt an, dass die Materialverfügbarkeit geprüft wurde.

▸ weitere Bearbeitung unter Wareneingang

Fertigungsauftrag anlegen: Kopf

Lagerort: *0101*

▸ z.B. Kühlhaus, der entsprechende Lagerort ist dem Materialstammsatz oder der Pflegeliste der Halbfabrikate und Fertigerzeugnisse zu entnehmen.

Über 📦 Vorgänge, 🔗 Komponenten oder 📄 Folgen können übernommene Daten (Arbeitspläne, Stückliste) noch an aktuelle Situationen angepasst werden bzw. detaillierter angezeigt werden. Mit 🎩 gelangt man jederzeit wieder zum Auftragskopf zurück.

🔗 anklicken, um zur Komponentenübersicht des Fertigungsauftrages zu gelangen.

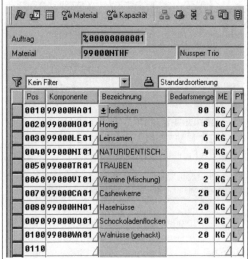

Fertigungsauftrag anlegen : Komponentenübersicht

▶ In die Spalte Lagerort (LOrt) muss für jedes Material der gewünschte Lagerort der Lagerentnahme eingepflegt werden, da es grundsätzlich möglich ist, Materialien in mehreren Lagerorten vorzuhalten und die Entnahme nur aus einem bestimmten Lagerort zu wünschen.

▶ Eine Auswahl des Lagerortes kann mittels F4-Suchhilfe oder über einen Klick auf ![±] erfolgen.

Mit ![Icon] gelangt man wieder zum Auftragskopf zurück.

▶ Durch Anklicken von ![Material] wird die Prüfung der Materialverfügbarkeit (erneut) angestoßen. Dies kann erforderlich sein, wenn die Produktionsmenge oder die notwendigen Mengen der Einsatzmaterialien verändert werden.

▶ Ob eine erneute Verfügbarkeitsprüfung notwendig ist, erkennt man an dem Kürzel NMVP (Materialverfügbarkeit nicht geprüft) im Statusfeld unterhalb der Materialnummer.

> **99000IUHF**
>
> FREI ABRV NMVP NTER

▶ Nach erfolgter Verfügbarkeitsprüfung erscheint die folgende Meldung in der Statuszeile:

> | | Priorität
> Alle geprüften Materialien zum Auftrag sind verfügbar

Fertigungsauftrag anlegen: Kopf

![Kapazität] anklicken.

▶ Bestätigen des Hinweises.

Bei Bedarf kann die Terminierung nochmals ausgeführt werden mit ![Icon], allerdings muss dann auch die Verfügbarkeitsprüfung nochmals durch-

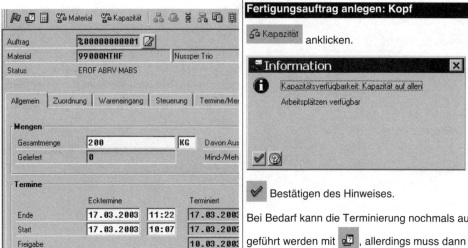

geführt werden.

 anklicken, um die Kosten des Auftrages zu ermitteln. In der Statuszeile erscheint eine Ausführungsmeldung.

Kosten wurden ermittelt -> Siehe Kostenanzeige

▸ Der Status VOKL (Auftrag vorkalkuliert) wird hinzugefügt.

SPRINGEN ⇨ KOSTEN ⇨ ANALYSE

Fertigungsauftrag anlegen

▸ Hier kann die Kalkulation im Plan und Ist für den jeweiligen Fertigungsauftrag betrachtet werden. Ist der Fertigungsauftrag noch nicht zurückgemeldet, so sind lediglich die Plankosten sichtbar.

▸ Die Position „895000 Fabrikleistung Fertigungsauftrag" stellt den Wert der Entlastung zum Zeitpunkt der Rechnung dar, d.h. im Prinzip Menge multipliziert mit dem Bewertungspreis (Herstellkosten!) aus dem Materialstammsatz (Sicht Buchhaltung 1).

Mit 🔙 den Bericht wieder verlassen.

Fertigungsauftrag anlegen: Kopf

🏴 Freigabe anklicken

▸ Auftrag wird damit für die Produktion freigegeben.

🖫 zum Sichern des Auftrages.

Auftrag wurde mit der Nummer 60002632 gesichert

Wahlweise kann der Auftrag auch nachträglich über AUFTRAG ⇨ FUNKTIONEN ⇨ FREIGEBEN freigegeben werden.

Materialentnahme

FENSTER	MENUEPFAD/EINGABE
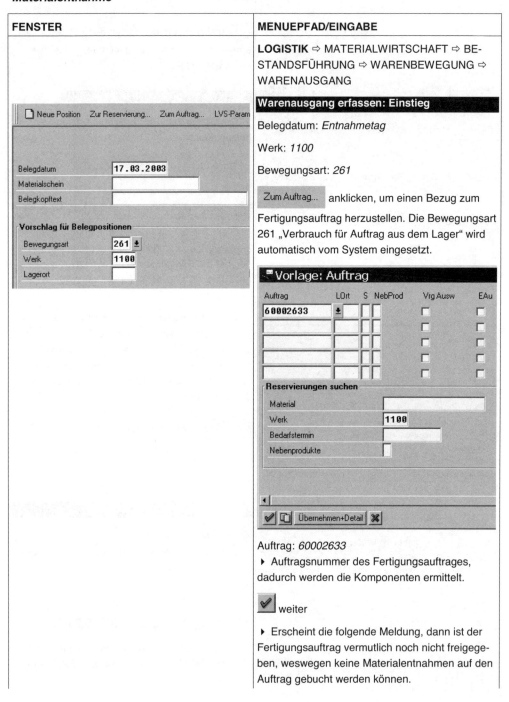	**LOGISTIK** ⇨ MATERIALWIRTSCHAFT ⇨ BE-STANDSFÜHRUNG ⇨ WARENBEWEGUNG ⇨ WARENAUSGANG

Mitten: Warenausgang erfassen: Einstieg

Belegdatum: *Entnahmetag*

Werk: *1100*

Bewegungsart: *261*

Zum Auftrag... anklicken, um einen Bezug zum Fertigungsauftrag herzustellen. Die Bewegungsart 261 „Verbrauch für Auftrag aus dem Lager" wird automatisch vom System eingesetzt.

Auftrag: *60002633*
▸ Auftragsnummer des Fertigungsauftrages, dadurch werden die Komponenten ermittelt.

weiter

▸ Erscheint die folgende Meldung, dann ist der Fertigungsauftrag vermutlich noch nicht freigegeben, weswegen keine Materialentnahmen auf den Auftrag gebucht werden können.

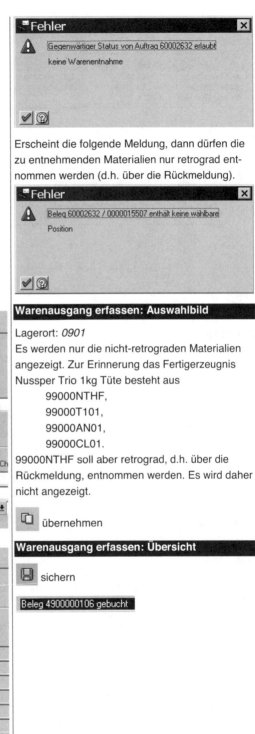

Erscheint die folgende Meldung, dann dürfen die zu entnehmenden Materialien nur retrograd entnommen werden (d.h. über die Rückmeldung).

Warenausgang erfassen: Auswahlbild

Lagerort: *0901*
Es werden nur die nicht-retrograden Materialien angezeigt. Zur Erinnerung das Fertigerzeugnis Nussper Trio 1kg Tüte besteht aus

99000NTHF,
99000T101,
99000AN01,
99000CL01.

99000NTHF soll aber retrograd, d.h. über die Rückmeldung, entnommen werden. Es wird daher nicht angezeigt.

übernehmen

Warenausgang erfassen: Übersicht

sichern

Beleg 4900000106 gebucht

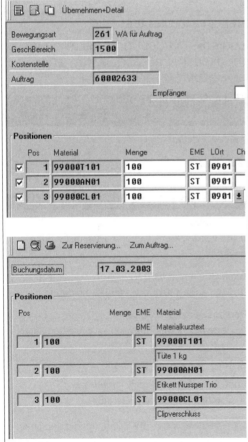

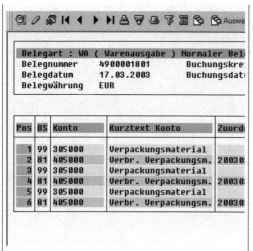

▶ Der zugehörige Buchhaltungsbeleg zeigt die durchgeführten Veränderungen bei den Bestandswerten.

Fertigungsauftrag auftragsbezogen rückmelden

FENSTER	MENUEPFAD/EINGABE
	**LOGISTIK** ⇨ PRODUKTION ⇨ FERTIGUNGS-STEUERUNG ⇨ RÜCKMELDUNG ⇨ ERFASSEN ⇨ ZUM AUFTRAG **Rückmeldung zum Fertigungsauftrag erfassen: Einstieg** Auftrag: *60002632* ✅ weiter **Rückmeldung zum Fertigungsauftrag erfassen** ◉ Endrückmeld. ▶ Es werden keine weiteren Rückmeldungen erwartet. Rück.Gutmenge: *200 ST* ▶ Gutmenge wie geplant zurückmelden. Personalnummer: *2003xx* ▶ Personalnummer des neu eingestellten Mitarbeiters. Start Durchfüh.: *tt.mm.jjjj hh:mm:ss* Ende Durchfüh.: *tt.mm.jjjj hh:mm:ss* ▶ Durchführungszeiten wie geplant. Warenbewegungen anklicken, um die geplanten Warenmengen zu bestätigen bzw. zu korrigieren.

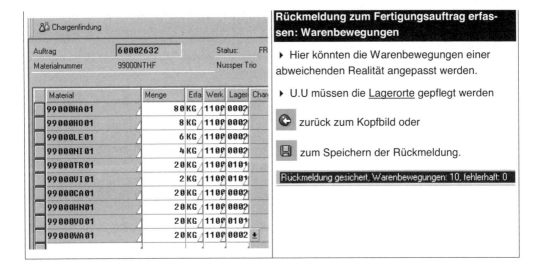

Rückmeldung zum Fertigungsauftrag erfassen: Warenbewegungen

▸ Hier könnten die Warenbewegungen einer abweichenden Realität angepasst werden.

▸ U.U müssen die Lagerorte gepflegt werden

🔄 zurück zum Kopfbild oder

💾 zum Speichern der Rückmeldung.

Rückmeldung gesichert, Warenbewegungen: 10, fehlerhaft: 0

Fehlerhafte Warenbewegungen nachbearbeiten

FENSTER	MENUEPFAD/EINGABE
	▸ Wenn Fehler bei der Warenbewegung aufgetreten sind (siehe Meldung in Statuszeile nach Rückmeldungsbuchung), können diese nachbearbeitet werden, so dass die Warenbewegungen richtig durchgeführt werden können. Häufigster Fehler bei der Fallstudie: Pflege der Lagerorte bei den Rückmeldungen vergessen. **LOGISTIK** ⇨ PRODUKTION ⇨ FERTIGUNGS-STEUERUNG ⇨ RÜCKMELDUNG ⇨ NACHBE-ARBEITUNG ⇨ WARENBEWEGUNG

Nachbearbeitung von Fehlersätzen aus automatischen Warenbewegungen

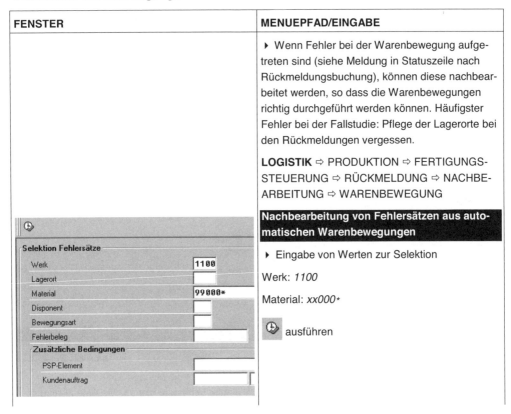

▸ Eingabe von Werten zur Selektion

Werk: *1100*

Material: *xx000**

⊕ ausführen

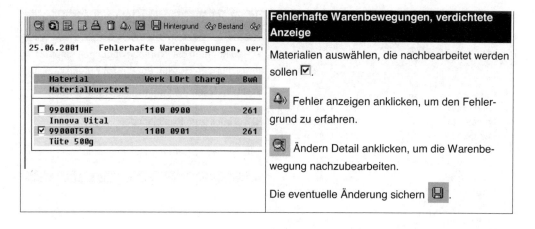

Fehlerhafte Warenbewegungen, verdichtete Anzeige

Materialien auswählen, die nachbearbeitet werden sollen ☑.

🔊 Fehler anzeigen anklicken, um den Fehlergrund zu erfahren.

🔍 Ändern Detail anklicken, um die Warenbewegung nachzubearbeiten.

Die eventuelle Änderung sichern 💾 .

Wareneingang in das Lager buchen

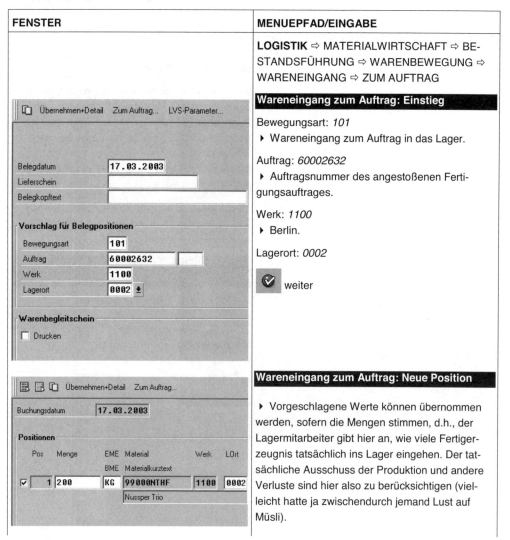

FENSTER	MENUEPFAD/EINGABE

LOGISTIK ⇨ MATERIALWIRTSCHAFT ⇨ BESTANDSFÜHRUNG ⇨ WARENBEWEGUNG ⇨ WARENEINGANG ⇨ ZUM AUFTRAG

Wareneingang zum Auftrag: Einstieg

Bewegungsart: *101*
▸ Wareneingang zum Auftrag in das Lager.

Auftrag: *60002632*
▸ Auftragsnummer des angestoßenen Fertigungsauftrages.

Werk: *1100*
▸ Berlin.

Lagerort: *0002*

✅ weiter

Wareneingang zum Auftrag: Neue Position

▸ Vorgeschlagene Werte können übernommen werden, sofern die Mengen stimmen, d.h., der Lagermitarbeiter gibt hier an, wie viele Fertigerzeugnis tatsächlich ins Lager eingehen. Der tatsächliche Ausschuss der Produktion und andere Verluste sind hier also zu berücksichtigen (vielleicht hatte ja zwischendurch jemand Lust auf Müsli).

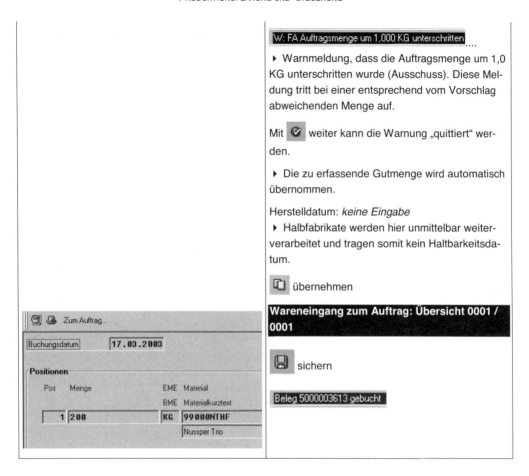

W: FA Auftragsmenge um 1,000 KG unterschritten....

▸ Warnmeldung, dass die Auftragsmenge um 1,0 KG unterschritten wurde (Ausschuss). Diese Meldung tritt bei einer entsprechend vom Vorschlag abweichenden Menge auf.

Mit ☑ weiter kann die Warnung „quittiert" werden.

▸ Die zu erfassende Gutmenge wird automatisch übernommen.

Herstelldatum: *keine Eingabe*
▸ Halbfabrikate werden hier unmittelbar weiterverarbeitet und tragen somit kein Haltbarkeitsdatum.

☐ übernehmen

Wareneingang zum Auftrag: Übersicht 0001 / 0001

☐ sichern

Beleg 5000003613 gebucht

Ist-Kosten kontrollieren

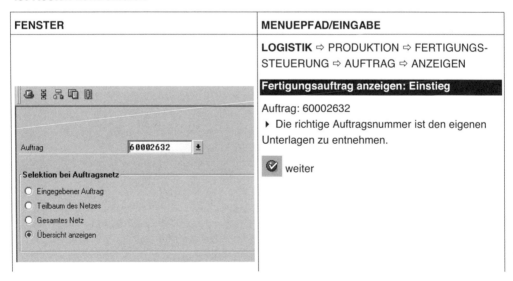

FENSTER	MENUEPFAD/EINGABE
	LOGISTIK ⇨ PRODUKTION ⇨ FERTIGUNGS-STEUERUNG ⇨ AUFTRAG ⇨ ANZEIGEN
	Fertigungsauftrag anzeigen: Einstieg
	Auftrag: 60002632 ▸ Die richtige Auftragsnummer ist den eigenen Unterlagen zu entnehmen. ☑ weiter

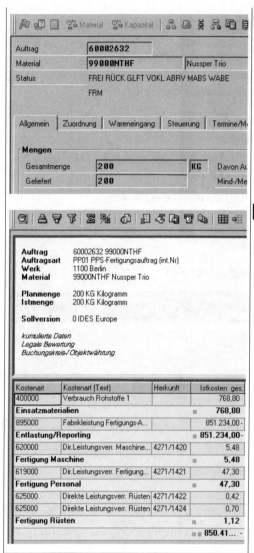

Weitere Stati sind hinzugekommen, z.B. RÜCK (rückgemeldet).

SPRINGEN ⇨ KOSTEN ⇨ ANALYSE

Analysieren Kosten: Ergebnis

▶ Ansicht des Plan/Ist-Vergleichs der Kosten, verursacht durch den Fertigungsauftrag.

▶ Nachdem der Fertigungsauftrag zurückgemeldet wurde, sind auch die Ist-Kosten kalkuliert.

Mit den Bericht wieder verlassen.

Wareneingang stornieren

FENSTER	MENUEPFAD/EINGABE
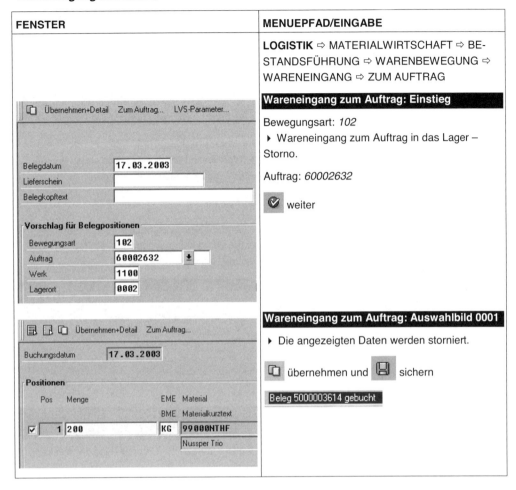	**LOGISTIK** ⇨ MATERIALWIRTSCHAFT ⇨ BE-STANDSFÜHRUNG ⇨ WARENBEWEGUNG ⇨ WARENEINGANG ⇨ ZUM AUFTRAG

Wareneingang zum Auftrag: Einstieg

Bewegungsart: *102*
▸ Wareneingang zum Auftrag in das Lager – Storno.

Auftrag: *60002632*

✓ weiter

Wareneingang zum Auftrag: Auswahlbild 0001

▸ Die angezeigten Daten werden storniert.

übernehmen und sichern

Beleg 5000003614 gebucht

Endrückgemeldete Rückmeldung stornieren

FENSTER	MENUEPFAD/EINGABE
	LOGISTIK ⇨ PRODUKTION ⇨ FERTIGUNGS-STEUERUNG ⇨ RÜCKMELDUNG ⇨ STORNIE-REN
Rückmeldung _____ _____ **Vorgang** Auftrag **60002632** ± Folge Vorgang Untervorgang **Einzelkapazität** Kapazitätsart Splittnummer	**Rückmeldung zum Fertigungsauftrag stornieren: Einstieg** Auftrag: *60002632* ▸ Wahlweise können hier vorab schon Folgen oder Vorgänge ausgewählt werden. ✅ weiter ▸ Sind mehrere Vorgänge vorhanden und es wurde vorab keine ausgewählt, so wird ein Auswahlbild gezeigt. **Statusverarbeitung: Auftrag rückmelden** Nein Achtung Statusinformation! Wollen Sie den Vorgang trotzdem ausführen? Ja Statusinformation Ja
👤 Warenbewegungen Auftrag **60002632** Status: Materialnummer 99000NTHF Nussper Trio ○ Teilrückmeld. ◉ Endrückmeld. **Istdaten** Akt. rückzumelden Eh. Bish Rück.Gutmenge **200** **KG** Rück.Ausschuß **0** Nacharbeit **0** Abw.Ursache Personalnummer **200399** Dipl.-Ing. Hubert Frenzel Start Durchfüh. **17.03.2003 13:05:00** 17.0 Ende Durchfüh. **17.03.2003 14:20:00** 17.0 Buchungsdatum **17.03.2003** Rückmeldetext	**Rückmeldung zum Fertigungsauftrag stornieren: Istdaten** Register können zur Datenanzeige verwendet werden. Endgültige Stornierung über 💾 sichern

7 Vertrieb

Die Anwendungskomponenten des Vertriebs (SD) unterstützen die Vertriebsaktivitäten mit Anwendungen zur Auftrags-, Versand- und Lieferungsbearbeitung sowie der Fakturabearbeitung. Die Anwendungen sollen an einem Beispiel dargestellt werden:

- Gibt der Kunde eine Bestellung auf, so wird ein Auftrag mit den gewünschten Produkten, den Verkaufspreisen und dem Wunschlieferdatum erfasst.
- Die Ware wird zusammengestellt und kommissioniert (d.h. für die Lieferung vorbereitet), der Warenausgang verbucht und dazu ein Lieferschein gedruckt.
- Eine Rechnung zu dem Auftrag wird verbucht (Forderung) und an den Kunden gesendet (Nachricht).

Der Vertriebsvorgang endet mit dem Zahlungseingang des Kunden. Optional kann dem Kundenauftrag eine Anfrage vom Kunden bzw. ein Angebot vorausgehen. Auch im Vertrieb gilt wieder das Belegprinzip. Die Abbildung 207 zeigt den Vertriebsablauf am Beispiel der Fallstudie.

Abbildung 207: Kunde und Unternehmen im Vertriebsprozess

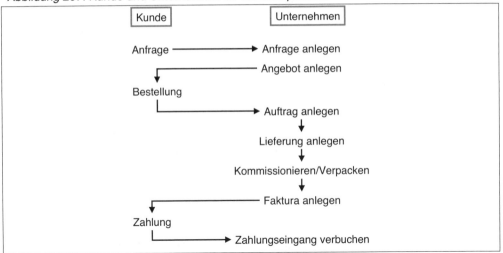

©SAP® AG

Es ist besonders zu bemerken, dass der Vertrieb sowohl mit der Produktion als auch mit dem Einkauf kommunizieren muss. So wird beispielsweise im Rahmen einer kundenindividuellen Produktion nach Eingang des Kundenauftrages der Bedarf an die Produktion übergeben. Diese greift dann wieder auf Daten der Materialwirtschaft zurück. Im Rahmen der anonymen Produktion wird in der Regel auf Lager produziert und anschließend über die Vertriebsorganisation verkauft.

7.1 Organisationsebenen für den Vertrieb

Die Organisationsebenen im Vertrieb bilden im Prinzip eine eigene Einheit. Sie werden wegen ihrer relativen Loslösung von der Hauptachse Mandant-Buchungskreis häufig auch als „eigenes Unternehmen" betrachtet. Die Organisationsebenen des Vertriebs umfassen im Wesentlichen die Elemente:

- Verkaufsorganisation,
- Vertriebsweg,
- Sparte,
- Vertriebsbereich.

Die Verkaufsorganisation repräsentiert den verkaufenden Bereich des Unternehmens. Sie definiert die verkaufende Organisation im (handels)rechtlichen Sinne, d.h. sie ist verantwortlich bei Produktmängeln, Produkthaftung oder Regressansprüchen. Sämtliche Geschäftsvorfälle des Vertriebs werden jeweils innerhalb einer Verkaufsorganisation abgewickelt. Darüber hinaus kann über die Bildung von Verkaufsorganisationen eine regionale Untergliederung der Verkaufsgebiete vorgenommen werden z.B. in ein Verkaufsgebiet Westfalen und ein Verkaufsgebiet Rheinland. Es können demnach mehrere Verkaufsorganisationen existieren.

Zur Abbildung verschiedener Absatzkanäle, über die ein Kunde beliefert werden kann (z.B. Verkauf an Groß- oder Einzelhändler oder Werkverkauf direkt an den Endverbraucher), können innerhalb der Verkaufsorganisation Vertriebswege eingerichtet werden. Da dieses Element nur interne Wirkung hat, können die Vertriebswege anstelle von Absatzkanälen auch nach Leistungen für eine bestimmte Produktart differenziert werden. Beispielsweise könnte das Neu-, Wartungs- und Modernisierungsgeschäft bei Eisenbahnwaggons durch Vertriebswege in R/3® repräsentiert werden.

Die Vertriebswege wiederum können in Verkaufsprodukte oder auch Leistungen gegliedert werden. Die Unterteilung kann sich sowohl auf einzelne Produkte wie z.B. Aufzüge und Fahrtreppen beziehen, es können aber auch Produktgruppen wie z.B. Medizintechnik und Entsorgungstechnik unterschieden werden. Das Ergebnis der Trennung wird als Sparte bezeichnet.

Die Verkaufsorganisation steht also für einen bestimmten Verkaufsbereich (rechtlich, Gebiet), der Vertriebsweg bestimmt grundsätzlich die Absatzkanäle und die Sparte differenziert Leistungen oder Produkte. Damit ein Reporting entlang dieser Ebenen bzw. Dimension möglich ist, werden die Ebenen den Stamm- und Bewegungsdaten mitgegeben. Welche Ebenenkombinationen zulässig sind, z.B. Verkaufsorganisation Nord, Vertriebsweg Großhändler, Sparte Reifen, wird im Customizing der Unternehmensstruktur festgelegt.

Abbildung 208: Kundenauftrag anlegen

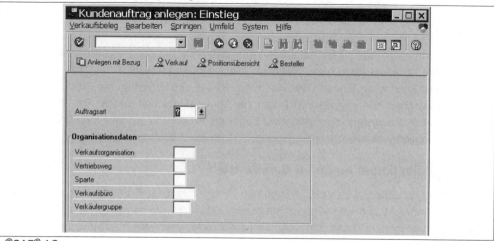

©SAP® AG

Für Vertriebsaktivitäten ist also (im Customizing) die Einrichtung und Zuordnung der Verkaufsorganisation, des Vertriebswegs und der Sparte erforderlich. Für den Fall, dass ein Unternehmen eine derartige Differenzierung der Vertriebsaktivitäten nicht benötigt, müssen Vertriebsweg und Sparte trotzdem eingerichtet werden. So sei z.B. nur ein Vertriebsweg vorhanden und eine Unterscheidung von Sparten sei nicht sinnvoll. Dann sollten hier ein Vertriebsweg und eine Sparte eingerichtet und diese zusammen mit der Verkaufsorganisation allen entsprechenden Vorgängen zugeordnet werden.

Die Kombination aus Verkaufsorganisation, Vertriebsweg und Sparte wird als Vertriebsbereich bezeichnet. Mit dem Vertriebsbereich besteht zum einen die Möglichkeit, durchgängige Vertriebsstrukturen abzubilden, z.B. den Bücherverkauf (Sparte) durch Vertreter (Vertriebsweg) im Großraum Köln (Verkaufsorganisation). Zum anderen kann die Definition der genannten Schlüssel eines Vertriebsbereiches auch an den Anforderungen eines quantitativen Controllings ausgerichtet sein, um beispielsweise Verkaufszahlen oder Kosten auszuwerten.

Die Abbildung 209 zeigt noch einmal die Strukturelemente Verkaufsorganisation, Vertriebsweg und Sparte mit ihren Abhängigkeiten. Die Verkaufsorganisation ist direkt dem Mandanten „unterstellt", was durch die gestrichelte Verbindung angedeutet wird. Tatsächlich erfolgt die Anbindung der Vertriebsstrukturen über Werk und Buchungskreis.

Abbildung 209: Vertriebsbereich

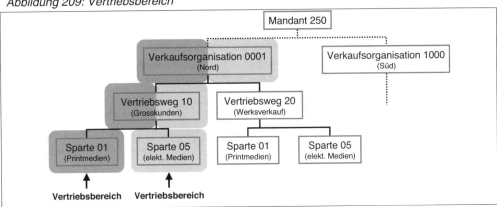

In Anlehnung an SAP® AG

Die Verknüpfung zur Hauptachse Mandant – Buchungskreis geschieht über die Geld- und Güterströme. Dazu wird i. S. der Güterströme die Kombination aus Verkaufsorganisation und Vertriebsweg (sog. Vertriebslinie) einem oder mehreren Werk(en) zugeordnet. Ein Werk kann mehrere Vertriebslinien „beliefern". Verkaufseinheiten können so von unterschiedlichen Werken (und deren angegliederten Lagern) Güter zum Zwecke des Verkaufs und Versands beziehen. Die folgende Abbildung gibt einen Einblick in die Zuordnung von Vertriebslinien (Verkaufsorganisationen-Vertriebsweg) und Werken. Die Vertriebslinie 1000-10 verkauft aus dem Werk 1000, 1100, etc., Vertriebslinie 1020-22 bezieht Material ebenfalls aus den Werken 1000 und 1100.

Abbildung 210: Beziehung zwischen Vertrieb und Materialwirtschaft

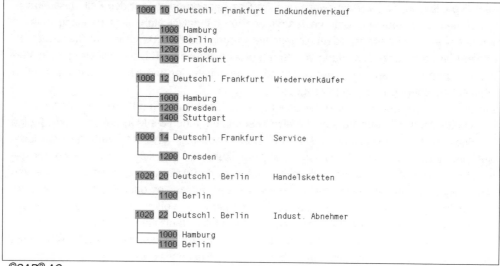

©SAP® AG.

Zur Steuerung der finanzwirtschaftlichen Ströme erfolgt die Zuordnung der Verkaufsorganisation zu dem Buchungskreis, dem auch die vorgenannten Werke angehören. Aus Sicht der Verkaufsorganisation besteht zum Buchungskreis eine eindeutige Beziehung, d.h. eine Verkaufsorganisation kann nur einem Buchungskreis zugeordnet werden. Umgekehrt können einem Buchungskreis mehrere Verkaufsorganisationen zugeordnet werden.

Abbildung 211: Die Verkaufsstrukturen und ihre Anbindung an die übrige Struktur

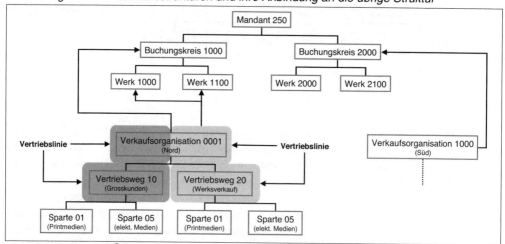

In Anlehnung an SAP® AG

Die Abbildung 212 zeigt einen besonderen Zusammenhang. Dazu wird das Beispiel der Abbildung 50 fortgeführt. Die PCSTAR Deutschland GmbH ist ein eigenständiger Distributor für die Produkte der PCSTAR Production GmbH. Der Vertrieb der Production GmbH wird vollständig über den Distributor abgewickelt. Da die Verkaufsorganisation 2100 bzw. 2200 nur einem Buchungskreis (hier 1000) zugeordnet werden darf, besteht zunächst keine Möglichkeit, finanztechnisch an weitere Buchungskreise angebunden zu werden. Dies wäre aber notwendig, da die Vertriebslinien Waren von den Werken 2100 (Buchungskreis 2000) und

2200 (Buchungskreis 2000) bezieht und verkauft. Für die ordnungsgemäße Abrechnung erfolgt zwischen den beteiligten Buchungskreisen eine interne Fakturierung. So wird auch eine buchungskreisübergreifende Abwicklung möglich.

Abbildung 212: Güterströme aus Werken mit unterschiedlichen Buchungskreisen

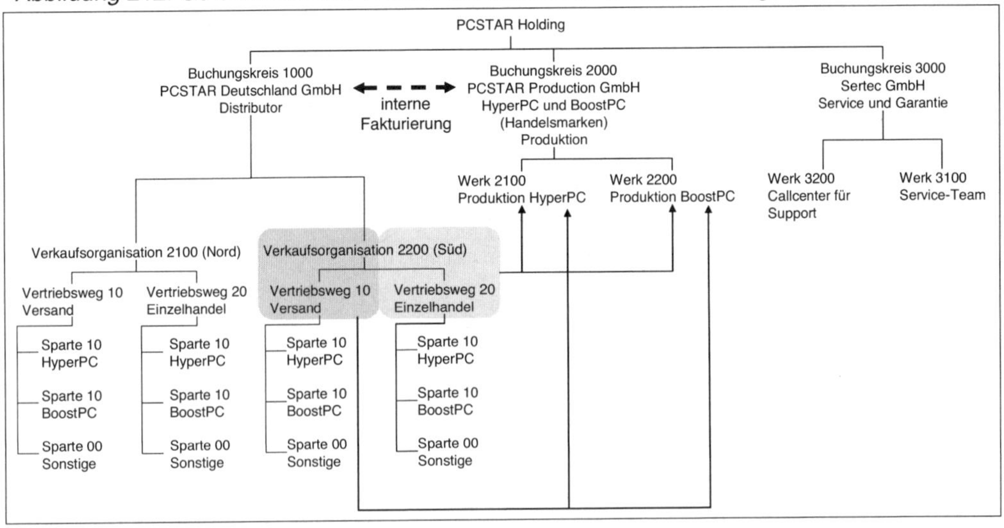

Zusätzlich lassen sich für die Werke erlaubte Vertriebswege definieren, so dass etwa für bestimmte Werke innerhalb einer Verkaufsorganisation der Vertriebsweg "Werksverkauf" erlaubt sein kann, für andere jedoch nicht.

Vertriebsbereiche mit Verkaufsorganisationen, Vertriebswegen und Sparten determinieren rechtliche und regionale Zuständigkeiten sowie die Produkte mit ihren Absatzkanälen. Standorte i.S. von Niederlassungen und Filialen mit ihren Mitarbeitern als Kontakt zum regionalen Absatzmarkt werden von den bisherigen Strukturen nicht berücksichtigt. Zur Abbildung solcher Verkaufsniederlassungen oder Geschäftsstellen kann unter R/3® das so genannte Verkaufsbüro, welches eben diesen Standort repräsentiert, eingerichtet werden. Das Werk als verkaufende Einheit (Werksverkauf) würde durch seine Festlegung als Vertriebsweg einen Verkaufsstandort repräsentieren, da mit dem Werk auch ein Standort (hier Werksstandort) verbunden ist.

Über das Verkaufsbüro können je nach Vertriebsorganisation mehrere Vertriebsbereiche betreut werden. Ein Verkaufsbüro muss, um in R/3® eingesetzt werden zu können, mindestens einem Vertriebsbereich (Verkaufsorganisation, Vertriebsweg, Sparte) zugeordnet werden. Umgekehrt kann ein Vertriebsbereich zu einem oder mehreren Verkaufsbüros in Beziehung stehen.

Dem Verkaufsbüro untergeordnet sind Verkäufergruppen und Verkäufer, d.h. die personelle Besetzung des Büros.

Abbildung 213: Verkaufsbüro und Verkaufsgruppen

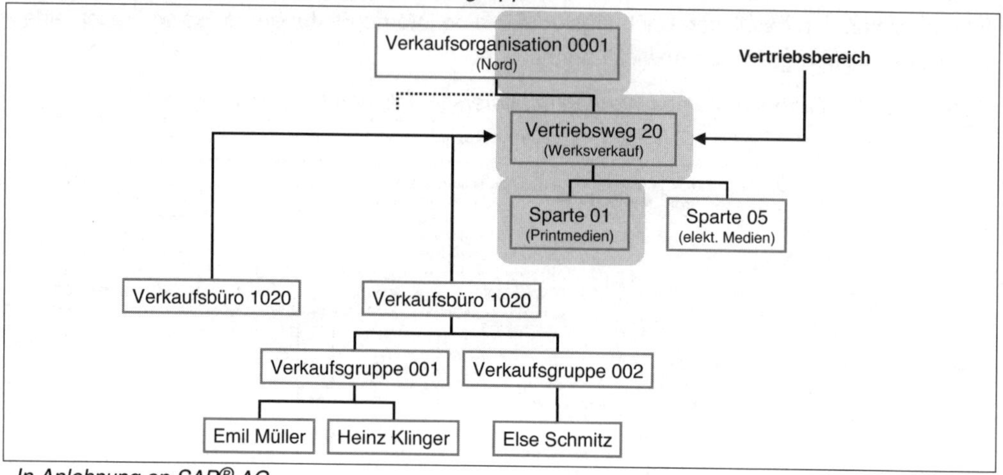

In Anlehnung an SAP® AG

7.2 Stammdaten im Vertrieb

Entsprechend zum Einkauf müssen neben den Organisationsebenen wieder Stammdaten wie Kundenstammsätze, Preise, Materialstammdaten etc. gepflegt werden, damit Verkaufsbelege (Bewegungsdaten) erzeugt werden können.

7.2.1 Geschäftspartner

Produkte werden an Geschäftspartner verkauft. Geschäftspartner können Debitoren (Kunden), Kreditoren und das Personal sein. Ihre Daten werden in Stammsätzen verwaltet. Der Debitor ist der typische (externe) Kunde. Er kauft Produkte.

Zugleich kann ein Debitor auch ein Kreditor sein, d.h. der Geschäftspartner liefert und kauft Produkte. Die Verbindung zwischen den beiden Stammsätzen wird durch die Pflege der Kreditoren- und Debitorennummer jeweils im anderen Stammsatz hergestellt (Bereich Steuerung). Darüber hinaus sind Kreditoren für den Vertrieb relevant, wenn sie eine Leistung gegen Entgelt innerhalb des Vertriebsprozesses erbringen, z.B. Lieferung der Produkte an den Kunden durch einen Spediteur, wobei die Transportkosten zu Lasten des verkaufenden Unternehmens gehen. Für den Spediteur würde ein Kreditorenstammsatz angelegt.

Bei Verkauf von Produkten an das eigene Personal wird auf den Personalstammsatz, gepflegt im Arbeitsgebiet Personaladministration von R/3®, zurückgegriffen.

Für Ansprechpartner muss kein eigener Stammsatz angelegt werden. Ansprechpartner werden im Debitorenstammsatz gepflegt.

Der Debitorenstammsatz ähnelt in seiner Struktur stark dem Kreditorenstammsatz. Es lassen sich wieder verschiedene Partnerrollen festlegen:

- Auftraggeber,
- Warenempfänger,
- Regulierer (begleicht Rechnung),
- Rechnungsempfänger.

Üblicherweise ist das Unternehmen, welches den Auftrag erteilt, auch der Warenempfänger, Regulierer und Rechnungsempfänger. Daher vereinigt die Partnerrolle Auftraggeber alle diese Rollen. Es muss nur ein Stammsatz angelegt werden. Sind die Rollen im Rahmen einer

Geschäftsbeziehung verteilt, z.B. wird der Auftrag durch eine zentrale Einheit erteilt, die Waren aber an Filialen geliefert, so würden hier zwei Stammsätze eingerichtet. Ein Stammsatz wird mit der Rolle Auftraggeber und einer mit der Warenempfänger angelegt. Es müssen also für eine Geschäftsbeziehung ebenso viele Stammsätze angelegt werden, wie Rollen (Auftraggeber + Anzahl der Abweichungen) auftreten.

Die spezielle Bild- und Feldauswahl geschieht in Abhängigkeit von der Rolle, beispielsweise werden für den Warenempfänger nur die zum Versand erforderlichen Daten wie Warenannahmezeiten gepflegt. Ebenso ist die Querverbindung zwischen Debitor und Kreditor nur für den Auftraggeber möglich. Die Steuerung der Bild- und Feldauswahl geschieht wie die Nummernvergabe (intern oder extern, Nummernkreis) über die Kontengruppe. Die Kontengruppe bietet wieder in Analogie zum Einkauf die Möglichkeit, einen „Sammelstammsatz" für Einmalkunden (CpD) einzurichten.

Zur Vermeidung von Datenredundanzen werden allgemeine Daten wie Name, Adresse, Telefonnummer auf Mandantenebene gehalten. Die Buchhaltungs- und Vertriebsdaten werden dann in eigenen Sichten bzw. Bereichen gepflegt. Damit können für einen Debitor Daten für verschiedene Vertriebsbereiche (Verkaufsorganisation, Vertriebsweg, Sparte) und zugeordnete Buchungskreise angelegt werden. Der Debitor wird also mit Bezug zu bestimmten Organisationsebenen angelegt.

Für Konsumenten ist ähnlich zum eher gewerblich orientierten CpD-Kunden eine aufwendige Datenpflege nicht notwendig. Individuell sind hier nur die allgemeinen Daten (persönliche Daten, Bankverbindung etc.). Die bei einer Belegerfassung (Auftrag) notwendigen Buchhaltungs- und Vertriebsbereichdaten werden über einen Referenzkundenstammsatz geholt. Die Steuerung der Pflege übernimmt die Kontogruppe 0170 Konsument.

Abbildung 214: Debitorenstammsatz und seine Daten

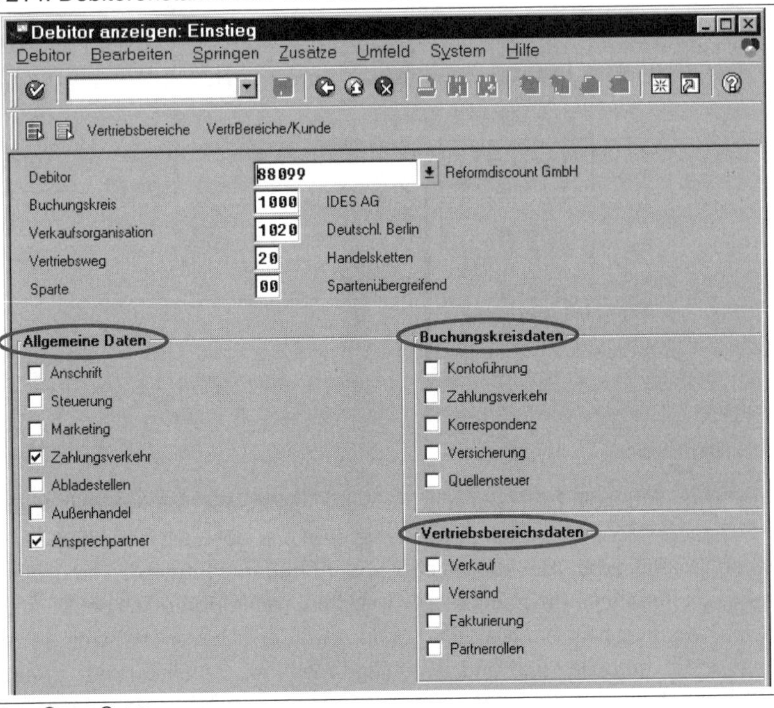

Bildschirmbild ©SAP® AG

7.2.2 Materialstammdaten

Für den Verkauf eines Produkts (Material) sind Vertriebsdaten notwendig, auf die dann Verkaufsbelege im Vertriebsprozess zurückgreifen können, z.B. Steuersatz, Verkaufsmengeneinheiten, Verpackungsdaten.

Der Materialstammsatz ist um die Vertriebssichten zu erweitern. Dies ist nur für Materialien möglich, deren Materialart Vertriebsichten zulässt, z.B. FERT (Fertigerzeugnisse), HAWA (Handelswaren).

Die meisten Materialstammsichten sind mit Zuordnung zu einem Werk angelegt (Einkauf, Disposition etc.). Die Vertriebsichten werden prinzipiell einer Vertriebslinie zugeordnet. Eine Vertriebssicht, d.h. die Sicht Vertrieb allg./Werksdaten, kann zusätzlich einem Werk zugeordnet werden. Dadurch entsteht die Möglichkeit, in Abhängigkeit von Vertriebskanälen dem Material vertriebsrelevante Daten mitzugeben.

Die Angabe der Sparte ist nicht notwendig, da diese schon in der Grunddatensicht gepflegt wurde. Ein Material kann nur einer Sparte zugeordnet werden. Bei Bedarf kann dann durch Kombination der Schlüssel der Vertriebsbereich gebildet werden.

Die Abbildung 215 zeigt das Ebenenkonzept des Materialstammsatzes noch einmal auf. Für das Material sind zwei Vertriebslinien angelegt. Beide gelten für das Werk 1100. Das gleiche Material ist auch mit verschiedenen Sichten für das Werk 2100 gepflegt. Allerdings ist in Verbindung mit diesem Werk keine der Vertriebssichten gepflegt, so dass ein Verkauf des Materials in Verbindung mit dem Werk 2100 nicht möglich wäre.

Abbildung 215: Vertriebsichten im Materialstammsatz

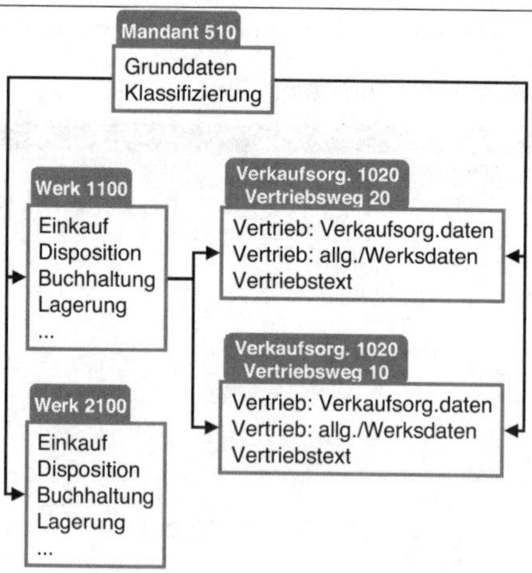

7.2.3 Preisfindung

Der Preis des Produkts bzw. Materials wird nicht im Stammsatz, sondern mittels einer eigenständigen Anwendung gepflegt. Ziel ist die Unterstützung der Vertriebsmitarbeiter mit einer automatischen Preisfindung. Bei der Pflege von Anfragen, Angeboten und insbesondere Aufträgen soll eine manuelle Preissuche, z.B. in Listen, nicht erforderlich sein.

Zunächst muss der Preis für ein Material gepflegt werden. Dieser Preis mit seinem Gültigkeitszeitraum und eventuellen Zu- und Abschlägen wird als Konditionssatz in eine Konditionstabelle geschrieben. Für die Pflege eines kundenspezifischen Preises werden die Verkaufsorganisation, der Vertriebsweg, der Kunde und das Material benötigt. Bei einem kundenunabhängigen Preis wird die Eingabe von Verkaufsorganisation, Vertriebsweg und Material gefordert. Soll eine Preisliste angelegt werden, so erweitert sich die Eingabe um die Art der Preisliste (Internetpreisliste, Einzelhandelspreisliste etc.). Die Felder, die zur eindeutigen Bestimmung eines Materialverkaufspreises eingegeben werden müssen, werden über die Konditionstabellen bestimmt, dabei existieren eigene Konditionstabellen für kundenspezifische Materialpreise, für unabhängige Materialpreise, für Preislisten oder auch für Steuersätze.

Ist ein Produkt voll steuerpflichtig und soll zudem ein Rabatt abgezogen werden, so ist eine Rechenregel, d.h. ein Kalkulationsschema zur Berechnung des richtigen Preises für eine Auftragsposition notwendig. Außerdem muss geregelt werden, welcher Preis als Basis für die Berechnung verwendet wird. Beispiel: Für ein Produkt ist ein Preis gepflegt. Zusätzlich wird für einen Kunden X ein vergünstigter Preis gepflegt. Bei der Suche nach dem Preis - für die weitere Berechnung – hat das System demnach zwei mögliche Preise zur Verfügung. Welcher Preis für die Auftragsposition verwendet wird, hängt von der im Customizing festgelegten Zugriffsfolge ab. Es wird hier also wieder das gleiche Preisfindungsprinzip angewendet wie im Einkauf.

Abbildung 216: Zugriffsfolge PR00

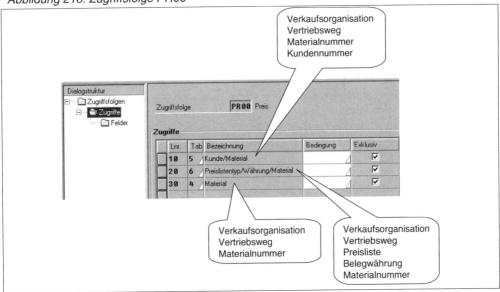

©SAP® AG

Ein Beispiel für eine Zugriffsfolge zeigt die obige Abbildung 216. Für die Preisfindung wird zuerst untersucht, ob zum Material ein spezieller Kundenpreis existiert. Dazu wird die entsprechende Konditionstabelle mittels der Attribute Verkaufsorganisation, Vertriebsweg, Materialnummer und Kundennummer durchsucht. Danach werden eventuell gepflegte Preislisten durchsucht und zuletzt versucht R/3® einen gepflegten allgemeingültige Materialpreis zu finden (Verkaufsorganisation, Vertriebsweg, Materialnummer). Zwei Strategien sind möglich. R/3® merkt sich für die Auftragsposition immer den zuletzt gefundenen Preis. Auf das Beispiel angewendet würde die Zugriffsfolge PR00 den Materialpreis in der Auftragsposition präsentieren. Durch Manipulation der Zugriffsreihenfolge kann der zu ermittelnde Preis, d.h. der zuletzt gefundene, bestimmt werden. Zudem kann ein Exklusivkennzeichen gesetzt werden. Wird ein Preis gefunden und hat er ein Exklusivkennzeichen, so wird dieser Preis für die Auftragsposition verwendet.

Das zur Berechnung anzuwendende Kalkulationsschema wird, ähnlich zum Einkauf, über Gruppierungen und Auftragsart ermittelt.

Das Kalkulationsschema wird im Prinzip über die Auftragsart und den Kundenstammsatz ermittelt. Die Auftragsart gruppiert Aufträge mit gleichen oder ähnlichen Eigenschaften, z.B. Terminauftrag, Sofortauftrag oder Internetauftrag. Die Auftragsart bestimmt ähnlich zu Kontengruppe, Materialart, Anlagenklasse etc. wieder Bildschirmaufbau, Nummernkreis usw. Die einzelnen Auftragsarten sind so genannten Belegschemata zugeordnet. Dem Debitor wird über den Kundenstammsatz das so genannte Kundenschema zugeordnet. Dieses dient wie das Belegschema der Findung des Kalkulationsschemas. Für Kombinationen aus Beleg- und Kundenschema in Zuordnung zu einem Vertriebsbereich sind im Customizing Kalkulationsschemata hinterlegt. Ein Kalkulationsschema enthält die Rechenregeln zur Ermittlung des Rechnungspreises. Da bei der Erstellung der Schemata im Customizing noch keine konkreten Zahlen (Preise, Mehrwertsteuersätze etc.) zur Verfügung stehen, werden Konditionsarten als Platzhalter eingesetzt, wie in der Abbildung 217 dargestellt.

Abbildung 217: Kalkulationsschemata im Vertrieb

	Stufe	Zähl	KArt	Bezeichnung	Von	Bis	Manu	Obl	Stat	D	ZwiSu	Bedg
	8	0	EK01	Kosten			☑	☐	☐			
	11	0	PR00	Preis			☐	☑	☐			2
	13	0	PB00	Preis Brutto			☑	☐	☐			2
	14	0	PR02	Intervallpreis			☐	☐	☐			2
	20	0	VA00	Varianten			☐	☐	☐	X		2
	21	0	ZA00	Varianten allgemein			☐	☐	☐	X		2
	100	0		Brutto			☐	☐	☐	X	1	
	101	0	KA00	Aktion			☐	☐	☐	X		2
	102	0	K032	Preisgrp/Mat			☐	☐	☐	X		2
	103	0	K005	Kunde/Material			☐	☐	☐	X		2
	104	0	K007	Kundenrabatt			☐	☐	☐	X		2
	105	0	K004	Material			☐	☐	☐	X		2
	106	0	K020	Preisgruppe			☐	☐	☐	X		2
	107	0	K029	Materialgruppe			☐	☐	☐	X		2

Die Verbindung zwischen konkretem Preis und Konditionsart wird hergestellt, indem das Preisdatum bei der Pflege einer Konditionsart zugewiesen wird. Beim Preis geschieht dies automatisch, d.h. ein konkreter Preis wird im Standard automatisch unter der Konditionsart PR00 angelegt. Andere Konditionen wie Zu-/Abschlag, Fracht und Steuersatz bedürfen beim Einstieg einer Konditionsartenauswahl.

Die Konditionsart hat auch steuernde Funktionen. Sie bestimmt die Zugriffsfolge, mit der nach einer gültigen Kondition (z.B. Preis) gesucht werden soll.

Übertragen auf obiges Kalkulationsschema sucht das System jetzt nach einem Preis für ein Material mit der Konditionsart PR00. Dazu werden die Konditionstabellen mit ihren Konditionssätzen durchsucht. Ebenso werden die weiteren im Kalkulationschema enthaltenen Konditionsarten mit ihren konkreten Werten (sofern vorhanden) über Zugriffsfolgen bzw. Konditionstabellen ermittelt. Nachdem der Wert der letzten Konditionsart gesucht wurde, wird gemäß den Vorgaben des Schemas und der Konditionsart gerechnet und das Ergebnis in die Auftragsposition geschrieben bzw. die Rechnungssumme angezeigt.

Abbildung 218: Preisfindung

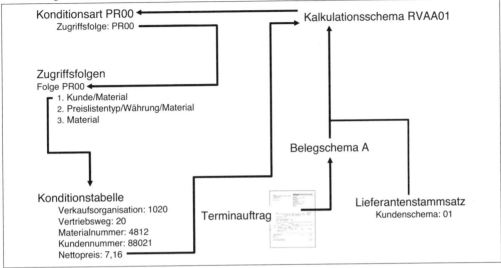

7.2.4 Kunden-Material-Infosatz

Der Kunden-Material-Infosatz ist von seiner Funktion her ähnlich dem Einkaufsinfosatz im Einkauf und dient somit der kundenindividuellen Ablage von Daten zu einem Material. Die Kerninformationen, die hier hinterlegt werden, sind:

- kundenindividuelle Materialnummer,
- kundenindividuelle Materialbezeichnung,
- kundenindividuelle Daten für die Lieferung und Liefertoleranzen,
- kundenindividuelle Vertriebstexte.

Bei einer Auftragserteilung würde u.U. das ERP-System des Kunden eine Bestellung generieren, die die Materialnummer aufführt, unter der der Kunde die Waren gepflegt hat. Diese weicht häufig von der im Unternehmen gepflegten Materialnummer ab. Die Zuordnung der kundenindividuellen Materialnummer zur Materialnummer des verkaufenden Unternehmens geschieht mittels der im Kunden-Material-Infosatz hinterlegten Informationen. Dadurch kann ein Auftrag auch mit den kundenindividuellen Materialnummern erfasst werden.

7.3 Fallstudie – Stammdaten im Vertrieb

Damit Müsli verkauft werden kann, müssen – wie bei der Beschaffung der Materialien – zunächst Stammdaten gepflegt werden. Zu diesen Stammdaten zählen:

- Debitoren (Kunden),
- Materialstammdaten (Vertriebssicht),
- Kundenmaterial-Info und
- Verkaufspreise für Fertigerzeugnisse.

Auf Basis dieser Stammdaten können dann Verkaufsbelege, insbesondere Kundenaufträge, erzeugt werden.

Aufgabe 28

Legen Sie zwei Debitoren (Geschäftspartner/Kunden) an. Verwenden Sie dazu die Daten aus der Pflegetabelle «Debitorenstammdaten». Zuständig für den Vertrieb ist die Verkaufsorganisation 1020 in Berlin. Es wird an Handelsketten verkauft (Vertriebsweg 20). Die Sparte hat den Schlüssel 00 (spartenübergreifend).

Aufgabe 29

Erweitern Sie aus Sicht des Fachbereichs Vertrieb die Verkaufsorganisation 1020 (Berlin) und den Vertriebsweg 20 (Handelsketten) um die folgenden Materialien:

- xx000NT10,
- xx000NT05,
- xx000IV10,
- xx000IV05.

Die Daten für die Vertriebssicht sind in der Pflegetabelle «Materialstammdaten Fertigerzeugnis - Vertriebssichten» aufgelistet.

Aufgabe 30

Verwendet der Kunde eine andere Materialnummer für dasselbe Material, so kann diese im Kundenmaterial-Infosatz hinterlegt werden.

Legen Sie zu den Fertigerzeugnissen (Nussper Trio 500g, Nussper Trio 1kg, Innova Vital 500g, Innova Vital 1kg) Kundenmaterial-Infos an. Die Daten finden sich in der Pflegetabelle «Kundenmaterial-Info».

Aufgabe 31

Abschließend müssen noch die Verkaufspreise für eine spätere Preisfindung gepflegt werden. Die Preise gelten pro Karton. Es ist eine Einzelhandelspreisliste zu pflegen. Verwenden Sie die Liste, die Verkaufsorganisation 1020 (Berlin) und den Vertriebsweg 20 (Handelsketten) als Konditionsschlüssel.

Artikel	Verkaufspreis (ohne MwSt.)
xx000NT10	66,00 EUR
xx000NT05	69,00 EUR
xx000IV10	91,00 EUR
xx000IV05	93,00 EUR

Richten Sie wahlweise Zusatzkonditionen, Staffeln oder Naturalrabatte ein. Diese können auch kundenindividuell sein.

Für die Aufgaben stehen die folgenden Pflegeanleitungen zur Verfügung:

- Debitor anlegen zentral (Vertriebs- und Buchhaltungssicht gemeinsam),
- Material (Fertigerzeugnis) erweitern: Vertriebssicht,
- Kunden-Material-Info anlegen,
- Verkaufspreis für ein Fertigerzeugnis pflegen.

Debitor anlegen zentral (Vertriebs- und Buchhaltungssicht gemeinsam)

FENSTER	MENUEPFAD/EINGABE
	LOGISTIK ⇨ VERTRIEB ⇨ STAMMDATEN ⇨ GESCHÄFTSPARTNER ⇨ AUFTRAGGEBER ⇨ ANLEGEN ⇨ GESAMT ▸ Aus Vertriebssicht kann ein Geschäftspartner unterschiedliche Rollen (z.B. Warenempfänger oder Rechnungsempfänger) haben, denen aus Buchhaltungssicht stets die Eigenschaft eines Debitors zukommt. **Debitor anlegen: Einstieg** Kontengruppe: Auftraggeber Debitor: 88099 Buchungskreis: 1000 IDES AG **Vertriebsbereich** Verkaufsorganisation: 1020 Deutschl. Berlin Vertriebsweg: 20 Handelsketten Sparte: 00 Spartenübergreifend Alle Vertriebsbereiche...　Vertriebsbereiche **Vorlage** Debitor: Buchungskreis: Verkaufsorganisation: Vertriebsweg: Sparte: Kontengruppe: *Auftraggeber* ▸ Umfasst alle Partnerrollen; dient der Einordnung gleichartiger Konten in Gruppen; diesen Gruppen können Merkmale zugeordnet werden. Debitor: *88yxx* Buchungskreis: *1000* Verkaufsorganisation: *1020* ▸ Übergeordnete Organisationseinheit aus der Vertriebssicht (Deutschland Berlin). Vertriebsweg: *20* ▸ Art des jeweiligen Vertriebsweges, z.B. Handelsketten, Großabnehmer, Einzelhandel etc. Sparte: *00*

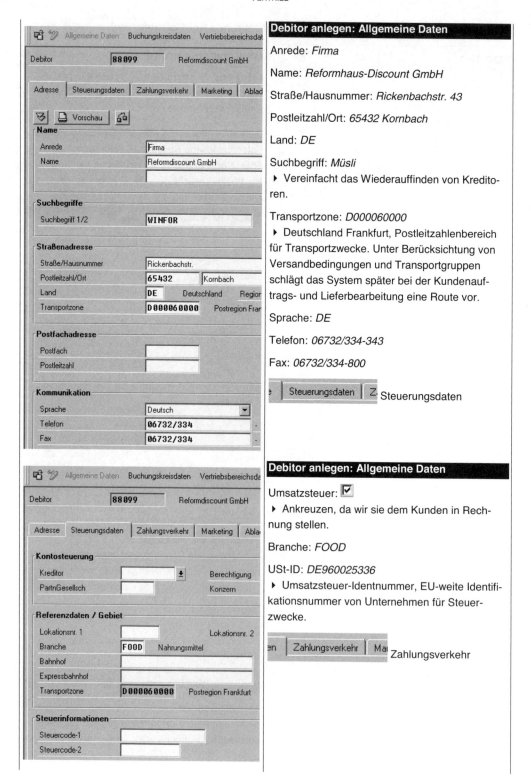

Debitor anlegen: Allgemeine Daten

Anrede: *Firma*

Name: *Reformhaus-Discount GmbH*

Straße/Hausnummer: *Rickenbachstr. 43*

Postleitzahl/Ort: *65432 Kornbach*

Land: *DE*

Suchbegriff: *Müsli*
▶ Vereinfacht das Wiederauffinden von Kreditoren.

Transportzone: *D000060000*
▶ Deutschland Frankfurt, Postleitzahlenbereich für Transportzwecke. Unter Berücksichtung von Versandbedingungen und Transportgruppen schlägt das System später bei der Kundenauftrags- und Lieferbearbeitung eine Route vor.

Sprache: *DE*

Telefon: *06732/334-343*

Fax: *06732/334-800*

Steuerungsdaten

Debitor anlegen: Allgemeine Daten

Umsatzsteuer: ☑
▶ Ankreuzen, da wir sie dem Kunden in Rechnung stellen.

Branche: *FOOD*

USt-ID: *DE960025336*
▶ Umsatzsteuer-Identnummer, EU-weite Identifikationsnummer von Unternehmen für Steuerzwecke.

Zahlungsverkehr

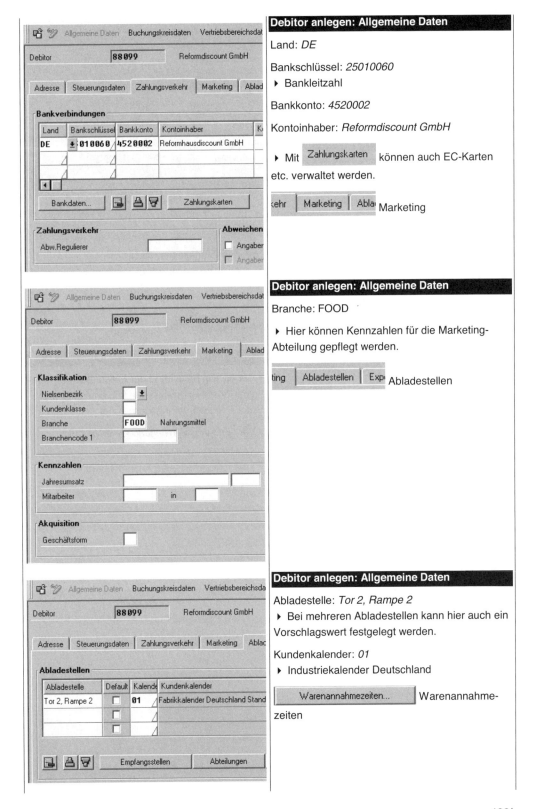

Debitor anlegen: Allgemeine Daten

Land: *DE*

Bankschlüssel: *25010060*

▸ Bankleitzahl

Bankkonto: *4520002*

Kontoinhaber: *Reformdiscount GmbH*

▸ Mit Zahlungskarten können auch EC-Karten etc. verwaltet werden.

Marketing

Debitor anlegen: Allgemeine Daten

Branche: FOOD

▸ Hier können Kennzahlen für die Marketing-Abteilung gepflegt werden.

Abladestellen

Debitor anlegen: Allgemeine Daten

Abladestelle: *Tor 2, Rampe 2*
▸ Bei mehreren Abladestellen kann hier auch ein Vorschlagswert festgelegt werden.

Kundenkalender: *01*
▸ Industriekalender Deutschland

Warenannahme-zeiten

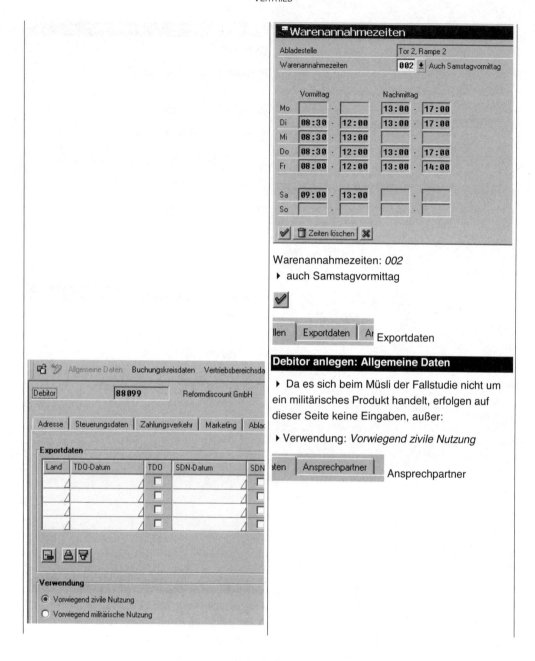

Warenannahmezeiten: *002*

▸ auch Samstagvormittag

Exportdaten

Debitor anlegen: Allgemeine Daten

▸ Da es sich beim Müsli der Fallstudie nicht um ein militärisches Produkt handelt, erfolgen auf dieser Seite keine Eingaben, außer:

▸ Verwendung: *Vorwiegend zivile Nutzung*

Ansprechpartner

Debitor anlegen: Allgemeine Daten

Name: *Krimper*

Vorname: *Johannes*

Funktion: *0002*
▸ Einkauf

▸ Mittels 🔍 Details können noch weitere Angaben zu den Ansprechpartnern verwaltet werden.

Buchungskreisdaten anklicken, zur Pflege der buchungskreisabhängigen Daten.

Debitor anlegen: Buchungskreisdaten

Abstimmkonto: *140000*
▸ Hauptbuchkonto, dem das Nebenbuchkonto dieses Debitors zugeordnet ist (Debitoren Inland).

Finanzdispogruppe: *E2*
▸ Dadurch wird die unterschiedliche Behandlung von Debitoren ermöglicht, die in verschiedene Dispositionsgruppen unterteilt sind (Debitoren Inland).

Zahlungsverkehr

Debitor anlegen: Buchungskreisdaten

Zahlungsbedingung: *0002*
▸ entsprechend Auswahl

0002	innerhalb von 14 Tagen 3 % Skonto
	innerhalb von 30 Tagen 2 % Skonto
	innerhalb von 45 Tagen ohne Abzug

Zahlwege: *SU* oder *F4 oder* ↓

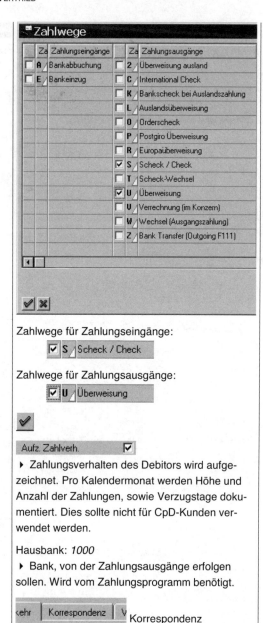

Zahlwege für Zahlungseingänge:

☑ S / Scheck / Check

Zahlwege für Zahlungsausgänge:

☑ U / Überweisung

| Aufz. Zahlverh. | ☑ |

▸ Zahlungsverhalten des Debitors wird aufgezeichnet. Pro Kalendermonat werden Höhe und Anzahl der Zahlungen, sowie Verzugstage dokumentiert. Dies sollte nicht für CpD-Kunden verwendet werden.

Hausbank: *1000*

▸ Bank, von der Zahlungsausgänge erfolgen sollen. Wird vom Zahlungsprogramm benötigt.

Korrespondenz

Debitor anlegen: Buchungskreisdaten

Mahnverfahren: *0001*
▸ Vierstufige Mahnung 14-tägig.

☑ Vertrieb

☑ Buchhaltung

▸ Kennzeichen, das bewirkt, dass bei Buchungen auf das Debitorenkonto eine Zahlungsmitteilung an den Vertrieb bzw. die Buchhaltung versendet werden soll. Eine Zahlungsmitteilung kann eine Zahlungsbestätigung sein oder zur Klärung von Zahlungsdifferenzen auffordern.

Versicherung Versicherung

Debitor anlegen: Buchungskreisdaten

▸ Hier können Daten einer eventuell vorhandenen Police einer Warenkreditversicherung eingepflegt werden.

Vertriebsbereichsdaten Vertriebsbereichdaten anklicken

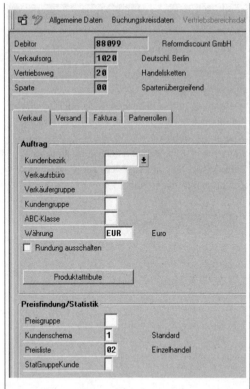

Debitor anlegen: Vertriebsbereichdaten

Auftr.Wahrscheinlichkeit: *95*

▸ Bei einer Anfrage von Reformdiscount über 10 Kartons Nussper Trio 1kg Tüte ergibt sich eine Auftragswahrscheinlichkeit von 9,5 Kartons. Diese Menge kann als Bedarfsmenge in die Produktionsplanung übernommen werden.

Währung: *EUR*

▸ Währung, in der mit dem Kunden abgerechnet wird.

Kundenschema: *1*

▸ Bestimmt zusammen mit dem Belegschema (Anfrage, Angebot, Auftrag etc) das Kalkulationsschema, welches zur Preisfindung in Verkaufsbelegen genutzt werden soll.

Preisliste: *02*

▸ Einzelhandel: Bei der späteren Preisfindung wird die entsprechende Preisliste neben kundenindividuellen Vereinbarungen und dem im Vertrieb gepflegten Materialpreis ebenfalls zur Preisermittlung herangezogen.

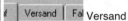 Versand

Debitor anlegen : Vertriebsbereichdaten

☑ AuftrZusammenführung

▸ Erlaubt die Zusammenführung von Aufträgen. System schlägt die Zusammenführung vor. Änderungen im Beleg sind sowohl auf Kopf- als auch auf Positionsebene möglich.

Versandbedingung: *02*

▸ Standard; Festlegung der Versandstrategie z.B. Transportmittel, Zeit, Route etc.

Auslieferungswerk: *1100*

Max.Teillieferungen: *4*

▸ Lieferung einer Position darf aus maximal 4 Teilen bestehen. Einstellung nur möglich, sofern im Feld zuvor Teillieferung erlaubt wurde.

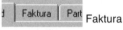 Faktura

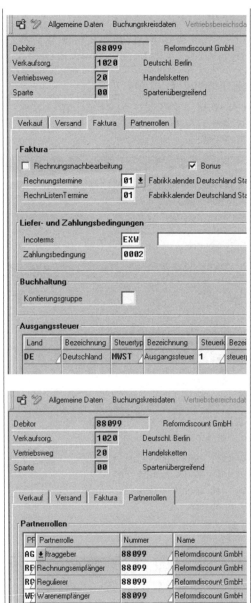

☑ Bonus

▸ Ankreuzen, sofern dem Kunden Boni gewährt werden sollen.

RechTermine: *01*

▸ Fabrikkalender Deutschland; Hier wird der Kalender definiert, der für die Rechnungstermine verwendet werden soll.

ReListenTermine: *01*

▸ Fabrikkalender Deutschland; Periodisch oder zu bestimmten Terminen erstellte Rechnungslisten.

Incoterms: *EXW*

▸ ab Werk

Zahlungsbed: *0002*

Steuerklass.: *1*

▸ steuerpflichtig; steuert u.a. die Findung des Steuersatzes im Verkaufsbeleg.

 Partnerrollen

▸ Die Partnerrolle legt fest, als was (z.B. Auftraggeber, Rechnungsempfänger) dieser Debitor auftritt. Denkbar wäre etwa, dass die Lieferadresse von der Rechnungsadresse abweicht, wie etwa in großen Konzernen oder in Handelsunternehmen mit separaten Einkaufsorganisationen. Eine solche Konstruktion könnte mit der Funktion der Rollen abgebildet werden.

🖫 sichern

Material (Fertigerzeugnis) erweitern: Vertriebssicht

Die zuvor schon angelegten Fertigerzeugnisse (Nussper Trio 500g, Innova Vital 1kg, etc.) müssen in einem weiteren Schritt um die Daten des Fachbereichs Vertrieb erweitert werden.

FENSTER	MENUEPFAD/EINGABE
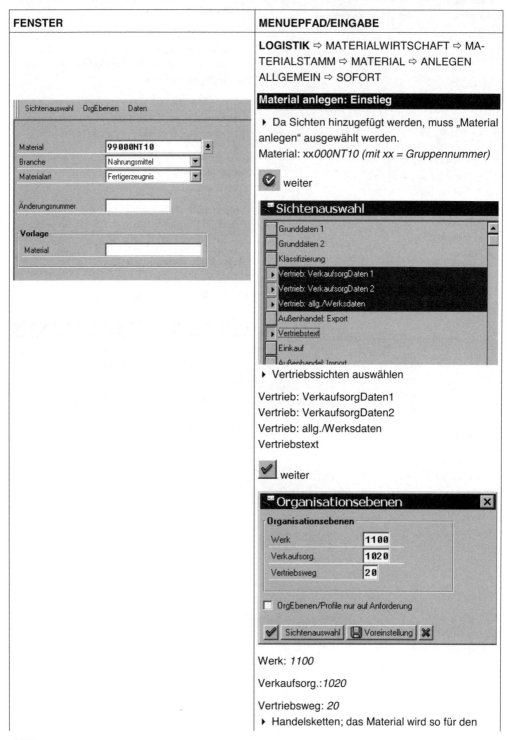	**LOGISTIK** ⇨ MATERIALWIRTSCHAFT ⇨ MATERIALSTAMM ⇨ MATERIAL ⇨ ANLEGEN ALLGEMEIN ⇨ SOFORT

Material anlegen: Einstieg

▶ Da Sichten hinzugefügt werden, muss „Material anlegen" ausgewählt werden.
Material: xx000NT10 (mit xx = Gruppennummer)

✓ weiter

Sichtenauswahl

▶ Vertriebssichten auswählen

Vertrieb: VerkaufsorgDaten1
Vertrieb: VerkaufsorgDaten2
Vertrieb: allg./Werksdaten
Vertriebstext

✓ weiter

Organisationsebenen

Werk: 1100

Verkaufsorg.: 1020

Vertriebsweg: 20

▶ Handelsketten; das Material wird so für den

Vertriebsweg Handelsketten angelegt. Sollen auch Endkunden das Produkt bestellen können, so muss es dafür auch extra angelegt werden (Vertriebsweg: Endkundenverkauf).

 weiter (führt zur ersten ausgewählten Sicht)

Material 99000NT10 anlegen (Fertigerzeugnis)

Material existiert bereits und wird erweitert

Verkaufsmengeneinheit: *KAR*

Auslieferungswerk: *1100*

☑ Skontofähig
▸ Gibt an, ob für das Material Skonto gewährt werden kann.

Ausgangssteuer: *2*
▸ Sofern nicht voreingestellt, die Steuerklassifikation auf halbe Steuer (Lebensmittel) setzen.

MindAuftrMenge: *10*
▸ Mindestauftragsmenge ist die Menge, die ein Kunde wenigstens von diesem Produkt bestellen muss. Angabe bezieht sich auf Verkaufsmengeneinheit.

Min.liefermenge: 10
▸ Mindestmenge, die wenigstens geliefert werden soll. Angabe bezieht sich auf Verkaufsmengeneinheit.

Liefereinheit: *1 KAR*
▸ Liefereinheit, von der ganzzahlige Vielfache geliefert werden, z.B. Liefereinheit 20 KAR, bedeutet, dass 20, 40, 60 usw. geliefert werden können, nicht aber 50 (würde im Auftrag eine Warnmeldung hervorrufen).

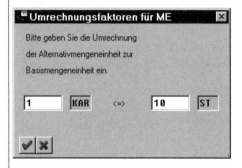 weiter

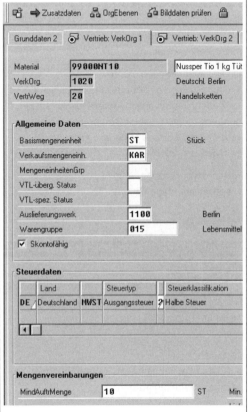

1 KAR ⇔ 10 ST

 weiter

Material 99000NT10 anlegen (Fertigerzeugnis)

StatistikGrMaterial: *1*
▸ Dient zur Ermittlung von Daten, die das System im Logistikinformationssystem fortschreibt.

allg.Pos.typenGruppe: *NORM*
▸ Gruppierung von Materialien hinsichtlich der in Vertriebsbelegen verwendbaren Positionstypen. Indem das Material einer Gruppe zugeordnet wird, werden die für dieses Material zulässigen Positionstypen festgelegt.

Positionstypengruppe: *NORM*
▸ spezifiziert obige Gruppe

 weiter

Material 99000NT10 anlegen (Fertigerzeugnis)

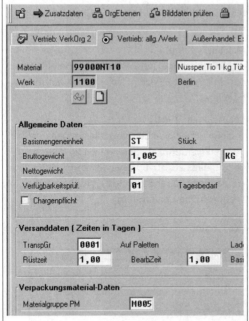

TranspGr: *0001*
▸ Gruppierung von Materialien mit den gleichen Transportanforderungen, z.B. alle Produkte, die mit einem Kühlwagen transportiert werden müssen.

Rüstzeit: *1*
▸ Rüsten der Arbeitsplätze für den Versand (mengenunabhängig).

BearbZeit: *1*
▸ Zeit für die Versandbearbeitung einer bestimmten Materialmenge.

Basismenge: *1200*
▸ Menge, auf die sich die Bearbeitungszeit bezieht, gemessen in der Basismengeneinheit (Stück).

Ladegruppe: *0002*
▸ Gabelstapler

Materialgruppe PM: *M005*
▸ Gruppiert Materialien, die die gleiche Versandhilfsmittelart benötigen.

 weiter

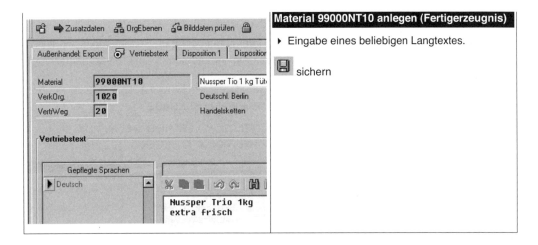

Material 99000NT10 anlegen (Fertigerzeugnis)

▸ Eingabe eines beliebigen Langtextes.

🖫 sichern

Kunden-Material-Info anlegen

FENSTER	MENUEPFAD/EINGABE
	LOGISTIK ⇨ VERTRIEB ⇨ STAMMDATEN ⇨ ABSPRACHEN ⇨ KUNDEN-MATERIAL-INFO ⇨ ANLEGEN
	Kunden-Material-Info anlegen
	Kunde: *88yxx*
	Verkaufsorganisation: *1020*
	Vertriebsweg: *20*
	✅ weiter
	Kunden-Material-Info anlegen: Übersichtsbild
	Material: *99000NT10*
	Kundenmaterial: *5698001*
	▸ Hier können alle weiteren Materialien eingetragen werden, die der Kunde typischerweise bestellt.
	🖫 sichern

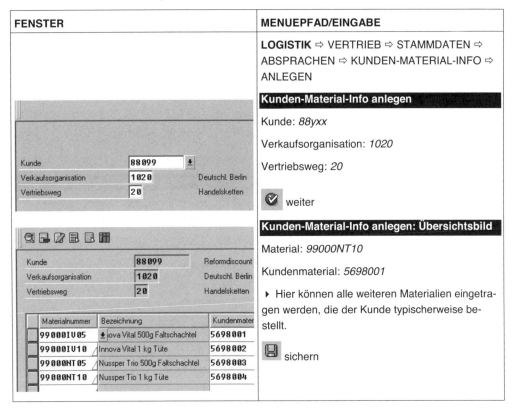

Verkaufspreis für ein Fertigerzeugnis pflegen

Bisher wurde nur der Bewertungspreis für das Material festgelegt (s. Buchhaltungssicht). Für die Preisfindung im Rahmen des Verkaufs muss ein Verkaufspreis (inkl. Gewinnaufschlag) gepflegt werden.

FENSTER	MENUEPFAD/EINGABE
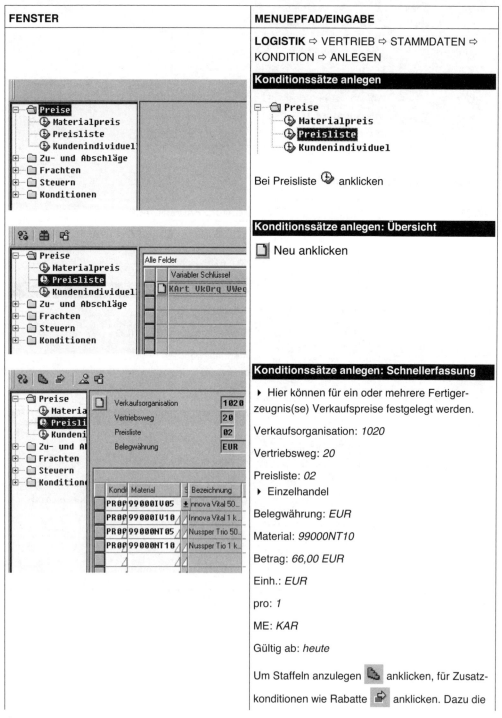	**LOGISTIK** ⇨ VERTRIEB ⇨ STAMMDATEN ⇨ KONDITION ⇨ ANLEGEN
	Konditionssätze anlegen
	⊟ 🗐 Preise 　├ ⊕ Materialpreis 　├ ⊕ **Preisliste** 　└ ⊕ Kundenindividuel Bei Preisliste ⊕ anklicken
	Konditionssätze anlegen: Übersicht
	🗋 Neu anklicken
	Konditionssätze anlegen: Schnellerfassung
	▸ Hier können für ein oder mehrere Fertiger-zeugnis(se) Verkaufspreise festgelegt werden. Verkaufsorganisation: *1020* Vertriebsweg: *20* Preisliste: *02* ▸ Einzelhandel Belegwährung: *EUR* Material: *99000NT10* Betrag: *66,00 EUR* Einh.: *EUR* pro: *1* ME: *KAR* Gültig ab: *heute* Um Staffeln anzulegen 🗒 anklicken, für Zusatz- konditionen wie Rabatte ⇨ anklicken. Dazu die

Position (bzw. das Produkt) auswählen und Staffeln oder Rabatte anklicken. Eine zeitliche Begrenzung von Staffeln und Rabatten ist über entsprechende Angaben bei der Positionsgültigkeit möglich.

Übersicht anklicken

Konditionssätze anlegen: Übersicht

sichern oder wahlweise Naturalrabatt anklicken, um einen Naturalrabatt (Drein- oder Draufgabe) einzugeben.

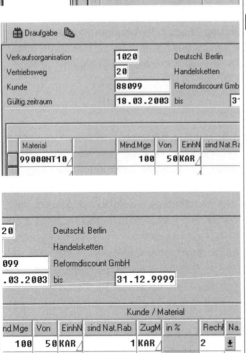

Naturalrabatt (NA00) anlegen

Material: *99000NT10*

Mind.Mge: *50*

▸ ab 50 Kartons gibt es Naturalrabatt

von: *50*

▸ Naturalrabattmenge; Stückelung, bei der es jeweils Naturalrabatt gibt.

EinhN: *KAR*

sind Nat.Rab: *1*

ZugMgeEinh: *KAR*

Rechregel: *2*

▸ mit Einheitsbezug; Rechenregel legt fest, wie Zugabemenge berechnet wird. Z.B. hier bei Bestellung von 140 Kartons werden zwei Kartons zugegeben (100 / 50 x 1). Alternativ kann „anteilig" (z.B. 140 / 50 x 1 = 3 Kartons) oder ganze Einheit" (z.B. 140 / 50 = kein Naturalrabatt, da 140 kein vielfaches von 50) gewählt werden.

▸ Für je 50 Kartons gibt es einen Karton als Dreingabe, d.h. es werden nur 49 Kartons berechnet.

▸ Gegenteil ist Draufgabe: Ausprägung des Naturalrabatts, bei der zur bestellten Ware kostenlos zusätzliche Ware geliefert wird. Bei der Draufgabe muss es sich nicht um dasselbe Material handeln. Es kann von der bestellten Ware abweichen

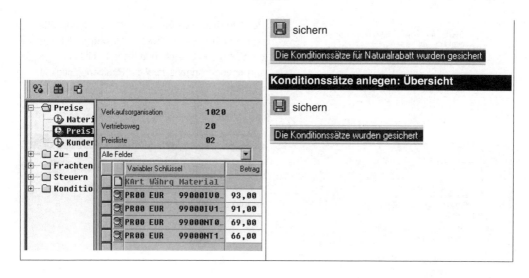

7.4 Kreditmanagement

Da Debitoren häufig nicht unmittelbar Warenlieferungen bezahlen, können zur Vermeidung von Liquiditätsengpässen oder großen Forderungsausfällen Kreditlimits für Debitoren vergeben werden. Das System lässt dann gegenüber bestimmten Debitoren nur bestimmte Forderungshöhen zu.

7.4.1 Kreditkontrollbereich und Kreditlimits

Die Kreditlimits werden in Abhängigkeit vom so genannten Kreditkontrollbereich vergeben. Er fasst Geschäftsbereiche mit ihren Debitoren/Kunden für die Kreditüberwachung zusammen. Aufgrund seiner finanziell unternehmensextern orientierten Wirkungsweise wird der Kreditkontrollbereich an die Hauptachse „Mandant – Buchungskreis" über den Buchungskreis angebunden. Ein Kreditkontrollbereich umfasst mindestens einen Buchungskreis, weshalb eine Unterteilung eines Buchungskreises in mehrere Kreditkontrollbereiche nicht möglich ist.

Aus Sicht des Vertriebs ist der Kreditkontrollbereich direkt dem Mandanten unterstellt und bildet so die höchste Vertriebsebene. In der folgenden Abbildung erhält der Debitor 222 zwei Kreditlimits, eines im Kontrollbereich 1000, wobei das Limit für beide Buchungskreise zusammen gilt, und ein weiteres im Kreditkontrollbereich 2000. Debitoren erhalten ihre maximalen Forderungshöhen jeweils in ihren Kontrollbereichen. Die Zuordnung der Debitoren zu einem Kreditkontrollbereich geschieht über die Verbindung Buchungskreis – Kreditkontrollbereich. Wenn Debitoren für mehrere Buchungskreise angelegt sind und der Kreditkontrollbereich ebenfalls diese Buchungskreise umfasst, dann werden die in Anspruch genommenen Kreditbeträge buchungskreisübergreifend in diesem Kreditkontrollbereich verwaltet. Vergebene Kreditlimits gelten somit immer für den Kreditkontrollbereich, unabhängig von der Anzahl enthaltener Buchungskreise.

Abbildung 219: Kreditkontrollbereich

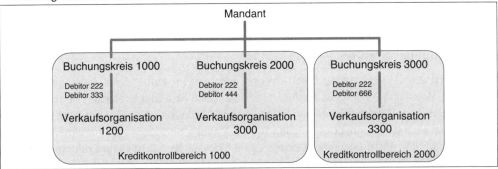

In Anlehnung an SAP® AG

Abhängig von der Sichtweise können verschiedene Limits vergeben werden. Das Gesamtlimit setzt die Forderungsobergrenze über alle Kontrollbereiche hinweg. Unabhängig vom Kreditkontrollbereich dürfen die Forderungen eines Debitors in der Summe dieses Limit nicht übersteigen.

Das Einzellimit legt eine globale Obergrenze für einen Kunden unabhängig vom einzelnen Kreditkontrollbereich fest. Ein Debitor, der in verschiedenen Kreditkontrollbereichen geführt wird, darf in den einzelnen Kreditkontrollbereichen nicht mehr Forderungen aufbauen, als das Einzellimit erlaubt.

Das Kreditlimit gibt letztlich die maximale Forderungshöhe an, die ein Debitor in einem bestimmten Kreditkontrollbereich ausschöpfen darf. Die Forderungshöhe, die gegen das Kreditlimit geprüft wird, ergibt sich aus den aktuell bestehenden und den absehbaren Forderungen. Die bestehenden Forderungen ergeben sich aus den Rechnungen abzüglich Gutschriften und geleisteten Zahlungen. Die absehbaren Forderungen ergeben sich aus den angenommenen Aufträgen.

Das Gesamtlimit und das Einzellimit haben wegen ihrer Unabhängigkeit vom Kreditkontrollbereich eher zentralen, das Kreditlimit wegen der Abhängigkeit vom Kreditkontrollbereich eher dezentralen bzw. individuellen Charakter. Alle Limits haben einen eindeutigen Bezug zum einzelnen Debitor. Sie sind individuell.

Abbildung 220: Kreditlimit, Einzellimit und Gesamtlimit aus Sicht eines Debitors

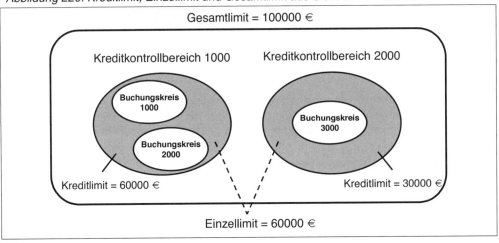

Die Vergabe des Kreditlimits erfolgt unter zweifacher Verprobung. Zum einen wird geprüft, ob die Summe der Kreditlimits das Gesamtlimit übersteigt. Ist dies nicht der Fall, wird weiter geprüft, ob das Kreditlimit kleiner oder gleich dem Einzellimit ist.

7.4.2 Prüfungsverfahren

Die Prüfung auf Überschreitung beim Anlegen oder Ändern eines Verkaufsbeleges erfolgt gegen das Kreditlimit. Wichtig ist hierbei, dass eben auch eine (nachträgliche) Änderung i.S. von Mengen- oder Wertänderungen in Belegen geprüft wird, da sonst das Kreditlimit umgangen werden könnte. Grundvoraussetzung für die Prüfung sind gepflegte Kreditdaten (insb. Kreditlimit) für den entsprechenden Debitor. Ohne Kreditdaten erfolgt keine Prüfung.

Geprüft werden die Summe des Nettobelegwerts und der Wert der offenen Posten (Kreditinanspruchnahme) gegen das Kreditlimit des Regulierers. Der Regulierer muss nicht mit dem Warenbesteller übereinstimmen (s. auch Partnerrollen).

Ob geprüft wird, hängt von den Verkaufsbelegen ab. Dazu wird der Verkaufsbelegart im Customizing ein Wert zugeordnet. Dieser bestimmt dann ob geprüft wird und wie das System reagieren soll:

- Kreditlimitprüfung nicht durchführen,
- Einfache Kreditlimitprüfung durchführen und Warnung,
- Einfache Kreditlimitprüfung durchführen und Error,
- Einfache Kreditlimitprüfung durchführen und Liefersperre.

Abbildung 221: Prüfung in Abhängigkeit zur Belegart

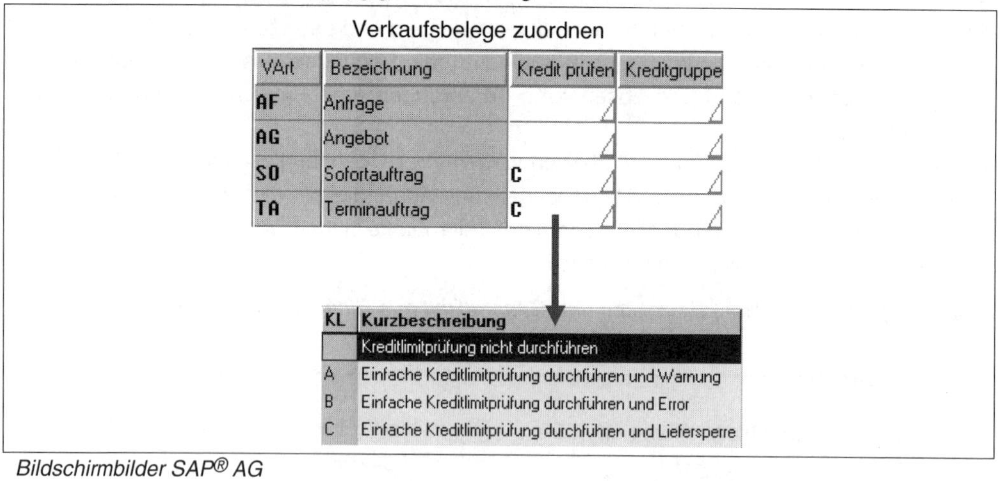

Bildschirmbilder SAP® AG

Die Einstellung für Terminaufträge in der Abbildung bedeutet, dass eine einfache Kreditlimitprüfung durchzuführen ist, wobei eine Liefersperre gesetzt wird. Der Auftrag kann also gesichert werden. Die Lieferung der bestellten Waren kann aber erst nach Klärung weiterer betrieblicher Sachverhalte erfolgen, z.B. Rücksprache mit Vorgesetzten. Den Ablauf einer Kreditlimitprüfung zeigt die Abbildung 222.

Abbildung 222: Ablauf einfache Kreditlimitprüfung

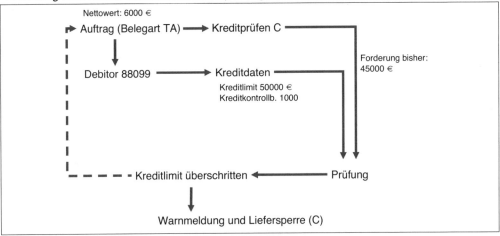

Das vorgestellte Prüfungsverfahren wird als einfache Kreditlimitprüfung bezeichnet. Die sog. automatische Kreditlimitprüfung erweitert die einfache Prüfung um verschiedene Aspekte. Beispielsweise können die Forderungssummen die gegen das Kreditlimit geprüft werden, in ihrer Zusammensetzung variiert werden, z.B.

- Statische Kreditlimitprüfung: Gesamtwert aus offenen Aufträgen, Lieferungen, Fakturabelegen und offenen Posten werden gegen das Kreditlimit geprüft.
- Dynamische Kreditlimitprüfung: prüft im Prinzip den gleichen Wert wie die statische Kreditlimitprüfung gegen das Kreditlimit, wobei für die offenen Aufträge ein Zeitlimit angegeben werden, kann bis zu dem offene Aufträge berücksichtigt werden sollen. Aufträge, die in ferner Zukunft liegen, können so aus der Prüfung ausgegrenzt werden.
- Kreditprüfung auf Basis vom maximalen Belegwert: Auftrags-/Lieferwert darf einen bestimmten Wert nicht übersteigen. Dies ist z.B. bei Neukunden sinnvoll.
- Veränderung von kritischen, d.h. kreditrelevanten Belegfeldern, z.B. verändern sich Zahlungsbedingungen gegenüber den Vorschlagswerten aus dem Debitorenstammsatz.
- Älteste offene Posten dürfen nur eine bestimmte Anzahl von Tagen überfällig sein.

Der parallele Einsatz der Prüfungsarten ist – mit Ausnahme der statischen und dynamischen Kreditlimitprüfungsart – möglich. Bei Bedarf können auch unternehmenseigene Kreditlimitprüfungsvarianten (über User-Exits) gestaltet werden. Für die automatische Kreditlimitprüfung müssen zusätzliche Einstellung im Customizing des Kreditmanagements vorgenommen werden. Vorgänge im Vertrieb, die eine Gleichbehandlung hinsichtlich der Kreditprüfung erfahren sollen, werden über die Kreditgruppe zusammengefasst. Verkaufsbelege, die anstelle der einfachen der automatischen Kreditlimitprüfung unterliegen sollen, bekommen das Kennzeichen „D" für automatische Kreditkontrolle. Zudem werden sie der entsprechende Kreditgruppe zugeordnet (z.B. Sofort- und Terminauftrag zur Kreditgruppe Auftrag). Aus Sicht der Debitoren werden Risikoklassen hinsichtlich des vermuteten Ausfallrisikos in Abhängigkeit zum Kreditkontrollbereich gebildet. Die Zuordnung der Risikoklasse zu dem einzelnen Debitor geschieht über den Kreditdatenstammsatz des Debitors. Der anzuwendende Prüfungsumfang kann dann in Abhängigkeit vom Vorgang (Kreditgruppe) und Risikoklasse des Debitors (z.B. geringes Risiko) festgelegt werden.

Abbildung 223: Customizing der automatischen Kreditlimitprüfung

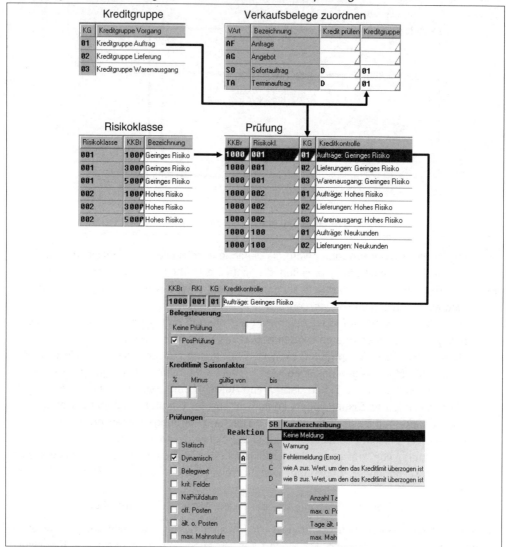

Bildschirmbilder SAP® AG

Beispiel: Ein Terminauftrag für den Kunden 88099 wird angelegt. Terminaufträge sollen über die automatische Kreditkontrolle geprüft werden und gehören zur Kreditgruppe 01. Der Debitor gehört zu Risikoklasse 001 (geringes Risiko). Kreditgruppe, Risikoklasse und Kreditkontrollbereich führen als Schlüssel zum Prüfungsvorgehen (hier dynamische Prüfung). Es wird gegen das Limit von 50000 € geprüft. Bei Überschreiten erscheint im Auftrag eine Warnmeldung.

Für die Kreditkontrolle im vorgestellten Umfang muss die Debitorenbuchhaltung und der Vertrieb von R/3® im Einsatz sein. Falls nur die Debitorenbuchhaltung genutzt wird, erfolgt die Prüfung bei der Fakturabuchung. Kreditlimits sind nach Sichern sofort wirksam.

Trotz der u.U. verwirrenden Bezeichnungen der Prüfverfahren wird auch die einfache Kreditlimitprüfung automatisch – sofern die Einstellungen stimmen – vom System durchgeführt.

Abbildung 224: Ablauf automatische Kreditlimitprüfung

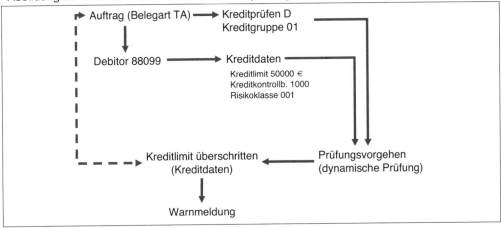

7.4.3 Fallstudie - Vergabe von Kreditlimits

Aufgabe 32

Für den Kunden Reformdiscount (88yxx) sollen ein frei wählbares Kreditlimit, ein Einzellimit und ein Gesamtlimit vergeben werden. Verwenden Sie die Daten der Pflegeanleitung.

Kreditlimit vergeben

FENSTER	MENUEPFAD/EINGABE
	RECHNUNGSWESEN ⇨ FINANZWESEN ⇨ DEBITOREN ⇨ KREDITMANAGEMENT ⇨ STAMMDATEN ⇨ ÄNDERN
	Debitor Kreditmanagement ändern: Einstieg
	Debitor: *88yxx*
	▸ Eingabe der Debitorennummer des gewünschten Kunden.
	Kreditkontr. Bereich: *1000*
	▸ Kreditkontrollbereich Europa, dieser ist für den Buchungskreis der Fallstudie gültig.
	Ankreuzen der gewünschten Sichten mit ☑.
	▸ Es sind mindestens die Sichten ☑ Zentraldaten
	und ☑ Zahlungsverhalten anzukreuzen, da in diesen die Einstellung der Kreditlimits erfolgt.
	▸ In diesem Einstiegsbild ist bereits zu erkennen, dass sich das Kreditmanagement in SAP® R/3® in eine zentrale (debitorbezogene) und eine dezentrale (debitor- und kreditkontrollbereichsbezogene) Sicht aufteilt. In der zentralen Sicht (Zent-

Im Fensterbereich:

Debitor 88099   Reform
Kreditkontr. Bereich 1000   Kreditk(

Übersicht
☑ Übersicht

Allgemeine Daten
☑ Anschrift
☑ Zentraldaten

Kreditkontrollbereichsdaten
☑ Status
☑ Zahlungsverhalten

raldaten) werden die Maximalvorgaben geschaffen, die dann in der dezentralen Sicht (Kreditbereichkontrolldaten) um das tatsächlich einzuhaltende Kreditlimit ergänzt werden.

 weiter

Debitoren Kreditmanagement ändern: Übersicht

▸ Diese Sicht gibt einen Überblick über das bisherige Zahlungsverhalten des angezeigten Debitors (hier: 88099) für den ausgewählten Kreditkontrollbereich (hier: 1000).

▸ Im Feld Horizont kann ein Datum eingegeben werden. Das System berücksichtigt dann lediglich diejenigen offenen Posten des Debitors zur Berechnung der Ausschöpfung des Kreditlimits, die innerhalb dieses Horizontes liegen.

Bisher wurde noch kein Zahlungsverhalten aufgezeichnet

▸ Bisher gab es keine Zahlungseingänge durch diesen Debitor.

weiter, oder zur Navigation zwischen den Sichten benutzen.

Debitoren Kreditmanagement ändern : Anschrift

▸ In dieser Sicht kann anhand der Anschriftdaten verifiziert werden, ob tatsächlich der richtige Debitor ausgewählt wurde.

▸ Änderungsmöglichkeiten sind hier nicht gegeben.

weiter, oder zur Navigation zwischen den Sichten benutzen.

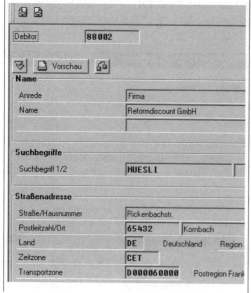

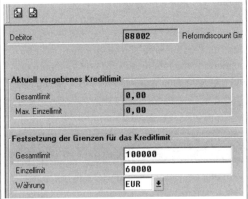

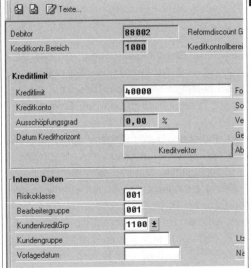

Debitoren Kreditmanagement ändern: Zentraldaten

Gesamtlimit: *100000*

▸ Hier ist dasjenige Limit einzugeben, welches der Debitor maximal insgesamt für alle Kreditkontrollbereiche erhalten darf, d.h. die Summe aller gewährten Kreditlimits darf das Gesamtlimit nicht überschreiten.

Einzellimit: *60000*

▸ Hier ist ein Limit einzugeben, welches als eine Art Vorgabewert für die tatsächlichen Kreditlimits der Kreditkontrollbereiche fungiert. Der Betrag, der hier eingegeben wird, ist der maximal mögliche Betrag für einen bestimmten Debitor, der als Kreditlimit für einen einzelnen, beliebigen Kreditkontrollbereich vergeben werden kann.

Währung: *EUR*

✅ weiter

Debitoren Kreditmanagement ändern: Status

Kreditlimit: *40000*

▸ Hier wird das tatsächliche Kreditlimit, bezogen auf den Kunden und den Kreditkontrollbereich, vergeben. Dieses Limit ist vom Kunden tatsächlich einzuhalten. Es kann gleich hoch oder niedriger als das Einzellimit des vorherigen Bildschirmbildes sein. Die Summe dieser Kreditlimits darf das Gesamtlimit nicht überschreiten.

Risikoklasse: *001*

▸ Die Einordnung des Kreditors in Risikoklassen steuert das Verfahren (bzw. die Intensität) der Kreditprüfung, hier: Geringes Risiko.

Bearbeitergruppe: *001*

▸ Sachbearbeitergruppe der Kreditkontrolle, hier: Kunden mit geringem Risiko.

KundenkreditGrp: *1100*

▸ Gruppierungsbegriff, man kann die Kunden z.B. nach geografischen Gesichtspunkten gruppieren, hier: Großkunden Inland.

Vorlagedatum: *tt.mm.jjjj*

▸ beliebiges Datum, ca. 6 Monate in der Zukunft. Zur Anlage eines internen Wiedervorlagesystems der Kreditkontrolle kann hier ein Datum eingegeben werden, nach dem das Limit neu überprüft werden sollte.

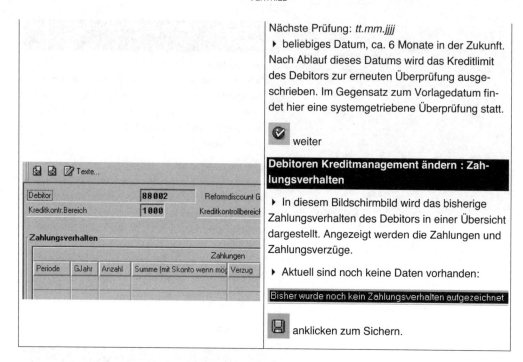

Nächste Prüfung: *tt.mm.jjjj*

▸ beliebiges Datum, ca. 6 Monate in der Zukunft. Nach Ablauf dieses Datums wird das Kreditlimit des Debitors zur erneuten Überprüfung ausgeschrieben. Im Gegensatz zum Vorlagedatum findet hier eine systemgetriebene Überprüfung statt.

✅ weiter

Debitoren Kreditmanagement ändern : Zahlungsverhalten

▸ In diesem Bildschirmbild wird das bisherige Zahlungsverhalten des Debitors in einer Übersicht dargestellt. Angezeigt werden die Zahlungen und Zahlungsverzüge.

▸ Aktuell sind noch keine Daten vorhanden:

Bisher wurde noch kein Zahlungsverhalten aufgezeichnet

💾 anklicken zum Sichern.

7.5 Verkaufsbelege

Verkaufsbelege dokumentieren wie die Einkaufsbelege Geschäftsvorgänge. Zu den Verkaufsbelegen zählen beispielsweise Anfragen, Aufträge und Reklamationen. Sie haben den gleichen Aufbau wie alle bisherigen Belege, d.h. sie bestehen aus einem Belegkopf mit Daten für den gesamten Beleg (z.B. Debitorennummer, Belegwährung) und den Belegpositionen.

Ein Verkaufsbeleg kann sich diverser Stammdaten bedienen. Durch Eingabe der Debitorennummer in das Belegkopffeld Auftraggeber können die relevanten Daten des entsprechenden Kundenstammsatzes übernommen werden. Das bestellte Material wird auf Positionsebene eingegeben. Die Materialnummer als Schlüssel ermöglicht den Zugriff auf die in den Vertriebssichten im Materialstammsatz gepflegten Daten (z.B. Verkaufsmengeneinheit). Teilweise können die übernommenen Daten geändert werden. Ebenso können die Daten einer Position von denen des Belegkopfs abweichen, z.B. gelte grundsätzlich ein Zahlungsziel von 30 Tagen (Belegkopf), für eine der vorhandenen fünf Positionen können jedoch andere Zahlungsbedingungen gelten. Die Zahlungsbedingungen würden hier auf Positionsebene für die eine Position verändert. Weiter kann auf Daten aus Kunden-Material-Infosätzen zurückgegriffen werden.

Sind Vorgängerbelege vorhanden, so können auch diese zur Belegerstellung verwendet werden (bspw. wird aufgrund eines Angebots ein Auftrag erstellt). Zu beachten ist, dass zwischenzeitliche Veränderungen in Material- und Debitorenstammsatz im Auftrag für vorhandene Positionen nicht berücksichtigt werden. Das erstellte Angebot kann so auch tatsächlich in einen Auftrag umgesetzt werden. In Auftragspositionen wird nur dann auf die aktualisierten Stammsätze zurückgegriffen, wenn eine neue Position hinzugefügt wird. Bei Änderung von Stammsatzdaten, die im Verkaufsbeleg als Kopfdaten verwendet werden, findet auch beim

Hinzufügen von Positionen keine Aktualisierung statt. Daten des Belegkopfes beziehen sich stets auf alle Positionen.

Abbildung 225: Daten aus Vorgängerbelegen

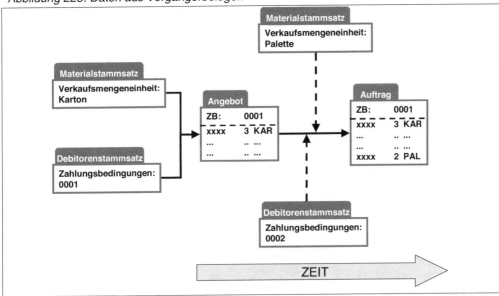

In Anlehnung an SAP® AG

Ein Verkaufsbeleg bzw. seine Positionen können gelöscht werden. Dies ist allerdings nur dann möglich, wenn keine Folgebelege zu diesem Verkaufsbeleg bzw. zu seinen Positionen existieren. Der Beleg oder die Position wird in der Datenbank gelöscht. Ein späterer Zugriff ist damit nicht mehr möglich. Soll der Beleg oder die Position in späteren Analysen berücksichtigt werden, so sollte mit Absagegründen gearbeitet werden. Dazu kann der Position oder dem Beleg ein Absagegrund hinzugefügt werden.

In Abhängigkeit vom betriebswirtschaftlichen Vorgang können verschiedene Verkaufsbelegarten unterschieden werden. Die folgende Tabelle zeigt eine Auswahl.

Tabelle 3: Verkaufsbelegarten

Belegart	Abkürzung
Anfrage	AF
Angebot	AG
Kostenlose Lieferung	KL
Terminauftrag	TA
Barverkauf	BV

©SAP® AG

Die Verkaufsbelegart umfasst dann wieder diverse vertriebsrelevante Steuerungsparameter.

7.5.1 Positionstypen

In einen Auftrag ist u.a. eine kostenlose Position aufgenommen worden (z.B. Werbegeschenk). Damit nun für diese Position keine Preisfindung durchgeführt wird, müsste die Position für das System ersichtlich als kostenlos gekennzeichnet sein. Ein weiteres Beispiel: Leihgut wird mit in den Auftrag hineingenommen. Auch hier soll wieder keine Preisfindung durchgeführt werden. Folglich dürfte diese Position auch in der Faktura rechnerisch nicht vorkommen. Gleiches gilt für eine Textposition.

Zur Kennzeichnung der Art oder Intention einer Position wird der so genannte Positionstyp eingesetzt. Dieser enthält – neben der Preisfindung – weitere Steuerungsparameter für die Weiterverarbeitung auf Positionsebene, beispielsweise ist für die Dienstleistung eine normale Lieferbearbeitung nicht erforderlich. Der Positionstyp wird vom System im Auftrag vorgeschlagen.

Ermittelt wird der Positionstyp über die im Materialstammsatz gepflegte Positionstypengruppe und die Verkaufsbelegart. Die Positionstypengruppe umfasst sämtliche für eine Belegart zulässigen Positionstypen.

Die Abbildung 226 zeigt das Beispiel eines Terminauftrags. Dieser enthält eine Position mit dem Material 9900NT10. Dem Material ist in der Materialstammsatzsicht Vertrieb: Verk.Org. 2 die Positionstypengruppe NORM zugeordnet. Die Kombination aus Positionstypengruppe NORM und Belegart TA ergibt in der Customizing-Tabelle den Positionstyp TAN (normale Position). Dieser wird im Auftrag vorgeschlagen. Für Positionen, die mit dem Typ TAN gekennzeichnet sind, wird eine Preisfindung durchgeführt. Außerdem sind sie fakturarelevant.

Alternativ könnte die Position manuell umgeschlüsselt werden und so als kostenlose Position TANN gekennzeichnet werden. Die für die manuelle Umschlüsselung (Pos.Typ.M.) zulässigen Positionstypen werden zusammen mit dem Vorschlagstyp in der Customizing-Tabelle festgelegt.

Abbildung 226: Positionstypenfindung

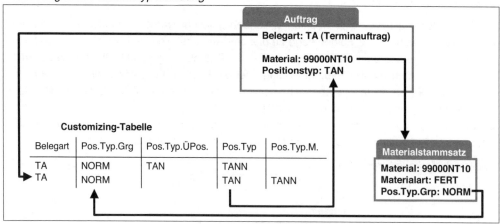

Die Positionstypengruppe im Materialstammsatz wird bei der Anlage des Stammsatzes vom System vorgeschlagen. Dazu wurde vorher im Customizing der Materialart eine Positionstypengruppe zugeordnet.

Für den Kauf einer bestimmten Menge eines Materials werde z.B. ein Naturalrabatt gewährt.[58] Für je 50 Kartons gebe es einen Karton als Dreingabe, d.h. es werden nur 49 Kartons berechnet. Die Dreingabenposition ist eine untergeordnete Position. Entsprechend der Einstellung im Customizing (Pos.Typ.ÜPos, s. Abbildung 226) wird ein Positionstyp für die untergeordnete Position vorgegeben. Für die Dreingabe wäre dies der Positionstyp TANN (kostenlose Position).

---

[58] S. Abbildung 227.

Abbildung 227: Positionstyp von untergeordneten Positionen

	Pos	Material	Auftragsmenge	ME	E	Bezeichnung		1.Datum	Werk	Ptyp	Üb.Pos
								Alle Positionen			
	10	99000NT10	49	KAR	☐	Nussper Trio 1kg-Tüte	T	11.07.2001	1100	TAN	
	20	99000NT10	1	KAR	☑	Nussper Trio 1kg-Tüte	T	11.07.2001	1100	TANN	10
			↓		☐		T	11.07.2001			
					☐		T	11.07.2001			
					☐		T	11.07.2001			

©SAP® AG

7.5.2 Verfügbarkeitsprüfung im Vertrieb

Ein Kunde bestellt Waren zu einem bestimmten Termin. Zur Überprüfung, ob dieser Termin eingehalten werden kann, wird bei der Auftragserstellung eine Verfügbarkeitsprüfung der gewünschten Materialien durchgeführt. Die Prüfung kann wieder auf Basis der ATP-Menge geschehen.

Abhängig von der über die Prüfgruppe im Materialstammsatz gewählten Prüfregel wird die Prüfung durchgeführt. Diese kann auch die Wiederbeschaffungszeit berücksichtigen. Vom Wunschlieferdatum des Kunden ausgehend wird rückwärts terminiert.

Unter Berücksichtigung von Transitzeit, Ladezeit, Richtzeit (Kommissionieren und Verpacken) und Transportdispositionsvorlaufzeit (Organisation des Transports) wird das Materialbereitstellungsdatum ermittelt. Transitzeit, Ladezeit etc. werden in Abhängigkeit von Versandstelle und Route im Customizing gepflegt. Wenn dem geplanten Abgang (Materialbereitstellung) ausreichend Zugänge gegenüberstehen, so wird die Menge bestätigt.

Bei einer Unterdeckung zum geforderten Materialbereitstellungstermin spielt die Wiederbeschaffungszeit eine wichtige Rolle. Die Wiederbeschaffungszeit ist die Zeit, die benötigt wird, um Material wieder bereitzustellen. Die Zeiten werden im Materialstammsatz festgelegt.[59]

Bei einer Prüfung mit Einbeziehung der Wiederbeschaffungszeit kann das gewünschte Material frühestens durch geplante Zugänge, spätestens aber zum Ende der Wiederbeschaffungszeit bereitgestellt werden. Liegt der geforderte Bereitstellungstermin zeitlich hinter dem Ende der Wiederbeschaffungszeit, so kann wunschgerecht geliefert werden. Liegt der geforderte Bereitstellungstermin innerhalb der Wiederbeschaffungszeit, dann verschiebt sich der mögliche Liefertermin entsprechend nach hinten. Bei einer Bestellung von 10 KG (s. Abbildung 228) kann zum ermittelten Bereitstellungstermin der Bedarf nicht gedeckt werden. Es sind nicht genügend Zugänge vorhanden. Der folgende Zugang reicht nicht aus, so dass erst am Ende der Wiederbeschaffungszeit das Material bereitgestellt werden kann. Das Wunschlieferdatum kann nicht eingehalten werden.

Bei einer Prüfung ohne Einbeziehung der Wiederbeschaffungszeit verschiebt sich der Bereitstellungstermin bis zu dem Zeitpunkt, an dem ausreichend Zugänge vorhanden sind. Der Liefertermin verschiebt sich ebenfalls nach hinten. Der Bedarf kann also erst gedeckt werden, wenn der Zugang von 15 KG erfolgt ist.

---

[59] S. auch Kapitel 6.4.3, S. 380.

Abbildung 228: Verfügbarkeitsprüfung mit und ohne Wiederbeschaffungszeit

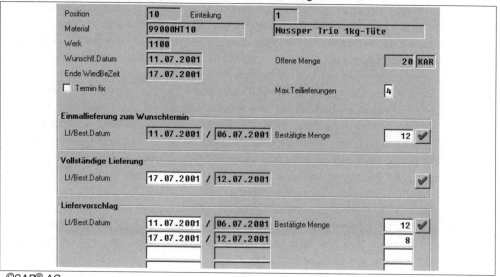

In Anlehnung an SAP® AG

Die aus einer Unterdeckung resultierenden Bereitstellungs- und Liefertermine werden ange-zeigt. Dazu verzweigt das System aus der Auftragsposition heraus in die Verfügbarkeitskon-trolle (nur bei Unterdeckung!). Die Liefervorschläge werden anhand des Beispiels in der Abbildung 229 erläutert.

Abbildung 229: Verfügbarkeitskontrolle und Liefervorschläge

Position	10	Einteilung	1	
Material	99000NT10		Nussper Trio 1kg-Tüte	
Werk	1100			
Wunschlf.Datum	11.07.2001	Offene Menge		20 KAR
Ende WiedBeZeit	17.07.2001			
☐ Termin fix		Max.Teillieferungen	4	

Einmallieferung zum Wunschtermin

Lf/Best.Datum	11.07.2001 / 06.07.2001	Bestätigte Menge	12 ✔

Vollständige Lieferung

Lf/Best.Datum	17.07.2001 / 12.07.2001		✔

Liefervorschlag

Lf/Best.Datum	11.07.2001 / 06.07.2001	Bestätigte Menge	12 ✔
	17.07.2001 / 12.07.2001		8

©SAP® AG

Ein Kunde bestelle am 02.07. 20 Kartons des Materials 99000NT10. Die „Einmallieferung zum Wunschtermin" zeigt die Menge an (12 Kartons), die zum Wunschliefertermin (11.07.) verfügbar ist. Bereitstellungstermin sei der 06.07. Die Versandzeit betrage 3 Arbeitstage.

Der Bereich „vollständige Lieferung" zeigt den Zeitpunkt an, zu dem die vollständige Menge von 20 Kartons geliefert werden kann (17.07.). Die Wiederbeschaffungszeit beträgt 8 Arbeitstage. Der Zeitpunkt liegt hinter dem Wunschlieferdatum. Für den Fall, dass auch zu einem späteren Zeitpunkt keine vollständige Lieferung möglich ist, wird hier kein Termin vorgeschlagen. Grundlage für die Terminberechnung sind die Wiederbeschaffungszeit oder, falls ohne Berücksichtigung der Wiederbeschaffungszeit geprüft wurde, die geplanten Zugänge.

Der „Liefervorschlag" splittet die Lieferung in Teillieferungen entsprechend der geplanten Zugänge bzw. der Wiederbeschaffungszeit.

Die Liefertermine der Bereiche „Vollständige Lieferung" und „Liefervorschlag" werden durch eine Vorwärtsterminierung aus dem Materialbereitstellungstermin errechnet.

7.5.3 SD-Anfrage und SD-Angebot

Stellt ein Kunde oder Interessent eine Anfrage, so wird er in der Regel wissen wollen, ob die gewünschte Ware im Lager verfügbar ist, welche Konditionen sie hat oder ob Kataloge oder Verkaufsbroschüren zu der gewünschten Ware zur Verfügung stehen. Das System bietet für die Pflege einer Anfrage entsprechende Bildschirme und Datenfelder. Weiter können auch eine automatische Preisfindung durchgeführt und die Verfügbarkeit geprüft werden.

Die Erfassung einer Anfrage dokumentiert zum einen den Vorgang, zum anderen kann in der Folge bei der Erstellung eines Angebots oder eines Auftrages Bezug auf die Anfrage genommen werden, so dass der Arbeitsaufwand verringert wird.

Abbildung 230: Auftragswahrscheinlichkeit

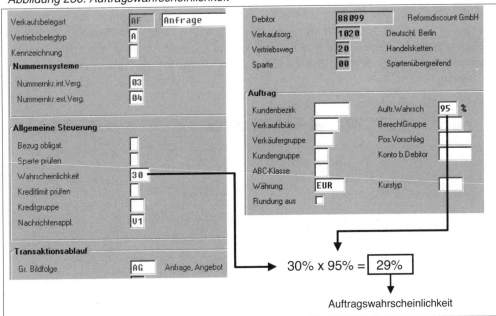

Bildschirmbilder ©SAP® AG

Bei der Erstellung einer Anfrage oder auch eines Angebotes macht das System einen Vorschlag, wie wahrscheinlich es ist, dass der Kunde einen Auftrag erteilen wird. Die Auftragswahrscheinlichkeit berechnet sich aus der in der Verkaufsbelegart hinterlegten Wahrscheinlichkeit (Customizing) multipliziert mit der Auftragswahrscheinlichkeit im Kundenstammsatz.

Es gibt also eine pauschale vom Verkaufsbeleg abhängige Wahrscheinlichkeit, die durch die Auftragswahrscheinlichkeit im Debitorenstammsatz individualisiert wird.

Die Auftragswahrscheinlichkeit wird auf Positionsebene als Prozentsatz angezeigt. Sie stellt einen Vorschlag dar, der manuell geändert werden kann. Die berechneten oder eingegebenen Auftragswahrscheinlichkeiten dienen u.a. der Berechnung des erwarteten Auftragswerts (Wahrscheinlichkeit x Nettowert).

Abbildung 231: Auftragswahrscheinlichkeit und erwarteter Auftragswert

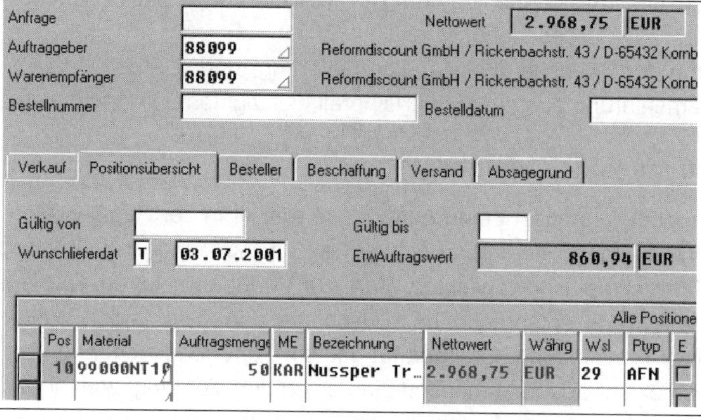

©SAP® AG

Das System unterstützt die Erstellung einer Liste von Anfragen (und Angeboten), die nach der Auftragswahrscheinlichkeit sortiert ist.

Das Angebot stellt dann für das anbietende Unternehmen eine Möglichkeit dar, verbindlich auf die Anfrage eines Kunden zu reagieren. Das Angebot kann auf verschiedenen „Vorlagen" basieren. Beispielsweise kann die dem Angebot vorausgehende Anfrage verwendet werden. Positionen etc. werden kopiert. Ebenso können „alte" Angebote als Vorlage wieder verwendet werden.

Abbildung 232: Angebot anlegen mit Bezug

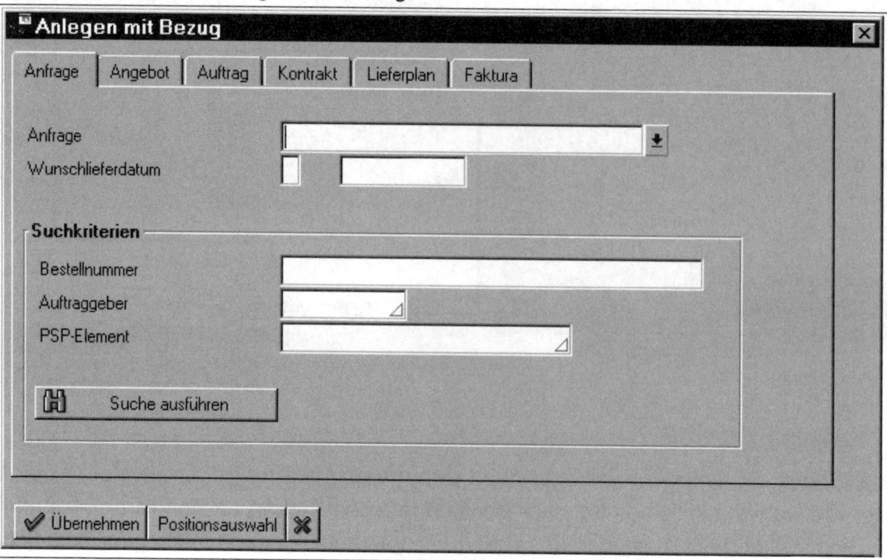

©SAP® AG

Weiter werden Preisfindung und Verfügbarkeitsprüfung bei der Erstellung des Angebots durchgeführt.

Die Dokumentation der Vorverkaufsaktivitäten (Anfrage und Angebot) bietet sich im Prinzip immer dann an, wenn in späteren Vorgängen ein Rückgriff auf diese „Vorlage" erfolgen soll und die Aktivitäten mittels Berichten bzw. Analysen ausgewertet werden sollen, beispielsweise um die Auftragswahrscheinlichkeit eines Kunden zu ermitteln.

7.5.4 SD-Auftrag

Beim Kundenauftrag können über die Auswahl der Belegart unterschiedliche Verkaufsvorgänge bzw. Auftragsformen abgebildet werden, z.B. Barverkauf, Sofortauftrag (Lieferung am gleichen Tag) oder Terminauftrag (Lieferung zu einem bestimmten Termin).

Der Auftrag greift – wie Anfrage und Angebot auch – auf Kunden- und Materialstammsätze zurück. Dabei werden Daten in den Auftrag übernommen oder dazu verwendet, Preisfindungen, Bedarfsübergaben (an die Disposition), Kreditlimitprüfungen oder Verfügbarkeitsprüfungen durchzuführen.

Weitere Funktionen sind die Versandterminierung sowie Versandstellen- und Routenermittlung (stehen auch in Anfrage und Angebot zur Verfügung).

Die vom System vorgeschlagenen Daten können – müssen aber nicht - als Grundlage für den anzulegenden Auftrag dienen.

Kundenaufträge können zur Arbeitserleichterung mit Bezug zu einem schon existierenden Beleg angelegt werden. Dies ist z.B. dann hilfreich, wenn ein Auftrag aufgrund eines zuvor gemachten Angebots zustande kommt. Beim Anlegen des Auftrags werden dabei alle relevanten Stammdaten aus dem Angebot übernommen. Analog zur Bestellung im Einkauf wird durch den Auftrag der Nachrichtendruck initiiert (gilt auch für Angebot).

7.5.5 Fallstudie – Auftrag

Aufgabe 33
Erstellen Sie zwei Kundenaufträge (Terminaufträge) mit folgenden Daten:
* Reformdiscount
    Nussper Trio 1kg 10 Kartons
    Nussper Trio 500g 3 Kartons
    Wunschliefertermin Heute + 6 Tage
* Feinkostgroßhandel Schubert
    Kdnummer von IV05 10 Kartons
    Kdnummer von NT05 8 Kartons
    Wunschliefertermin Heute + 3 Tage

Kundenauftrag anlegen

FENSTER	MENUEPFAD/EINGABE

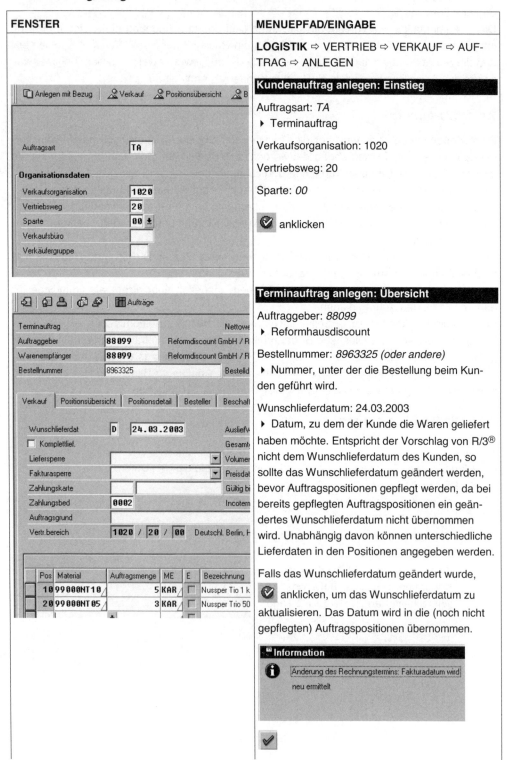

MENUEPFAD/EINGABE (rechte Spalte):

LOGISTIK ⇨ VERTRIEB ⇨ VERKAUF ⇨ AUFTRAG ⇨ ANLEGEN

Kundenauftrag anlegen: Einstieg

Auftragsart: *TA*

▶ Terminauftrag

Verkaufsorganisation: 1020

Vertriebsweg: 20

Sparte: *00*

✅ anklicken

Terminauftrag anlegen: Übersicht

Auftraggeber: *88099*

▶ Reformhausdiscount

Bestellnummer: *8963325 (oder andere)*

▶ Nummer, unter der die Bestellung beim Kunden geführt wird.

Wunschlieferdatum: 24.03.2003

▶ Datum, zu dem der Kunde die Waren geliefert haben möchte. Entspricht der Vorschlag von R/3® nicht dem Wunschlieferdatum des Kunden, so sollte das Wunschlieferdatum geändert werden, bevor Auftragspositionen gepflegt werden, da bei bereits gepflegten Auftragspositionen ein geändertes Wunschlieferdatum nicht übernommen wird. Unabhängig davon können unterschiedliche Lieferdaten in den Positionen angegeben werden.

Falls das Wunschlieferdatum geändert wurde,

✅ anklicken, um das Wunschlieferdatum zu aktualisieren. Das Datum wird in die (noch nicht gepflegten) Auftragspositionen übernommen.

> ⓘ **Information**
>
> ⓘ Änderung des Rechnungstermins: Fakturadatum wird neu ermittelt

Material: xx000NT10 etc.

Auftragsmenge: 10

▸ Wahlweise kann auch die Kundenmaterial-
nummer eingegeben werden, sofern die Kunden-
Material-Info gepflegt ist.

⊘ anklicken, Daten werden aktualisiert. Abhängig von den Stammdaten können verschiedene
Meldungen bei bestimmten Positionen ausgegeben werden.

> W: In Position 000010 bitte die Mindestauftragsmenge beachten: 10 ST

▸ Erscheint, da im Stammsatz von 99000NT05
eine Mindestauftragsmenge von 10 Kartons gepflegt worden war. Die Auftragsmenge kann korrigiert werden oder Warnung wird mit ⊘ übergangen.

> W: In Pos. 000010 bitte die Liefereinheit beachten: 10 ST

▸ Warnung, dass die im Stammsatz angegebene
Verkaufsmengeneinheit von der Auftragsmengen-
einheit abweicht. Korrigieren oder mit ⊘ übergehen.

> W: Die Mindestmenge von 50 KAR des Naturalrabatts wurde nicht erreicht

▸ Warnung bzw. Hinweis, dass Rabattstaffeln
oder Naturalrabatte nicht erreicht wurden. Mit ⊘
übergehen.

Durch Markieren einer Position und anklicken von
⊞ kann überprüft werden, ob das Material zum
angegebenen Wunschliefertermin verfügbar ist.

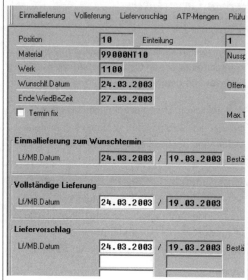

Terminauftrag: Verfügbarkeitskontrolle

▸ In die Verfügbarkeitskontrolle wird nur dann verzweigt, wenn Unterdeckung zum Bereitstellungstermin besteht. Die bestätigte Menge ist die aktuell zum Liefertermin 24.03.2003 lieferbare Materialmenge. Der 19.03.2003 ist Materialbereitstellungstermin, d.h. der Zeitpunkt, zu dem die Waren für den Versand bereit stehen.

▸ Das System schlägt drei Liefervarianten vor:
Einmallieferung zum Wunschtermin.
> Prüfung, ob das Wunschlieferdatum eingehalten werden kann.

Vollständige Lieferung
> Prüfung, ob zu einem beliebigen späteren Termin genügend Bestand für eine vollständige Lieferung vorhanden ist.

Liefervorschlag
> Prüfung, ob und zu welchen Terminen Teillieferungen möglich sind. Wird die Verfügbarkeitsprüfung unter Berücksichtigung der Wiederbeschaffungszeit (Materialstammsatz) durchgeführt, so wird das Datum nach Ablauf der Wiederbeschaffungszeit vorgeschlagen. Das System geht nach Ablauf der Wiederbeschaffungszeit davon aus, dass beliebige Mengen zur Verfügung stehen.

▸ Zur Berechnung des möglichen Liefertermins verwendet R/3® die Transitzeit, Ladezeit, Richtzeit (Kommissionieren und Verpacken) und die Transportdispositionsvorlaufzeit (Organisation des Transports). Die Zeiten werden in Abhängigkeit von Versandstelle und Route im Customizing gepflegt.

ATP-Mengen anklicken

▸ Übersicht über vorhandene Bestände sowie geplante Zu- und Abgänge.

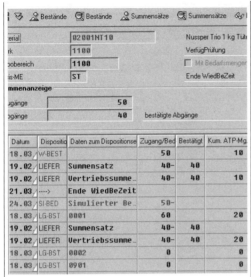

Datum	Dispositio	Daten zum Dispositionse	Zugang/Bed	Bestätigt	Kum. ATP-Mg.
18.03	W-BEST		50		10
19.02	LIEFER	Summensatz	40-	40	
19.02	LIEFER	Vertriebssumme...	40-	40	10
21.03	---->	Ende WiedBeZeit			
24.03	SI-BED	Simulierter Be...	50-		
18.03	LG-BST	0001	60		20
19.02	LIEFER	Summensatz	40-	40	
19.02	LIEFER	Vertriebssumme...	40-	40	20
18.03	LG-BST	0002	0		0
18.03	LG-BST	0001	0		0

Verfügbarkeitsübersicht

▸ Legende Dispositionselemente:

W-BEST: Werksbestand

SI-BED: Simulierter Bedarf (50 Stück)

LIEFER: Lieferung

LG-BST: Lagerbestand

Prüfungsumfang anklicken

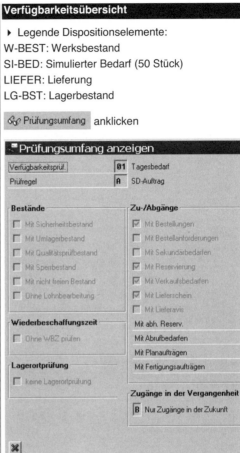

▸ Die Möglichkeit einer ATP-Mengenberechnung wird über die Dispositionsgruppe im Materialstammsatz eingeräumt. Welche Dispositionselemente bei der Verfügbarkeitsprüfung bzw. bei der ATP-Mengenberechnung berücksichtigt werden, hängt von dem im Customizing gepflegten Prüfumfang ab. Der Prüfumfang wird durch den Materialstammsatz und die Auftragsart bestimmt. Im Screen der Ausschnitt aus dem Customizing.

 abbrechen

zurück

eine Liefervariante ✓ übernehmen

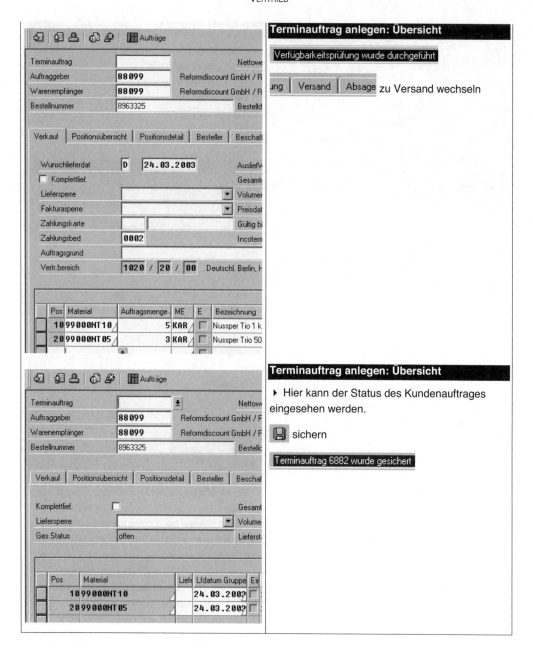

7.6 Versand

Der Versand ist für die Versandabwicklung zuständig. Auch im Versand gibt es wieder spezielle Strukturelemente, die helfen sollen, Bereiche im Unternehmen abzubilden. Die Versandstelle kann als oberste Einheit des Versands in mehrere Verladestellen (z.B. Rampe 1) gegliedert sein. Die Bearbeitung und Überwachung der Lieferaktivitäten geschieht in Bezug auf die Versandstelle. Die Versandstelle führt den Versand für mindestens ein Werk durch. Ein Werk kann umgekehrt mehrere Versandstellen haben. So können z.B. Versandstellen für verschiedene Transportarten (Bahn oder LKW) abgebildet oder nach Art der Versandhilfsmittel (Verpackungen) gegliedert werden.

Abbildung 233: Unternehmensstruktur des Versands

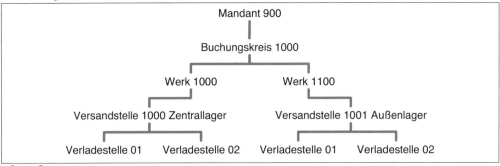

©SAP® AG

7.6.1 Lieferung

Der Versandbeleg (Lieferung) besteht wieder aus einem Belegkopf (Versandstelle, Nummer des Auftragsgebers etc.) und aus Belegpositionen (Materialnummer, Liefermenge, Kommissionierdatum etc.). Bei der Erfassung des Versandbelegs werden versandrelevante Daten aus den Material- und Debitorenstammsätzen verwendet, wenn die Lieferung ohne Bezug zu Vorgängerbelegen erstellt wird. Bei Erstellung mit Bezug (zu einem Auftrag) werden die Daten fälliger Auftragspositionen übernommen. Fällig bedeutet hier, dass das Materialbereitstellungsdatum oder das Transportdispositionsdatum erreicht ist. Bestehen mehrere Einteilungen für eine Position, so wird nur die Einteilung in die Lieferung übernommen, die fällig ist. Die Erstellung einer Lieferung ist nur dann möglich, wenn:

- keine Liefersperren gesetzt sind (z.B. wegen zwischenzeitlichem Überschreiten des Kreditlimits),
- mindestens eine lieferbare Position im Auftrag ist (Menge größer Null),
- die lieferrelevanten Positionsangaben im Auftrag vollständig sind,
- die Ware verfügbar ist,
- die Ware für die Lieferung zugelassen (z.B. neue Produkte) ist.

Eine Lieferung wird immer vollständig von einer Versandstelle abgewickelt, wobei die einzelnen Auftragspositionen von unterschiedlichen Versandstellen bearbeitet werden können. Für jede Versandstelle ist dann eine eigene Lieferung anzulegen. Die Zuständigkeit einer Versandstelle für eine Auftragsposition ergibt sich aus der Kombination von:

- Versandbedingung (Debitorenstammsatz; z.B. Standard- oder Schnelllieferung),
- Ladegruppe (Materialstammsatz; z.B. Ware wird immer manuell verladen),
- Auslieferungswerk (Materialstammsatz).

Neben dem Vorschlag lassen sich im Customizing noch alternative Versandstellen festlegen. Ist die vorgeschlagene Versandstelle zum Auslieferungszeitpunkt überlastet, so kann die Versandstelle manuell auf eine gepflegte Alternative umgestellt werden. Die Lieferungsbearbeitung bietet für den Kunden die Möglichkeit, Aufträge zu splitten bzw. zusammenzuführen. Da bei der Lieferung verschiedene Lieferungsvorgänge auftreten können (z.B. Nachschublieferung oder Retourenlieferung), lassen sich verschiedene Versandbelegarten unterscheiden. Die Versandbelegart wird bei Anlage mit Bezug zum Auftrag vom System vorgeschlagen. Bei dem Auftrag kann es sich um einen Kundenauftrag oder einen Transportauftrag zur Umlagerung handeln. Mit der einzelnen Versandbelegart verbunden sind Steuerungselemente wie Nummernvergabe, erneute Routenermittlung, erlaubte Nachrichtenarten.

Zur Steuerung der einzelnen Lieferpositionen werden wieder spezielle Positionstypen für die Lieferung verwendet. Von diesen hängt beispielsweise ab, ob die Position für die Kommissionierung relevant ist, was bei einer Textposition nicht der Fall wäre.

Die im Auftrag für jede Position ermittelte Route (Transportweg und Transportmittel) kann in der Lieferung beibehalten werden. Sie kann aber auch bei Lieferungserstellung erneut ermittelt werden. Diese Möglichkeit hängt von der Versandbelegart ab. Die Routenermittlung ist immer das Ergebnis einer Kombination von:

- Versandstelle,
- Versandbedingung,
- Transportgruppe (Transporteigenschaft der Ware z.B. gekühlt transportieren) und
- Zielort.

Bei der Routenermittlung der Lieferung wird zusätzlich noch das Gewicht berücksichtigt. Dem Routenschlüssel können im Customizing Transportzeiten wie Transitzeit und Transportdispositionsvorlaufzeit für die Rückwärtsterminierung zugewiesen werden. Eine Konsistenzprüfung auf Routenveränderung wird durchgeführt.

Der Lieferungserstellung folgt die Kommissionierung der Materialien und das Verpacken. Kommissionieren bedeutet die termingerechte Bereitstellung der Ware in richtiger Menge und Qualität für den Versand. Wenn in der zugehörigen Position des Verkaufsbelegs noch kein Lagerort angegeben wurde und die Lieferposition für die Kommissionierung relevant ist, dann kann der Kommissionierlagerort für die Lieferposition automatisch ermittelt werden. Der Lagerort wird über eine Kommissionierregel ermittelt. Die Regel verwendet für die Ermittlung bestimmte Felder des Verkaufsbelegs. Die richtige Regel ergibt sich aus dem Verkaufsbelegtyp. Beispielsweise ist dem Verkaufsbelegtyp LF (Lieferung) die Regel „Mala" zugeordnet. Diese nutzt für die Lagerortfindung:

- die Versandstelle (aus dem SD-Auftrag),
- das Werk (aus dem SD-Auftrag/Materialstammsatz) und
- die Raumbedingung (aus dem Materialstammsatz, Sicht Allg. Werksdaten/ Lagerung 1).

Die Kommissionierregel Mala ist im R/3®-Standard enthalten. Bei Bedarf kann der ermittelte Lagerort manuell in der Lieferposition geändert werden. Beim Kommissionieren und Verpacken bleibt stets der Bezug auf den Lieferungsbeleg erhalten.

Für das Verpacken werden Versandhilfsmittel wie Kartons oder Paletten benötigt. Versandhilfsmittel werden als Material mit der Materialart VERP (Verpackung) angelegt. Diese Materialart bietet in der Sicht Vertrieb: allg./Werksdaten zusätzliche Felder für Verpackungsdaten.

Abbildung 234: Verpackungsdaten im Materialstammsatz

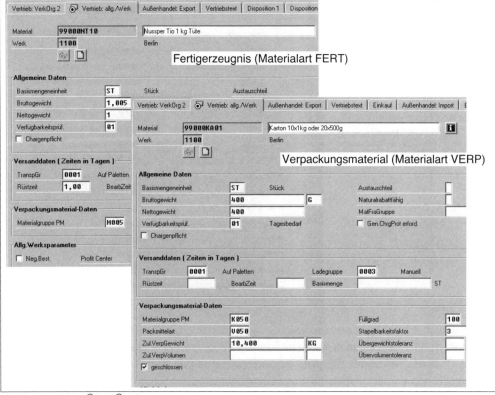

Bildschirmbilder ©SAP® AG

Im Versand werden Paletten, Kartons etc. als Handling-Units (früher Versandelemente) bezeichnet. Handling-Units können selber auch wieder in andere Handling-Units gepackt werden (mehrstufiges Verpacken).

Abbildung 235: Verpacken von Handling-Units

Um was für eine Handling-Unit es sich handelt bzw. wie verpackt werden, kann dann auf Basis der Customizing-Einstellungen final festgelegt werden. Relevant sind die Felder Materialgruppe PM und Packmittelart (nur bei Verpackungsmaterial) in der Sicht Vertrieb allg./ Werk.

- Materialgruppe PM = Was ist das für ein Materialtyp, z.B. kleine verpackbare Teile oder Kartons?
- Packmittelart nur bei Verpackungsmaterial = Was ist das für eine Verpackung?

Die Abbildung 236 zeigt die relevanten Felder von Materialien sowie deren zulässige Verpackungen. Beispielsweise darf Nussper Trio, da es zu den kleinen verpackten Teilen gehört, nur in Palettenkartons, Pick-Handling-Units und Gitterbox verpackt werden. Andere Verpackungstypen würden im Rahmen des virtuellen Verpackens von R/3® abgelehnt.

Abbildung 236: Zulässigkeit von Verpackungen

Nussper Trio 1kg		Was darf ich womit verpacken?			
Verpackungsmaterial-Daten					
Materialgruppe PM M005		Matgr. PM	Bezeichnung	PMArt	Bezeichnung
		K010	Karton (mittel)	U060	Paletten Typ A
		K020	Karton (groß)	U000	Pick-Handling Units
		K020	Karton (groß)	U060	Paletten Typ A
Karton		K030	Kiste (Inland)	U000	Pick-Handling Units
Verpackungsmaterial-Daten		K030	Kiste (Inland)	U070	Paletten Typ B
Materialgruppe PM K050		K040	Kiste (Export)	U000	Pick-Handling Units
Packmittelart U050		K040	Kiste (Export)	U080	Container
	→	K050	Palettenkarton	U050	Palettenkartons
	→	K050	Palettenkarton	U060	Paletten Typ A
	→	K050	Palettenkarton	U090	Waggon
Palette	→	K050	Palettenkarton	U100	LKW
Verpackungsmaterial-Daten	→	M005	Kleine verp. Teile	U000	Pick-Handling Units
Materialgruppe PM P010	→	M005	Kleine verp. Teile	U050	Palettenkartons
Packmittelart U060	→	M005	Kleine verp. Teile	U075	Gitterbox
	→	P010	Palette Typ A	U090	Waggon
	→	P010	Palette Typ A	U100	LKW

Bildschirmbilder ©SAP® AG

Ein eventuell notwendiger Auspackvorgang wird unterstützt. Wie viel ein Verpackungsmaterial, z.B. Karton, an Waren aufnehmen kann, wird durch die Angabe des zulässigen Gewichts und/oder des zulässigen Verpackungsvolumens begrenzt. Die Angaben werden im Stammsatz des Verpackungsmaterials gepflegt.

Die Dokumentation der Verpackungsvorgänge ermöglicht u.a., die Bestandssituation von Verpackungsmaterial zu aktualisieren und im nachhinein festzustellen, was mit welcher Menge worin verpackt worden ist, falls Kundenreklamationen auftreten sollten.

Als Abschluss der Versandaktivitäten wird der Warenausgang durchgeführt, d.h. die Waren verlassen das Unternehmen bzw. das Werk. Der Materialbestand an Fertigerzeugnissen und Verpackungsmaterial wird entsprechend der Angaben im Versandbeleg mengen- und wertmäßig reduziert. Eine Änderung der Mengen im Warenausgangsbeleg ist nicht möglich. Die Lieferung wird in den Arbeitsvorrat der Faktura eingestellt (sofern nach Warenausgang fakturiert wird). Der Status von Vorgängerbelegen (wie der Auftrag) wird aktualisiert.

7.6.2 Transport- und Versandterminierung

Typischerweise werden Waren zu einem im Auftrag vereinbarten Termin dem Kunden geliefert. Bei der Auftragserfassung kann das Wunschlieferdatum des Kunden aufgenommen werden. Damit die Lieferung rechtzeitig eintrifft, berechnet das System den Termin, zu dem das Material bereitgestellt bzw. mit den Versandaktivitäten begonnen werden muss.

Zur Berechnung des Materialbereitstellungstermins werden Erfahrungswerte hinterlegt für:

- Transitzeit (Zeit für Warentransport zum Kunden),
- Ladezeit (Zeit für das Verladen der Ware),
- Richtzeit (Zeit für das Zuordnen, Kommissionieren und Verpacken),
- Transportdispositionsvorlaufzeit (Organisation des Transports, z.B. Reservieren von LKW bei einer Spedition).

Die Zeitangabe ist abhängig von der Customizing-Einstellung für die Versandstelle. Wenn Arbeitszeiten hinterlegt sind, können die Zeitangaben in Stunden, Minuten und Sekunden gemacht werden. Sind keine Arbeitszeiten hinterlegt, hat der Arbeitstag 24 Stunden. Gepflegt werden Arbeitstage mit zwei Nachkommastellen. Die Transitzeit kann nur in Arbeitstagen gepflegt werden.

Abbildung 237: Rückwärtsterminierung im Versand

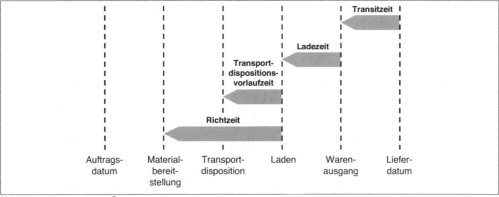

In Anlehnung an SAP® AG

Zur Berechnung des Termins, an dem die Versandaktivitäten beginnen, müssen, damit der Wunschliefertermin eingehalten werden kann, vom Wunschlieferdatum die Transit-, die Lade- und die Richtzeit abgezogen (Rückwärtsterminierung) werden. Ist der Transportdispositionstermin (Wunschlieferdatum abzüglich Transit-, Lade- und Transportdispositionsvorlaufzeit) früher als der Materialbereitstellungstermin, so bildet der Transportdispositionstermin den Beginn der Versandaktivitäten. Für den Fall, dass der berechnete Start der Versandaktivitäten in der Vergangenheit liegt oder die Waren nicht verfügbar sind, wird anschließend eine Vorwärtsterminierung durchgeführt. Die für die Rückwärts- bzw. Vorwärtsterminierung verwendeten exakten Zeiten ergeben sich aus Versandstelle, Route, Gewicht und/oder Ladegruppe.

7.7 Fakturierung

Die Fakturierung stellt die zur Erstellung von Rechnungen auf Basis von Lieferungen und Leistungen erforderlichen Anwendungen. Zu den Fakturierungsfunktionen zählt die Erstellung von Gut- und Lastschriften.

Die Fakturierung erfolgt mit Zuordnung zu den Organisationsebenen Verkaufsorganisation, Vertriebsweg und Sparte. Dadurch können vertriebsbereichsbezogene Auswertungen gestaltet werden. Über die Verkaufsorganisation erfolgt die Zuordnung zum Buchungskreis, so dass Fakturadaten zielgerichtet übergeben werden können. Der Begriff Faktura wird für Belege, die Rechnungen, Gut- und Lastschriften, Proformarechnungen oder Stornierungen darstellen, verwendet. Die Belege werden über die Fakturaart unterschieden. Mit der Fakturaart sind wieder Steuerungsparameter verbunden. Ebenso besteht der Fakturabeleg aus einem Belegkopf (Belegwährung, Fakturadatum etc.) und –positionen (Fakturamenge, Positionsnettowert etc.). Eine Faktura kann explizit oder über die Bearbeitung eines Fakturavorrats erstellt werden.

Die Verbuchung der Forderung auf dem Debitorenkonto erfolgt mit dem Sichern der Faktura. Der Kreditrahmen wird weiter ausgeschöpft. Lieferung, Kommissionierung etc. verursachen keine Forderungserhöhung.

Abbildung 238: Buchungsbeleg der Faktura

Belegart : RV (Fakturaübernahme) Normaler Beleg						
Belegnummer	100000203	Buchungskreis	1000		Geschäftsjahr	2003
Belegdatum	24.03.2003	Buchungsdatum	24.03.2003		Periode	03
Referenz	0090024735					
Belegwährung	EUR					

Pos	BS	Konto	Kurztext Konto	Zuordnung	St	Betrag	Text
1	01	88099	Reformdiscount GmbH		A2	574,59	
2	50	800000	Umsatzerlöse Inland	20030324	A2	330,00-	
3	50	175000	Ausgangssteuer		A2	37,59-	
4	50	800000	Umsatzerlöse Inland	20030324	A2	207,00-	

SAP® AG

Die Rechnung als Fakturabeleg kann einen Auftrag, eine Lieferung oder einzelne Positionen als Basis haben. Die gewählte Basis hängt vom Zeitpunkt der Rechnungsstellung ab. Soll die Rechnung nach Lieferung der Ware erstellt und verschickt werden, so ist die Lieferung als Basis zu verwenden. Besteht die Absicht, das Geld vor Lieferung der Ware zu erhalten, dann wird die Rechnung mit Bezug zum Auftrag erzeugt. Rechnungen für erbrachte Dienstleistungen werden immer mit Bezug zum Kundenauftrag erstellt.

Nicht immer sind alle Positionen des Auftrags bzw. der Lieferung relevant für den Fakturabeleg. Ob eine Position überhaupt - beispielsweise in der Rechnung - aufgeführt werden soll, wird durch die Kopierbedingung bestimmt. Jeder Fakturaart werden im Customizing die Positionstypen zugeordnet, die der Beleg dann später aus dem Auftrag, der Lieferung oder Faktura (z.B. von Rechnung in Gutschrift) übernehmen soll.

Abbildung 239: Kopierbedingung Lieferung nach Faktura

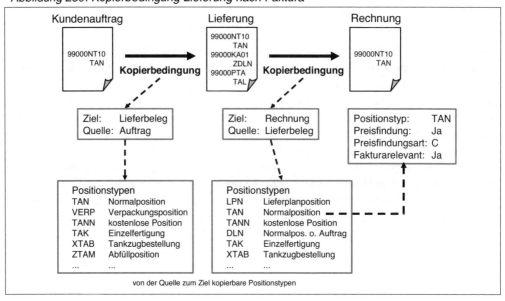

von der Quelle zum Ziel kopierbare Positionstypen

Wahlweise können bei Rechnungserstellung die Preise aus den Vorgängerbelegen übernommen werden oder über die Preisfindung (manuell oder automatischen) erneut berechnet werden. Beispiele:

(A) Preiselemente übernehmen und gemäß Staffel aktualisieren (Preise zum Zeitpunkt der Auftragserstellung, bei veränderter Liefermenge sollen die Staffeln neu ermittelt werden);

(B) komplett neue Preisfindung durchführen (alle Preise werden neu ermittelt);

(C) manuelle Preiselemente übernehmen, für die restlichen Preiselemente neue Preisfindung durchführen (manuell gepflegte Preise im Auftrag werden übernommen, alle anderen neu berechnet).

Die Art der Preisfindung für eine Position wird ebenfalls in der Kopierbedingung im Customizing der Faktura festgelegt. Mit Sicherung der Rechnung wird auf den Debitorenkonten und den Erlöskonten gebucht. Durch das parallele Buchen (Mitbuchtechnik) wird das Konto Forderungen im Hauptbuch aktualisiert.

Ein Rechnungssplitt bzw. eine Rechnungszusammenführung wird unterstützt.

7.8 Fallstudie – Versand und Faktura

Aufgabe 34

Nach der Produktion wurde das fertige Müsli in das Zentrallager 0002 eingestellt. Die Müsliprodukte werden für den Versand im Auslieferungslager 0001 verpackt. Die Bestände des Zentrallagers sind daher im Rahmen einer Umlagerbuchung vom Zentrallager ins Auslieferungslager umzubuchen.

Die Umlagerbuchung ist in zwei Schritten zu pflegen, d.h. es werden Materialien aus dem Zentrallager ausgelagert (1. Schritt) und in das Auslieferungslager eingelagert (2. Schritt). Die Umlagerung ist für alle verkaufsfähigen Produkte durchzuführen:

- xx000NT10,
- xx000NT05,
- xx000IV10 und
- xx000IV05.

Die Bestände sollen zu 80% umgelagert werden. Weiter sollen 50% der Bestände an Verpackungsmaterialien in das Auslieferungslager überführt werden.

Aufgabe 35

Die Verpackungsmaterialien Karton (xx000KA01) und Palette (xx000PTA) müssen um die Vertriebssichten erweitert werden. Insbesondere die unter den Vertriebssichten gefassten Verpackungsmaterial-Daten sind von Bedeutung. Die Palette zum Transport der Kartons (xx000PTA) ist ein Versandhilfsmittel auf Leihbasis, d.h. die Palette ist Verpackung und Leihgut zugleich. Damit die Palette als Verpackung im Rahmen der Lieferung verwendet werden kann, wurde das Material Palette ebenfalls als Verpackung angelegt. Da die Palette in der Bestandsführung als Leihgut gilt, bleibt sie stets Eigentum des Unternehmens. Der bewertete Bestand ändert sich damit beim Warenausgang nicht, allein die frei verfügbare Lagermenge wird geringer. Zudem wird die verliehene Palette als Sonderbestand geführt und bestimmten Kunden zugeordnet (Konsignationsbestand beim Kunden). Zur Abbildung dieses Prozesses ist es notwendig, für die Palette in der Sicht „Vertrieb: VerkaufsorgDaten 2" die Positionstypengruppe LEIH zu pflegen. Die Daten für die Erweiterung der Stammdaten von Karton und Palette befinden sind im Anhang A in der Tabelle «Materialstammdaten Verpackungen – Vertriebssichten».

Aufgabe 36

Legen Sie die Lieferung entsprechend der Aufträge aus Aufgabe 33 an. Kommissionieren und Fakturieren Sie die Aufträge.

Für die Bearbeitung der Fallstudienaufgaben stehen folgende Pflegeanleitungen zur Verfügung:

- Umlagerbuchung – Auslagerung,
- Umlagerbuchung – Einlagerung,
- Bestandsübersicht von Materialien
- Verpackungsmaterial erweitern,
- Lieferung anlegen,
- Lieferung kommissionieren (Kommissionierung auf Zuruf ohne Lagerverwaltung),
- Verpacken der Lieferung,
- Kommissionierung der Verpackungen und Warenausgang für die gesamte Lieferung buchen,
- Bestandsübersicht für die Paletten anzeigen,
- Faktura anlegen.

Umlagerbuchung - Auslagerung

FENSTER	MENUEPFAD/EINGABE
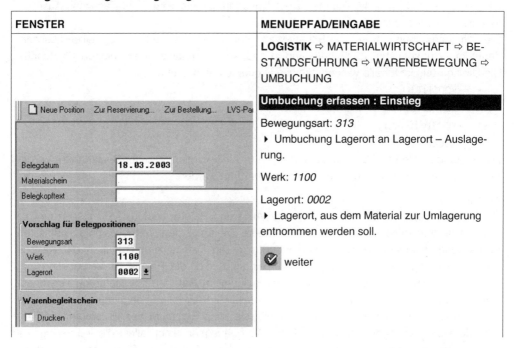	**LOGISTIK** ⇨ MATERIALWIRTSCHAFT ⇨ BESTANDSFÜHRUNG ⇨ WARENBEWEGUNG ⇨ UMBUCHUNG
	Umbuchung erfassen : Einstieg
	Bewegungsart: *313*
	▸ Umbuchung Lagerort an Lagerort – Auslagerung.
	Werk: *1100*
	Lagerort: *0002*
	▸ Lagerort, aus dem Material zur Umlagerung entnommen werden soll.
	✅ weiter

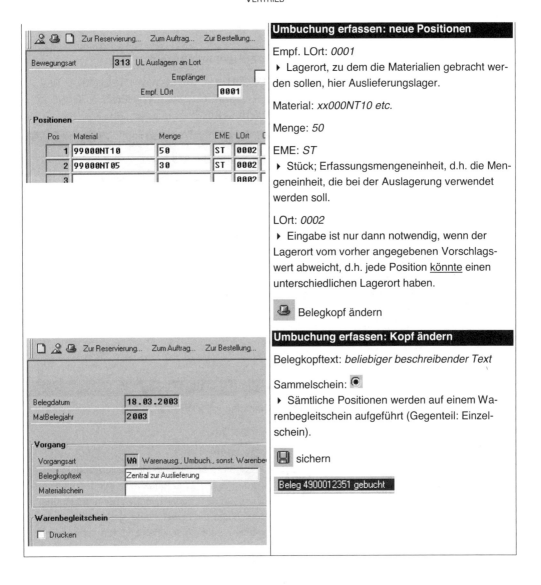

Umbuchung erfassen: neue Positionen

Empf. LOrt: *0001*

▸ Lagerort, zu dem die Materialien gebracht werden sollen, hier Auslieferungslager.

Material: *xx000NT10 etc.*

Menge: *50*

EME: *ST*

▸ Stück; Erfassungsmengeneinheit, d.h. die Mengeneinheit, die bei der Auslagerung verwendet werden soll.

LOrt: *0002*

▸ Eingabe ist nur dann notwendig, wenn der Lagerort vom vorher angegebenen Vorschlagswert abweicht, d.h. jede Position könnte einen unterschiedlichen Lagerort haben.

Belegkopf ändern

Umbuchung erfassen: Kopf ändern

Belegkopftext: *beliebiger beschreibender Text*

Sammelschein: ◉

▸ Sämtliche Positionen werden auf einem Warenbegleitschein aufgeführt (Gegenteil: Einzelschein).

sichern

Beleg 4900012351 gebucht

Umlagerbuchung - Einlagerung

FENSTER	MENUEPFAD/EINGABE
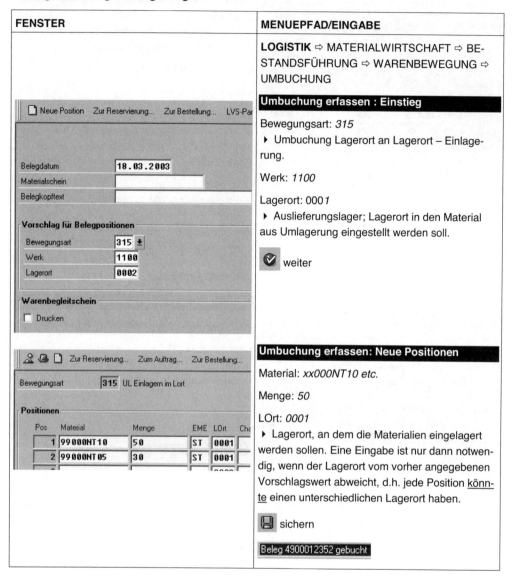	**LOGISTIK** ⇨ MATERIALWIRTSCHAFT ⇨ BE-STANDSFÜHRUNG ⇨ WARENBEWEGUNG ⇨ UMBUCHUNG **Umbuchung erfassen : Einstieg** Bewegungsart: *315* ▸ Umbuchung Lagerort an Lagerort – Einlagerung. Werk: *1100* Lagerort: *0001* ▸ Auslieferungslager; Lagerort in den Material aus Umlagerung eingestellt werden soll. Ⓥ weiter **Umbuchung erfassen: Neue Positionen** Material: *xx000NT10 etc.* Menge: *50* LOrt: *0001* ▸ Lagerort, an dem die Materialien eingelagert werden sollen. Eine Eingabe ist nur dann notwendig, wenn der Lagerort vom vorher angegebenen Vorschlagswert abweicht, d.h. jede Position <u>könnte</u> einen unterschiedlichen Lagerort haben. 🖫 sichern Beleg 4900012352 gebucht

Bestandsübersicht von Materialien

FENSTER	MENUEPFAD/EINGABE
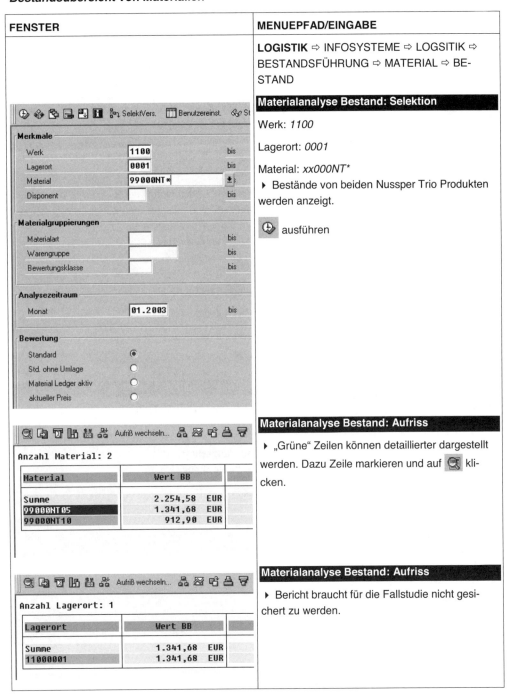	**LOGISTIK** ⇨ INFOSYSTEME ⇨ LOGSITIK ⇨ BESTANDSFÜHRUNG ⇨ MATERIAL ⇨ BE-STAND

Materialanalyse Bestand: Selektion

Werk: *1100*

Lagerort: *0001*

Material: *xx000NT**

▸ Bestände von beiden Nussper Trio Produkten werden anzeigt.

⊕ ausführen

Materialanalyse Bestand: Aufriss

▸ „Grüne" Zeilen können detaillierter dargestellt werden. Dazu Zeile markieren und auf ⊠ klicken.

Materialanalyse Bestand: Aufriss

▸ Bericht braucht für die Fallstudie nicht gesichert zu werden.

Verpackungsmaterial erweitern

FENSTER	MENUEPFAD/EINGABE
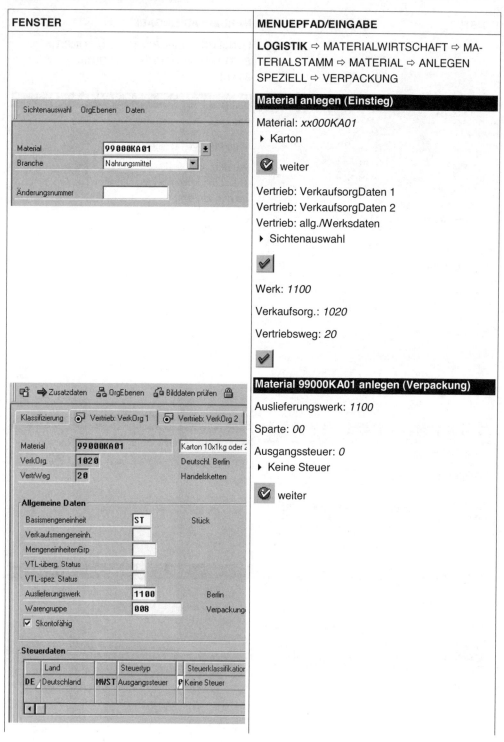	**LOGISTIK** ⇨ MATERIALWIRTSCHAFT ⇨ MATERIALSTAMM ⇨ MATERIAL ⇨ ANLEGEN SPEZIELL ⇨ VERPACKUNG

Inhalt des Fensters (linke Spalte):

Sichtenauswahl OrgEbenen Daten

Material   99000KA01   ±
Branche   Nahrungsmittel ▼

Änderungsnummer

Rechte Spalte (Fortsetzung):

Material anlegen (Einstieg)

Material: *xx000KA01*
▸ Karton

✅ weiter

Vertrieb: VerkaufsorgDaten 1
Vertrieb: VerkaufsorgDaten 2
Vertrieb: allg./Werksdaten
▸ Sichtenauswahl

✅

Werk: *1100*

Verkaufsorg.: *1020*

Vertriebsweg: *20*

✅

Material 99000KA01 anlegen (Verpackung)

Auslieferungswerk: *1100*

Sparte: *00*

Ausgangssteuer: *0*
▸ Keine Steuer

✅ weiter

Unteres Fenster (linke Spalte):

🔲 ⇨ Zusatzdaten   🔳 OrgEbenen   🔳 Bilddaten prüfen   🔒

Klassifizierung | 🔘 Vertrieb: VerkOrg 1 | 🔘 Vertrieb: VerkOrg 2

Material   99000KA01   Karton 10x1kg oder 2
VerkOrg.   1020   Deutschl. Berlin
VertrWeg   20   Handelsketten

Allgemeine Daten

Basismengeneinheit   ST   Stück
Verkaufsmengeneinh.
MengeneinheitenGrp
VTL-überg. Status
VTL-spez. Status
Auslieferungswerk   1100   Berlin
Warengruppe   008   Verpackung
☑ Skontofähig

Steuerdaten

	Land		Steuertyp		Steuerklassifikation
DE	Deutschland	MWST	Ausgangssteuer	0	Keine Steuer

◀

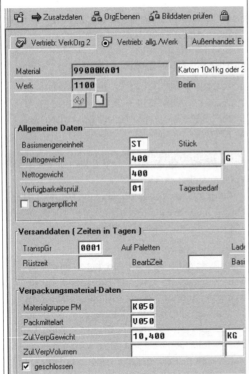

Material 99000KA01 anlegen (Verpackung)

StatistikGrMaterial: *1*

allg.Pos.typenGruppe: *VERP*

Positionstypengruppe: *VERP*

▸ Positionstypengruppen dienen zur Ermittlung von Positionstypen in Verkaufsbelegen. Anhand von Positionstypen wird bestimmt, wie mit Belegpositionen während des Vertriebsprozesses zu verfahren ist, z.B. ist eine kostenlose Position nicht fakturarelevant. Die Positionstypengruppe hat Vorrang vor der allg. Positionstypengruppe (kann auch in Grunddaten 1 gepflegt werden).

 weiter

Material 99000KA01 anlegen (Verpackung)

Bruttogewicht: *400 G*

Nettogewicht: *400 G*

TranspGr: *0001*

▸ auf Paletten; Gruppierung von Materialien, die gleiche Anforderungen hinsichtlich des Transports haben.

Ladegruppe: *0003*

▸ Gabelstapler; Gleiche Anforderungen hinsichtlich der Verladung, z.B. Gabelstapler oder Zeit.

Materialgruppe PM: *K050*

Packmittelart: *V050*

▸ Bestimmt, welchen Karton es sich hier handelt (V050 Palettenkarton). Im Customizing werden Packmittelart(en) den Materialgruppen PM zugeordnet. Damit wird bestimmt, welche Materialien wie verpackt werden können, z.B. haben die angelegten Fertigerzeugnisse die Materialgruppe PM M005 (kleine verpackte Teile). Diese dürfen verpackt werden mit Verpackungen, denen bei der Packmittelart der Palettenkarton V050 zugeordnet ist. Die Kartons (99000KA01) haben die Materialgruppe PM und dürfen auf Paletten geladen werden (Palette Typ A V060).

Zul.VerpGewicht: *10,4 KG*

geschlossen: ☑

▸ Geschlossene Verpackungsmaterialien verändern bei Ladung nicht ihr Volumen. Der Karton behält immer die gleiche Größe. Die Europalette ist hingegen nicht geschlossen.

Füllgrad: *100*

‣ Gibt prozentual an, inwieweit der Karton mit Müsli-Packungen befüllt werden darf. Das Feld hat nur informativen Charakter.

Stapelkeitsfaktor: *3*

‣ Gibt an, wie viel übereinander gestapelt werden darf, hier dürfen drei Kartons übereinander gestapelt werden.

🖫 sichern

Lieferung anlegen

Bei der Erstellung der Lieferung wird automatisch der zugrunde liegende Auftrag fortgeschrieben. Lieferungen stehen für die logische Zusammenstellung der Waren.

FENSTER	MENUEPFAD/EINGABE
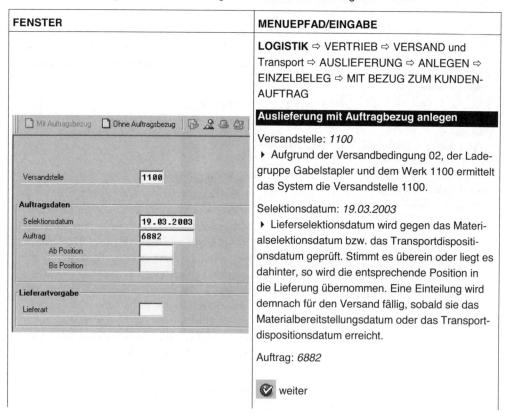	**LOGISTIK** ⇨ VERTRIEB ⇨ VERSAND und Transport ⇨ AUSLIEFERUNG ⇨ ANLEGEN ⇨ EINZELBELEG ⇨ MIT BEZUG ZUM KUNDEN-AUFTRAG
	Auslieferung mit Auftragbezug anlegen
	Versandstelle: *1100*
	‣ Aufgrund der Versandbedingung 02, der Ladegruppe Gabelstapler und dem Werk 1100 ermittelt das System die Versandstelle 1100.
	Selektionsdatum: *19.03.2003*
	‣ Lieferselektionsdatum wird gegen das Materialselektionsdatum bzw. das Transportdispositionsdatum geprüft. Stimmt es überein oder liegt es dahinter, so wird die entsprechende Position in die Lieferung übernommen. Eine Einteilung wird demnach für den Versand fällig, sobald sie das Materialbereitstellungsdatum oder das Transportdispositionsdatum erreicht.
	Auftrag: *6882*
	✓ weiter

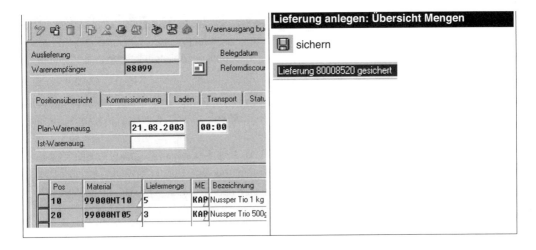

Lieferung kommissionieren (Kommissionierung auf Zuruf ohne Lagerverwaltung)

Kommissionieren bedeutet die termingerechte Bereitstellung der Ware in richtiger Menge und Qualität für den Versand. Die Kommissionierung könnte auch schrittweise durchgeführt werden. Erst werden die Waren zusammengestellt und die Zusammenstellung dem System gemeldet. Danach erfolgt das Verpacken der Lieferung. Die verwendeten Verpackungsmaterialien werden dann in einem Folgeschritt im System „kommissioniert".

FENSTER	MENUEPFAD/EINGABE
	LOGISTIK ⇨ VERTRIEB ⇨ VERSAND UND VERSAND ⇨ AUSLIEFERUNG ⇨ ÄNDERN ⇨ EINZELBELEG

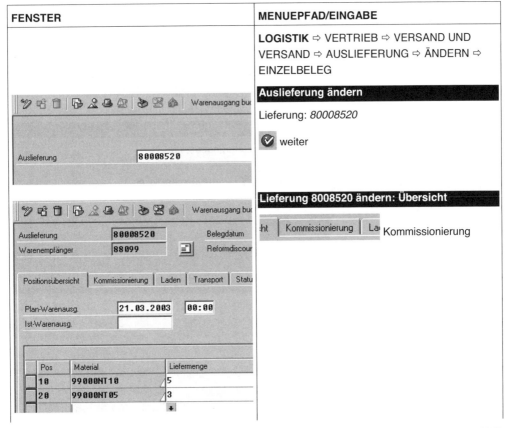

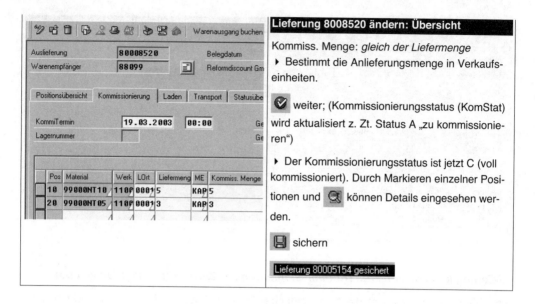

Lieferung 8008520 ändern: Übersicht

Kommiss. Menge: *gleich der Liefermenge*
▸ Bestimmt die Anlieferungsmenge in Verkaufseinheiten.

✅ weiter; (Kommissionierungsstatus (KomStat)
wird aktualisiert z. Zt. Status A „zu kommissionieren")

▸ Der Kommissionierungsstatus ist jetzt C (voll
kommissioniert). Durch Markieren einzelner Positionen und 🔍 können Details eingesehen werden.

💾 sichern

Lieferung 80005154 gesichert

Verpacken der Lieferung

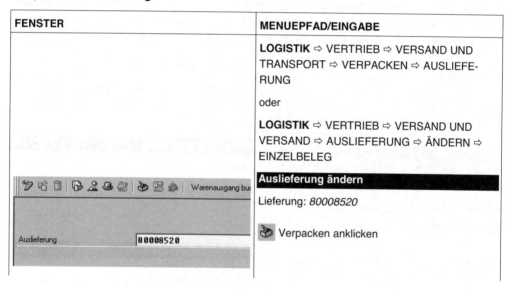

FENSTER	MENUEPFAD/EINGABE
	LOGISTIK ⇨ VERTRIEB ⇨ VERSAND UND TRANSPORT ⇨ VERPACKEN ⇨ AUSLIEFE-RUNG
	oder
	LOGISTIK ⇨ VERTRIEB ⇨ VERSAND UND VERSAND ⇨ AUSLIEFERUNG ⇨ ÄNDERN ⇨ EINZELBELEG
	Auslieferung ändern
	Lieferung: *80008520*
	📦 Verpacken anklicken

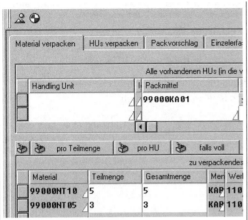

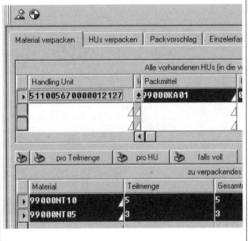

Lieferung 8008520 ändern: Übersicht

▸ Zunächst wird das Müsli in die Kartons verpackt.

Packmittel: xx*000KA01*

▸ Karton

▸ Handling Units befinden sich in der oberen Tabelle, zu verpackende Positionen befinden sich in der unteren Tabelle.

✅ weiter

Lieferung 8008520 ändern: Übersicht

Positionen markieren, die in eine Handling Unit (Packmittel) verpackt werden sollen.

 falls voll (neue Handling Unit „falls voll")

▸ Falls das markierte Packmittel voll ist, wird ein neues Packmittel verwendet bzw. angelegt.

▸ Jede Position muss einem Packmittel zugeordnet werden. Entsprechend der Festlegung im Materialstammsatz der Verpackung wird virtuell ein Fertigerzeugnis verpackt (hier 10,4 kg max. Gewicht, d.h. 10 x 1 kg oder 20 x 0,5 kg).

▸ Es kann auch eine Teilmenge verpackt werden, dazu muss im Feld Teilmenge die entsprechende Menge angegeben werden.

Lieferung 8008520 ändern: Übersicht

▸ 8 Kartons sind befüllt worden.

 HUs verpacken

▸ Die Lieferung soll nun auf eine (oder mehrere) Palette(n) gepackt werden.

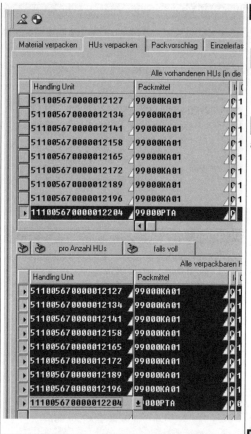

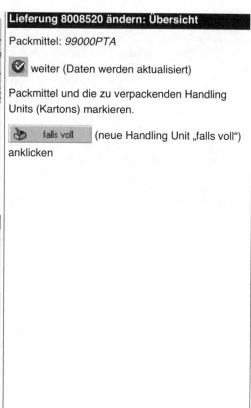

Lieferung 8008520 ändern: Übersicht

Packmittel: *99000PTA*

weiter (Daten werden aktualisiert)

Packmittel und die zu verpackenden Handling Units (Kartons) markieren.

falls voll (neue Handling Unit „falls voll")

anklicken

Lieferung 8008520 ändern: Übersicht

▸ 1 Palette ist befüllt worden.

führt zur Übersicht.

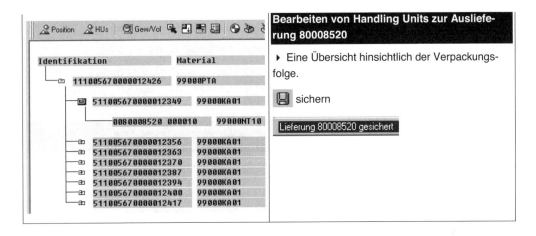

Bearbeiten von Handling Units zur Auslieferung 80008520

▸ Eine Übersicht hinsichtlich der Verpackungsfolge.

🖫 sichern

Lieferung 80008520 gesichert

Kommissionierung der Verpackungen und Warenausgang für die gesamte Lieferung buchen

FENSTER	MENUEPFAD/EINGABE
	LOGISTIK ⇨ VERTRIEB ⇨ VERSAND ⇨ WARENAUSGANG ⇨ ANLEGEN

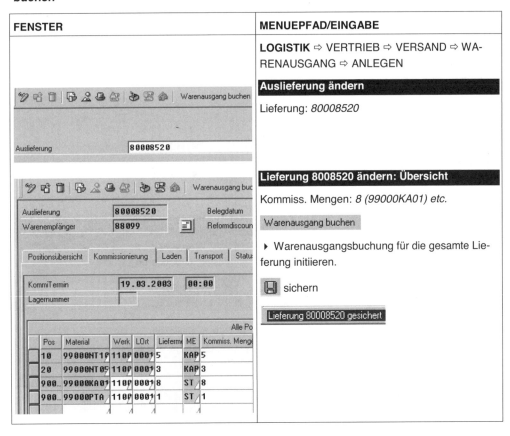

Auslieferung ändern

Lieferung: *80008520*

Lieferung 8008520 ändern: Übersicht

Kommiss. Mengen: *8 (99000KA01) etc.*

Warenausgang buchen

▸ Warenausgangsbuchung für die gesamte Lieferung initiieren.

🖫 sichern

Lieferung 80008520 gesichert

Bestandsübersicht für die Paletten anzeigen

FENSTER	MENUEPFAD/EINGABE

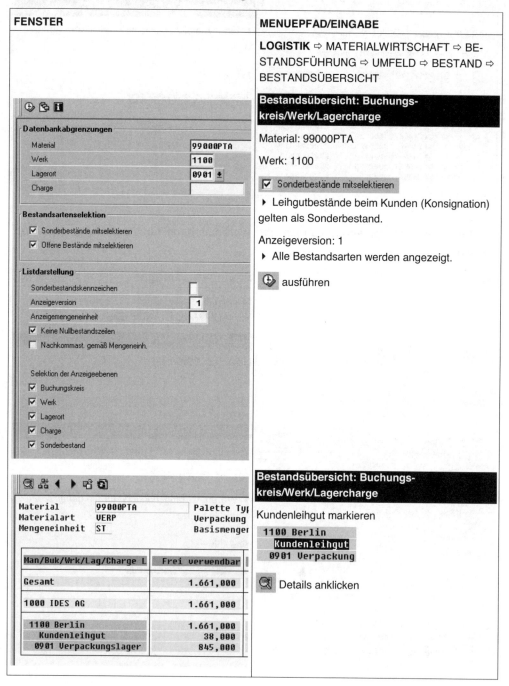

LOGISTIK ⇨ MATERIALWIRTSCHAFT ⇨ BE-
STANDSFÜHRUNG ⇨ UMFELD ⇨ BESTAND ⇨
BESTANDSÜBERSICHT

**Bestandsübersicht: Buchungs-
kreis/Werk/Lagercharge**

Material: 99000PTA

Werk: 1100

☑ Sonderbestände mitselektieren

▸ Leihgutbestände beim Kunden (Konsignation)
gelten als Sonderbestand.

Anzeigeversion: 1

▸ Alle Bestandsarten werden angezeigt.

⊕ ausführen

**Bestandsübersicht: Buchungs-
kreis/Werk/Lagercharge**

Kundenleihgut markieren

1100 Berlin
Kundenleihgut
0901 Verpackung

🔍 Details anklicken

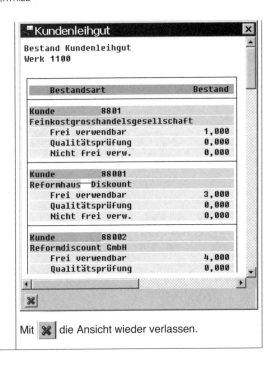

Mit  die Ansicht wieder verlassen.

Faktura anlegen

FENSTER	MENUEPFAD/EINGABE
	LOGISTIK ⇨ VERTRIEB ⇨ FAKTURIERUNG ⇨ FAKTURA ⇨ ANLEGEN

Faktura anlegen

Fakturaart: *Rechnung*

Fakturadatum: *24.03.2003*
Datum, an dem die Faktura angelegt wird.

Beleg: *80008520*
▸ Belegnummer der Lieferung. In dieser Tabelle werden alle noch nicht bearbeiteten Lieferungen aufgelistet

✓ weiter

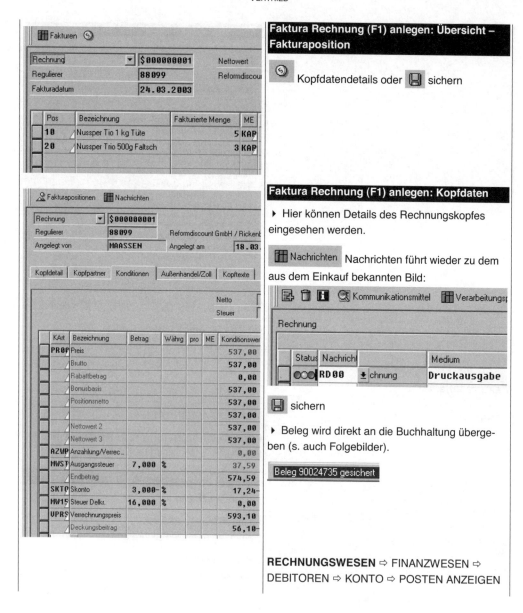

Faktura Rechnung (F1) anlegen: Übersicht – Fakturaposition

Kopfdatendetails oder sichern

Faktura Rechnung (F1) anlegen: Kopfdaten

▸ Hier können Details des Rechnungskopfes eingesehen werden.

Nachrichten Nachrichten führt wieder zu dem aus dem Einkauf bekannten Bild:

sichern

▸ Beleg wird direkt an die Buchhaltung übergeben (s. auch Folgebilder).

Beleg 90024735 gesichert

RECHNUNGSWESEN ⇨ FINANZWESEN ⇨ DEBITOREN ⇨ KONTO ⇨ POSTEN ANZEIGEN

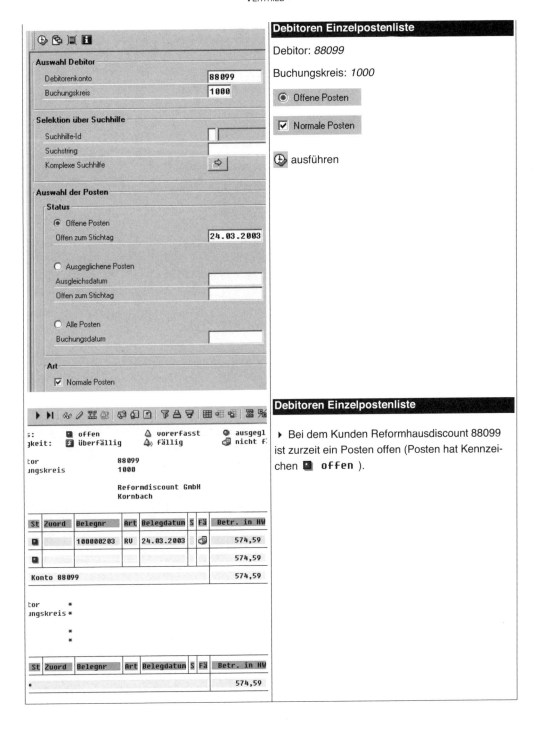

Debitoren Einzelpostenliste

Debitor: *88099*

Buchungskreis: *1000*

◉ Offene Posten

☑ Normale Posten

🕐 ausführen

Debitoren Einzelpostenliste

▸ Bei dem Kunden Reformhausdiscount 88099 ist zurzeit ein Posten offen (Posten hat Kennzeichen ▪ **offen**).

8 Finanzwesen

Kern des R/3®-Finanzwesens ist der Umgang mit denjenigen Unternehmensinformationen, die das externe Rechnungswesen betreffen. Das externe Rechnungswesen dient der zahlenmäßigen Darstellung einer Organisation für Zwecke externer Interessenten wie z.B. Kapitalanleger oder Fiskus. Die ermittelten Informationen sollen einen möglichst aktuellen Überblick über die Vermögens-, Finanz- und Ertragslage des Unternehmens vermitteln. Da die hierzu benötigten Daten in allen Bereichen einer Unternehmung anfallen, ergibt sich zwangsläufig eine starke Integration des R/3®-Finanzwesens mit den übrigen Komponenten des Systems. So bestehen enge Beziehungen zu den Datenquellen der Materialwirtschaft, der Produktion, der Anlagenwirtschaft, des Vertriebs und der Personalwirtschaft. Die benötigten Daten (Stamm- und Bewegungsdaten) werden ohne Redundanzen in einem gemeinsamen Datenhaushalt (Datenbank) verwaltet. Das Finanzwesen selbst dient wiederum dem Controlling als Datenquelle, da sich die Analysen und Berechnungen des internen Rechnungswesens auf die Daten des Finanzwesens stützen. Das Controlling ermöglicht durch Umrechnung der Finanzwesendaten Auswertungen nach rein betriebswirtschaftlichen Gesichtspunkten für den unternehmensinternen Gebrauch. Die Datenbasis des internen Rechnungswesens wird durch die Aufwands- und Ertragsbuchungen des externen Rechnungswesens gebildet. Diese Integration von Finanzwesen und Controlling ist nur möglich, wenn die folgenden Voraussetzungen erfüllt sind:

- die Nutzung eines gemeinsamen Kontenplans (Einheitliches Nummernsystem für beide Teilbereiche);
- das Mitführen von Zusatzkontierungen bei der Belegerfassung (z.B. Kostenstelle, Auftragskontierung bei Sonderanforderungen für Controlling-Zwecke);
- die Einzelbelegverbuchungen erfolgen nach einem durchgängigen Belegkonzept (jede einzelne Buchung ist nach Typ und Inhalt dauerhaft nachvollziehbar und kann bspw. für Controlling-Zwecke anders zugeordnet werden als im klassischen Finanzwesen).

Den Mittelpunkt bildet die Hauptbuchhaltung, sie ist angesiedelt im Teilbereich Finanzwesen-General-Ledger (FI-GL). Die Hauptbuchhaltung stützt sich auf Daten, die mehrheitlich aus den folgenden Nebenbuchhaltungen bzw. Verzeichnissen stammen:

- Nebenbuchhaltungen im Modul FI;
- Kreditorenbuchhaltung (FI-AP, Lieferantenbuchhaltung);
- Debitorenbuchhaltung (FI-AR, Kundenbuchhaltung);
- Anlagenwirtschaft (AM bzw. FI-AA);
- Materialwirtschaft (MM) mit Einkauf, Bestandsverwaltung und Rechnungprüfung (Ledger)
- Personalwirtschaft (HR) (periodische Datenübernahme in maschineller Form).

8.1 Konzepte des R/3®-Finanzwesens

Das R/3®-Finanzwesen beruht auf zwei Grundkonzepten, die für die Nutzung lediglich einer gemeinsamen Datenbasis von zentraler Bedeutung sind:

- Kontenprinzip und Mitbuchtechnik,
- Belegprinzip und Belegsteuerung durch Buchungsschlüssel.

8.1.1 Kontenprinzip und Mitbuchtechnik

Grundsätzlich werden im R/3®-Finanzwesen die Stammdaten in Form von „Konten" geführt. Alle Konten sind über ihre Kontonummer eindeutig identifizierbar, sie sind in eine hierarchische Struktur von Kontoarten und Kontengruppen eingeordnet. Die verschiedenen Kontoarten entsprechen den Bereichen des Hauptbuchs, der Kreditoren- und Debitorennebenbücher. Innerhalb der Kontoarten findet eine weitere Unterteilung in Kontengruppen statt. Über die Auswahl einer Kontengruppe können für die jeweiligen Konten besondere Eigenschaften eingesteuert werden. So wird über die Kontengruppe die Art der Kontonummernvergabe (Numerisch, Alphanumerisch, Nummernintervall etc.) und die Bildauswahl bei der Stammdatenpflege im System festgelegt.

Die oberste Hierarchieebene der Kontenstruktur stellen die so genannten Kontenpläne dar. Sie sind Verzeichnisse aller verwendbaren Konten mit ihren Bezeichnungen, abgestimmt auf die unterschiedlichsten Anforderungen. Dies können z.B. landesspezifische rechtliche Gegebenheiten sein (Kontenpläne können als vorgefertigte und angepasste Teilmengen aus der Menge aller verfügbaren Konten bezeichnet werden). Im Rahmen der Anpassung von R/3® an das jeweils nutzende Unternehmen sind solche Kontenpläne für die verwendeten Buchungskreise im Rahmen des Customizing festzulegen.

Die Auswahl der weiter oben beschriebenen Kontengruppe erfolgt für die Hauptbuchkonten auf der Ebene des einzelnen Kontenplanes, so dass für jeden Kontenplan unterschiedliche Zuordnungen wählbar sind. Dies macht Sinn, da sich die in den Kontenplänen abgebildeten rechtlichen Spezifikationen zumeist in einer unterschiedlichen Bedeutung und Anordnung der jahresabschlussrelevanten Hauptbuchkonten äußern. Für die Nebenbuchkonten (Personenkonten) erfolgt die Auswahl der Kontengruppe auf Mandantenebene. Beispiele von Kontengruppen im Hauptbuch sind die Konten des Anlagevermögens sowie die Konten der Materialwirtschaft, für Kreditoren existiert bspw. die Kontengruppe Lieferant und im Debitorenbereich sind Auftraggeber und Rechnungsempfänger angelegt.

Alle Nebenbuchkonten sind mit den zugehörigen Hauptbuchkonten über Schlüssel verknüpft. Innerhalb der Nebenbuch-Stammdaten wird diese Verknüpfung über den Eintrag eines passenden Forderungs- oder Verbindlichkeitskontos des Hauptbuches hergestellt. Durch dieses Vorgehen wird in R/3® die so genannte Mitbuchtechnik ermöglicht. Das bedeutet, dass eine Buchung in einem Nebenbuch sofort zu einer entsprechenden Fortschreibung des Hauptbuches führt. Somit sind im jahresabschlussrelevanten Hauptbuch stets tagesaktuelle Daten für Analysen und Berechnungen verfügbar. Die folgende Abbildung stellt die Mitbuchtechnik am Beispiel einer Faktura für ein Debitorenkonto grafisch dar. Zunächst wird das Nebenbuchkonto des Debitors mit dem Fakturabetrag belastet. Dies führt zu einer entsprechenden Fortschreibung des Hauptbuches. Im Falle einer Zahlung wird zunächst das Nebenbuchkonto des Debitors gegen die Kasse oder ein Bankkonto glattgestellt. Durch die Mitbuchtechnik reduziert sich der Forderungsbestand im Hauptbuchkonto automatisch um den entsprechenden Betrag.

Abbildung 240: Die Mitbuchtechnik

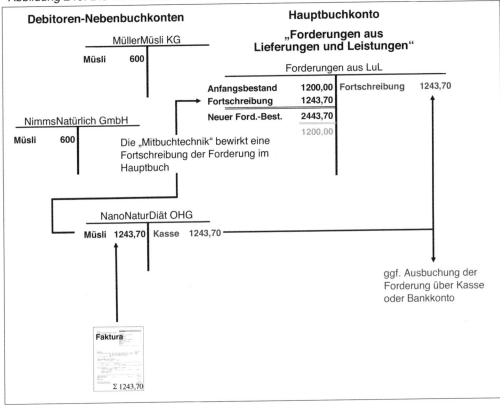

8.1.2 Belegprinzip und Belegsteuerung

Jeder Geschäftsvorfall wird in SAP® R/3® in einem eigenen Beleg erfasst. Dies dient der Dokumentation der Vorgänge im Unternehmen und genügt – bei finanzwirtschaftlich relevanten Vorgängen - den handelsrechtlichen Buchhaltungsgrundsätzen. Die zu erfassenden Buchungen werden vom System nur dann zugelassen, wenn sich nach der Buchung ein Saldo von Null der Soll- und Habenseite des Beleges ergibt. Ein Buchhaltungsbeleg beinhaltet genau einen Belegkopf und beliebig viele einzelne Belegpositionen, die jeweils genau eine Buchung auf einem Konto des R/3®-Systems verursachen.

Innerhalb eines einzelnen Beleges werden Steuerschlüssel vergeben, die das Verhalten des Systems bei der weiteren Belegverarbeitung steuern. Ein Beispiel eines solchen Steuerschlüssels ist die Belegart, die für jeden Beleg einmalig vergeben wird. Sie bestimmt die Art der Buchung; z.B. kann es sich um eine Sachkontenbuchung (Belegart SA) oder um eine Anlagenbuchung (Belegart AA) handeln. Durch die Einsteuerung einer Belegart kann so auf unterschiedliche buchhalterische Anforderungen eingegangen werden, wenn sie Erfassung und Inhalt des Buchhaltungsbeleges betreffen. Über die Belegart wird weiterhin die Vergabe der Belegnummern gesteuert. Belegarten werden im Customizing des R/3®-Systems gepflegt.

Abbildung 241: Belegarten in SAP® R/3®

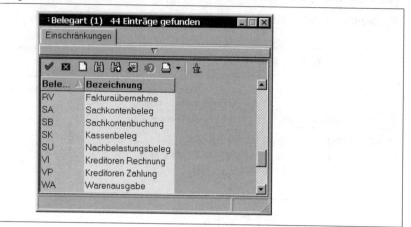

Ein weiterer Steuerschlüssel ist der Buchungsschlüssel der einzelnen Buchungspositionen. Er legt fest, ob es sich z.B. um eine Soll- oder Haben-Buchung handelt, ob Debitoren- oder Kreditorenkonten angesprochen werden dürfen. Außerdem können Erfassungsbesonderheiten, die sich nur auf einen einzelnen Buchungsschritt beziehen, über den Buchungsschlüssel gesteuert werden. Dem Benutzer werden dann angepasste Erfassungsbildschirme präsentiert.

Abbildung 242: Auswahl der positionsspezifischen Buchungsschlüssel

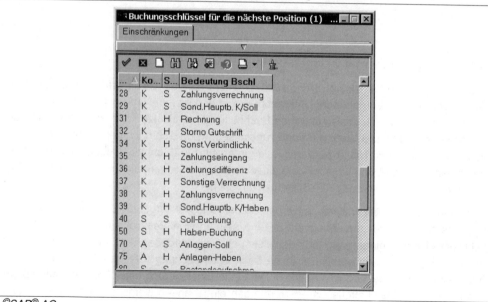

Prinzipiell gilt auch für Belege des Finanzwesens, dass sie nur verbucht werden, wenn sie vollständig sind. Es müssen daher bestimmte Belegelemente vorhanden sein. Dazu zählen beispielsweise das Belegdatum, die Belegart, Belegwährung, der Buchungskreis, die Beträge in den Belegpositionen. Weitere Bedingung für die Verbuchung eines FI-Belegs ist ein

Saldo von Null, d.h. sämtliche Belegpositionen müssen – Soll und Haben gegenübergestellt – einen Saldo von Null aufweisen. Ziel dieser Prüfungen ist es, inkonsistente oder unvollständige Eingaben bzw. Belege zu verhindern.

Für die zeitversetzte Arbeit mit Belegen kann ein Beleg zwischengespeichert werden. Dies wird zum einen durch eine Merker-Funktion unterstützt, d.h. der Beleg weist keine (inhaltlichen) Fehler auf und soll auch zeitnah verbucht werden (nur „störte" vielleicht gerade die Mittagspause). Zum anderen kann ein Beleg auch vorerfasst werden, d.h. die endgültige Verbuchung muss beispielsweise noch mit einem Sachbearbeiter geklärt werden.

8.2 Zahlungseingang - Ausgleichen

Über Zahlungseingangsbelegbuchungen wird ein Ausgleich offener Posten angestrebt. Der Ausgleich kann entweder manuell oder maschinell durch das System geschehen. Zur Verdeutlichung des unter R/3® realisierten Konzepts wird im Folgenden das manuelle Ausgleichen betrachtet.

Prinzipiell können nur offene Posten ausgeglichen werden, die auf Konten mit Offene-Posten-Verwaltung gebucht werden. Debitoren- und Kreditorenkonten werden automatisch mit Offene-Posten-Verwaltung geführt. Für Sachkonten und damit auch für die Bankunterkonten (Konten für Ausgangsschecks, Ausgangsüberweisungen, Scheckeingang und Bankeinzug) muss dies im Stammsatz angegeben werden.

Das Buchen mit Ausgleichen soll am Beispiel eines Schecks erläutert werden. Zunächst wird die Belegposition erfasst, d.h. der Scheckeingang (Bankunterkonto). Dann kann die offene Position ausgewählt werden, die ausgeglichen werden soll, also eine bestimmte Rechnung. Zur Findung der auszugleichenden offenen Posten stellt R/3® diverse Suchfunktionalitäten bereit. Sind die richtigen Posten gefunden, ist eine Nachbearbeitung, z.B. eine Skontokorrektur, möglich. Abweichungen werden innerhalb der im Customizing gesetzten Toleranzgrenzen akzeptiert und werden als Aufwand auf einem Aufwandskonto verbucht. Nach der Auswahl des oder der offenen Posten wird der Posten im Debitorenkonto ausgeglichen. Die Mitbuchtechnik aktualisiert entsprechend das Abstimmkonto in der Hauptbuchhaltung. Die Posten werden als ausgeglichen gekennzeichnet.

In einem weiteren Arbeitsschritt wird der Scheck nun bei der Bank eingereicht. R/3® kann diesen Prozess mit der in seiner Bankbuchhaltung enthaltenen Scheckeinreicherliste unterstützen. Die Bank sendet anschließend einen Kontoauszug zurück. Dies kann papierbasiert oder in elektronischer Form sein. Der elektronische Kontoauszug kann per Batch-Input-Verfahren in das System geladen werden. Der papierbasierte Kontoauszug muss durch manuelle Buchung in das System eingegeben werden. Beiden gemeinsam ist der Ausgleich des offenen Postens, des Scheckeingangskontos gegen das Bankkonto. Das Bankkonto wird somit nur parallel zum Girokonto mitgeführt.

Abbildung 243: Buchen mit Ausgleich

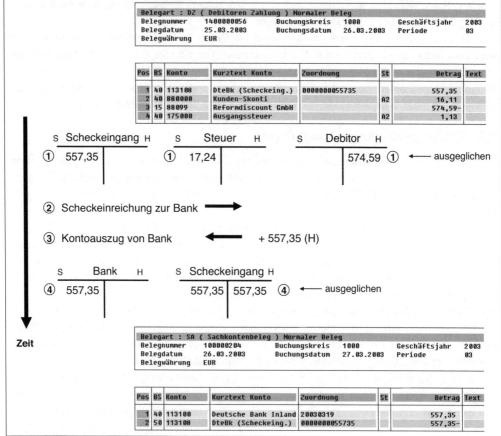

In Anlehnung an SAP® AG

8.3 Fallstudie – Zahlungseingang per Scheck

Der Kunde Reformdiscount GmbH zahlt (ausnahmsweise) die Rechnung per Scheck. Ziel ist nun die Verbuchung des Schecks im R/3®-System.

Aufgabe 37
Buchen Sie zunächst den Zahlungseingang. Ordnen Sie dem Scheck die richtige Forderung zu, so dass diese ausgeglichen wird. Der Scheck wird – bis zur Einlösung und Gutschrift auf dem Bankkonto – auf das Scheckeingangskonto (Zwischenkonto) gebucht. Das Scheckeingangskonto ist ein Bankunterkonto mit der Kontonummer 113108. Der Scheck entspricht dem Fakturabetrag.

Aufgabe 38
Nachdem der Scheck bei der Bank (eventuell per Scheckeinreicherliste) eingereicht wurde, wird nun auf Basis des Kontoauszugs die Zahlung dem Bankkonto (Kto-Nr. 113100) gutgeschrieben. Die bisher bestehende Verrechnung über das Bankunterkonto Scheckeingang wird dadurch aufgelöst. Damit wird das Bankkonto vom Unternehmen nur „mitgeführt".

Für die abschließende Pflege der Fallstudie stehen zwei Pflegeanleitungen zur Verfügung:

- Zahlungseingang,
- Verrechnung auflösen.

Zahlungseingang

FENSTER	MENUEPFAD/EINGABE
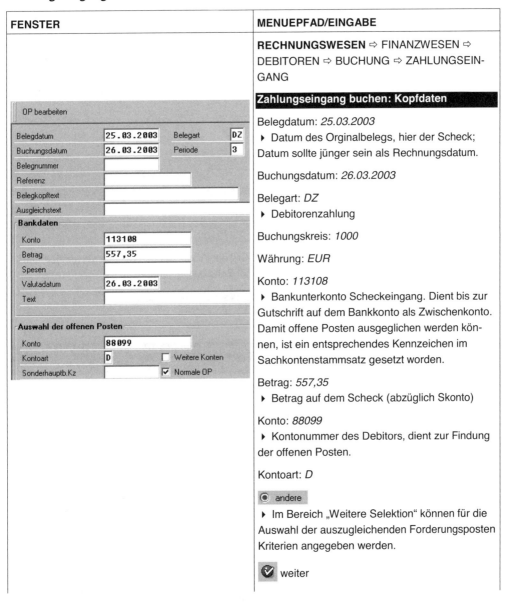	**RECHNUNGSWESEN** ⇨ FINANZWESEN ⇨ DEBITOREN ⇨ BUCHUNG ⇨ ZAHLUNGSEIN-GANG
	Zahlungseingang buchen: Kopfdaten
	Belegdatum: *25.03.2003*
	▸ Datum des Orginalbelegs, hier der Scheck; Datum sollte jünger sein als Rechnungsdatum.
	Buchungsdatum: *26.03.2003*
	Belegart: *DZ*
	▸ Debitorenzahlung
	Buchungskreis: *1000*
	Währung: *EUR*
	Konto: *113108*
	▸ Bankunterkonto Scheckeingang. Dient bis zur Gutschrift auf dem Bankkonto als Zwischenkonto. Damit offene Posten ausgeglichen werden können, ist ein entsprechendes Kennzeichen im Sachkontenstammsatz gesetzt worden.
	Betrag: *557,35*
	▸ Betrag auf dem Scheck (abzüglich Skonto)
	Konto: *88099*
	▸ Kontonummer des Debitors, dient zur Findung der offenen Posten.
	Kontoart: *D*
	⦿ andere
	▸ Im Bereich „Weitere Selektion" können für die Auswahl der auszugleichenden Forderungsposten Kriterien angegeben werden.
	✅ weiter

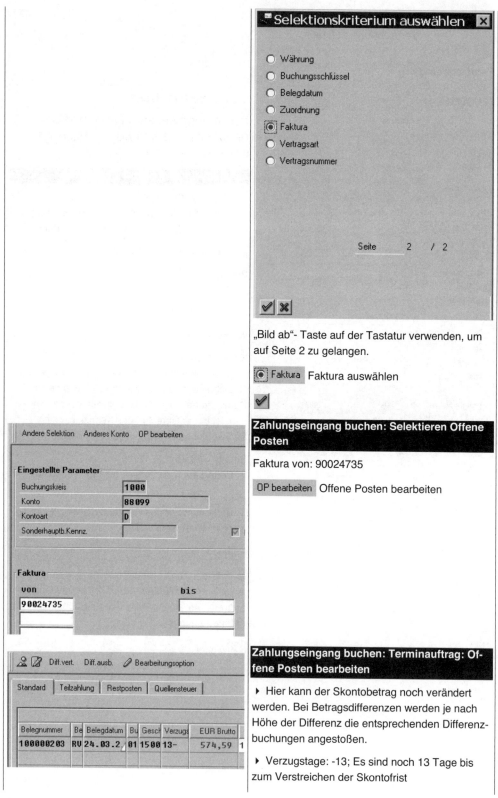

Selektionskriterium auswählen ☒

○ Währung
○ Buchungsschlüssel
○ Belegdatum
○ Zuordnung
◉ Faktura
○ Vertragsart
○ Vertragsnummer

Seite 2 / 2

✓ ✗

„Bild ab"- Taste auf der Tastatur verwenden, um auf Seite 2 zu gelangen.

◉ Faktura Faktura auswählen

✓

Zahlungseingang buchen: Selektieren Offene Posten

Faktura von: 90024735

OP bearbeiten Offene Posten bearbeiten

Andere Selektion   Anderes Konto   OP bearbeiten

Eingestellte Parameter

Buchungskreis	**1000**
Konto	**88099**
Kontoart	**D**
Sonderhauptb.Kennz.		☑

Faktura

von	bis
90024735	

⚙ 📝 Diff.vert.   Diff.ausb.   ✏ Bearbeitungsoption

| Standard | Teilzahlung | Restposten | Quellensteuer |

Belegnummer	Be	Belegdatum	Bu	Gesch	Verzugs	EUR Brutto	
100000203	RV	24.03.2	01	1500	13-	574,59	1

Zahlungseingang buchen: Terminauftrag: Offene Posten bearbeiten

▸ Hier kann der Skontobetrag noch verändert werden. Bei Betragsdifferenzen werden je nach Höhe der Differenz die entsprechenden Differenz-buchungen angestoßen.

▸ Verzugstage: -13; Es sind noch 13 Tage bis zum Verstreichen der Skontofrist

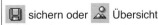

Mit markieren den Posten markieren, der mit dem Scheck ausgeglichen werden soll. Zeile wird farbig.

💾 sichern oder 🔺 Übersicht

Zahlungseingang buchen: Anzeige Übersicht

▸ Hier wird der Teil des Buchungssatzes gezeigt, der dem ausgewählten Posten gegenübersteht.

💾 sichern

Beleg 1400000056 wurde im Buchungskreis 1000 gebucht

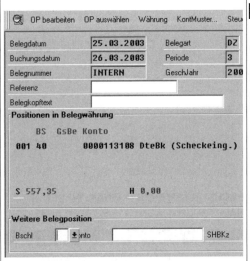

RECHNUNGSWESEN ⇨ FINANZWESEN ⇨ DEBITOREN ⇨ KONTO ⇨ POSTEN ANZEIGEN

Debitoren Einzelpostenliste

Debitorenkonto: *88099*

Buchungskreis: *1000*

⊙ Alle Posten

▸ Es werden sowohl offene Posten als auch ausgeglichene Posten zum Buchungsdatum angezeigt.

Buchungsdatum *26.03.2003*

🕐 ausführen

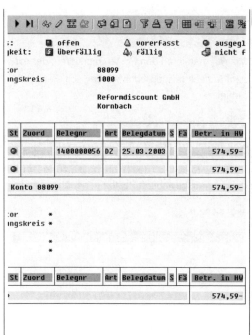

Debitoren Einzelpostenliste

▸ Es sind keine offenen Posten mehr vorhanden (Posten hat Kennzeichen ● **ausgegl.**).

RECHNUNGSWESEN ⇨ FINANZWESEN ⇨ HAUPTBUCH ⇨ KONTO ⇨ POSTEN ANZEIGEN

Sachkonten Einzelpostenliste

▸ Anzeige der Posten auf dem Scheckeingangskonto.

Sachkonto: *113108*

Buchungskreis: *1000*

◉ Alle Posten

▸ Es werden sowohl offene Posten als auch ausgeglichene Posten zum Buchungsdatum angezeigt.

Buchungsdatum *26.03.2003*

⊕ ausführen

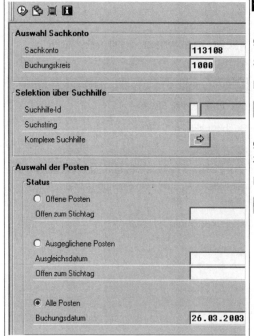

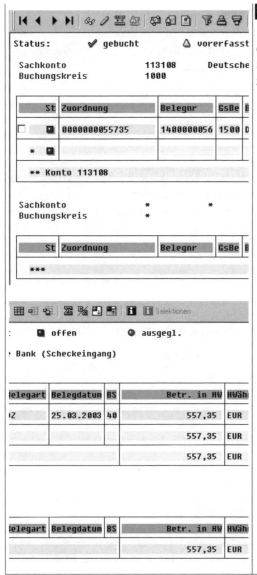

Sachkonten Einzelpostenliste

▶ Der Scheckbetrag von 557,35 EUR wird mit dem Kennzeichen ■ **offen** geführt. Das Scheckverrechnungskonto muss also in einem zweiten Schritt ebenfalls ausgeglichen werden.

Verrechnung auflösen

Der Scheck wurde bei der Bank eingereicht und dem Bankkonto (Girokonto) gutgeschrieben. Die Gutschrift auf dem Bankkonto (Girokonto) wird im Folgenden in das R/3®-System gepflegt. Die bisherige Verrechnung wird aufgelöst/ausgeglichen.

FENSTER	MENUEPFAD/EINGABE
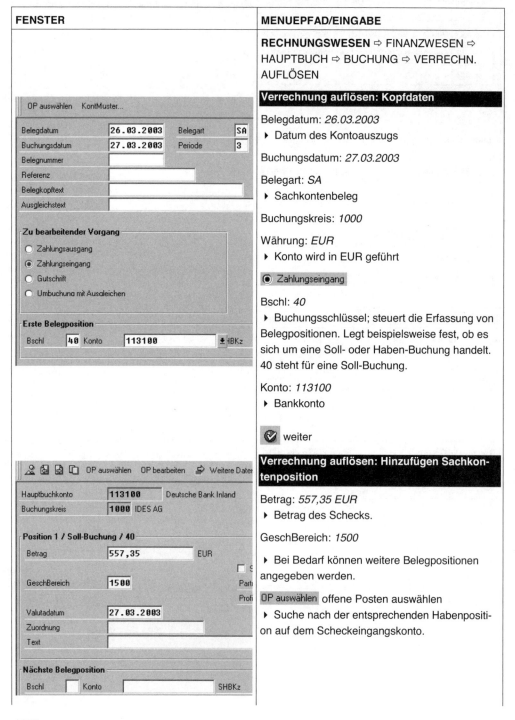	**RECHNUNGSWESEN** ⇨ FINANZWESEN ⇨ HAUPTBUCH ⇨ BUCHUNG ⇨ VERRECHN. AUFLÖSEN
	Verrechnung auflösen: Kopfdaten
	Belegdatum: *26.03.2003*
	‣ Datum des Kontoauszugs
	Buchungsdatum: *27.03.2003*
	Belegart: *SA*
	‣ Sachkontenbeleg
	Buchungskreis: *1000*
	Währung: *EUR*
	‣ Konto wird in EUR geführt
	⊙ Zahlungseingang
	Bschl: *40*
	‣ Buchungsschlüssel; steuert die Erfassung von Belegpositionen. Legt beispielsweise fest, ob es sich um eine Soll- oder Haben-Buchung handelt. 40 steht für eine Soll-Buchung.
	Konto: *113100*
	‣ Bankkonto
	✅ weiter
	Verrechnung auflösen: Hinzufügen Sachkontenposition
	Betrag: *557,35 EUR*
	‣ Betrag des Schecks.
	GeschBereich: *1500*
	‣ Bei Bedarf können weitere Belegpositionen angegeben werden.
	OP auswählen offene Posten auswählen
	‣ Suche nach der entsprechenden Habenposition auf dem Scheckeingangskonto.

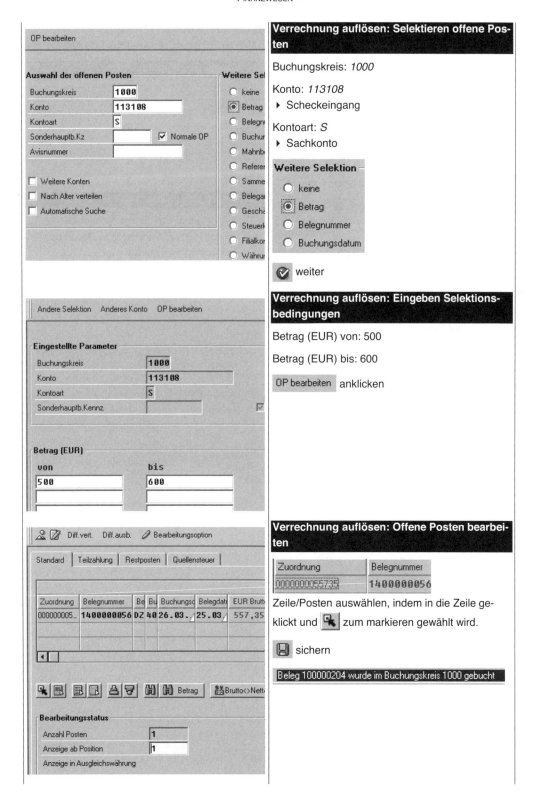

RECHNUNGSWESEN ⇨ FINANZWESEN ⇨ HAUPTBUCH ⇨ KONTO ⇨ POSTEN ANZEIGEN

Sachkonten Einzelpostenliste

ausführen

Sachkonten Einzelpostenliste

▸ Einzelpostenanzeige für das Scheckeingangskonto: 113108. Nachdem die Debitorposition oben ausgeglichen wurde, wurde nun die Scheckeingangsposition ausgeglichen.

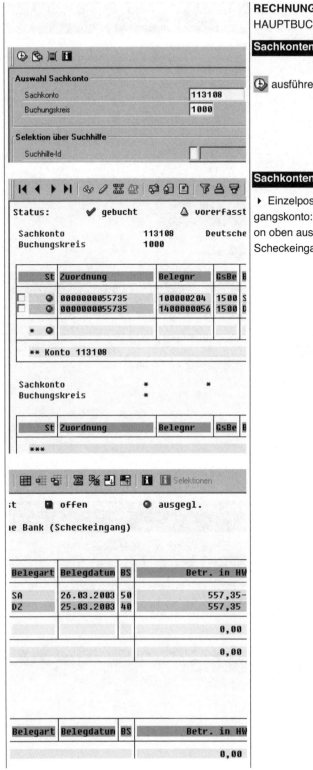

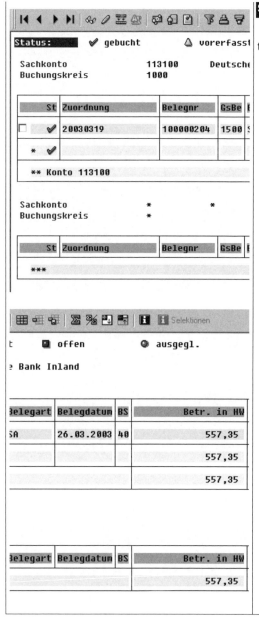

Sachkonten Einzelpostenliste

▶ Einzelpostenanzeige für das Bankkonto 113100.

9 Informationssystem

Viele Unternehmen haben die Bedeutung der Informationsgewinnung- und Auswertung als einen wichtigen Faktor ihres Erfolges erkannt. Die Analyse kritischer Kennzahlen zu betrieblichen Vorgängen leistet einen Beitrag zur langfristigen Unternehmenssicherung und verhilft den Unternehmen, notwendige Maßnahmen rechtzeitig einzuleiten. Aus diesem Grund wurden in SAP® R/3® zwei Informationssysteme, das Logistik- (LIS) und das Führungsinformationssystem integriert.

Das Führungsinformationssystem liefert Daten zu relevanten Faktoren aus internen und externen Quellen, deren Aufbereitung für das höhere Management erfolgt. Zu den internen Quellen zählen beispielsweise das Rechnungswesen, die Kostenrechnung und das Logistikinformationssystem mit Daten zur Finanz- und Auftragslage, während externe Quellen zusätzliche Informationen, beispielsweise zu Aktien- und Wechselkursen, bereitstellen. Das Führungsinformationssystem und die Unternehmensplanung greifen auf dieselbe Datenbasis zurück. Der Datenpool wird im Customizing unternehmensindividuell gepflegt und mit Daten versorgt. Diese Datenbasis lässt sich in Datenbereiche, sogenannte Aspekte, einteilen, die einzeln auswertbar sind. Entsprechend den individuellen Anforderungen einzelner Unternehmen besteht die Möglichkeit verschiedene Aspekte zu pflegen. Für die Auswertung der Daten aus der EC-EIS-Datenbank steht die Recherche, ein dialogorientiertes Informationssystem, zur Verfügung. Das Führungsinformationssystem steht im Prinzip in Konkurrenz zum Business Warehouse der SAP®.

Neben dem Führungsinformationssystem beinhaltet R/3® das so genannte Logistikinformationssystem, dessen Einsatz die Erstellung von Berichten zu unterschiedlichen Informationsbedarfen unterstützt. Dieses wird im Folgenden vorgestellt.

9.1 Logistikinformationssystem

Anders als das Führungsinformationssystem integriert das Logistikinformationssystem mehrere Informationssysteme zur Befriedigung unterschiedlicher Informationsbedarfe.

- Einkauf,
- Vertrieb,
- Fertigung,
- Bestandsführung,
- Instandhaltung,
- Qualitätsmanagement/Prüfabwicklung.

Das Logistikinformationssystem fungiert als Kontroll-, Steuerungs- und Planungsinstrumente.

Abbildung 244: LIS als Kontroll-, Steuerungs- und Planungsinstrument

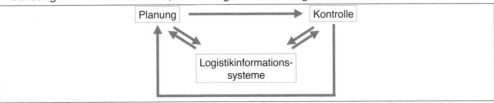

©SAP® AG

Die Standardanalysen des Logistikinformationssystems basieren auf Informationsstrukturen, so genannten Statistikdateien, in denen relevante Kennzahlen aus den einzelnen Anwendungen zusammengefasst sind. Neben der Erfassung und Verdichtung von Ist-Daten können Entscheidungen durch die Gegenüberstellung von Plandaten unterstützt und überprüft werden. Allerdings erfordert der sinnvolle Einsatz des Logistikinformationssystems die Ermittlung der Prozesse und Funktionen, zu denen Auswertungsbedarfe bestehen. Die Identifizierung der relevanten Selektionsparameter erfordert gewisse Kenntnisse der in R/3® hinterlegten Unternehmensstruktur bzw. der Organisationsebenen.

Abbildung 245: Bedeutung der Unternehmensstrukturen für die Berichtserstellung

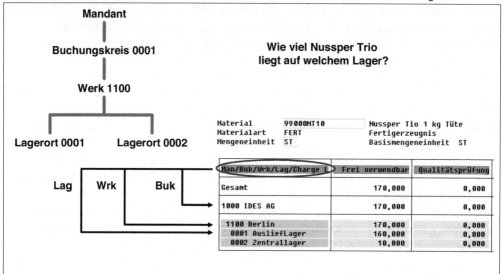

Bildschirmbilder SAP® AG

Die Auswertung der Bestandsveränderungen, in Abhängigkeit vom Informationsbedarf, wird auf Mandanten-, Buchungskreis- oder auf Werksebene vorgenommen. Entsprechend der selektierten Organisationsebenen liest der Bericht die Daten aus der Datenbank.

Standardanforderungen an das Berichtswesen lassen sich oftmals durch so genannte Standardberichte, die bereits in R/3® -System integriert sind, erfüllen. Die Befriedigung komplexerer Auswertungsbedarfe erfolgt durch die Definition eigener Berichte mit dem Report Painter oder dem Report Writer.

9.1.1 Berichtsbestandteile

Bei der Definition eines Berichtes sind notwendige Berichtsbestandteile zu pflegen, die zur erfolgreichen Ausführung eines Berichts erforderlich sind. Hierzu zählen der Berichtskopf, die allgemeinen Selektionen und Vorgaben für die Zeilen und Spalten des Berichtes. Mit der Auslieferung des R/3® -Systems werden Standardelemente bereitgestellt, die zur Erleichterung der Berichtsdefinition optional herangezogen werden können.

Abbildung 246: Berichtsbestandteile

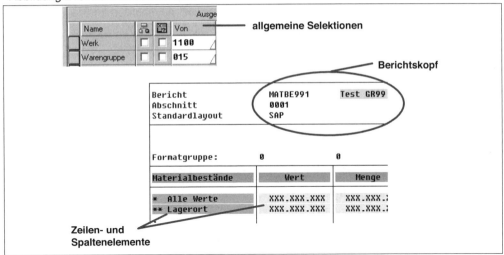

Bildschirmbilder SAP® AG

• Berichtskopf

Bei der Definition eines Berichtes ist zunächst der Berichtskopf zu pflegen. Durch die Angabe einer Berechtigungsgruppe ist es möglich den Bericht nur ausgewählten Personen zur Verfügung zu stellen. Dieses Vorgehen empfiehlt sich insbesondere bei der Auswertung sensibler Daten, die vor dem Zugriff unberechtigter Dritter zu schützen sind. Auch die Zuordnung eines Layouts, das bei der Ausführung des Berichtes zu übernehmen ist, erfolgt im Berichtskopf.

Abbildung 247: Berichtskopf

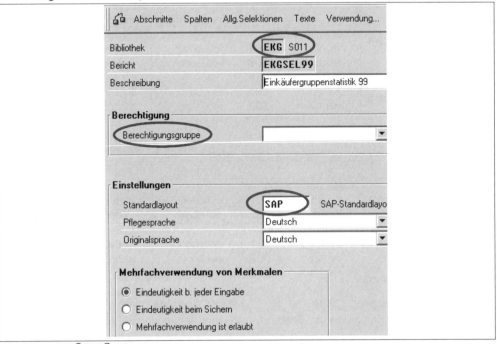

Bildschirmbild ©SAP® AG

Zur Pflege eines individuellen Layouts bietet R/3® eine eigenständige Funktion. Wird kein Berichtslayout angegeben, erfolgt die Ausgabe des Berichts automatisch im Standardlayout SAP®. Voreinstellungen für den Export eines Berichtes auf einen Applikations- oder Präsentationsserver können durch entsprechenden Exportparameter eingestellt werden.

- **Allgemeine Selektionen**

Allgemeine Selektionen sind Merkmale und Merkmalswerte, die für den gesamten Bericht gelten und bei der Ausführung eines Berichtes nur einmal selektiert werden. Das jeweilige Merkmal ist in den Zeilen und Spalten nicht mehr verwendbar. Vorteile dieser Merkmale sind die Verringerung des Aufwandes bei der Berichtsdefinition und verkürzte Antwortzeiten bei der Ausführung eines Berichtes. Zu den allgemeinen Selektionen kann beispielsweise das Werk zählen, auf dem die Auswertungen des Berichtes basieren.

- **Berichtszeilen- und Spalten**

In Berichtsspalten stehen folgende Elementtypen zur Verfügung:
- Kennzahl mit Merkmalen: Kombination aus Basiskennzahl mit einem oder mehreren Merkmalen,
- Vordefinierte Kennzahl: vom System bereitgestellte Kennzahl mit Merkmalen,
- Formeln: numerische Wert- und Formelvariablen zur Berechnung von Werten für Spalten,
- Sets.

Für die Bezeichnung der Spalten besteht die Möglichkeit Kurz-, Mittel- und Langtexte zu pflegen, die bei der Ausgabe des Berichtes als Spaltenüberschrift Verwendung finden. Eine weitere Möglichkeit ist der Einsatz von Variablen als Spaltenüberschrift.

Abbildung 248: Zeilen- und Spaltenblöcke

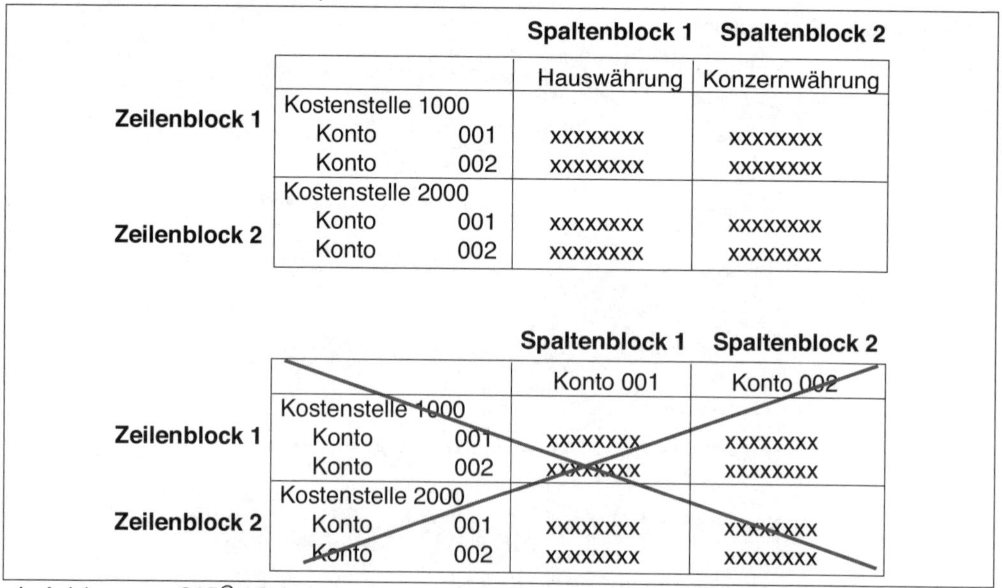

In Anlehnung an SAP® AG

Die Pflege der Zeilenelemente ist mit der Pflege der Spaltenelemente vergleichbar. Allerdings können in Berichtszeilen nur Basiskennzahlen in Verbindung mit Merkmalen und Formeln, aber keine vordefinierten Kennzahlen verwendet werden. Es ist möglich, für eine Zeile mehrere Merkmale anzugeben und für diese eine gewünschte Reihenfolge zu bestimmen.

Wurde ein Merkmal bereits in einer Zeile verwendet, ist dieses in den Zeilen des Berichtes nicht weiter einsetzbar. Allerdings ist die Verwendung eines Merkmals in verschiedenen Zeilenblöcken durchaus möglich.

Mit der Funktion expandieren ist für die einzelnen Merkmale bestimmbar, ob im Bericht Einzelwerte, eine Gesamtsumme oder Einzelwerte mit Summen und Zwischensummen ausgegeben werden. In der Standardeinstellung des Systems ist das Kennzeichen „nicht auflösen" aktiv. Daher wird im Bericht für das Merkmal standardmäßig nur eine Summenzeile ausgegeben.

Abbildung 249: Pfad expandieren

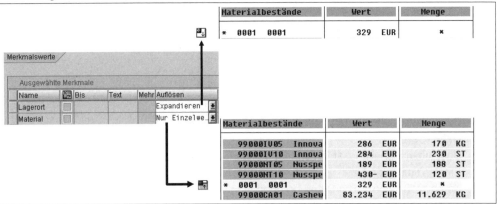

Bildschirmbilder ©SAP® AG

Für den Fall, dass häufig vergleichbare Spalten beziehungsweise Zeilen in Berichten Verwendung finden, empfiehlt sich der Gebrauch von Vorlagen, deren Einsatz in diversen Berichten möglich ist. Zusätzlich besteht die Möglichkeit, die Definition einzelner Spalten- und Zeilen durch die Verwendung einer Kopierfunktion, leichter zu gestalten. Diese Kopien sind anschließend beliebig veränder- und anpassbar.

9.1.2 Berichtsbausteine

Standardberichte und Berichte, deren Definition mit dem Report Painter beziehungsweise Writer erfolgte, basieren auf Berichtsbausteinen, deren Einsatz in allen Berichten möglich ist. Allerdings setzt die Pflege dieser Bausteine bestimmte Kenntnisse voraus und erfordert eine gewisse Einarbeitungszeit. Auch hier stehen Standardbausteine zur Verfügung, deren Einsatz die Definition individueller Berichte erleichtert.

• Sets

Sets werden in vielen Teilkomponenten des R/3® -Systems (Berichtswesen, Planung, Allokation, usw.) verwendet. Bestimmte Werte oder Wertintervalle einer oder mehrerer Datenbankdimensionen werden in einem Setnamen zusammengefasst. Dies ermöglicht, für eine bestimmte Dimension, wie beispielsweise ein Konto, eine Kostenstelle oder einen Geschäftsbereich, aussagekräftige Werte zu erfassen.

- Die Anzahl der Merkmale bestimmt die Komplexität des Datenwürfels.
- Die Anzahl der Merkmalswerte bestimmt die Kantenlänge einer Dimension

Abbildung 250: Zusammenfassung von Wertintervallen in Sets

	Hauswährung	Konzernwährung
Kostenstelle 1000		
Konto 001	xxxxxxxx	xxxxxxxx
Konto 002	xxxxxxxx	xxxxxxxx
Kostenstelle 2000		
Konto 001	xxxxxxxx	xxxxxxxx
Konto 002	xxxxxxxx	xxxxxxxx

In Anlehnung an SAP® AG

Unterscheidbar sind die folgenden Settypen:
- Basic-Sets

  Beinhalten Werte und Wertintervalle einer Dimension.
- Daten-Sets

  Beinhalten Basiskennzahlen und Merkmale für Währungen und Mengen.
- Single-Dimension-Sets

  Kombination von Basic-Sets und/oder Single-Dimension-Sets mit derselben Dimension. Single-Dimension-Sets dürfen auch Werte beinhalten.
- Multi-Dimension-Sets

  Kombination von Basic-Sets, Daten-Sets und Single- Dimension-Sets mit unterschiedlichen Dimensionen. Allerdings können Multi-Dimension-Sets nicht miteinander verbunden werden.

Unabhängig vom jeweiligen Typen weisen Setstrukturen einige Gemeinsamkeiten auf. So darf der Setname maximal 24 Zeichen umfassen. Die Informationen zur Datenbanktabelle und zur Dimension, eine kurze Beschreibung und der symbolische Name des Sets werden in den Setkopfinformationen festgelegt. Diese Informationen wirken sich auf alle Werte des Sets, die so genannten Setwerte aus.

Die Arbeit mit Sets ist eine einfache Möglichkeit, das System an geschäftliche Anforderungen anzupassen und bietet dem Anwender einige Vorteile:

Sets brauchen nur einmal definiert zu werden, sind danach beliebig oft verwendbar und stehen nach der einmaligen Pflege auch in anderen Modulen bereit. Beispielsweise ist es möglich, einen Set, der ursprünglich für das Berichtswesen vorgesehen war, auch in der Allokation zu verwenden. Bei der Erweiterung eines Sets um einen neuen Wert werden alle Stellen, die dieses Set ebenfalls in Anspruch nehmen, automatisch aktualisiert. Ein Bericht ist somit nicht zu ändern, sondern lediglich neu aus zu führen. Verwendete Werte können außerdem in Gruppen und Hierarchien zusammengefasst und tabellenübergreifend verwendet werden.

- **Variablen**

Variablen stehen für Daten, wie beispielsweise Geschäftsjahr oder Buchungskreis, deren Werte erst bei der Ausführung eines Berichtes festgelegt werden. Die Gültigkeit des Wertes einer solchen Variablen ist dabei immer auf den aktuellen Bericht beschränkt. Wird dieser erneut ausgeführt, kann die Variable mit einem neuen Wert gefüttert werden.

Bei der Definition einer Variablen kann zwischen den folgenden Typen unterschieden werden:

- Wertvariable direkt pflegen und nur in Basic-Sets verwenden,
- Formelvariable mit einer Formel, die den Wert der Variablen bestimmt (nur in Basic-Sets verwendbar),
- Setvariable steht für ein definiertes Set, dass bereits Werte enthält (nur in Multi-Dimension-Sets anwendbar).

• Kennzahlen

Kennzahlen bestehen aus einer Kombination von Merkmalen und Basiskennzahlen. Ein Merkmal ist ein nicht-numerisches Feld wie Konto, Kostenstelle oder Geschäftsbereich. In älteren Release-Versionen werden solche Merkmale auch als Feld oder Dimension[60] bezeichnet. Numerische Wertfelder, wie Hauswährung, Gesamtkosten oder Leistungsmenge, definieren das aktuelle Release als Basiskennzahlen. Ältere Release-Versionen verwenden hier noch den Begriff Kennzahl, der in neueren Versionen die Kombination einer Basiskennzahl mit einem oder mehreren Merkmalen ausdrückt. Beispiele für Kennzahlen sind beispielsweise Ist-Kosten eines abgeschlossenen oder Plankosten des aktuellen Geschäftsjahres.

• Standardlayout

Jedem definierten Bericht wird ein Standardlayout zugeordnet, über welches die Festlegung des Formates für die Berichtsausgabe erfolgt. Hierzu zählen unter anderem das Seitenformat des Berichtes oder numerische Formate der Berichtsdaten. Zunächst wird den Berichten das Standardlayout SAP® zugeordnet, dass von der SAP® mit dem R/3® -System ausgeliefert wird. Die Pflege und Zuweisung eigener Layouts ist ebenfalls möglich.

• Bibliothek

Eine Bibliothek ist eine ausgewählte Sammlung von Merkmalen, Kennzahlen und Basiskennzahlen aus den Einträgen der Report Writer Tabelle. Eine Veränderung oder Erweiterung dieser Tabelle um weitere Merkmale, Kennzahlen und Basiskennzahlen ist nicht möglich. Alle Berichte müssen einer Bibliothek zugeordnet sein und können nur die dort gepflegten Kennzahlen beinhalten. Bei der Pflege einer Bibliothek kann eine bereits vorhandene Bibliothek als Vorlage dienen und kopiert werden. Alternativ kann auch eine Bibliothek mit ausgesuchten Merkmalen, Kennzahlen und Basiskennzahlen aus der Report Writer Tabelle definiert werden. Die zusätzliche Angabe einer Benutzergruppe ermöglicht es, andere Benutzer von den Berichten einer Bibliothek auszuschließen.

• Berichtsgruppe

Eine Berichtsgruppe ist eine Sammlung von Berichten mit ähnlichen Datenbankselektionen zur Vermeidung von Mehrfachselektionen. Zur Verkürzung der Verarbeitungszeit sollten Berichte, die einen ähnlichen Datenbestand auswerten, in einer Berichtsgruppe zusammengefasst werden. Somit sind relevante Daten nur einmal zu lesen und auf die einzelnen Berichte zu verteilen. Die Ausführung eines Berichtes erfolgt erst, nachdem dessen Zuordnung in eine Berichtsgruppe erfolgte. Es besteht die Möglichkeit mehrere, Berichte einer Berichtsgruppe zuzuordnen und zwischen den einzelnen Berichten hin- und herzuwechseln.

---

[60] Vgl. Abbildung 250: Zusammenfassung von Wertintervallen in Sets.

Abbildung 251: Berichtsgruppe

Bibliothek	EKG	S011
Tabelle	S011	EKS: Einkäufergruppenstatistik
Berichtsgruppe	EKBG	BG für Einkäufergruppenstatistik

Berichte

Bericht	Beschreibung	Stand
EKGSEL99	Einkäufergruppenstatistik 99	04.02.2003
EKGSEL04	Einkäufergruppenstatistik 04	05.02.2003
EKGSEL03	Einkäufergruppenstatistik	05.02.2003

Bildschirmbild ©SAP® AG

Die Berichtsgruppe zur Einkäufergruppenstatistik beinhaltet Auswertungen zum Werk 1100 - Einkaufsorganisation 1000. Lediglich die Selektion der Einkäufergruppe wird durch die Angabe entsprechender Sets im Rahmen der Berichtsdefinition differenziert.

Nachdem eine Berichtsgruppe gepflegt oder ein Bericht beziehungsweise ein im Bericht verwendetes Set geändert wurde, ist die Berichtsgruppe erneut zu generieren. Bei diesem Vorgang werden alle Berichte der Berichtsgruppe auf Fehler und Warnmeldungen geprüft und gesicherte Daten zur Berichtsgruppe gelöscht. Die Möglichkeit, einzelne Berichte, vor der Zuordnung zu einer Berichtsgruppe, auf Fehler zu prüfen, kann Zeiteinsparungen ergeben. Die Anzeige eventueller Warn- und Fehlermeldungen erfolgt in einem Dialogfeld.

9.2 Berichtserstellung

Für typische Informationsbedarfe stehen in R/3® Standardberichte zur Verfügung, die den allgemeinen Berichtsanforderungen genügen. Für umfangreichere Auswertungen bietet R/3®, mit dem Report Painter und dem Report Writer, zwei Werkzeugen zur Berichtserstellung, die Möglichkeit eigenständige Berichte zu definieren.

9.2.1 Standardberichte

Zur Analyse und Auswertung betriebswirtschaftlicher Vorgänge bietet R/3® als Vorlage eine Anzahl von Standardberichten. Diese stehen vorerst im Auslieferungsmandanten 000 zur Verfügung, können aber in den Zielmandanten importiert und dort generiert werden. Für den Import von Standardberichten ist im Einführungsleitfaden (IMG) der jeweiligen Controlling-komponenten die entsprechende Funktion zu aktivieren. Hierbei ist gleichzeitig zu entscheiden, ob nur die Übertragung einzelner oder aller Berichte in den Zielmandanten erfolgen soll. Bevor ein importierter Bericht zu einem ablauffähigen Programm im Informationssystem wird, ist dieser zusätzlich zu generieren. Hierzu erfolgt die Generierung einer entsprechenden Berichtsgruppe im Zielmandanten.

Der generierte Standardbericht sollte nur als Vorlage dienen oder ist vor der Bearbeitung zu kopieren. Anders als bei der Berichtsvorlage, die nur in einer Bibliothek zur Verfügung steht, ist der Einsatz eines kopierten Berichtes auch in anderen Bibliotheken möglich. Jede direkte Veränderung eines Standardberichtes wird von den Kunden in Eigenverantwortung vorgenommen und wird beispielsweise bei Einspielung eines neuen Release unwirksam.

Abbildung 252: Standardbericht

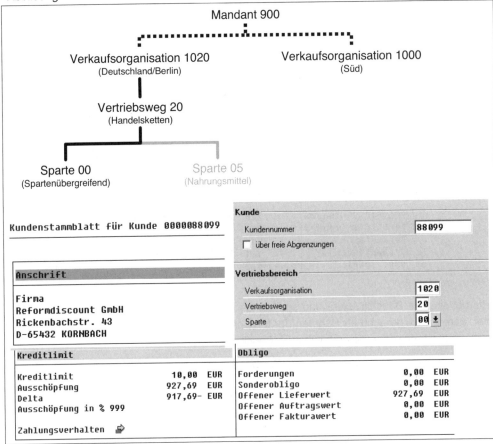

Bildschirmbilder SAP® AG

Unter anderem können mit Standardberichten folgende Berichte erstellt werden:

- Bilanz,
- Gewinn- und Verlustrechnung,
- Wertentwicklungen,
- Anlagengitter.

Alle ausgelieferten Standardberichte funktionieren nach dem Gemeinkostenprinzip und wurden mit der Recherche[61] oder dem Report Painter erstellt.

9.2.2 Report Painter

Vorgefertigte Standardberichte der verschiedenen R/3® -Anwendungskomponenten erfüllen nicht immer die speziellen Anforderungen einzelner Unternehmen. Mit dem Report Painter ist es möglich, eigene Berichte zu erstellen, die den individuellen Informationsbedarfen des Berichtswesens genügen.

---

[61] Vgl. Kap. 9: Informationssysteme

Abbildung 253: Report Painter Bericht

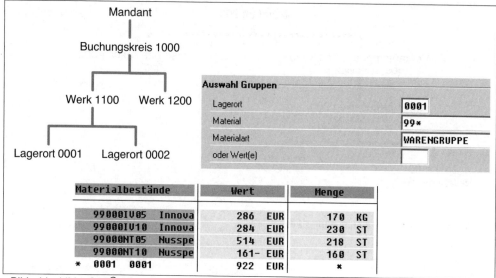

Bildschirmbilder SAP® AG

Hierbei sind die Berichtszeilen- und spalten durch dieselbe graphische Oberfläche abgebildet, deren Anzeige auch im Rahmen der Berichtsausgabe erfolgt. Dies unterstützt die Layoutkontrolle bereits bei der Erstellung des Berichtes.

Abbildung 254: Layoutkontrolle mit dem Report Painter

Bericht	MATBES99	Materialbesta
Abschnitt	0001	

Formatgruppe:	0	0

Schlüsselspalte	Spalte 1	Spalte 2
Zeile 1	XXX.XXX.XXX	XXX.XXX.XXX
Zeile 2	XXX.XXX.XXX	XXX.XXX.XXX
Zeile 3	XX	
Zeile 4	XX	
.		

Materialbestände		Wert		Menge	
99000IV05	Innova	286	EUR	170	KG
99000IV10	Innova	284	EUR	230	ST
99000NT05	Nusspe	514	EUR	218	ST
99000NT10	Nusspe	161-	EUR	160	ST
* 0001	0001	922	EUR	x	
99000CA01	Cashew	81.946	EUR	11.449	KG
99000ER01	Erdbee	66.591	EUR	10.389	KG
99000HA01	Haferf	15.298	EUR	14.999	KG
99000HN01	Haseln	64.797	EUR	11.530	KG
99000HO01	Honig	253.463	EUR	110.199	KG
99000IV05	Innova	1.148	EUR	81	KG
99000IV10	Innova	1.134	EUR	20	ST

Bildschirmbilder ©SAP® AG

Der Report Painter basiert technisch auf dem Report Writer und beinhaltet viele Funktionen, die dieser zur Verfügung stellt. Allerdings erfordert die Bedienung des Report Painters keine Kenntnisse der Report Writer Konzepte (bspw. Sets). Es besteht die Möglichkeit, vorgefertigte Standardelemente (Bibliotheken, Zeilen-, Spaltenvorlagen und das Standardlayout) der SAP® bei der Erstellung eines Berichtes zu verwenden. Aber auch die Eingabe von Sets beziehungsweise Merkmalswerte kann direkt erfolgen. Anschließend wird der Bericht auf Fehler- und Warnhinweise geprüft und einer Berichtsgruppe zugeordnet.

Bevor der Bericht endgültig ausgeführt wird, besteht die Möglichkeit den Datenbereich weiter einzuschränken. Bei der Ausführung eines Report Painter Berichtes erfolgt die automatische Überführung in das Format des Report Writers. Berichte, die mit dem Report Painter erstellt wurden, können in das Report Writer Format überführt und mit allen Funktionen des Report Writers bearbeitet werden.

9.2.3 Report Writer

Neben dem Report Painter ist der Report Writer ein weiteres Werkzeug für die Erstellung eigener Berichte. Der Report Writer beinhaltet ähnliche Funktionen wie der Report Painter, ist aber insgesamt komplexer und setzt gewisse Kenntnisse voraus. Im Ganzen sind die Berichte des Report Writers komplexer und können nicht nur die speziellen (Report Painter), sondern die ganz speziellen Anforderungen des Berichtswesens berücksichtigen. Die Definition eines Berichtes erfordert auch hier die Festlegung relevanter Anforderungen. Ein Blick auf die Organisationsebenen kann hierbei hilfreich sein.

Abbildung 255: Report Writer Bericht

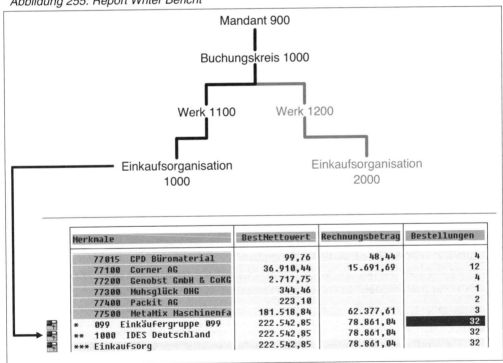

Bildschirmbild SAP® AG

Das Konzept dieses Werkzeugs basiert auf Berichtsbausteinen, deren Einsatz in jedem Bericht möglich ist. In Zeilen, Spalten und allgemeinen Selektionen sind Sets vielfach verwendbar. Durch den Gebrauch von Variablen finden unterschiedliche Optionen für Merkmals- und Gruppenwerte bei der Berichtsdefinition Berücksichtigung. Außerdem ist es möglich, die

Rangfolge verwendeter Merkmale zu variieren. Insgesamt erlaubt der Report Writer eigene Berichte flexibel zu gestalten und eignet sich für das multidimensionale Berichtswesen.

Auch bei Anwendung des Report Writers stehen Standardelemente (Bibliotheken, Zeilen- und Spaltenvorlagen und Standardlayouts) zur Verfügung, die von der SAP® mit dem R/3® - System ausgeliefert werden.

Der fertig gestellte Bericht wird auf Fehler- und Warnmeldungen geprüft, die zu Fehlern bei der Berichtsausgabe führen könnten. Anschließend wird der Bericht einer Berichtsgruppe zugeordnet, bevor die, für den Ablauf des Berichtes notwendigen Programme generiert werden.

Vor der selbständigen Definition eigener Berichte, ist die Wahl zwischen dem Report Painter und Report Writer zu treffen. Im Vergleich zum Report Painter erfordert der Report Writer umfangreichere Funktionalitäten, mit deren Hilfe komplexere Auswertungen vornehmbar sind. Allerdings bedarf die Anwendung des Report Writers einer deutlich längeren Einarbei- tungszeit. Die Vorteile des Report Painters liegen in der einfachen Handhabung und der gra- phischen Oberfläche, die bei der Berichtspflege angezeigt wird und eine direkte Layoutkon- trolle erlaubt.

Abbildung 256: Report Painter und Report Writer im Vergleich

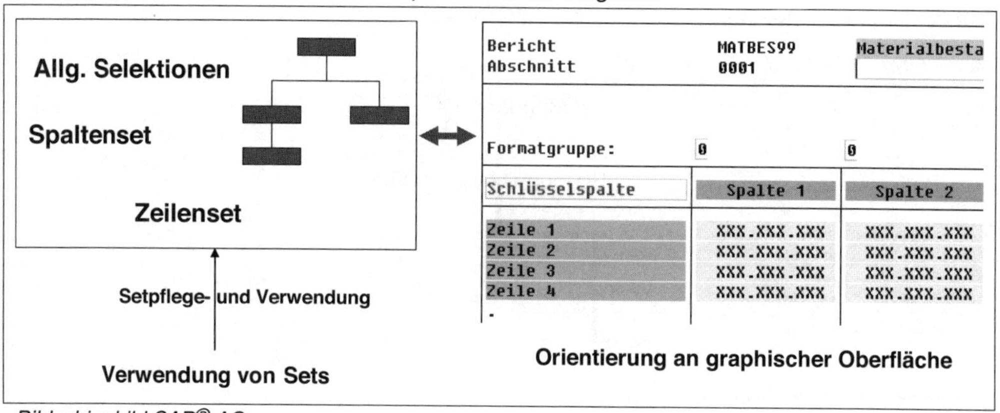

Bildschirmbild SAP® AG

9.3 Fallstudie Berichtswesen

Mit den Aufgaben zum Berichtswesen wird geprüft, ob die Pflege der Fallstudie erfolgreich durchgeführt wurde. Hierzu werden Standardberichte, aber auch Report Painter und Report Writer Berichte verwendet. Es ist zu beachten, dass für die Auswertungen nur Daten, die zuvor mit der persönlichen Gruppennummer angelegt wurden, zu selektieren sind.

Aufgabe 39

Standardbericht: Kundenstammblatt zum Vertrieb und Aufträge zum Material
   a) Führen Sie das Kundenstammblatt zum Vertrieb aus. Für die Auswertung sind nur die Debitoren auszuwählen, die zuvor eigenständig gepflegt wurden. Dieser Bericht wer- tet Daten zu den jeweiligen Debitoren, Aufträgen und zur Zahlungsabwicklung aus, die anschließend zur Kontrolle bereit stehen.
   b) Dieser Standardbericht liefert detaillierte Informationen zu den eigenen Fertigungs- aufträgen. Es sind nur die Fertigerzeugnisse mit den eigenen Gruppennummern für den Bericht zu selektieren.

Aufgabe 40

Report Painter Bericht zur Materialbestandsanalyse anlegen und ausführen

a) Legen Sie einen Report Painter Bericht zur Materialbestandsanalyse an. Dieser soll die Bestandsveränderungen der Materialien (Roh- / Verpackungsmaterialien, Leihgut) und Erzeugnisse (Halbfabrikate und Fertigerzeugnisse) je Lagerort analysieren. Durch Zu- und Abgänge einzelner Lagerbestände soll offensichtlich werden, ob erforderliche Bestellungen gebucht, notwendige Fertigungsaufträge angestoßen und die Erzeugnisse im Vertrieb abgesetzt worden.

b) Der angelegte Report Painter Bericht ist nun auszuführen. Hierzu ist der Wertebereich der Materialien so einzuschränken, dass nur die Materialien mit den jeweiligen Gruppennummern in dem Bericht dargestellt werden.

Aufgabe 41

Report Writer Bericht zur Einkäufergruppenstatistik anlegen und ausführen

a) Der Bericht zur Einkäufergruppenstatistik soll belegen, dass die Lieferanten gepflegt und die Bestellungen generiert wurden. Nur die eigene Einkäufergruppe, die im Rahmen der Berichtsdefinition im Zeilenblock berücksichtigt wird, soll in den Bericht aufgenommen werden.

b) Auch der Bericht zur Einkäufergruppenstatistik ist auszuführen. Hier sind keine weiteren Selektionen zur Einkäufergruppenstatistik vorzunehmen.

Für die Bearbeitung, der abschließenden Aufgaben zur Fallstudie, stehen die folgenden Pflegeanleitungen zur Verfügung:

* Vertrieb: Kundenstammblatt,
* Produktion: Aufträge zum Material,
* Report Painter Bericht zur Materialbestandsanalyse anlegen,
* Report Painter Bericht zur Materialbestandsanalyse ausführen,
* Report Writer Bericht zur Einkäufergruppe anlegen,
* Report Writer Bericht zur Einkäufergruppe ausführen.

Vertrieb: Kundenstammblatt

FENSTER	MENUEPFAD/EINGABE
	INFOSYSTEME ⇨ ALLGEMEINE BERICHTS-AUSWAHL⇨ VERTIEB STAMMDATEN ⇨ GESCHÄFTSPARTNER ⇨ KUNDENSTAMMBLATT
	Kundenstammblatt: Einstieg
Kunde Kundennummer 88099 ☐ über freie Abgrenzungen *Vertriebsbereich* Verkaufsorganisation 1020 Vertriebsweg 20 Sparte 00	Kundennummer: *88xxx bis: 88xxx* Verkaufsorganisation: *1020* Vertriebsweg: *20* Sparte: *00* ⊕ ausführen

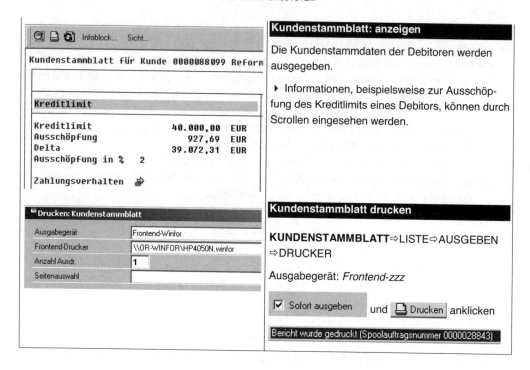

Produktion: Aufträge zum Material

FENSTER	MENUEPFAD/EINGABE
	INFOSYSTEME ⇨ LOGISTIK ⇨ PRODUKTION ⇨ MATERIAL ⇨ FERTIGUNGSAUFTRAG ⇨ ZUM MATERIAL

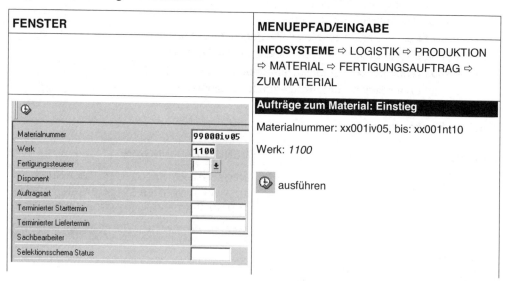

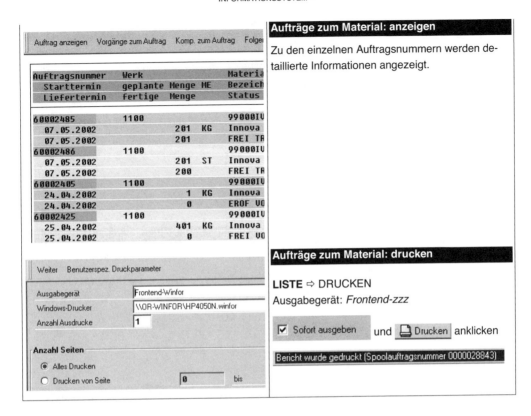

Aufträge zum Material: anzeigen

Zu den einzelnen Auftragsnummern werden detaillierte Informationen angezeigt.

Aufträge zum Material: drucken

LISTE ⇨ DRUCKEN

Ausgabegerät: *Frontend-zzz*

☑ Sofort ausgeben und 🖨 Drucken anklicken

Bericht wurde gedruckt (Spoolauftragsnummer 0000028843)

Report Painter Bericht zur Materialbestandsanalyse anlegen

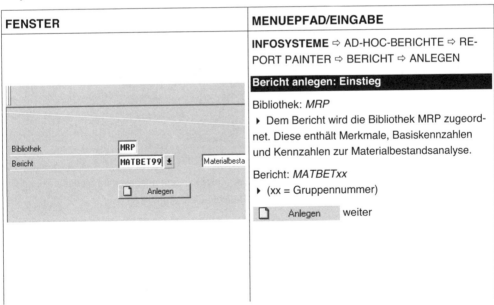

FENSTER	MENUEPFAD/EINGABE
	INFOSYSTEME ⇨ AD-HOC-BERICHTE ⇨ REPORT PAINTER ⇨ BERICHT ⇨ ANLEGEN
	Bericht anlegen: Einstieg
	Bibliothek: *MRP* ▸ Dem Bericht wird die Bibliothek MRP zugeordnet. Diese enthält Merkmale, Basiskennzahlen und Kennzahlen zur Materialbestandsanalyse. Bericht: *MATBETxx* ▸ (xx = Gruppennummer) 🗋 Anlegen weiter

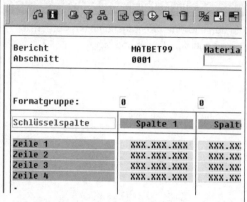

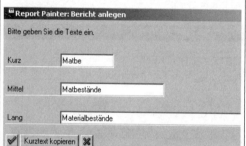

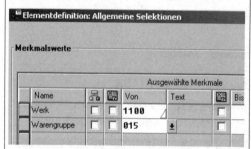

Bericht anlegen: graphische Berichtsstruktur

▸ Bei der Berichtsdefinition wird dieselbe graphische Oberfläche verwendet, die auch bei Ausgabe der Berichte angezeigt wird.

Bericht anlegen: Schlüsselspalte

`Schlüsselspalte` doppelt anklicken

Texte für die Schlüsselspalte (Kurz, Mittel und Lang) umbenennen.

Lang: *Materialbestände*

Bericht anlegen: allgemeine Selektoren

Bearbeiten ⇨ allgemeine Selektoren

Verfügbare Merkmale: *Werk und Warengruppe*

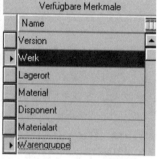

◂ anklicken, um ausgewählte Merkmale in den Bericht aufzunehmen.

Merkmalswerte:

Werk: *1100*

Warengruppe: *015*

Erst ✔ Prüfen , dann Bestätigen .

In der Statuszeile erscheint die folgende Meldung:

Die allg. Selektionen wurden erfolgreich hinzugefügt bzw. geändert

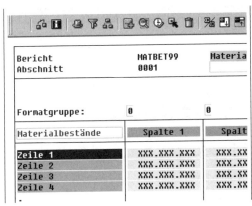

Bericht anlegen: Zeilen und Spalten definieren

Bei der Definition einzelner Berichtszeilen- und spalten wird der Cursor auf die jeweilige Position gesetzt.

anklicken

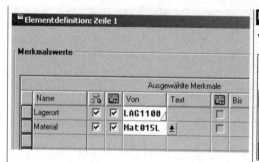

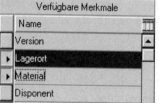

Elementdefinition: Zeile 1

Verfügbare Merkmale: *Lagerort und Material*

◀ anklicken

Merkmalswerte:

Lagerort: *LAG1100*

Material: *MAT015L*

▸ Der Wert des Von-Feldes wird als Set aufgefasst.

▸ Der Setname ist eine flexible Struktur zur Abbildung von Hierarchien und Mengen. In einem Set können bestimmte Werte oder Wertintervalle zusammengefasst und mehrere Sets zu einer Hierarchie gruppiert werden. Die Werte in Sets beziehen sich dabei auf eine Dimension innerhalb einer Datenbanktabelle.

▸ Der Wert des Von-Feldes wird als Name einer Variablen interpretiert.

▸ Variablen stehen für Daten, die unterschiedliche Werte annehmen können. Die Gültigkeit dieser Werte bezieht sich nur auf den aktuellen Bericht.

Auflösen: *Expandieren bzw. Nur Einzelwerte*

▸ Einzelne Merkmale können als Einzelwerte, Gesamtsummen oder Einzelwerte mit Summen und Zwischensummen interpretiert werden.

Erst ✔ Prüfen , dann Bestätigen

In der Statuszeile erscheint folgende Meldung:

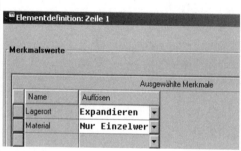

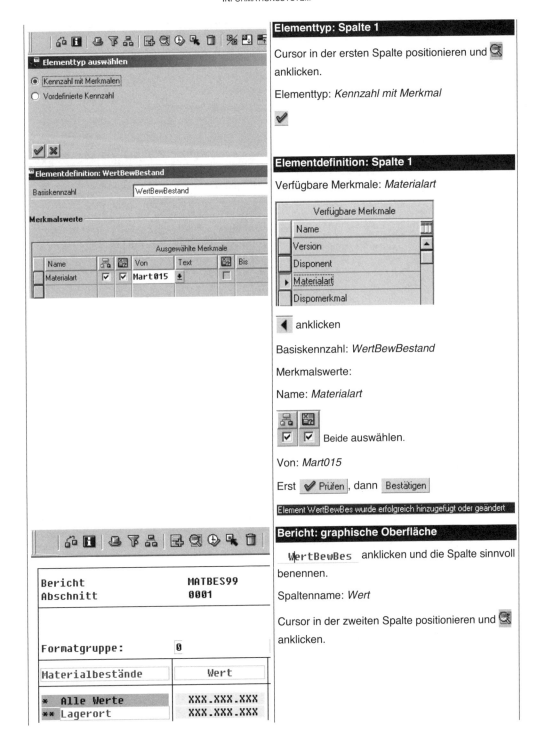

Elementtyp: Spalte 1

Cursor in der ersten Spalte positionieren und anklicken.

Elementtyp: *Kennzahl mit Merkmal*

Elementdefinition: Spalte 1

Verfügbare Merkmale: *Materialart*

anklicken

Basiskennzahl: *WertBewBestand*

Merkmalswerte:

Name: *Materialart*

Beide auswählen.

Von: *Mart015*

Erst Prüfen, dann Bestätigen

Element WertBewBes wurde erfolgreich hinzugefügt oder geändert

Bericht: graphische Oberfläche

WertBewBes anklicken und die Spalte sinnvoll benennen.

Spaltenname: *Wert*

Cursor in der zweiten Spalte positionieren und anklicken.

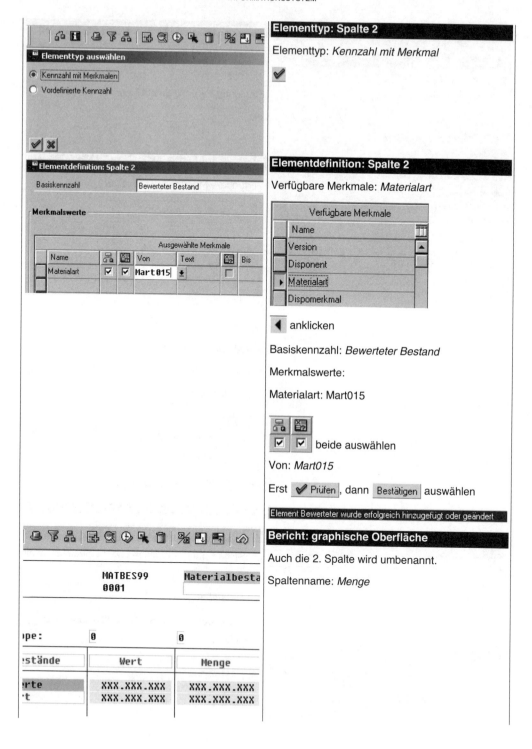

Elementtyp: Spalte 2

Elementtyp: *Kennzahl mit Merkmal*

Elementdefinition: Spalte 2

Verfügbare Merkmale: *Materialart*

◀ anklicken

Basiskennzahl: *Bewerteter Bestand*

Merkmalswerte:

Materialart: Mart015

☑ ☑ beide auswählen

Von: *Mart015*

Erst ✔ Prüfen , dann Bestätigen auswählen

Element Bewerteter wurde erfolgreich hinzugefügt oder geändert

Bericht: graphische Oberfläche

Auch die 2. Spalte wird umbenannt.

Spaltenname: *Menge*

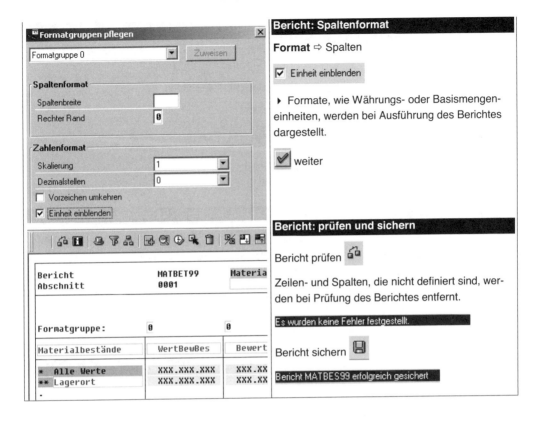

Report Painter Bericht zur Materialbestandsanalyse ausführen

FENSTER	MENUEPFAD/EINGABE
	INFOSYSTEME ⇨ AD-HOC-BERICHTE ⇨ REPORT PAINTER ⇨ BERICHT ⇨ ANZEIGEN
	Bericht anzeigen: Einstieg
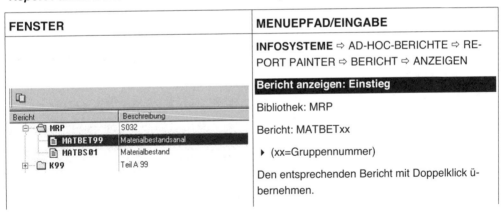	Bibliothek: MRP
	Bericht: MATBETxx
	‣ (xx=Gruppennummer)
	Den entsprechenden Bericht mit Doppelklick übernehmen.

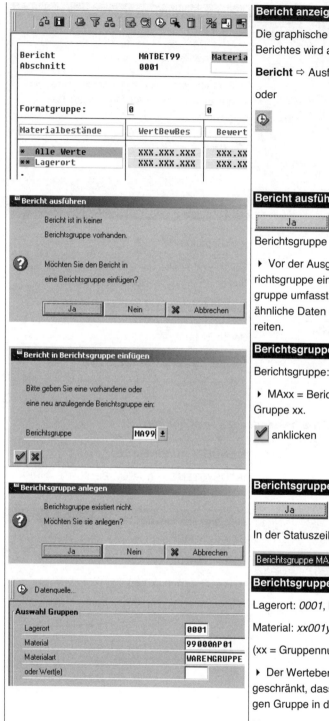

Bericht anzeigen: graphische Oberfläche

Die graphische Oberfläche des ausgewählten Berichtes wird angezeigt.

Bericht ⇨ Ausführen

oder

Bericht ausführen: Berichtsgruppe

| Ja | anklicken, um den Bericht einer Berichtsgruppe zuzuordnen.

▶ Vor der Ausgabe müssen Berichte in eine Berichtsgruppe eingebunden werden. Eine Berichtsgruppe umfasst alle Berichte einer Bibliothek, die ähnliche Daten in unterschiedlicher Form aufbereiten.

Berichtsgruppe: einfügen

Berichtsgruppe: *MAxx*

▶ MAxx = Berichtsgruppe zur Materialanalyse der Gruppe xx.

anklicken

Berichtsgruppe: anlegen

| Ja |

In der Statuszeile erscheint folgende Meldung:

Berichtsgruppe MA99 wurde generiert

Berichtsgruppe ausführen: Einstieg

Lagerort: *0001*, bis:*0901*

Material: *xx001yy01*

(xx = Gruppennummer; yy = Materialkürzel)

▶ Der Wertebereich der Materialien wird so eingeschränkt, dass nur die Materialien der jeweiligen Gruppe in den Bericht aufgenommen werden.

Materialart: *Warengruppe*

anklicken, um den Bericht auszuführen.

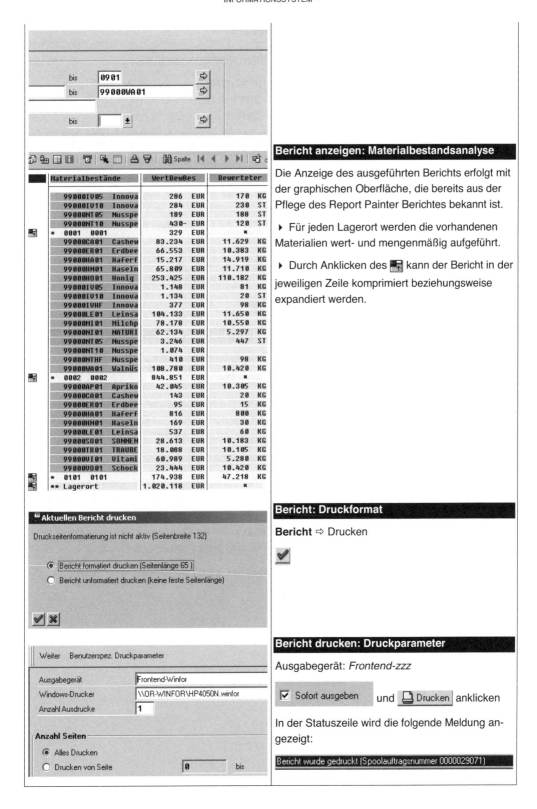

Bericht anzeigen: Materialbestandsanalyse

Die Anzeige des ausgeführten Berichts erfolgt mit der graphischen Oberfläche, die bereits aus der Pflege des Report Painter Berichtes bekannt ist.

▸ Für jeden Lagerort werden die vorhandenen Materialien wert- und mengenmäßig aufgeführt.

▸ Durch Anklicken des 🔼 kann der Bericht in der jeweiligen Zeile komprimiert beziehungsweise expandiert werden.

Bericht: Druckformat

Bericht ⇨ Drucken

Bericht drucken: Druckparameter

Ausgabegerät: *Frontend-zzz*

☑ Sofort ausgeben   und 🖨 Drucken anklicken

In der Statuszeile wird die folgende Meldung angezeigt:

Bericht wurde gedruckt (Spoolauftragsnummer 0000029071)

Report Writer Bericht zur Einkäufergruppe anlegen

FENSTER	MENUEPFAD/EINGABE
	INFOSYSTEME ⇨ AD-HOC-BERICHTE ⇨ REPORT PAINTER ⇨ REPORT WRITER ⇨ BERICHT ⇨ ANLEGEN
Kopf Abschnitte Spalten Allg.Selektionen Texte Bibliothek **EKG** S011 Bericht **EKGSEL99**	**Bericht anlegen: Einstieg** Bibliothek: *EKG* (Einkäufergruppe) ▶ Dem Bericht wird die Bibliothek EKG zugeordnet. Diese enthält eine Sammlung von Merkmalen, Basiskennzahlen und Kennzahlen, die im Bericht zur Einkäufergruppenstatistik verwendet werden können. Bericht: *EKGSELxx* ▶ (xx = Gruppennummer) ✅ weiter
🔾 Abschnitte Spalten Allg.Selektionen Texte Verwendung... Bibliothek **EKG** S011 Bericht **EKGSEL99** Beschreibung Einkäufergruppenstatistik 99 **Berechtigung** Berechtigungsgruppe ▼ **Einstellungen** Standardlayout **SAP** SAP-Standardlayout Pflegesprache Deutsch ▼ Originalsprache Deutsch ▼ ┌ **Mehrfachverwendung von Merkmalen** ┐ ⦿ Eindeutigkeit b. jeder Eingabe ◯ Eindeutigkeit beim Sichern ◯ Mehrfachverwendung ist erlaubt	**Bericht anlegen: Kopf** Beschreibung: *Einkäufergruppenstatistik xx* Standardlayout: *SAP* ▶ Das Standardlayout definiert das Seitenformat und das numerische Format für Berichtsdaten zur Ausgabe von Berichten. ⦿ Eindeutigkeit b. jeder Eingabe ▶ Die Verwendung von Merkmalen innerhalb eines Berichts ist sowohl in Zeilen, Spalten als auch in den allgemeinen Selektionen möglich. Die Prüfung der Verwendung wird im Kopf der Berichtsdefinition eingestellt werden. Abschnitte anklicken

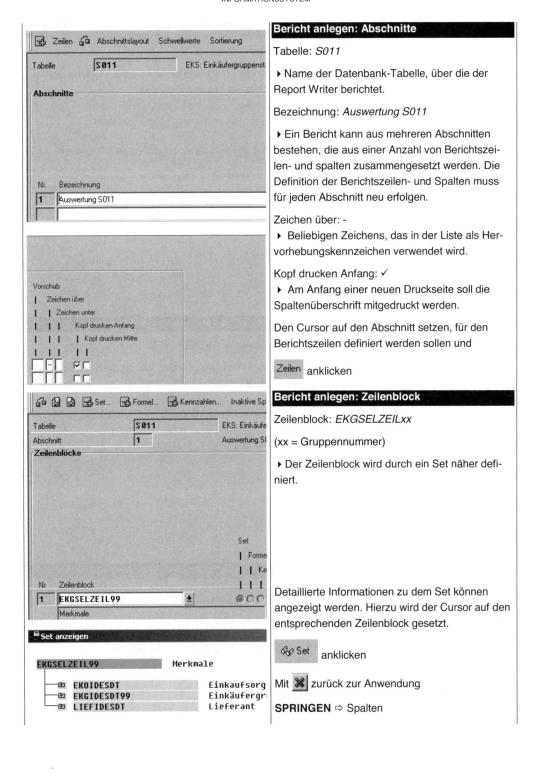

Bericht anlegen: Abschnitte

Tabelle: *S011*

▶ Name der Datenbank-Tabelle, über die der Report Writer berichtet.

Bezeichnung: *Auswertung S011*

▶ Ein Bericht kann aus mehreren Abschnitten bestehen, die aus einer Anzahl von Berichtszeilen- und spalten zusammengesetzt werden. Die Definition der Berichtszeilen- und Spalten muss für jeden Abschnitt neu erfolgen.

Zeichen über: -
▶ Beliebigen Zeichens, das in der Liste als Hervorhebungskennzeichen verwendet wird.

Kopf drucken Anfang: ✓
▶ Am Anfang einer neuen Druckseite soll die Spaltenüberschrift mitgedruckt werden.

Den Cursor auf den Abschnitt setzen, für den Berichtszeilen definiert werden sollen und

Zeilen anklicken

Bericht anlegen: Zeilenblock

Zeilenblock: *EKGSELZEILxx*

(xx = Gruppennummer)

▶ Der Zeilenblock wird durch ein Set näher definiert.

Detaillierte Informationen zu dem Set können angezeigt werden. Hierzu wird der Cursor auf den entsprechenden Zeilenblock gesetzt.

Set anklicken

Mit ✖ zurück zur Anwendung

SPRINGEN ⇨ Spalten

521|

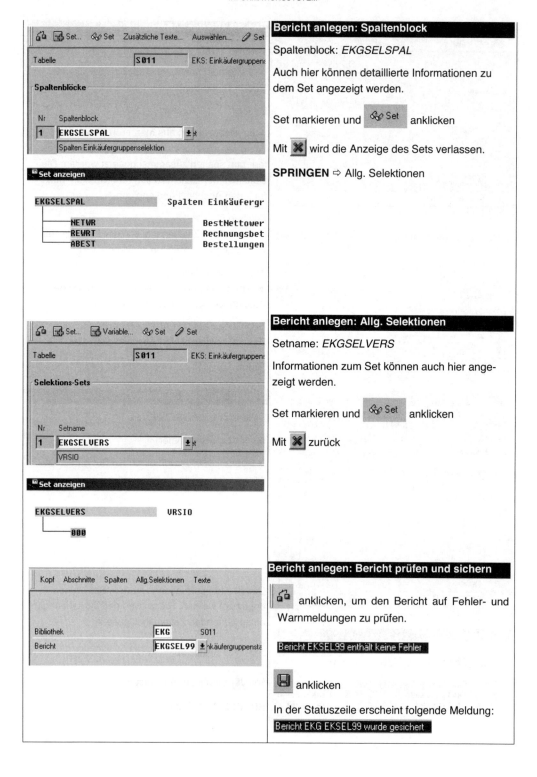

Bericht anlegen: Spaltenblock

Spaltenblock: *EKGSELSPAL*

Auch hier können detaillierte Informationen zu dem Set angezeigt werden.

Set markieren und 🔗 Set anklicken

Mit ✖ wird die Anzeige des Sets verlassen.

SPRINGEN ⇨ Allg. Selektionen

Bericht anlegen: Allg. Selektionen

Setname: *EKGSELVERS*

Informationen zum Set können auch hier ange-zeigt werden.

Set markieren und 🔗 Set anklicken

Mit ✖ zurück

Bericht anlegen: Bericht prüfen und sichern

🔲 anklicken, um den Bericht auf Fehler- und Warnmeldungen zu prüfen.

Bericht EKSEL99 enthält keine Fehler

🔲 anklicken

In der Statuszeile erscheint folgende Meldung:

Bericht EKG EKSEL99 wurde gesichert

Report Writer Bericht zur Einkäufergruppe ausführen

FENSTER	MENUEPFAD/EINGABE
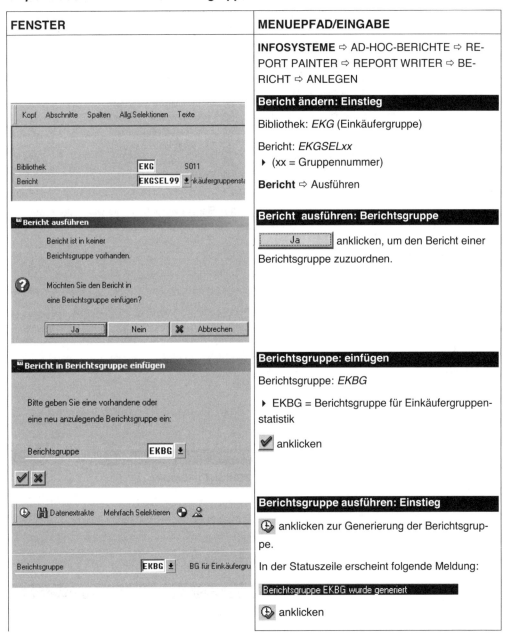	**INFOSYSTEME** ⇨ AD-HOC-BERICHTE ⇨ REPORT PAINTER ⇨ REPORT WRITER ⇨ BERICHT ⇨ ANLEGEN
	Bericht ändern: Einstieg
	Bibliothek: *EKG* (Einkäufergruppe)
	Bericht: *EKGSELxx*
	▸ (xx = Gruppennummer)
	Bericht ⇨ Ausführen
	Bericht ausführen: Berichtsgruppe
	[Ja] anklicken, um den Bericht einer Berichtsgruppe zuzuordnen.
	Berichtsgruppe: einfügen
	Berichtsgruppe: *EKBG*
	▸ EKBG = Berichtsgruppe für Einkäufergruppenstatistik
	☑ anklicken
	Berichtsgruppe ausführen: Einstieg
	⊕ anklicken zur Generierung der Berichtsgruppe.
	In der Statuszeile erscheint folgende Meldung:
	Berichtsgruppe EKBG wurde generiert
	⊕ anklicken

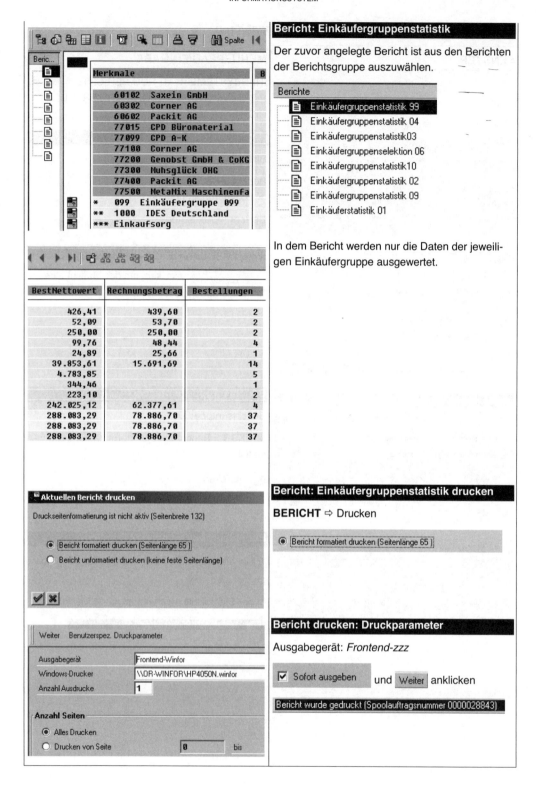

Bericht: Einkäufergruppenstatistik

Der zuvor angelegte Bericht ist aus den Berichten der Berichtsgruppe auszuwählen.

Berichte

- Einkäufergruppenstatistik 99
- Einkäufergruppenstatistik 04
- Einkäufergruppenstatistik03
- Einkäufergruppenselektion 06
- Einkäufergruppenstatistik10
- Einkäufergruppenstatistik 02
- Einkäufergruppenstatistik 09
- Einkäuferstatistik 01

In dem Bericht werden nur die Daten der jeweiligen Einkäufergruppe ausgewertet.

Bericht: Einkäufergruppenstatistik drucken

BERICHT ⇨ Drucken

- Bericht formatiert drucken (Seitenlänge 65)

Bericht drucken: Druckparameter

Ausgabegerät: *Frontend-zzz*

☑ Sofort ausgeben und Weiter anklicken

Bericht wurde gedruckt (Spoolauftragsnummer 0000028843)

10 System-Administration – erste Schritte

10.1 Backup des SAP®-Servers und der Datenbank

10.1.1 Backup-Konzept für das R/3®-System

Im Falle eines Hardware-Ausfalles kommt es auf eine schnelle Restaurierung des R/3®-Systems an. Die dafür benötigten Backup-Läufe gliedern sich in drei Teilbereiche:
- Offline-Backup der Datenbank (DB),
- Online-Backup der Datenbank (DB),
- Offline Redo log Backup.

Zusätzlich ist darauf zu achten, dass das Betriebssystem, die Datenbank und die R/3®-Executables ebenfalls regelmäßig gesichert werden. Sinnvollerweise sollte zu diesem Zweck auf eine Imaging-Lösung zurückgegriffen werden, da die beim System-Backup anfallende Datenmenge im Vergleich zum Datenbankinhalt sehr klein ist. Außerdem kann durch das Einspielen eines System-Images von einer Netzwerk-Quelle nach einer Fehlfunktion sehr schnell ein lauffähiges System wiederhergestellt werden. Dieses kann dann als Plattform zum Wiederaufbau der Datenbankinhalte dienen. Die Vorgehensweise für das Image-Backup soll an dieser Stelle nicht weiter beschrieben werden.

10.1.2 Datenbank-Backup vorbereiten

Das Datenbank-Backup kann über den SAPDBA (brarchive, brbackup) aus der System-Kommandozeile oder über den DBP Planer von R/3® (Transaktion *db13*) durchgeführt werden.

Zur Vorbereitung der Backup-Läufe kann es je nach eingesetztem Sicherungsmedium notwendig sein, Einstellungen in der Datei *<LW>:\<Datenbankverzeichnis>\database\init<SysID>.sap* zu verändern. Insbesondere die Informationen bezüglich der Kompressionsrate bei Bandsicherung (Parameter *tape_size*) und das verwendete Sicherungsprogramm (dd oder cpio, Parameter *tape_copy_cmd*) bedürfen häufig der Anpassung. Weiterhin ist der Überschreibmodus der verwendeten Bänder je nach bedarf einzustellen (Parameter *volume_archive* und *volume_backup*). Eine beispielhafte Darstellung einer solchen Einstellungsdatei ist im Folgenden abgebildet:

```
# compress command
# first $-character is replaced by the source file name
# second $-character is replaced by the target file name
# <target_file_name> = <source_file_name>.Z
# for compress command the -c option must be set
# recommended setting for brbackup -k only run:
# "%SAPEXE%\mkszip -l 0 -c $ > $"
# no default
compress_cmd = "F:\usr\sap\WIN\sys\exe\run\mkszip -l 0 -c $ > $"

# tape copy command [cpio | dd | rman | rman_dd]
# default: cpio
tape_copy_cmd = dd
```

```
# flags for dd output command
# default: "obs=16k"
# caution: option "obs=" not supported for Windows NT
# recommended setting:
# Unix: "obs=nk bs=nk", example: "obs=64k bs=64k"
# NT:   "bs=nk",        example: "bs=64k"
dd_flags = "bs=32k"

# flags for dd input command
# default: "ibs=16k"
# caution: option "ibs=" not supported for Windows NT
# recommended setting:
# Unix: "ibs=nk bs=nk", example: "ibs=64k bs=64k"
# NT:   "bs=nk",        example: "bs=64k"
dd_in_flags = "bs=32k"

# remote copy-out command (backup_dev_type = pipe)
# $-character is replaced by current device address
# no default
copy_out_cmd = "dd ibs=8k obs=64k of=$"

# remote copy-in command (backup_dev_type = pipe)
# $-character is replaced by current device address
# no default
copy_in_cmd = "dd ibs=64k obs=8k if=$"

# volumes for brarchive
# [<volume_name> | (<volume_name_list>) | SCRATCH]
# no default
volume_archive = SCRATCH

# volumes for brbackup
# [<volume_name> | (<volume_name_list>) | SCRATCH]
# no default
volume_backup = SCRATCH[62]

# expiration period for backup volumes in days
# default: 30
expir_period = 13

# DLT 4000      20/40 GB:       18000M
# DLT 7000      35/70 GB:       30000M
tape_size = 10000M

# volume size in KB = K, MB = M or GB = G used by brarchive
# default: value of the tape_size parameter
# tape_size_arch = 1200M
```

---

[62] SCRATCH bedeutet z.B., dass brbackup und brarchive sich nicht um die Namensgebung der verwendeten Bänder kümmern. Allerdings werden hier nur Bänder für das Backup zugelassen, deren letzte Nutzung länger als 13 Tage zurück liegt (expir_period = 13).

Backups verschiedener Art können sowohl über den Einplanungskalender (Transaktion *DB13*) als auch über den SAPDBA (Kommandozeile) gestartet werden. Im Einplanungskalender stehen für die Backup-Planung die folgenden Aktionen zur Verfügung:

Liste der einplanbaren Aktionen

- Database **offline** full backup + archive logs
  Offline-Datenbanksicherung aller Datendateien mit anschließendem Redo (Archive) Log Sicherung. Die Datenbank wird dabei heruntergefahren und nach der Sicherung wieder hochgefahren (Datenbank-Reconnect).

- Database **offline** full backup
  Offline-Datenbanksicherung aller Datendateien. Die Datenbank wird dabei heruntergefahren und nach der Sicherung wieder hochgefahren (Datenbank-Reconnect).

- Database **online** full backup + archive logs
  Online-Datenbanksicherung aller Datendateien mit anschließendem Redo (Archive) Log Sicherung (Das R/3®-System bleibt hierbei in Grenzen weiter nutzbar).

- Database **online** full backup
  Online-Datenbanksicherung aller Datendateien (Das R/3®-System bleibt hierbei in Grenzen weiter nutzbar).

- Archive redo log files
  Sicherung aller archivierten Redo (Archive) Log-Dateien mit anschließendem Löschen aus dem Archivverzeichnis.

- Partial **offline** database backup
  Offline-Sicherung der Datendateien zu einer Liste von Tablespaces. Die Datenbank wird dabei heruntergefahren und nach der Sicherung wieder hochgefahren (Datenbank-Reconnect).

- Partial **online** database backup
  Online-Sicherung der Datendateien zu einer Liste von Tablespaces.

- Analyze tables in tablespace(s)
  Tabellenanalyse für alle Tabellen in einer Liste von Tablespaces.

- Analyze tables (via control table)
  Tabellenanalyse für alle Tabellen gemäß einer Steuertabelle (zur Aktualisierung der Statistikdaten für den Anwendungsmonitor).

- Compute and adapt next table extents
  Berechnung und Anpassung der Next-Extent-Größe aller Tabellen in einer Liste von Tablespaces.

Weiterhin werden folgende Aktionen angeboten:
- Whole database offline + redo log backup,
- Whole database offline backup,
- Whole database online + redo log backup,
- Whole database online backup.

Sie ermöglichen eine Gesamtsicherung der Datenbank ohne den datenbankspezifischen RMAN (Oracle Recovery Manager). Sie sichern aber die gleichen Daten wie das o.g. Database online/offline full backup.

Die unterschiedlichen, hier beschriebenen Sicherungsmöglichkeiten der Transaktion *DB13* spiegeln sich auch in den Parametern wieder, die ebenfalls in der oben vorgestellten *init<SysID>.sap* eingegeben werden können. Diese Parameter dienen als Voreinstellungen für die Ausführung von *brarchive* bzw. *brbackup* und können durch entsprechende Einstellungen in DB13 bzw. in der Kommandozeile geändert werden:

- *backup_mode = full*

   Dies ist eine sogenannte Vollsicherung der Datenbank (full database backup). Sie wird auch als Level-0-Sicherung bezeichnet. Diese Sicherung beinhaltet alle Datenbankdateien (bei Offline-Sicherung - auch die Online-Redo-Log-Dateien) und dient als Basis für ihr folgende inkrementelle Sicherungen.

- *backup_mode = incr*

   Dies ist eine sogenannte inkrementelle Sicherung der Datenbank (incremental database backup). Sie wird auch als Level-1-Sicherung bezeichnet. Diese Sicherung beinhaltet nur die seit der letzten Vollsicherung geänderten Oracle-Blöcke aller Datenbankdateien (bei Offline-Sicherung - auch die Online-Redo-Log-Dateien).

- *backup_mode = all*

   Dies ist eine sogenannte Gesamtsicherung der Datenbank (whole database backup). Diese Sicherung beinhaltet alle Datenbankdateien (bei Offline-Sicherung - auch die Online-Redo-Log-Dateien), kann aber nicht als Basis für ihr folgende inkrementelle Sicherungen dienen. Der Sicherungsumfang ist also derselbe wie einer Vollsicherung. Der Hauptunterschied zu einer Vollsicherung liegt nur darin, dass eine Vollsicherung zusätzlich in der Oracle Kontrolldatei als Level-0 markiert ist.

Vollsicherungen und Gesamtsicherungen werden als komplette Sicherungen (complete backup) bezeichnet. Partielle (*backup_mode = incr*) und Gesamtsicherungen (*backup_mode = all*) werden auch als normale Sicherungen (normal backup) bezeichnet, weil sie kein Bestandteil einer inkrementellen Sicherungsstrategie sein können.

Normale und Vollsicherungen können mit oder ohne RMAN durchgeführt werden (s. *init<SysID>.sap*-Parameter *tape_copy_cmd* oder *disk_copy_cmd*). Inkrementelle Sicherungen werden immer mit RMAN durchgeführt.

Achtung: Seit dem Release 4.5B werden in der Transaktion DB13 nur Vollsicherungen (backup_mode = full) als Komplettsicherungen der Datenbank angeboten. Die Einplanung einer Gesamtsicherung (backup_mode = all) ist dort nicht mehr möglich. Dies erzwingt nicht, eine inkrementelle Sicherungsstrategie zu betreiben. Tägliche Vollsicherungen sind dabei als "erweiterte" Gesamtsicherungen der Datenbank zu betrachten. Der zusätzliche Aufwand für die Markierung der Sicherungen als Level-0-Sicherungen ist dabei zu vernachlässigen.

10.1.2.1 Bänder initialisieren

Die Bänder tragen Namen zur Gewährleistung des richtigen „Überschreib-Intervalls" (Parameter *expir_period = xx* in *init<SysID>.sap*). Neue Bänder oder Bänder, die zu anderen Zwecken verwendet wurden, tragen solche Namensinformationen noch nicht oder in falscher

Form. Am Beispiel des SAPDBA wird die Initialisierung der Bänder dargestellt, bei der auch die Bandnamen vergeben werden:

- Aufruf des *SAPDBA* über die Kommandozeile des Betriebssystems,
- *h* (backup database) auswählen,
- *a* (backup function) wählen,
- hier *b* (initialise) – Standardwert ist hier *a* (normal backup) – auswählen,
- mit *q* (return) wieder zurück wechseln.
- Mit *f* (volumes) einen Namen festlegen, dieser wird beim anschließenden Backup überprüft.

Wird kein Name angegeben, so wird der Name entsprechend der festgelegten Angaben in der *init<SysID>.sap* gewählt (Parameter *volume_archive* und *volume_backup*). Im obigen Beispiel ist hier *SCRATCH* vorgesehen, was für einen beliebigen Namen steht, so dass keine Namensüberprüfung stattfinden sollte.

Abschließend wird mit *s* (start Backup) das Backup mit den gewünschten Parametern gestartet. Für den hier gezeigten Fall der Band-Initialisierung bedeutet dies lediglich, dass die Bänder mit Namensinformationen versehen werden, es wird noch kein Backup durchgeführt.

10.1.2.2 Bestimmung der Kompressionsrate der gesicherten Daten

Gängige Bandsicherungslaufwerke arbeiten mit Hardware-basierten Kompressionsalgorithmen. Somit können mehr Daten auf ein Sicherungsband gespeichert werden, als an physischer Kapazität zur Verfügung steht. Die Kompressionsrate hängt allerdings direkt von den gesicherten Daten ab, so dass die tatsächlich speicherbare Datenmenge zwischen der tatsächlichen physischen Kapazität und ca. dem Zweifachen dieses Wertes schwanken kann.

Um trotzdem eine möglichst vollständige Nutzung der Bandkapazität durch die Backup-Prozesse zu ermöglichen, ist es notwendig, regelmäßig die tatsächliche Kompressionsrate aller zu sicherden Daten zu bestimmen. Die SAP® AG empfiehlt, etwa einmal im Monat diese Messung durchzuführen, wenn auf Bandstationen mit Hardwarekompression gesichert werden soll. Dazu sollte folgendermaßen vorgegangen werden:

- Aufruf des *SAPDBA* über die Kommandozeile des Betriebssystems.
- *h* (backup database) auswählen,
- *a* (backup function) wählen,
- hier *d* (determine compression rate) – Standardwert ist hier *a* (normal backup) – auswählen,
- mit *q* (return) wieder zurück wechseln.

Anschließend mit *s* (start) die Ermittlung der Kompressionsraten starten. Hier wird ebenfalls – wie bei der Initialisierung der Bänder – kein tatsächliches Backup durchgeführt. Aus den Werten, die dieser Prozess zurückgibt, kann ein Richtwert für die Ermittlung des Parameters *tape_size* in der Datei *init<SysID>.sap* ersehen werden.

Ist der in der Datei *init<SysID>.sap* angegebene Wert für *tape_size* zu groß, so fordert der *cpio*-Prozess (falls er zum Erstellen des Backups in der Datei *init<SysID>.sap* eingestellt wurde) bei Erreichen des physischen Endes selbständig ein Folgeband an. Dieses muss genauso heißen wie das erste Band, da die Bänder aus der Sicht von *brbackup* als ein Band angesehen werden. Soll die in *brbackup* integrierte Folgebandverwaltung stattdessen genutzt werden, so ist die Eingabe eines realitätsnahen Wertes für den Parameter *tape_size* notwendig. *brbackup* verlangt dann nach Erreichen des angegebenen Wertes automatisch ein neues Band – unabhängig davon, ob das physische Ende erreicht wurde oder nicht. So wird vermieden, dass der Backup-Prozess *cpio* selbständig ein neues Band anfordert. Dies ist insbesondere auch deshalb wichtig, da die Alternative zu *cpio – dd* – keine integrierte Folgebandverwaltung bietet und somit in jedem Falle auf *brbackup* angewiesen ist.

Die Bestimmung der aktuellen Kompressionsrate der zu sichernden Daten kann auch durch die folgende Kommandozeileneingabe erreicht werden:

brbackup –k only [–p init<SysID>.sap –c –l E –m all –t online –e 0]

10.1.2.3 Ein- und Ausschalten des Archive-Mode

Der Archive-Mode ist ein Betriebsmodus der Datenbank, welche R/3® zugrunde liegt, in dem für jede erfolgreiche Transaktion Sicherungskopien der geänderten Daten in so genannten Archive Logs gesichert werden, um im Fehlerfalle ein vereinfachtes Zurückrollen in ältere Datenbankzustände zu ermöglichen. Dieser Modus erzeugt größere Datenmengen im Dateisystem des R/3®-Systems, so dass es notwendig sein kann, diesen zeitweilig auszuschalten. Diese Funktion ist ebenfalls über den SAPDBA zu erreichen:

- Aufruf des *SAPDBA* über die Kommandozeile des Betriebssystems,
- *f* (archive mode) auswählen,
- anschließend *a* (toggle database log mode) auswählen.

SAPDBA fährt abschließend die Datenbank herunter, stellt den Datenbankmodus ein und startet die Datenbank erneut.

10.1.3 Offline Backup

Ein Offline Backup ist eine komplette Sicherung der Datenbank inkl. aller aktuellen Archive-Logs, wobei das R/3®-System inkl. Datenbank vorher heruntergefahren werden muss. Der R/3®-Server steht für den Zeitraum dieses Backups somit nicht mehr zur Verfügung. Daher wird diese Form des Backups über den SAPDBA gestartet. Dieser schaltet die Datenbank für das Backup in den benötigten Modus.

Nach einer Offline-Sicherung der gesamten Datenbank liegt eine konsistente Sicherung der Datenbank vor. Sind nach der Sicherung wieder Transaktionen in der Datenbank erfolgt, so ist die Sicherung zwar konsistent, aber nicht aktuell. In diesem Fall muss die Datenbank nach dem Einspielen der Offline-Sicherung wieder auf den aktuellen Stand gebracht werden.

10.1.4 Online Backup

Ein Online Backup führt ein Backup durch, während Datenbank und R/3®-System (Application-Server) weiterlaufen, und ist daher langsamer als ein Offline-Backup. Eine Online-Sicherung kann bei laufendem System durchgeführt werden, d.h. alle Benutzer können normal weiterarbeiten. Die Verwaltung von Datenbankänderungen durch die entsprechenden Oracle-Hintergrundprozesse wird ebenfalls nicht beeinträchtigt.

Tablespace-Online-Sicherungen sind nicht konsistent. Die Datenbank kann bei einer eventuell notwendigen Wiederherstellung nur dann wieder in einen konsistenten Zustand gebracht werden, wenn Redo-Log-Einträge aus dem Zeitraum zwischen dem Start und dem Ende des Backup existieren und eingelesen werden können.

Ein Online-Backup kann über die Transaktion *db13* gestartet werden, als Befehlsfolge in der Kommandozeile oder über den *SAPDBA*:

- Aufruf des *SAPDBA* über die Kommandozeile des Betriebssystems.
- *h* (backup database) auswählen,

- bei *a* (backup function) ist *a* (normal backup) bereits als Standardwert gesetzt.

Es kann sofort mit dem Backup begonnen werden, sofern die vorbereitenden Maßnahmen der vorangegangenen Abschnitte berücksichtigt wurden. Bandnamen müssen nicht zwingend eingegeben werden, da in der obigen *init<SysID>.sap* für die Parameter *volume_archive* und *volume_backup SCRATCH* angegeben wurde. Das bedeutet, dass jedes Band akzeptiert wird, sofern es nicht innerhalb der in der *init<SysID>.sap* gesetzten Zeit bereits bespielt wurde (*expir_period* = 13). Bei einem Wert von „0" für den Parameter *expir_period* kann jedes Band immer überschrieben werden.

10.1.5 Archive Backup

Die Archive-Logs sind archivierte Redo-Logs, d.h. immer dann, wenn die Redo-Log-Bereiche der dem R/3®-System zugrunde liegenden Datenbank eine bestimmte Größe erreichen, werden diese in ein Verzeichnis im Dateisystem des Host-Rechners geschrieben. Von dort können sie für spätere Wiederherstellungsprozesse auf Bandlaufwerke gesichert werden. Archiv-Logs werden auch als Offline-Redologs bezeichnet. Sie werden zur Wiederherstellung bspw. dann benötigt, wenn eine Wiederherstellung der Datenbank mittels Online-Backup-Daten erfolgen soll. Ein Online-Backup alleine bildet nämlich keinen konsistenten Datenbankzustand ab.

10.2 Erstellung einer Mandantenkopie

10.2.1 Allgemeine Informationen

Eine Mandantenkopie des IDES-Mandanten wird dann interessant, wenn innerhalb der Datenstrukturen größere Veränderungen vorgenommen werden sollen, sei es durch Änderungen am Datenbestand oder durch den wiederholten Ablauf größerer Schulungs-Szenarien, oder wenn parallel unterschiedliche Projekte auf der gleichen IDES-Datenbasis bearbeitet werden sollen. Nach der Kopie des IDES-Mandanten liegt sozusagen eine Sicherungskopie im Ursprungszustand vor, die als Basis für einen Neustart späterer Veränderungsprozesse herangezogen werden kann. Die folgenden Abschnitte stellen beispielhaft den Ablauf einer Mandantenkopie dar, so wie sie real auf einem Schulungssystem vorgenommen wurde. Bezeichnungen und die Werte einzelner Parameter können im Vergleich zu anderen Systemen Abweichungen aufweisen, die allgemeine Vorgehensweise wird jedoch trotzdem deutlich.

10.2.2 Vorbereitende Maßnahmen

Zur Vorbereitung einer Mandantenkopie müssen größere Rollbacksegmente für die Datenbank angelegt werden. Hierbei ist ein Rollbacktablespace emit einem großen Rollbacksegment anzulegen. Dieses Rollbacksegment wird für die Transaktionen im Rahmen der Mandantenkopie benötigt.

Weiter muss für die neuen Daten Platz geschaffen werden, d.h. diejenigen Tablespaces, in denen sich die Tabellen befinden, welche die Daten aufnehmen sollen, sind zu erweitern. Diese Ausweitung bedeutet zugleich auch die Erstellung neuer physischer Datendateien. Es wird in jedem Falle mindestens der doppelte Festplatten-Speicherplatz für den neuen Mandanten benötigt (für neue Daten und Rollbacksegmente). Das schrittweise Vorgehen stellt sich folgendermaßen dar:

S1: Recherchieren relevanter Hinweise im SAPNet.

S2: Das Verzeichnis *roll_big* für den Rollback-Tablespace anlegen unter *<LW>:\<Datenbankname, z.B. „oracle">\win\sapdata1*.

S3: Mittels SAPDBA den temporären Rollback-Tablespace anlegen.
(Zur Erinnerung: SAPDBA wird in der Kommandozeile mit *sapdba* gestartet.)

```
         SAPDBA V6.10 - SAP Database Administration - on WIN NT 5.0


                    ORACLE version: 8.1.7.2.1
                    ORACLE_SID    : ID1
                    ORACLE_HOME   : E:\ORACLE\ID1\817
                    DATABASE      : open
                    SAPR3         : 46C, 18 times connected

         a - Startup/shutdown instance   h - Backup database
         b - Instance information         i - Backup offline redo logs
         c - Tablespace administration    j - Restore/recovery
         d - Reorganization               k - DB check/verification
         e - Export/import                l - Show/cleanup
         f - Archive mode                 m - User and security
         g - Additional functions

         q - Quit

         Please select ==>
```

c – Tablespace administration

```
                    Tablespace administration


         a - Tablespace:
         b - Log checks: no

         c - Free space and fragmentation  of all tablespaces
         d - Check   free space of objects in all tablespaces
         e - Check   free space of objects in tablespace

         f - Alter   tablespace add data file
         g - Create/drop tablespace

         h - Display all tablespaces and data files

         q - Return

         Please select ==> _
```

a – Tablespace: 'PSAPROLLBIG' eingeben, da dieser Tablespace noch nicht vorhanden ist.

g – Create/drop tablespace

```
                    Create tablespace PSAPROLL4


         b - New name: 'E:\oracle\WIN\sapdata1\roll4_1\roll4.data1'
         c - New size:  1600 K

             File system: 'e:\'
             Free space:   17420 K

         d - Define more than one data file
         e - Default storage parameters

         f - Select new path from a list of file systems

         s - Start
         q - Return

         Please select => _
```

Die hier gezeigten Angaben sind auf Richtigkeit zu prüfen und ggf. anzupassen (b – New name ist i.d.R. richtig und voreingestellt.)

c – New size: z.B. *2000M*

e – Default storage parameters

```
               Alter default storage for tablespace PSAPROLL4


             a  -  INITIAL                       16 K
             b  -  NEXT                           40 K

             c  -  MINEXTENTS                       1
             d  -  MAXEXTENTS                     100

             e  -  PCTINCREASE                      0


             q  -  Return


             Please select ==>
```

Hier sollte mit den entsprechenden Menüpunkten

a - initial 500M

b - next 500M

c - minextents 1

e - pctincrease 0 gesetzt werden.

q – Return

s – Start (zum Starten der Tablespace-Anlage)

SAPDA verlassen mit

q - Quit!

Ergebnis: ein Tablespace mit dem Namen PSAPROLLBIG in einer physikalischen Datei mit dem Namen rollbig.data1.

S4: Anlegen eines Rollbacksegments im Tablespace.

Oracle Server Manager Release 30 in der Kommandozeile mittels *svrmgr30* starten.

An der Eingabeaufforderung *connect internal* eingeben.

```
C:\users>svrmgr30

Oracle Server Manager Release 3.0.5.0.0 - Production

(c) Copyright 1997, Oracle Corporation.  All Rights Reserved.

Oracle8 Enterprise Edition Release 8.0.5.0.0 - Production
PL/SQL Release 8.0.5.0.0 - Production

SVRMGR> connect internal
Connected.
SVRMGR> create rollback ......
```

An der Eingabeaufforderung *Create rollback segment prs_big tablespace PSAPROLL-BIG storage (initial 500M next 500M minextents 1 maxextents 4 optimal 1000M);* eingeben.

An der Eingabeaufforderung *exit* eingeben, um den Oracle Server Manager wieder zu verlassen.

S5: Die *init<SysID>.ora* editieren, d.h. neue Rollbacksegemente eintragen, damit die Datenbank diese für Transaktionen nutzen kann:

Aufrufen der Datei *<LW>:\<Datenbankverzeichnis>\database\init<SysID>.ora* in einem beliebigen Texteditor.

Die Textpassage „ORACLE OPS PARAMETER" suchen.

```
initWIN.ora - Notepad                                    _ □ ✕
File  Edit  Search  Help
#init_sql_files =(sql.bsq)


#### OTHER
# row_locking: it's necessary to use TPO

row_locking = always
# reduce_alarm only supported on HP
#reduce_alarm = TRUE

#### ORACLE OPS PARAMETER
remote_os_authent = true
shared_pool_size = 102005473
db_block_buffers = 18677
control_files = (
E:\oracle\WIN\sapdata1\cntrl\cntrlWIN.dbf,E:\oracle\WIN\sapdata2\cntrl\
cntrlWIN.dbf,E:\oracle\WIN\sapdata3\cntrl\cntrlWIN.dbf )
MAX_ROLLBACK_SEGMENTS = 100
#(für Standardbetrieb)
rollback_segments =
(PRS_0,PRS_1,PRS_2,PRS_3,PRS_4,PRS_5,PRS_6,PRS_7,PRS_8,PRS_9,PRS_10,PRS
_11,PRS_12,PRS_13,PRS_14,PRS_15,PRS_16,PRS_17,PRS_18,PRS_19)
#(für Mandantenkopie des 800-Mandanten, siehe Hinweis 149402 und 3807)
#rollback_segments = (PRS_BIG)

#geändert nach Hinweis 118319
control_file_record_keep_time = 30
```

Unter rollback_segments = (PRS_0, ...) das unter **S4** angelegte eintragen. Die anderen auskommentieren, sie werden bei der Wiederherstellung des Normalbetriebes wieder benötigt. Dazu sind auch die Kommentare im Bildschirmbild zu beachten!

S6: Damit die Eintragungen und die Anlage der Rollbacksegmente wirksam werden, müssen R/3® und die Datenbank heruntergefahren und wieder gestartet werden.

Ergebnis: Die Transaktion „Mandantenkopie" hat ein genügend großes Rollbacksegment.

S7: Ermittlung des benötigten Speicherplatzes. Um ausreichend Platz für die Daten des neuen Mandanten zu schaffen, werden die vorhandenen Tablespaces über den SAPDBA erweitert. (Das Datenbanksystem unterscheidet nicht zwischen Mandanten, daher werden die gleichen Tablespaces verwendet). Die SAP AG schlägt hierbei folgende Erweiterungswerte je Mandant vor:

PSAPBTABD + 3500 M

PSAPBTABI + 1500 M

PSAPCLUD + 110 M

PSAPCLUI + 20 M

PSAPPOOLD + 250 M

PSAPPOOLI + 80 M

PSAPSTABD + 1050 M

PSAPSTABI + 500 M

Dies bedeutet dass, eine Mandantenkopie des IDES-Mandanten ca. 7 GB Plattenspeicher für die erweiterte Datenbank benötigt. Hinzu kommen noch temporär 2 GB für die Rollback-segmente (Stand: Rel. 4.6x). Abhängig vom Füllgrad können die Tablespaces auch mit geringeren Werten erweitert werden, beispielsweise weil zuwenig Festplattenplatz zur Verfügung steht. Der Füllgrad kann wie folgt eingesehen werden:

```
        SAPDBA V4.5B - SAP Database Administration - on WIN NT 4.0


                ORACLE version: 8.0.5.0.0
                ORACLE_SID    : WIN
                ORACLE_HOME   : F:\orant
                DATABASE      : open
                SAPR3         : 45B, 18 times connected

        a - Startup/Shutdown instance    h - Backup database
        b - Instance information          i - Backup offline redo logs
        c - Tablespace administration     j - Restore/Recovery
        d - Reorganization                k - DB check/verification
        e - Export/import                 l - Show/Cleanup
        f - Archive mode                  m - User and Security
        g - Additional functions          n - SAP Online Help

        q - Quit

        Please select ==>
```

c – Tablespace administration

```
                    Tablespace administration


        a - Tablespace:
        b - Log checks: no

        c - Free space and fragmentation  of all tablespaces
        d - Check    free space of objects in all tablespaces
        e - Check    free space of objects in tablespace

        f - Alter    tablespace add data file
        g - Create/drop tablespace

        h - Display all tablespaces and data files

        q - Return

        Please select ==> _
```

c – Free space and fragmentation of all tablespaces

```
2000-09-06 15.33.40 ─── List of all tablespaces / fragmentation:
The values of total space, allocated space and largest free space area are in
KBytes.

TABLESPACE          Total   Allocated  %-Alloc. Files  Free areas  Largest
─────────────────────────────────────────────────────────────────────────────
PSAPBTABD        10706904    5384248      50      7        4       2097136
PSAPBTABI         4454384    2422032      54      3        2       1535184
PSAPCLUD           378864     236792      63      3        3        112624
PSAPCLUI            87024      27376      31      3        3         25096
PSAPDDICD          358400     303208      85      1        1         55184
PSAPDDICI          138240     106296      77      1        1         31936
PSAPDOCUD           51200      22224      43      1        1         28968
PSAPDOCUI           40960      16968      41      1        1         23984
PSAPEL45BD         512000     436248      85      1        1         75744
PSAPEL45BI         102400      38488      38      1        1         63904
PSAPES45BD        4300800    4013760      93      3        2        281904
PSAPES45BI        1843200    1641312      89      1        1        201880
PSAPLOADD           20480        136       1      1        1         20336
PSAPLOADI           20480        104       1      1        1         20368
```

Total zeigt die aktuelle Grösse, *Allocated* den belegten Platz (%-Angabe daneben).

Ergebnis: benötigter Plattenplatz für die Mandantenkopie (nach SAP® Angabe ca 9 GB).

S8: Tatsächliche Erweiterung der Tablespaces. Um Eingabefehlern vorzubeugen, sollten die Tablespaces über eine Liste ausgewählt werden. Es ist zu beachten, dass keine Erweiterung über 2GB hinausgeht, um Probleme bei späteren Backup-Läufen zu vermeiden.

```
                    Tablespace administration


     a – Tablespace:
     b – Log checks: no

     c – Free space and fragmentation  of all tablespaces
     d – Check   free space of objects in all tablespaces
     e – Check   free space of objects in tablespace

     f – Alter   tablespace add data file
     g – Create/drop tablespace

     h – Display all tablespaces and data files

     q – Return

     Please select ==> _
```

a - Tablespace

```
    List of all tablespaces

    1  PSAPBTABD           :   16  PSAPPOOLI
    2  PSAPBTABI           :   17  PSAPPROTD
    3  PSAPCLUD            :   18  PSAPPROTI
    4  PSAPCLUI            :   19  PSAPROLL
    5  PSAPDDICD           :   20  PSAPROLL2
    6  PSAPDDICI           :   21  PSAPROLL3
    7  PSAPDOCUD           :   22  PSAPSOURCED
    8  PSAPDOCUI           :   23  PSAPSOURCEI
    9  PSAPEL45BD          :   24  PSAPSTABD
   10  PSAPEL45BI          :   25  PSAPSTABI
   11  PSAPES45BD          :   26  PSAPTEMP
   12  PSAPES45BI          :   27  PSAPUSER1D
   13  PSAPLOADD           :   28  PSAPUSER1I
   14  PSAPLOADI           :   29  SYSTEM
   15  PSAPPOOLD           :

    Enter a tablespace number [1] ==>
```

Hier muss die Nummer des zu erweiternden Tablespace einzugeben.

f - Alter tablespace add data file

```
               Alter tablespace PSAPBTABD add data file

     a - Show existing data files:        7 old files
     b - New name: 'e:\oracle\win\sapdata4\btabd_8\btabd.data8'
     c - New size:  3212088 K

         File system: 'e:\'
         Free space:   17420 K

     d - Define more than one new data file

     f - Select new path from a list of file systems

     s - Start
     q - Return

     Please select =>
```

c – New size: gewünschte Grösse eingeben (≤ 2 GB)

Sollte eine Erweiterung aber mehr als 2 GB betragen (hier z.B. PSAPBTABD + 3500M), dann wird die Erweiterung in zwei Schritten vorgenommen:

d - Define more than one new data file

```
New data files of tablespace PSAPBTABD:

# OK Size in K Data file name (file system)
-- -- --------- --------------------------------------------------
 8  Y  3212088 e:\oracle\win\sapdata4\btabd_8\btabd.data8 (e:\)
 9              (option for adding another data file)

Select a number to change file spec. or <Return> ==> _
```

Hier ist die Option 9 auszuwählen wählen und die Erweiterung einzu geben z.B. 1500M. Dies ist so lange zu wiederholen, bis die gewünschte Größe erreicht ist.

s – Start (startet die Erweiterung des Tablespaces um die gewünschte Größe)

q – Return (zum Verlassen der Anwendung.

Ergebnis: Tablespaces – und damit die enthaltenen Tabellen - sind nun für die Aufnahme neuer Daten aus der noch folgenden eigentlichen Mandantenkopie bereit.

10.2.3 Die Mandantenkopie

S9: Nun muss ein Platzhalter für den neuen Mandanten angelegt werden. Dazu ist in R/3® eine Anmeldung im IDES-Standardmandanten (zumeist 800) vorzunehmen.

Transaktionscode: SCC4 (Eingabe im Befehlsfeld).

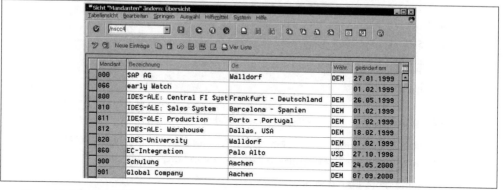

Neue Einträge anklicken.

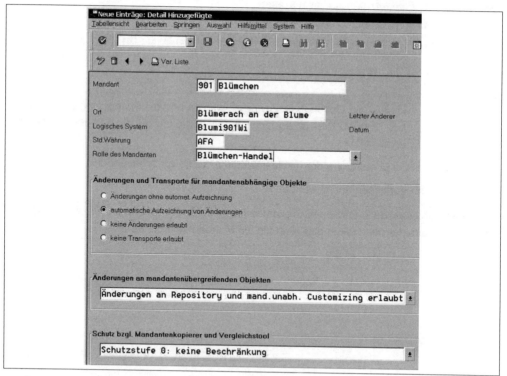

Das oberhalb gezeigte Bildschirmbild stellt beispielhaft die Einstellungen für einen Mandanten-Platzhalter dar.

zum Sichern anklicken.

Ergebnis: Platzhalter für neuen Mandanten

S10: Die Mandantenkopie wird jetzt gestartet. In den neuen Mandanten (Platzhalter) einloggen mit Benutzernamen *sap** und Kennwort *pass*.

Transaktion *SCCL*

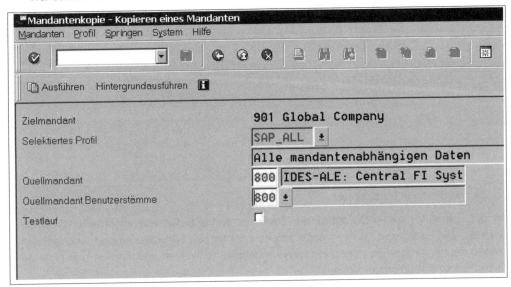

Selektiertes Profil: *SAP_ALL*

Quellmandant: *800*

Quellmandant: Benutzerstämme: *800*

auf *Hintergrundausführen* klicken

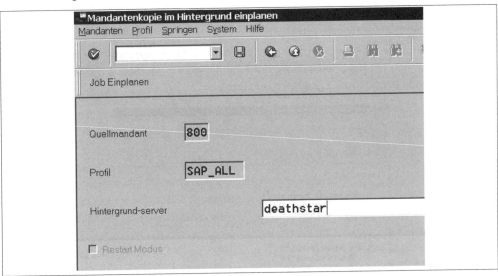

Hintergrund-Server: *<Name des gewünschten Servers, auf dem der Prozess ausgeführt werden soll.>*, hier z.B. *deathstar*.

Job Einplanen anklicken.

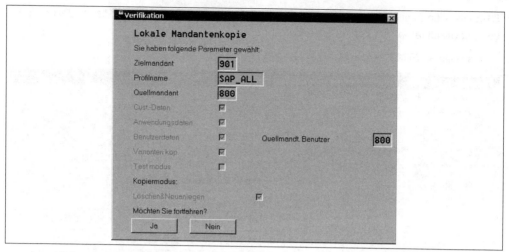

Ja anklicken, um fortzufahren.

In der darauf folgenden Dialogbox die Startterminwerte *Sofort* und anschließend *Sichern* wählen. Die nach dem Sichern angeforderten Hintergrund-Druckparameter sind entsprechend den Anforderungen der jeweiligen Umgebung zu wählen und werden hier nicht gezeigt. Sie sind ebenfalls zu sichern.

Die obige Informationsbox bestätigt den erfolgreichen Start der Mandantenkopie. Die Transaktion SCC3 ermöglicht die Überwachung der Fortentwicklung des Status der Mandantenkopie. Das folgende Bildschirmbild gibt hierzu ein Beispiel.

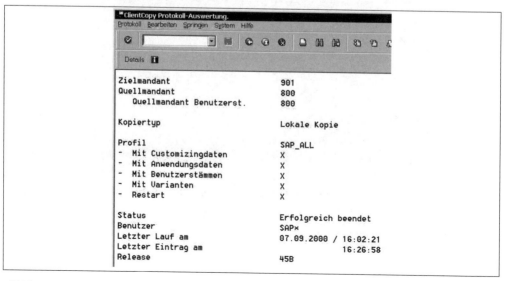

Nach Beendigung des Vorgangs wird ein Listing des gesamten Vorgangs ausgedruckt. Dies kann zu Kontrollzwecken genutzt werden.

Ergebnis: Mandantenkopie (ohne logisches System)

S11: Damit innerhalb des neuen Mandanten das Kostenrechnungsmodul einwandfrei funktioniert, muss noch das so genannte „Logische System" für den neuen Mandanten angelegt bzw. geändert werden. Hierzu sind die folgenden Arbeiten durchzuführen:

Anmeldung am neuen Mandanten.

Auswahl der Option *Logische Systeme pflegen* im Customizing.

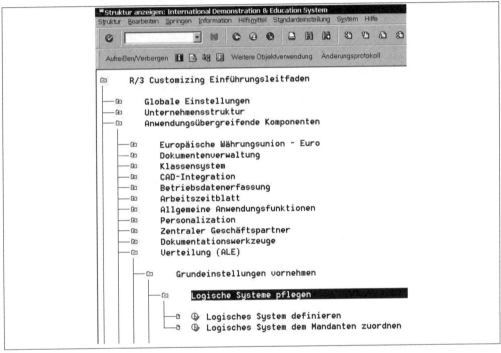

Logisches System definieren wählen.

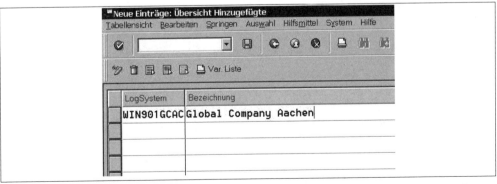

Für die angeforderten Werte *LogSystem* und *Bezeichnung* sind sprechende Begriffe zu wählen, die das neue Logische System charakterisieren.

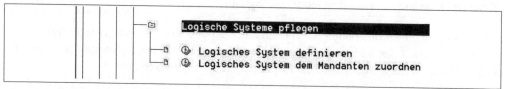 zum Sichern.

zum Zurückkehren.

Logisches System dem Mandanten zuordnen wählen.

Doppelklick auf denjenigen Eintrag, der den neuen Mandanten darstellt.

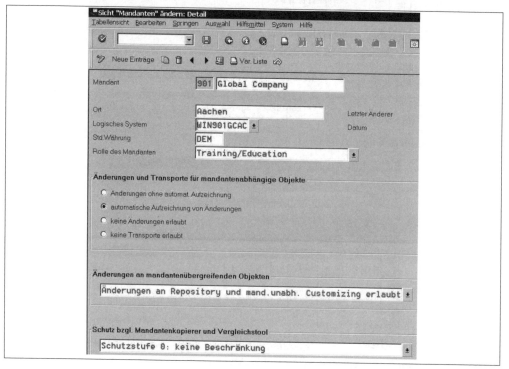

Im Feld *logisches System* entsprechende alphanummerische Zeichenkette eintragen bzw. über F4 auswählen.

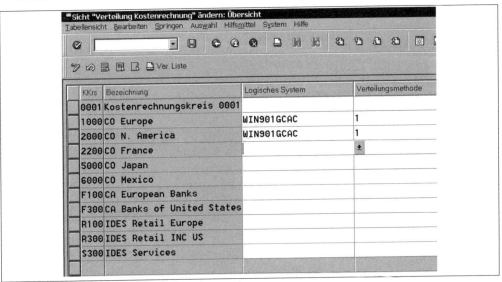 zum Sichern.

Aufruf der Transaktion *SE16*.

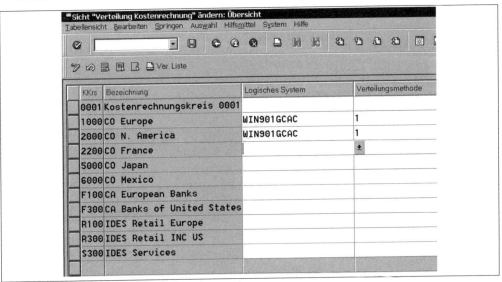

Eventuell vorhandene Einträge sind zu ersetzen durch das soeben neu eingerichtete logische System.

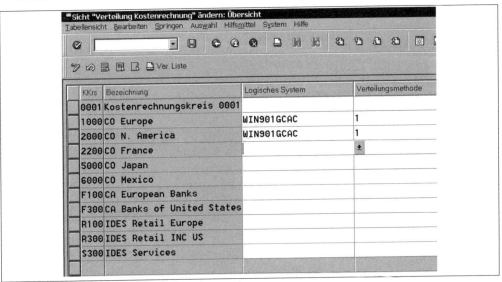 zum Sichern.

Ergebnis: Mandantenkopie (mit logischem System)

S12: Reaktivierung der ursprünglichen Konfiguration der Rollbacksegmente.

Aufruf der Datei *<LW>:\<Datenbankordner>\database\init<SysID>.ora* in einem beliebigen Texteditor.

Suche der Parameter unter dem Oberbegriff "ORACLE OPS PARAMETER".

```
☰ init\WIN.ora - Notepad                                              _ □ ✕
File  Edit  Search  Help

#init_sql_files =(sql.bsq)


#### OTHER
# row_locking: it's necessary to use TPO

row_locking = always
# reduce_alarm only supported on HP
#reduce_alarm = TRUE

#### ORACLE OPS PARAMETER
remote_os_authent = true
shared_pool_size = 102005473
db_block_buffers = 18677
control_files = (
E:\oracle\WIN\sapdata1\cntrl\cntrlWIN.dbf,E:\oracle\WIN\sapdata2\cntrl\
cntrlWIN.dbf,E:\oracle\WIN\sapdata3\cntrl\cntrlWIN.dbf )
MAX_ROLLBACK_SEGMENTS = 100
#(für Standardbetrieb)
rollback_segments =
(PRS_0,PRS_1,PRS_2,PRS_3,PRS_4,PRS_5,PRS_6,PRS_7,PRS_8,PRS_9,PRS_10,PRS
_11,PRS_12,PRS_13,PRS_14,PRS_15,PRS_16,PRS_17,PRS_18,PRS_19)
#(für Mandantenkopie des 800-Mandanten, siehe Hinweis 149402 und 3807)
#rollback_segments = (PRS_BIG)

#geändert nach Hinweis 118319
control_file_record_keep_time = 30
```

Die vorher auskommentierten Werte für den Parameter *rollback_segments* sind für den Standardbetrieb wieder einzusetzen (siehe Bildschirmbild).

Abschließend kann der nun nicht mehr benötigte Tablespace für das Rollback-Segment der Mandantenkopie gelöscht werden. Dies geschieht über den Aufruf des *svrmgr_30* über die Kommandozeile und die Eingabe des SQL-Befehls *drop tablespace PSAPROLL-BIG including contents;*.

10.3 Datenbankerweiterungen

Die Veränderung von Tabellen- und Tablespace-Parametern – insbesondere deren Erweiterung bzw. Vergrößerung - wird mit Hilfe des Werkzeuges SAPDBA ausgehend von der Kommandozeile des Systems durchgeführt. Im folgenden wird jeweils ein Beispiel einer Tabellen- und Tablespace-Erweiterung gegeben.

10.3.1 Tabellenerweiterung

S1: Aufruf des SAPDA über die Kommandozeile des Betriebssystems.

d – Reorganization

```
                         Reorganization
   ─────────────────────────────────────────────────────

     a - Check       extents and fragmentation
     b - Alter/show  table or index storage parameters

     c - Reorganize  single table or index
     d - Reorganize  list of tables and indexes
     e - Reorganize  tablespace
     f - Reorganize  tablespace and data files
     g - Move/rename data files of a tablespace

     r - Restart


     q - Return

     Please select ==>
```

S2: Tabelle auswählen mit **b** – Alter/show table or index storage parameters

```
            Alter/show table or index storage parameters
   ─────────────────────────────────────────────────────

     a - Owner:                    SAPR3
     b - Table or index:

     c - Use ABAP dict. for NEXT:  YES



     s - Alter/show parameters
     q - Return

     Please select ==> _
```

S3: Tabelle auswählen mit **b** – Table or index

```
            Alter/show table or index storage parameters
   ─────────────────────────────────────────────────────

     a - Owner:                    SAPR3
     b - Table:                    T599U

     c - Use ABAP dict. for NEXT:  YES



     s - Alter/show parameters
     q - Return

     Please select ==> b
     Enter one table- or indexname (or a LIKE value): t599u
```

Hier ist der Name der Tabelle einzugeben, die für die Erweiterung ansteht.

S4: Parameter der Tabelle verändern über **s** – Alter/show parameters

```
                    Alter table storage parameters

of table 'SAPR3.T599U'
in tablespace 'PSAPPOOLD': (PCTINCREASE:   0, No. of extents:   300)

                      current value      suggested value      new value
       INITIAL:           8248 K                                 8248 K
b  -   NEXT:              2560 K            2560 K               2560 K
       MINEXTENTS:           1                                       1
d  -   MAXEXTENTS:         310                350                  350
e  -   PCTFREE:             10                                      10
f  -   PCTUSED:             40                                      40
       FREELISTS:            1                                       1

s  -   commit
q  -   quit

Please select ==>  _
```

In dieser Bildschirmmaske sind die gewünschten Parameter auszuwählen/zu verändern. Wenn keine konkreten Anforderungen entgegenstehen, so sind die „suggested values" zu übernehmen. Typischerweise wird der Wert für MAXEXTENTS heraufgesetzt.

Abschließend **s** – commit auswählen.

Hinweis: Die Datenbank muss nach Abschluss dieses Prozesses nicht neu gestartet werden!

10.3.2 Tablespace-Erweiterung

Eine Tablespace-Erweiterung wird notwendig, wenn ein Next-Extent eines Segments bzw. einer Tabelle angefordert wird und dieses den Tablespace zum „Überlaufen" bringt, d.h. der Tablespace zuwenig weiteren Speicherplatz bietet. Zur Erweiterung eines Tablespace ist wie folgt vorzugehen:

S1: Aufruf des SAPDA über die Kommandozeile des Betriebssystems.

   c – Tablespace administration.

```
                    Tablespace administration

    a - Tablespace:
    b - Log checks: no

    c - Free space and fragmentation  of all tablespaces
    d - Check   free space of objects in all tablespaces
    e - Check   free space of objects in tablespace

    f - Alter   tablespace add data file
    g - Create/drop tablespace

    h - Display all tablespaces and data files

    q - Return

    Please select ==>
```

S2: Tablespace auswählen mit **a** - Tablespace

```
                        Tablespace administration
   ─────────────────────────────────────────────────────────────
   a - Tablespace: PSAPSTABD
   b - Log checks: no

   c - Free space and fragmentation  of all tablespaces
   d - Check   free space of objects in all tablespaces
   e - Check   free space of objects in tablespace PSAPSTABD

   f - Alter   tablespace PSAPSTABD add data file
   g - Drop    tablespace PSAPSTABD

   h - Display all tablespaces and data files

   q - Return

   Please select ==>
```

In der Bildschirmmaske ist der Name des gewünschten Tablespace einzugeben.

S3: Neue Datei(en) für Tablespace anlegen: **f** – Alter tablespace PSAPxxxx add data file

```
                  Alter tablespace PSAPSTABD add data file
   ─────────────────────────────────────────────────────────────
   a - Show existing data files:          5 old files

   b - New path: 'f:\oracle\win\sapdata6\stabd_6\stabd.data6'
   c - New size:  1148400 K

       File system: 'f:\'
       Free space:  1415672 K

   d - Define more than one new data file

   f - Select new path from a list of file systems
   u - Autoextend:    OFF

   s - Start
   q - Return

   Please select ==> _
```

b - New path

Falls neue Datendatei zur Erweiterung des Tablespace auf einer anderen Partition angelegt werden soll, so muss der Pfad umgestellt werden. Voraussetzung dafür ist das
Anlegen der gleichen Verzeichnisstruktur auf der anderen Partition. Sollte dies nicht
notwendig sein, so können die Voreinstellungen übernommen werden.

c - New size

Angabe der gewünschten Größe, auch hier gilt eine Beschränkung auf maximal 2 GB.

d - Define more than one new data file

Sollte ein Tablespace größer als 2 GB sein oder aus Performancegründen der
Tablespace auf zwei Festplatten verteilt werden, so können hier auch mehrere Datendateien für einen Tablespace angelegt werden.

S4: **s** - start startet die Erweiterung des Tablespace.

Ein Neustart der Datenbank ist ebenfalls nicht notwendig.

10.4 Überprüfungs- und Analysearbeiten

10.4.1 Tablespacescheck

10.4.1.1 Freier Platz und Fragmentierung der Tablespaces

Um festzustellen, wie voll die einzelnen Tablespaces sind bzw. welche in nächster Zeit kritische Werte erreichen werden, kann über die SAPDBA-Anwendung eine Prüfung durchgeführt werden:

S1: c - Tablespace Administration

S2: c - Free space and fragmentation of all tablespaces

```
2000-09-18 17.11.48 ---- List of all tablespaces / fragmentation:
The values of total space, allocated space and largest free space area are in
KBytes.

TABLESPACE          Total    Allocated  %-Alloc. Files  Free areas  Largest

PSAPBTABD         10706904    6860432       64      7       13      1614856
PSAPBTABI          4454384    2945336       66      3       12      1249232
PSAPCLUD            378864     316152       83      3        3        58864
PSAPCLUI             87024      31216       36      3        3        24456
PSAPDDICD           716792     341480       48      2        2       357584
PSAPDDICI           138240     111728       81      1        1        26504
PSAPDOCUD            51200      22264       43      1        1        28928
PSAPDOCUI            40960      17008       42      1        1        23944
PSAPEL45BD          512000     441368       86      1        1        70624
PSAPEL45BI          102400      39128       38      1        1        63264
PSAPES45BD         4300800    4248640       99      3        2        51944
PSAPES45BI         1843200    1654432       90      1        1       188760
PSAPLOADD            20480        136        1      1        1        20336
PSAPLOADI            20480        104        1      1        1        20368

Press <return> to continue ...
```

Tablespaces mit der Endung "D" stehen für Daten, solche mit der Endung "I" stehen für Indizes. Wichtige Kennzahlen sind %-Allocated (Werte über 90% können kurzfristig zu Problemen führen) und Largest (Next Extent Wert einer Tabelle könnte kleiner sein als diese Größe).

```
PSAPTEMP            512000       1040        0      1        2         3487
PSAPUSER1D           15360      13960       91      1        1           13
PSAPUSER1I           15360        272        2      1        1          150
SYSTEM              409592     205936       50      2        2         2035
===============================================================================
Total             34461784   24576448       71     55       74

SAPDBA: Alert - TSP_FULL (Tablespace PSAPES45BD more than 90% (98) full)

SAPDBA: Alert - TSP_FULL (more than 90 percent)
        TABLESPACE(S) PSAPES45BD MORE THAN 90 PERCENT FULL

Total number of files in database: 63 including 8 redo log files

*************** End of list of all tablespaces / fragmentation ***********

Press <return> to continue ...
```

Kritische Tabellen werden am Ende der Liste auch automatisch angezeigt.

10.4.1.2 Freier Platz der Objekte in den Tablespaces

Um festzustellen, welche Tablespaces in nächster Zeit durch Tableextents (Tabellenerweiterungen) voll laufen werden, kann wieder die SAPDBA-Anwendung verwendet werden.

S1: c - Tablespace Administration

S2: d - Check free space of objects in all tablespaces

```
                          Tablespace administration
        ──────────────────────────────────────────────────────────

        a - Tablespace:
        b - Log checks: no

        c - Free space and fragmentation  of all tablespaces
        d - Check   free space of objects in all tablespaces
        e - Check   free space of objects in tablespace

        f - Alter   tablespace add data file
        g - Create/drop tablespace

        h - Display all tablespaces and data files

        q - Return

        Please select ==> d

        Enter the value
        'number of extents to tablespace overflow' [1] ==>
```

Hier die Zahl (max. Extents) eingeben, die den Tablespace vermutlich zum Überlaufen bringen.

```
        Enter the value
        'number of extents to tablespace overflow' [1] ==> 20


    2000-09-18 17.40.29 ─── Check of all tablespaces

                    <Critical number of new extents to be checked: 20 (Default)>:


    SAPDBA: The following tables/indexes/clusters would overflow tablespace
            (checking 10 free fragments at most, 100 KB reserve per fragment) by
            allocating the number of extents shown in the appropriate column (note:
            possible rounding of the NEXT extent):

    TABLESPACE    SEGMENT                              TYPE   EXTENTS  NEXT (K)
    ──────────────────────────────────────────────────────────────────────────
    PSAPCLUD      CDCLS                                TABLE   6 <=20    10240
    PSAPCLUD      EDI40                                TABLE   6 <=20    10240
    PSAPCLUI      EDI40~0                              INDEX  10<=20     2560
    PSAPDDICI     DDCNUSTAT~0                          INDEX  11<=20     2560
    PSAPDDICI     DDPRS~0                              INDEX  11<=20     2560
    ─
```

Es werden die Tabellen angezeigt, die den Tablespace zum Volllaufen bringen, wenn sie die angegebene Anzahl von Extents (hier 20) oder weniger anfordern würden.

10.4.2 Tabellencheck

Tabellen-Checks können insbesondere dazu verwendet werden, eine Reorganisation vorzubereiten.

d - Reorganization

```
                        Reorganization


        a - Check        extents and fragmentation
        b - Alter/show   table or index storage parameters

        c - Reorganize  single table or index
        d - Reorganize  list of tables and indexes
        e - Reorganize  tablespace
        f - Reorganize  tablespace and data files
        g - Move/rename data files of a tablespace

        r - Restart


        q - Return

        Please select ==>
```

a – Check extents and fragmentation

```
                        Check



        a - Objects     with at least n extents
        b - Tablespace fragmentation (summary)
        c - Tablespace fragmentation (all extents)

        d - Estimate/compute table
        e - Validate          index
        f - Estimate/compute tablespace

        q - Return


        Please select ==>
```

d – Estimate/compute table

```
                Estimate/compute table

        LAST ANALYSIS: 0009-19-09 at 50.00

        a - Owner:    SAPR3
        b - Table:    T599U

        c - Estimate statistics
        d - Estimate statistics sample <nn> percent
        e - Compute  statistics
        f - Get last analysis

        q - Return


        Please select ==> _
```

b – Table: auswählen

e – Compute statistics

```
                    LAST ANALYSIS: 0009-19-09 at 50.00

                    a - Owner:    SAPR3
                    b - Table:    T599U

                    c - Estimate statistics
                    d - Estimate statistics sample <nn> percent
                    e - Compute  statistics
                    f - Get last analysis

                    q - Return


                    Please select ==> e

   SAPDBA: Table T599U might be a negative table <no analysis allowed>but this can
           not be detected.
   Do you want to continue anyway? <y/n> [n] ==> y
   SAPDBA: ANALYZE TABLE "SAPR3"."T599U" COMPUTE STATISTICS
           Working ...

   SAPDBA: Done
   Press <return> to continue ..._
```

f – Get last analysis

```
            Result of the analysis on 2000-09-19 at 09.50 - Duration: 20 sec

                    TABLE_NAME              : T599U

                    TOTAL SPACE             :    25360 K
                    FREE WITHIN TABLE       :      944 K
                    USED WITHIN TABLE       :    24416 K

                    HAVE  BEEN USED IN TABLE :   24720 K
                    NEVER BEEN USED IN TABLE :     640 K
                    AVERAGE BLOCK FREE SPACE :      11 %
                    AVERAGE ROW LENGTH      :      232 byte

                    CHAINED ROWS            :        0
                    NUMBER_OF_ROWS          :    94533

                    ANALYSIS METHOD         : COMPUTE STATISTICS
                    ADDITIONAL METHOD       : Calculaton of block usage

   Press <return> to continue ...
```

Hinweis: Dieser Check kann hier auch für die Tablespaces durchgeführt werden.

Sichtbar werden die freien und benutzten Bereiche innerhalb einer Tabelle / eines Tablespace. Außerdem werden der prozentuale freie Platz und der maximal jemals in Anspruch genommene Platz angezeigt, sowie die Speichermenge, die noch niemals in Anspruch genommen wurde. Somit ergibt sich auch ein Bild über die im Zeitablauf variierende Auslastung der Tabelle / des Tablespace.

10.4.3 Konsistenzcheck

Der Konsistenzcheck stellt einen Systemtest der Datenbank dar, d.h. die Inhalte der Datenbank werden auf Konsistenz geprüft. Dazu sind die folgenden Schritte unter Verwendung des SAPDBA durchzuführen:

k – Database check verfication

```
                    Database Check / Verification


         a  -  Database System Check
         b  -  Database Verification using DB VERIFY

         q  -  Return

         Please select  ==>
```

a – Database System Check

Folgende Jobs (Teiltätigkeiten innerhalb des Database System Check) werden durchgeführt:
- Platzüberwachung (Füllgrad und Fragmentierung),
- Überwachung der Oracle-Alarmmeldungen,
- Prüfung der init.ora –Profilparameter,
- physische Konsistenz (Verfügbarkeit von Datendateien, Steuerdateien und Redo-Log-Dateien),
- Prüfung auf bestimmte Problemsituationen, ausgehend von Erfahrungen bei der Verwaltung von R/3®-Datenbanken,
- Die Ergebnisse der Datenbanksystemprüfung können in den Protokollen unter sapcheck/<Zeitstempel>.chk angesehen werden (oder über Transaktion db16).

b – Database Verification using DB VERIFY

Konsistenzprüfung der Relationalen Datenbank durch datenbankinterne Routinen.

10.4.4 R/3®-Monitors

Viele Monitoringfunktionen des SAPDBA können auch über R/3® - genauer das Computing Center Management System (CCMS) – ausgeführt werden (*Werkzeuge ⇒ CCMS*).

Folgende Transaktionen bieten den direkten Weg zu Monitoring-Anwendungen:

- stun (Portal zu weiteren Monitoren),
- db02 (Tablespace- und Tabellenauswertung),
- sm21 (syslog-Auswertung),
- db16 (DB system Check),
- scc3 (Protokoll der Mandantenkopie),
- sm50 (Workprocessmonitor),
- sm51 (Portal zu Benutzer, Prozesse, Systemlog, Remotelog, etc.),
- se16 (Data Browser für Inhalte der Tabellen).

10.5 Correction Services

Für das IDES-Schulungssystem ist üblicherweise das Einspielen von Support Packages nicht notwendig und vorgesehen. Es ist aber dennoch empfehlenswert, Support Packages unter Berücksichtigung von SAPNet-Meldungen einzuspielen. Hierbei ist insbesondere der SAPNet-Hinweis 173814 (Bekannte Probleme mit Support Packages Rel.4.6 bzw. für Rel. 4.5 Hinweis 97629) zu beachten. Grundvoraussetzung für das Einspielen von Support Packages ist die Installation des neuesten SPAM-Updates (SAP® Patch Manager).

10.5.1 SPAM

Der SPAM ist für das Einspielen der Support Packages zuständig. Die Updates enthalten Verbesserungen und Erweiterungen des R/3®-Systems. Updates des SPAM sind im SAPNet erhältlich. Bevor Patches eingespielt werden, sollte immer der aktuellste SPAM benutzt werden. Die SPAM-Updates sind kumulativ, sie enthalten immer alle Verbesserungen und Erweiterungen ihrer Vorgänger.

S1: SPAM-Update entpacken
Die Update-Datei muss in folgendes Verzeichnis kopiert werden: F:\usr\sap\trans\tmp.
Anschließend ist das Archiv an der Konsole mit dem Befehl CAR –xvf tmp\<dateiname>.car und ENTER zu entpacken.

```
Command Prompt

F:\usr\sap>cd trans

F:\usr\sap\trans>dir
 Volume in drive F is SAPEXEcutables
 Volume Serial Number is 2808-516B

 Directory of F:\usr\sap\trans

04/13/00  04:04p       <DIR>          .
04/13/00  04:04p       <DIR>          ..
07/04/00  02:53p       <DIR>          actlog
04/17/00  12:36p       <DIR>          bin
04/17/00  01:51p       <DIR>          buffer
09/12/00  03:55p       <DIR>          cofiles
09/12/00  03:55p       <DIR>          data
04/13/00  04:04p       <DIR>          eps
04/13/00  04:04p       <DIR>          etc
09/12/00  03:59p       <DIR>          log
06/28/00  12:18p       <DIR>          sapnames
09/13/00  11:56a       <DIR>          tmp
              12 File(s)              0 bytes
                       4,890,595,328 bytes free

F:\usr\sap\trans>car -xvf tmp\kd45bxx.car_
```

Die Datei wird standardmäßig in das Verzeichnis F:\usr\sap\trans\eps\in entpackt.

S2: SPAM ins R/3®-System hochladen (Die Oberfläche kann je nach Version variieren).

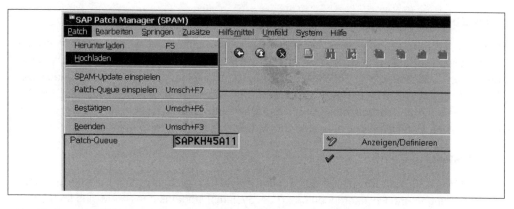

Hochladen anklicken.

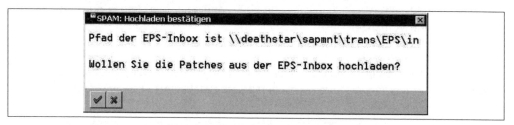

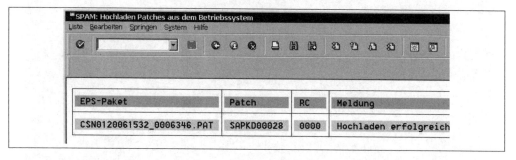

anklicken, und damit die Pfadangabe bestätigen.

anklicken, um zum vorherigen Fenster zurückzukehren.

S3: SPAM-Update einspielen

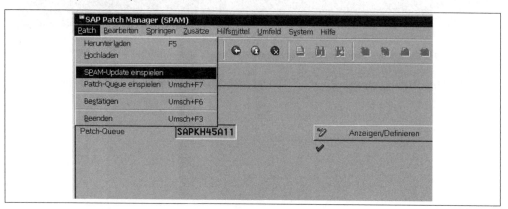

SPAM-Update einspielen anklicken.

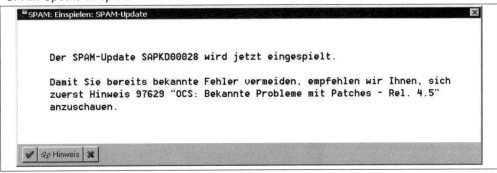

Falls das Einspielen scheitert, ist die Transaktion *spam* neu zu starten und mit dem Einspielen des SPAM-Updates fort zu fahren.

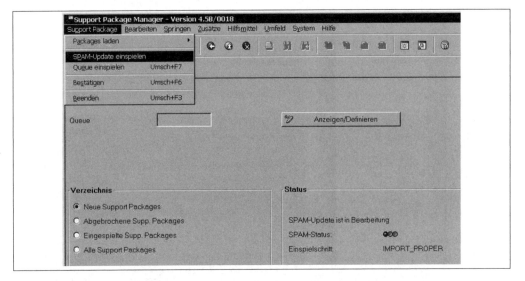

Es folgen einige Meldungen:

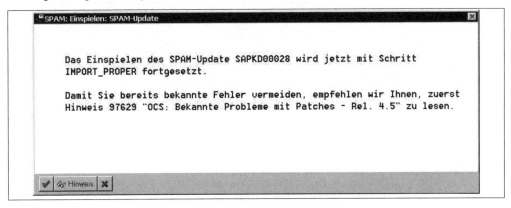

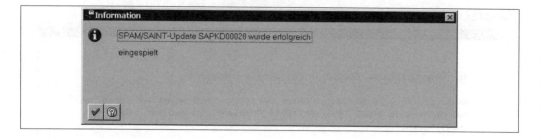

10.5.2 FCS und Final-Delta-Patch

Sofern es sich bei dem IDES Release um ein FCS(First Customer Shipment)-Release handelt, muss nach dem Update des SPAM für das IDES noch der Final-Delta-Patch eingespielt werden. Wird der Final-Delta-Patch mit dem Namen KD45BXX (Beispiel für Release 4.5B) nicht eingespielt, so können keine support packages eingespielt werden, da die Versionsinformationen des FCS-Release nicht mit denen des endgültigen Release übereinstimmen.

S1: Final-Delta-Patch entpacken
Die Patch-Datei muss in folgendes Verzeichnis kopiert werden: F:\usr\sap\trans\tmp.
Anschließend muss die Datei mittels CAR –xvf tmp\kd45bxx.car und ENTER an der Konsole entpackt werden.

```
Command Prompt                                                _ □ ×

F:\usr\sap>cd trans

F:\usr\sap\trans>dir
 Volume in drive F is SAPEXEcutables
 Volume Serial Number is 2808-516B

 Directory of F:\usr\sap\trans

04/13/00   04:04p   <DIR>        .
04/13/00   04:04p   <DIR>        ..
07/04/00   02:53p   <DIR>        actlog
04/17/00   12:36p   <DIR>        bin
04/17/00   01:51p   <DIR>        buffer
09/12/00   03:55p   <DIR>        cofiles
09/12/00   03:55p   <DIR>        data
04/13/00   04:04p   <DIR>        eps
04/13/00   04:04p   <DIR>        etc
09/12/00   03:59p   <DIR>        log
06/28/00   12:18p   <DIR>        sapnames
09/13/00   11:56a   <DIR>        tmp
            12 File(s)              0 bytes
                     4,890,595,328 bytes free

F:\usr\sap\trans>car -xvf tmp\kd45bxx.car_
```

Die Datei wird in das Verzeichnis F:\usr\sap\trans\eps\in entpackt.

S2: Support Package ins SAP-System hochladen.
Zunächst muss eine Anmeldung am SAP-System erfolgen und zwar am Mandant 000 mit einem Benutzer, der sap*-Rechte hat, aber nicht sap* heißt.

Zunächst ist der Transaktionscode *spam* einzugeben; das folgende Fenster erscheint.

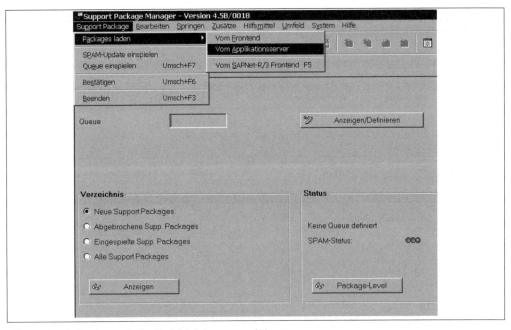

Danach ist die dargestellte Befehlsfolge auszuführen:

Support Package ⇒ Package laden ⇒ vom Applikationsserver (dadurch werden alle verfügbaren Support Packages am R/3®-System angemeldet)

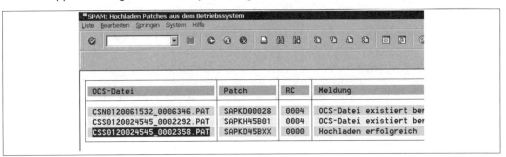

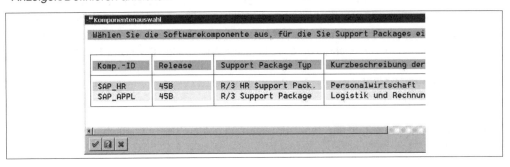 anklicken, um zum vorherigen Fenster zurückzukehren.

Anzeigen/Definieren anklicken.

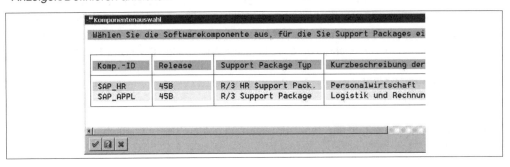

SAP_APPL auswählen.

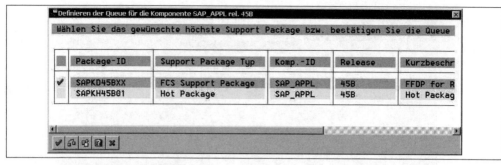

FCS Support Package auswählen

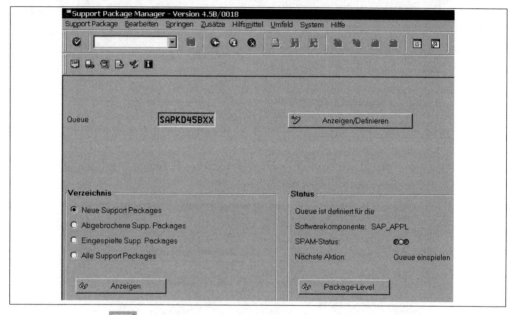

Abschließend auf (*Queue bestätigen*) klicken.

10.5.3 Support Packages

Sie dienen der Aktualisierung von ABAP-Programmen in R/3®, d.h. hier werden Daten in der Datenbank aktualisiert und neue hinzugefügt, falls neue Funktionen implementiert werden. Die Vorgehensweise ist ähnlich zu den SPAM- und FCS-Patches, daher werden im Folgenden nur abweichende Screenshots dargestellt (siehe dazu auch 10.5.1 und 10.5.2).

10.5.3.1 Standardverlauf

S1: Package entpacken.

S2: Am Mandant 000 mit einem Benutzernamen anmelden, der sap*-Rechte hat, aber nicht sap* heißt.

S3: Transaktion SPAM.

S4: Packages laden vom Applikationsserver.

S5: | 🕲 **Anzeigen/Definieren** | anklicken.

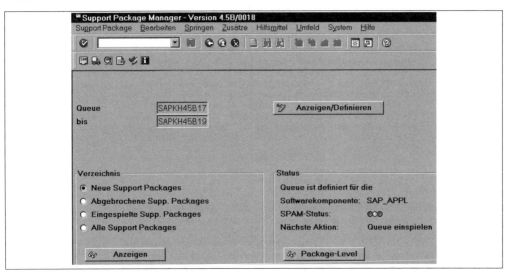

Durch Setzen des Häkchens wird die Anzahl der Packages bestimmt, die zusammen einge-spielt werden sollen. Es muss mindestens ein Package ausgewählt werden. Packages dür-fen nicht übersprungen werden. Da die Packages einer Queue nicht sequentiell verarbeitet werden, kann es bei bestimmten Package-Kombinationen zu gravierenden Problemen kom-men. Hier gilt auch der SAPNet-Hinweis 173814 (Bekannte Probleme mit Support Packages Rel.4.6, bzw. für Rel. 4.5 Hinweis 97629), auf den bereits weiter oben verwiesen wurde.

S6: festgelegte Queue einspielen 🚚 oder wahlweise über das Menü den Einspielvorgang starten.

Es folgen diverse Informationsanzeigen. Der Hinweis auf einen Modifikationsabgleich (Transaktion SPAU) kann ignoriert werden. Ursache für die Meldung ist die Einspielung der IDES-Daten für die Schulungsumgebung durch die SAP® AG. Das R/3®-System führt eine Versionsdatenbank über veränderte Repository-Objekte (ABAP-Programme). Die IDES-Programme haben teilweise jüngere Releasestände (Versionsnummern) als der ursprüngli-che SAP®-Standard für das jeweilige Basis-Release.

S7: Queue bestätigen.

10.5.3.2 Support Package bricht ab

Im Falle eines Fehlers im Einspielvorgang bricht das Einspielen gelegentlich mit der folgenden Meldung ab:

```
Das Einspielen wurde unterbrochen, da im Schritt IMPORT_PROPER ein Fehler
aufgetreten ist, den der Support Package Manager ohne Ihre Mithilfe nicht
beseitigen kann.

Nachdem Sie die Fehlerursache behoben haben, können Sie das Einspielen
fortsetzen, indem Sie im Einstiegsbild des Support Package Manager
Support Package -> Queue einspielen wählen.

Die folgenden Angaben sollen Ihnen bei der Analyse des Problems helfen:

    - Fehler in Schritt: IMPORT_PROPER
    - Fehlergrund: TP_STEP_FAILURE
    - Return-Code: 0008
    - Fehlernachricht: Support Package ALL , tp-Step 6, Return-Code 0008


Hinweise zum Schritt IMPORT_PROPER


In diesem Arbeitsschritt wird das Repository samt Tabelleneinträgen
eingespielt. Es gibt folgende Gründe, die zum Abbruch dieses
Arbeitsschrittes führen können:

o  TP_INTERFACE_FAILURE: Die tp-Schnittstelle konnte nicht aufgerufen
   werden.

o  TP_FAILURE: Das Programm tp konnte nicht ausgeführt werden. Mehr
   Informationen dazu finden Sie in der SLOG- bzw. ALOG-Protokolldatei.

o  TP_STEP_FAILURE: Ein tp-Schritt konnte nicht erfolgreich durchgeführt
   werden. Die Fehlerursache finden Sie im entsprechenden Protokoll, z.B.
   im Import- oder Generierungsprotokoll. Falls die Generierung
   (tp-Schritt G) abgebrochen wurde, haben Sie die Wahl entweder die
   Fehler sofort oder nach Abschluß des Einspielens zu beheben. Im
   letzteren Fall müssen Sie folgende Aktionen durchführen:

    - Ignorieren Sie die Generierungsfehler mit
         Zusätze -> Gen-Fehl. ignorieren
    - Setzen Sie das Einspielen fort.


Generierungsfehler können auch durch Puffersynchronisationsprobleme
verursacht werden. Details dazu finden Sie in Hinweis 40584.


Falls Sie in der Abbruch-Meldung einen tp-Schritt genannt bekommen,
handelt es sich um einen vom Transportauftrag unabhängigen Schritt,
dessen Protokolle Sie sich nicht mit Protokolle anzeigen lassen können.
Analysieren Sie im Falle eines Abbruchs die folgenden Dateien im
Log-Unterverzeichnis ihres Transport-Verzeichnisses (üblicherweise:
/usr/sap/trans/log) :
    - tp-Step 6: P<YY><MM><DD>.<SID>
    - tp-Step N: N<YY><MM><DD>.<SID>
    - tp-Step S: DS<YY><MM><DD>.<SID>

Sie können sich diese Dateien mit dem Report RSPUTPRT oder der
Transaktion AL11 anzeigen lassen.

Der Support Package Manager setzt voraus, daß das Change and Transport
System (CTS) korrekt eingerichtet ist. Nähere Informationen hierzu finden
Sie in der Online-Dokumentation über Hilfe -> SAP-Bibliothek -> Basis ->
Change and Transport System .

Eine Auflistung der wichtigsten Hinweise zum Online Correction Support
(OCS) finden Sie in Hinweis 97620, der regelmäßig aktualisiert wird.
```

Es können folgende Fehler auftretren:

TP Step A

Ursache: Es wurden mehrere Packages in einer Queue eingespielt. Dabei ist ein Fehler aufgetreten, der zumeist auf Abhängigkeiten zwischen zwei Paketen zurückzuführen ist.
Lösung: Queue (erneut) einspielen. Dabei werden die Abhängigkeiten zwischen den Paketen gelöst und die Queue eingespielt.

TP Step D

Ursache: Die Ursache des Fehlers ist entweder temporär oder dauerhaft. Temporäre Fehler sind immer auf das Fehlen einer SAP®-Puffersynchronisation zurückzuführen.

Dauerhafte Fehler werden durch inkonsistente Referenzen zwischen rufendem und gerufenem Programm oder durch einen Fehler in der SAP®-Puffersynchronisation selbst verursacht. Näheres hierzu ist unter Punkt 3 bzw. 4 zu finden.

1. Das R/3®-System ist so eingestellt, dass es zu keiner Puffersynchronisation kommt.

2. Die Puffersynchronisation erfolgt erst, nachdem SPAM die Generierung gestartet hat (korrigiert in SAP® R/3® 3.1G).

3. Der Generierungsfehler ist auf einen Syntaxfehler im aufrufenden Programm zurückzuführen, z.B. darauf, dass die Anzahl der tatsächlichen Parameter nicht mit der Anzahl der Formalparameter in Aufrufen von Unterprogrammen übereinstimmt.

4. In der SAP®-Puffersynchronisation tritt ein Fehler auf.

Lösung: Queue neu starten, sollte dies nicht funktionieren, ist der entsprechende Hinweis im SAPNet zu befolgen.

1. Es ist dafür zu sorgen, dass der Profilparameter *rdisp/bufrefmode* die Werte *sendon,exeauto* hat, wenn das System mehrere Applikationsserver verwendet und die Werte *sendoff,exeauto*, wenn ein Applikationsserver verwendet wird.
Jede Änderung am SAP®-Profil wirkt sich erst nach einem Neustart des R/3®-Systems aus. Nach einem solchen Neustart sind die Anweisungen unter Punkt 2 (siehe unten) zu befolgen.

2. Vom SPAM-Hauptbildschirm muss durch Drücken von "Protokoll" zum Generierungsprotokoll verzweigt werden. Im Generierungsprotokoll ist die zweite Detailstufe anzuzeigen nach den Programmen (oder Dynpros) zu suchen, die von SPAM nicht generiert wurden. Danach sind die folgenden Schritte abzuarbeiten:

- Aufruf der Transaktion SE38,
- Eingabe des Namens des betroffenen Programms (Dynpros),
- Generierung mit: Programm -> Generieren.

Im Falle einer erfolgreichen Generierung:

- Aufruf der Transaktion SPAM,
- Wiederholtes Einspielen des Support Packages.

Ist die Generierung nicht erfolgreich, kann mit dem Kommando */$SYNC* im Befehlsfeld die SAP®-Puffersynchronisation gestartet werden. Diese Maßnahme muss besonders vorsichtig in Produktionssystemen eingesetzt werden, da dies zu Transaktionsabbrüchen führen kann. Als Alternative kann das SAP®-System neu gestart und dann versucht werden, das Programm zu generieren.

TP Step I

Ursache: Eine Tabelle in der Datenbank hat die maximale Extent-Anzahl erreicht oder ein Tablespace ist voll (Datenbank-Meldung ORA 1654 oder 1653, falls eine Oracle-Datenbank eingesetzt wird). Sollte eine dynamische Extent- und Tablespace-Verwaltung eingeschaltet sein, so tritt dieser Fehler nicht auf.

Lösung: Extents manuell hochsetzen oder Tablespace manuell erweitern.

Hinweis: Das bei diesem Fehler anfallende Fehlerprotokoll wird als Datei unter der folgenden Bezeichnung abgelegt: *<LW>:\usr\sap\trans\log\SAPI<packagename>*. Hierin sind Fehler mit *eetw* gekennzeichnet.

TP Step 6

Ursache: Eine Puffersynchronisation war nicht möglich.

Lösung: Im Instanzenprofil (über GUI) ist der Parameter *rdisp/bufrefmode* auf *sendoff, e-xeauto* zu setzen (Siehe auch den entsprechenden SAPNet-Hinweis). Weitere Informationen finden sich auch in den Fehler-Informationen zu **TP Step D.**

Dazu ist folgendermaßen vorzugehen:

Aufruf der Transaktion *RZ10* (über Transaktionscode im Befehlsfeld).

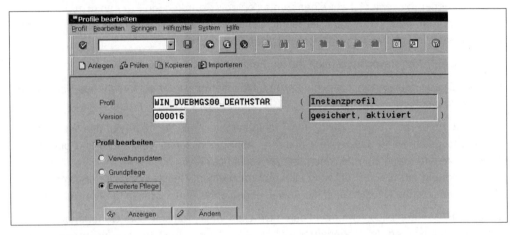

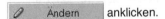 anklicken.

Danach kann im angezeigten Bildschirmbild der Parameter *rdisp/bufrefmode* auf *sen-doff,exeauto* abgeändert werden. Dies ist der Standardmodus für Systeme mit lediglich einem Applikationsserver, bei zwei Applikationsservern ist stattdessen *sendon,exeauto* einzu-setzen.

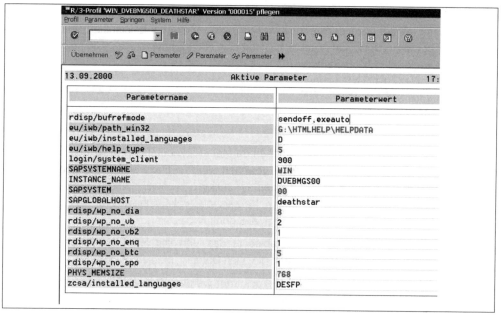

```
⊞R/3-Profil 'WIN_DVEBMG500_DEATHSTAR' Version '000015' pflegen
Profil  Parameter  Springen  System  Hilfe

Übernehmen  🕮 🔍 ☐ Parameter  🖉 Parameter  ✍ Parameter  ▶▶

13.09.2000                    Aktive Parameter                    17:
┌──────────────────────────────────┬──────────────────────────────┐
│          Parametername           │         Parameterwert        │
├──────────────────────────────────┼──────────────────────────────┤
│ rdisp/bufrefmode                 │ sendoff,exeauto              │
│ eu/iwb/path_win32                │ G:\HTMLHELP\HELPDATA         │
│ eu/iwb/installed_languages       │ D                            │
│ eu/iwb/help_type                 │ 5                            │
│ login/system_client              │ 900                          │
│ SAPSYSTEMNAME                     │ WIN                          │
│ INSTANCE_NAME                     │ DVEBMGS00                    │
│ SAPSYSTEM                         │ 00                           │
│ SAPGLOBALHOST                     │ deathstar                    │
│ rdisp/wp_no_dia                  │ 8                            │
│ rdisp/wp_no_vb                   │ 2                            │
│ rdisp/wp_no_vb2                  │ 1                            │
│ rdisp/wp_no_enq                  │ 1                            │
│ rdisp/wp_no_btc                  │ 5                            │
│ rdisp/wp_no_spo                  │ 1                            │
│ PHYS_MEMSIZE                      │ 768                          │
│ zcsa/installed_languages         │ DESFP                        │
└──────────────────────────────────┴──────────────────────────────┘
```

Weitere Parameter sind hier nicht zu ändern.

 zum Zurückkehren.

🖫 zum Sichern.

Abschließend müssen zur Aktivierung der neuen Einstellungen das R/3®-System sowie der Datenbankserver herunter- und wieder herauf gefahren werden.

10.5.4 Executables (Kernel) updaten

Neben den im vorangegangenen Abschnitt beschriebenen Support Packages, welche Datenbankinhalte (Daten und Anwendungen in Form von ABAP/4-Code) ändern und erneuern, existieren ebenfalls Updates für die vom Betriebssystem ausführbaren Dateien (Executables). Erneuerungen dieser Executables sind vom jeweils eingesetzten Betriebssystem und außerdem von der eingesetzten Datenbank abhängig. Somit ist auf diese Auswahlparameter beim Herunterladen der erneuerten Executables aus dem SAPNet zu achten. Das schrittweise Vorgehen beim Update der Executables stellt sich wie folgt dar:

S1: Auswahl der zu Betriebssystem und Datenbanksystem passenden Dateien im SAPNet (Beispiel: i386/Oracle).

S2: Herunterladen der ausgewählten Kernel-Patches auf das lokale System

S3: Entpacken der Patch-Archive auf dem Zielsystem (entpacken mit *car.exe –xvf <Dateiname>*)

S4: Suche nach relevanten SAPNet-Hinweisen zum Thema Kernel-Patches

S5: Versionsüberprüfung der alten und neuen Executables durch Aufruf mit dem Kommandozeilenparameter *<executable.exe> –V.*

S6: R/3® und Datenbank herunterfahren (in dieser Reihenfolge).

S7: Alle Dienste (Services) mit dem Dienstemanager des Betriebssystems stoppen, welche in Verbindung mit der Datenbank oder dem R/3®-System stehen. Beispielhaft seien hier die Dienste einer Oracle-Datenbank (Rel. 8.1.7) und eine R/3®-Systems (Rel. 4.6C) genannt:

- OracleID1817DataGatherer,
- OracleID1817TNSListener,
- OracleSERVICEID1,
- SAPOSCOL,
- SAPID1_00.

S8: Damit ein Zurückrollen bei Fehlfunktionen der neuen Executables möglich ist, sollten die auszutauschenden Executables zunächst gesichert werden. Dazu sind diejenigen Dateien, welche neu eingespielt werden sollen, aus dem Verzeichnis *<LW>:\usr\sap\<SysID>\sys\exe\run* in ein Verzeichnis *<LW>:\updates\run_<jjjj.mm.tt>* zu kopieren (Verzeichnisname beispielhaft, ggf. anlegen).

S6: Danach können die neuen Executables in das Verzeichnis *<LW>:\usr\sap\<SysID>\sys\exe\run* kopiert werden, dabei werden die alten Dateien überschrieben.

S8: Abschließend sollte der Rechner neu gestartet werden (Reboot). Danach können die Datenbank und R/3® wieder hochgefahren werden.

Im Falle eines erfolgreichen Patch-Vorganges sind die neuen Kernel-Executables nun aktiv und das System ist wieder betriebsfähig.

10.5.5 Patchlevel überprüfen

10.5.5.1 Support Packages

Zur Anzeige des aktiven Versionsstandes der eingespielten Support Packages (Patchlevel) ist zunächst mit der Transaktion *spam* in den SAP® Patch Manager zu wechseln.

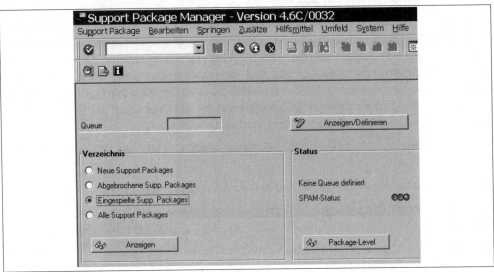

Danach wird unter „Verzeichnis" die Auswahl „Eingespielte Supp. Packages" getroffen und auf [Anzeigen] geklickt.

Im Fenster „OCS Package Verzeichnis" können alle bereits eingespielten Pakete mit ihrem Status und Einspiel-Datum sowie ihrer Funktion angezeigt werden. Das jeweils letzte Paket gibt über den Versionsstand Auskunft.

10.5.5.2 Kernel

Das Patchlevel des Kernels kann über die Transaktion *SM51*eingesehen werden.

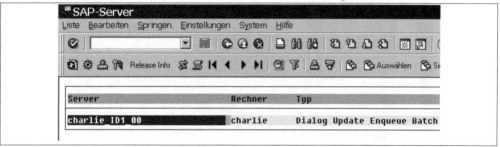

Nach Aufruf der Transaktion *SM51* kann in der Symbolleiste *Release Info* angeklickt werden.

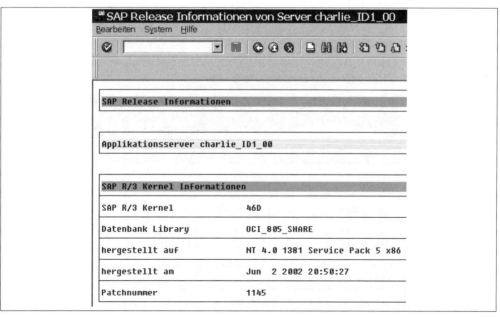

Die Patchnummer (hier 1145) gibt das Patchlevel des Kernels an. Die Patchnummer eignet sich zum Vergleich mit verfügbaren Kernel-Patches im SAPNet.

10.6 Betriebsarten umstellen

Innerhalb des 24h-Betriebes eines SAP®-Systems können die vorhandenen Workprozesse abhängig von den Anforderungen unterschiedlich auf Dialog-, Hintergrund- und Verbuchungsprozesse verteilt werden. Für die nächtlichen Backups ist es sinnvoll, mehr Hintergrundprozesse zur Verfügung zu stellen. Die Einrichtung des „Nachtbetriebs" i.S. einer Betriebsart wird im Folgenden beschrieben.

10.6.1 Betriebsarten einrichten

Mit der Transaktion SM50 wird eine Übersicht über die aktuellen Workprozesse gezeigt.

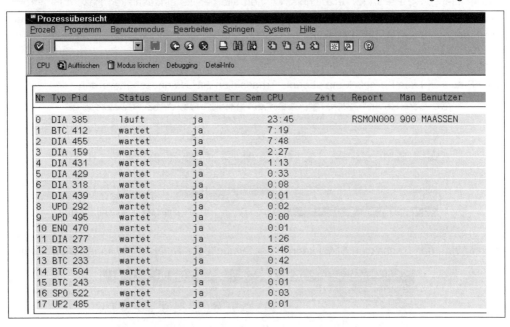

S1: Die Transaktion RZ04 führt zur Betriebsartenpflege.

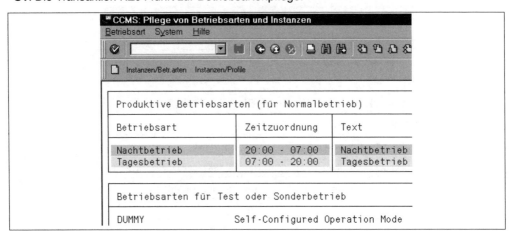

S2: *Betriebsart ⇒ Anlegen*

Mussfelder (Betriebsart, Kurzbeschreibung) ausfüllen und  zum Sichern.

S3: Betriebarten ⇒ Pflegen Instanzen ⇒ Betriebsartensicht

Hier werden alle eingerichteten Betriebsarten mit ihrer Workprozessaufteilung angezeigt.

S4: Für die neue Betriebsart wird die Workprozessaufteilung zusammengestellt.

Einen vorhandenen Eintrag anklicken und Instanz ⇒ Pflegen Instanz ⇒ WorkprozessAufteilung wählen.

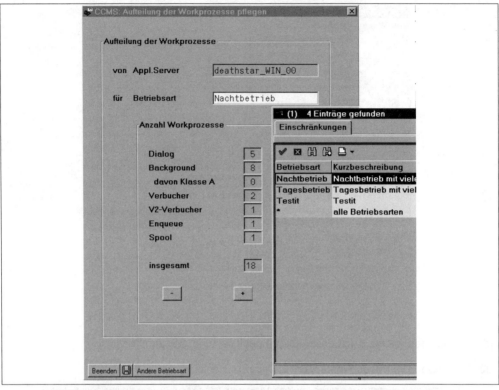

Über | Andere Betriebsart | lässt sich die neu geschaffene Betriebsart (hier Testit) auswählen.

Die Betriebsart 💾 sichern, ohne die Workprozessaufteilung verändert zu haben.

S5: Workprozessauftreilung zuweisen

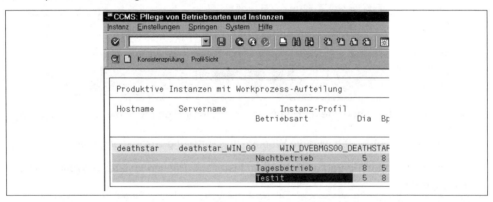

Die neue Betriebsart auswählen und wieder Instanz ⇒ Pflegen Instanz ⇒ Workprozes-sAufteilung wählen.

Anklicken von + oder – verändert die Workprozessaufteilung zwischen Dialog- und Hintergrundprozessen.

abschließend 💾 zum Sichern anklicken.

Hinweis: Unter Umständen ist es notwendig, vorher Instanzen-Profile zu laden. Falls noch keine Betriebsarten definiert sind, wird die Test-Betriebsart DUMMY angezeigt. Diese Betriebsart wird automatisch so konfiguriert, dass Systemfunktionen wie das Control-Panel und die Einplanung der Hintergrundjobs genutzt werden können. Die Betriebsart DUMMY kann nicht zur Betriebsartumschaltung verwenden werden.

10.6.2 Betriebsarten umstellen

Bei einer Betriebsartumschaltung werden die R/3®-Workprozesse automatisch neu aufgeteilt, ohne dass die Instanzen gestoppt und neu gestartet werden. Es werden nur die Workprozesstypen verändert. Beispielsweise kann ein Workprozess, der als Dialogprozess benutzt wird, zu einem Hintergrundprozess umgeschaltet werden. Der neue Prozesstyp wird erst dann aktiviert, wenn der Prozess frei ist. Es kann also sein, dass ein Prozess nicht sofort umgeschaltet wird. Der Betriebsart werden nun Zeitfenster zugeordnet, in denen dann die Workprozessaufteilung gültig ist.

S1: Transaktion SM63

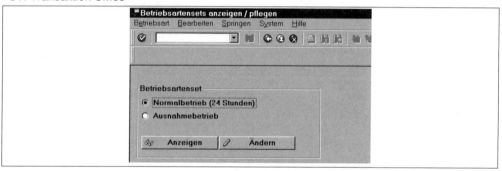

Die Betriebsartenumschaltung kann manuell oder automatisch durchgeführt werden. Hier wird auf die automatische Betriebsartumstellung Bezug genommen.

Es werden zwei Betriebsartensets unterschieden. Die im Normalbetrieb definierten Zeitfenster werden im 24h-Zyklus wiederholt. Die Zeitfenster des Ausnahmebetriebs werden nur einmal aktiviert.

S2: *Normalbetrieb* auswählen und auf *Ändern* klicken

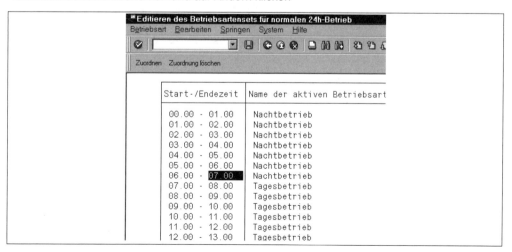

Durch Setzen der Markierung und Nutzung des Menüpunktes *Betriebsart ⇒ Intervall markieren* werden die Zeitintervalle gesetzt. Dazu muss die Markierung zunächst auf den Anfangszeitpunkt gesetzt werden und obiger Menüpunkt ausgewählt werden. Anschließend ist die Markierung auf den Endzeitpunkt zu setzen und wieder mittels Menü zu markieren (der so markierte Bereich wechselt von blauer zu schwarzer Schrift).

S3: *Betriebsart ⇒ Zuordnen*

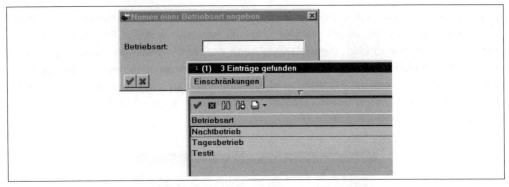

Betriebsart *auswählen* und *weiter.*

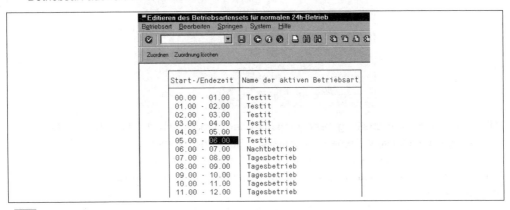

 zum Sichern.

Hinweis: Zur Kontrolle, ob eine Betriebsumschaltung stattgefunden hat, kann über die Transaktion SM21 das entsprechende Protokoll eingesehen werden.

ZUSAMMENFASSUNG

Die Unterstützung der Geschäftsprozesse durch ERP-Software ist für die meisten Unternehmen unverzichtbar. Da die Erstellung und Entwicklung von ERP-Software häufig nicht zu den Kernkompetenzen von Unternehmen gehört, wird konfigurierbare Standardsoftware eingesetzt. Eine solche Standardsoftware ist SAP® R/3®.

Zu dieser Software wurde hier eine geschäftsprozessorientierte Einführung gegeben. Nach der Erläuterung von wichtigen Eigenschaften wurde die konkrete Arbeitsweise von SAP® R/3® durch Kombination von Erklärung und Anwendung gezeigt. Die Vorgehensweise wurde durch eine umfassende Fallstudie vom Einkauf bis hin zum (Online-)Vertrieb bestimmt. Ziel der Fallstudie war die Herstellung von Müsliprodukten. Die Aufgabenstellungen wurden durch detaillierte Pflegeanleitungen inkl. Bildschirmbildern unterstützt.

Zunächst ist ein neuer Mitarbeiter über die Personalmaßnahme Einstellung auf eine zuvor eingerichtete Planstelle eingestellt worden. Die zum Verständnis der Pflegevorgänge notwendigen Erläuterungen waren der Fallstudie vorangestellt. Der Personalwirtschaft folgte die Materialwirtschaft. Material- und Kreditorenstammsätze sowie ihre Verbindungen (Einkaufsinfosätze, etc.) wurden angelegt. Auf dieser Basis wurden Bestellanforderungen und Bestellungen angelegt, gefolgt von Wareneingang und Rechnungsprüfung. Ebenso wurde eine Maschine (Anlage) angeschafft.

Nach dem erfolgreichen Einkauf wurden die operativen Voraussetzungen für die Produktion geschaffen. Dazu sind Fertigerzeugnisse, Stücklisten, Arbeitspläne und Arbeitsplätze angelegt worden. Gerade bei der sich anschließenden Produktion wurde der integrative Charakter von SAP® R/3® deutlich. Der Fertigungsauftrag verwendete nicht nur die im Bereich der Produktion angelegten Daten, sondern griff über Stücklisten, Arbeitsplätze etc. beispielsweise auf Daten der Materialwirtschaft (Rohstoffe) und Personalwirtschaft (Mitarbeiter) zu. Der Verkauf Lieferung und Faktura in der Absatzvariante Großhändler wird gezeigt. Die Bezahlung einer Lieferung Müsli per Scheck und das abschließende Reporting runden die Fallstudie ab.

Sämtlichen Pflegevorgängen sind Erläuterungen zu Konzepten und Funktionsweisen der Softwarekomponenten insb. im Hinblick auf ihre betriebswirtschaftliche Verwendung vorangestellt. Erläuterungen und konkrete Pflege führen gemeinsam zu einem sicheren Verständnis. In der Erarbeitung eines Geschäftsprozesses über die Komponenten der Personalwirtschaft, Materialwirtschaft, Finanzwesen, Produktionsplanung und –steuerung, und Vertrieb wird die Integration der Daten und die Zusammenarbeit der Komponenten deutlich.

VERWENDETE LITERATUR

Becker, Jörg; Handelsinformationssysteme; Landsberg am Lech 1996.

Buck-Emden, Rüdiger u.a.; Die Client-Server-Technologie des SAP-Systems R/3; Bonn 1995.

Burghardt, Manfred; Projektmanagement; Berlin 1988.

Coenenberg, Adolf G.; Kostenrechnung und Kostenanalyse; 3. Aufl., Landsberg/Lech 1997.

Coenenberg, Adolf G.; Jahresabschluss und Jahresabschlussanalyse; 11. Auflage; Landsberg am Lech 1990.

Cooper, Robin; Activity-Based Costing; In: Handbuch Kostenrechnung; Hrsg. von Wolfgang Männel; Wiesbaden 1992.

Griffel, Frank; Componentware; Heidelberg 1998.

Halter, U.; Workflow-Integration im Kreditbereich; in: Österle H., Vogler, P. (Hrsg.): Praxis des Workflow-Management; Wiesbaden 1996.

Hastedt-Marckwarst, Christian; Workflow-Management-Systeme; in: Informatik Spektrum, Heft 22; 1999.

Hummel Siegfried; Mänel, Wolfgang; Kostenrechnung – Grundlagen, Aufbau und Anwendung; Wiesbaden 1990.

Integrata AG [Hrsg.]; Seminarunterlagen, MM-Kompakt; Tübingen 1997.

Integrata AG [Hrsg.]; Seminarunterlagen, HR-Überblick; Tübingen 1999.

Keller, G., Teufel, T.; SAP R/3 prozessorientiert anwenden; 1. Aufl.; Bonn et al. 1997.

Kimball; The Data Warehouse Toolkit, 1996

Klenger Franz; Ellen Falk-Kalms; Kostenstellenrechnung mit SAP R/3; Wiesbaden 1998.

Lüken, Heinz; R/3 im internationalen Umfeld; in: SAP info magazin, Heft 1/98.

Möhrlen, Regine; Kokot Friedrich; SAP-Kompendium, CD-ROM, Haar bei München 1998.

Möhrlen, Regine; Kokot Friedrich; SAP-Kompendium; Haar bei München 1998.

Möhrlen, Regine; Kokot Friedrich; SAP-Kompendium; Haar bei München 1999.

Möhrlen, Regine; Kokot Friedrich [Hrsg.]; SAP R/3 – Controlling; München 1999.

Möhrlen, Regine; Kokot Friedrich [Hrsg.]; SAP R/3 – Das Basisystem; München 1999.

Pérez, Mario; Geschäftsprozesse im Internet mit SAP R/3; München 1998.

SAP AG [Hrsg.]; R/3 Online Dokumentation; Version 4.6C; Walldorf 2001.

Schneider, Thomas; SAP Performanceoptimierung – Analyse und Tuning von SAP-Systemen, Bonn 2002.

Szyperski, Clemens; Component Software; New York 1998.

Thome, Rainer; Vom Customizing zur Adaption des Standardsoftwaresystems R/3; in:Schriften zur Unternehmensführung; Band 62, Wiesbaden 1998.

Wenzel, P.; Betriebswirtschaftliche Anwendungen mit SAP R/3, Wiesbaden 1999.

Wenzel, P.; Betriebswirtschaftliche Anwendungen des integrierten System SAP R/3, 2. Aufl., Braunschweig, Wiesbaden 1996.

Will, Liane; Hienger, Christiane; Straßenburg, Frank; Himmer, Rocco; R/3-Administration, Bonn 1995.

www.sap.com.

ANHANG A – FALLSTUDIENDATEN

Tabelle 4: Materialstammdaten Rohstoffe Teil 1

	Aprikosen	Cashewkerne	Erdbeeren	Haferflocken	Haselnüsse
Materialart	ROH	ROH	ROH	ROH	ROH
Branche	Nahrungsmittel	Nahrungsmittel	Nahrungsmittel	Nahrungsmittel	Nahrungsmittel
Materialnummer	xx000ap01	xx000ca01	xx000er01	xx000ha01	xx000hn01
Werk	1100	1100	1100	1100	1100
LOrt	0101	0002	0101	0002	0002
Materialkurztext	Aprikosen (getrocknet)	Cashewkerne	Erdbeeren (gefriergetrocknet)	Haferflocken	Haselnüsse
Basismengeneinheit	KG	KG	KG	KG	KG
Warengruppe	015	015	015	015	015
Sparte	00	00	00	00	00
Materialgruppe PM	-	-	-	-	-
Klassenart	IDE	IDE	IDE	IDE	IDE
Bestellmengeneinheit	KAR = 5 KG	-	-	-	-
Einkäufergruppe	0xx	0xx	0xx	0xx	0xx
Einkaufswerteschlüssel	1	1	1	1	1
Sprache	DE	DE	DE	DE	DE
Langtext	beliebig	beliebig	beliebig	beliebig	beliebig
Dispositionsgruppe	0010	0010	0010	0010	0010
Dispomerkmal	VB	VB	VB	VB	VB
Meldebestand	50	50	25	200	50
Disponent	1xx	1xx	1xx	1xx	1xx
Dispolosgrösse	HB	HB	HB	HB	HB
Höchstbestand	200	200	100	800	200
Rundungswert	5	1	1	1	1
Beschaffungsart	F	F	F	F	F
Dispositionsbereich	1100-0yxx	-	1100-0yxx	-	-
retrograde Entnahmen	1	1	1	1	1
Planlieferzeit	1	1	1	1	1
Sicherheitsbestand	10	10	5	40	10
Periodenkennzeichen	W	W	W	W	W
Verfügbarkeitsprüf.	01	01	01	01	01
Temperaturbedingung	03	04	04	04	03
max. Lagerungszeit	5	5	5	5	3
Zeiteinheit	MON	MON	MON	MON	MON
Mindestrestlaufzeit	1	1	1	1	1
Gesamthaltbarkeit	6	6	6	6	4
Periodenkennzeichen	M	M	M	M	M
Bewertungsklasse	3000	3000	3000	3000	3000
Preissteuerung	V	V	V	V	V
Preiseinheit	1	1	1	1	1
GLD-Preis	4,08	7,61	6,41	1,02	5,80

Tabelle 5: Materialstammdaten Rohstoffe Teil 2

	Honig	Leinsamen	Milchpulver	Naturidentische Aromen	Sonnenblumen-kerne
Materialart	ROH	ROH	ROH	ROH	ROH
Branche	Nahrungsmittel	Nahrungsmittel	Nahrungsmittel	Nahrungsmittel	Nahrungsmittel
Materialnummer	xx000ho01	xx000le01	xx000mi01	xx000ni01	xx000so01
Werk	1100	1100	1100	1100	1100
LOrt	0002	0002	0002	0101	0002
Materialkurztext	Honig	Leinsamen	Milchpulver	Naturidentische Aromen (Mischung)	Sonnenblumenkerne
Basismengeneinheit	KG	KG	KG	KG	KG
Warengruppe	015	015	015	015	015
Sparte	00	00	00	00	00
Materialgruppe PM	-	-	-	-	-
Klassenart	IDE	IDE	IDE	IDE	IDE
Bestellmengeneinheit	-	KAR = 5 KG	KAR = 5 KG	-	-
Einkäufergruppe	0xx	0xx	0xx	0xx	0xx
Einkaufswerteschlüssel	1	1	1	1	1
Sprache	DE	DE	DE	DE	DE
Langtext	beliebig	beliebig	beliebig	beliebig	beliebig
Dispositionsgruppe	0010	0010	0010	0010	0010
Dispomerkmal	VB	VB	VB	VB	VB
Meldebestand	26	19	128	13	32
Disponent	1xx	1xx	1xx	1xx	1xx
Dispolosgrösse	HB	HB	HB	HB	HB
Höchstbestand	80	60	400	40	100
Rundungswert	1	5	5	1	1
Beschaffungsart	F	F	F	F	F
Dispositionsbereich	-	-	-	1100-0yxx	-
retrograde Entnahmen	1	1	1	1	1
Planlieferzeit	1	1	1	1	1
Sicherheitsbestand	4	3	20	2	5
Periodenkennzeichen	W	W	W	W	W
Verfügbarkeitsprüf.	01	01	01	01	01
Temperaturbedingung	04	04	04	04	03
max. Lagerungszeit	2	11	13	35	3
Zeiteinheit	MON	MON	MON	MON	MON
Mindestrestlaufzeit	1	1	3	12	1
Gesamthaltbarkeit	3	12	14	36	4
Periodenkennzeichen	M	M	M	M	M
Bewertungsklasse	3000	3000	3000	3000	3000
Preissteuerung	V	V	V	V	V
Preiseinheit	1	1	1	1	1
GLD-Preis	2,30	1,79	7,41	11,73	2,81

Tabelle 6: Materialstammdaten Rohstoffe Teil 3

	Trauben	Vitamine	Vollmilch-Schokolade-Flocken	Walnüsse
Materialart	ROH	ROH	ROH	ROH
Branche	Nahrungsmittel	Nahrungsmittel	Nahrungsmittel	Nahrungsmittel
Materialnummer	xx000tr01	xx000vi01	xx000vo01	xx000wa01
Werk	1100	1100	1100	1100
LOrt	0101	0101	0101	0002
Materialkurztext	Trauben (getrocknet)	Vitamine (Mischung)	Schokoladen-Flocken	Walnüsse (gehackt)
Basismengeneinheit	KG	KG	KG	KG
Warengruppe	015	015	015	015
Sparte	00	00	00	00
Materialgruppe PM	K020	K010	C010	K010
Klassenart	IDE	IDE	IDE	IDE
Bestellmengeneinheit	-	-	-	-
Einkäufergruppe	0xx	0xx	0xx	0xx
Einkaufswerteschlüssel	1	1	1	1
Sprache	DE	DE	DE	DE
Langtext	beliebig	beliebig	beliebig	beliebig
Dispositionsgruppe	0010	0010	0010	0010
Dispomerkmal	VB	VB	VB	VB
Meldebestand	64	6	64	64
Disponent	101	101	101	101
Dispolosgrösse	HB	HB	HB	HB
Höchstbestand	200	20	200	200
Rundungswert	1	1	1	1
Beschaffungsart	F	F	F	F
Dispositionsbereich	1100-0yxx	1100-0yxx	1100-0yxx	-
retrograde Entnahmen	1	1	1	1
Planlieferzeit	1	1	1	1
Sicherheitsbestand	10	1	10	10
Periodenkennzeichen	W	W	W	W
Verfügbarkeitsprüf.	01	01	01	01
Temperaturbedingung	03	03	03	03
max. Lagerungszeit	6	2	11	3
Zeiteinheit	MON	MON	MON	MON
Mindestrestlaufzeit	2	1	2	2
Gesamthaltbarkeit	7	3	12	4
Periodenkennzeichen	M	M	M	M
Bewertungsklasse	3000	3000	3000	3000
Preissteuerung	V	V	V	V
Preiseinheit	1	1	1	1
GLD-Preis	1,79	11,56	2,25	10,44

Tabelle 7: Materialstammdaten Verpackungen Teil 1

	Etikett Innova Vital	Etikett Nussper Trio	Clip	Faltschachtel Innova Vital	Faltschachtel Nussper Trio
Materialart	VERP	VERP	VERP	VERP	VERP
Branche	Nahrungsmittel	Nahrungsmittel	Nahrungsmittel	Nahrungsmittel	Nahrungsmittel
Materialnummer	xx000ai01	xx000an01	xx000cl01	xx000fi01	xx000fn01
Werk	1100	1100	1100	1100	1100
LOrt	0901	0901	0901	0901	0901
Materialkurztext	Etikett Innova Vital	Etikett Nussper Trio	Clipverschluss Tüten 500g und 1000g	Faltschachtel Innova Vital	Faltschachtel Nussper Trio
Basismengeneinheit	ST	ST	ST	ST	ST
Warengruppe	008	008	008	008	008
Sparte	00	00	00	00	00
Materialgruppe PM	-	-	-	-	-
Klassenart	IDE	IDE	IDE	IDE	IDE
Bestellmengeneinheit	-	-	-	-	-
Einkäufergruppe	0xx	0xx	0xx	0xx	0xx
Einkaufswerteschlüssel	1	1	1	1	1
Sprache	DE	DE	DE	DE	DE
Langtext	beliebig	beliebig	beliebig	beliebig	beliebig
Dispositionsgruppe	0010	0010	0010	0010	0010
Dispomerkmal	VB	VB	VB	VB	VB
Meldebestand	3.200	3.200	1.920	1.600	1.600
Disponent	1xx	1xx	1xx	1xx	1xx
Dispolosgrösse	HB	HB	HB	HB	HB
Höchstbestand	10.000	10.000	6.000	5.000	5.000
Rundungswert	1.000	1.000	1.000	500	500
Beschaffungsart	F	F	F	F	F
Dispositionsbereich	1100-0yxx	1100-0yxx	1100-0yxx	1100-0yxx	1100-0yxx
retrograde Entnahmen	-	-	-	-	-
Planlieferzeit	1	1	1	1	1
Sicherheitsbestand	500	500	300	250	250
Periodenkennzeichen	W	W	W	W	W
Verfügbarkeitsprüf.	01	01	01	01	01
Temperaturbedingung	04	04	04	04	04
max. Lagerungszeit	12	12	12	12	12
Zeiteinheit	MON	MON	MON	MON	MON
Mindestrestlaufzeit	-	-	-	-	-
Gesamthaltbarkeit	-	-	-	-	-
Periodenkennzeichen	-	-	-	-	-
Bewertungsklasse	3050	3050	3050	3050	3050
Preissteuerung	V	V	V	V	V
Preiseinheit	1	1	1	1	1
GLD-Preis	0,02	0,02	0,01	0,08	0,08

Tabelle 8: Materialstammdaten Verpackungen Teil 2

	Karton	Tüte 1kg	Tüte 500g	Palette Typ A
Materialart	VERP	VERP	VERP	VERP
Branche	Nahrungsmittel	Nahrungsmittel	Nahrungsmittel	Nahrungsmittel
Materialnummer	xx000ka01	xx000t101	xx000t501	xx000PTA
Werk	1100	1100	1100	1100
LOrt	0901	0901	0901	0901
Materialkurztext	Karton 10x1kg o. 20x500g	Tüte 1kg	Tüte 500g	Leih-Palette Typ A
Basismengeneinheit	ST	ST	ST	ST
Warengruppe	008	008	008	00803
Sparte	00	00	00	00
Materialgruppe PM	-	-	-	-
Klassenart	IDE	IDE	IDE	IDE
Bestellmengeneinheit	-	-	-	-
Einkäufergruppe	0xx	0xx	0xx	0xx
Einkaufswerteschlüssel	1	1	1	2
Sprache	DE	DE	DE	DE
Langtext	beliebig	beliebig	beliebig	beliebig
Dispositionsgruppe	0010	0010	0010	0010
Dispomerkmal	VB	VB	VB	VB
Meldebestand	640	960	3.200	64
Disponent	1xx	1xx	1xx	1xx
Dispolosgrösse	HB	HB	HB	HB
Höchstbestand	2.000	3.000	10.000	200
Rundungswert	500	500	500	1
Beschaffungsart	F	F	F	F
Dispositionsbereich	1100-0yxx	1100-0yxx	1100-0yxx	1100-0yxx
retrograde Entnahmen	-	-	-	-
Planlieferzeit	1	1	1	1
Sicherheitsbestand	100	150	500	10
Periodenkennzeichen	W	W	W	W
Verfügbarkeitsprüf.	01	01	01	01
Temperaturbedingung	04	04	04	-
max. Lagerungszeit	12	12	12	-
Zeiteinheit	MON	MON	MON	-
Mindestrestlaufzeit	-	-	-	-
Gesamthaltbarkeit	-	-	-	-
Periodenkennzeichen	-	-	-	-
Bewertungsklasse	3050	3050	3050	3050
Preissteuerung	V	V	V	V
Preiseinheit	1	1	1	2
GLD-Preis	0,11	0,03	0,02	29,14

Tabelle 9: Lieferantenstammdaten Teil 1

	Saxein GmbH	Corner AG	Genobst GmbH & Co, KG
Kreditorennr.	550xx	551xx	552xx
gepflegte Kreditorenr.	99001	99003	99004
Einkaufsorga.	1000	1000	1000
Buchungskreis	1000	1000	1000
Kontengruppe	0001	0001	0001
Suchbegriffe	freie Wahl	freie Wahl	freie Wahl
Straße	Sackstr.	Getreidegasse	Im Obstler
Hausnr.	7	87	12
Postleitzahl	50000	20000	77890
Ort	Köln	Hamburg	Laubingen
Land	de	de	de
Sprache	de	de	de
Region	05 - NRW	02 - Hamburg	08 - Baden Württemberg
Telefon	0221/4711-0	040/6555-0	07598/8899-0
Fax	0221/4711-800	040/6555-240	07598/8899-872
Ust-Id-Nr.	DE123456789	DE123456790	DE123456791
Branche	Nahrungsmittel	Nahrungsmittel	Nahrungsmittel
Land	de	de	de
Bankschlüssel	50013050	20050000	66015020
Bankkonto	1234567	7654321	4561237
Kontoinhaber	Saxein GmbH	Corner AG	Genobst GmbH & Co, KG
Bestellwährung	EUR	EUR	EUR
Zahlungsbeding.	0002	0002	0002
Icoterms	FH	FH	FH
Planlieferzeit	1	1	1
Partnerrolle	LF	LF	LF
Abstimmkonto	160000	160000	160000
Finanzdispogr.	A1	A1	A1
Zahlungsbeding.	0002	0002	0002
Zahlwege	U	U	U
Hausbank	1000	1000	1000
Mahnverfahren	0001	0001	0001

Tabelle 10: Lieferantenstammdaten Teil 2

	Muhsglück OHG	Packit AG	MetaMix Maschinenfabrik GmbH
Kreditorennr.	553xx	554xx	555xx
gepflegte Kreditorenr.	99005	99006	99002
Einkaufsorga.	1000	1000	1000
Buchungskreis	1000	1000	1000
Kontengruppe	0001	0001	0001
Suchbegriffe	freie Wahl	freie Wahl	freie Wahl
Straße	Wiesengrund	Gablerstr.	Berlenbacherstr.
Hausnr.	4	58	37
Postleitzahl	87562	60000	88231
Ort	Almersried	Frankfurt	Oberbaudorf
Land	de	de	de
Sprache	de	de	de
Region	09 - Bayern	06 - Hessen	09 - Bayern
Telefon	087/3300-0	069/600109-0	08772/453-332
Fax	087/3300-12	069/600109-800	08772/453-999
Ust-Id-Nr.	DE123456792	DE123456793	DE089876321
Branche	Nahrungsmittel	Nahrungsmittel	Maschinenbau
Land	de	de	de
Bankschlüssel	30080000	60050020	70030011
Bankkonto	3217654	9876543	12349876
Kontoinhaber	Muhsglück OHG	Packit AG	MetaMix GmbH
Bestellwährung	EUR	EUR	EUR
Zahlungsbeding.	0002	0002	0002
Icoterms	FH	FH	FH
Planlieferzeit	1	1	1
Partnerrolle	LF	LF	LF
Abstimmkonto	160000	160000	160000
Finanzdispogr.	A1	A1	A1
Zahlungsbeding.	0002	0002	0002
Zahlwege	U	U	U
Hausbank	1000	1000	1000
Mahnverfahren	0001	0001	0001

Tabelle 11: Einkaufsinfosatz

	Saxein GmbH	Corner AG	Genobst GmbH & Co, KG	Muhsglück OHG	Packit AG
Lieferant	55yxx	55yxx	55yxx	55yxx	55yxx
Material		siehe Tabelle "Einkaufsinfosatz Lieferanten und Preise Teil 1 und 2"			
Einkaufsorganisation	1000	1000	1000	1000	1000
Werk	1100	1100	1100	1100	1100
Infotyp	normal	normal	normal	normal	normal
Lief.Material		siehe Tabelle "Einkaufsinfosatz Lieferanten und Preise Teil 1 und 2"			
Planlieferzeit	1	1	1	1	1
Einkäufergruppe		wird automatisch aus Materialstammsatz übernommen			
Normalmenge		siehe Tabelle "Einkaufsinfosatz - weitere Daten"			
Mindestmenge		siehe Tabelle "Einkaufsinfosatz - weitere Daten"			
Restlaufzeit		wird automatisch aus Materialstammsatz übernommen			
Steuerkennzeichen		siehe Tabelle "Einkaufsinfosatz - weitere Daten"			
Rundungsprofil		siehe Tabelle "Einkaufsinfosatz - weitere Daten"			
Nettopreis		siehe Tabelle "Einkaufsinfosatz Lieferanten und Preise Teil 1 und 2"			
Bestelltext		freie Wahl			

Tabelle 12: Einkaufsinfosatz - Lieferanten und Preise Teil 1

		Saxein GmbH	Lief.Mat.nr.	Corner AG	Lief.Mat.nr.	Genobst GmbH & Co, KG	Lief.Mat.nr.
Rohstoffe	Aprikosen (getrocknet):					4,09 €	44ap4567
	Cashewkerne:			7,16 €	33chk23	8,06 €	44ca7780
	Erdbeeren (gefriergetrocknet):	6,78 €	11er1000	6,32 €	33eg2525	6,14 €	44er6006s
	Haferflocken:			1,02 €	33hf500s		
	Haselnüsse:			5,62 €	33hn400s	5,98 €	44ha2200
	Honig:						
	Leinsamen:			8,95 €	33le4444		
	Milchpulver:						
	Naturidentische Aromen:	10,99 €	11na1000				
	Sonnenblumenkerne:			2,81 €	33sbk1200		
	Trauben (getrocknet):					1,79 €	44tr4006
	Vitamine (Mischung):	11,25 €	11vi1000				
	Vollmilch-Schokolade-Flocken:	2,45 €	11vo2002				
	Walnüsse:			10,23 €	33wn1234	10,65 €	44vi1919
Verpackungen	Etikett Innova Vital:	0,01 €	11eiv700				
	Etikett Nussper Trio:	0,01 €	11ent600				
	Clip:						
	Faltschachtel Innova Vital:						
	Faltschachtel Nussper Trio:						
	Karton:						
	Tüte 1kg:	0,03 €	11t1678				
	Tüte 500g:	0,02 €	11t5s75				
	Palette Typ A:						

Tabelle 13: Einkaufsinfosatz - Lieferanten und Preise Teil 2

		Muhsglück OHG	Lief.Mat.nr.	Packit AG	Lief.Mat.nr.
Rohstoffe	Aprikosen (getrocknet):				
	Cashewkerne:				
	Erdbeeren (gefriergetrocknet):				
	Haferflocken:				
	Haselnüsse:				
	Honig:	2,30 €	55ho1001		
	Leinsamen:				
	Milchpulver:	37,05 €	55mi1001		
	Naturidentische Aromen:	12,48 €	55ha2001		
	Sonnenblumenkerne:				
	Trauben (getrocknet):				
	Vitamine (Mischung):	11,86 €	55vi2001		
	Vollmilch-Schokolade-Flocken:	2,05 €	55vo2001		
	Walnüsse:				
Verpackungen	Etikett Innova Vital:			0,02 €	66et0001
	Etikett Nussper Trio:			0,02 €	66et0002
	Clip:			0,01 €	662000cs
	Faltschachtel Innova Vital:			0,03 €	66fs0001
	Faltschachtel Nussper Trio:			0,03 €	66fs0002
	Karton:			0,15 €	66101kt
	Tüte 1kg:			0,02 €	66t1001
	Tüte 500g:			0,01 €	66t5001
	Palette Typ A:			29,98 €	66100ep

Tabelle 14: Einkaufsinfosatz – weitere Daten

		Normal-menge	Mindest-menge	Rundungs-profil	Steuerkenn-zeichen
Rohstoffe	Aprikosen (getrocknet):	180KG	3KG	-	V2
	Cashewkerne:	180KG	3KG	-	V2
	Erdbeeren (gefriergetrocknet):	90KG	2KG	-	V2
	Haferflocken:	600KG	25KG	0020	V2
	Haselnüsse:	180KG	3KG	-	V2
	Honig:	50KG	5KG	-	V2
	Leinsamen:	20KAR	1KAR	0020	V2
	Milchpulver:	200KAR	10KAR	0020	V2
	Naturidentische Aromen:	30KG	1KG	-	V2
	Sonnenblumenkerne:	90KG	2KG	-	V2
	Trauben (getrocknet):	180KG	6KG	-	V2
	Vitamine (Mischung):	10KG	1KG	-	V2
	Vollmilch-Schokolade-Flocken:	180KG	3KG	-	V2
	Walnüsse:	180KG	3KG	-	V2
Verpackungen	Etikett Innova Vital:	3000 ST	250 ST	-	VN
	Etikett Nussper Trio:	3000 ST	250 ST	-	VN
	Clip:	2000 ST	500 ST	-	VN
	Faltschachtel Innova Vital:	1800 ST	60 ST	-	VN
	Faltschachtel Nussper Trio:	1800 ST	60 ST	-	VN
	Karton:	500 ST	10 ST	-	VN
	Tüte 1kg:	1800 ST	30 ST	-	VN
	Tüte 500g:	1800 ST	30 ST	-	VN
	Palette Typ A:	50 ST	3 ST	-	VN

Tabelle 15: Orderbuch

		Saxein GmbH	Corner AG	Genobst GmbH & Co, KG	Muhsglück OHG	Packit AG	Einkaufs-organisation	Werk	Gültig ab	Gültig bis
Rohstoffe	Aprikosen (getrocknet):			x			1000	1100	heute	31.12.200x
	Cashewkerne:		x	x			1000	1100	heute	31.12.200x
	Erdbeeren (gefriergetrocknet):	x	x	x			1000	1100	heute	31.12.200x
	Haferflocken:		x				1000	1100	heute	31.12.200x
	Haselnüsse:		x	x			1000	1100	heute	31.12.200x
	Honig:				x		1000	1100	heute	31.12.200x
	Leinsamen:		x				1000	1100	heute	31.12.200x
	Milchpulver:				x		1000	1100	heute	31.12.200x
	Naturidentische Aromen: (Mischung):	x			x		1000	1100	heute	31.12.200x
	Sonnenblumenkerne:		x				1000	1100	heute	31.12.200x
	Trauben (getrocknet):			x			1000	1100	heute	31.12.200x
	Vitamine (Mischung):	x			x		1000	1100	heute	31.12.200x
	Vollmilch-Schokolade-Flocken:	x			x		1000	1100	heute	31.12.200x
	Walnüsse:		x	x			1000	1100	heute	31.12.200x
Verpackungen	Etikett Innova Vital:	x				x	1000	1100	heute	31.12.200x
	Etikett Nussper Trio:	x				x	1000	1100	heute	31.12.200x
	Clip:					x	1000	1100	heute	31.12.200x
	Faltschachtel Innova Vital:					x	1000	1100	heute	31.12.200x
	Faltschachtel Nussper Trio:					x	1000	1100	heute	31.12.200x
	Karton:					x	1000	1100	heute	31.12.200x
	Tüte 1kg:	x				x	1000	1100	heute	31.12.200x
	Tüte 500g:	x				x	1000	1100	heute	31.12.200x
	Palette Typ A:					x	1000	1100	heute	31.12.200x

Tabelle 16: Musterkalkulation

Halbfertigerzeugnis Basismüsli

Materialnummer xx000bahfbt

	Inhalt:	Basis	1000 KG
xx000ha01	Haferflocken	666,667 KG	
xx000ho01	Honig	66,667 KG	
xx000le01	Leinsamen	50,000 KG	
xx000ni01	Naturidentische Aromen (Mischung)	33,333 KG	
xx000tr01	Trauben (getrocknet)	166,667 KG	
xx000vi01	Vitamine	16,667 KG	

Halbfertigerzeugniss Innova Vital

Materialnummer xx000ivhfbt   Basis   1000 KG

	Inhalt:	
xx000ivhfbt	HF Basismüsli	600 KG
xx000ap01	Aprikosen (getrocknet)	100 KG
xx000er01	Erdbeeren (gefriergetrocknet)	50 KG
xx000mi01	Milchpulver	200 KG
xx000so01	Sonnenblumenkerne	50 KG

Halbfertigerzeugnis Nussper Trio

Materialnummer xx000nthfbt   Basis   1000 KG

	Inhalt:	
xx000bahfbt	HF Basismüsli	600 KG
xx000ca01	Cashew-Kerne	100 KG
xx000ha02	Haselnüsse	100 KG
xx000vo01	Vollmilch-Schokolade-Flocken	100 KG
xx000wa01	Walnüsse	100 KG

Fertigerzeugnis Innova Vital 500g-Faltschachtel

Materialnummer xx000iv05bt   Basis   1000 Stück

	Inhalt:	
xx000ivhfbt	HF Müsli Innova Vital	500 KG
xx000t501	Tüte 500g	1000 Stück
xx000fi01	Faltschachtel Innova Vital	1000 Stück

Fertigerzeugnis Innova Vital 1kg-Tüte

Materialnummer xx000iv10bt   Basis   1000 Stück

	Inhalt:	
xx000ivhfbt	HF Müsli Innova Vital	1000 KG
xx000t101	Tüte 1kg	1000 Stück
xx000ai01	Aufkleber Innova Vital	1000 Stück
xx000cl01	Clip	1000 Stück

Fertigerzeugnis Nussper Trio 500g-Faltschachtel

Materialnummer xx000nt05bt   Basis   1000 Stück

	Inhalt:	
xx000nthfbt	HF Müsli Nussper Trio	1 KG
xx000t501	Tüte 500g	1000 Stück
xx000fn01	Faltschachtel Nussper Trio	1000 Stück

Fertigerzeugnis Nussper Trio 1kg-Tüte

Materialnummer xx000nt10bt

	Inhalt:	Basis	1000 Stück
xx000nthfbt	HF Müsli Nussper Trio	1000 KG	
xx000t101	Tüte 1000g	1000 Stück	
xx000an01	Aufkleber Innova Vital	1000 Stück	
xx000cl01	Clip	1000 Stück	

Tabelle 17: Materialstammdaten Halbfabrikat

	Basismuesli	Innova Vital	Nussper Trio
Materialart	HALB	HALB	HALB
Branche	Nahrungsmittel	Nahrungsmittel	Nahrungsmittel
Materialnummer	xx000bahf	xx000ivhf	xx000nthf
Werk	1100	1100	1100
Lort	0101	0002	0002
Materialkurztext	Basismuesli (Zwischenprodukt für Varianten)	Innova Vital Mischung	Nussper Trio Mischung
Basismengeneinheit	KG	KG	KG
Warengruppe	015	015	015
Sparte	00	00	00
Bruttogewicht	-	-	-
Nettogewicht	-	-	-
Gewichtseinheit	-	-	-
Materialgruppe PM	-	-	-
Klassenart	IDE	IDE	IDE
Dispostionsgruppe	0000	0010	0010
Dispomerkmal	ND	PD	PD
Meldebestand	-	-	-
Dispolosgröße	-	EX	EX
Höchstbestand	-	-	-
Disponent	-	1xx	1xx
Beschaffungsart	-	E	E
Dispositionsbereich	-	-	-
retrograde Entnahmen	-	1	1
WE-Bearbeitungszeit	-	1	1
Eigenfertigungszeit	-	1	1
Rüstzeit	-	-	-
Bearb.Zeit	-	-	-
Übergangszeit	-	-	-
Basismenge	-	-	-
Horizontschlüssel	-	000	000
Sicherheitsbestand	-	-	-
Periodenkennzeichen	-	W	W
Verfügbarkeitsprüf.	-	01	01
Fertigungsst-Profil	-	000001	000001
Tol.Unterlief/ Überlief	-	0,1%	0,1%
Temperaturbedingung	-	05	05
Behältervorschrift	-	01	01
max. Lagerungszeit	-	2	2
Zeiteinheit	-	MON	MON
Bewertungsklasse	-	7900	7900
Preissteuerung	-	S	S
Standardpreis	-	Herstellkosten	Herstellkosten

Tabelle 18: Materialstammdaten Fertigerzeugnis

	Innova Vital 500g-Faltschachtel	Innova Vital 1kg-Tüte	Nussper Trio 500g-Faltschachtel	Nussper Trio 1kg-Tüte
Materialart	FERT	FERT	FERT	FERT
Branche	Nahrungsmittel	Nahrungsmittel	Nahrungsmittel	Nahrungsmittel
Materialnummer	xx000iv05	xx000iv10	xx000nt05	xx000nt10
Werk	1100	1100	1100	1100
Lort	0002	0002	0002	0002
Materialkurztext	Innova Vital 500g-Faltschachtel	Innova Vital 1kg-Tüte	Nussper Trio 500g-Faltschachtel	Nussper Trio 1kg-Tüte
Basismengeneinheit	ST	ST	ST	ST
Warengruppe	015	015	015	015
Sparte	00	00	00	00
Bruttogewicht	0,51	1,005	0,51	1,005
Nettogewicht	0,5	1	0,5	1
Gewichtseinheit	KG	KG	KG	KG
Materialgruppe PM	M005	M005	M005	M005
Klassenart	IDE	IDE	IDE	IDE
Dispostionsgruppe	0010	0010	0010	0010
Dispomerkmal	VB	VB	VB	VB
Meldebestand	500	500	500	500
Dispolosgröße	HB	HB	HB	HB
Höchstbestand	10000	5000	10000	5000
Disponent	1xx	1xx	1xx	1xx
Beschaffungsart	E	E	E	E
Dispositionsbereich	-	-	-	-
retrograde Entnahmen	-	-	-	-
WE-Bearbeitungszeit	1	1	1	1
Eigenfertigungszeit	-	-	-	-
Rüstzeit	0,5	0,5	0,5	0,5
Bearb.Zeit	1	1	1	1
Übergangszeit	0,5	0,5	0,5	0,5
Basismenge	1000	1000	1000	1000
Horizontschlüssel	-	-	-	-
Sicherheitsbestand	20	10	20	10
Periodenkennzeichen	W	W	W	W
Verfügbarkeitsprüf.	01	01	01	01
Fertigungsst-Profil	000001	000001	000001	000001
Tol.Unterlief/ Überlief	0,1%	0,1%	0,1%	0,1%
Temperaturbedingung	05	05	05	05
Behältervorschrift	02	02	02	03
max. Lagerungszeit	1	1	1	1
Zeiteinheit	MON	MON	MON	MON
Bewertungsklasse	7920	7920	7920	7920
Preissteuerung	S	S	S	S
Standardpreis	Herstellkosten	Herstellkosten	Herstellkosten	Herstellkosten

Tabelle 19: Stückliste

	Halbfertigerzeugnis Basismüsli		
Materialnummer	xx000bahf	Basis	**0,600 KG**
	Inhalt:		
xx000ha01	Haferflocken	0,400 KG	
xx000ho01	Honig	0,040 KG	
xx000le01	Leinsamen	0,030 KG	
xx001ni01	Naturidentische Aromen (Mischung)	0,020 KG	
xx000tr01	Trauben (getrocknet)	0,100 KG	
xx004vi01	Vitamine	0,010 KG	

	Halbfertigerzeugniss Innova Vital		
Variante			
Materialnummer	xx000ivhf	Basis	**1,000 KG**
	Inhalt:		
xx000ap01	Aprikosen (getrocknet)	0,100 KG	
xx000er01	Erdbeeren (gefriergetrocknet)	0,050 KG	
xx000mi01	Milchpulver	0,200 KG	
xx002so01	Sonnenblumenkerne	0,050 KG	

	Halbfertigerzeugnis Nussper Trio		
Variante			
Materialnummer	xx000nthf	Basis	**1,000 KG**
	Inhalt:		
xx000ca01	Cashew-Kerne	0,100 KG	
xx000hn01	Haselnüsse	0,100 KG	
xx005vo01	Vollmilch-Schokolade-Flocken	0,100 KG	
xx006wa01	Walnüsse	0,100 KG	

	Fertigerzeugnis Innova Vital 500g-Faltschachtel		
Materialnummer	xx000iv05	Basis	1 Stück
	Inhalt:		
xx000ivhf	HF Müsli Innova Vital	0,500 KG	
xx000t501	Tüte 500g	1 Stück	
xx000fi01	Faltschachtel Innova Vital	1 Stück	

	Fertigerzeugnis Innova Vital 1kg-Tüte		
Materialnummer	xx000iv10	Basis	1 Stück
	Inhalt:		
xx000ivhf	HF Müsli Innova Vital	1,000 KG	
xx000t101	Tüte 1kg	1 Stück	
xx000ai01	Aufkleber Innova Vital	1 Stück	
xx000cl01	Clip	1 Stück	

	Fertigerzeugnis Nussper Trio 500g-Faltschachtel		
Materialnummer	xx000nt05	Basis	1 Stück
	Inhalt:		
xx000nthf	HF Müsli Nussper Trio	0,500 KG	
xx000t501	Tüte 500g	1 Stück	
xx000fn01	Faltschachtel Nussper Trio	1 Stück	

	Fertigerzeugnis Nussper Trio 1kg-Tüte		
Materialnummer	xx000nt10	Basis	1 Stück
	Inhalt:		
xx000nthf	HF Müsli Nussper Trio	1,000 KG	
xx000t101	Tüte 1000g	1 Stück	
xx000an01	Aufkleber Innova Vital	1 Stück	
xx000cl01	Clip	1 Stück	

Tabelle 20: Arbeitsplandaten Halbfabrikat

Folge 0

Vorgang 0010	0010
Arbeitsplatz	xxMM001
Steuerschlüssel	PP01
Bezeichnung	Müsli mischen
Basismenge	1000 kg
Rüstzeit	10 MIN
Maschinenzeit	250 MIN
Abrüstzeit	15 MIN

Folge 1

Vorgang	0010
Arbeitsplatz	xxMP001
Steuerschlüssel	PP01
Bezeichnung	Maschine bedienen und beaufsichtigen
Basismenge	1000 kg
Personalzeit	275 MIN

Tabelle 21: Arbeitsplandaten Fertigerzeugnis

Folge 0

Vorgang 0010	0010
Arbeitsplatz	xxMM001
Steuerschlüssel	PP01
Bezeichnung	Müsli abpacken
Basismenge	1000 St.
Rüstzeit	10 MIN
Maschinenzeit	200 MIN
Abrüstzeit	5 MIN

Folge 1

Vorgang	0010
Arbeitsplatz	xxMP001
Steuerschlüssel	PP01
Bezeichnung	Maschine bedienen und beaufsichtigen
Basismenge	1000 St.
Personalzeit	215 MIN

Tabelle 22: Debitorenstammdaten

Name	Reformdiscount GmbH	Feinkostgrosshandels-gesellschaft Schubert mbH
Debitorennr.	88yxx	88yxx
gepflegte Debitorenr.	88099	88098
Buchungskreis	1000	1000
Verkaufsorganisation	1020	1020
Vertriebsweg	20	20
Sparte	00	00
Kontengruppe	Auftraggeber	Auftraggeber
Anrede	Firma	Firma
Suchbegriffe	freie Wahl	freie Wahl
Straße	Rickenbachstr.	Am Kiesberg
Hausnr.	43	12
Postleitzahl	65432	20000
Ort	Kornbach	Hamburg
Land	de	de
Transportzone	D000060000	D000020000
Region	06 - Frankfurt	02 - Hamburg
Sprache	de	de
Telefon	freie Wahl	freie Wahl
Fax	freie Wahl	freie Wahl
Ust-Id-Nr.	DE960025336	DE960025337
Branche	FOOD	FOOD
Land	de	de
Bankschlüssel	25010060	70030011
Bankkonto	4520023	364421
Kontoinhaber	Reformdiscount GmbH	Schubert
Abladestelle	Tor 2, Rampe 2	Rampe 1, Schinkelstr. 1
Kundenkalender	01	01
Warenannahmezeiten	02	02
Verwendung	vorwiegend zivile Nutzung	vorwiegend zivile Nutzung
Ansprechpartner Name	Krimper	Johannes
Ansprechpartner Vorname	Siebert	Karl
Abstimmkonto	140000	140000
Finanzdispogr.	E2	E2
Zahlungsbeding.	0002	0002
Zahlwege	SU	Su
Hausbank	1000	1000
Mahnverfahren	0001	0001
Auftragswahrscheinlichkeit	95%	98%
Währung	EUR	EUR
Kundenschema	1	1
Preisliste	01	01
Versandbedingung	02	02
Auslieferungswerk	1100	1100
max. Teillieferung	4	6
RechTermine	01	01
ReListenTermine	01	01
Zahlungsbeding.	0002	0002
Kreditkontrollbereich	1000	1000
Icoterms	EXW	EXW
Steuerklasse	1	1
Partnerrolle	AB/RE/RG/WE	AB/RE/RG/WE

Tabelle 23: Materialstammdaten Fertigerzeugnis – Vertriebssichten

	Innova Vital 500g-Faltschachtel	Innova Vital 1kg-Tüte	Nussper Trio 500g-Faltschachtel	Nussper Trio 1kg-Tüte
Materialnummer	xx000iv05	xx000iv10	xx000nt05	xx000nt10
Werk	1100	1100	1100	1100
Verkaufsorg.	1020	1020	1020	1020
Vertriebsweg	20	20	20	20
Verkaufsmengeneinheit	KAR	KAR	KAR	KAR
Auslieferungswerk	1100	1100	1100	1100
Ausgangssteuer	2	2	2	2
allg. Positionstypengruppen	NORM	NORM	NORM	NORM
Positionstypengruppen	NORM	NORM	NORM	NORM
MindAutrMenge	5	10	5	10
Min.liefermenge	5	10	5	10
Liefereinheit	1 KAR	2 KAR	3 KAR	4 KAR
Umrechnungsfaktor	1 KAR = 20 ST	1 KAR = 10 ST	1 KAR = 20 ST	1 KAR = 10 ST
StatistikGrMaterial	1	1	1	1
Bruttogewicht	0,510	1,005	0,510	1,005
Nettogewicht	0,500	1,000	0,500	1,000
Gewichtseinheit	KG	KG	KG	KG
TranspGr.	0001	0001	0001	0001
Rüstzeit	1	1	1	1
BearbZeit	1	1	1	1
Basismenge	2400	1200	2400	1200
Ladegruppe	0002	0002	0002	0002
Materialgruppe PM	M005	M005	M005	M005
Versandhilfsmittel	-	-	-	-
zul.VerpGewicht	-	-	-	-
Langtext	freie Wahl	freie Wahl	freie Wahl	freie Wahl

Tabelle 24: Kundenmaterial-Info

	Innova Vital 500g-Faltschachtel	Innova Vital 1kg-Tüte	Nussper Trio 500g-Faltschachtel	Nussper Trio 1kg Tüte
Materialnummer	xx000iv05	xx000iv10	xx000nt05	xx000nt10
Kundenmaterial von Reformdiscount	5698001	5698002	5698003	5698004
Kundenmaterial von Feinkost Schubert	77008	77009	77010	77011

Tabelle 25: Materialstammdaten Verpackungen – Vertriebssichten

	Karton	Palette Typ A
Materialnummer	xx000ka01	xx000PTA
Werk	1100	1100
Verkaufsorg.	1020	1020
Vertriebsweg	20	20
Verkaufsmengeneinheit	-	-
Auslieferungswerk	1100	1100
Ausgangssteuer	0	0
allg. Positionstypen-gruppen	VERP	LEIH
Positionstypengruppen	VERP	LEIH
MindAutrMenge	-	-
Min.liefermenge	-	-
Liefereinheit	-	-
Umrechnungsfaktor	-	-
StatistikGrMaterial	1	1
Bruttogewicht	0,300	1,500
Nettogewicht	0,300	1,500
Gewichtseinheit	KG	KG
TranspGr.	0001	0001
Rüstzeit	-	-
BearbZeit	-	-
Basismenge	-	-
Ladegruppe	0002	0002
Materialgruppe PM	K050	P010
Versandhilfsmittel	V050	V060
zul.VerpGewicht	10,5 KG	100 KG
Langtext	freie Wahl	freie Wahl

ANHANG B – CUSTOMIZING-EINSTELLUNGEN

Die Pflege der Fallstudie, wie sie im Rahmen des Buches beschrieben wurde, erfordert je nach Systemeinstellung die Anpassung durch ausgesuchte Einstellungen im Customizing. Im folgenden werden die wesentlichen Customizing-Einstellungen auf Basis des IDES Release 4.6C zur Durchführung der Fallstudie vorgestellt.

Nr.	Bezeichnung	Beschreibung	Pfad	Einstellungen	MAE[63]
1	Lagerort Pflegen	Anlage eines neuen Lagers für Verpackungsmaterialien	Unternehmensstruktur ⇨ Definition ⇨ Materialwirtschaft ⇨ Lagerorte pflegen	Lagerort 0901 = Verpackungslager hinzugefügt.	nein
2	Einkäufergruppen anlegen	Individuelle Einkäufergruppe der Fallstudienteilnehmer	Materialwirtschaft ⇨ Einkauf ⇨ Einkäufergruppe anlegen	Einkäufergruppe 099 hinzugefügt für Einkaufsorganisation 1000	nein
3	Temperaturbedingung definieren	Möglichst realistische Temperaturbedingungen für die Materialien (Lebensmittel).	Logistik allgemein ⇨ Materialstamm ⇨ Einstellungen zu zentralen Feldern ⇨ Temperaturbedingungen definieren	Temperaturbedingungen 04 (20 Grad, 30% Luftfeuchtigkeit); 05 (15 Grad, 30% Luftfeuchtigkeit)	nein
4	Rundungsprofil pflegen	Rundungsprofil passt gegebene Mengeneinheiten an Liefer- und Transporteinheiten an.	Materialwirtschaft ⇨ Einkauf ⇨ Bestelloptimierung ⇨ Mengenoptimierung und erlaubte logistische Mengeneinheiten	Statisches Rundungsprofil 0020 angelegt; Schwellenwerte: 0,001; 40,000; 85,000; Rundungswert: 5,000; 50,000; 110,000	nein
5	Parallelverarbeitung in der Disposition festlegen	Verbesserung des Gesamtplanungslaufes	Materialwirtschaft ⇨ verbrauchsgesteuerte Disposition ⇨ verbrauchsgesteuerte Disposition festlegen	Destination für Parallelverarbeitung: Rechnername, Modi: 2	nein
6	Ausgabegeräte ändern	Festlegung möglicher Ausgabegeräte (lokale- und Netzwerkdrucker)	Basis ⇨ Systemadministration ⇨ Verwaltung externer Sicherheitssysteme ⇨ Sichere Netzwerkkommunikation ⇨ Kommunikation ⇨ Drucken mit SAPLPD ⇨ Ausgabegeräte ändern	Frontenddrucker hinzugefügt	nein
7	Periode verschieben / automatisch	Durchgängig Buchen mit automatischer Periodenverschiebung.	Transaktion SM36	Selektionsvariante: Persch; ABAP - Programmname: RMMMPERI, Periodische Jobs: monatlich.	nein
8	Währungsschlüssel	Währung wird für den Mandanten 900 in Euro geführt.	Transaktion SM30	In T000 den Währungsschlüssel für den Mandanten 900 auf Eur gesetzt.	ja
9	Lagerortdisposition je Werk festlegen	Kühllager muss dem Werk 1100 zugeordnet werden.	Produktion ⇨ Bedarfsplanung ⇨ Planung ⇨ Lagerort pro Werk festlegen	Lagerort 0101 dem Werk 1100 zugeordnet	nein
10	Warengruppe anlegen	Für die Müsliproduktion sind spezielle Maschinen für die Produktion von Lebensmitteln erforderlich.	Logistik allgemein ⇨ Warengruppe ⇨ Warengruppe anlegen	Warengruppe 071 (Maschine Food) angelegt	nein

---

[63] Mandantenunabhängige Einstellung.

Nr.	Bezeichnung	Beschreibung	Pfad	Einstellungen	MAE[64]
11	Standort festlegen	Eigenständiger Produktionsbereich für Nahrungsmittel (Müsli) innerhalb des Werks 1100.	Unternehmensstrukturen⇨ Definition ⇨ Logistik allgemein ⇨ Standort festlegen	Standort 4 (Produktionsbereich Nahrungsmittel) für Werk 1100 angelegt	nein
12	Anlagenklasse vervielfältigen	Bestellung der Produktionsanlage erfordert die Basismengeneinheit Stück für die entsprechende Anlagenklasse.	Finanzwesen ⇨ Anlagenbuchhaltung ⇨ Anlagenbuchhaltung (lean implementation) ⇨ Organisationsstrukturen ⇨ Anlagenklassen ⇨ Anlagenklassen vervielfältigen	Für Anlagenklasse 2100 wird die Basismengeneinheit Stück festgelegt.	nein
13	Musterkalkulationsgruppe anlegen	Zur Durchführung der Musterkalkulation sind Musterkalkulationsgruppen notwendig.	Controlling ⇨ Produktkosten-Controlling ⇨ Produktkostenplanung ⇨ Muster- und Simulationskalkulation ⇨ Musterkalkulationsgruppen anlegen	Musterkalkulationsgruppe MUHF (Halbfabrikat) und MUFE (Fertigerzeugnis) für Kostenrechnungskreis 1000 angelegt	nein
14	Logisches System anlegen	Bestimmte Daten können nur im zentralen System des Kostenrechnungskreises gepflegt werden.	Basis ⇨ Application Link Enabling ⇨ Sender - und Empfängersystem vorbereiten ⇨ Logische Systeme einrichten ⇨ Logische Systeme benennen	Logisches System T90CLNT900 angelegt	ja
15	Logisches System dem Mandanten zuordnen	Das logische System muss dem Mandanten 900 zugeordnet werden.	Basis ⇨ Application Link Enabling ⇨ Sender - und Empfängersystem vorbereiten ⇨ Logische Systeme einrichten ⇨ Logische Systeme zurodnen	Logisches System T90CLNT900 dem Mandanten 900 zugeordnet.	ja
16	Kostenrechnungskreis pflegen und verteilen	Das logische System muss dem Kostenrechnungskreis 1000 zugeordnet werden	Controlling ⇨ Controlling allgemein ⇨ Organisation ⇨ Kostenrechnungskreis pflegen	Dem Kostenrechnungskreis wurde das logische System T90CLNT900 zugeordnet	nein
17	Eignung festlegen	Eignung (Akademiker) für Mitarbeiter im Rahmen der Müsliproduktion definieren.	Instandhaltung und Kundenservice ⇨ Wartungspläne, Arbeitsplätze, Arbeitspläne und FHM ⇨Arbeitsplätze ⇨ Arbeitsplandaten ⇨ Eignung festlegen	Eignung 04 = Ingenieur hinzugefügt	nein
18	Lohngruppe bestimmen	Lohngruppe für Akademiker zur angemessenen Entlohnung anlegen	Personalmanagement ⇨ Personaladministration ⇨ Abrechnungsdaten ⇨ Basisbezüge ⇨ Tariflohngruppen und –stufen überarbeiten	Tariflohngruppen 1 und 2 für Ländergruppierung 01, Tarif 10, Tarifbereich 10 mit Lohnart MA90 angelegt.	nein
19	Parameter einstellen	Parameterbearbeitung für Vorgabewerteschlüssel	Produktion ⇨ Grunddaten ⇨ Arbeitsplatz ⇨ Allgemeine Daten ⇨ Vorgabewert ⇨ Vorgabewerteschlüssel festlegen	Parameter SAP_99 Abrüstzeit erzeugt	nein

---

[64] Mandantenunabhängige Einstellung.

Nr.	Bezeichnung	Beschreibung	Pfad	Einstellungen	MAE[65]
20	Vorgabewertschlüssel festlegen	Bearbeitung des Vorgabewerteschlüssels	Produktion ⇨ Grunddaten ⇨ Arbeitsplatz ⇨ Allgemeine Daten ⇨ Vorgabewert ⇨ Parameter festlegen	Parameter SAP_99 zum Schlüssel SAP2 hinzugefügt	nein
21	Formeldefinition Arbeitsplatz einrichten	Formeldefinition für Kapazitätsplanung, Terminierung, Kalkulation	Produktion ⇨ Grunddaten ⇨ Arbeitsplatz ⇨ Kapazitätsplanung ⇨ Formeln Arbeitsplatz ⇨ Formeldefinition Arbeitsplatz einrichten	Formeln bzw. Formelschlüssel für das Abrüsten gepflegt.	nein
22	Kapazität anlegen	Für die Terminierung des Arbeitsplatzes im Werk 1100 ist es erforderlich eine entsprechende Kapazität anzulegen.	Logistik ⇨ Produktion ⇨ Grunddaten ⇨ Arbeitsplatz ⇨ Vorschlagskapazität	Referenzkapazität REFKAP01 für das Werk 1100 wird auf sinnvolle Einsatzzeiten geändert (Kapazitätsarten 001 und 002).	nein
23	Hierarchie anlegen	Für die Nahrungsmittelproduktion im Werk 1100 muss eine entsprechende Hierarchie angelegt werden.	Logistik ⇨ Produktionsprozess ⇨ Stammdaten ⇨ Hierarchie ⇨ anlegen (Einstellung nicht im Customizing, sondern auf der SAP Ebene)	Hierarchie 1100 für das Werk 1100 angelegt	nein
24	Bildauswahl für Arbeitsplatz festlegen	Für die Arbeitsplatzart 0001 ist die Funktion "Springen Technologie" zu aktivieren.	Projektsystem ⇨ Strukturen ⇨ operative Strukturen ⇨ Netzplan ⇨ Arbeitsplatz ⇨ Bildauswahl für Arbeitsplatz	Bild 8 "Technologie" für Arbeitsplatzart 0001 hinzugefügt	nein
25	Positionstypenfindung für Lieferung	Positionstyp für Verpackungen, der nicht Fakturarelevant ist und bei dem keine Preisfindung durchgeführt wird. Typ DLN kopieren, wegen Namensraumkonvention neuen Typ mit Z beginnen (ZDLN)	Vertrieb ⇨ Verkauf ⇨ Verkaufsbeleg ⇨ Verkaufsbelegposition ⇨ Positionstyp definieren	Den neuen Positionstyp (ZDLN) für die Positionsfindung bei Lieferung definieren (Kopiervorlage DLN), soll keine Fakturarelevanz haben.	nein
26	Lieferungstypenfindung	Neuer Positionstyp muss Positionstypengruppe zugeordnet werden.	Logistic Execution ⇨ Versand ⇨ Lieferungen ⇨ Positionstypenverwendung festlegen	Positionstyp ZDLN dem Belege LF und MTPO VERP zugewiesen	nein
27	Planstelle Customizing Auftrag	Customizing Aufträge bei der Anlage einer Planstelle sind abzuschalten	SM30, Tabelle T77S0	Die Parameter TRSP CORR und TRSP ADMIN auf X setzen	ja
28	Terminierungsart festlegen	Eingabe von Start- und Endtermin bei Anlage eines Fertigungsauftrages	Produktion ⇨ Fertigungssteuerung ⇨ Vorgänge ⇨ Terminierung ⇨ Terminierungsart festlegen	Schalter aktivieren	nein
29	Bewertungsvariante festlegen	Kostenanalyse des Fertigungsauftrags mit den Preisen aus der Preissteuerung (Materialstammsatz - Buchhaltung1) und nicht mit geringstem Preis aus den Einkaufsinfosätzen verwenden	Produktion ⇨ Fertigungssteuerung ⇨ Integration ⇨ Auftragskalkulation ⇨ Bewertungsvariante festlegen	Strategie auf gleitenden Durchschnittspreis setzen	nein

---

[65] Mandantenunabhängige Einstellung.

Nr.	Bezeichnung	Beschreibung	Pfad	Einstellungen	MAE[66]
30	Terminierungsparameter für Fertigungsaufträge anlegen	Pro Werk, Auftragsart und Fertigungssteuerer die Parameter für die Terminierung von Fertigungsaufträgen festlegen	Produktion ⇨ Fertigungssteuerung ⇨ Vorgänge ⇨ Terminierung ⇨ Terminierungsparameter für Fertigungsaufträge	Für Werk 1100 und Auftragsart PP01 Terminierungsart auf Vorwärts gesetzt und pausengenaue Terminierung ausgewählt.	nein
31	Terminierungsart festlegen	Beim Starttermin eines Fertigungsauftrags soll die Uhrzeit mit bestimmbar sein.	Produktion ⇨ Fertigungssteuerung ⇨ Vorgänge ⇨ Terminierung ⇨ Terminierungsart festlegen	Bei Vorwärts Kennzeichen bei Ecktermine mit Uhrzeiten gesetzt.	nein
32	Schichtprogramm definieren	Schichtprogramme und -definition für verschiedene Gruppen, Arbeitspausenpläne und arbeitsplatzübergreifende Schichtdefinition	Produktion ⇨ Grunddaten ⇨ Arbeitsplatz ⇨ Kapazitätsplanung ⇨ Kapazitätsangebot ⇨ Schichtprogramm definieren	Müsliproduktion (GR02), Arbeitspausenpläne: Norm, Schichtdefinition (7,5 Std.), Schichtprogramm: 5 Arbeitstage	nein
33	Vorschlagsarbeitsplatz definieren	Vorschlagswerten für die Pflege der Arbeitsplätze (Verringerung des Erfassungsaufwandes)	Produktion ⇨ Grunddaten ⇨ Arbeitsplatz ⇨ Allgemeine Daten ⇨ Vorgabewert ⇨ Parameter festlegen	Gruppierung 01 (Schichtdefinition) gegen Gruppierung 02 ausgetauscht	ja
34	Kalkulationsvariante für Produktionsaufträge überprüfen	Steuerungsparameter für die Kalkulation zusammenfassen	Controlling ⇨ Produktkostencontrolling ⇨ Produktionsaufträge ⇨ Kalkulationsvarianten für Produktionsaufträge überprüfen	Kalkulationsvarianten: PPP1 = Fertigung Plan; PPP2 = Fertigung Ist	nein
35	Prüfungsumfang definieren	Prüfgruppe und Prüfregel (= Prüfumfang) für die Verfügbarkeitsprüfung festlegen	Produktion ⇨ Fertigungssteuerung ⇨ Vorgänge ⇨ Verfügbarkeitsprüfung ⇨ Prüfungsumfang definieren	Für Prüfgruppe 01 und Prüfregel PP den Schalter "ohne WBZ" auf off setzen	nein
36	Erlaubte Packmittel festlegen	Zuordnung von Packmittelarten zu den Materialgruppen der Packmittel legen zulässige Packmittel für das Verpacken fest.	Logistics Execution ⇨ Versand ⇨ Verpacken ⇨ erlaubte Packmittel festlegen	Karton Mittel (K010), Packmittelart: V000 (Pick Handling Units), V030 (Std. Karton mittel), V060 (Palette Typ A)	nein

---

[66] Mandantenunabhängige Einstellung.

SCHLAGWORTREGISTER

E

F

L